인권법

김신규

Prof. Ph. D. Shin-Kyu Kim

박영사

공자(孔子)는 논어(論語) 자로(子路) 편에서, "군자는 화이부동(和而不同)하고 소인은 동이불화(同而不和)한다"하여, 군자의 세계는 서로 생각이 같지는 않으나 화목할 수 있음에 반해, 소인배의 세계는 겉으로는 같은 생각을 가진 것처럼 보이지만 실은 화목하지 못하다는 의미이다. 모두가 다름을 존중하면서 관용과 상생을 통해 우리 모두 행복한 사회가 되기를 희망하면서, 한자 전서체, 필자 씀

머리말

　인권문제에 필자가 보다 큰 관심을 갖게 된 계기는 2001년 출범한 국가인권위원회 인권강사로서 경찰서나 교도소 등의 직원인권교육을 시작하면서부터이다. 특히 지역인권문제에 관심을 가질 무렵에는 마침 목포경실련 인권위원장을 맡게 되어 2006년 하반기에 인권운동가들과 더불어 '**목포지역시민사회단체 인권강좌**'를 개설함으로써, 부분영역별로 나타난 지역의 인권문제를 구체적으로 성찰하며 실천과제를 반추해 보는 커다란 계기가 되었다. 더구나 2008년 초중고교의 법교육강사로서 학교폭력예방교육을 비롯한 인권교육을 하면서부터는, 청소년들에게 일찍부터 인간의 존엄과 가치에 대한 자각의식을 갖도록 하는 것이 성인교육보다 장기적인 안목에서 훨씬 더 중요하다는 점을 피부로 실감하게 되었다.

　무엇보다도 2010년에는 필자가 상임대표로 활동하였던 목포경실련(경제정의실천시민연합)이 장애인인권조례를 지자체 최초로 제정하도록 하는 등 인권활동의 성과로 다산 정약용 선생을 기리는 다산인권대상을, 그리고 연말에는 국가인권위원회로부터 인권상을 수상하였는데, 이는 필자에게 우리 사회의 인권고양을 위해 더욱 매진하라는 준엄한 채찍질의 의미로 다가왔다. 이후 필자는 2011년부터 목포대학교의 교양강좌로 인권법을 처음 개설하여 현재에 이르기까지 많은 대학생들이 수강함으로써 장차 우리 사회의 중추가 되는 대학생들의 인권의식 고양에 큰 도움이 되고 있음을 절감하고 있다. 2015년에는 전남교육청의 도움 아래 전남지역 초중고등학교 학생들을 대상으로 학교폭력예방교육인 학생인권교육을 실시하여 교권친화적인 학생인권교육을 실시하여 큰 호응을 얻은 것도 큰 보람이었다. 이후에도 현재까지 매년 여러 곳의 고등학교와 지역의 성폭력상담소, 아동학대방지센터, 사회복지시설 등을 방문하여 인권 관련 강의를 해 오고 있으며, 이러한 작은 노력들이 우리 사회의 인권개선과 인권의식의 변화에 작은 물방울이 되어 낡고 고착된 반인권적 인습의 바위를 깨뜨리는 수적천석(水適穿石)이 되길 희원해 본다.

돌이켜 보면 우리 사회에서 인권문제가 본격적으로 논의되고 신장되기 시작한 출발선은 2001년 국가인권위원회가 독립된 국가기관으로 창설되면서부터라고 할 수 있다. 국가기관이 창설된 지 어언 30여 년의 세월이 흘렀지만 여전히 학교폭력, 가정폭력, 따돌림, 아동학대, 성폭력, 소수자에 대한 차별 등 인간의 존엄을 해치는 반인권적인 행태가 우리 사회 곳곳에서 쉼 없이 발생하고 있다. 인류가 선(善)만으로 이루어진 존재이거나 생존경쟁이라는 굴레에서 벗어나지 않는 한 늘 소외되고 그늘진 부분은 필연적으로 발생하게 되어, 사람으로서의 존엄과 가치를 지닌 존재로서의 삶의 문제인 인권문제는 인류가 생존하는 한 끊임없이 문제되면서 발전해 나가는 미완성의 그릇이라 할 수 있다.

어디 인권문제가 하루아침에, 일거에 제도나 법률로서만 해결되어지는 문제인가. 작은 물방울이 쉼 없이 떨어져 태산준령과도 같은 거대한 바위를 뚫어 내듯, 우리의 작지만 중단 없는 인고의 노력들이 모여서 추동력 있는 인권의 강줄기를 만들어 가는 것, 즉 우리 사회 개별 구성원의 의식변화와 참여를 통한 제도변화를 모색하는 시민참여적인 시민인권운동은 인권확장이라는 역류할 수 없는 도도히 흐르는 큰 흐름으로 이어져 갈 것이다. 그러기 위해서는 무엇보다도 민주시민사회의 구성원으로서 진솔한 마음으로 우리 사회의 부분영역별 인권문제에 대하여 주인의식으로 한발 다가서서 성찰하는 마음가짐, 무엇이 문제인가를 멀리서 망원경으로도 조망하고 가까이서 현미경으로도 관찰하면서 자각하고 제도개선에 참여하는 일이야말로 우리 사회를 보다 선진화된 민주복지국가로, 품격 있는 문화국가로 만들어가는 가장 큰 에너지가 될 것이다.

이 책은 대학생들의 교양강좌를 위해 만들어졌다. 즉, 민주시민사회의 책임 있는 구성원으로서, 구성원 모두가 '**더불어 행복하게 살아가기 위해 민주시민사회가 갖추어야 할 필요한 최소한의 제도적 장치**'에 대하여 함께 고민해 보아야 하는 내용들로 이루어져 있다.

인권이란 사람이 사람답게 살기 위해서 당연히 누려야 할 권리이지만, 생활의 모든 영역에서 시민사회의 구성원이 누려야 할 인간다운 삶을 실질적으로 보장하기 위해서는 인권문제에 대한 문제의식의 공유만으로는 부족하며, 동시에 합리적인 제도개선운동으로 발전되어 가야 할 것이다. 이를 위해서는 시민 각자가 참여민주주의의 구성부문이라 할 수 있는 인권 관련 시민단체의 구성원이 되어 인권문제에 대하여 보다 정치(精緻)한 본질적인 문제의식의 공유와 실천적 방안을 강구하는 것이 우리 사회의 인권문제를 보다 개선시키는 일일 것이다.

인권의 밑바탕이 되는 철학적 기초에는 생명, 자유, 정의, 평등, 사회적 연대, 환경, 평화라는 가치가 자리하고 있다. 그러나 인권운동은 우리 삶과 멀리 떨어져 있는 관념적인 거대한 담론에 그치는 것이 아니라 우리 모두의 현실적인 삶의 문제이다. 따라서 우리가 환경운동을 하거나 아프리카 난민을 돕거나 불우한 이웃을 돕는 행위, 동병상련하는 마음가짐도 종국에는 인권운동이라 할 수 있다.

이번에 출간되는 『인권법』이 평소에 인권에 관심을 가진 독자들에게 보다 가까이 다가가서 탁상공론이 아닌 현실사회 속에서 유리되지 않는 '살아 숨 쉬는 생동하는 법'이 되기를 빌어 본다. 또한 멀지 않은 장래에 필자가 평소에 관심을 가지고 있는 정의문제, 즉 '인권과 정의'라는 주제가 첨가되고 보완되어, 우리 사회의 화두가 되고 있는 '사회적 정의', '공정사회' 등의 문제도 함께 다루어지길 기대한다. 오늘날과 같이 지나치게 잦은 인권 관련 법률의 변경으로 인해 미처 개정된 내용이 반영되지 못한 부분은 추후에 보정하기로 한다. 나아가 부족하지만 이 책을 읽는 독자들이 윤집궐중(允執厥中)의 자세로 어느 한쪽으로 기울어지지 않는 균형추가 되어 우리 사회의 빛과 소금이 되고, 서로가 다름을 인정하면서 존중하고 화합하는 무지개 빛깔의 사회, 화이부동(和而不同)의 대동사회를 소망해 본다.

끝으로 이 책의 출간을 위해 바쁜 시간 중에도 시간을 할애하여 자료정리를 도와준 필자의 제자인 김재한 박사에게 고마운 마음을 전하며, 특히 본서의 출판을 위해 아낌없는 지원을 해 주신 박영사 안종만·안상준 대표님과 염천(炎天)에도 불구하고 졸고의 편집을 위해 애쓰신 이강용 편집위원님을 비롯한 편집부 직원 여러분께도 깊은 감사의 말씀을 전해 올립니다. 바라건대, 이 책의 독자들이 인권문제를 보다 실천적으로 이해함으로써 그 빛이 우리 사회 구성원에게 미쳐, 더불어 모두가 행복한 삶을 살아가는 아름다운 출발과 아름다운 동행, 그리고 아름다운 마무리라는 공동선을 지향하는 평화로운 공동체가꾸기의 단초가 되기를 기원하면서 ….

2021년 8월 하순
국립목포대학교 청계캠퍼스 승달산 아래 심전재(心田齋)에서
중암(中嵒) 김 신 규

차 례

제1장 인권이란 무엇인가

제4장   교정기관과 인권

제7장　성범죄와 관련된 인권

제10장   사회적 약자 및 소수자의 인권

제11장 ▶ 환자의 인권

제1장

인권이란 무엇인가

인권이란 무엇인가

I. 인권의 의미

1. 인권의 정의

(1) 인권의 개념

우리가 흔히 사용하고 있는 "인권"이라는 말은 사람을 뜻하는 "Human"과 권리라는 개념의 "Rights"가 결합된 "Human Rights"라는 서구식 개념을 우리말로 바꾼 것으로 단순히 '사람의 권리'라고 해석할 수도 있지만, 인권학자들은 그 개념을 분명히 하기 위해 '사람이기 때문에 누려야 하는 권리'라고 정의하고 있다.[1]

이러한 인권의 사전적 의미는 **'사람이 사람답게 살기 위해 필요한 것으로서 당연히 인정된 기본적 권리'** 또는 '인간이 자연인으로서 누려야 할 당연한 권리'를 의미한다. 그러나 세계인권선언에서는 인권의 개념을 보다 적극적으로 해석해 '인간이 지닌 권리'라는 의미를 넘어 '인간이 존엄한 존재가 되기 위해 가져야 할 당연한 권리'로 보고 있다.[2] 세계인권선언에서는 인권을 '인간이 누구이고 무엇을 하든지 간에 하나의 존엄한 존재로서 존중받을 권리'를 규정하고 있으며,[3] 유엔인권센터에서

---

1) 박찬운, 「인권법(제2개정판)」, 도서출판 한울, 2015, 34쪽 참조.
2) 국가인권위원회, 「노인인권 길라잡이」, 2014, 17쪽.
3) 세계인권선언 제1조는 "모든 인간은 태어날 때부터 자유롭고, 존엄성과 권리에 있어서 평등하다. 인

는 '인간의 타고난 천성에 내재되어 있는 것으로, 이것 없이는 인간으로 살 수 없는 권리'라고 정의하고 있다. 한편 우리 헌법 제10조는 "모든 국민은 인간으로서의 존엄과 가치를 가지며, 행복을 추구할 권리를 가진다"라고 규정하여 인권의 최종적 근거인 인간의 존엄성을 명시하고 있으며, 국가인권위원회법은 제2조 제1호에서 "인권이란 「대한민국 헌법」 및 법률에서 보장하거나 대한민국이 가입·비준한 국제인권조약 및 국제관습법에서 인정하는 인간으로서의 존엄과 가치 및 자유와 권리를 말한다"라고 규정하고 있다.

인권의 개념에 대한 이상의 내용을 종합하면, 인권이란 '**모든 사람이 인간다운 삶을 위하여 인간인 이상 누구나 갖는다고 추정되는 권리**'라고 정의할 수 있는데, 매우 간결하게 표현한 인권의 개념 속에는 많은 내용이 함축되어 있다. 그 중 첫째는 '**모든 사람**'이 가진다고 여겨지는 만큼 인류사회 구성원 모두가 인권의 주체가 될 수 있다는 것이며, 둘째는 '인간인 이상', 즉 인간이기 때문에 갖는 권리인 만큼 그 발생 근원을 〈인간성〉에 두고 있다는 것이고, 셋째는 인간다운 삶을 위한 것인 만큼 인간의 '**삶**'의 모든 영역이 인권의 대상이 된다는 것이다. 그리고 넷째는 인간의 '삶'이 가정, 직장, 사회, 국가, 세계 등 여러 사회적 층위로 구성되는 만큼 그 관할체계 역시 일종의 **중층구조를 형성**하고 있다는 것이며, 마지막으로 인간의 '삶'이 특정한 사회 및 사회관계 속에서 이루어지는 만큼 인권은 그 발생과 실현을 위해서 **특정한 사회와 사회관계가 전제**되어야 한다는 점이다.

(2) 인권의 유사 개념

인권과 유사한 의미로 사용하는 개념으로는 **자연권, 시민권, 기본권**이 있다. 먼저 자연권은 태어나면서부터 개인에게 초자연적으로 부여된 권리로서, 천부인권(天賦人權)이라고도 하며, **자유와 평등**을 핵심 개념으로 하는 권리를 말한다. 이에 비해 인권은 인간의 권리가 천부적으로 주어진 것이 아니라 세상에 인간으로 태어나서 다른 사람들과 관계를 맺는 과정에서 형성되는 권리로서, 완전한 평등보다는 '**정의**'를 강조하고 있다. 시민권은 사회 공동체를 이루고 사는 인간이 국적과 영토

간은 이성과 양심을 부여받았으므로 서로에게 형제(자매)의 정신으로 행해야 한다"라고 표현하고 있다.

를 기반으로 하는 **특정 국가의 구성원으로서 갖는 권리**를 말한다. 이에 비해 인권이 란 특정 국가 구성원으로서의 지위가 아닌, 인간이기 때문에 갖는 보편적 권리이다. **기본권**이란 민주사회의 **헌법과 법률에 규정된 법적 권리**인 반면, 인권은 **인간 존엄성**에 바탕을 두고 인간의 **자유와 평등, 정의 등의 기본 가치**를 반영하는 도덕적 권리로 서 기본권보다 포괄적 권리이며 기본권의 토대를 제공한다. 그러므로 기본권은 인 권의 도덕적 가치와 배치되지 않는지 끊임없이 점검받아야 하며, 실정법에 규정되 지 않는 권리까지도 인권으로 인정하고 인권을 제도화해 나가는 노력이 병행되어야 한다.[4]

2. 인권의 특성

(1) 보편성

인권이 갖는 특성 중 무엇보다도 중요한 것은 보편성이며, 인권을 연구하는 사 람들에게서 "인권의 보편성(universality of human rights)"은 상식적인 믿음이다.[5] 이 보 편성은 인권의 주체가 인류사회 구성원 모두라는 점에서 기인하기 때문에 보편적 주체성이 인정되는 **보편적 권리(universal rights)**이다. 더구나 인권은 '누구나 마땅 히' 또는 '모든 인간은'이란 표현에서 나타나듯이 인권의 보편성은 모든 인간은 국 적, 인종, 성, 종교, 신분 등의 차이에도 불구하고 자신의 존엄성을 지키기 위해 누 려야 할 권리가 있으며 국가는 이를 보장해야 할 의무를 지닌다는 실천적인 함의를 지닌다.[6] 대한민국 헌법 제10조 제2문에서는 이러한 인권의 보편성에 기초하여 "개 인이 가지는 불가침의 기본적 인권을 확인하고 보장할 의무"를 국가에 부담시키고 있다. 따라서 어떤 권리가 특정한 개인이나 집단만이 향유할 수 있는 권리에 해당한 다면 그러한 권리를 인권이라고 부를 수는 없다.[7] 물론 인권주체로서 인간은 정신 적, 신체적 조건이나 능력 및 삶의 내용에서 서로 다를 수 있기 때문에 모든 사람이

---

4) 국가인권위원회, 「노인인권 길라잡이」, 2014, 17-18쪽.
5) 박찬운, 「인권법의 신동향」, 도서출판 한울, 2012, 68쪽.
6) 이준일 외, 「행정과 인권」, 국가인권위원회 연구용역 보고서, 2014, 12쪽.
7) 이준일, 「인권법-사회적 이슈와 인권」, 홍문사, 2015, 6-7쪽 참조.

그러한 권리를 향유하는 것은 아니다. 그리고 인권의 발생과 실현이 이루어지는 곳은 서로 다를 수 있는 구체적인 개인들이다. 그런 만큼 인권은 보편적이면서 동시에 구체적인 개인들의 특수성도 함께 아울러야 한다.

(2) 상호연관성과 불가분성

1993년 비엔나에서 개최된 세계인권회의는 인권의 기본적 성격에 대해 인권은 '보편적이며 불가분하며 상호의존적이며 상호연관적이다(비엔나선언 제1부 제5항)'라고 천명하였고, '민주주의, 발전 및 인권 존중은 상호의존적이며 상호보강적이다(제1부 제8항)'라고 규정한 바 있다. 이러한 원칙 수립의 배경에는 수십 년 동안 이어져 온 냉전 체제를 종식시키고 전 세계가 인권을 중심으로 '화해와 타협'을 이루어 나가야 한다는 정신이 깃들어 있었다.[8]

'모든 사람을 위한 모든 인권(All Human Rights for All)'이란 표현은 **보편성과 상호불가분성의 원칙**을 동시에 담고 있다. 보편성이란 인권은 국적과 신분과 상관없이 모든 인간이 누릴 수 있는 권리라는 뜻이고, '상호불가분성'은 인권을 인위적으로 자유권과 사회권, 개인의 권리와 집단의 권리로 나눌 수 없다는 의미를 담고 있다. 또한 '상호의존성' 또는 '상호연관성'이란 현실에서 자유권과 사회권이 서로 긴밀하게 연결되어 있어 한쪽의 인권침해는 필연적으로 다른 쪽의 인권침해로 이어진다는 것을 말한다.[9]

(3) 도덕성과 제도초월성

인권의 구속력 내지 규범성이라는 측면에서 볼 때, 인권이 갖는 또 하나의 특성은 그 구속력이나 규범성이 근본적으로 도덕적이라는 데 있다. 즉, 인권은 실정법적 권리가 아니라 실정법 바깥에 혹은 실정법을 넘어서 존재하는 도덕적 권리이다.[10] 이러한 인권의 **도덕적 특성**은 인권이 다른 어디도 아닌 인간성 자체에 그 권원(權原)을 두고 있다는 데에서 기인한다. 즉, 인권은 어떠한 시대와 공간에서도 인

---

8) 정영선 외, 「인권과 지방자치」, 국가인권위원회 연구용역 보고서, 2014, 10쪽.
9) 이준일 외, 「행정과 인권」, 국가인권위원회 연구용역 보고서, 2014, 17쪽.
10) 이준일 외, 「행정과 인권」, 국가인권위원회 연구용역 보고서, 2014, 17쪽.

정되어야만 하는 권리라는 점에서 보편적 효력이 인정되는 '**도덕적 권리**'이며, 인간성 자체가 인간 특유의 도덕적 본성인 만큼 이 권리는 인간인 이상 누구나 필수적으로 갖는다고 여겨지는 도덕적 권리라고 말할 수 있다. 따라서 특정한 시대나 특정한 공간에서만 제한적으로 효력이 인정되는 권리는 인권이라고 부를 수 없다.[11]

물론 인권의 관할 및 실현층위는 도덕적 차원 이외에도 정치적·사회적 제도 및 법적 제도 차원에까지 확산되어 있다. 하지만 인권의 정치적·사회적 차원 및 법적 차원에서의 제도화는 마치 정치 및 법적 제도들이 인간 삶을 바탕으로 할 때만 그 의미를 갖듯이 그 근거가 인간 삶의 도덕적 중요성에 놓일 때만 정당화된다고 보아야 한다.

따라서 인권이 **정치적·법적·제도상**으로 갖는 당위성과 구속력의 근원은 궁극적으로 인권의 도덕적 특성에 있다고 보아야 한다. 달리 말해서 인권은 국가와 사회의 여러 제도에 의해 그 구속력을 인정받는 권리이기 이전에, 법적 근거를 따지기 이전에, 인류사회 구성원 간의 여러 인간관계에서 인간이기 위해 담보되어야 할 도덕적 권리이다. 그러므로 인권의 근거와 내용에 대한 추론은 바로 이 도덕적 차원에서 비롯되어야 한다고 말할 수 있다.

더불어 인권의 도덕적 특성이 인간성이라는 가장 본원적 근거에서 도출된 만큼 이 도덕적 특성은 여러 정치적·사회적 제도와 법적 제도를 초월하는 특성을 갖는다. 그리고 인권의 도덕적 특성이 갖는 이 **제도초월성**과 **법초월성** 때문에 인권은 궁극적으로 인권의 기준에 부합하는 정치사회적 제도와 법적 제도를 정당화하는 반면에 인권기준에 반하는 제도를 혁파할 수 있는 근거와 명분 또한 제공하게 된다.

이렇게 보면 인권은 그 도덕적 특성으로부터 모든 정치적·사회적 제도와 법적 제도가 갖는 구속력 혹은 규범성의 근거와 그 정당성을 가늠하는 기준을 제공하며 이로부터 제도초월성과 법초월성이라는 또다른 특성을 갖게 된다고 말할 수 있다. 물론 겉으로 드러나는 모습을 보면, 제도적이고 법적인 권리 요구는 일차적으로 정의, 공리, 자기이해 및 이익에 근거하여 나타난다. 그러나 이러한 정의나 공리 등 일차적 권리의 근거 뒤에는 언제나 권리주체의 권리대상에 대한 도덕적 자격이 보다

---

11) 이준일, 「인권법-사회적 이슈와 인권」, 홍문사, 2015, 7쪽.

근원적인 근거로 자리하고 있음에 유의해야 한다.

이렇듯 인권이 갖는 도덕적 측성은 위에서 살펴본 바와 다르게 그동안 인권의 구속력이 절대적이기보다는 가급적이면 우선적(일단, 조건적으로; prima facie)으로 고려될 수 있을 것이라는 주장의 근거가 되어 왔다.

그러나 이는 이른바 〈근대국가 현상〉과 더불어 등장한 국가총체정치의 최우선성에 대한 강조와 법실증주의적 편향성에 따른 이데올로기적 폄하일 뿐 그 근본은 위에서 살펴보았듯이 오히려 법과 정치제도를 초월하는 보다 강하고 보다 근원적인 구속력을 인권에 부여하는 근거가 된다. 즉, 인권의 도덕성에서 나오는 실정법과 제반제도에 대한 근원성과 초월성은 경우에 따라서는 정치·사회 전반의 기존제도들을 혁파하는 혁명으로도 이어질 수 있다.

인권의 도덕적 특성이 갖는 구속력이 얼마나 본원적인지는 인권요구의 발동계기와 이 이권요구가 정치적·사회적 제도 및 법적 제도에 대하여 궁극적으로 가져오는 효과를 보면 보다 분명해진다. 인권사안이 보다 하위의 사회제도 및 법적 권리체계에서 무난하게 해결될 경우 인권은 이들 하위 권리체계로 흡수되고 기존의 제도적·법적 권리보호 장치가 인권보호를 대신하게 된다. 그러나 인권이 거론될 때는 대체로 인권보다 하위 제도적, 법적 권리요구가 실패했을 경우이다. 그리고 이때 인권사안과 관련한 제도적이고 법적인 권리규정이 인권 내용에 위배될 때는 인권을 근거로 그 혁파와 인권에 부합되는 새로운 제도수립을 요구하게 된다. 이를테면 최근 국가정보원법, 국가보안법에 대한 개정요구 및 사상과 관련된 장기수들에 대한 사상전향서 작성폐지요구 등은 모두가 이러한 예에 속한다.

그러나 인권은 또한 그 도덕적 특성 때문에 이보다 훨씬 광범위하게 정치사회 전체를 전반적으로 개혁할 수 있는 혁명의 근거가 되기도 한다. 이를테면 미국의 독립선언은 인권을 근거로 한 영구식민제도의 혁파를 선언한 것이며, 프랑스 인권선언 속에는 앙시앵레짐을 혁파한 프랑스 혁명의 정당성이 바로 인권에 근거하고 있음을 함축한다. 또 세계인권선언에 밝히고 있듯이 인권은 〈모든 국민과 모든 국가가 성취해야 할 공통의 기준〉(세계인권선언 서문)으로서 모든 나라의 국민들에게 자신의 국가 및 사회의 제반제도가 인권기준에 어긋날 경우에는 이를 변혁해서라도 그 기준을 현실화하고 실현할 수 있는 근거를 제공하고 있다. 물론 오늘날 이러한 사회변혁의 과격성이 현저히 줄어들고 있는 추세이지만 인권이 그 도덕적 특성에서 갖게 되는 제도초월성과 법초월성 속에는 곧바로 혁명성으로도 이어질 수 있는 잠재력이 내포되어 있다고 보아야 한다.

(4) 우월성

인권은 실정법보다 우선한다는 점에서 '**우월적 권리**(priory rights)'라고 할 수 있다. 이것은 실정법과 인권이 충돌하는 경우에 인권이 실정법을 판단하는 기준이 되고, 실정법의 효력을 상실시킬 수 있는 권리가 된다는 뜻이다. 인권은 모든 실정법의 존재목적이고, 모든 실정법은 직접적으로 또는 적어도 간접적으로 인권을 보장하기 위하여 존재하기 때문이다.[12]

II. 인권의 내용

인권개념에는 모든 개인에게 보편적으로 적용되는 생명, 자유, 평등, 정의, 사회적 책임과 연대, 평화, 인류와 환경과의 조화 등과 같은 철학적 가치가 내포되어 있다. 이러한 인권의 내용이 정리되고, 국제사회에서 최초로 규범화된 것이 1948년 유엔총회에서 채택된 세계인권선언이다. 세계인권선언에 나타나 있는 인권의 내용을 살펴보면 아래의 표와 같다.

[세계인권선언의 내용]

구분	내용
자유·존엄·평등권 (제1∼2조)	천부적 권리를 보호하기 위한 것으로 사람은 태어날 때부터 자유·존엄·평등·이성·양심을 부여받았다. 일체의 부당 차별 금지
생명·신체 자유권 (제3∼5, 12∼15조)	인류 각 개인의 신체적·정신적 안전을 보장하기 위한 것으로 생명권, 신체의 자유와 안전권, 노예제도 및 매매 금지, 고문으로부터 보호받을 권리, 사생활 보호, 거주 이전권, 출국·귀국권, 국적 소지·변경권

(이어짐)

---

12) 이준일, 「인권법-사회적 이슈와 인권」, 홍문사, 2015, 8쪽.

법집행에 대한 권리 (제6~11조)	법 앞의 평등, 기본권 침해로부터 구제받을 권리로 자의적 체포·구금·추방 금지, 공정하고 공개된 재판을 받을 권리, 유죄판결 전까지 무죄로 추정받을 권리, 법률 소급 적용으로부터 보호받을 권리
시민적 자유권 (제18~20조)	삶의 특정 부문(사적·공적)을 국가나 타인의 간섭으로부터 보호하기 위한 것으로 의견(사상)·양심·종교·언론·출판·집회·결사의 자유 등에 대한 권리
정치적 권리 (제21조)	사회 구성원들의 정치행위를 보호하기 위한 것으로 비밀투표권, 국가업무 참여권, 공무 취임권
경제적 권리 (제17, 22~24조)	생존활동의 자유와 권리, 최소한의 생활수준 보장을 위한 것으로 사유재산 소유권, 근로권, 여가와 휴식에 대한 권리, 사회보장 향수권, 노조 결성권과 가입권
사회·문화적 권리 (제16, 26~27조)	사회·문화생활 보호를 위한 것으로 혼인의 자유, 가족형성권, 교육을 받을 권리, 정신적 자아실현권, 각종 문화공동체 참여권, 문화활동과 그 결과를 보호받을 권리
최소 필요 충족권 (제25조)	생존을 위해 요구되는 최소한의 물질적 조건을 충족시키기 위한 것으로 기본적 의식주에 대한 권리와 건강보호에 대한 권리

1. 인권의 철학적 가치 기반[13)]

(1) 생명

생명의 가치는 인권의 최우선적 가치이며, 다른 모든 인권 관련 가치의 근원이 된다. 인간의 생명이 긍정되고 지지되지 못하면, 인권은 아무런 의미를 지니지 못한다. 세계인권선언 제3조에서는 '모든 사람은 생명권과 신체의 자유와 안전을 누릴 권리가 있다'라고 하여, 생명에 대한 권리가 다른 어떤 권리보다 우선됨을 규정하고 있다. 그러므로 인권실천가는 무엇보다도 생명의 가치와 질을 우선적으로 고려해, 인간의 생명을 위협하는 건강 문제, 환경오염과 파괴, 물 부족 문제, 전쟁이나 폭력 등에 폭넓은 관심을 갖고 이를 개선하기 위한 활동을 전개해야 한다.

---

13) 국가인권위원회, 「노인인권 길라잡이」, 2014, 21-24쪽 참조.

(2) 자유

1) 형식적 자유로서 법적 자유

자유란 행위 여부를 자기 스스로 결정할 수 있는 주관적 지위를 말한다. 자유는 어떤 행위를 하고 싶으면 할 수 있고, 하기 싫으면 하지 않을 수 있는 규범적 상태를 전제한다. 그리고 이러한 상태는 개인에게 행위 여부를 자주적으로 결정할 수 있는 주관적 지위를 부여한다. 이러한 의미에서 자유는 행위 여부의 결정에 관한 형식적 자유이다.

이와 같이 형식적 자유에 대한 제한은 두 가지 형태로 나타난다. 첫째, 하고 싶은 것을 하지 못하게 금지하는 것이다. 예를 들어 흡연의 금지는 담배 피울 수 있는 자유에 대한 제한을 의미한다. 둘째, 하기 싫은 것을 하도록 명령하는 것이다. 예를 들어 안전벨트 착용의무는 안전벨트를 착용하지 않을 수 있는 자유에 대한 제한을 의미한다.

금지나 명령은 형식적 자유를 제약한다. 이러한 금지나 명령의 공통점은 일정한 의무를 부과하는 것이다. 다시 말해 금지는 '하지 말라'는 부작위의 의무를, 명령은 '하라'는 작위의 의무를 부과한다. 따라서 형식적 자유는 의무가 없는 상태를 의미한다. 그리고 이러한 상태에서 개인이 누리는 주관적 지위가 형식적 자유이다. 결론적으로 형식적 자유는 의무 없는 상태이고 의무는 형식적 자유에 대한 제한이다.

2) 실질적 자유로서 사실적 자유

형식적 자유와 대칭되는 것이 실질적 자유이다. 실질적 자유는 단순히 의무를 제거한 상태가 아니다. 실질적 자유는 자유를 실현하는 현실적 기초나 물질적 토대를 보장한다. 그리고 개인에게 자유를 누릴 수 있는 경제적 수단을 요구하는 주관적 지위를 보장한다. 물론 자유는 무엇보다 의무가 없는 상태에서 보장된다. 하지만 자신의 자유를 실현하는 경제적 여력이 없으면 자신에게 보장된 자유는 현실적으로 아무런 의미가 없다. 따라서 완전한 자유는 의무를 제거할 뿐만 아니라 재정적으로 지원함으로써 실현될 수 있다.

형식적 자유에 대한 제한은 의무라는 규범적 성격의 것이다. 반면에 실질적 자유에 대한 제한은 경제적 장애라는 사실적 성격의 것이다. 경제적 장애를 제거한 실질적 자유를 사실적 자유라고도 한다. 사실적 자유는 사회적 기본권 또는 사회권으로 부르기도 한다.

(3) 평등

대한민국 헌법 전문에서는 "정치·경제·사회·문화의 모든 영역에 있어서 각인의 기회를 균등히 하고…"라는 규정을 두고 있고, 헌법 제11조 제1항에서는 "모든 국민은 법 앞에 평등하다. 누구든지 성별·종교 또는 사회적 신분에 의하여 정치적·사회적·문화적 생활의 모든 영역에 있어서 차별을 받지 아니한다"라고 하여 모든 국민에게 평등권을 보장하고 있다. 이 외에도 헌법 제31조, 제36조, 제41조, 제67조, 제119조 제2항 등에서도 평등과 관련된 규정을 두고 있다. 즉, 평등은 모든 국민이 불합리한 차별을 당하지 않을 권리로서 헌법상 기본권으로 인정되고 있다.

평등은 절대적 평등과 상대적 평등으로 나뉜다. 절대적 평등은 무제한적 절대적 평등과 제한적 절대적 평등으로 구분되는데, 무제한적 절대적 평등이란 모든 사람에게 어떠한 경우에도 무차별·균등하게 대우해야 한다는 개념이며, 제한적 절대적 평등이란 평등의 적용범위를 사실상의 조건 또는 사유나 취급할 사항 또는 범위에 한정하고 그 범위 안에서 절대적 평등을 실현하고자 하는 것을 말한다. 그리고 상대적 평등이란 모든 자의적인 차별은 금지하지만 합리적인 사유에 근거한 차별은 인정하는 것으로, 아리스토텔레스(Aristoteles)의 배분적 정의에서 출발하여 울피아누스(Domitius Ulpianus)의 '평등한 것은 평등하게, 불평등한 것은 불평등하게'라는 명제로 집약된다.14) 아리스토텔레스는 인간의 심정 및 행동을 공동생활의 일반원칙에 적합하게 하는 것을 '일반적 정의'라고 하였고, 법의 구체적인 원리에 따라 각인의 물질상 및 정신상의 이해를 평등하게 하는 것을 '특수적 정의'라고 하였다. 특수적 정의는 배분적 정의와 평균적 정의로 나뉘는데, 배분적 정의는 기여도에 따라 분배하는 것을 의미하므로 상대적 평등이라고 할 수 있고, 평균적 정의는 산술적 비례에 따라 손익을 분배하므로 절대적 평등이라고 할 수 있다. 즉, 성과급은 배분적 정의

---

14) 김재광, "평등의 원리적 고찰", 경희대학교 대학원 고황논집 제18집, 1996, 13쪽 이하 참조.

의 실현이고 투표에 있어 1인 1표 원칙은 절대적 평등을 구현하는 것이다.[15)]

현대적 의미의 평등이란 모든 것을 동일하게 대우해야 한다는 절대적 평등을 말하는 것이 아니며, 같은 것은 같게, 다른 것은 다르게 대우하는 상대적 평등을 의미한다는 것이다. 헌법재판소도 "…헌법 제11조 제1항에 정한 법 앞에서의 평등의 원칙은 결코 일체의 차별적 대우를 부정하는 절대적 평등을 의미하는 것은 아니나…"라고 하여 상대적 평등으로 보고 있다.[16)]

그러나 평등을 상대적 평등으로 이해할 경우 무엇이 같고, 무엇이 다른지를 판단할 수 있는 기준을 정하는 것이 중요한 문제인데, 이러한 기준은 객관적으로 확정되어 있지 않기 때문에 무엇을 같게 대우하고, 무엇을 다르게 대우할 것인지도 객관적으로 확정될 수 없게 된다. 무엇이 같고 무엇이 다른지에 관한 판단은 판단하는 주체의 가치관에 따라 달라진다. 동일한 비교대상에 대해서 여러 판단주체에 따라 판단의 결과가 달라지는 것이다. 따라서 동일한 대상을 같은 것으로서 같은 대우를 할 수도 있고, 다른 것으로서 다른 대우를 할 수도 있다. 이처럼 평등을 둘러싼 논쟁은 비교대상에 대한 서로 다른 가치관들이 벌이는 논증게임으로 이해될 수 있다.[17)]

(4) 정의

정의의 가치는 인권의 침해나 훼손이 있는 경우 이를 복구·구제하고, 상황에 따라 달라질 수 있는 부와 사회적 지위를 자유와 평등의 원칙에 부합하도록 분배하는 것이다. 이러한 정의는 법률에 정한 합법적 절차를 강조하는 절차상의 정의(procedural justice), 결과로서의 분배의 정의를 강조하는 실질적 정의(substantive justice), 그리고 불의한 사회현상을 예방하고 치료하는 사회과정을 강조하는 능동적 과정으로서의 정의(justice as active process)를 모두 포함하는 개념이다. 세계인권선언을 비롯한 각종 인권 문서에서 이러한 정의를 보호하기 위한 원칙과 조치사항을 제시하고 있다. 그러나 이러한 정의의 가치를 구현하는 데 있어 법, 경제, 복지 등의 사회제도가 인간 욕구의 충족과 자원의 공평한 공유를 보장하지 못하는 경우가 있

---

15) 권재열 외, 「법학개론」, 법원사, 2002, 175쪽.

16) 헌법재판소 1989. 5. 24. 89헌가37, 96(병합) 결정.

17) 이준일, 「인권법-사회적 이슈와 인권」, 홍문사, 2015, 5쪽.

다. 그러므로 정의와 사회정의를 위협하는 다양한 사회적 요소에 도전해 바로잡아 나가야 하며, 특히 사회적 보호를 필요로 하는 소수자 집단이 보다 나은 처우를 받고 적절한 권한과 자원을 배분받을 수 있도록 노력해야 한다.

(5) 사회적 연대와 통합

연대(solidarity)란 '여럿이 함께 무슨 일을 하거나 함께 책임진다'는 사전적 의미를 갖고 있으며, 기계적 연대와 유기적 연대로 구분된다. 기계적 연대는 공통의 이해와 속성에 근거한 개인과 집단의 연대를 말하며, 유기적 연대는 분화된 사회 속에서 질서를 유지하기 위해 상이한 역할을 수행하는 사회 구성원의 상이성에 근거한 연대를 의미한다. 모든 인간은 다른 사람의 아픔과 고통을 이해하고 감정이입할 뿐만 아니라 고통받는 사람과 그 고통의 원인을 확인하고, 이들을 옹호하고 원조하는 연대의식을 형성하고 이를 이행할 책임이 있다. 그리고 기계적 연대를 통해서든 유기적 연대를 통해서든 사회 구성원의 상호의존성과 형제애를 복원해 사회통합을 이루어 가야 한다.

(6) 평화

앞서 언급한 인권의 가치는 인권개념을 지지하는 기초적 가치요소라고 한다면 평화는 인권을 세상에서 구현하는 방법과 관련된 부가적 가치이다. 평화는 단순히 갈등이 없다는 의미를 넘어서 개인 내부, 타인 그리고 환경과의 조화를 이루고자 하는 노력을 포괄하는 개념이다. 인간관계나 사회생활에서 갈등은 피할 수 없는 현상이며, 이를 파괴적이고 폭력적인 방법으로 해결할 경우 이에 관여된 인간은 고통을 피할 길이 없다. 물론 인권을 제약 또는 침해하는 갈등을 해결하기 위해 파괴적이고 폭력적 방법을 사용한 급진적 변화를 도모하기도 하지만, 이 경우 갈등은 깊어지고 관여된 사람들 간에 증오심이 형성되고 복수를 위해 또 다른 폭력적 방법을 사용하는 악순환이 반복된다. 그러므로 인권의 제약이나 침해를 야기하는 갈등을 해결하기 위해서는 평화적이고 비폭력적인 방법을 사용해 점진적 변화를 도모해야 한다.

(7) 인류 및 환경과의 조화

지구촌 시대의 인권개념은 특정 국가나 시민사회 그리고 인간관계 측면에 국한하지 않고, 전체 인류와 자연환경의 관계로까지 범위가 확대되어야 한다. 21세기의 지구촌은 불합리한 세계경제 구조, 자원과 부의 불평등, 심화되는 국가 간의 양극화 같은 전 지구적 문제가 심각해지고 있다. 또한 물 부족, 지구온난화, 환경오염과 파괴 같은 환경문제는 인간의 생존 자체를 위협하고 있다. 이러한 지구촌 문제와 환경문제를 예방, 감소 또는 해결하지 않는 한 인권은 심각하게 위협받을 것이며 그 의미를 상실하는 상황에 이를 수도 있다.

2. 인권과 기본권의 한계

인권은 원래 자연권으로서 모든 인간이 시간적·공간적 제한 없이 언제 어디서나 주장할 수 있는 장점이 있다. 그러나 인권에 대한 다양한 관점과 견해 때문에 인권의 내용은 명확성을 얻기 어렵고, 인권은 보편성으로 말미암아 필연적으로 추상성을 내포할 수밖에 없다. 권리에 관한 다툼이 있을 때에 인권은 그 불명확성과 추상성으로 말미암아 그 문제를 해결하기 위한 구체적 기준을 제공하기 어렵다. 그리고 인권은 도덕적 권리로서 국가의 존재 여부와 상관없이 주장할 수 있다. 이것은 인권의 관철을 직접 강제할 수단이 없다는 것을 의미한다.[18] 결국, 인권은 추상적이고 도덕적인 권리로서 보호영역이 불명확하고, 권리의 관철이 강제될 수 없다는 문제점을 가지고 있다.

이에 반해 기본권은 헌법이 인권을 확인하여 재구성하고 발전시킨 결과물이다. 즉, 기본권은 확인된 인권을 보호하기 위해서 인권을 정리하고 헌법에 규정하여 국가를 통해서 보호하는 권리이다. 따라서 기본권은 오로지 헌법해석을 통해서만 도출될 수 있다. 헌법은 국민이라는 한정된 인간의 무리가 법질서를 창조하고자 자신의 전통과 경험을 바탕으로 합의하여 제정한 것이다. 여기서 합의는 국민이라는 제

---

18) 허완중, "인권과 기본권의 연결고리인 국가의 의무-기본권의 의무적 고찰을 위한 토대", 저스티스 통권 제124호, 한국법학원, 2011, 145-146쪽.

한된 인적 한계, 제정시점이라는 시적 한계와 국가영역이라는 한정된 지역적 한계를 바탕으로 합의 당시의 상황과 문화에 따라 이루어진다. 그리고 이러한 한계로 말미암아 헌법은 일정한 효력범위가 있다. 따라서 인권이 기본권으로 전환되면서 구체성과 명확성 그리고 충실한 관철 가능성을 획득하는 대신에 보편성을 상실한다. 즉, 기본권은 언제 어디서나 주장할 수 있는 권리가 아니라 헌법이 미치는 시간적·인적·장소적 범위 안에서만 주장할 수 있다. 그러나 인간의 생활영역은 다양하고, 사회가 발전되고 세계화가 진척됨에 따라 그 범위는 계속 넓어지면서 복잡해지고 있다. 그에 따라서 새로운 권리문제가 끊임없이 발생하고, 권리에 관한 종래 해결도 새롭게 평가되고 수정될 필요성이 지속적으로 제기된다. 따라서 종래 권리의 보호영역이 새롭게 확정되고 수정되어야 하고, 때에 따라 새로운 권리가 수용될 필요가 있다.[19]

[인권과 기본권의 차이]

구분	인권	기본권
공통점	인간의 존재 자체에 관심을 갖고 그 존엄성과 권리에 대해 논의하는 것	
차이점	인간의 본성에서 나오는 생래적 자연권	헌법이 보장하는 국민의 기본적 권리

Ⅲ. 인권의 역사와 국제적 보장

1. 인권의 역사

인권의 역사에서 1215년 영국의 대헌장(Magna Carta), 1628년 권리청원(The Petition of Rights), 그리고 1679년 인신보호령(Habeas Corpus Act)을 거쳐 1689년 권리장전(Bill of Rights)은 영국이라는 특정 국가의 맥락을 떠나 오늘날까지도 그 역사적 가치를 인정받고 있다. **존 로크**(J. Locke, 1632~1704)의 **자연권**과 **저항권**이론이 나온

---

19) 허완중, "인권과 기본권의 연결고리인 국가의 의무-기본권의 의무적 고찰을 위한 토대", 저스티스 통권 제124호, 한국법학원, 2011, 150쪽.

것도 바로 이때였다. 근대적 인권을 가장 극적으로 표현한 사건은 18세기 말 발생한 미국의 **독립혁명**과 **프랑스혁명**이라고 할 수 있다. 미국의 독립혁명과 프랑스혁명은 인간을 봉건제의 전통과 인습으로부터 해방시켜 인간이 다른 권위에 의존하지 않고 스스로 존립할 수 있게 만들어 주었다. 이 사건들을 계기로 인간은 이 세상에서 가장 존귀하다고 감히 말할 수 있게 되었다. 또한 **휴머니즘**과 **계몽주의**는 인권의 모태가 되었는데, 개인의 생명과 안전과 존엄은 세상 그 어떤 것보다 앞서는 것이며, 모든 사람의 생명과 안전과 존엄은 동등하다고 말하고 있다. 이것은 단순히 듣기 좋게 말하는 수사의 차원을 넘어서는 통렬한 메시지를 담고 있다.

19세기에 들어와서 인권보장을 위한 투쟁은 흑인노예 해방, 여성의 권리향상 그리고 전시에서의 인권보호, 즉 인도주의법의 발전으로 확대되었다. 한편 산업혁명을 계기로 자본주의가 본격화되면서 노동자 계급이 양적으로 급격히 증대하였고 아동노동, 저임금 그리고 열악한 노동조건이 심각한 사회문제로 등장하였다. 이러한 상황에서 노동자의 인권에 대한 관심이 높아졌고 당시 노동자 계급의 해방을 주장했던 사회주의 사상은 인권운동에도 큰 영향을 주었다.[20]

그러나 20세기에 들어서는 인류가 제1차 세계대전이라는 총력전의 참상을 겪어야 했는데, 이때에 독가스나 세균과 같은 화학적 무기가 대량 사용되었고, 탱크와 같은 대량살상 무기 등이 등장하였다. 이는 기술발전이라는 진보가 대량살상이라는 인권유린을 가져온 것이다. 이어 발생한 제2차 세계대전을 전후한 시기에 동양과 서양에서 엄청난 규모의 인권유린이 벌어졌다. 이와 같은 참상에 대한 경험은 역설적으로 현대인권운동의 시발점이 되었다. 이 시기 일본 제국주의 침략세력은 남경대학살사건이나 만주에서의 생체실험과 같은 참담한 인권침해를 자행하게 되는데, 한국에서도 **창씨개명**, **강제징용**, **강제징집**, **종군위안부**(정신대)와 같은 각종 인권침해가 발생하였다. 유럽에서는 나치독일에 의해 유태인과 소수민족 수백만 명이 조직적으로 학살되었다.

전쟁이 끝난 후 독일에서는 **뉘른베르크 전범재판**이, 일본에서는 **동경 전범재판**이 열려 독일과 일본의 전쟁지도자들이 처벌을 받았다. 이때 '**반인도적 범죄**(crimes against humanity)'라는 개념이 등장하게 되는데, 인권유린은 비록 전쟁 시라 할지라

---

20) 이준일 외, 「행정과 인권」, 국가인권위원회 연구용역 보고서, 2014, 12쪽 참조.

도 절대 저질러서는 안 되는 범죄행위라고 못 박은 것이다. 2002년 7월에 발효된 국제형사재판소(International Criminal Court, ICC)는 뉘른베르크와 동경전범재판소의 후계자로서 집단학살과 같은 반인도적 범죄를 단죄할 상설재판소이다. 인권유린범죄의 처벌을 제도화하는 데 반세기가 넘게 걸렸지만 이는 인류의 인권역사에서 대단히 진일보한 발전이다.

제2차 세계대전이 끝나고 본격적으로 등장한 인권운동은 유엔의 창설과 밀접한 관계가 있었다. **유엔헌장**은 영구적인 세계평화를 위해 '**기본적 인권**'이 중요함을 인정했던 것이다. 1946년 **유엔인권위원회**가 설립되고, 1948년 12월 10일 **세계인권선언**이 유엔총회를 통과하게 되지만,[21] 사우디아라비아는 서구적 개념의 인권에 대한 반발로, 남아공은 흑백인종 차별문제에 대한 이견 때문에, 그리고 소련은 자유민주주의적 인권개념을 꺼리면서 기권하였다. 세계인권선언은 오늘날 읽어 보아도 생각할 거리가 무궁무진한 인권의 금자탑과 같은 선언이었으나, '**선언**'이라는 형태로 등장하게 되면서 정식 구속력을 가진 국제법적 지위를 갖지는 못하였다. 이러한 이유로 세계인권선언을 법제화하는 작업이 오랫동안 계속되었고, 마침내 1966년 **경제적·사회적·문화적 권리에 관한 국제규약(A규약)**과 **시민적·정치적 권리에 관한 국제규약(B규약)**이 채택되었다. 이후 A, B 규약 둘 다 1976년부터 정식 발효되었다. 이 두 규약은 본격적인 국제인권법으로서 한국은 1990년 이들 규약에 모두 가입하였다. 세계인권선언과 두 규약을 합해서 '**국제인권장전**'이라고 한다.[22]

국제인권규약과(법은 아니었지만 점차 관습법으로 인정받은) 세계인권선언에는 허점이 있다. 특히 이 법을 어겼을 때에는 제재할 수 있는 방법이 거의 없다고 해도 과언이 아니다. 그래서 이러한 법망을 좁히고 각국 정부가 실제로 국제인권법을 지키는지 감시하자는 움직임이 높아졌다. 전 세계에 흩어져 있는 **인권 NGO**(비정부기

---

21) 세계인권선언(Universal Declaration of Human Rights)은 1948년 12월 10일 파리에서 열린 제3차 유엔총회에서 만장일치로 채택되었다. 세계인권선언은 유엔헌장에 언급된 인권에 대해 보다 구체적으로 명확한 기준을 제시하기 위해 만들어졌는데 당시 국제적 인권운동의 성과를 집대성한 이정표의 성격을 지닌 문서라고 할 수 있다. 인류의 '마그나 카르타'로 비유된다.
22) 국제인권장전은 1948년의 세계인권선언, 사회권규약과 자유권규약의 양대 규약, 그리고 자유권규약의 개인청원 및 사형폐지에 관한 두 개의 선택의정서로 구성되어 있다. 이 다섯 개의 문서를 국제인권장전이라고 부르는 이유는 이 문서들이 현재 국제사회의 인권규범과 인권보장제도의 근간을 구성하고 있기 때문이다.

구; Non-Governmental Organization)들이 이 분야에서 혁혁한 공로를 세우게 되는데, **국제앰네스티(국제사면기구; Amnesty International, AI)**와 같은 단체들은 인권의 이행을 감시하며, 새로운 의제(agenda)를 제기하고 국제사회의 경각심을 높이는 데 결정적인 역할을 해냈다.[23] 이들은 냉전 당시 자본주의 진영 내에서 발생한 인권탄압과 동구권 내에서 발생한 인권탄압을 동시에 고발하고 감시하는 데 큰 공로를 세웠다. 중남미와 아시아, 아프리카, 그리고 헬싱키협정[24]과 같은 것이 대표적인 사례이다.

[세계인권 연표]

연도	내용	연도	내용
1215	영국 마그나카르타	1966	• 경제적·사회적·문화적 권리에 관한 국제규약(A규약) • 시민적·정치적 권리에 관한 국제규약(B규약)
1679	영국 인신보호령	1969	인종차별 철폐협약
1776	미국 독립선언	1975	헬싱키협정
1789	프랑스혁명 인권선언	1979	여성차별철폐협약
1791	미국 권리장전	1981	아프리카 인권헌장
1919	국제노동기구(ILO)창설	1987	고문방지협약[25]

(이어짐)

---

23) 유엔은 주권국가를 대표하는 정부로 구성된 정부간 기구(Inter-Governmental Organization)이다. 그러나 유엔은 경제사회이사회(ECOSOC)가 그 권한 내에 있는 사항과 관련이 있는 비정부간 기구와의 협의를 위하여 적절한 약정을 체결할 수 있다고 명시한 유엔헌장 제71조를 통해 처음부터 비정부(민간) 단체(Non-Governmental Organization, NGO)의 참여를 제도적으로 보장해 왔다. 현재 활동의 영역과 범위에 따라 포괄적 협의자격(General), 특정분야(Special), 등록명부(Roster)과 같은 세 가지 종류의 협의자격(Consultative Status) 제도가 있는데 2014년 말까지 3,900개 이상의 비정부 기구가 협의자격 지위를 부여받았다; 이준일 외, 「행정과 인권」, 국가인권위원회 연구용역 보고서, 2014, 18쪽 참조.

24) 헬싱키 협정은 1975년 헬싱키에서 이루어진 협정을 말하는데, 주요 내용은 ① 동등한 주권 인정, ② 무력 사용과 위협 중단, ③ 영토 불가침, ④ 영토 보전, ⑤ 분쟁의 평화적 해결, ⑥ 내정 불간섭, ⑦ 사상, 양심, 종교, 신앙 등 기본적 자유와 인권 존중, ⑧ 인간의 평등과 자결권 보장, ⑨ 국가 간 협력, ⑩ 국제법상의 의무 이행으로 되어 있다. 협정에 참여한 국가들은 〈유럽 안보의 기초와 국가 간 관계 원칙에 관한 일반적인 선언〉으로 명명된 최종 문서에 조인하였으며, 많은 국가들이 이 조약을 승인하면서 제2차 세계대전 이후 30년에 걸친 유럽 지역에서의 냉전은 종결되었다.

25) 고문방지협약의 공식명칭은 "Convention against Torture and Other Cruel, Inhuman or Degrading Treatment or Punishment"이고, 1984년에 채택되었으나 1987년 6월 26일부터 효력이 발생했다.

1945	유엔헌장	1990	이주노동자권리협약
1945~46	뉘른베르크 전범재판	1993	유엔인권고등판무관실 설치
1946~47	동경 전범재판	1998	국제형사재판소 로마협약 체결
1948	세계인권선언	2002	국제형사재판소 창설
1951	난민협약	2008	장애인권리협약
1959	어린이·청소년 권리선언	2010	강제실종자협약

이와 함께 공식통로를 통한 인권 의제도 대폭 늘어났다. 1970년대 미국의 카터 행정부는 인권을 외교정책의 제일 중요한 과제로 내세웠다. 외교에 인권이라는 개념이 들어간 것만 해도 당시로서는 대단히 놀라운 발상이었다. 원래 외교는 **'현실주의(realist)'** 사상이 지배적인 분야인데, 냉혹한 국제현실에서 국익추구를 제외한 어떠한 고려도 부차적일 수밖에 없다는 입장이다. 이에 반해 인권외교는 **'이상주의(idealist)'**를 수용한 것으로 세계평화와 공존을 위해 높은 도덕적 이상을 추구하는 것이 국익에도 이롭다는 입장이다. 이와 같은 인권 외교정책은 여러 가지 부족한 점이 있었음에도 불구하고, 그 이후 전 세계국가 간 관계에서 인권을 필수적인 고려사항으로 발전시키는 데 기여하게 된다. 우리나라도 미얀마나 동티모르의 인권문제에 대해 정부차원의 의견표명이 있었고 이런 추세는 앞으로도 늘어날 것으로 예상된다. 크게 보자면 대북포용정책도 이상주의적, 인도주의적 관점 속에서 이해할 수 있는 것이다. 최근 인권은 이처럼 국제질서에서 중요한 요소로 자리하게 되었으며, 이는 가장 비인간적이고 반인권적인 전쟁들이 남긴 교훈으로서 인권은 인류보편의 문제라는 깨달음에서 온 것이었다.

2. 인권의 역사적 분류[26]

국제인권법에 따라 인권의 생성단계를 설명하면 3세대 인권론으로 정리할 수

---

26) 박찬운, 「인권법(제2개정판)」, 도서출판 한울, 2015, 39-42쪽; 정영선 외, 「인권과 지방자치」, 국가인권위원회 연구용역 보고서, 2014, 3-6쪽; 국가인권위원회, 「노인인권 길라잡이」, 2014, 24-28쪽 참조.

있는데, 제1세대 인권은 시민적·정치적 권리, 제2세대 인권은 경제적·사회적·문화적 권리, 제3세대 인권은 연대권이다. 이러한 인권의 3세대에 걸친 발전과정을 살펴보면 다음과 같다.

(1) 제1세대 인권: 시민적·정치적 권리 – '자유권'

인권은 역사 발전의 과정에서 내용과 항목이 끊임없이 풍부해지고 확장되고 있으며, 이와 더불어 인권은 추상적인 권리로 머무르지 않고, 실행력을 담보할 수 있는 법적 권리로 발전하고 있다. 제1세대 인권의 발달은 18세기 자유주의적 정치철학의 발달과 계몽주의에 그 기원을 두고 있다. 제1세대 인권은 세계인권선언에 포함된 공정한 대우, 선거권과 같은 시민적·정치적 권리에 강조를 두고 있으며, 자유권으로도 불린다. 자유권은 인간의 존엄성과 가치와 자유에 초점을 맞춘 권리개념으로서 주로 인간이 국가의 강압으로부터 자유로운 어떤 상태를 지향하는 것이며 도덕적 권리(moral rights)와 법적 권리(legal rights)로 구분하기도 한다. 즉, 제1세대 인권은 인권침해의 예방과 권리의 보호 또는 방어에 중점을 두는 경향이 있는데, 그 속성은 적극적이라기보다는 소극적인 것으로 이해되었다. 따라서 제1세대 인권은 흔히 자연권, 즉 자연적 질서의 일부로서 우리 속에 내재하거나 소유하고 있는 권리를 말한다. 불법적으로 신체의 자유를 침해당하지 않을 권리, 사상·양심의 자유, 참정권, 집회·결사의 자유 등을 망라하며, 법적 권리는 모든 인간이 합법적인 절차에 의해 대우를 받을 권리, 즉 권력자가 마음대로 통치하는 인치(人治)가 아니라 법치(rule of law)를 의미하는데, 예를 들면, 법 앞의 평등, 공정한 재판(due process), 판결 전까지 무죄추정원칙, 변호인의 조력을 받을 권리, 고문 금지, 구금자 처우 등을 포함하고 있다.

(2) 제2세대 인권: 경제적·사회적·문화적 권리 – '사회권'

제2세대 인권은 18세기의 자유주의가 아니라 19세기와 20세기의 사회민주주의 또는 사회주의 그리고 여타의 집단주의 운동에 지적인 기반을 두고 있다. 이러한 제2세대 인권은 이 시기에 중요성이 부각되었던 평등을 중심으로 발전하게 되며, 19세기 후반 이래 실질적 평등을 기초로 하는 사회권이라는 이름의 경제적·사회적·문화적 권리를 탄생시켰다. 이러한 사회권을 '권리'의 영역으로 보장하기 위해서는 일정한 경제적 자원이 기반이 되어야 했는데, 주로 사회주의권 국가 및 제3세계 국가들은 사회권이야말로 자유권보다도 더 선행되어야 할 권리보장 영역이라고 주장하여 왔다. 그러나 현재 국제사회에서 사회권은 상대적으로 자유권보다는 법적 장치가 미약한 편이다.

제1세대 인권은 인간에게 자유를 가져다주었지만, 사회경제적 불평등을 적극적으로 바꾸려 하지는 않았으며, 그 결과 자유는 확보했지만 이를 향유할 수 있는 사회적·물질적 토대가 보장되지 못함으로써, 실질적인 평등을 담보할 수 있는 인권 개념과 이에 대한 실천 노력이 필요하게 되었다. 결국 제2세대 인권은 국가가 훨씬 능동적이고 적극적인 역할을 수행할 것을 요구하고 있기 때문에, 적극적 권리(positive rights)로 불린다.

제2세대 인권에 포함되는 세계인권선언의 조항을 살펴보면, 사회보장에 대한 권리(제22조), 일할 수 있는 권리, 실업으로부터 보호받을 권리 등(제23조), 유급휴가 등 휴식과 여가를 가질 권리(제24조), 건강 및 행복에 필요한 생활수준을 누릴 수 있는 권리(제25조), 교육을 받을 권리(제26조), 문화생활에 참여하고 과학의 혜택을 누릴 권리(제27조) 등이다. 그리고 이를 보다 구체화한 경제적·사회적·문화적 권리에 관한 국제규약이 체결되어 있다.

(3) 제3세대 인권: 연대권, 발전권 등

제3세대 인권은 20세기 들어서야 인권으로 인식된 것으로, 제1세대와 제2세대 인권이 개인적 수준의 권리라고 한다면 제3세대 인권은 집단적 수준의 권리라고 할 수 있다. 즉, 국가와 개인의 관계 속에서 파생되는 권리가 아니라 연대의 권리(solidarity rights)라는 특징이 있다. 집단의 권리(collective rights)에 초점이 맞추어지고 있는 이 권리는 제2차 세계대전 이후 인권의 국제화 현상에서 형성되어 왔으며, 아직도 확정되었다고 보기보다는 형성되고 있는 중인 동태적 인권으로 그 개념을 명확하게 제시할 수는 없다. 그러나 세계인권선언과 국제인권규약에 포함된 내용으로 자결권,[27] 천연 재화와

---

27) 자결권이란 자신들의 정치적 지위를 자유로이 결정하고 경제·사회·문화의 발전을 자유롭게 추구할 수 있는 권리를 말한다.

자원을 자신들을 위해 자유롭게 처분할 수 있는 권리, 우주의 자원·과학·기술·기타 정보의 발전 결과와 문화적 전통·유적·기념물 등 인류 공동의 유산에 공동으로 참여하고 혜택을 받을 수 있는 권리, 인도적 구호를 받을 권리, 조화로운 사회에서 살 권리, 오염되지 않은 공기와 깨끗한 물을 마실 권리와 같은 환경권 등이 포함되며, 더나아가 평화권 등의 현안들이 망라된다고 할 수 있다. 하지만 제3세대 인권보장을 위한 인권 조약과 협정이 성문화는 아직 초기 단계에 있고, 그 권리를 보호하고 실현하기 위해 마련된 국제법적 장치 또한 초보적 형태에 머물러 있다. 앞으로 제3세대 인권은 인권 연구나 투쟁의 중요한 영역으로 부상할 것이고, 이로써 의미 있는 논쟁이 지속될 것이며 집단적 차원 또는 전 세계적 차원에서 이를 보장하기 위한 다양한 장치와 기제들이 마련되어 갈 것으로 보인다.

[인권의 단계적 구분 요약][28]

구분	제1세대 인권	제2세대 인권	제3세대 인권
권리주체	개인	개인	국가, 민족, 사회(집단)
권리의 내용	자유	평등	문화, 집단의 권리
권리의 성격	소극적	적극적	종합적
생성시기	18~19세기	19~20세기	20세기 후반

3. 인권의 국제적 보장

인권을 보장하는 것은 궁극적으로 국가의 책임이지만 인권과 국권은 종종 대립한다. 국민을 보호해야 할 국가가 간혹 그 본분에 충실하지 못하고 오히려 국민을 탄압하는 경우가 있기 때문이다. 물론 탄압의 명분은 국가 공동체의 보존, 공공질서의 확립이지만, 다시 생각해 보면 인권을 탄압하면서까지 공공질서를 확립해야 한다면 다음과 같은 문제가 발생하게 된다. 첫째, 그러한 공공질서는 참된 질서가 아니라 두려움에 의한 굴종일 것이고, 둘째, 정상적인 방법으로 질서를 지키지 못한다면 그것은 국민의 잘못이 아니라 권력의 무능함을 드러내는 것으로 볼 수 있다.

28) 박찬운, 「인권법(제2개정판)」, 도서출판 한울, 2015, 41쪽.

따라서 국가가 자국민의 인권을 보호하지 못하는 경우에 국제사회가 나서게 된다. 인권에 있어서는 타국에 대한 개입이 허용되기 때문이다. 물론 개별국가도 다른 나라에 대해 권고와 지적을 할 수 있지만 가장 정당하고 효과적인 개입은 유엔을 통한 개입이다. 유엔은 위에서 말한 국제인권장전을 통해 인권을 강제하거나 권유할 수 있다. **국제인권장전** 외에도 **집단학살방지협약**, **고문방지협약**, **인종차별철폐협약**, **여성차별철폐협약** 등 다양한 국제법들이 유엔을 통해 제정되었다. 유엔 내의 기구로서 '**유엔인권고등판무관실**(Office of the United Nations High Commissioner for Human Rights, OHCHR)'은 제네바에 소재하고 있으며 유엔의 모든 인권 관련 활동을 관장한다. 유엔인권고등판무관은 유엔 사무차장급에 해당하며 관할하에 '유엔인권이사회'가 있다. 유엔인권이사회는 유엔총회 산하기관으로 2006년 제60차 유엔총회의 결의로 설치되었으며, 인권 보호와 증진 관련 권고, 인권침해 예방 및 인권침해 상황에 대응, 유엔 회원국 인권상황 개별심의, 인권 이슈 토의, 인권 교육 및 자문, 능력배양 증진, 국제인권법 관련 유엔총회에 권고 등의 임무를 수행하고 있다.

인권의 실질적 보장과 확대를 위한 노력의 또 다른 축은 시민사회이다. 시민들이 자발적으로 단체를 조직하여 인권옹호 활동을 벌이는 것이 이제는 국내, 국제적으로 아주 흔한 일이 되었다. 인권비정부기구들은 전문성과 헌신성, 회원들의 자발성에 힘입어 요즘 대단히 중요한 세력으로 성장했다. **인권NGO**는 각국 정부의 인권 이행을 **감시**(monitoring)하고, 인권의제를 **주창**(advocacy)하며, 인권문제의 더 좋은 **해결책**을 내놓고(innovation), 인권보호 활동을 **직접제공**(provision)하기도 한다. 전 세계적으로 알려진 국제앰네스티나 휴먼라이츠워치(HRW)와 같은 단체뿐만 아니라 지역단체, 풀뿌리 단체들이 국제인권법의 준수와 인권가치의 함양을 위해 조사와 연구, 캠페인과 항의 활동을 벌인다. 요즘은 인권NGO가 다른 영역의 단체들, 예컨대 인도적 구호단체 또는 환경단체와도 사안에 따라 긴밀한 협력을 하며, 특히 지구화의 반작용에 따른 인권악화에 공동 대응하는 경향이 있다.

대표적 국제인권 NGO와 설립 연도
국제종교자유협회(International Religious Liberty Association, 1893년)
국제앰네스티(Amnesty International, 1961년)
국경없는의사회(Doctors Without Borders, 1971년)
인권법률가협회(International Commisson of Jurists, 1978년)
휴먼라이츠워치(Human Rights Watch, 1978년)
집단학살연구소(Institute of genocide, 1982년)
인권의사회(Physicians for Human Rights, 1986년)

IV. 국가인권위원회의 구성과 기능

1. 국가인권위원회의 설립배경

인권의 옹호와 증진을 위한 국제적 차원의 노력과 함께 인권보호체제의 국내화가 제기되어 왔다. 이는 각 나라별 인권상황에 기초한 효과적인 인권보장, 국제인권법의 국내적 적용을 보다 쉽게 해 줄 시스템의 마련, 개인들이 보다 쉽게 접근할 수 있는 인권보호제도의 필요성에서 나온 것이다. 1991년 파리에서 개최된 제1차 국가인권기구 국제워크숍에서 확인된 원칙은 이후 국가인권기구의 지위와 책임을 규정하는 대표적인 준칙이 되었다.

파리원칙에 따르면 국가인권기구는 인권을 보장하고 향상시키는 데 필요한 광범위한 권한을 헌법 또는 법률에 근거하여 부여받아야 한다. 이러한 권한은 ① 인권을 신장하고, ② 인권보호에 관해 정부에 자문을 하며, ③ 인권 관련 법규를 검토하고, ④ 인권보고서를 작성하며, ⑤ 인권 관련 진정을 받아 조사, 구제하는 역할의 수행을 위한 것이다. 나라마다 형태와 기능이 조금씩 다르고, 나라에 따라 인정하는 권한의 크기가 모두 다르지만 국가인권위원회의 존재 자체가 인권발전의 한 단계 성숙을 대변한다. 국가는 국권을 기본으로 하고 국권수호가 인권수호에 앞서는 게 보통인데 국가가 인권을 수호하겠다고 나선 것이다. 또한 국가와 시민사회가 인권을 공동의 가치로 삼기로 합의한 상징적인 사건이기도 하다. 그러므로 국가인권위원회의 설립은 단순히 국가기구가 하나 더 늘었다는 의미로만 볼 수 없다. 2001년 설립된 국가인권위원회는 인권의 관점에서 보면 1948년 대한민국의 헌법이 제정된 이래 가장 큰 경사라고 할 수 있다.

그러면 **국가인권위원회가 어떻게 탄생**하게 되었을까? 우선 각종 인권NGO들의 오랜 노력과 활동을 들 수 있다. 이들은 한국사회에서 생소했던 의제를 가시화하고, 새로운 기구 설립을 통한 인권의 발전이라는 비전을 제시했으며, 의지와 용기로써 결코 호의적이지 않은 환경을 극복하는 데 성공했던 것이다. 둘째, 한국의 민주주의가 진행되었고 이 과정에서 인권의 담론을 국정의 한 지표로 삼는 데 동의하는 흐름이 발생했다. 이러한 흐름은 1997년 당시 김대중 대통령 후보의 선거공약, 다음 해 새 정부 100대 과제에 인권법 제정 및 국가인권위원회 설립이 포함된 사실에서도 확인된다. 셋째, 국제적 추세가 국가인권위원회의 설립을 정당화했으며 국제적 인권운동이 국내 인권운동과 연대할 수 있었다. 현재 국가인권위가 설립되어 본격적인 활동에 들어가 있다. 국가인권위는 국민들에게 정부시책을 단순히 집행하는 그런 기구가 아니다. 형식은 국가기구이지만 실질적인 내용과 형식 면에서 시민사회와 긴밀하게 소통해야 하는 특수한 기구이다. 그러므로 국가인권위는 시민사회의 가치인 인권을 국정 전반에서 실현할 의무, 그리고 시민사회는 국가인권위를 옹호하고 지원할 책임을 공유하고 있다.

[국가인권위원회 설립과정]

국제적 논의과정		국내적 논의과정	
1946년	• 유엔경제사회이사회에서 "국제인권법의 국내적 실현을 위해 각국에 특별한 인권기구 설치 적극 권장"	1993년 6월	• 「한국민간단체 공동대책위원회」가 비엔나 세계인권회의 참여 • 정부에 국가인권기구 설치 요구
1978년 9월	• 유엔인권위원회에서 '국가인권기구(NI)의 구조·기능에 관한 가이드라인'(제네바 원칙)을 제정하고, 총회에서 인준	1997년 11월	• 김대중 대통령 후보 '인권법 제정 및 국민인권위원회 설립' 대선공약 발표 • 김대중 정부 100대 국정과제 포함 추진 「국민인권위원회설립준비단」 발족

(이어짐)

1991년 10월	• 제1회 국가인권기구(NI) 워크숍 → 파리원칙 초안 마련	1998년 9월	• 「인권법제정 및 국가인권기구설치 민간단체 공동추진위원회」 결성 • 헌법기관에 준하는 독립성과 자율성 보장 요구
1993년 6월	• 제2회 세계인권대회 → 국가인권기구(NI)에 관한 회의 개최	1999년 4월 ~ 2001년 4월	• 「올바른 국가인권기구 실현을 위한 민간단체 공동대책위원회」로 재편 • 국가인권기구의 지위와 권한 문제 등으로 법무부와 인권단체 3년간 갈등
1993년 12월	• 제2회 국가인권기구(NI) 워크숍	2001년 5월	• 국가인권위원회법 제정 공포 및 발효
1993년 12월	• 유엔총회 → 파리원칙 채택	2001년 11월	• 국가인권위원회 출범

출처: 국가인권위원회 홈페이지 참조.

2. 국가인권위원회의 지위와 독립성

(1) 인권전담 국가기관

국가인권위원회법 제3조 제1항은 "이 법이 정하는 인권의 보호와 향상을 위한 업무를 수행하기 위하여 국가인권위원회를 둔다"라고 규정하여 국가인권위원회는 인권전담 국가기관임을 명시하고 있다.

(2) 업무수행의 독립성 보장

국가인권위원회는 입법부, 사법부, 행정부 등 어디에도 소속되지 않는 국가기구로서 누구의 간섭이나 지휘도 받지 않고, 국가인권위원회법에 정해진 업무를 독자적으로 수행하는 **독립기구**임을 국가인권위원회법 제3조 제2항에서 규정하고 있다.

(3) 직무의 독립성과 다양성을 보장

국가인권위원회는 위원회의 독립성과 다양성을 확보하기 위하여 국회 선출 4인(상임위원 2인 포함), 대통령 지명 4인, 대법원장 지명 3인으로 인권위원을 선출 또는 지명하여 위원회를 구성한다. 위원은 인권문제에 관하여 전문적인 지식과 경험이 있고 인권의 보장과 향상을 위한 업무를 공정하고 독립적으로 수행하기 위하여 대학이나 공인된 연구기관에서 부교수 이상의 직이나 이에 상당하는 직에 10년 이상 있거나 있었던 사람, 판사·검사 또는 변호사의 직에 10년 이상 있거나 있었던 사람, 인권 분야 비영리 민간단체·법인·국제기구에서 근무하는 등 인권 관련 활동에 10년 이상 종사한 경력이 있는 사람, 그 밖에 사회적 신망이 높은 사람으로서 시민사회단체로부터 추천을 받은 사람으로 구성한다.

3. 국가인권위원회의 비전과 목표

국가인권위원회는 "사람이 사람답게 사는 세상"이라는 비전을 두고 모든 사람의 기본적 인권을 보장하고 그 수준을 향상시킴으로써 인간의 존엄과 가치를 실현하고 민주적 기본질서를 확립하기 위해 다음과 같은 전략과 목표를 두고 있다.

[국가인권위원회의 비전과 목표]

인권 증진을 위한 기반 구축	⇨	표현의 자유 보장과 사회안전망 개선	⇨	1. 신체 및 표현의 자유 등 자유권 보장 2. 사회안전망 개선을 통한 사회권 보장 3. 국가인권정책기본계획(NAP) 권고 및 이행 점검 4. 국제 인권규범의 국내 정착 5. 인권평가제도 도입
사회적 약자와 취약계층의 인권 보호	⇨	인권사각지대에 대한 예방적 권리구제	⇨	1. 아동·청소년·노인의 인권 증진 2. 장애인 차별 시정 및 인권 증진 3. 성차별·성희롱 시정 및 여성인권 증진 4. 시설 생활인의 인권보장 5. 인권사각지대에 대한 권리구제 강화
인권가치의 사회적 확산	⇨	지역사회의 인권역량 강화와 인권교육의 법적 보장	⇨	1. 지역주민의 위원회 접근성 강화 및 인권 가치의 전국적 확산 2. 인권교육법 제정 등 인권교육 정책기능의 확대 3. 인권교육 콘텐츠의 개발·보급 및 활용 강화 4. 인권교육의 체계적 운영 5. 인권홍보 활성화를 통한 인권의식 향상

(이어짐)

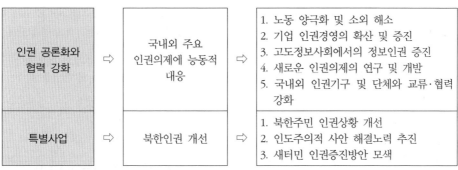

| 인권 공론화와
협력 강화 | ⇨ | 국내외 주요
인권의제에 능동적
대응 | ⇨ | 1. 노동 양극화 및 소외 해소
2. 기업 인권경영의 확산 및 증진
3. 고도정보사회에서의 정보인권 증진
4. 새로운 인권의제의 연구 및 개발
5. 국내외 인권기구 및 단체와 교류·협력
강화 |
| 특별사업 | ⇨ | 북한인권 개선 | ⇨ | 1. 북한주민 인권상황 개선
2. 인도주의적 사안 해결노력 추진
3. 새터민 인권증진방안 모색 |

출처: 국가인권위원회 홈페이지 참조.

4. 위원회의 기능 및 활동

국가인권위원회에는 전원위원회를 비롯하여 상임위원회, 침해구제위원회, 아동권리위원회, 차별시정위원회, 장애인차별시정위원회가 있다. 각각의 구성이나 기능은 아래의 표와 같다.

[위원회의 구성 및 기능]

조직	구성	심의 및 의결사항
전원위원회	위원장, 상임위원 3인, 비상임위원 7인	• 위원회의 운영에 관한 기본 정책의 수립, 예산과 결산, 규칙의 제정과 개정, 위원회의 설치 및 운영, 자문위원 또는 조정위원의 위촉에 관한 사항 • 위원회의 결정으로 전원위원회에서 의결하도록 한 사항 • 방문조사·인권침해 또는 차별행위 조사사건에 관하여 구제조치의 권고, 고발·징계권고 및 그 시행에 관한 사항 • 상임위원회 또는 소위원회의 결정으로 전원위원회에 회부하거나 소위원회에서 의결되지 아니한 사항 • 법, 시행령 또는 위원회 규칙에서 전원위원회가 심의·의결하도록 정한 사항 • 인권침해 유형·판단기준 및 그 예방조치 등에 관한 지침의 제시 및 권고에 관한 사항 • 국제인권조약에의 가입 및 그 조약의 이행에 관한 연구와 권고 또는 의견의 표명에 관한 사항 • 법원 및 헌법재판소에 대한 의견 제출

(이어짐)

상임위원회	위원장, 상임위원 3인	• 법 제48조에 의한 긴급구제조치의 권고 및 시행에 관한 사항 • 전원위원회가 상임위원회에 회부하거나, 위원회의 운영에 관하여 위원장이 회부한 사항 • 법 제19조 제1호, 제4호, 제5호, 제8호 및 제9호의 업무 및 법 제30조 제3항에 의한 직권조사에 관한 사항 중 긴급을 요하는 경우의 직권조사 개시 결정 • 긴급인권현안에 대한 의견표명 및 권고, 보상금 지급, 전원위원회 또는 위원장이 상임위원회에 회부한 사항 • 법 제24조의 규정에 의한 구금·보호시설에 대한 방문조사 및 조사결과 처리에 관한 사항
침해구제 (제1, 제2) 위원회	상임위원 1명, 비상임위원 2명	• 법 제24조의 규정에 의한 구금·보호시설에 대한 방문조사 및 조사결과 처리, 제19조 제2호의 업무에 관한 사항 및 조사사건에 대한 합의권고 및 조정위원회 회부, 법률구조의 결정 및 그 시행에 관한 사항, 법 제30조 제3항에 의한 직권조사에 관한 사항 • 전원위원회 또는 위원장이 침해구제위원회에 회부한 사항 • 진정사건과 관련하여 필요한 경우 법 제19조 제1호의 규정에 의한 권고 또는 의견표명에 관한 사항
아동권리 위원회	상임위원 1명, 비상임위원 2명	• 법 제24조의 규정에 의한 구금·보호시설에 대한 방문조사 및 조사결과 처리에 관한 사항과 제19조 제2호 및 제3호의 업무 중 「아동의 권리에 관한 협약」에서 정한 아동을 대상으로 하는 사항 및 제30조 제3항에 의한 직권조사에 관한 사항, 조사사건에 대한 합의권고 및 조정위원회에의 회부, 법률구조의 결정 및 그 시행에 관한 사항 • 전원위원회 또는 위원장이 아동권리위원회에 회부한 사항이나 진정사건과 관련하여 필요한 경우 법 제19조 제1호의 규정에 의한 권고 또는 의견표명에 관한 사항
차별시정 위원회	상임위원 1명, 비상임위원 2명	• 헌법 제11조에 정한 인권침해를 이유로 한 진정에 대한 조사 및 법 제30조 제3항에 의한 직권조사에 관한 사항 • 법인, 단체 또는 사인(私人)에 의하여 평등권침해의 차별행위를 당한 경우에 따라 제기된 진정에 대한 조사 및 직권조사, 그리고 조사사건에 대한 합의권고 및 조정위원회에의 회부, 법률구조의 결정 및 그 시행에 관한 사항 • 전원위원회 또는 위원장이 차별시정위원회에 회부한 사항
장애인차별 시정위원회	상임위원 3명	• 법 제24조의 규정에 의한 구금·보호시설에 대한 방문조사 및 조사결과 처리에 관한 사항 • 장애인차별금지 및 권리구제 등에 관한 법률에서 금지하는 행위와 법 제19조 제3호의 업무 중 장애를 사유로 하는 차별행위의 조사와 구제 및 법 제30조 제3항에 의한 직권조사, 조사사건에 대한 합의권고 및 조정위원회에의 회부, 법률구조의 결정 및 그 시행에 관한 사항 • 전원위원회 또는 위원장이 장애인차별시정위원회에 회부한 사항 및 진정사건과 관련하여 필요한 경우 법 제19조 제1호의 규정에 의한 권고 또는 의견표명에 관한 사항

이 외에도 조정위원회, 자문위원회, 징계위원회가 있으며, 조정위원회는 분야별로 차별조정위원회, 성차별조정위원회, 장애차별조정위원회 및 인권침해조정위원회가 있고, 각각 인권위원 1명과 분야별 위촉위원 2명으로 구성되어 있다. 또한 자문위원회는 정책자문위원회, 실무자문위원회가 있으며, 인권의 보호와 향상에 기여한 자, 인권정책에 관한 학식과 경험이 풍부한 자에 해당하는 사람으로서 정책자문위원은 해당 분야의 원로급에 속한 자 중에서 40인 내외를, 실무자문위원은 해당 분야의 실무적인 지식과 경험을 갖춘 자 중에서 60인 내외를 자문위원으로 위촉하여 구성한다. 그리고 징계위원회는 5급 이상 일반직공무원의 징계사건을 심의·의결하는 고등징계위원회와 6급 이하 일반직공무원 및 기능직공무원의 징계사건을 심의·의결하는 보통징계위원회가 있으며, 각 징계위원회는 위원장 1인과 위원 4인으로 구성되어져 있고, 국가공무원법 제78조 제1항 각 호의 1에 정해진 징계사유 및 국가인권위원회 공무원윤리강령을 위반하여 징계함이 상당하다고 인정하여 국가인권위원회위원장이 징계위원회에 징계의결을 요구한 경우, 이에 대하여 심의·의결한다.

5. 조정제도

조정제도는 진정접수 단계 또는 조사과정에서 당사자의 신청이나, 위원회의 직권으로 조정위원회에 회부된 진정에 대하여 조정을 통해 **당사자 간의 합의**로 자발적 해결에 도달할 수 있도록 유도하는 제도이다. 조정제도의 도입 취지는 사법절차가 비용부담, 처리기간, 소송결과의 예측성 면에서 효율성이 떨어진다는 비판에 근거하여 권리구제를 보다 신속하고 효율적으로 이행하기 위한 것으로, 위원회의 조정제도 역시 사건 처리의 **신속성**과 **비용절감**을 도모하고 **구제효과의 실효성**을 높이기 위하여 도입하였다. 조정서와 이의를 신청하지 아니하는 조정에 갈음하는 결정은 재판상의 화해와 같은 효력이 있다.

[조정신청사건 처리절차]

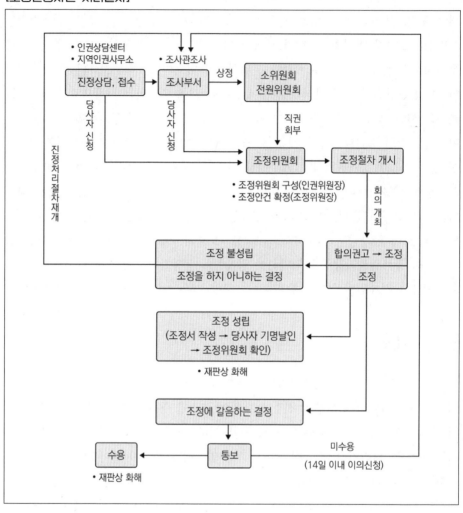

6. 진정처리절차

[국가인권위원회 진정처리절차]

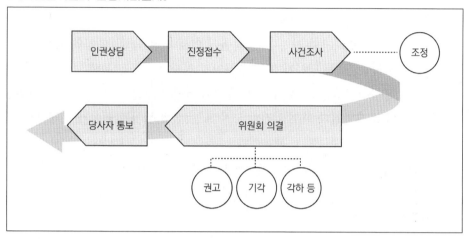

　　1) **인권상담**　　인권상담센터에 직접 방문하거나 전국 어디에서나 국번 없이 1331로 전화상담이 가능하다.

　　2) **진정접수**　　방문, 우편, 전화, 팩스, 이메일을 통하여 접수할 수 있으며, 구금보호시설의 경우 면전진정의 방법으로 진정을 접수한다. 인권상담센터에서 접수된 진정은 진정서 등을 바탕으로 예비조사를 벌여 국가인권위원회법 제32조 각호에 해당하지 아니하거나 해당 여부에 관한 조사가 필요하다고 판단될 경우 각 조사본부로 옮겨지게 되며, 긴급한 사안이라고 판단될 때는 국가인권위원회법 제48조에 정한 긴급구제조치를 취할 수 있다.

　　3) **사건조사**　　각 조사본부에 이송된 진정사건은 담당 조사관이 조사를 진행한다. 우선 진정인·피해자·피진정인 또는 관계인에 대하여 진술서 및 자료제출을 요구하고, 필요할 경우 조사사항과 관련이 있는 장소·시설·자료 등에 대한 실지조사를 실시하며, 행위당사자의 진술서만으로는 사안을 판단하기 어렵거나 인권침해·차별행위가 있었다고 볼 만한 상당한 이유가 있는 경우 피진정인에 대하여 출석조사를 할 수 있다. 이때 정당한 이유 없이 조사를 거부할 경우 과태료를 부과할 수

있다. 조사가 끝나면, 조사관은 조사결과보고서를 작성하여 해당 소위원회의 심의·의결과정을 거치게 된다. 위원회는 진정이 없는 경우에도 인권침해·차별행위라고 볼 상당한 근거가 있고, 그 내용이 중대하다고 인정하여 상임위원회 등 소관 소위원회의 의결로 직권조사를 할 수 있다.

　　4) 조정　　　　당사자의 신청 또는 직권에 의해 진정사건을 조정위원회에 회부할 수 있다. 조정위원회는 당사자 또는 관계인의 진술청취 등을 통해 당사자들의 합의가 이루어질 수 있도록 노력한다. 합의가 이루어지지 않는 경우 조정에 갈음하는 결정을 하거나 조정위원회 회부 직전의 조사 또는 심의 절차로 돌아가 진정사건 처리를 진행한다.

　　5) 위원회 의결　　　　위원회(전원위원회, 상임위원회, 소위원회)는 진정사건에 대한 조사 내용을 심의하여 권고, 기각, 각하, 합의권고, 이송 등의 결정을 내릴 수 있다. 소위원회에서는 조사결과보고서를 토대로 심의·의결을 한다. 이 과정에서 소위원회는 조사부서에 추가조사를 지시할 수 있다. 소위원회는 심의·의결과정에서 당사자에게 합의를 권고할 수 있고, 인권침해 또는 차별행위가 일어났다고 판단할 경우 피진정인 등에게 필요한 구제조치 및 법령·제도·정책·관행의 시정을 권고할 수 있으며, 인권침해에 책임이 있는 자에 대한 징계를 권고할 수 있고, 진정의 내용이 범죄행위에 해당하고 이에 대해 형사처벌이 필요하다고 인정할 때에는 검찰총장에게 그 내용을 고발할 수 있다. 또한 권리구제를 위해 필요하다고 인정할 경우 피해자에 대한 법률구조를 요청할 수 있다. 한편, 진정 내용이 사실이 아니거나 인권침해 또는 차별행위에 해당하지 않을 경우, 별도의 구제조치가 필요하지 않다고 판단되는 경우에는 진정사건을 기각하고, 법 제32조 제1항 각 호에 해당할 경우는 각하한다. 소위원회에서 전원위원회 회부를 결정한 사건은 인권위원 전원으로 구성된 전원위원회에 회부하여 결정한다. 전원위원회는 진정사건 이외에도 국가인권위원회 운영에 관한 기본 정책, 예산과 결산에 관한 사항, 규칙의 제정과 개정에 관한 사항 등 주요 안건을 심의한다.

　　6) 당사자 통보　　　　위원회는 심의·의결 후, 진정인에게 사건처리결과통지서를 송부한다.

제2장

경찰과 인권

경찰과 인권

I. 경찰활동과 인권

1. 경찰과 인권의 관계

경찰은 우리의 일상과 밀접한 관계를 맺고 있으면서 '**민중의 지팡이**'라는 영예로운 별칭을 가지고 있다. 일반 시민이 어려울 때 지팡이처럼 의지가 되는 존재라는 의미라 할 것이며, 여기에는 인권의 수호자로서의 의미도 포함되어 있다. 경찰의 인권보호기능이 중요한 것은 법치국가인 우리나라에서 경찰은 법을 집행하는 기관이면서 동시에 시민의 생명과 재산을 지켜 주는 역할을 하는 기관으로 경찰에 의한 인권침해가 개인에게 치명적인 손상을 줄 수 있기 때문이다. 우리 헌법은 제10조에서 "**모든 국민은 인간으로서의 존엄과 가치를 가지며, 행복을 추구할 권리를 가진다**"라고 규정하여 인권보장의 대원칙을 선언하고 생명·신체의 자유를 비롯하여 많은 기본권을 규정하고 있다. 이러한 헌법의 원칙에 입각하여 경찰관은 국민의 자유와 권리 및 모든 개인이 가지는 불가침의 기본적 인권을 보호하고 사회공공의 질서를 유지하기 위해 그 직무를 수행하는 기반이기 때문에 인권의 수호자가 되어야 한다. 따라서 경찰관의 직권은 그 직무수행에 필요한 최소한도에서 행사되어야 하며 남용되어서는 아니 된다(경찰관직무집행법 제1, 2조 참조).

2. 경찰에 의한 인권침해와 우리나라의 특수성

경찰은 인권의 수호자로서의 역할을 하는 기관이기 때문에 이러한 인권의 수호자가 되어야 할 경찰 스스로에 의한 인권침해는 사후 원상회복이 어려우며, 따라서 사전에 이를 예방하는 것이 중요하다.

우리나라는 해방 이후 공산주의와의 투쟁과정에서 실무에 밝은 일제강점기의 경찰관을 대거 경찰 지휘부에 포진시킴으로써 민주경찰로서의 이미지를 심지 못하고 군림하는 일제경찰의 이미지를 답습하였다. 또한 1970~1980년대에는 경찰이 체제유지의 일선에 서서 활동하면서 민주화 투쟁을 진압하는 역할을 담당하면서 경찰에 대한 국민의 이미지가 좋지 않았던 것이 사실이다. 이러한 우리의 과거 부정적 경찰의 인상을 지우고 민주적 경찰, 국민의 인권을 수호하는 경찰로 거듭나기 위하여 그간 불법시위의 진압에 중점을 두던 정책에서 벗어나 집회와 시위의 자유보호를 우선으로 하고, 조사경찰서비스헌장의 제정, 수사과정에서의 고문·욕설·폭력 등의 근절, 자체감찰의 강화 및 청문감사제도의 도입, 피의자신문 시 변호인의 참여 보장 등 많은 노력을 하고 있다.

그러나 이러한 노력에도 불구하고 국민의 인권의식 신장에 따라 수사기관에 의한 인권침해에 대하여 고소, 고발로 이어지는 사안이 급격히 늘어나고 있다. 국가인권위원회에도 경찰과 관련한 많은 민원이 제기되고 있어 경찰에 의한 인권침해가 여전히 국민의 관심이 되고 있음을 보여 주고 있다. 국가인권위원회는 2002년 편찬한 『인권길라잡이-경찰편』에서 경찰이 준수해야 할 10대 인권지침을 제시하고 있다.

◎ 경찰이 준수해야 할 10대 인권지침 ◎

[인권지침 1]　경찰관은 **모든 사람이 어떤 사유로도 차별받지 않고 동등한 법의 보호를 받을 권리**가 있음을 명심하여야 한다. 특히 폭력과 협박의 위험에 처한 사람은 분명하고 적극적으로 보호해 주어야 한다. 경찰관은 특히 어린이, 노인, 여성, 피난민, 가출인 및 사회적 소수 등 폭력과 협박의 피해에 노출될 우려가 큰 사람들에 대해서는 특별히 더 적극적으로 보호해 주어야 한다.

[인권지침 2]　　경찰관은 모든 범죄 피해자를 **연민과 존중의 마음**을 가지고 대해야 하며, 특히 그들의 **안전**과 **사생활**을 **보호**해 주어야 한다.

[인권지침 3]　　경찰관은 오직 법이 허용하는 "**반드시 필요할 경우**"에만 **무력**을 사용하여야 하며, 사용하더라도 상황에 따른 **필요 최소한 정도**만을 사용하여야 한다.

[인권지침 4]　　경찰은 불법적이지만 평화적인 집회나 시위를 통제할 때에는 가급적 물리력을 사용하지 않아야 한다. 폭력적인 집회를 해산할 때에도 오직 **필요 최소한의 물리력**만을 사용하여야 한다.

[인권지침 5]　　경찰관은 자신이나 타인의 생명을 보호하기 위해 반드시 필요한 경우를 제외하고는 총기 등 **살상용 무기**를 사용해서는 안 된다.

[인권지침 6]　　경찰관은 법적인 근거 없이 어느 누구도 체포해서는 안 되며, 체포를 할 경우에는 **적법절차**를 반드시 **준수**하여야 한다.

[인권지침 7]　　경찰은 체포 즉시 체포된 사람이 **가족 및 변호인과 접촉**할 수 있도록 해 주어야 하며, 필요한 경우 **의료서비스**를 받도록 해 주어야 한다.

[인권지침 8]　　체포 또는 구금된 모든 사람은 **인간적인 대우**를 받아야 한다. 경찰관은 결코, 어떤 경우에라도, 고문 혹은 가혹행위를 행하거나 조장하거나 묵과해서는 안 되며 이에 대한 어떠한 지시 명령도 거부하여야 한다.

[인권지침 9]　　경찰관은 결코 탈법적 처형을 행하거나 사람을 행방불명되게 하여서는 안 되며 이를 지시하거나 은폐해서도 안 된다. 또한 이에 대한 어떠한 지시 명령도 거부하여야 한다.

[인권지침 10]　　경찰관은 위 기본인권지침에 위반되는 행위를 발견하게 되면 이를 반드시 상급자나 검찰, 혹은 인권위원회에 보고하여야 하며, 이에 대한 조사가 이루어질 수 있도록 자신의 권한 내에서 가능한 모든 조치를 취하여야 한다.

2020. 6. 10. 제정·시행되고 있는 경찰관 인권행동강령(경찰청훈령 제967호) 제10조의 내용을 살펴보면 다음과 같다.

제1조(인권보호 원칙) 경찰관은 국민이 국가의 주인임을 명심하고 모든 사람의 인권과 인간으로서의 존엄과 가치를 존중하고 보호할 책임이 있다.

제2조(적법절차 준수) 경찰관은 헌법과 법령에 의하여 적법절차에 따라 공정하고 객

관적으로 직무를 수행하여야 하며, 권한을 남용하거나 그 권한의 범위를 넘어서는 아니 된다.

제3조(비례 원칙) 경찰권 행사는 그 목적을 달성하는 데 필요한 한도에 그쳐야 하며 이로 인한 사익의 침해가 경찰권 행사가 추구하는 공익보다 크지 아니하여야 한다. 특히 물리력 행사는 법령에 정하여진 엄격한 요건을 충족하는 경우에 한하여 필요 최소한의 범위 내에서 이루어져야 한다.

제4조(무죄추정 원칙 및 가혹행위 금지) 경찰관은 누구든지 유죄가 확정되기 전에는 유죄로 간주하는 언행이나 취급을 하여서는 아니 되고, 직무를 수행하는 과정에서 고문을 비롯한 비인도적인 신체적·정신적 가혹행위를 하여서도 아니 되며, 이러한 행위들을 용인하여서도 아니 된다.

제5조(부당 지시 거부 및 불이익 금지) 경찰관은 인권을 침해하는 행위를 하도록 지시받거나 강요받았을 경우 이를 거부해야 하고, 법령에 정한 절차에 따라 이의를 제기할 수 있으며, 이를 이유로 불이익한 처우를 받지 아니한다.

제6조(차별 금지 및 약자·소수자 보호) 경찰관은 직무를 수행하는 과정에서 합리적인 이유 없이 성별, 종교, 장애, 병력(病歷), 나이, 사회적 신분, 국적, 민족, 인종, 정치적 견해 등을 이유로 누구도 차별하여서는 아니 되고, 신체적·정신적·경제적·문화적인 차이 등으로 특별한 보호가 필요한 사람의 인권을 보호하여야 한다.

제7조(개인 정보 및 사생활 보호) 경찰관은 직무를 수행하는 과정에서 취득한 개인 정보와 사생활의 비밀을 보호하고, 명예와 신용이 훼손되지 않도록 유의하여야 한다.

제8조(범죄피해자 보호) 경찰관은 범죄피해자의 명예와 사생활의 평온을 보호하고, 추가적인 피해 방지와 신체적·정신적·경제적 피해의 조속한 회복 및 권익증진을 위하여 노력하여야 한다.

제9조(위험 발생의 방지 및 조치) 경찰관은 사람의 생명·신체에 위해를 끼치거나 재산에 중대한 손해를 끼칠 우려가 있는 때에는 이를 방지하기 위한 필요한 조치를 하여야 한다. 특히 자신의 책임 및 보호하에 있는 사람의 건강 보호를 위해 노력하여야 하며, 필요한 경우 지체 없이 응급조치, 진료의뢰 등 보호받는 사람의 생명권 및 건강권을 보장하기 위한 조치를 하여야 한다.

제10조(인권교육) 경찰관은 인권 의식을 함양하고 인권 친화적인 경찰 활동을 할 수 있도록 인권교육을 이수하여야 하며, 경찰관서의 장은 정례적으로 소속 직원에게 인권교육을 하여야 한다.

II. 수사와 인권

1. 체포와 관련된 인권문제

(1) 체포에 따른 피의자의 권리에 대한 고지

1) 문제점

형사소송법에는 수사기관에서 피의자나 피고인을 구속할 때에는 즉시 공소사실 또는 피의사실의 요지와 변호인을 선임할 수 있음을 알려야 한다는 이른바 '**미란다원칙**'이 규정되어 있다. 그러나 사실상 구속 시 수사기관이 미란다원칙대로 피의사실의 요지와 변호인 선임권을 고지하는 경우는 드물다. 심지어는 영장조차 제시하지 않고 체포·구속하는 사례도 발생하고 있다. 이는 피의자에게 자신의 권리를 알리지 않아 정당하게 행사할 수 있는 방어권을 침해한 경우이다. 피의자의 권리를 알리지 않는 경우가 발생하고 있는 것은 아직 피의자를 보호해야 할 의무가 있다는 것을 모든 경찰관이 인식하고 있지 못하는 상황이라는 것을 보여 주고 있다.

◎ 미란다원칙이란 ◎

○ 미국연방헌법 수정 제5조(자기부죄거부의 특권)를 근거로 Miranda V. Arizona **사건의 판결**(1966)로 확립된 원칙이다. 1963년 3월, 미국 애리조나주 피닉스 시경찰은 당시 21세였던 멕시코계 미국인 에르네스토 미란다(Ernesto Miranda)를 납치·강간 혐의로 체포했다. 경찰서로 연행된 미란다는 피해자에 의해 범인으로 지목되었고, 변호사도 선임하지 않은 상태에서 2명의 경찰관에 의해 조사를 받았다. 미란다는 처음에는 무죄를 주장했으나 약 2시간가량의 심문과정 후 범행을 인정하는 구두 자백과 범행자백자술서를 제출했다. 그러나 재판이 시작되자 미란다는 자백을 번복하고, 진술서를 증거로 인정하는 것에 이의를 제기했다. 애리조나 주 법원은 그의 주장을 받아들이지 않고 최저 20년, 최고 30년의 중형을 선고했다. 미란다는 애리조나 주대법원에 상고했지만 역시 유죄가 인정되었다. 그는 최후 수단으로 연방대법원에 상고를 청원했다. 상고청원서에서 미란다는 미국 수정헌법 제5조에 보장된 불리한 증언을 하지 않아도 될 권리와 제6조에 보장된 **변호사의**

조력을 받을 권리를 침해당했다고 주장했다. 연방대법원은 1966년, 5대4의 표결로 미란다에게 무죄를 선고했다. 이유는 그가 진술거부권, 변호인선임권 등의 권리를 고지(告知)받지 못했기 때문이라는 것이다. '미란다 판결'이라고 부르게 된 이 판결은 보수적인 미국인들로부터 1960년대의 다른 인권 판결과 마찬가지로, 대법원이 범죄예방이나 범죄피해자의 권리보다는 범죄자의 권리를 더 존중하고 있다는 거센 비난을 받았다.

○ 미란다원칙 고지 내용
　- 체포(또는 구속) 이유
　- 변호인의 도움을 받을 수 있는 권리
　- 진술을 거부할 수 있는 권리

○ 우리나라 판례[대법원 1992. 6. 23. 선고 92도682 판결]
　피의자의 진술거부권은 헌법이 보장하는 형사상 자기에 불리한 진술을 강요당하지 않는 **자기부죄거부의 권리**에 근거한 것이므로 수사기관이 피의자를 신문함에 있어서 피의자에게 미리 진술거부권을 고지하지 않은 때에는 그 피의자의 진술은 **위법하게 수집된 증거로서 진술의 임의성이 인정되는 경우라도 증거능력이 부인되어야** 한다.

2) 현행 규정

가. 헌법　　누구든지 체포 또는 구속의 이유와 변호인의 조력을 받을 권리가 있음을 고지받지 아니하고는 체포 또는 구속을 당하지 아니한다. 체포 또는 구속을 당한 자의 가족 등 법률이 정하는 자에게 그 이유와 일시·장소가 지체 없이 통지되어야 한다(제12조 제5항).

나. 형사소송법　　사법경찰관은 피의자를 체포하는 경우에는 피의사실의 요지, 체포의 이유와 변호인을 선임할 수 있음을 말하고 변명할 기회를 주어야 한다(제200조의5).

다. 검사와 사법경찰관의 상호협력 및 일반적 수사준칙에 관한 규정(대통령령, 2021. 1. 1. 시행) 및 **경찰수사규칙**(행정안전부령, 2021. 1. 1. 시행)
　a. 체포·구속영장 청구 시의 권리고지(수사준칙, 제32조)　　① 검사 또는 사법

경찰관은 피의자를 체포하거나 구속할 때에는 법 제200조의5(법 제209조에서 준용하는 경우를 포함한다)에 따라 피의자에게 피의사실의 요지, 체포·구속의 이유와 변호인을 선임할 수 있음을 말하고, 변명할 기회를 주어야 하며, 진술거부권을 알려주어야 한다.

　　b. 체포·구속 등의 통지(제33조)　　① 검사 또는 사법경찰관은 피의자를 체포하거나 구속하였을 때에는 법 제200조의6 또는 제209조에서 준용하는 법 제87조에 따라 변호인이 있으면 변호인에게, 변호인이 없으면 법 제30조 제2항에 따른 사람 중 피의자가 지정한 사람에게 24시간 이내에 서면으로 사건명, 체포·구속의 일시·장소, 범죄사실의 요지, 체포·구속의 이유와 변호인을 선임할 수 있음을 통지해야 한다. ② 검사 또는 사법경찰관은 제1항에 따른 통지를 하였을 때에는 그 통지서 사본을 사건기록에 편철한다. 다만, 변호인 및 법 제30조 제2항에 따른 사람이 없어서 체포·구속의 통지를 할 수 없을 때에는 그 취지를 수사보고서에 적어 사건기록에 편철한다.

　　③ 제1항 및 제2항은 법 제214조의2 제2항에 따라 검사 또는 사법경찰관이 같은 조 제1항에 따른 자 중에서 피의자가 지정한 자에게 체포 또는 구속의 적부심사를 청구할 수 있음을 통지하는 경우에도 준용한다(제32조~제33조).

　　c. 체포·구속영장 등본의 교부(제34조)　　검사 또는 사법경찰관은 법 제214조의2 제1항에 따른 자가 체포·구속영장 등본의 교부를 청구하면 그 등본을 교부해야 한다.

　　라. 필요적 영장실질심사의 도입　　영장실질심사제도가 도입된 1997년 당시에는 법원이 피의자의 영장실질심사 여부를 재량으로 판단할 수 있도록 되어 있었으나 1997. 12. 13. 법률 제5435호로 개정되어 체포 피의자의 경우 피의자 또는 변호인, 법정대리인, 배우자, 직계친족, 형제자매나 동거인 또는 고용주의 신청이 있는 경우에만 피의자를 심문할 수 있도록 하고, 미체포 피의자의 경우에는 법원이 심문 여부를 결정할 수 있도록 되었다 . 그러나 이러한 현행법의 규정은 피의자의 **법관대면권 보장**이라는 국제적 기준에 미달되는 규정이라는 비판을 받아 왔다.

　　이에 2007. 6. 1. 형사소송법 개정에 의해 피의자의 **법관대면권을 보장**함으로써 인신구속에 대한 국제적 기준을 달성하기 위하여 체포된 피의자에 대하여 구속영장을 청구받은 판사는 지체 없이 피의자를 심문하여야 한다고 규정함으로써 필요적 심문제도를 도입하였다. 또한 특별한 사정이 없는 한 **구속영장이 청구된 날의 다음 날까지 심문**하여야 한다는 규정을 신설함으로써 신속한 심문을 통해 영장발부 여부를 결정하도록 하였다.

미체포자에 대해서도 구인을 위한 구속영장을 발부하여 피의자를 구인한 후 심문하되, 피의자가 도망하는 등의 사유로 심문할 수 없는 경우에는 심문 없이 구속 영장 발부 여부를 결정할 수 있는 예외규정을 두었다.

3) 실천방안

수사기관의 피의자신문에 있어서 **변호인의 참여권**은 피의자의 **인권보장** 및 **피의자신문조서의 내용적 진정 성립과 피의자의 진술의 신빙성**을 담보하기 위한 중요한 방어책이 된다고 할 수 있다.

법원에서 미란다원칙을 침해한 수사기관의 인신구속을 불법으로 판시하면서 많은 개선이 이루어지고 있다. 실제로 수사기관에서는 피의자신문조서에 미란다원칙을 고지받았다는 문구를 넣어 사용하고 있다. 이러한 것은 나름대로의 노력을 하고 있는 것으로 볼 수 있다. 그러나 피의자가 신문조서에 서명날인하면 미란다원칙을 고지받은 것으로 자동적으로 간주되며, 사실상 미란다원칙을 고지받지 않은 경우에도 이를 이유로 피의자신문조서의 서명날인을 거부하기는 어려운 실정이다.

피의자신문에 있어서 진술거부권이 보장되어 있는 피의자에게는 원칙적으로 진술의 의무가 없으며, 또한 피의자신문에 의하여 증거를 획득하고자 하는 체포·구속된 피의자가 수사기관의 출석요구 및 신문을 거부한다고 하더라도 진술을 얻기 위한 수사기관의 설득 내지 질문이 계속되는 상황을 피하는 것은 상당히 어렵다고 할 것이다.

따라서 이런 위험을 방지하기 위해서는 다음 사항들이 준수되어야 하며, 피의자신문조서 등에 인쇄하여 고지한 것으로 간주하기보다는 실질적으로 체포된 직후 피의자에게 권리를 고지하는 자세가 필요하다.

① 경찰은 체포된 피의자에게 체포 즉시 자신이 받는 처우에 대한 불만제기를 포함한 **권리**들에 대해 알려 주어야 한다.

② 경찰은 반드시 모든 체포된 자에게 가족이나 친지에게 자신의 위치를 알려 줄 권리가 있음을 알려 주어야 하며, 이들이 그 권리를 행사하는 것이 현실적으로 가능하도록 **필요한 모든 조치**를 취해야 한다. 만약 이들이 경제적 혹은 기술적 이유로 인해 친지에게 연락할 수 없는 상황이라면 경찰관이 대신 연락해 주어야 한다.

③ 경찰은 체포, 구금 장소, 이송 내지 석방에 대한 정확한 정보를 즉시 대상자의 친지나 관계인들이 알 수 있는 곳에 게시하여야 한다. 경찰은 피구금자의 친지들이 이러한 정보를 습득함에 있어 어떠한 방해나 지장도 초래되지 않도록 하여야 하며, 이들이 어디에서 이러한 정보를 습득할 수 있는 지 알 수 있도록 조치하여야 한다.

④ 경찰은 피의자를 구금한 후 최대한 빠른 시간 내에 친지 혹은 다른 관계인이 피구금자를 방문할 수 있도록 하여야 한다. 그 이후로도 경찰은 친지 및 기타 관계인이 피구금자와 연락을 취하고 추가 방문을 통해 피구금자의 안전과 건강을 확인할 수 있도록 해 주어야 한다.

⑤ 경찰은 체포 직후 모든 피구금자에게 **변호인을 선임할 권리**가 있음을 알려 주고 그 권리를 행사할 수 있도록 해 주어야 한다. 더 나아가, 모든 피구금자가 자신의 변호를 준비하고 권리를 행사하기 위해 변호인과 정기적으로, 다른 사람이 감시나 엿들음 없이, 접촉할 수 있도록 허용해야 한다.

(2) 체포와 관련된 인권침해

범죄자를 체포하는 경우에는 사전에 법관으로부터 발부받은 영장에 근거하여 체포하는 것을 원칙으로 하는 **영장주의**가 헌법과 형사소송법의 입장이다. 예외적으로 영장 없이 범죄혐의자를 체포하는 경우로는 **현행범인에 대한 체포와 긴급체포의 2가지**가 있다. 현행범인의 경우에는 사법경찰관이 아니라 하더라도 누구든지 체포할 수 있지만, 특히 사법경찰관이 현행범인을 체포할 때에는 현행범인의 범위와 관련하여 논란이 되고 있으며, 인권보호와 관련해서는 현행범임이 아니면서 영장 없이 체포하는 긴급체포의 남용 여부가 문제되는 경우가 많다. 긴급체포란 수사기관이 중대한 죄를 범하였다고 의심할 만한 상당한 이유가 있는 피의자를 수사기관이 법관으로부터 체포영장을 발부받지 않고 체포하는 것을 말한다. 이러한 긴급체포는 영장주의의 예외를 구성하는 것이기 때문에 제한적으로 이루어져야 하며, 그 요건은 엄격하게 해석해야 한다.

[체포영장 청구 대비 발부 건수, 발부율 추이]

연도	청구인원(명)	발부인원(명)	발부율(%)
2011	59,173	58,105	98.2
2012	49,969	49,318	98.7
2013	49,254	48,596	98.7
2014	48,035	47,373	98.6
2015	48,751	48,047	98.6
2016	46,783	46,107	98.6
2017	42,824	42,206	98.6
2018	39,877	39,175	98.2
2019	37,780	36,948	97.8

출처: 법원행정처, 사법연감.

1) 현행규정

가. 현행범인의 체포

현행범인은 누구든지 영장 없이 체포할 수 있다(형사소송법 제212조). 사법경찰관이 법관이 사전에 발부한 영장 없이 피의자를 강제로 연행할 수 있는 경우로는 현행범인의 체포와 긴급체포가 있다. **현행범인**이란 범죄를 실행하고 있거나 실행하고 난 직후의 사람을 말하며, 준**현행범인**이란 ① 범인으로 불리며 추적되고 있을 때, ② 장물이나 범죄에 사용되었다고 인정하기에 충분한 흉기나 그 밖의 물건을 소지하고 있을 때, ③ 신체나 의복류에 증거가 될 만한 뚜렷한 흔적이 있을 때, ④ 누구냐고 묻자 도망하려고 할 때의 어느 하나의 사유에 해당하는 사람은 현행범인으로 간주하도록 법률로 규정하고 있기 때문에 이를 **준현행범인**이라 한다. 그러나 현행범인이라 하더라도 예외적으로 체포할 수 없는 경우로는, 50만원 이하의 벌금·구류 또는 과료에 해당하는 경미범죄에 해당하는 경우에는 범인의 주거가 분명하지 않아야만 영장 없이 현행범인을 체포할 수 있다.

현행범인 체포 및 인수에 관한 **경찰수사규칙**(행정안전부령 2021. 1. 1. 시행) 제52조에 의하면, ① 사법경찰관리는 법 제212조에 따라 현행범인을 체포할 때에는 현행범인에게 도망 또는 증거인멸의 우려가 있는 등 당장에 체포하지 않으면 안 될 정도의 급박한 사정이 있는지 또는 체포 외에는 현행범인의 위법행위를 제지할 다른 방법이 없는지 등을 고려해야 하며, ② 사법경찰관리는 법 제212조에 따라 현행범인을 체포한 때에는 별지 제41호서식의 현행범인체포서를 작성하고, 법 제213조에 따라 현행범인을 인도받은 때에는 별지 제42호서식의 현행범인인수서를 작성해야 하고, ③ 사법경찰관리는 제2항의 현행범인체포서 또는 현행범인인수서를 작성하는 경우 현행범인에 대해서는 범죄와의 시간적 접착성과 범죄의 명백성이 인정되는 상황을, 준현행범인에 대해서는 범죄와의 관련성이 인정되는 상황을 구체적으로 적어야 한다고 명시하고 있다.

또한 **범죄수사규칙**(경찰청 훈령, 2021. 3. 30. 시행) 제116조에 현행범인의 체포에 관해, ① 경찰관은 「경찰수사규칙」 제52조 제2항에 따라 현행범인인수서를 작성할 때에는 체포자로부터 성명, 주민등록번호(외국인인 경우에는 외국인등록번호, 해당 번호들이 없거나 이를 알 수 없는 경우에는 생년월일 및 성별, 이하 "주민등록번호등"이라 한다), 주거, 직업, 체포일시·장소 및 체포의 사유를 청취하여 적어야 하며, ② 현행범인을 체포하거나 인도받은 경우에는 별지 제46호서식의 현행범인체포원부에 필요한 사항을 적어야 하고, ③ 다른 경찰서의 관할구역 내에서 현행범인을 체포하였을 때에는 체포지를 관할하는 경찰관서에 인도하는 것을 원칙으로 한다고 적시하고 있다.

또한 현행범인의 조사 및 석방에 관해서는 제117조에 ① 경찰관은 「수사준칙」 제28조 제1항에 따라 현행범인을 석방할 때에는 소속 수사부서장의 지휘를 받아야 하며, ② 제1항에 따라 체포한 현행범인을 석방하는 때에는 별지 제46호서식의 현행범인 체포원부에 석방일시 및 석방사유를 적어야 하고, 경찰관은 피의자를 영장에 의한 체포, 긴급체포, 현행범인으로 체포하였을 때에는 별지 제47호서식의 피의자 체포보고서를 작성하여 소속관서장에게 보고하여야 한다고 규정하고 있다(제118조).

나. 긴급체포

영장 없이 수사기관은 피의자를 **긴급체포**할 수 있다. 현행 형사소송법은 ① 현행범이 아닌 피의자로서 사형·무기 또는 장기 3년 이상의 징역이나 금고에 해당하는 죄를 범하였다고 의심할 만한 상당한 이유가 있고, ② 도망 또는 증거인멸의 우려라는 구속사유가 있으며, 그리고 ③ 지방법원판사로부터 체포영장을 받을 시간적 여유가 없는 것과 같은 긴급성이라는 3가지 요건이 충족되면 검사 또는 사법경찰관은 긴급체포할 수 있도록 규정하고 있다. 사법경찰관은 피의자를 긴급체포한 경우 즉시 검사의 승인을 얻어야 하며, 범죄사실의 요지 및 긴급체포의 사유 등을 기재한 **긴급체포서**를 즉시 작성하여야 한다(형사소송법 제200조의3).

다. 긴급체포와 영장청구기간

형사소송법 제200조의4 제1항의 규정에 의하면, 검사 또는 사법경찰관이 피의자를 긴급체포한 다음 피의자를 구속하고자 할 때에는 **"지체 없이"** 검사가 **관할 지방법원판사에게 구속영장을 청구**하여야 하고, 사법경찰관은 검사에게 신청하여 검사의 청구로 관할 지방법원판사에게 구속영장을 청구하여야 하고 그 시한은 **48시간**을 넘지 않아야 함을 명시하고 있다. 또한 긴급체포의 남용을 방지하기 위하여 수사기관이 구속영장을 청구하지 아니하고 긴급체포한 피의자를 석방한 경우에는 **30일** 이내에 검사가 법원에 서면으로 일정한 사항을 통지하여야 하고, 통지서에 기재될 사항은 긴급체포 후 석방된 사람의 인적사항, 긴급체포의 일시·장소와 긴급체포하게 된 구체적 사유, 석방의 일시·장소 및 사유, 긴급체포 및 석방한 검사 또는 사법경찰관의 성명 등인데, 특히 체포사유는 체포영장을 청구하지 못하고 긴급체포를 하게 된 구체적 이유를 기재하도록 하고 있다.

한편, 긴급체포 후 석방된 자 또는 그 변호인·법정대리인·배우자·직계친족·형제자매는 통지서 및 관련 서류를 열람하거나 등사할 수 있고, 이는 긴급체포로 인한 위법행위의 시정이나 배상을 구하는 데 사용될 수 있도록 하기 위한 것이다. 뿐만 아니라 사법경찰관은 긴급체포한 피의자에 대하여 구속영장을 신청하지 아니하고 석방한 경우에는 즉시 검사에게 보고하여야 하는데, 이는 사법경찰관의 검사에 대한 보고의무는 검사가 법원에 통지할 의무를 부담하므로, 사법경찰관이 긴급체포한 피의자를 석방한 경우에는 검사의 통지의무 이행을 위하여 보고가 전제되어야 하기 때문이다.

라. 체포와 피의사실 등의 고지

현행법은 제72조에서 피고인을 구속하기 전에 피고인에 대하여 범죄사실의 요지, 구속의 이유와 변호인을 선임할 수 있음을 말하고 변명할 기회를 주어야 한다고 규정하고 있고, 제88조에서는 피고인을 구속한 때에는 즉시 공소사실의 요지와 변호인을 선임할 수 있음을 고지하도록 규정하고 있으며, 마찬가지로 형사소송법 제200조의5에서도 검사 또는 사법경찰관이 피의자를 체포하는 경우에는 피의사실의 요지, 체포의 이유와 변호인을 선임할 수 있음을 말하고 변명할 기회를 주어야 한다고 규정하고 있다.

마. 긴급체포에 관한 경찰수사규칙(행정안전부령)과 범죄수사규칙(경찰청훈령)의 내용

경찰수사규칙 제51조(긴급체포)에는 ① 법 제200조의3 제3항에 따른 긴급체포서는 별지 제38호서식에 따른다. ② 수사준칙 제27조 제2항 본문에 따른 긴급체포승인요청서는 별지 제39호서식에 따른다. ③ 사법경찰관은 수사준칙 제27조 제4항 후단에 따라 긴급체포된 피의자의 석방 일시와 사유 등을 검사에게 통보하는 경우에는 별지 제40호서식의 석방 통보서에 따른다고 규정하고 있다.

범죄수사규칙 제115조(긴급체포)에는 ① 「형사소송법」제200조의3 제1항의 "긴급을 요"한다고 함은 피의자를 우연히 발견한 경우 등과 같이 체포영장을 받을 시간적 여유가 없는 때를 말하며 피의자의 연령, 경력, 범죄성향이나 범죄의 경중, 태양, 그 밖에 제반사항을 고려하여 인권침해가 없도록 하여야 하며, ② 「형사소송법」제200조의3 제1항에 따라 긴급체포를 하였을 때에는 같은 법 제200조의3 제3항에 따라 즉시 긴급체포서를 작성하고, 별지 제45호서식의 긴급체포원부에 적어야 하고, ③ 긴급체포한 피의자를 석방한 때에는 긴급체포원부에 석방일시 및 석방사유를 적어야 한다고 규정하고 있다.

또한 범죄수사규칙 제125조에는 체포·구속 시의 주의사항으로, ① 경찰관은 피의자를 체포·구속할 때에는 필요한 한도를 넘어서 실력을 행사하는 일이 없도록 하고 그 시간·방법을 고려하여야 하며, ② 다수의 피의자를 동시에 체포·구속할 때에는 각각의 피의자별로 피의사실, 증거방법, 체포·구속 시의 상황, 인상, 체격 그 밖의 특징 등을 명확히 구분하여 체포·구속, 압수·수색 또는 검증 그 밖의 처분에 관한 서류의 작성, 조사, 증명에 지장이 생기지 않도록 하여야 하고, ③ 피의자를 체포·구속할 때에는 피의자의 건강상태를 조사하고 체포·구속으로 인하여 현저하게 건강을 해할 염려가 있다고 인정할 때에는 그 사유를 소속 경찰관서장에게 보고하여야 하고, ④ 피의자가 도주, 자살 또는 폭행 등을 할 염려가 있을 때에는 수갑·포승 등 경찰장구를 사용할 수 있다고 규정하고 있다.

2) 판례
가. 현행범인의 체포

현행범인의 체포와 관련한 판례는 주로 현행범인이나 준현행범인의 인정 여부 및 그 요건이 충족되는지 여부가 판례의 중심을 이루고 있다.

먼저 [대법원 2006. 2. 10. 선고 2005도7158] 판결은 피고인의 상해행위가 종료한 순간과 아주 접착된 시기에 현행범인으로 체포하였고 체포한 장소도 피고인이 저지른 목욕탕 탈의실인 경우 피고인이 방금 범죄를 실행한 범인이라고 볼 최종이 명백히 존재하는 것으로 인정할 수 있는 상황이므로 피고인을 현행범인으로 볼 수 있다고 판시함으로써 현행범인을 인정하고 있다.

또한 [대법원 2000. 7. 4. 선고 99도4341] 판결에서 순찰 중이던 경찰관이 교통사고를 낸 차량이 도주하였다는 무전연락을 받고 주변을 수색하다가 범퍼 등의 파손상태로 보아 사고차량으로 인정되는 차량에서 내리는 사람을 발견한 경우, 준현행범으로 체포할 수 있으며, 이는 형사소송법 제211조 제2항 제2호 소정의 '장물이나 범죄에 사용되었다고 인정함에 충분한 흉기 기타의 물건을 소지하고 있는 때'에 해당하므로 **준현행범으로서 영장 없이 체포**할 수 있다고 판시하고 있다. 또한 [대법원 1999. 1. 26. 선고 98도3029] 판결에서는 현행범인은 누구든지 영장 없이 체포할 수 있으므로 사인의 현행범인 체포는 법령에 의한 행위로서 위법성이 조각된다고 할 것인데, **현행범인 체포의 요건으로서는 행위의 가벌성, 범죄의 현행성·시간적 접착성, 범인·범죄의 명백성 외에 체포의 필요성, 즉 도망 또는 증거인멸의 염려가 있을 것**을 요한다고 판시하여 현행범인 내지 준현행범의 체포요건을 명백히 적시하고 있다.

나. 긴급체포

긴급체포와 관련한 판례는 주로 어떤 경우 긴급체포의 요건에 해당되는가와 긴급체포 시 이를 제지한 경우 공무집행방해죄가 성립되는가에 대한 판례가 중심이다.

먼저 [대법원 1991. 12. 10. 선고 91도2395] 판결은 현행범이나 준현행범이 아닌 피고인을 체포하려고 (법원의 영장 없이) 피고인의 집에 강제로 들어가려고 하는 경찰관들을 제지한 피고인의 행위에 대하여 적법한 공무집행이 아니라고 하면서 **공무집행방해죄를 구성**하지 않는다고 판시함으로써 긴급체포의 요건을 엄격히 적용하고 있다.

또한 [대법원 2006. 9. 8. 선고 2006도148] 판결은 긴급체포는 영장주의원칙에 대한 예외인 만큼 형사소송법 제200조의3 제1항의 요건을 모두 갖춘 경우에 한하여 예외적으로 허용되어야 하고, 요건을 갖추지 못한 긴급체포는 법적 근거에 의하지 아니한 영장 없는 체포로서 위법한 체포에 해당하는 것이고, 여기서 긴급체포의 요건을 갖추었는지 여부는 사후에 밝혀진 사정을 기초로 판단하는 것이 아니라 **체포 당시의 상황을 기초로 판단**하여야 한다고 판시하고 있다.

3) 개선방향

경찰관은 법적인 근거 없이 어느 누구도 체포해서는 안 되며, 체포를 할 경우에는 적법절차를 반드시 준수하여야 한다. 체포가 적법하고 정당하게 이루어지도록 하기 위해서는, 체포의 사유와 체포하는 경찰관이 신분 및 권한을 분명히 밝히도록 해야 한다. 경찰관은 법률에 정한 요건에 부합하고 필요하다고 판단되는 경우에는 영장 없이 '긴급체포'를 행할 수 있다. 하지만, 이 경우에도 자신의 신분을 분명히 밝히고 체포사유와 피의자의 권리를 명확히 알려 주어야 한다.

체포 이후에도 조사나 보호유치 과정에 있어 법에 정한 절차를 철저히 준수하여, 인권침해 혐의로 인한 신분상 불이익이나 절차상의 불법으로 인한 조사결과의 증거능력 상실이 야기되지 않도록 하여야 한다. 경찰 교육과 훈련과정에서는 구체적인 상황에 있어서의 체포의 절차와 방법에 대한 실질적인 교육훈련이 반복적으로 이루어져 적법절차의 준수가 관행으로 정착되어야 한다. 이러한 부분들의 실천을 위해서는 다음 사항들을 준수하여야 할 것이다.

① 체포와 유치(구금)는 철저히 관련 법 규정에 따라, 자격과 능력이 있는 경찰관에 의해 행해져야 한다.

② 체포를 행하는 경찰관은 반드시 법에 의해 부여된 권한만을 행사하여야 한다.

③ 체포를 당하는 모든 사람에게는 체포 즉시 그 사유를 알려 주어야 한다.

④ 체포시간, 체포사유, 유치장소에 대한 정확한 정보, 체포를 행한 경찰관의 신원은 반드시 기록되어야 한다. 아울러 그 기록은 반드시 당사자나 변호사에게 알려 주어야 한다.

⑤ 체포를 행하는 경찰관은 반드시 그 대상자와 주변에서 그 상황을 목격하는 사람들에게 자신의 신분을 밝혀야 한다.

⑥ 체포를 행하는 경찰관은 이름표, 신분증, 배지 등 자신의 신분을 증명하는 징표를 착용하여 누구나 쉽게 알아볼 수 있도록 하여야 한다.

⑦ 경찰차량은 쉽게 알아볼 수 있어야 하며 항상 번호판을 부착하고 있어야 한다.

⑧ 누구든지 구속되기 전에는 반드시 법관의 면전에서 진술할 기회(구속적부심)를 부여받아야 하며, 신속하게 재판을 받거나 석방되어야 한다. 도주나 증거인멸의 염려가 없는 경우에는 불구속수사와 재판이 일반적인 원칙이 되어야 한다.

2. 장애인 등 사회적 약자에 대한 수사

(1) 문제점

보통 사람에게는 의미가 없는 **보조장구 압수**가 장애인에게는 심각한 문제가 될 수 있다. 안경이 없으면 앞을 보지 못하는 사람에게 안경을 주지 않는다든지 다리가 불편한 장애인에게 목발을 압수하는 행위는 기본권을 침해하는 행위이다. 청각장애인을 비롯한 장애인들은 자신의 의사를 도움 없이 제대로 표현할 수 없는 경우가 많다. 이들은 의사소통이 제대로 되지 않아 피해사실을 정확하게 증언하지 못하거나, 피의자로 수사를 받는 경우에는 진술과정도 문제가 발생하게 된다. 이러한 점을 감안한다면 수사기관에서는 법적 지식이 풍부한 통역사 등을 구할 수 있는 체제를 갖추어야 하며, 이들을 조사하거나 수사하는 경찰은 편견 없이 조사·수사를 할 필요가 있고, 본인의 뜻을 확인할 수 있는 다양한 방법을 동원해야 불리한 수사나 조사를 막을 수 있다.

이러한 사회적 약자와 소수자의 인권보호는 중요하다. 원래 인권보호의 역사가 사회적 약자와 소수자의 보호를 중심으로 이루어진 것이기 때문에 이들에 대한 인권보호는 아무리 강조해도 지나치지 않다.

(2) 현행규정

가. 헌법　　헌법은 제11조 제1항에서 "**모든 국민은 법 앞에 평등하다. 누구든지 성별·종교 또는 사회적 신분에 의하여 정치적·경제적·사회적·문화적 생활의 모든 영역에 있어서 차별을 받지 아니한다**"라고 규정하여 사회적 소수자도 차별받지 않을 권리를 규정하고 있다.

이는 형사절차에서도 마찬가지로 적용된다. 이에 따라 형사소송법에서는 형사절차에서 의사의 불통으로 인한 불이익을 방지하기 위해 통역에 대한 규정을 두고 있다. 형사소송법 제180조는 "국어에 통하지 아니하는 자의 진술에는 통역인으로 하여금 통역하게 하여야 한다"라고 규정하고 있으며, 제181조에서는 "듣거나 말하는 데 장애가 있는 사람의 진술에 대해서는 통역인으로 하여금 통역하게 할 수 있다"라고 규정하여 이들이 의사의 불통으로 인하여 불이익을 받지 않도록 하고 있다.

나. 경찰수사규칙　　사법경찰관리는 청각장애인 및 언어장애인이나 그 밖에 의사소통이 어려운 장애인을 조사하는 경우에는 직권으로 또는 장애인 본인, 보호자, 법정대리인 등의 신청에 따라 수화·문자통역을 제공하거나 의사소통을 도울 수 있는 사람을 참여시켜야 한다(행정안전부령, 2021. 1. 1. 시행).

다. 경찰 인권보호 규칙　　경찰활동 전반에 걸친 민주적 통제를 구현하여 경찰력 오·남용을 예방하고, 경찰행정의 인권지향성을 높여 인권을 존중하는 경찰활동을 정립하기 위해 경찰청장 및 시·도경찰청장의 자문기구로서 경찰청인권위원회를 운영하도록 규정하고 있으며, 위원회의 구성은 위원장을 포함하여 7인 이상 13명 이하의 위원으로 구성하며, 특정 성별이 전체 위원 수의 10분의 6을 초과하지 아니해야 한다. 위원회의 업무는, ① 인권과 관련된 경찰의 제도·정책·관행의 개선, ② 경찰의 인권침해 행위의 시정, ③ 국가인권위원회·국제인권규약 감독기구·국가별 정례인권검토의 권고안 및 국가인권정책기본계획의 이행, ④ 인권영향평가 및 인권침해사건 진상조사단에 관한 사항에 대한 권고 또는 의견표명을 할 수 있다(경찰청 훈령, 제4조).

해양경찰의 경우에는 해양경찰청장 소속하에 인권위원회를 두고 지방해양경찰청장 및 해양경찰서장 소속하에 시민인권단을 설치·운영할 수 있으며, 인권위는 위원장을 포함하여 7명 내외의 위원으로 구성한다. 인권위(인권단)는 ① 인권과 관련된 해양경찰의 제도·정책·관행에 대한 자문, 개선권고 및 의견표명, ② 해양경찰에 의한 인권침해 행위에 대한 조사 및 시정권고, ③ 해양경찰 관련 시설에 대한 방문조사, ④ 인권교육 강의에 관한 사항을 임무로 한다(해양경찰 인권보호규칙 제14~15조, 해양경찰청 훈령 제230호).

(3) 개선방향

경찰관은 모든 사람이 어떤 사유로도 차별받지 않고 동등한 법의 보호를 받을 권리가 있음을 명심하여야 한다. 폭력과 협박의 위험에 처한 사람은 분명하고 적극적으로 보호해 주어야 한다. 경찰관은 어린이, 노인, 여성, 피난민, 가출인 및 사회적 소수 등 폭력과 협박의 피해에 노출될 우려가 큰 사람들에 대해서는 특별히 더 적극적으로 보호해 주어야 한다.

이의 실천을 위해 무엇보다 중요한 것은, 경찰관들이 경찰이라는 직업이 요구하는 특별한 의무와 고도의 책임감을 받아들여야 한다는 것이다. 일상적인 업무와 일처리를 하는 데 그치는 것이 아니라 적극적으로 **사회적 약자를 보호**하고 그 **기본적 인권을 지켜 주는 역할**을 제대로 수행하기 위해서는 크나큰 자기희생이 필요하며 일반인과는 다른 사명감과 봉사정신이 요구된다. 아울러 권력자와 소수의 집권세력을 위해 봉사하고 전국이 일률적으로 중앙의 통제와 지시를 수행하는 군사정권하에서의 경찰 모습이 아닌, 지역사회를 위해 봉사하고 지역주민들을 불법행위로부터 보호해 주는 '지역주민의 경찰'이 되어야 할 것이다.

또한 경찰은 체포한 즉시 체포된 사람이 그 가족 및 변호인과 접촉할 수 있도록 하여야 하며, 필요할 경우 의료서비스를 받도록 해야 한다. 이와 관련하여 다음의 여러 사항들이 포함된다.

① 경찰에서 사용하는 언어를 이해하지 못하는 피의자에게는 무료 통역을 통해 체포된 이후의 법절차에 대한 정보를 제공해 주어야 한다.

② 외국인 피의자에게는 즉시 관계국의 영사 내지 외교 담당자에게 연락할 수 있는 권리가 있음을 알려 주어야 한다.

③ 모든 체포된 난민과 망명신청자에게는, 체포의 사유와 관계없이, 해당 지역의 유엔난민고등판무관실 대표자 혹은 난민지원기관과의 접촉이 허용되어야 한다. 체포된 사람이 자신을 난민 혹은 망명신청자라고 밝히거나 그 밖의 이유로 본국으로의 송환을 두려워한다는 것이 확인될 경우, 담당 경찰관은 반드시 이들이 유엔난민고등판무관실이나 기타 난민지원기구들과 접촉하도록 해야 할 의무를 진다.

④ 구금이 이루어진 직후, 피구금자의 건강상태나 고문이나 강간 및 성적 학대 등 가혹행위를 당하지 않았음을 확인하기 위한 의사의 적절한 검진이 행해져야 한다. 그 이후, 필요할 때마다 의료 검진과 치료가 행해져야 한다. 모든 피구금자와 그 변호인에게는 제3의 의사로부터 검진과 의학적 소견을 제공받게 해 달라고 요청할 권리가 있다. 모든 피구금자는 결코, 비록 본인이 동의한다 하더라도, 건강에 해로울 수 있는 의학적 혹은 과학적 실험의 대상이 되어서는 안 된다.

⑤ 여성인 피구금자는 여성의사로부터 검진을 받을 권리가 있으며 필요할 경우 출산 전후에 받아야 하는 모든 진료와 조치가 보장되어야 한다. 임신한 여성에 대한 장구의 사용은 오직 최후의 수단으로만 허용되어야 하며, 결코 산모나 태아의 건강을 위태롭게 하여서는 안 된다. 출산 중에는 결코 결박당해서는 안 된다.

이러한 점을 감안할 때 수사기관에서는 법적 지식이 풍부한 통역사 등을 구할 수 있는 체제를 갖추어야 하며, 이들에 대하여 조사할 때에는 편견을 가지지 않고 수사를 할 필요가 있다. 또한 본인의 뜻을 확인할 수 있는 다양한 방법을 동원함으로써 불리한 수사·조사를 막는 데 최선을 다해야 할 것이다.

3. 수사과정의 불법행위로 인한 인권침해

(1) 문제점

고문은 인간의 몸과 정신에 직접적인 손상을 입히기 때문에 국제적으로 금지되어 있을 뿐 아니라 우리나라에서도 어떠한 경우이건 고문을 할 수 없도록 금지하고 있다. 그러나 우리나라는 상황적 특수성 때문에 과거의 많은 공안사건에서 고문에 의한 자백이라는 의혹이 제기되고 있는 실정이다. 또한 군사독재 시절 정권유지의 수단으로 정권에 적극적으로 대항하던 사람들을 고문에 의해 용공으로 조작한 기억이 있다. 고문은 시국사범들에 대한 탄압뿐만 아니라 여타 형사사건에서도 자백을 이끌어 내는 효과적인 방식으로 인식되어 쉽게 사라지지 않는 수사관행이다. 이렇듯 직접적인 물리력을 가하는 고문뿐만 아니라 밤샘조사, 가혹행위 등 수사과정에서 일어나는 불법행위는 그 형태가 매우 다양하다. 이러한 수사과정의 불법행위는 궁극적으로 국가에 대한 신뢰를 해칠 뿐만 아니라 국가가 손해를 배상하게 함으로써 금전적인 손실까지 미치게 된다. 그러나 국가는 불법행위를 한 당사자에게 구상권을 가지기 때문에 수사과정에서 불법행위를 자행한 조사관에게 피해가 미치게 된다.

따라서 수사과정에서의 불법행위는 누구에게도 도움이 되지 않는 것이기 때문에 정부에서도 이에 대한 대책 마련에 나서고 있다. 즉, 적법절차를 준수하여 가혹행위 등 인권침해를 근절하는 것을 최우선적인 과제의 하나로 설정하고, 가혹행위를 하지 않고 **과학수사에 의한 증거확보**를 위하여 다양한 방법을 이용하고 있다.

더불어 환자에 대한 수사는 환자의 진료권의 보호와 수사 둘 중 어느 것에 무게중심을 두느냐에 따라 그 내용이 달라진다. 실체적 진실을 발견하고 사건을 조기에 종결짓기 위해서는 환자라 하더라도 신속하게 수사하는 것이 필요하다. 그러나 환자의 생명을 위협하는 조사는 이루어질 수 없으며, 피의자이기 이전에 인간으로서의 권리보장을 위하여 환자의 진료권은 충분히 보장되어야 한다. 따라서 구속피의자의 경우 구금시설 내의 의료시설에서 충분한 치료가 불가능할 때에는 외부의 병원에서 치료를 받도록 하고 있다. 이러한 것을 악용하여 구속 수감된 피의자가 병원 치료를 핑계로 경찰관과 병원에 동행했다가 감시가 소홀한 틈을 타 도주하는 경우도 발생하고 있다. 그러나 이러한 사건의 방지는 다른 방법을 통해 이루어져야 할 것이며, 이를 이유로 환자 치료시기를 놓치게 하거나 저지하는 것은 인권을 침해하는 것이다.

고문, 가혹행위 등의 불법행위는 수사과정에서 발생할 우려가 크다. 따라서 2007년 6월 1일 개정된 현행 형사소송법에서 **변호인접견권의 철저한 보장과 수사과정에서의 변호인 참여권의 보장**에 관한 조항을 명문으로 규정한 것은 인권보호라는 측면에서 상당히 고무적인 일이라 할 수 있다.

◎ 수사과정에서 발생할 수 있는 불법행위의 유형 ◎

- 새벽 1시까지 조사하고 다시 새벽에 일찍 불러 사실상 잠을 못 자게 하거나, 조사관들이 번갈아 가며 밤샘 조사를 하여 잠을 자지 못하게 한 경우
- 하루 종일 의자에서 일어나지 못하게 한 경우
- 말하지 않으면 배후 인물도 구속시킨다고 협박한 경우
- 자백하면 같이 구속되어 있는 가족을 풀어 주겠다고 회유하는 경우
- 간경화로 안정을 취하지 않고 수사를 강행할 경우 목숨이 위태로울 수 있다는 의사의 소견에도 불구하고 입원을 시키지 않은 상태에서 조사 강행, 구치소 이감 후에도 통원치료를 불허한 경우
- 진료팀과 변호사가 왕진 및 접견차 방문했음에도 불구하고 면회를 불허한 경우 등

---

(2) 현행규정

가. 헌법　　헌법 제12조 제2항은 "모든 국민은 고문을 받지 아니하며, 형사상 자기에게 불리한 진술을 강요당하지 아니한다"라고 규정하고, 제7항에서는 "피고인의 자백이 고문·폭행·협박·구속의 부당한 장기화 또는 기망 기타의 방법에 의하여 자의로 진술된 것이 아니라고 인정될 때 또는 정식 재판에 있어서 피고인의 자백이 그에게 불리한 유일한 증거일 때에는 이를 유죄의 증거로 삼거나 이를 이유로 처벌할 수 없다"라고 규정하여 고문의 금지와 고문에 의한 자백의 증거능력을 인정하지 않고 있다. 우리나라는 1993년 '고문 및 기타 잔혹한, 비인도적 또는 굴욕

적 처우나 형벌금지협약'에 가입하였으며, 고문을 법으로 금지하고 있다. 이와 같이 수사과정에서의 고문이나 가혹행위 등은 금지되어 있었으나 과거 권위주의 정권하에서 안보라는 이름으로 이루어지고 있었으며, 많은 무고한 범죄자들을 양산하기도 하였다. 이제 남은 문제는 과거 관행으로부터의 탈피이다.

나. 형사소송법　　　현행 형사소송법은 제34조에서 "변호인이나 변호인이 되려는 자는 신체가 구속된 피고인 또는 피의자와 접견하고 서류나 물건을 수수(授受)할 수 있으며 의사로 하여금 피고인이나 피의자를 진료하게 할 수 있다"라고 하여 구금된 피의자·피고인에 대한 **변호인의 접견교통권**을 규정하고 있으며, 동법 제243조의2 제1항에서는 구금되지 않은 피의자에 대하여도 조사 중임을 이유로 변호인의 접견권을 제한할 수 없음을 규정하고 있다. 따라서 수사기관은 피의자에 대한 조사 전후는 물론, 조사 중이라도 피의자에 대한 신문을 이유로 변호인의 접견신청을 거부할 수 없음을 명시하고 있다.

다. 범죄수사규칙

a. 출석요구와 조사방법　　　경찰관은 「형사소송법」 제200조 및 같은 법 제221조의 출석요구에 따라 출석한 피의자 또는 사건관계인에 대하여 지체 없이 진술을 들어야 하며 피의자 또는 사건관계인이 장시간 기다리게 하는 일이 없도록 하여야 하며(동규칙 제61조), 경찰관은 조사를 할 때에는 경찰관서 사무실 또는 조사실에서 하여야 하며 부득이한 사유로 그 이외의 장소에서 하는 경우에는 소속 경찰관서장의 사전 승인을 받아야 한다.

또한 경찰관은 치료 등 건강상의 이유로 출석이 현저히 곤란한 피의자 또는 사건관계인을 경찰관서 이외의 장소에서 조사하는 경우에는 피조사자의 건강상태를 충분히 고려하여야 하고, 수사에 중대한 지장이 없으면 가족, 의사, 그 밖의 적당한 사람을 참여시켜야 하며, 피의자신문 이외의 경우 피조사자가 경찰관서로부터 멀리 떨어져 거주하거나 그 밖의 사유로 출석조사가 곤란한 경우에는 별지 제18호서식의 우편조서를 작성하여 우편, 팩스, 전자우편 등의 방법으로 조사할 수 있다.

진술의 임의성을 확보하기 위해 조사를 할 때에는 경찰관은 고문, 폭행, 협박, 신체구속의 부당한 장기화, 그 밖에 진술의 임의성에 관하여 의심받을 만한 방법을 취하여서는 아니 되며, 조사를 할 때에는 희망하는 진술을 상대자에게 시사하는 등의 방법으로 진술을 유도하거나 진술의 대가로 이익을 제공할 것을 약속하거나 그 밖에 진술의 진실성을 잃게 할 염려가 있는 방법을 취하여서는 아니 된다.

경찰관의 「형사소송법」 제244조의3에 따른 진술거부권의 고지는 조사를 상당 시간 중단하거나 회차를 달리하거나 담당 경찰관이 교체된 경우에도 다시 하여야 하며, 대질신문을 하는 경우에는 사건의 특성 및 그 시기와 방법에 주의하여 한쪽이 다른 한쪽으로부터 위압을 받는 등 다른 피해가 발생하지 않도록 하여야 한다(동규칙 제61~66조 참조).

b. 변호인의 선임 및 신문과정 참여보장   경찰관은 변호인의 선임에 관하여 특정의 변호인을 시사하거나 추천하여서는 아니 되며, 피의자가 조사 중 변호인 선임 의사를 밝히거나 피의자신문 과정에서의 변호인 참여를 요청하는 경우 즉시 조사를 중단하고, 변호인 선임 또는 변호인의 신문과정 참여를 보장하여야 한다(동규칙 제78조).

경찰수사규칙 제12조에, 사법경찰관리는 법 제243조의2 제1항에 따라 피의자 또는 그 변호인·법정대리인·배우자·직계친족·형제자매의 신청이 있는 경우 변호인의 참여로 인하여 신문이 방해되거나, 수사기밀이 누설되는 등 정당한 사유가 있는 경우를 제외하고는 피의자에 대한 신문에 변호인을 참여하게 해야 하고, 변호인의 피의자신문 참여 신청을 받은 사법경찰관리는 신청인으로부터 변호인의 피의자신문 참여 전에 변호인 선임서와 변호인 참여 신청서를 제출받아야 한다고 규정하고 있다.

피의자신문 중 변호인 참여 제한에 관하여, 사법경찰관리는 변호인의 참여로 증거를 인멸·은닉·조작할 위험이 구체적으로 드러나거나, 신문 방해, 수사기밀 누설 등 수사에 현저한 지장을 초래하는 경우에는 피의자신문 중이라도 변호인의 참여를 제한할 수 있으며, 이 경우 피의자와 변호인에게 변호인의 참여를 제한하는 처분에 대해 법 제417조에 따른 준항고를 제기할 수 있다는 사실을 고지해야 한다. 그러나 변호인 참여를 제한하는 경우에 사법경찰관리는 피의자 또는 변호인에게 그 사유를 설명하고 의견을 진술할 기회와 다른 변호인을 참여시킬 기회를 주어야 하며, 변호인의 참여를 제한한 후 그 사유가 해소된 때에는 변호인을 신문에 참여하게 해야 한다(동규칙 제13조).

(3) 실천방향

체포 또는 구금된 모든 사람은 인간적인 대우를 받아야 한다. 경찰관은 결코, 어떤 경우에라도, 고문 혹은 가혹행위를 행하거나 조장하거나 묵과해서는 안 되며, 이에 대한 어떠한 지시 명령도 거부하여야 한다. 고문과 관련하여 이의 실천을 위해서는 다음 사항들이 준수되어야 한다.

① 어떤 형태의 구금상태에서도, 어느 누구도, 결코 고문 혹은 잔인하거나 비인간적이거나 모욕적인 처우나 처벌을 받아서는 안 되며 모든 경찰관에게는 이러한 행위를 하라는 지시 명령을 거부할 권한과 의무가 있다. 경찰관은 결코 모든 형태의 고문 또는 잔인하거나 비인간적이거나 모욕적인 처우나 처벌을 직접 행하거나, 부추기거나 묵인해서는 안 된다. 또한, 상사나 상급기관의 지시 혹은 전시상태, 정치적 불안 기타 위급상황 등을 구실로 삼아 이러한 반인권적 행위를 합리화해서는 안 된다.

② 경찰은, 구금상태에 있는 여성에 대한 성폭행이 결코 용납될 수 없는 고문행위로 반드시 형사처벌을 받게 된다는 사실을 경찰관들에게 분명히 알려야 한다.

③ "잔인하거나 비인간적이거나 모욕적인 처우나 처벌"의 개념은 심지어 일시적으로 눈이나 귀를 가리는 등 사람의 자연스러운 감각작용을 제한하거나 현재의 위치나 시간의 흐름 등을 알지 못하게 하는 것 등 모든 종류의 육체적 및 정신적 가혹행위를 포함한다.

④ 경찰관은 피구금자에게 자백 혹은 자신이나 타인을 유죄로 만들 수 있는

진술을 강요해서는 안 되며 조사를 받고 있는 피구금자의 자의적인 판단이나 의사 결정에 악영향을 미칠 수 있는 폭력적인 위협이나 방법을 결코 사용해서는 안 된다. 여성인 피구금자를 조사할 때에는 반드시 여성 경찰관이나 간수가 동석해야 하며, 여성 피구금자를 대상으로 신체수색을 할 때에는 여성 경찰관 또는 간수만 참가해야 한다.

⑤ 어린이에 대한 구금은 오직 최후의 수단으로, 필요한 최소시간 동안만 행해져야 한다. 어린이를 구금한 때에는 즉시 부모나 친지에게 연락하거나 변호인이나 의사를 만날 수 있게 해 주어야 하며 그 위치를 친권자 혹은 보호자에게 알려 주어야 한다. 경찰관은 청소년인 피구금자를 성인피구금자와 격리하여 다른 장소에 수용해야 하며, 감독관이나 다른 피구금자로부터 고문이나 성적 학대를 포함한 가혹행위를 당하지 않도록 보호해야 한다.

4. 불공정한 수사로 인한 인권침해

(1) 문제점

흔히 지역유지를 비롯해서 그 지역에서 오래 활동하던 사람과 다툼이 생긴 경우, 경찰과의 친분관계로 인해 일방적으로 한쪽에 불리하게 조사가 진행되었다는 진정이 제기되는 일이 있다. 지역사회 활동을 배경으로 형성되는 관계 때문에 신고자를 피의자처럼 취급하고, 쌍방이 시비가 붙었는데도 친분이 있는 사람에 대하여는 수사편의를 봐주고 친분이 없는 경우에는 가혹하게 수사한다는 문제가 제기되기도 한다. 이런 경우 우선 경찰이 실제로 편파적인 수사를 하였는가, 만약 편파수사를 하였다면 어떻게 편파수사를 막아야 하는가라는 문제와 경찰이 신뢰를 회복하여 이러한 문제들이 제기되지 않도록 하는 것이 중요하다. 경찰의 편파수사는 자체감찰 등을 통하여 어느 정도 해소되고 있으나 아직은 미흡하며, 또한 경찰에 대한 시민의 인식이 개선되지 않는 한 불공정한 수사의혹을 제기하는 일은 줄어들지 않을 것이다.

또한 인권의 적극적인 보호미흡에 대하여는 경찰의 현실을 생각할 때 무리라는 주장도 있으나 현존하는 위험이 있는데도 방치하는 것은 경찰 본연의 의무에 대한 방기라는 지적에서 자유로울 수 없다.

(2) 현행규정

가. 국가경찰과 자치경찰의 조직 및 운영에 관한 법률 국가경찰과 자치경찰의 조직 및 운영에 관한 법률 제5조에는 경찰은 그 직무를 수행할 때 헌법과 법률에 따라 국민의 자유와 권리를 존중하고, 국민 전체에 대한 봉사자로서 공정·중립을 지켜야 하며, 부여된 권한을 남용하지 못하도록 규정하고 있고, 경찰관 직무집행법 제1조 제2항에도 경찰관의 직권은 그 직무 수행에 필요한 최소한도에서 행사되어야 하며 남용되어서는 아니 된다고 하여 권한남용금지원칙을 규정하고 있다. 또한 경찰공무원은 구체적인 사건수사와 관련된 상관의 지휘·감독의 적법성 또는 정당성에 대하여 이견이 있을 때에는 이의를 제기할 수 있으며 직무수행의 적법성과 정당성을 지킬 의무를 부여하고 있다(동법 제5, 6조).

경찰사무는 **국가경찰사무와 자치경찰사무**로 구분되며, 자치경찰사무를 제외한 경찰업무는 모두 국가경찰사무에 속한다. 경찰의 임무에는, ① 국민의 생명·신체 및 재산의 보호, ② 범죄의 예방·진압 및 수사, ③ 범죄피해자 보호, ④ 경비·요인 경호 및 대간첩·대테러 작전 수행, ⑤ 공공안녕에 대한 위험의 예방과 대응을 위한 정보의 수집·작성 및 배포, ⑥ 교통의 단속과 위해의 방지, ⑦ 외국 정부기관 및 국제기구와의 국제협력, ⑧ 그 밖에 공공의 안녕과 질서유지라는 8가지 임무유형이 있다(동법 제3조).

이 가운데 관할 지역의 생활안전·교통·경비·수사 등에 관한 다음 각 목의 사무는 **자치경찰사무**에 속한다.

가. 지역 내 주민의 생활안전 활동에 관한 사무

① 생활안전을 위한 순찰 및 시설의 운영, ② 주민참여 방범활동의 지원 및 지도, ③ 안전사고 및 재해·재난 시 긴급구조지원, ④ 아동·청소년·노인·여성·장애인 등 사회적 보호가 필요한 사람에 대한 보호 업무 및 가정폭력·학교폭력·성폭력 등의 예방, ⑤ 주민의 일상생활과 관련된 사회질서의 유지 및 그 위반행위의 지도·단속(다만, 지방자치단체 등 다른 행정청의 사무는 제외), ⑥ 그 밖에 지역주민의 생활

안전에 관한 사무

나. 지역 내 교통활동에 관한 사무

① 교통법규 위반에 대한 지도·단속, ② 교통안전시설 및 무인 교통단속용 장비의 심의·설치·관리, ③ 교통안전에 대한 교육 및 홍보, ④ 주민참여 지역 교통활동의 지원 및 지도, ⑤ 통행 허가, 어린이 통학버스의 신고, 긴급자동차의 지정 신청 등 각종 허가 및 신고에 관한 사무, ⑥ 그 밖에 지역 내의 교통안전 및 소통에 관한 사무

다. 지역 내 다중운집 행사 관련 혼잡 교통 및 안전 관리

라. 다음의 어느 하나에 해당하는 수사사무

① 학교폭력 등 소년범죄, ② 가정폭력, 아동학대 범죄, ③ 교통사고 및 교통 관련 범죄, ④ 「형법」 제245조에 따른 공연음란 및 「성폭력범죄의 처벌 등에 관한 특례법」 제12조에 따른 성적 목적을 위한 다중이용장소 침입행위에 관한 범죄, ⑤ 경범죄 및 기초질서 관련 범죄, ⑥ 가출인 및 「실종아동등의 보호 및 지원에 관한 법률」 제2조 제2호에 따른 실종아동 등 관련 수색 및 범죄

그 밖에 제1항 제2호 가목부터 다목까지의 자치경찰사무에 관한 구체적인 사항 및 범위 등은 대통령령으로 정하는 기준에 따라 시·도 조례로 정하며, 제1항 제2호 라목의 자치경찰사무에 관한 구체적인 사항 및 범위 등은 대통령령으로 정한다고 규정하고 있다.

나. 경찰관 직무집행법　　경찰관은 사람의 생명 또는 신체에 위해를 끼치거나 재산에 중대한 손해를 끼칠 우려가 있는 천재(天災), 사변(事變), 인공구조물의 파손이나 붕괴, 교통사고, 위험물의 폭발, 위험한 동물 등의 출현, 극도의 혼잡, 그 밖의 위험한 사태가 있을 때에는 다음 각 호의 조치를 할 수 있다고 규정하고 있으며 (동법 제5조), 조치의 내용은 다음과 같다. ① 그 장소에 모인 사람, 사물의 관리자, 그 밖의 관계인에게 필요한 경고를 하는 것, ② 매우 긴급한 경우에는 위해를 입을 우려가 있는 사람을 필요한 한도에서 억류하거나 피난시키는 것, ③ 그 장소에 있는 사람, 사물의 관리자, 그 밖의 관계인에게 위해를 방지하기 위하여 필요하다고 인정되는 조치를 하게 하거나 직접 그 조치를 하는 것

◎ 판례 [대법원 1998. 8. 25. 선고 98다16890 판결] ◎

경찰관 직무집행법 제5조는 경찰관에게 위험 발생의 방지 등에 대한 권한을 부여하고 있는데, 경찰관이 그 권한을 행사하여 필요한 조치를 취하지 아니하는 것이 현저하게 불합리하다고 인정되는 경우에는 그러한 권한의 불행사는 직무상의 의무를 위반한 것이 되어 위법하게 된다.

◎ 판례 [대법원 1998. 5. 26. 선고 98다11635 판결] ◎

피해자로부터 범죄 신고와 함께 신변보호요청을 받은 경찰관은 피해자에 대한 범죄의 위험이 일상적인 수준으로 감소할 때까지 피해자의 신변을 특별히 보호해야 할 의무가 있다.

(3) 실천방향

편파수사의 방지를 위해서는 법에 의한 공정한 법집행이 가장 중요하며, 조사를 받는 사람의 인권을 보호하는 것을 가장 우선적으로 고려해야 할 것이다. 이러한 문제의 해결을 위해 자체적으로도 많은 노력을 하고 있으며, 검찰에서도 감찰 시 편파·부당수사 및 봐주기 사례에 대한 점검을 실시하고 있다. 경찰의 신뢰를 높이기 위해서는 사건발생 시 가능한 모든 사람에 대한 조사를 하여 사건을 정확하게 파악해야 한다. 경찰은 적극적으로 인권을 옹호하기 위한 활동을 해야 하며, 경우에 따라서는 이러한 노력이 없을 경우 의무위반이 되는 경우가 있으므로 경찰은 피해자의 보호를 위한 노력을 해야 한다.

경찰은 소극적인 인권침해방지뿐만 아니라 적극적인 인권보호의무를 지니고 있다. 경찰관은 모든 사람이 어떤 사유로도 차별받지 않고 동등한 법의 보호를 받을 권리가 있음을 명심하여야 한다. 특히 폭력과 협박의 위험에 처한 사람은 분명하고 적극적으로 보호해 주어야 한다. 또한 경찰관은 어린이, 노인, 여성, 피난민, 가출인 및 사회적 소수 등 폭력과 협박의 피해에 노출될 우려가 큰 사람들에 대해서는 특별히 더 적극적으로 보호해 주어야 한다. 이는 경찰관들은 특별한 의무와 고도의 책임감을 가지고서 국민의 기본적 인권을 지켜 주기 위하여 노력해야 한다는 것이다.

적극적으로 사회적 약자를 보호하고 그 기본적 인권을 지켜 주는 역할을 제대로 수행하기 위해서는 사명감과 봉사정신이 요구된다고 하겠다. 아울러 권력자와 소수집권세력을 위해 봉사하고 전국이 일률적으로 중앙의 통제와 지시를 수행하는 군사정권하에서와 같은 경찰모습이 아닌, 지역사회를 위해 봉사하고 지역주민들을 불법행위로부터 보호해 주는 **지역주민의 경찰**이 되기 위해 노력해야 할 것이다.

5. 피의사실유포로 인한 인권침해

(1) 문제점

사건이 발생하면 피의자는 자신을 변명하기 위하여 피해자에게 책임을 떠넘기는 경우가 많다. 이를 언론에서 그대로 보도함으로써 피해자가 이중의 피해를 입게 될 수 있다. 특히 여성과 관련된 사건에서 확인되지 않은 사실을 유포하여 선정적인 보도가 되어 피해자의 인격을 침해하고 유가족에게 상처를 입히는 경우가 발생하고 있다. 이러한 사건 이외에도 언론이나 수사기관에 의하여 피의사실이 발표되면서 피의자뿐만 아니라 피해자의 인권에 대한 침해가 발생할 수 있다.

(2) 현행규정

가. 헌법　　　　헌법 제27조 제4항은 형사피고인에 대한 **무죄추정의 원칙**을 천명하고 있다.

나. 형법　　　　형법 제126조는 검찰, 경찰 그 밖에 범죄수사에 관한 직무를 수행하는 자 또는 이를 감독하거나 보조하는 자가 그 직무를 수행하면서 알게 된 피의사실을 공소제기 전에 공표(公表)하는 행위를 범죄로 규정하고 있다.

다. 형사소송법　　　　형사소송법 제198조는 '검사, 사법경찰관리 기타 직무상 수사에 관계있는 자는 비밀을 엄수하여 피의자 또는 다른 사람의 인권을 존중하여야 하며, 수사과정에서 취득한 비밀을 엄수하며 수사에 방해되는 일이 없도록 하여야 한다'고 규정하고 있다.

라. 경찰수사규칙

a. 범죄피해자 및 범죄신고자 등 참고인의 보호　　　　범죄피해자의 보호를 위해,

사법경찰관리는 피해자[타인의 범죄행위로 피해를 당한 사람과 그 배우자(사실상의 혼인관계를 포함한다), 직계친족 및 형제자매를 말한다. 이하 이 장에서 같다]의 심정을 이해하고 그 인격을 존중하며 피해자가 범죄피해 상황에서 조속히 회복하여 인간의 존엄성을 보장받을 수 있도록 노력해야 하며, 피해자의 명예와 사생활의 평온을 보호하고 해당 사건과 관련하여 각종 법적 절차에 참여할 권리를 보장해야 한다.

또한 피해자 또는 범죄신고자 등 참고인으로서 범죄수사와 관련하여 보복을 당할 우려가 있는 경우에 신변보호를 위해 수사준칙 제15조 제2항에 따른 신변보호에 필요한 조치의 유형은 다음 각 호와 같다. 즉, ① 피해자 보호시설 등 특정시설에서의 보호, ② 신변경호 및 수사기관 또는 법원 출석·귀가 시 동행, ③ 임시숙소 제공, ④ 주거지 순찰 강화, 폐쇄회로텔레비전의 설치 등 주거에 대한 보호, ⑤ 그 밖에 비상연락망 구축 등 신변안전에 필요하다고 인정되는 조치

b. 피해자에 대한 정보 제공과 회복적 대화 및 범죄피해의 평가　　　사법경찰관리는 피해자를 조사하는 경우 다음 각 호의 정보를 피해자에게 제공해야 한다. 다만, 피해자에 대한 조사를 하지 않는 경우에는 수사준칙 제51조 제1항에 따른 결정(이송 결정은 제외한다)을 하기 전까지 정보를 제공해야 한다. ① 신변보호 신청권, 신뢰관계인 동석권 등 형사절차상 피해자의 권리, ② 범죄피해자구조금, 심리상담·치료 지원 등 피해자 지원제도 및 지원단체에 관한 정보, ③ 그 밖에 피해자의 권리보호 및 복지증진을 위하여 필요하다고 인정되는 정보

또한 사법경찰관리는 피해자가 입은 피해의 실질적인 회복 등을 위하여 필요하다고 인정하면 피해자 또는 가해자의 신청과 그 상대방의 동의에 따라 서로 대화할 수 있는 기회를 제공할 수 있으며, 대화 기회를 제공하는 경우 사법경찰관리는 피해자와 가해자 간 대화가 원활하게 진행될 수 있도록 전문가에게 회복적 대화 진행을 의뢰할 수 있다.

나아가 사법경찰관리는 피해자의 피해정도를 파악하고 보호·지원의 필요성을 판단하기 위해 범죄피해평가를 실시할 수 있으며, 일정한 자격을 갖춘 단체 또는 개인에게 이를 의뢰할 수 있다(경찰수사규칙 제79~83조).

마. 범죄수사규칙

a. 피해자 인적사항의 기재 생략　　　경찰관은 조서나 그 밖의 서류(이하 "조서

등"이라 한다)를 작성할 때 「경찰수사규칙」 제79조 제1항의 피해자가 보복을 당할 우려가 있는 경우에는 별지 제22호서식의 진술조서(가명)에 그 취지를 조서등에 기재하고 피해자의 성명·연령·주소·직업 등 신원을 알 수 있는 사항(이하 "인적사항"이라 한다)을 기재하지 않을 수 있다. 이때 피해자로 하여금 조서등에 서명은 가명으로, 간인 및 날인은 무인으로 하게 하여야 한다. ② 제1항의 경우 경찰관은 별지 제111호서식의 범죄신고자 등 인적사항 미기재사유 보고서를 작성하여 검사에게 통보하고, 조서등에 기재하지 아니한 인적사항을 별지 제109호서식의 신원관리카드에 등재하여야 한다. ③ 피해자는 진술서 등을 작성할 때 경찰관의 승인을 받아 인적사항의 전부 또는 일부를 기재하지 아니할 수 있다. 이 경우 제1항 및 제2항을 준용한다. ④ 「특정범죄신고자 등 보호법」 등 법률에서 인적사항을 기재하지 아니할 수 있도록 규정한 경우에는 피해자나 그 법정대리인은 경찰관에게 제1항에 따른 조치를 하도록 신청할 수 있다. 이 경우 경찰관은 특별한 사유가 없으면 그 조치를 하여야 한다. ⑤ 경찰관은 제4항에 따른 피해자 등의 신청에도 불구하고 이를 불허한 경우에는 별지 제112호서식의 가명조서 등 불작성사유 확인서를 작성하여 기록에 편철하여야 한다(동규칙 제176조).

　　b. 피해자의 비밀누설금지와 피해자 동행·조사 시 유의사항　　　경찰관은 성명, 연령, 주거지, 직업, 용모 등 피해자임을 미루어 알 수 있는 사실을 제3자에게 제공하거나 누설하여서는 아니 된다. 다만, 피해자가 동의한 경우에는 그러하지 아니하다. 피해자 동행 시 유의사항으로, 경찰관은 피해자를 경찰관서 등으로 동행할 때 가해자 또는 피의자 등과 분리하여 동행하여야 한다. 다만, 위해나 보복의 우려가 없을 것으로 판단되는 등 특별한 사정이 있는 경우에는 그러하지 아니하다.

　　또한 피해자 조사 시 주의사항으로, ① 경찰관은 피해자를 조사할 때에는 피해자의 상황을 고려하여 조사에 적합한 장소를 이용할 수 있다. 이 경우 조사 후 지체 없이 소속 수사부서장에게 보고하여야 한다. ② 경찰관은 살인·강도·강간 등 강력범죄 피해자가 신원 노출에 대한 우려 등의 사유로 경찰관서에 출석하여 조사받는 것이 어려운 경우에는 특별한 사정이 없는 한 피해자를 방문하여 조사하는 등 필요한 지원을 하여야 한다. ③ 경찰관은 강력범죄 피해자 등 정신적 충격이 심각할 것으로 추정되는 피해자에 대해서는 피해자의 심리상태를 확인한 후 경찰 피해자심리

전문요원이나 외부 전문기관의 심리상담을 받도록 하여야 한다(제177~179조).

　　c. 여성폭력 피해자의 2차 피해 방지　　　경찰관은 「여성폭력방지기본법」제3조 제3호에 따른 2차 피해[1] 방지를 위하여 다음 각 호의 행위가 발생하지 않도록 유의하여야 한다. ① 다른 경찰관서 관할이거나 피의자 특정 곤란, 증거 부족 등의 사유로 사건을 반려하는 행위, ② 피해자를 비난하거나 합리적인 이유 없이 피해 사실을 축소 또는 부정하는 행위, ③ 가해자에 동조하거나 피해자에게 가해자와 합의할 것을 종용하는 행위, ④ 가해자와 피해자를 분리하지 않아 서로 대면하게 하는 행위(다만, 대질조사를 하는 경우는 제외한다), ⑤ 그 밖의 위 각 호의 행위에 준하는 행위(제176조~180조)

　　우리나라는 헌법에 의해 사생활의 비밀과 자유가 보장되고 있으며, 언론, 출판에 의해 명예를 침해당했을 경우에는 그 피해에 대하여는 형사책임과는 별개로 민사상의 손해배상을 받을 수 있도록 규정하고 있다.

---

1) **"2차 피해"**란 여성폭력 피해자(이하 "피해자"라 한다)가 다음 각 목의 어느 하나에 해당하는 피해를 입는 것을 말한다.
가. 수사·재판·보호·진료·언론보도 등 여성폭력 사건처리 및 회복의 전 과정에서 입는 정신적·신체적·경제적 피해
나. 집단 따돌림, 폭행 또는 폭언, 그 밖에 정신적·신체적 손상을 가져오는 행위로 인한 피해(정보통신망을 이용한 행위로 인한 피해를 포함한다)
다. 사용자(사업주 또는 사업경영담당자, 그 밖에 사업주를 위하여 근로자에 관한 사항에 대한 업무를 수행하는 자를 말한다)로부터 폭력 피해 신고 등을 이유로 입은 다음 어느 하나에 해당하는 불이익조치
1) 파면, 해임, 해고, 그 밖에 신분상실에 해당하는 신분상의 불이익조치
2) 징계, 정직, 감봉, 강등, 승진 제한, 그 밖에 부당한 인사조치
3) 전보, 전근, 직무 미부여, 직무 재배치, 그 밖에 본인의 의사에 반하는 인사조치
4) 성과평가 또는 동료평가 등에서의 차별과 그에 따른 임금 또는 상여금 등의 차별 지급
5) 교육 또는 훈련 등 자기계발 기회의 취소, 예산 또는 인력 등 가용자원의 제한 또는 제거, 보안정보 또는 비밀정보 사용의 정지 또는 취급 자격의 취소, 그 밖에 근무조건 등에 부정적 영향을 미치는 차별 또는 조치
6) 주의 대상자 명단 작성 또는 그 명단의 공개, 집단 따돌림, 폭행 또는 폭언, 그 밖에 정신적·신체적 손상을 가져오는 행위
7) 직무에 대한 부당한 감사 또는 조사나 그 결과의 공개
8) 인허가 등의 취소, 그 밖에 행정적 불이익을 주는 행위
9) 물품계약 또는 용역계약의 해지, 그 밖에 경제적 불이익을 주는 조치

(3) 실천방향

경찰관은 수사 시 인지하게 되는 피해자나 피의자에 대한 사항을 수사가 종결되어 공식적인 발표가 될 때까지 발설하지 않음으로써 피해자나 피의자의 명예를 훼손하지 않으며, 직무상의 비밀을 유지할 필요가 있다.

특히 피해자의 보호와 관련하여 경찰관은 모든 범죄 피해자를 '연민과 존중'의 마음을 가지고 대해야 하며, 특별히 그들의 안전과 사생활을 보호해 주어야 한다. 피해자는 타인의 범죄행위로 인해 정신적 및 육체적 상처, 감정적 괴로움, 경제적 손해 혹은 기본권의 심각한 침해를 포함한 고통을 당한 사람이다. 그러나 때로는 가정폭력이나 성폭력 사건에서 자주 볼 수 있듯이 본인이 피해자라는 사실을 인정받기가 어려운 경우도 자주 발생하고 있으며, 경찰 등 수사기관의 부주의나 편견으로 인해 커다란 마음의 상처를 입는 경우들도 발생하고 있다. 더욱이 범인이나 그 주변인들이 피해자에게 보복 혹은 소 취하를 종용하기 위해 위해나 협박 등을 가하는 경우도 발생하고 있다. 아울러 경찰이 무심히 언론에 흘린 피해자의 신분과 주소 등이 매스컴에 보도됨으로 인해 피해자들이 추가적인 고통을 당하기도 한다. 그러므로 경찰은 보다 적극적으로 피해자 보호에 나서야 할 것이며 피해자들이 커다란 충격을 당하고 마음의 상처를 입은 사람들임을 명심하여 언행에 유의해야 할 것이다.

또한 이런 경우 소송으로 연결되는 사례가 많은 만큼 경찰관 스스로 자기보호를 위해서도 유의해야 할 사항이다.

Ⅲ. 경비보안활동과 인권

경찰은 불법적이지만 평화적인 집회나 시위를 통제할 때에는 가급적 물리력을 사용하지 않아야 한다. 폭력적인 집회를 해산할 때에도 오직 **필요 최소한의 물리력만을 사용**하여야 한다. 경찰은 합법적이고 평화적인 집회에 개입하여서는 안 되며, 법을 집행하고 인권을 수호하는 임무를 띤 공무원으로서 감정적으로 물리력을 사용해서는 안 된다. 경찰의 과도한 무력 사용은 그 필요성과 정당성, 불가피성이 입증되지 않는 한 국제적 인권기준과 헌법 및 법률을 위반하는 행위가 되며 이로 인해 처벌을 받고 신분상의 불이익을 받을 수 있다.

1. 집회·시위에서의 경찰력의 한계

(1) 문제점

집회 및 시위의 보장과 공공의 안녕질서라는 이념을 동시에 모두 충족시키기는 어렵다. 문제는 공공의 안녕과 질서를 명분으로 집회나 시위대를 해산시키게 되는 경우 폭력이 발생할 개연성이 높다는 점이다. 시위해산의 경우 어느 정도의 강제력의 행사는 인정할 수 있으나, 이러한 한계를 넘는 폭력사태가 시위의 해산과정에서 발생하고 그 과정에서 구타와 성추행 시비가 자주 발생한다. 또한 그 후의 조사과정에서도 미란다원칙의 고지 등 형사소송법의 규정을 위반하는 사례들이 발생하고 다른 피의자들보다 불리한 처우를 받는 경우가 종종 보고된다. 이와 같이 광범위하게 구타, 성추행과 같은 가혹행위가 이루어지는 것은 대부분의 시위에서 시위의 주체를 불법단체로만 생각하고 와해시켜야 한다고 생각하여 신속한 진압을 요구, 과잉진압을 부추긴 측면도 작용한 것으로 보인다.

다중이 모인 자리에서 많게는 수백 명을 연행하는 현실에서 미란다고지를 비롯하여 적법절차에 관한 모든 조치를 취하는 것은 무리일 수도 있다. 그러나 사후에라도 고지가 전혀 이루어지지 않고 강제적인 지문채취 등 강압적인 수사가 이루어지고 있는 것은 문제가 있다. 이러한 사례는 집회 및 시위를 고유의 권리로 인정하기 보다는 사회질서에 대한 위협으로 파악하기 때문에 유지되는 관행이 아닌지 점검해 볼 필요가 있다.

(2) 헌법과 집회 및 시위에 관한 법률

헌법 제21조 제1항에, "모든 국민은 언론·출판의 자유와 집회·결사의 자유를 가진다"라고 규정하고 있다. 이에 따라 **집회 및 시위에 관한 법률** 제1조에, "적법한 집회 및 시위를 최대한 보장하고 위법한 시위로부터 국민을 보호함으로써 집회 및 시위의 권리의 보장과 공공의 안녕질서가 적절히 조화되게 함을 목적으로 한다"라고 규정하고 있다. 이러한 이념에 따라 옥내집회는 신고를 할 필요가 없으나 **옥외집회는 신고**를 하도록 하고 있다(집회 및 시위에 관한 법률 제6조). 행진은 시위의 한 부분 내지 형태라 할 수 있으므로 옥외집회 및 시위의 신고에 행진이 포함되어 있는 경우에는 행진도 신고하여야 한다. 주최자는 신고서를 옥외집회, 시위의 개최시간 720시간 전부터 48시간 전에 집회 및 시위를 관할하는 경찰서장에게 제출하여야 한다(동법 제6조). 신고서에는 목적, 일시(필요한 시간 포함), 장소, 주최자(단체인 경우에는 그 대표자 포함), 연락책임자, 질서유지인의 주소, 성명, 직업과 참가예정 단체 및 참가인원과 시위방법(진로와 약도 포함)을 기재하여야 한다. 이는 주최자가 집회 및 시위에 관하여 상세한 계획을 신고하게 함으로써, 관할 경찰관서가 효율적인 교통·경비대책을 수립하여 **집회 및 시위를 최대한 보호**함과 동시에 **공공안녕 질서를 유지**할 수 있도록 하기 위한 것이다.

집회, 시위 장소가 타인의 주거지역이나 이와 유사한 장소인 경우 그 거주자 또는 관리자가 재산·시설이나 사생활의 평온에 심각한 피해가 발생할 수 있음을 이유로 시설이나 장소의 보호를 요청하는 때에는 집회 또는 시위의 금지·제한을 통고할 수 있다(동법 제8조). 집회, 시위의 보호와 공공의 안녕과 질서유지를 위해 필요한 경우 질서유지선을 설정할 수 있다(동법 제13조). 주최자의 준수사항을 위반한 집회·시위로 인하여 질서를 유지할 수 없을 때에 관할경찰관서장이 해산명령을 할 수 있다. 여기에서 문제되는 것이 집회·시위의 금지, 제한과 해산명령에 관한 사항이다. 이 규정이 실질적으로 집회와 시위를 위축시킬 우려가 있기 때문이다.

집회 및 시위는 헌법상의 기본권인 집회결사의 자유권에서 보장되고 있으므로, 집회 및 시위는 허가사항이 아니라 신고사항인데, 이를 허가제로 바꾸는 것은 위헌적인 발상이므로 불가능하다고 하겠다.

(3) 시위진압과 관련된 경찰장비의 사용과 한계

가. 경찰관 직무집행법의 근거 경찰관은 직무수행 중 경찰장비를 사용할 수 있다. 다만, 사람의 생명이나 신체에 위해를 끼칠 수 있는 경찰장비(이하 이 조에서 "위해성 경찰장비"라 한다)를 사용할 때에는 필요한 안전교육과 안전검사를 받은 후 사용하여야 한다. 여기서 말하는 **"경찰장비"**란 무기, 경찰장구(警察裝具), 최루제(催淚劑)와 그 발사장치, 살수차, 감식기구(鑑識機具), 해안 감시기구, 통신기기, 차량·선박·항공기 등 경찰이 직무를 수행할 때 필요한 장치와 기구를 말한다. 경찰관은 경찰장비를 함부로 개조하거나 경찰장비에 임의의 장비를 부착하여 일반적인 사용법과 달리 사용함으로써 다른 사람의 생명·신체에 위해를 끼쳐서는 아니 되며, 위해성 경찰장비는 필요한 최소한도에서 사용하여야 한다.

또한 경찰관이 시위진압을 위하여 **분사기 등을 사용할 경우**에는 경찰관 직무집행법 제10조의3에 근거하여, ① 범인의 체포 또는 범인의 도주 방지, ② 불법집회·시위로 인한 자신이나 다른 사람의 생명·신체와 재산 및 공공시설 안전에 대한 현저한 위해의 발생 억제의 직무를 수행하기 위하여 부득이한 경우에는 **현장책임자가 판단하여 필요한 최소한의 범위에서 분사기**(「총포·도검·화약류 등의 안전관리에 관한 법률」에 따른 분사기를 말하며, 그에 사용하는 최루 등의 작용제를 포함한다) 또는 **최루탄**을 사용할 수 있다(동법 제10조의3).

나. 위해성 경찰장비의 사용기준 등에 관한 규정(대통령령)

a. 가스발사총 등의 사용제한 ① 경찰관은 범인의 체포 또는 도주방지, 타인 또는 경찰관의 생명·신체에 대한 방호, 공무집행에 대한 항거의 억제를 위하여 필요한 때에는 최소한의 범위안에서 가스발사총을 사용할 수 있다. 이 경우 경찰관

은 1미터 이내의 거리에서 상대방의 얼굴을 향하여 이를 발사하여서는 아니 된다. ② 경찰관은 최루탄발사기로 최루탄을 발사하는 경우 30도 이상의 발사각을 유지하여야 하고, 가스차·살수차 또는 특수진압차의 최루탄발사대로 최루탄을 발사하는 경우에는 **15도 이상의 발사각을 유지하여야** 한다(동규정 제12조).

　　b. **가스차·특수진압차·물포의 사용기준**　　① 경찰관은 불법집회·시위 또는 소요사태로 인하여 발생할 수 있는 타인 또는 경찰관의 생명·신체의 위해와 재산·공공시설의 위험을 억제하기 위하여 부득이한 경우에는 현장책임자의 판단에 의하여 필요한 최소한의 범위에서 가스차를 사용할 수 있으며, ② 경찰관은 소요사태의 진압, 대간첩·대테러작전의 수행을 위하여 부득이한 경우에는 필요한 최소한의 범위 안에서 특수진압차를 사용할 수 있다.

　　③ 경찰관은 불법해상시위를 해산시키거나 선박운항정지(정선)명령에 불응하고 도주하는 선박을 정지시키기 위하여 부득이한 경우에는 현장책임자의 판단에 의하여 필요한 최소한의 범위 안에서 경비함정의 물포를 사용할 수 있다. 다만, 사람을 향하여 직접 물포를 발사해서는 안 된다(동규정 제13조) 〈개정 2021. 1. 5.〉.

　　c. **살수차의 사용기준**　　① 경찰관은 다음 각 호의 어느 하나에 해당하여 살수차 외의 경찰장비로는 그 위험을 제거·완화시키는 것이 현저히 곤란한 경우에는 시·도경찰청장의 명령에 따라 살수차를 배치·사용할 수 있다〈개정 2020. 12. 31.〉.

　　1. 소요사태로 인해 타인의 법익이나 공공의 안녕질서에 대한 직접적인 위험이 명백하게 초래되는 경우

　　2. 「통합방위법」 제21조 제4항에 따라 지정된 국가중요시설에 대한 직접적인 공격행위로 인해 해당 시설이 파괴되거나 기능이 정지되는 등 급박한 위험이 발생하는 경우

　　② 경찰관은 제1항에 따라 살수차를 사용하는 경우 별표 3의 살수거리별 수압 기준에 따라 살수해야 한다. 이 경우 사람의 생명 또는 신체에 치명적인 위해를 가하지 않도록 필요한 최소한의 범위에서 살수해야 한다.

　　③ 경찰관은 제2항에 따라 살수하는 것으로 제1항 각 호의 어느 하나에 해당하는 위험을 제거·완화시키는 것이 곤란하다고 판단하는 경우에는 시·도경찰청장의 명령에 따라 필요한 최소한의 범위에서 최루액을 혼합하여 살수할 수 있다. 이 경우 최루

액의 혼합 살수 절차 및 방법은 경찰청장이 정한다(동규정 제13조의2) 〈개정 2020. 12. 31.〉.

◎ 판례 [대법원 2000. 11. 24. 선고 2000도2172 판결 ◎

여기서 해산명령 이전에 자진해산할 것을 요청하도록 한 입법 취지에 비추어 볼 때, 반드시 '자진해산'이라는 용어를 사용하여 요청할 필요는 없고, 그 때 해산을 요청하는 언행 중에 스스로 해산하도록 청하는 취지가 포함되어 있으면 된다.

◎ 판례 [서울고법 1998. 12. 29. 선고 98누11290 판결] ◎

집회신고의 취지는 신고를 받은 관할경찰서장이 그 신고에 의하여 옥외집회 또는 시위의 성격과 규모 등을 미리 파악함으로써 적법한 옥외집회 또는 시위를 보호하는 한편 그로 인한 공공의 안녕질서를 함께 유지하기 위한 사전조치를 마련하고자 함에 있다. 또한 금지통고를 하는 경우에도 헌법에서 금하고 있는 사전허가가 되지 않도록 "**경찰서장이 집회의 실질적 내용에까지 들어가 그 위법 여부를 판단하여 허부를 결정하여서는 안 된다**"라고 판시하고 있다.

---

(4) 실천방향

경찰은 불법적이지만 평화적인 집회나 시위를 통제할 때에는 가급적 물리력을 사용하지 않아야 한다. 폭력적인 집회를 해산할 때에도 오직 **필요 최소한의 물리력만을 사용**하여야 한다.

경찰은 결코 합법적이고 평화적인 집회에 개입하여서는 안 된다. 다만, 집회 참가자 혹은 그 밖의 사람을 보호하기 위한 경우는 예외로 한다. 간혹 집회나 시위 참가자들이 경찰을 자극하고 장기간 도로나 사업장 점거 등으로 인해 강제해산의 필요성이 대두될 경우 경찰과 시위대 간의 무력충돌로 다수의 부상 등 불상사가 발생하기도 한다. 하지만, 경찰은 법을 집행하고 인권을 수호하는 임무를 띤 공무원으로서 감정적으로 물리력을 사용해서는 안 된다. 경찰의 과도한 무력사용은 그 필요성과 정당성, 불가피성이 입증되지 않는 한 국제적 인권기준과 헌법 및 법률을 위반하는 행위가 되며 이로 인해 처벌을 받고 신분상의 불이익을 받을 수 있음을 명심하여야 할 것이다. 따라서 집회·시위의 상황에서 다음 사항들을 준수해야 한다.

① 불법적이지만 폭력적이지 않은 집회를 통제함에 있어 경찰관은 물리력을 사용해서는 안 된다. 다른 사람의 안전을 보호하기 위해서 필요한 경우 등 물리력의 사용이 불가피한 경우에는 오직 법에 의해서 필요 최소한에 그치도록 제한하여야 한다.

② 경찰은 폭력적인 집회를 해산함에 있어, 다른 수단들이 효과적이지 못하거나 의도한 성과를 거두지 못한다는 확신이 있을 때에 한해 물리력을 사용한다. 물리력을 사용할 때에도 반드시 절차에 따라 **필요 최소한의 정도만 사용**하여야 한다.

2. 불법 도·감청 등 사생활 침해

(1) 문제점

휴대전화에 대한 도·감청이 가능해지는 등 기술이 발달함에 따라 개인의 사생활에 대한 침해가 쉬워지면서 불법 도·감청은 중요한 문제가 되고 있다. 사회단체나 정치인 등에 대한 사찰은 금지되었으나 금지되어 있는 사찰의 수단으로 사회단체에 대한 불법 도·감청이 이루어지고 있는 경우도 있다.

이와 같이 여전히 불법 도·감청이 이루어지는 것은 도·감청 기술의 발달로 이동전화에 대한 감청까지 가능한 수준이 되었고 현대인의 생활양식이 통신수단을 빼고는 생각할 수 없을 정도가 된 상황에서 과거와 같이 미행 등의 수사방법보다는 통신수단에 대한 감청 등이 효과적인 수사수단이 되었기 때문이다. 그러나 이 같은 통신수사가 늘어나면서 인권침해의 소지가 높기 때문에 감청은 반드시 영장에 의해 이루어져야 한다. 이제까지 많은 불법 도·감청 사례들이 신고되었으나 이에 대해서 정확한 조사가 이루어진 경우는 거의 없고 대부분 결론 없이 종결되었다.

(2) 현행규정

가. 헌법　　헌법 제17조는 모든 국민은 사생활의 비밀과 자유를 침해받지 않는다고 규정하고 있고, 제18조에서는 모든 국민은 통신의 비밀을 침해받지 않는다고 규정하고 있다.

나. 통신비밀보호법　　　통신비밀보호법은 통신 및 대화의 비밀과 자유에 대한 제한은 그 대상을 한정하고 엄격한 법적 절차를 거치도록 함으로써 통신비밀을 보호하고 통신의 자유를 신장함을 목적으로 하고 있다. 동법 제4조에서는 불법검열에 의하여 취득한 우편물이나 그 내용 및 불법감청에 의하여 지득 또는 채록된 전기통신의 내용은 재판 또는 징계절차에서 증거로 사용할 수 없다고 규정하고 있고, 제5조에서는 통신제한조치는 해당 조항 각호에 규정된 범죄를 계획 또는 실행하고 있거나 실행하였다고 의심할 만한 충분한 이유가 있고 다른 방법으로는 그 범죄의 실행을 저지하거나 범인의 체포 또는 증거의 수집이 어려운 경우에 한하여 허가하는 것을 규정하고 있다. 또한 제11조에서는 통신제한조치 등으로 취득한 내용은 이 법의 규정에 의하여 사용하는 경우 외에는 이를 외부에 공개하거나 누설하지 못하도록 하는 규정을 두고 있다.

다. 범죄수사규칙

a. 통신비밀보호의 원칙 및 남용방지　　　경찰관은 통신수사를 할 때에는 통신 및 대화의 비밀을 침해하지 않도록 필요 최소한도로 실시하여야 하며, 통신제한조치 허가신청을 할 때에는 「통신비밀보호법」 제5조, 제6조에서 규정한 대상범죄, 신청방법, 관할법원, 허가요건 등을 충분히 검토하여 남용되지 않도록 하여야 하고, 통신사실 확인자료 제공요청 허가신청을 할 때에는 요청사유, 해당 가입자와의 연관성, 필요한 자료의 범위 등을 명확히 하여 남용되지 않도록 하여야 한다(제152~153조). 또한 「통신비밀보호법」 제8조 제5항에 따라 긴급통신제한조치가 단시간 내에 종료되어 법원의 허가를 받을 필요가 없는 경우에는 지체 없이 별지 제71호서식의 긴급통신제한조치 통보서를 작성하여 관할 지방검찰청 검사장에게 제출하여야 한다.

b. 통신자료 제공요청과 집행결과보고 및 종결 후 조치　　　경찰관은 「전기통신사업법」 제83조 제3항에 따라 전기통신사업자에게 통신자료 제공을 요청하는 경우에는 별지 제105호서식의 통신자료 제공요청서에 따르며, 통신자료 제공요청서에는 경찰서장 및 시·도경찰청·국가수사본부장 과장 이상 결재권자의 직책, 직급, 성명을 명기하여야 한다.

집행결과보고는 「통신비밀보호법 시행령」 제18조 제2항 또는 제37조 제3항에 따라 검사에게 보고할 때에는 별지 제76호서식의 통신제한조치 집행결과 보고 또는 별지 제92호서식의 통신사실 확인자료 제공요청 집행결과 보고에 따르고, 통신수사 종결 후 조치로는 다른 관서에서 통신수사를 집행한 사건을 이송받아 내사한 후 내사종결한 경우는 내사종결한 관서에서 통신제한조치 또는 통신사실 확인자료 제공 요청 허가서를 청구한 검찰청에 집행결과를 보고한 후 허가서를 신청한 관서로 사건처리결과를 통보하고, 통보를 받은 관서는 담당자를 지정하여 통지하도록 하여야 한다(제163~165조).

◎ 판례 [대법원 2016. 3. 10. 선고 2012다105482 판결] ◎

- 헌법 제10조의 인간의 존엄과 가치, 행복추구권과 헌법 제17조의 사생활의 비밀과 자유에서 도출되는 **개인정보자기결정권은 정보주체가 스스로 결정할 수 있는 권리**이다.
- 헌법 제21조에서 보장하고 있는 표현의 자유는 개인이 인간으로서의 존엄과 가치를 유지하고 국민주권을 실현하는 데 필수불가결한 자유로서, **익명표현의 자유도 보호영역에 포함**된다.
- 한편 개인정보자기결정권이나 익명표현의 자유는 **국가안전보장·질서유지 또는 공공복리를 위하여 필요한 경우에는 헌법 제37조 제2항에 따라 법률로써 제한**될 수 있다.
- 검사 또는 수사관서의 장이 수사를 위하여 구 전기통신사업법(2010. 3. 22. 법률 제10166호로 전부 개정되기 전의 것) 제54조 제3항, 제4항에 의하여 전기통신사업자에게 통신자료의 제공을 요청하고, 이에 전기통신사업자가 위 규정에서 정한 형식적·절차적 요건을 심사하여 검사 또는 수사관서의 장에게 이용자의 통신자료를 제공하였다면, 검사 또는 수사관서의 장이 통신자료의 제공 요청 권한을 남용하여 정보주체 또는 제3자의 이익을 부당하게 침해하는 것임이 객관적으로 명백한 경우와 같은 특별한 사정이 없는 한, 이로 인하여 이용자의 개인정보자기결정권이나 익명표현의 자유 등이 위법하게 침해된 것이라고 볼 수 없다.

---

(3) 실천방안

경찰청에서도 이러한 문제점을 인식하여 일상적으로 이루어지고 있는 **통화내역 사실조회도** 사생활의 침해 소지가 크기 때문에 경찰서장의 결재를 받아 시행토록 하는 등 나름대로 개인의 사생활 보호를 위해 노력하고 있다. 그러나 이러한 것만으로 감청에 대한 유혹을 뿌리치기는 힘들다. 그러므로 감청의 범위, 필요성에 대한 소명자료를 마련하여 반드시 필요한 경우에만 감청이 이루어지도록 해야 한다.

3. 불심검문과 임의동행

(1) 문제점

불심검문은 경찰관 직무집행법에 의해 이루어지는 것으로 경찰관은 죄를 범하였다고 의심되는 자, 죄를 범하려 하고 있다고 명백히 판단되는 자, 행하여지려고 하는 범죄에 관하여 그 사실을 안다고 인정되는 자에 대하여 질문을 위하여 상대방을 정지시킬 수 있으며, 자동차에 대한 검문을 행하는 경우도 있다. 이 불심검문은 모든 경찰관이 그 직무로서 행할 수 있는 **행정경찰작용으로서의 성질**도 갖고 있다. 문제는 불심검문이 경찰관 직무집행법에서 규정하고 있는 절차와 요건 등을 충족하지 못하거나 남용되는 경우가 발생하고 있다는 점이다.

[경찰관 직무집행법에 의한 불심검문의 법적 규정과 문제]

구분	법적 규정	문제
주체	경찰관	의경 또는 전경이 수행하는 불심검문
대상	경찰관 직무집행법에 의한 제한	일제 검문검색
방식	**정지와 질문**	학생증 또는 주민등록증 제시 요구
답변 (제3조 제7항)	답변을 강요당하지 않음	검문대상에게 답변강요

소지품 검사
(제3조 제3항)
	가능한 짧은 시간 안에 **흉기소지 여부**
	만 조사
		• 흉기소지 외의 것에 대해 강제로 조사
		• 소지품 검사 강요를 위해 신분증을
		  돌려주지 않고 붙잡아 두면 사실상
		  불법구금

정지요구에 불응하는 경우	정지를 위해 길을 막거나 추적하거나 몸에 손을 대는 정도	멱살을 잡거나 폭력을 행사하는 경우

(이어짐)

| 동행요구
(제3조 제2항,
제4항, 제5항,
제6항) | • 그 장소에서 질문하는 것이 당해인에게 불리하거나 교통방해가 인정되는 때에 한하여 부근의 경찰서·지서·파출소 또는 출장소에 동행요구
• 대상자는 동행요구 거절 가능
• 6시간을 초과하여 당해인을 경찰관서에 머무르게 할 수 없음 | • 신분증표 제시와 함께 소속, 성명, 동행요구의 목적과 이유 등에 대한 고지가 제대로 이루어지지 않는 경우
• 변호인의 조력을 받을 기회 고지: 대상자가 즉시 연락할 수 있는 기회를 주지 않는 것 |

(2) 현행규정

가. 경찰관 직무집행법

a. 불심검문   동법 제3조에 의하면, 경찰관은 수상한 거동 기타 주위의 사정을 합리적으로 판단하여 어떠한 죄를 범하였거나 범하려 하고 있다고 의심할 만한 상당한 이유가 있는 사람 또는 이미 행하여진 범죄나 행하여지려고 하는 범죄행위에 관하여 그 사실을 안다고 인정되는 사람을 정지시켜 질문할 수 있다(불심검문, 직무질문).

b. 임의동행요구 및 동행요구거절   동법 제3조 2항에는 경찰관은 제1항에 따라 같은 항 각 호의 사람을 정지시킨 장소에서 질문을 하는 것이 그 사람에게 불리하거나 교통에 방해가 된다고 인정될 때에는 질문을 하기 위하여 가까운 경찰서·지구대·파출소 또는 출장소(지방해양경찰관서를 포함하며, 이하 "경찰관서"라 한다)로 동행할 것을 요구할 수 있다. 이 경우 동행을 요구받은 사람은 그 요구를 거절할 수 있다.

c. 흉기소지여부조사   경찰관은 제1항 각 호의 어느 하나에 해당하는 사람에게 질문을 할 때에 그 사람이 흉기를 가지고 있는지를 조사할 수 있다.

그 밖에도 경찰관은 제1항이나 제2항에 따라 질문을 하거나 동행을 요구할 경우 자신의 신분을 표시하는 증표를 제시하면서 소속과 성명을 밝히고 질문이나 동행의 목적과 이유를 설명하여야 하며, 동행을 요구하는 경우에는 동행 장소를 밝혀야 하며, 동행한 사람의 가족이나 친지 등에게 동행한 경찰관의 신분, 동행 장소, 동행 목적과 이유를 알리거나 본인으로 하여금 즉시 연락할 수 있는 기회를 주어야 하며, 변호인의 도움을 받을 권리가 있음을 알려야 한다.

또한 경찰관은 제2항에 따라 동행한 사람을 6시간을 초과하여 경찰관서에 머물게 할 수 없으며, 동조 제1항부터 제3항까지의 규정에 따라 질문을 받거나 동행을 요구받은 사람은 형사소송에 관한 법률에 따르지 아니하고는 신체를 구속당하지 아니하며, 그 의사에 반하여 답변을 강요당하지 아니한다.

d. 위험발생의 방지 등   경찰관은 사람의 생명 또는 신체에 위해를 끼치거나 재산에 중대한 손해를 끼칠 우려가 있는 천재(天災), 사변(事變), 인공구조물의 파손이나 붕괴, 교통사고, 위험물의 폭발, 위험한 동물 등의 출현, 극도의 혼잡, 그 밖의 위험한 사태가 있을 때에는 다음 각 호의 조치를 할 수 있다. ① 그 장소에 모인 사람, 사물(事物)의 관리자, 그 밖의 관계인에게 필요한 경고를 하는 것, ② 매우 긴급한 경우에는 위해를 입을 우려가 있는 사람을 필요한 한도에서 억류하거나 피난시키는 것, ③ 그 장소에 있는 사람, 사물의 관리자, 그 밖의 관계인에게 위해를 방지하기 위하여 필요하다고 인정되는 조치를 하게 하거나 직접 그 조치를 하는 것, 그 밖에도 경찰관서의 장은 대간첩 작전의 수행이나 소요(騷擾) 사태의 진압을 위하여 필요하다고 인정되는 상당한 이유가 있을 때에는 대간첩 작전지역이나 경찰관서·무기고 등 국가중요시설에 대한 접근 또는 통행을 제한하거나 금지할 수 있으며, 이러한 조치를 하였을 때에는 지체 없이 그 사실을 소속 경찰관서의 장에게 보고하여야 하고, 이러한 조치의 보고를 받은 경찰관서의 장은 관계기관의 협조를 구하는 등 적절한 조치를 하여야 한다.

e. 범죄의 예방과 제지   경찰관은 범죄행위가 목전(目前)에 행하여지려고 하고 있다고 인정될 때에는 이를 예방하기 위하여 관계인에게 필요한 경고를 하고, 그 행위로 인하여 사람의 생명·신체에 위해를 끼치거나 재산에 중대한 손해를 끼칠 우려가 있는 긴급한 경우에는 그 행위를 제지할 수 있다(동법 제6조).

f. 위험방지를 위한 출입   경찰관은 제5조 제1항·제2항 및 제6조에 따른 위험한 사태가 발생하여 사람의 생명·신체 또는 재산에 대한 위해가 임박한 때에 그 위해를 방지하거나 피해자를 구조하기 위하여 부득이하다고 인정하면 합리적으로 판단하여 필요한 한도에서 다른 사람의 토지·건물·배 또는 차에 출입할 수 있으며, 흥행장(興行場), 여관, 음식점, 역, 그 밖에 많은 사람이 출입하는 장소의 관리자나 그에 준하는 관계인은 경찰관이 범죄나 사람의 생명·신체·재산에 대한 위해를 예방

하기 위하여 해당 장소의 영업시간이나 해당 장소가 일반인에게 공개된 시간에 그 장소에 출입하겠다고 요구하면 정당한 이유 없이 그 요구를 거절할 수 없다.

또한 경찰관은 대간첩 작전 수행에 필요할 때에는 작전지역에서 제2항에 따른 장소를 검색할 수 있으며, 제1항부터 제3항까지의 규정에 따라 필요한 장소에 출입할 때에는 그 신분을 표시하는 증표를 제시하여야 하며, 함부로 관계인이 하는 정당한 업무를 방해해서는 아니 된다(동법 제7조).

> ◎ 판례 [대법원 2012. 9. 13. 선고 2010도6203 판결] ◎
>
> 경찰관 직무집행법의 내용 및 체계 등을 종합하면, 경찰관은 법 제3조 제1항에 규정된 대상자에게 질문을 하기 위하여 범행의 경중, 범행과의 관련성, 상황의 긴박성, 혐의의 정도, 질문의 필요성 등에 비추어 목적 달성에 필요한 최소한의 범위 내에서 사회통념상 용인될 수 있는 상당한 방법으로 대상자를 정지시킬 수 있고 질문에 수반하여 흉기의 소지 여부도 조사할 수 있다.

(3) 실천방안

임의동행을 요구받은 사람은 '**동행요구거절권**'(경찰관 직무집행법 제3조 제2항 단서)을 가지고 있기 때문에 동행을 거절할 수 있다. 따라서 동행요구를 거절하고 경찰관의 강제연행에 저항하더라고 공무집행방해죄가 구성되지 않으며, 동행 이후에도 언제든지 경찰서를 나갈 수 있다. 동행요구를 위한 사전적 절차로 경찰관의 신분증명, 동행의 목적과 이유 설명, 동행 장소의 고지 등을 규정하고 있다. 이상에 위배되는 경찰관의 임의동행 행위는 형법상 불법체포·감금죄에 해당된다.

이 경우에 자신의 권리를 고지받도록 하는 것 외에 다른 방법이 없다. 영국에서는 경찰관은 경찰관서로의 동행에 자발적으로 응한 자에 대하여 어느 때든 경찰관서를 떠날 수 있다는 것, 어떠한 질문에도 답할 의무가 없다는 것 등을 **구두와 서면으로 고지**하도록 하고 있다. 우리나라에서도 이러한 규정을 두어 임의동행에 응하는 사람이 자신의 권리를 알고 언제든 동행의사를 취소하고 경찰관서를 나설 수 있도록 할 필요가 있다.

Ⅳ. 구금과 인권

1. 무기 및 경찰장비·장구의 사용과 한계

(1) 문제점

강제력의 행사는 엄격하게 필요한 범위 내에서만 이루어져야 한다. 경찰장구의 사용도 강제력의 행사라 할 수 있다. 유추해석을 통해 법의 규정에 없는 장구를 사용하는 것을 허용되지 않으며 따라서 법의 규정에 없는 족쇄와 같은 장구의 사용은 불법이라 할 것이다. 또한 장구의 사용은 필요한 경우에만 사용할 수 있을 것이다.

(2) 현행규정

가. 경찰관 직무집행법

a. 경찰장비의 사용과 한계　　　경찰관은 직무수행 중 경찰장비를 사용할 수 있다. 다만, 사람의 생명이나 신체에 위해를 끼칠 수 있는 경찰장비(이하 이 조에서 "위해성 경찰장비"라 한다)를 사용할 때에는 필요한 안전교육과 안전검사를 받은 후 사용하여야 한다. 여기서 말하는 **"경찰장비"**란 무기, 경찰장구(警察裝具), 최루제(催淚劑)와 그 발사장치, 살수차, 감식기구(鑑識機具), 해안 감시기구, 통신기기, 차량·선박·항공기 등 경찰이 직무를 수행할 때 필요한 장치와 기구를 말한다. 경찰관은 경찰장비를 함부로 개조하거나 경찰장비에 임의의 장비를 부착하여 일반적인 사용법과 달리 사용함으로써 다른 사람의 생명·신체에 위해를 끼쳐서는 아니 되며, 위해성 경찰장비는 필요한 최소한도에서 사용하여야 한다. 또한 경찰청장은 위해성 경찰장비를 새로 도입하려는 경우에는 대통령령으로 정하는 바에 따라 안전성 검사를 실시하여 그 안전성 검사의 결과보고서를 국회 소관 상임위원회에 제출하여야 한다. 이 경우 안전성 검사에는 외부 전문가를 참여시켜야 한다(동법 제10조).

b. 경찰장구의 사용　　　경찰관은 ① 현행범이나 사형·무기 또는 장기 3년 이상의 징역이나 금고에 해당하는 죄를 범한 범인의 체포 또는 도주 방지, ② 자신이나 다른 사람의 생명·신체의 방어 및 보호, ③ 공무집행에 대한 항거(抗拒) 제지의 직무를 수행하기 위하여 필요하다고 인정되는 상당한 이유가 있을 때에는 그 사

태를 합리적으로 판단하여 필요한 한도에서 경찰장구를 사용할 수 있으며, 여기서 말하는 **"경찰장구"**란 경찰관이 휴대하여 범인 검거와 범죄 진압 등의 직무 수행에 사용하는 **수갑, 포승(捕繩), 경찰봉, 방패** 등을 말한다(제10조의2).

　　c. **분사기 등의 사용**　　　경찰관은 ① 범인의 체포 또는 범인의 도주 방지, ② 불법집회·시위로 인한 자신이나 다른 사람의 생명·신체와 재산 및 공공시설 안전에 대한 현저한 위해의 발생 억제의 직무를 수행하기 위하여 부득이한 경우에는 **현장책임자가 판단하여 필요한 최소한의 범위**에서 분사기(「총포·도검·화약류 등의 안전관리에 관한 법률」에 따른 분사기를 말하며, 그에 사용하는 최루 등의 작용제를 포함한다) 또는 최루탄을 사용할 수 있다(동법 제10조의3).

　　d. **무기의 사용과 한계**　　　경찰관은 범인의 체포, 범인의 도주 방지, 자신이나 다른 사람의 생명·신체의 방어 및 보호, 공무집행에 대한 항거의 제지를 위하여 필요하다고 인정되는 상당한 이유가 있을 때에는 그 사태를 합리적으로 판단하여 필요한 한도에서 무기를 사용할 수 있다. 다만, 다음 각 호의 어느 하나에 해당할 때를 제외하고는 사람에게 위해를 끼쳐서는 아니 된다.

　　1. 「형법」에 규정된 정당방위와 긴급피난에 해당할 때

　　2. 다음 각 목의 어느 하나에 해당하는 때에 그 행위를 방지하거나 그 행위자를 체포하기 위하여 무기를 사용하지 아니하고는 다른 수단이 없다고 인정되는 상당한 이유가 있을 때

　　가. 사형·무기 또는 장기 3년 이상의 징역이나 금고에 해당하는 죄를 범하거나 범하였다고 의심할 만한 충분한 이유가 있는 사람이 경찰관의 직무집행에 항거하거나 도주하려고 할 때

　　나. 체포·구속영장과 압수·수색영장을 집행하는 과정에서 경찰관의 직무집행에 항거하거나 도주하려고 할 때

　　다. 제3자가 가목 또는 나목에 해당하는 사람을 도주시키려고 경찰관에게 항거할 때

　　라. 범인이나 소요를 일으킨 사람이 무기·흉기 등 위험한 물건을 지니고 경찰관으로부터 3회 이상 물건을 버리라는 명령이나 항복하라는 명령을 받고도 따르지 아니하면서 계속 항거할 때

3. 대간첩 작전 수행과정에서 무장간첩이 항복하라는 경찰관의 명령을 받고도 따르지 아니할 때

그리고 이 조항에서의 "무기"란 사람의 생명이나 신체에 위해를 끼칠 수 있도록 제작된 권총·소총·도검 등을 말하며, 그 밖에 대간첩·대테러 작전 등 국가안전에 관련되는 작전을 수행할 때에는 개인화기(個人火器) 외에 공용화기(共用火器)를 사용할 수 있다(제10조의4).

(3) 실천방향

경찰장구의 사용은 법에 따라 사용하여야 하며, 국민의 인권과 관계되는 법은 확대해석이 금지되며 소극적으로 해석해야 한다. 법을 확대해석하여 형이 확정되지 않은 피의자에게 규정에도 없는 족쇄를 채워 수치심을 유발하는 것은 인권을 침해하는 행위라고 할 수 있다. 따라서 족쇄 등의 사용은 허용되지 않는다고 볼 수 있으며, 필요한 경우 다른 장구를 사용할 필요가 있다.

2. 보호시설의 운용

(1) 문제점

과거 경찰서에 철장으로 만들어진 보호실은 영장대기자나 즉결대기자 등의 도주 방지와 경찰업무의 편의 등을 위한 수용시설로서 사실상 설치·운영되었다. 그런데 일반 형사피의자는 경찰관 직무집행법 제4조가 규정하고 있는 보호조치의 대상자가 아니다. 따라서 일반 형사피의자를 보호조치 대상자들을 동일한 시설에 유치하는 것은 법적 근거가 없기 때문에 위법하다고 할 수 있다. 형사 피의자 내지 피고인을 구금하는 시설인 유치장과 경찰관 직무집행법상의 구호대상자를 위한 보호시설은 엄격히 구별되어 수용되어야 할 것이다.

(2) 경찰관 직무집행법

a. 보호조치 등   동법 제4조 제1항 및 제4항에 의하면, 경찰관은 수상한

거동 기타 주위의 사정을 합리적으로 판단하여 정신착란을 일으키거나 술에 취하여 자기 또는 타인의 생명·신체와 재산에 위해를 미칠 우려가 있는 사람, 자살을 기도하는 사람, 미아·병자·부상자 등으로서 적당한 보호자가 없으며 응급의 구호를 요한다고 인정되는 사람(다만 본인이 이를 거절하는 경우에는 제외한다)에 해당하는 사람, 이른바 '구호대상자'를 발견한 때에는 보건의료기관이나 공공구호기관에 긴급구호를 요청하거나 경찰관서에 보호하는 등 적절한 조치를 할 수 있으며, 구호대상자를 경찰관서에 보호하는 기간은 **24시간을 초과**할 수 없고, 구호대상자가 휴대하고 있는 무기·흉기 등 위험을 일으킬 수 있는 것으로 인정되는 물건을 경찰관서에 임시로 영치(領置)하는 기간은 **10일**을 초과할 수 없다.

  b. 가족 등에게 보호조치사실 등의 통지 및 통보 이 경우에 긴급구호를 요청받은 보건의료기관이나 공공구호기관은 정당한 이유 없이 긴급구호를 거절할 수 없으며, 경찰관은 보호조치를 하였을 때에는 지체 없이 구호대상자의 가족, 친지 또는 그 밖의 연고자에게 그 사실을 알려야 하며, 연고자가 발견되지 아니할 때에는 구호대상자를 적당한 공공보건의료기관이나 공공구호기관에 즉시 인계하여야 하고, 경찰관은 구호대상자를 공공보건의료기관이나 공공구호기관에 인계하였을 때에는 즉시 그 사실을 소속 경찰서장이나 해양경찰서장에게 보고하여야 한다. 보고를 받은 소속 경찰서장이나 해양경찰서장은 대통령령으로 정하는 바에 따라 구호대상자를 인계한 사실을 지체 없이 해당 공공보건의료기관 또는 공공구호기관의 장 및 그 감독행정청에 통보하여야 한다.

◎ 판례 [대법원 1994. 3. 11. 선고 93도958] ◎

 일반 형사피의자를 보호실에 유치하는 것은 현행법상 보호실의 설치근거나 운영 및 규제에 관한 법령의 규정이 없고, 피의자를 보호실에 유치함은 영장주의에 위배되는 위법한 구금으로서 적법한 공무수행이라고 볼 수 없다.

---

(3) 실천방향

일반 형사피의자를 유치할 필요성이 있는 경우에 유치 장소는 "경찰서 및 해양 경찰서에 법률이 정한 절차에 따라 체포·구속되거나 신체의 자유를 제한하는 판결 또는 처분을 받은 자를 수용하기 위하여 유치장을 둔다"라는 경찰관 직무집행법 제9조에 따라 일반 형사피의자에 대해서는 형사소송법이 정한 수사절차의 일환으로서 유치장에 유치할 필요가 있다.

대법원 판례의 영향으로 지금은 '주취자안정실 운영규칙'과 '피의자 유치 및 호송 규칙'이라는 경찰청 훈령이 별개로 제정되어 있다. 그리고 주취자안정실 운영규칙 제2조에는 "경찰서에 경찰관 직무집행법 제4조의 규정에 의한 주취자의 보호를 위하여 주취자안정실을 둘 수 있다"라고 규정한 반면에, 피의자 유치 및 호송 규칙 제1조, 제2조, 제3조 제6조는 일반 형사피의자에 대해서는 유치장에 유치한다는 내용을 명확히 하였다. 이와 같이 경찰관 직무집행법 제4조가 규정한 보호조치의 대상자를 유치하는 장소와 일반 형사피의자를 유치하는 장소를 구분하여 규정하고 있는 경찰청 훈령의 제정은 적절한 조치라고 평가된다.

3. 경찰서 유치장의 운영

(1) 문제점

경찰서의 유치장 등 구금시설에서의 위생과 시설에 대하여 진정이 제기되고 화장실의 사용이 인권을 침해한다는 헌법재판소의 결정이 나오는 등 경찰서의 유치장 시설이 문제가 되고 있다. 이는 인권의식의 발달로 과거에는 문제가 되지 않던 시설이 부실에 의한 인권침해도 문제가 되고 있음을 보여 주고 있다.

(2) 현행규정

유치장과 관련하여서는 경찰관 직무집행법 제9조에서 "경찰서와 해양경찰서에 법률이 정한 절차에 따라 체포·구속되거나 신체의 자유를 제한하는 판결 또는 처분을 받은 자를 수용하기 위하여 유치장을 둔다"라고 규정하고 있다. 이러한 경찰서에 설치된 유치장은 미결 수용실에 준한다(형의 집행 및 수용자의 처우에 관한 법률 제87조).

피의자 유치 및 호송규칙 제19조 제2항에서는 **유치인보호관**은 근무 중 계속하여 유치장 내부를 순회하여 유치인의 동태를 살피되 특히 다음 각 호의 행위가 발생하지 않게 유의하여 사고방지에 노력하여야 하며 특이사항을 발견하였을 때에는 응급조치를 하고, 즉시 유치인보호 주무자에게 보고하여 필요한 조치를 취하도록 하여야 한다고 규정하고 있다.

◎ 피의자 유치 및 호송 규칙 제19조 제2항 ◎

1. 자살, 자해 또는 도주 기도행위
2. 음주, 흡연, 도박 및 낙서행위
3. 중범죄나 먼저 입감된 사실 또는 범죄경력 등을 내세워 같은 유치인을 괴롭히는 행위
4. 언쟁, 소란 등 타인의 평온을 해하는 행위
5. 건물, 유치실 시설 내 비품, 대여품 등을 파손하는 행위
6. 식사를 기피하거나 식사 중 혼잡을 고의로 야기하거나 식사한 후 식기, 수저 등을 은닉하는 행위
7. 질병의 발생
8. 지나치게 불안에 떨거나 비관 고민하는 자
9. 유심히 유치인보호관의 동태나 거동만을 살피는 행위
10. 유치장 내외에서 이상한 소리가 들리거나 물건이 유치장 내로 투입되는 행위
11. 장애인, 외국인, 성적 소수자 등을 괴롭히거나 차별하는 행위

또한 유치인의 인권을 보장하고 유치장의 운영과 유치인 보호·관찰 업무를 효율적이고 안전하게 수행할 수 있도록 유치장의 신축·개축 또는 시설 개선을 위한 계획수립과 설계·시공 및 배치의 기준을 규정하여 적정한 시설표준을 규정함을 목적으로 제정된 **유치장 설계 표준 규칙**(경찰청예규 제476호)에서는 보안시스템, 화장실, 샤워실, 접견실, 상담치료실, 운동실 등에 대해 상세하게 규정하고 있다.

> ◎ 판례 [헌법재판소 2001. 7. 19. 결정 2000헌마546] ◎
>
> 유치장 화장실은 두 쪽 면이 바닥에서 74~76cm 높이로 용변 볼 때 소리와 냄새가 밖으로 유출되고 동료 유치인과 경찰관 등에게 허벅지 등이 노출될 수 있다며, 이 때문에 화장실 사용자들이 수치심과 당혹감으로 생리적 욕구를 억제해야 하는 등 인격침해 소지가 있다고 하면서, 유치장내 화장실은 도주와 자해 등을 막기 위해 내부 관찰이 가능한 구조가 필요하지만, 지나치게 열악한 환경의 화장실 사용을 강요하는 것은 구금 목적의 합리적 범위를 벗어나 **인간의 존엄성과 행복추구권을 침해**하는 것이라고 밝혔다.

(3) 실천방향

헌법재판소의 결정에 따라 경찰청은 유치장 시설의 칸막이 높이를 상향 조정하고 수세식 및 좌변기를 확대 설치하는 등 시설개선을 하여 인권침해의 여지를 최소한으로 줄이고 있다. 그 밖에도 시설로 인한 문제를 줄이기 위하여 많은 노력을 기울여야 할 것이다.

4. 피의자에 대한 알몸수색

(1) 문제점

피의자에 대한 알몸수색, 특히 여성피의자에 의한 알몸수색은 대표적인 인권유린 사례로 비판을 받아 왔다. 유치장 내 알몸수색 관행이 헌법상 인격권과 신체의 자유에 위반된다는 헌법재판소 결정이 있다.

(2) 현행규정

가. 형사소송법　　동법 제124조에서 "여자의 신체에 대하여 수색할 때에는 성년의 여자를 참여하게 하여야 한다"라고 규정하고 있으며, 제141조 제1항에 "신체의 검사에 관하여는 검사를 받는 사람의 성별, 나이, 건강상태, 그 밖의 사정을 고려하여 그 사람의 건강과 명예를 해하지 아니하도록 주의하여야 한다"라고 규정하

고, 제2항에 "피고인 아닌 사람의 신체검사는 증거가 될 만한 흔적을 확인할 수 있는 현저한 사유가 있는 경우에만 할 수 있다"라고 규정하고 있으며, 제3항에 "여자의 신체를 검사하는 경우에는 의사나 성년의 여자를 참여하게 하여야 한다"라고 규정하고 있다.

나. 피의자 유치 및 호송 규칙　　　동규칙 제8조에 의하면, 유치인보호관은 피의자를 유치하는 과정에서 유치인의 생명 신체에 대한 위해를 방지하고, 유치장 내의 안전과 질서를 유지하기 위하여 필요하다고 인정될 때에는 유치인의 신체, 의류, 휴대품 및 유치실을 검사할 수 있는데, 검사는 **동성의 유치인보호관이 실시**하여야 한다. 만약 여성유치인보호관이 없을 경우에는 미리 지정하여 신체 등의 검사방법을 교양받은 여성경찰관이 대신하게 할 수 있다. 또한 외표검사와 간이검사 등을 통하여 위험물 등을 은닉하고 있을 상당한 개연성이 있다고 판단되는 유치인에 대하여는 유치인보호주무자에게 보고하고 정밀검사를 하여야 한다고 규정하고 있다. 신체 등의 검사를 하는 경우에는 부당하게 이를 지연하거나 신체에 대한 굴욕감을 주는 언행 등으로 유치인의 고통이나 수치심을 유발하는 일이 없도록 주의하여야 하며, 그 결과를 근무일지에 기재하고 특이사항에 대하여는 경찰서장과 유치인보호주무자에게 즉시 보고하여야 한다.

[경찰서 유치장 내 신체검사의 종류와 기준]

구분	내용
외표검사	죄질이 경미하고 동작과 언행에 특이사항이 없으며 위험물 등을 은닉하고 있지 않다고 판단되는 유치인에 대해 신체 등의 외부를 눈으로 확인하고 손으로 가볍게 두드려 만져 검사함
간이검사	일반적으로 유치인에 대하여는 탈의막 안에서 속옷은 벗지 않고 신체검사의를 착용(유치인의 의사에 따른다)하도록 한 상태에서 위험물 등의 은닉 여부를 검사함
정밀검사	살인, 강도, 절도, 강간, 방화, 마약류, 조직폭력 등 죄질이 중하거나 근무자 및 다른 유치인에 대한 위해 또는 자해할 우려가 있다고 판단되는 유치인에 대하여는 탈의막 안에서 속옷을 벗고 신체검사의로 갈아입도록 한 후 정밀하게 위험물 등의 은닉 여부를 검사함

(3) 헌법재판소 결정

[헌법재판소 2002. 7. 18. 2000헌마327] 결정에서 민주노총 여성조합원 3명이 유치장 알몸수색과 관련한 헌법소원사건에서 알몸수색의 위헌성을 확인하였다. 재판부는 결정문에서, "청구인들이 선거법위반사건으로 체포된 여성이라는 점 등에서 위험한 물건을 가지고 있었을 가능성이 거의 없었음에도 경찰관이 알몸상태에서 앉았다 일어섰다를 반복하게 함으로써 청구인들에게 심한 모욕감과 수치심을 안겨주었다"고 밝혔다. 재판부는 이어서 "이 같은 경찰서 유치장 내 정밀신체수색은 수용자에 대한 기본권 침해의 소지를 최소화하는 수단과 방법으로 실시되는 경우에 한해서만 허용된다"라고 설시하고 있다.

이들은 공직선거및선거부정방지법 위반의 현행범으로 체포된 여자들로서 체포될 당시 흉기 등 위험물을 소지·은닉하고 있었을 가능성이 거의 없었고 처음 유치장에 수용될 당시 신체검사를 통하여 흉기 등 위험물 및 반입금지물품의 소지·은닉 여부를 조사하여 그러한 물품이 없다는 사실을 이미 확인하였다. 청구인들이 변호인 접견실에서 변호인을 집단으로 접견할 당시 경찰관이 가시거리에서 변호인 접견 과정을 일일이 육안으로 감시하면서 일부 청구인의 휴대폰 사용을 제지하기도 하였던 점 등에 비추어 청구인들이 유치장에 재수용되는 과정에서 흉기 등 위험물이나 반입금지물품을 소지·은닉할 가능성도 극히 낮았다. 또한 성남 남부경찰서의 경우 변호인 접견 후 신체검사를 실시하여 흉기 등 위험물이나 반입금지물품의 소지·은닉을 적발한 사례가 없었던 사실을 스스로 인정하였다.

특히 청구인들의 옷을 전부 벗긴 상태에서 앉았다 일어서기를 반복하게 하는 방법의 정밀신체수색은 그 자체로서 청구인들의 명예와 자존심을 심하게 손상한다. 이 모든 것을 종합해 볼 때 당시 경찰이 민주노총 여 조합원들에 대하여 실시한 정밀신체수색은 그 수단과 방법에 있어서 필요 최소한의 범위를 명백하게 벗어난 조치로서 청구인들에게 심한 모욕감과 수치심만을 안겨주었다고 인정된다. 따라서 피청구인의 청구인들에 대한 정밀신체수색을 그 필요성에도 불구하고 그 수단과 방법에 있어서 필요한 최소한도의 범위를 벗어났을 뿐만 아니라, 이로 인하여 청구인들로 하여금 인간으로서의 기본적 품위를 유지할 수 없도록 하는 것으로서 **헌법 제10**

조의 인간의 존엄과 가치로부터 유래하는 **인격권을 침해**하고, 동시에 **비례성의 원칙**을 넘어선 과도한 신체수색으로 헌법 제12조의 신체의 자유를 침해한 것으로 판정되었다.

(4) 실천방향

"체포 또는 구금된 모든 사람은 인간적인 대우를 받아야 한다. 경찰관은 결코 어떤 경우에라도 고문 혹은 가혹행위를 행하거나 조장하거나 묵과해서는 안 되며 이에 대한 어떠한 지시 명령도 거부하여야 한다"라고 규정하고 있다. 따라서 합리적인 이유가 없는 알몸수색과 같은 것은 경우에 따라 가혹행위로 보아 거부할 수도 있다. 여자의 신체수색 시 여자를 참여하도록 되어 있는 규정은 남녀혼성으로 수색할 수도 있는 것처럼 생각될 수도 있으므로 명확히 할 필요도 있을 것이다.

V. 즉결심판사건과 인권

1. 즉결심판의 성격과 범위

보통의 형사사건에 대한 재판청구권(공소제기권)은 국가소추주의 및 기소독점주의에 의거하여 검사에게 있다. 그러나 검사의 **기소독점주의의 예외로 즉결심판**이 있다. 즉결심판의 청구권자는 관할경찰서장 또는 관할해양경찰서장이며(즉결심판에 관한 절차법 제3조), 그 대상은 20만원 이하의 벌금, 구류 또는 과료에 처할 경미한 형사사건에 한한다(즉결심판에 관한 절차법 제2조). 따라서 경찰서장, 해양경찰서장 및 제주특별자치도지사는 즉결심판사건의 처리에 있어서 인권침해가 없도록 유의하여야 한다.

2. 즉결심판 절차

즉결사범의 단속은 대개 최일선 경찰단위 부서인 파출소에서 이루어진다. 단속

시에 경찰이 강제처분할 수 있는가에 대해서는 **즉결심판에 관한 절차법에 특별규정이 없으므로** 형사소송법에 의해서 해결되어야 한다. 먼저 법정 벌금형이 **50만원을 초과**하는 현행범인의 체포는 가능하다. 그러나 법정 벌금형 **50만원 이하**에 해당하는 대상자의 경우에는 주거불명 시에만 가능하다. 따라서 피의자가 신분을 밝히지 않고 묵비하는 경우에는 신분이 명확해질 때까지 그를 주거불명으로서 체포할 수는 있지만, 단속 시에 일정한 주거를 밝히는 경우에는 그를 파출소로 강제연행하는 것은 불가능하다. 이 경우 임의동행도 거부하는 때에는 현장에서 서류작성을 하여야 하며, 체포 후라도 일정한 신분을 밝히는 경우에는 그를 석방하여야 한다.

피의자를 파출소로 동행하였을 때에는 파출소장이 심사하여 즉결심판의 청구 여부를 결정한다. 그리고 1시간 이내에 보고서를 작성하여 경찰서에 피의자를 인계

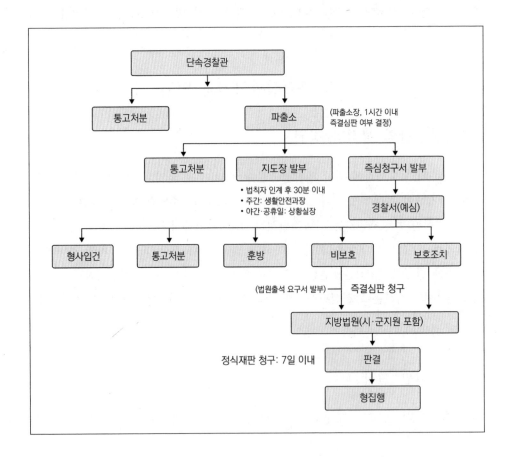

한다. 경찰서에서는 원칙적으로 생활안전과장이 부책심사를 하고, 30분 이내에 훈방 또는 즉결심판의 청구 여부를 결정한다. 다만 야간이나 공휴일(근무시간 외)에는 상황실장이 **부책심사, 훈방 또는 즉결심판의 청구 여부**를 결정한다. 훈방은 범죄사실이 경미하고 개전이 정이 현저한 자로 60세 이상의 고령자, 초범인 미성년자, 정신박약자, 주거 및 신원이 확실하고 부득이한 사유가 있는 자, 공무방해 또는 상습범이 아닌 자, 고의성이 없는 자 기타 경찰서장이 특히 훈방사유가 있다고 인정하는 자는 훈방조치된다. 그리고 이러한 훈방조치의 대상자에 대해서는 지도장 발부의 제도도 운용되고 있다.

반면에 피해자가 있거나 주거가 부정한 경우, 죄질이 반사회적이고 악질적인 경우에는 즉결심판에 회부된다. 그리고 즉결심판의 대상자는 신속히 법관에게 인치되거나 재판을 받아야 하기 때문에 원칙적으로 구속영장의 청구대상이 될 수 없다. 즉결심판을 청구하는 경우에도 경찰관 직무집행법 제4조(보호조치)에 해당하는 자(즉, 정신착란 또는 술 취한 상태로 인하여 자기 또는 타인의 생명·신체와 재산에 위해를 미칠 우려가 있는 자, 자살을 기도하는 자, 미아·병자·부상자 등으로서 적당한 보호자가 없으며 응급의 구호를 요한다고 인정되고 보호조치를 거절하지 아니하는 자)를 제외하고는 비보호의 상태로서 즉결심판을 청구한다. 즉, 주소 및 신원이 확실하여서 형집행에 지장이 없는 자는 재판기일을 지정하고 일시귀가 조치를 한다. 그리고 경범죄에 대한 통고처분을 받은 자와 교통범죄에 대한 통고처분을 받은 자가 범칙금을 미납함으로써 즉결심판에 회부되는 경우에는 피고인은 불출석 즉결심판을 청구할 수 있다. 불출석심판청구가 있는 때에는 법원은 특별한 사정이 없는 한 그 불출석심판청구를 허가하여야 한다(즉결심판절차에서의 불출석심판청구 등에 관한 규칙 제4조 제1항). 따라서 즉결심판사건은 불구속수사·재판과 불출석재판이 원칙적인 형태로서 이루어진다.

즉결심판으로 유죄를 선고할 때에는 형, 범죄사실과 적용법조를 명시하고 피고인은 7일 이내에 정식재판을 청구할 수 있다는 것을 고지하여야 하며, 판사는 구류의 선고를 받은 피고인이 일정한 주소가 없거나 또는 도망할 염려가 있을 때에는 5일을 초과하지 아니하는 기간 경찰서유치장(지방해양경찰관서의 유치장을 포함한다)에 유치할 것을 명령할 수 있다. 다만, 이 기간은 선고기간을 초과할 수 없다.

즉결심판절차에 따른 형의 집행은 경찰서장이 하고 그 집행결과를 지체 없이 검사에게 보고하여야 하며, 구류는 경찰서유치장·구치소 또는 교도소에서 집행하며, 구치소 또는 교도소에서 집행할 때에는 검사가 이를 지휘하고, 벌금, 과료, 몰수는 그 집행을 종료하면 지체 없이 검사에게 이를 인계하여야 한다. 다만, 즉결심판 확정 후 상당기간 내에 집행할 수 없을 때에는 검사에게 통지하여야 한다. 통지를 받은 검사는 형사소송법 제477조에 의하여 집행할 수 있다. 그리고 형의 집행정지는 사전에 검사의 허가를 얻어야 한다(동법 제17~18조).

3. 문제점 및 개선방안

검사기소주의의 예외가 되는 즉결심판제도가 경미범죄자의 인권을 침해하는 방향으로 남용되어서는 안 된다. 특히 경찰서장은 즉결재판청구권을 남용하여서는 안 된다. 그리고 즉결심판의 대상이 되는 경미범죄자에 대해서 경찰은 원칙적으로 비보호상태에서(귀가 조치한 상태에서) 즉결심판을 청구하여야 한다. 그런데 실무관행은 주거가 입증된 피의자라 하더라도 가족이 와서 **신원보증**을 해야 비로소 귀가시키는 실무관행은 개선되어야 한다. 그리고 사법경찰이 중요사건을 수사하기 위하여 경미한 범죄사건으로 즉결심판을 청구하여 구류형을 선고받아 그 신병을 확보한 후 본래의 중요사건을 수사하는 **별건수사**의 방법으로 즉결심판제도를 남용하는 관행도 있었다. 이러한 경찰수사 관행이 아직도 존재한다면 조속히 철폐되어야 한다.

한편 즉결심판절차에는 형사소송법 제310조(불이익한 자백의 증거능력)와 제312조 제3항(사법경찰관 작성 피의자신문조서의 증거능력) 및 제313조(진술서의 증거능력)의 규정은 적용되지 않는다. 따라서 즉결심판절차에서는 보강증거가 없을지라도 **피고인의 자백만으로도 유죄판결을 선고**할 수 있고, 피고인이 법정에서 내용을 부인하는 사법경찰관작성 피의자신문조서도 그 자백의 임의성과 조서의 진정성립이 인정되면 증거능력이 있으며, 피의자가 아닌 목격자의 진술서도 진정성립의 증명절차 없이 증거능력을 인정한다.

생각건대 정식의 진술조서와 진술서에 상응하지 아니하는 **간이의 즉결심판사건 수사서류**에 대해서는 **자백의 보강법칙이 적용**되어야 한다(그러나 법정자백에는 적용되지 않는다). 따라서 이러한 수사서류에 한하여 자백의 보강법칙을 적용하는 입법조치가 있어야 할 것이다. 그리고 즉결심판에서도 **보호관찰·사회봉사명령·수강명령과** **같은 사회내처우의 제재를 도입**하는 것이 바람직하며, 보호관찰·사회봉사명령·수강 명령은 형의 선고유예 또는 집행유예와 필연적으로 결부됨이 없이 독자적으로 선고 될 수 있는 제재로서 입법되어야 할 것이다.

제3장

검찰과 인권

제3장

검찰과 인권

I. 수사 및 구금과 인권

검찰은 형사절차의 전 과정에서 중추적인 역할을 담당하며 그에 따른 권한을 부여받고 있다. 이러한 권한은 **공익의 대표자** 내지 **국민 전체에 대한 봉사자**로서 **정의와 인권**의 실현에 앞장설 의무와 함께 주어지는 것이다. 수사·구금 과정에서 지켜져야 하는 핵심적인 인권은 '신체의 안전과 자유에 대한 권리'이다. 죄인에게도 인간의 존엄성을 보장해 주는 것이 인권의 출발이므로 아무리 범죄혐의가 있다고 하더라도 인간으로서 차마 하지 못할 대우를 해서는 안 된다. 이것이 바로 문명의 표시이며 선진국의 척도이다.

1. 법집행과 인권의 관계

(1) 수사·구금은 곧 시민의 자유에 대한 제한

수사 및 구금이란 국가가 시민의 자유에 개입할 수 있는 공권력의 가장 대표적인 형태이다. 어떤 사람이 범죄자이건 아니건 수사기관에 체포·구금되어서 조사를 받는다는 것은 개인적으로 대단히 힘든 일이다. 파출소에 가서 몇 시간 조사받는 것도 대부분의 사람에게는 잊지 못할 체험이 될 것이다. 하물며 개인의 자유를 빼앗기고 죄수복을 입고 교도소에 갇힌다는 것은 이루 형언하기 어려운 실존적 고통이자 인간적인 불명예이고 가족들에게도 아주 큰 파문을 일으키는 일이다.

(2) 행형의 본질에 대한 두 가지 견해

검찰, 경찰, 교도관 등 법집행 공직자(law enforcement personnel)들은 은연중에 **'죄를 지었으면 당연히 벌을 받아야지'**라는 생각을 갖기 쉽다. 이러한 생각은 형사정책상 전통적인 응보형 법이론에 속한다. 전통적인 응보형 범죄관에서는 죄인이 벌을 받는 것을 총체적인 과정으로 파악한다. 죄인은 수사와 구속과 재판과 복역과정을 통틀어 총체적으로 벌을 받아야 한다는 것이다. 죄인이라면 수사과정에서부터 잠을 재우지 않아도, 욕설을 해도, 반말을 써도, 옷을 벗겨도 당연하다고 보는 것이다. 인권을 존중하면 수사가 제대로 되지 않는다고 보거나, 범죄자의 인권침해는 범죄피해자가 당한 인권침해에 비하면 아무 것도 아니라는 통념도 있다. 바로 이 점이 **'전통적인 응보론'**과 **'인권존중형 처벌론'**이 갈라지는 지점이다. 또한 전근대와 근대가 갈라지는 지점이기도 하다.

인권존중형 처벌론에서 범죄자를 처벌하지 말자고 주장하는 것은 결코 아니며, 범죄자에게 무턱대고 잘해 주자는 것도 아니다. 범죄자에 대한 합법적인 처벌은 어느 사회에서나 정당하게 인정된다. 인권존중형 처벌론의 핵심은 **'죄인에게 합당한 처벌을 하고 교화의 기회를 주되 합법적이고 공정한 절차를 지켜야 한다'**는 것이다. 이것은 근대사법 사상의 기본적인 명제이다.

(3) 법집행자가 빠지기 쉬운 오류

첫째, 일제강점기로부터 이어져 내려온 관행과 권위주의적 조직문화가 아직도 하급실무자에게 강요되고 주입되며 재생산되고 있다. 물론 그 어떤 상급자도 명시적으로 '적법절차를 무시하라'고 지시하지는 않는다. 그러나 상부에서 실적을 다그치거나 질서와 효율성만을 강조하다 보면 인권침해사건이 터지게 된다. 따라서 유엔과 국제엠네스티 등이 제시하는 법집행 공직자 행동강령은 상부의 명령보다는 **법집행 절차의 엄격한 준수를 강조**한다.

둘째, 적당한 규정이나 절차가 아예 없거나, 있더라도 불합리할 뿐만 아니라

사문화되어 있는 경우가 많다

셋째, 적법절차를 온정주의와 혼동하는 경향이 있다. '인간적으로 대해 주면 법의 권위가 서지 않는다'는 생각이 많다. 법절차대로 하면 수사가 불가능하고, 신사적으로 대해 주면 고분고분하지 않는다는 의식이 지배적인 이상 수사·구금과정에서의 인권시비는 근절되기 어렵다.

넷째, 법집행 공직자는 자신이 직접 범죄인을 처벌하는 법의 대리집행인이라는 의식을 갖기 쉽다. 물론 공직자자 법을 집행하지만 그것은 개인으로서 범죄자를 다루는 게 아니라는 점을 명심할 필요가 있다. 법집행 공직자는 주어진 절차와 규정에 따라 사적이지 않게 법을 집행하는 것이 크게 보아 범죄자의 인권을 보장하면서 동시에 법 자체의 권위를 보존하는 길임을 알아야 할 것이다.

2. 수사·구금 과정에서 보장되어야 하는 인권

(1) 신체의 안전과 신체의 자유에 대한 권리

수사·구금 과정에서 핵심적인 인권은 '**신체의 안전과 신체의 자유에 대한 권리**'일 것이다. 법 앞에서 인간으로 인정되어야만 적법절차를 보장받을 수 있다. 이 권리는 당연한 말 같지만 독재시절에 자행되었던 불법감금, 임의동행, 의문사 등의 사건을 기억해 보면 하나의 '**법적 인격체**'로 대접받느냐 못 받느냐에 따라 죽느냐 사느냐가 판가름 날 수도 있음을 알 수 있다.

'**적법절차**'란 국가가 법적인 절차를 통해 시민을 보호하는 원칙을 말한다. 따라서 적법절차는 대단히 넓은 개념이며, '**신체의 안전**'이 수사·구금상의 원칙을 이르는 개념이라면, '적법절차'는 그것의 수단을 규정하는 개념이다. 체포, 구속, 재판, 재판 후 과정, 처벌 등이 모두 적법절차를 따라야 한다. 적법절차는 시민적·정치적 권리에 관한 국제규약에서 집중적으로 다루고 있을 만큼 중요한 원칙이다. 적법절차가 실로 광범위한 사항을 다루고 있어서 법적 권리는 한마디로 적법절차의 권리나 마찬가지이다.

'**체포**'되는 순간부터 인간 신체의 자유는 제한을 받게 된다. 국제인권규약에 따르면 체포된 사람은 체포를 당하는 순간 체포 이유와 피의사실을 알 수 있어야 한다. 또한 체포된 사람 또는 갇힌(억류된) 사람은 판사에게 보내져서 적당한 기한 내에 재판받을 권리가 있다. 국제인권 NGO인 유엔앰네스티는 정치범의 경우 적당한 기한 내에 재판받을 권리를 대단히 중시한다. 어떤 나라에서는 정식기소나 재판도 없이 몇 년씩 사람은 가둬 두는 경우가 있었기 때문이다.

체포와 함께 '**구금**' 또한 신체의 자유를 제약하는 중대한 행위이다. 따라서 아무리 혐의가 있더라도 인간으로서 차마 하지 못할 대우를 해서는 안 된다. 죄인에게도 인간의 존엄성을 보장해 주는 것이 인권의 출발이다. 그것이 바로 문명의 표시이며 선진국의 척도이다. 피구금자의 처우가 인권에 이토록 중요하므로 국제사회는 '**피구금자 처우에 관한 최저기준규칙**'을 정해 놓았다. 실제로 한 나라의 교도소를 보면 그 나라의 인권수준을 알 수 있을 정도이다. 특히 미성년, 여성 범죄자에게는 특별한 처우가 필요하다.

(2) 고문받지 않을 권리

수사와 체포 및 구금과정을 통해 반드시 강조되어야 할 인권이 있다면 고문받지 않을 권리이다. 국제인권법에서는 모든 인간이 '**고문 및 기타 가혹하고 비인도적이며 모욕적인 형벌 또는 처우**'를 받지 않을 권리가 있다고 엄격하게 규정하고 있다. 이것은 누구에게나 동일하게 적용된다. 최근 테러리즘으로 인해 국제적으로 고문을 허용해야 한다는 주장이 일각에서 제기되었지만 인권운동가들은 절대 반대하고 나섰다.

테러용의자를 고문할 수 있게 되면 그다음은 흉악범, 그다음은 파렴치범 그다음은 일반 형사범으로 고문의 허용범위가 넓어지지 않으리라고 누가 보장할 수 있는가? 또한 고문은 신체적 고문만이 아니라 심리적, 정신적 고문을 포함하는 넓은 뜻으로 해석하는 것이 일반적 추세이다. 우리나라에서도 1980년대까지 고문이 흔히 행해지던 수치스런 역사가 있다. 이것은 되풀이하지 않는 것이 이 땅의 모든 법집행 공직자들의 의무이자 사명일 것이다.

• 재심	• 일사부재리	• 무죄추정	• 적법절차	• 보석	• 고문금지
• 사생활보호	• 공정한 법원	• 사형금지	• 인신보호	• 배상	• 법률구조
• 소급입법 금지		• 체포 시 절차		• 미성년자에 대한 배려	
• 구금(억류)에 따른 절차		• 처벌의 한계와 방법		• 판결의 공정성 … 등등	

Ⅱ. 강제수사와 인권

수사와 공소 및 형집행기관으로서의 기능을 행하는 검찰의 수사방법에는 임의수사와 강제수사가 있다. 기본권을 침해하지 않는 임의수사가 원칙이고, 강제수사는 기본권을 침해하기 때문에 헌법과 법률에 의한 엄격한 요건하에서만 허용된다. 이를 강제처분 내지 강제수사법정주의라고 한다.

수사기관의 대인적 강제수사방법인 체포나 구속, 대물적 강제수사방법인 압수, 수색, 검증 등의 기본권을 침해하는 수사방법은 수사의 목적달성을 위해 필요 최소한에 그쳐야 할 필요가 있다. 따라서 검찰은 수사과정에서 사건관계인의 인권을 보호하고 적법절차를 확립하기 위해 검사 및 수사업무 종사자가 지켜야 할 사항 등을 정함을 목적으로 처음으로 인권보호수사규칙을 제정(2019. 10. 31. 법무부령)하여 수사권 남용을 방지하고 있다.

인권보호수사규칙 총칙의 주요 내용을 살펴보면 다음과 같다.

가. 가혹행위 등의 금지　　① 어떠한 경우에도 피의자등 사건관계인에게 고문 등 가혹행위를 해서는 안 된다. ② 검사는 가혹행위 등으로 인하여 임의성을 인정하기 어려운 자백을 증거로 사용해서는 안 된다. 진술거부권을 고지받지 못하거나 변호인과 접견 · 교통이 제한된 상태에서 한 자백도 또한 같다(동규칙 제3조).

나. 차별의 금지　　합리적 이유 없이 피의자등 사건관계인의 성별, 종교, 나이, 장애, 사회적 신분, 출신지역, 인종, 국적, 용모 등 신체조건, 병력(病歷), 혼인 여부, 정치적 의견 및 성적(性的) 지향 등을 이유로 차별해서는 안 된다(제4조).

다. 공정한 수사　　① 검사는 객관적인 입장에서 공정하게 예단이나 편견 없이 중립적으로 수사해야 하고, 주어진 권한을 자의적으로 행사하거나 남용해서는 안 된다. ② 검사는 피의자등 사건관계인의 가입 정당, 소속 기업, 사회단체, 그 밖의 정치적·경제적·사회적 지위 등에 의해 영향을 받아서는 안 된다. ③ 검사는 피의자등 사건관계인과 친족이거나 친분이 있는 등 수사의 공정성을 의심받을 염려가 있는 경우에는 사건의 재배당을 요청하거나 소속 상급자에게 보고해야 하고, 상급자는 사건을 재배당하는 등 필요한 조치를 해야 한다(제4, 5조).

라. 수사의 비례성 및 사생활의 보호　　검사는 그 목적을 달성하기 위해 필요한 범위를 벗어나 수사해서는 안 되며, 수사의 전 과정에서 피의자등 사건관계인의 사생활의 비밀을 보호하고 그들의 명예나 신용이 훼손되지 않도록 노력해야 한다(제6, 7조).

마. 임의수사의 원칙　　검사는 수사과정에서 원칙적으로 임의수사를 활용하고, 강제수사는 필요한 경우에만 법률이 정한 바에 따라 최소한의 범위에서 해야 하며, 강제수사가 필요한 경우에도 대상자의 권익 침해의 정도가 더 낮은 수사 절차와 방법을 선택해야 한다(제8조).

1. 대물적 강제수사와 인권

수사기관의 압수·수색이나 도청·감청은 범죄의 증거로서 의미 있는 물건이나 몰수할 것으로 예상되는 물건 등을 수집·보전하는 대물적 강제수사이다. 이러한 강제수사는 피의자나 피고인의 사생활의 기본권이나 재산권 등과 같은 기본적 인권에 대한 침해가 따를 수밖에 없다. 따라서 이러한 수사과정에 발생하는 피의자나 피고인의 인권침해를 최소한으로 줄이기 위해서는 수사기관이 강제수사를 할 경우에는 엄격한 적법절차의 원리와 **영장주의 원칙**이 준수되어야 해야 할 뿐만 아니라 **비례성 원칙**이 적용되어야 한다.

(1) 압수·수색에 관한 법규와 판례 현황

1) 법규와 판례

가. 형사소송법   현행 형사소송법은 검사의 압수·수색에 의한 인권침해를 방지하기 위하여 제106조와 제109조 및 제219조에서 압수·수색의 요건과 절차(사전영장주의, 영장제시의 원칙, 책임자 등의 참여 보장, 야간집행의 제한, 압수목록의 교부 등)에 관하여 상세한 규정을 두고 있다. 검사는 범죄수사에 필요한 때에는 피의자가 죄를 범하였다고 의심할 만한 정황이 있고 해당 사건과 관계가 있다고 인정할 수 있는 것에 한정하여 지방법원판사에게 청구하여 발부받은 영장에 의하여 압수, 수색 또는 검증을 할 수 있으며(제215조 제1항), 필요한 때에는 증거물 또는 몰수할 것으로 사료하는 물건을 압수할 수 있다. 단, 법률에 다른 규정이 있는 때에는 예외로 한다(제106조 제1항). 또한 압수할 물건을 지정하여 소유자, 소지자 또는 보관자에게 제출을 명할 수 있으며(제106조 제2항), 필요한 때에는 피고인의 신체, 물건 또는 주거 기타 장소를 수색할 수 있다(제109조 제1항). 피고인 아닌 자의 신체, 물건, 주거 기타 장소에 관하여는 압수할 물건이 있음을 인정할 수 있는 경우에 한하여 수색할 수 있다(제109조 제2항).

나. 인권보호수사규칙

a. 압수·수색영장 청구 시의 유의사항   ① 압수·수색·검증은 수사상 필요한 경우에 최소한의 범위에서 실시해야 한다. ② 검사는 압수·수색영장을 청구할 때에 압수·수색할 물건이나 장소를 구체적으로 특정해야 하고, 압수·수색의 필요성 및 해당 사건과의 관련성을 인정할 수 있는 자료를 기록에 첨부해야 한다. ③ 피의자가 아닌 자의 신체·물건·주거, 그 밖의 장소를 수색하기 위한 영장을 청구할 때에는 제2항의 자료 외에 압수할 물건이 있음을 인정할 수 있는 자료를 함께 기록에 첨부해야 한다.

b. 압수·수색 시의 준수사항   검사는 압수·수색과 관련하여 다음 각 호의 사항을 지켜야 한다. 1. 압수·수색의 대상자에게 압수·수색하는 공무원의 소속과 성명을 알려 주고, 압수·수색영장을 제시하며, 압수·수색의 사유를 설명해야 한다. 2. 압수·수색은 원칙적으로 주간에 실시하되, 부득이한 경우 그 취지가 기재된 영

장에 의하여 야간에 할 수 있다. 3. 압수·수색의 대상자, 변호인, 그 밖에 참여할 권한이 있는 사람에게 압수·수색 과정에 참여할 수 있는 기회를 충분히 보장해야 한다. 4. 압수·수색 과정에서 사생활의 비밀, 주거의 평온을 최대한 보장하고, 피의자 및 현장에 있는 가족 등 지인들의 인격과 명예를 침해하지 않도록 유의한다. 5. 압수·수색은 수사상 필요한 목적을 달성한 즉시 신속하게 종료해야 하고, 불필요하게 장시간 진행하지 않도록 해야 한다. 6. 수사에 필요한 물건만을 압수하고, 다른 물건이 압수 대상물과 섞여 있는 등 부득이한 사유로 압수가 된 경우에는 지체 없이 돌려주어야 한다. 7. 압수물에 대하여 압수를 계속할 필요가 없으면 수사가 종결되기 전이라도 이를 돌려주어야 한다. 8. 검사는 압수물 반환 요청이 있는 때에는 계속 압수할 필요가 없으면 이에 응하여야 한다. 다만, 계속 압수할 필요가 있는 경우에는 그 이유를 압수·수색 대상자 또는 그 변호인에게 설명해야 한다. 9. 회계장부 등 기업의 영업활동에 반드시 필요한 서류 등은 계속 압수할 필요가 없으면 신속히 돌려주어야 하며, 장기간의 압수로 영업 등에 중대한 지장이 있는 경우에는 사본을 교부해야 한다.

  c. **정보저장매체 등의 압수·수색**　　　검사가 「형사소송법」 제106조 제3항에 따라 정보저장매체 등을 압수·수색하는 경우에는 기억된 정보의 범위를 정하여 출력하거나 복제하여 압수하여야 한다. 다만, 범위를 정하여 출력 또는 복제하는 방법이 불가능하거나 압수의 목적을 달성하기 현저히 곤란하다고 인정되는 경우 또는 압수·수색 대상자(「형사소송법」 제121조 및 제123조에 따른 참여인을 포함한다)의 동의가 있는 경우에는 정보저장매체 등을 압수하거나 정보저장매체 등에 기억된 전자정보 전부를 복제할 수 있다(동규칙 제31조).

  d. **신체의 수색·검증**　　　① 검사는 대상자의 신체를 수색·검증하는 경우에는 수치심을 느끼거나 그의 명예가 훼손되지 않도록 장소·방법 등을 신중하게 선택해야 한다. ② 여자의 신체에 대하여 수색·검증할 때에는 성년의 여자를 참여하게 해야 한다.

  e. **변사체의 검시**　　　검사는 변사체를 검시하거나 부검하는 경우에는 변사자나 유족의 명예나 사생활의 비밀 등이 침해되지 않도록 유의하면서 예의를 갖추고, 신속하게 절차를 진행하여 유족의 장례 절차에 불필요하게 지장을 초래하지 않도록

한다.

f. 금융계좌추적　　검사는 금융계좌를 추적하는 경우에는 다음 각 호의 사항에 유의하여야 한다. 1. 금융계좌추적을 위한 압수·수색영장의 대상지와 유효기간은 혐의 유무의 입증에 필요한 범위에서 최소한으로 해야 한다. 2. 금융회사 등에 대한 금융거래정보 등 제공사실의 통보유예 요청은 「금융실명거래 및 비밀보장에 관한 법률」 제4조의2 제2항 각 호의 요청 사유가 있는지 신중하게 검토하여 필요 최소한으로 해야 한다(제34조).

g. 통신제한조치 등의 최소화　　검사는 「통신비밀보호법」에 따라 통신제한조치나 통신사실 확인자료 제공의 허가를 청구하는 경우에는 입증에 필요한 범위에서 최소한으로 해야 한다(제35조).

다. 대법원 판례　　압수절차가 위법한 경우에도 압수물 자체의 성질·형상에 변경을 가져오지 않는 한 증거가치에 변함이 없다는 이유로 증거능력을 인정한 판례들[대법원 1996. 5. 14. 선고 96초88 판결; 1987. 6. 23. 선고 87도705 판결 등]이 있어 수사 실무에서 위법한 압수·수색의 관행이 사라지지 않고 있다. 예컨대 영장에 기재되지 않은 물건에 대한 압수·수색도 잦으며, 증명서 또는 압수목록을 교부하지 않는 경우도 있다.

2) 인권보장을 위한 방안

가. 압수·수색·검증의 목적은 증거물과 형벌집행의 실효성을 확보

압수는 증거방법상 중요한 물건이나 몰수가 예상되는 물건의 점유를 취득하는 강제처분을 말하며, **수색**은 압수할 물건이나 피의자·피고인의 발견을 목적으로 사람의 신체, 물건, 주거 기타 장소를 뒤져 찾는 강제처분을 말한다. 압수·수색의 목적은 **증거물의 확보와 형벌집행의 실효성을 확보**하는 것이다. 수색은 주로 압수와 함께 행해지기 때문에 실무에서도 압수·수색영장이라는 **단일영장**을 사용하고 있다. 압수·수색은 이처럼 효율적인 형사소추를 위하여 필요불가결한 강제처분이지만, 재산권을 침해할 우려가 크므로 다음과 같은 한계가 있다. 즉, 수사기관이 법관으로부터 압수·수색영장을 발부받아 집행하는 것이 원칙이고, 예외적으로 영장 없이 압수·수색이 허용되는 경우에도 압수물의 증거능력을 인정받기 위해서는 사후에도 영장을 발부받아야 한다.

나. 위법하게 압수된 압수물의 증거능력은 배제

압수·수색은 피의자나 피고인의 사생활이나 재산권 등과 같은 기본적 인권에 대한 침해를 수반할 수밖에 없는 강제처분이기 때문에 **강제수사 법정주의와 영장주의**의 적용을 받을 뿐만 아니라 **비례성원칙**의 적용을 받는다. 압수·수색의 한계는 헌법, 형사소송법 및 형사소송규칙에 상세하게 명시되어 있다. 또한 인권보호 수사준칙 제26조는 압수·수색 시 지켜야 할 사항에 관하여 명시하고 있는데 이의 준수가 요구된다. 종래에는 수사실무에서 위법한 압수·수색의 관행이 좀처럼 사라지지 않는 이유 중 하나는 판례가 위법하게 압수된 압수물에 대해서도 증거능력을 인정한 데 기인한 바 크지만, 위법수집증거의 증거증력을 배제하는 위법수집증거배제법칙을 형사소송법에 명문화함으로써 압수·수색의 위법성은 많이 사라졌지만, 문제는 현행 형사소송법상의 무영장 압수수색의 요건과 압수수색장소의 범위를 보다 명백히 규정함으로써 수사기관의 압수수색의 남용을 예방하여 피의자의 인권보장을 더욱 강화해야 한다. 아울러 법원은 압수·수색의 영장청구에 대해서는 체포·구속영장발부 심사만큼 엄격하게 심사하지 않고 대부분 영장을 발부하는 관행이 있는데, 이에 대하여도 법원은 엄격히 심사를 하여 영장발부 여부를 판단하여야 할 것이다. 피의자의 신체의 자유를 제한하는 체포구속영장의 청구에 대하여는 영장실질심사제도를 도입함으로써 피의자를 직접 심문하여 영장발부 여부를 판단하도록 규정하고 있으나, 압수·수색영장 청구에 대하여는 서류심사만으로 영장발부 여부를 판단하기 때문에 영장전담판사는 상대적으로 이를 경솔히 생각하여 영장발부율이 인식구속영장발부율에 비해 월등히 높다. 따라서 압수·수색영장의 청구에 대해서도 피의자 등의 재산권 행사를 제한하는 것이므로 엄격한 심사가 요구되고, 압수물에 대한 환부규정도 신속히 권리자에게 환부할 수 있도록 환부절차에 관한 규정을 개선해야 할 필요가 있다.

(2) 감청을 위한 통신제한조치의 요건

1) 통신비밀보호법에 의한 적법절차 마련

통신비밀보호법은 개인의 사생활의 비밀과 통신의 자유를 보호하려고 **감청**에 대하여 다음과 같은 적법절차를 마련하고 있다. 통신비밀보호법은 통신에 대한 제한조치를 '**통신제한조치**'라 명명하고(제5조 제1항) 통신제한조치를 '**우편물의 검열**'과 '**전기통신의 감청**' 두 가지로 분류하고 있다. **검열**이란 "우편물에 대하여 당사자의 동의 없이 이를 개봉하거나 기타의 방법으로 그 내용을 지득 또는 채록하거나 유치하는 것"(제2조 제6호)이며, **감청**이란 "전기통신에 대하여 당사자의 동의 없이 전자장치·기계장치 등을 사용하여 통신의 음향·문언·부호·영상을 청취·공독하여 그 내용을 지득·채록하거나 전기통신의 송·수신을 방해하는 것"(제2조 제7호)이다.

주의할 것은 ① 통신제한조치를 취할 수 있는 범죄의 구성요건이 제한적으로 열거되어 있으며(동법 제5조 제1항의 제1~11호에 열거되어 있다. 그 대상이 되는 범죄는 무거운 범죄이거나, 통신제한 조치를 취하는 것이 그 범죄의 예방이나 증거 수집에 적합한 방법이 될 수 있는 범죄들이다), ② 그 범죄들을 계획 또는 실행하고 있거나 실행하였다고 의심할 만한 충분한 이유가 있고, 다른 방법으로는 그 범죄의 실행을 저지하거나 범인의 체포 또는 증거의 수집이 어려운 경우에 한한다(보충성의 원칙)는 점이다.

2) 통신제한조치의 남용을 막기 위한 안전장치

'**효과적인 법집행**'과 '**국가의 안전과 이익**'을 지키기 위하여 일정한 범위에서 감청을 비롯한 통신제한조치가 필요한 것은 인정하더라도 그 남용을 억제할 수 있는 안전장치가 미리 충분히 강구되지 않으면 안 된다. 통신비밀보호법에서는 몇 가지 안전장치를 강구해 놓고 있다. 첫째, '통신비밀보호법과 형사소송법 또는 군사법원법의 규정에 의하지 아니한 모든 우편물의 검열 또는 전기통신의 감청, 공개되지 아니한 타인 간의 대화의 녹음과 청취를 금지'하고(제3조), 둘째, 이에 위반한 행위와 그 내용을 공개하거나 누설하는 행위에 대하여 형사처벌을 가하고(제16, 17, 18조), 셋째, 위법하게 수집된 증거는 재판 또는 징계절차에서 증거로 사용할 수 없도록 하는 등의 안전장치를 마련(제4조)하고 있지만, 아직도 미비한 점이 없지 않다.

3) 수사기관의 감청을 위한 통신제한조치허가서의 취득방법

첫째, 별도로 규율하지만 성질에 반하지 않는 범위 안에서 형사소송법 또는 형사소송규칙의 압수·수색에 관한 규정이 준용된다.

둘째, 통신제한조치의 경우에는 원칙적으로 **영장주의가 적용**된다. 따라서 법집행기관이나 정보수사기관이 내국인에 대하여 통신제한조치를 하려면 사전에 영장(실무상 '통신제한조치허가서'라 함)을 발부받아야 한다. 다만 예외적으로 긴급한 사유가 있는 때에는 먼저 통신제한조치를 취하고 지체 없이 법원에 허가청구를 하여야 하며, 그 긴급통신제한조치를 한 때부터 **36시간 이내에 법원의 허가**를 받지 못한 때에는 즉시 이를 중지하여야 한다(통신비밀보호법 제8조 제2항). 통신비밀보호법에서는 이를 **'긴급통신제한조치'**라고 한다.

셋째, 통신제한조치에는 형사소송법상의 **대물적 강제처분**(압수·수색·검증, 법 제215조)과 달리 기간을 정해 놓았다. 이 기간은 2개월을 넘지 못하며 2개월의 범위 안에서 연장을 청구할 수 있다(통신비밀보호법 제6조 제7항).

4) 인권보장방안

가. 자의적인 감청은 억제되어야 한다.

통신비밀보호법 제5조는 그 조항에서 열거한 범죄를 계획 또는 실행하고 있거나 실행하였다고 의심할 만한 충분한 이유가 있고(**범죄혐의의 상당성**), 다른 방법으로 그 범죄의 실행을 저지하거나 범인의 체포 또는 증거의 수집이 어려운 경우(**보충성**)를 전기통신의 감청 허가요건으로 규정하여 자의적인 감청을 억제하고 있다. 감청은 범죄예방과 형사소추의 실효성을 확보하기 위해 인정되는 제도이다.

나. 감청은 필요 최소한의 범위에서 행해져야 한다.

감청은 필연적으로 피의자와 피고인의 사생활의 비밀, 통신의 자유, 행복추구권 등과 같은 기본적 인권을 침해하기 때문에 필요 최소한의 범위에 그쳐야 한다. 이와 같은 감청의 한계는 통신비밀보호법에 명시되어 있으며, 법절차에 반하는 불법감청에 의한 증거는 동법 제4조에 따라 증거능력이 배제된다는 점을 숙지하여야 한다.

2. 대인적 강제수사와 인권

"형법상의 혐의로 체포 또는 구금당한 사람은 판사 또는 법률에 의해 사법권의 행사가 허용된 다른 관리 앞에 신속하게 인도되고, 또 타당한 기간 안에 재판에 회부되거나 석방될 수 있는 권리를 가진다"라는 '시민적·정치적 권리에 관한 국제규약'의 규정을 국내법으로 제도화한 것이 **구속영장실질심사제도**이다. 수사기관에 의한 피의자의 체포나 구속이 적법한지 여부와 그 계속의 필요 여부를 법원이 심사하여 부적법·부당한 경우에 구속된 피의자를 석방하는 제도인 **체포·구속적부심사제도**는 피의자나 피고인에 대한 구속영장발부 여부를 법관이 직접 심문하여 심사하는 구속영장실질심사제도와는 구별되는 또 하나의 인신보호장치이다.

(1) 피의자조사와 인권(인권보호수사규칙)

가. 피의자의 조사　　피의자를 조사하는 경우에는 다음 각 호의 사항을 지켜야 한다.

1. 피의자가 출석한 경우 지체 없이 조사하고, 부득이한 사유로 조사의 시작이 늦어지거나 조사를 하지 못하는 경우에는 피의자에게 그 사유를 설명해야 한다.

2. 조사 중 폭언, 강압적이거나 모멸감을 주는 언행, 정당한 사유 없이 피의자의 다른 사건이나 가족 등 주변 인물에 대한 형사처벌을 암시하는 내용의 발언 또는 공정성을 의심받을 수 있는 언행을 해서는 안 된다.

3. 피의자에게 피의사실에 대하여 해명할 기회를 충분히 주고, 피의자가 제출하는 자료를 정당한 사유 없이 거부해서는 안 된다.

4. 분쟁을 종국적으로 해결하고 피의자등 사건관계인 모두의 권익에 도움이 되는 경우에는 형사조정을 권유할 수 있다.

5. 검사는 피의자가 출석했으나 조서를 작성하지 않은 경우라도 피의자가 조사장소에 도착하고 떠난 시각, 그 사이 조사장소에서 있었던 상황 등을 별도의 서면에 기재하여 수사기록에 편철해야 한다.

6. 피의자가 기억을 환기하기 위해 수기로 메모하는 것을 허용해야 한다. 다만, 조사과정에서 현출(現出)된 타인의 진술 등 공범의 도피, 증거인멸, 수사기밀 누설 등의 우려가 있거나 제3자의 사생활의 비밀과 평온 또는 생명·신체의 안전 등을 침해할 우려가 있는 내용은 제외한다.

나. 구속피의자등의 조사　　검사는 구속된 피의자등 구금시설에 수용 중인 사건관계인(이하 "구속피의자등"이라 한다)을 조사하는 경우 다음 각 호의 사항에 유의

해야 한다.

1. 구속피의자등에게 불필요한 출석을 요구하여 변호인이나 가족 등의 접견·교통에 지장을 초래하는 일이 없도록 해야 한다.

2. 구속피의자등이 출석한 경우 지체 없이 조사해야 하며, 부득이한 사유로 장시간 검찰청 안에 설치된 구속피의자등의 구치시설 등에 대기시키거나 조사를 하지 않고 구금시설로 되돌려 보낼 경우에는 그 사유를 설명해야 한다.

3. 관할지역 외의 구속피의자등에 대한 조사가 필요한 경우 사건을 관할 검찰청에 이송하거나 출장·공조수사를 활용해야 한다. 다만, 대질 조사나 장기간의 조사가 필요한 때 등 불가피한 경우에는 이감(移監) 조사를 할 수 있다(동규칙 제43조).

다. 장시간 조사 제한　　① 검사는 피의자등 사건관계인을 조사할 때에는 대기시간, 휴식시간, 식사시간 등 모든 시간을 합산한 조사시간(이하 "총조사시간"이라 한다)이 12시간을 초과해서는 안 된다. 다만, 조서의 열람만을 위해 피의자등 사건관계인이 서면으로 요청한 경우에는 그렇지 않다. ② 검사는 특별한 사정이 없는 한 총조사시간 중 식사시간, 휴식 시간 및 조서의 열람 시간을 제외한 실제 조사시간이 8시간을 초과하지 않도록 해야 한다. ③ 제1항에도 불구하고 검사는 다음 각 호의 어느 하나에 해당하는 경우에는 총조사시간을 초과하여 조사할 수 있다.

1. 피의자등 사건관계인이 국외 출국, 입원, 원거리 거주, 직업 등 재출석이 곤란한 구체적 사유를 들어 서면으로 요청하고(변호인이 총조사시간을 초과한 조사에 동의하지 않는다는 의사를 명시한 경우는 제외한다), 그 요청에 상당한 이유가 있다고 인정되는 경우

2. 공소시효의 완성이 임박하거나 검사가 체포시한[「형사소송법」 제200조의2 제5항(제213조의2에서 준용하는 경우를 포함한다) 및 제200조의4 제1항에 따른 시한을 말한다] 내에 구속 여부 판단을 위해 피의자등 사건관계인을 신속히 조사할 필요가 있는 경우

④ 검사는 피의자등 사건관계인의 조사를 마친 후 최소한 8시간이 경과하기 전에는 다시 조사할 수 없다. 다만, 제3항 각 호의 어느 하나에 해당하는 경우에는 그렇지 않다(제44조).

라. 심야조사 제한　　① 검사는 조사, 신문, 면담 등 명칭을 불문하고 오후 9시부터 오전 6시까지 사이에 조사(이하 "심야조사"라 한다)를 해서는 안 된다. 다만,

검사는 이미 작성된 조서의 열람을 위한 절차는 자정 이전까지 진행할 수 있다.

② 검사는 제1항에도 불구하고 다음 각 호의 어느 하나에 해당하는 경우에는 서면으로 소속 검찰청 인권보호관의 허가를 받아 심야조사를 할 수 있다.

1. 피의자등 사건관계인이 국외 출국, 입원, 원거리 거주, 직업 등 재출석이 곤란한 구체적 사유를 들어 심야조사를 요청하고(변호인이 심야조사에 동의하지 않는다는 의사를 명시한 경우는 제외한다), 그 요청에 상당한 이유가 있다고 인정되는 경우

2. 공소시효의 완성이 임박하거나 검사가 체포시한[「형사소송법」 제200조의2 제5항 (제213조의2에서 준용하는 경우를 포함한다) 및 제200조의4 제1항에 따른 시한을 말한다] 내에 구속 여부 판단을 위해 피의자등 사건관계인을 신속히 조사할 필요가 있는 경우

③ 각급 검찰청의 인권보호관은 제2항에 따른 심야조사 허가 내역을 대검찰청 인권보호관에게 월별로 보고해야 한다(제45조).

마. 소년에 대한 특칙　① 검사는 소년(「소년법」 제2조에 따른 소년을 말한다) 인 피의자등 사건관계인을 조사할 경우에는 제44조 제1항에도 불구하고 총조사시 간은 8시간을 초과하지 못한다. 다만, 조서의 열람만을 위하여 소년인 피의자등 사건관계인과 법정대리인이 서면으로 요청한 경우에는 그렇지 않다.

② 검사는 특별한 사정이 없는 한 총조사시간 중 식사시간, 휴식 시간 및 조서의 열람 시간을 제외한 실제 조사시간이 6시간을 초과하지 않도록 해야 한다.

③ 제1항에도 불구하고 검사는 다음 각 호의 어느 하나에 해당하는 경우에는 총조사시간을 초과하여 조사할 수 있다(제46조).

1. 소년인 피의자등 사건관계인과 법정대리인이 국외 출국, 입원, 원거리 거주, 직업 등 재출석이 곤란한 구체적 사유를 들어 서면으로 요청하고(변호인이 있는 경우 변호인도 이에 동의한 경우로 한정한다), 그 요청에 상당한 이유가 있다고 인정되는 경우

2. 공소시효의 완성이 임박하거나 검사가 체포시한[「형사소송법」 제200조의2 제5 항(제213조의2에서 준용하는 경우를 포함한다) 및 제200조의4제1항에 따른 시한을 말한다] 내에 구속 여부 판단을 위해 소년인 피의자등 사건관계인을 신속히 조사할 필요가 있는 경우

④ 검사는 소년인 피의자등 사건관계인의 조사를 마친 후 최소한 8시간이 경과하기 전에는 다시 조사할 수 없다. 다만, 제3항 각 호의 어느 하나에 해당하는 경

우에는 그렇지 않다.

바. 휴식시간 부여 등　　① 검사는 조사에 장시간이 소요되는 경우에는 특별한 사정이 없는 한 조사 도중에 최소한 2시간마다 10분 이상의 휴식시간을 주어야 한다.

② 피의자가 조사 도중에 휴식시간을 요청하는 때에는 그때까지 조사에 소요된 시간, 피의자의 건강상태 등을 고려하여 적정하다고 판단될 경우 이를 허락하여야 한다.

③ 검사는 조사 중인 피의자의 건강상태에 이상이 발견된 때에는 의사의 진료를 받게 하거나 휴식을 취하게 하는 등 필요한 조치를 해야 한다.

④ 제1항부터 제3항까지의 규정은 피내사자, 피해자, 참고인 등 다른 사건관계인을 조사하는 경우에 준용한다(제47조).

(2) 긴급체포와 인권

1) 헌법상의 무죄추정원칙과 불구속 재판의 원칙 확립한 형사소송법 규정

1997년부터 강제처분 가운데서도 가장 중요한 인신구속에 관한 분야가 대폭 개정 정비됨으로써 획기적 전환을 겪게 되었다. 이는 과거 헌법상의 무죄추정원칙이나 불구속 재판의 원칙이 제도의 미비와 오랜 관행으로 제대로 지켜지지 못하였던 점에 대한 반성에서 기인한다.

이에 2007년 6월 1일 대대적인 형사소송법의 개정이 이루어지게 되었고, 그 중 긴급체포제도의 개선은 현행 형사소송법의 인신구속에 관한 조문이 피고인을 중심으로 기술되어져 있고, 이를 피의자에게 준용하는 방식을 취하고 있어 실제 구속규정의 활용빈도가 높은 피의자에게 불리하고, 국민의 신체의 자유에 밀접하게 영향을 미친다는 점을 고려하여 긴급체포를 수사절차의 인신구속 자체로 분명하게 규정 내용을 명시하는 등 조문 자체만으로 국민이 쉽게 그 사유를 알 수 있게 하여 기본권 행사에 도움을 주고 있다.

2) 대법원 판례[대법원 2002. 6. 11. 선고 2000도5701]

위 대법원 판례는 긴급체포의 요건인정에 관한 주요 판례로서 원용될 만한 가치가 있는 중요한 판결이다. 이 판결의 내용을 문리해석하면 다음의 세 가지로 요약된다. **첫째,** 긴급체포는 영장주의원칙에 대한 예외인 만큼 요건을 갖추지 못한 긴급체포는 위법한 체포에 해당한다. 그러나 **둘째,** 긴급체포의 요건을 갖추었는지 여부는 사후에 밝혀진 사정을 기초로 판단하는 것이 아니라 **체포 당시의 상황을 기초로 판단**하여야 하고, 이에 관한 검사나 사법경찰관 등 수사주체의 판단에는 상당한 재량의 여지가 있다. **셋째,** 긴급체포 당시의 상황으로 보아서도 요건의 충족 여부에 관한 검사나 사법경찰관의 판단이 **경험칙에 비추어 현저히 합리성을 잃은 경우**에는 그 체포는 위법한 체포라는 것이다.

대법원 판례의 취지를 간명하게 요약하면, 긴급체포의 요건을 인정하는 데 있어서 가급적 수사기관의 재량을 넓게 인정하되, 요건의 충족 여부에 관한 검사나 사법경찰관의 판단이 경험칙에 비추어 현저하게 합리성을 잃은 경우에만 **중대한 영장주의의 위반은 위법한 긴급체포**로 판단한다는 취지이다.

3) 인권보장방안

가. 긴급체포를 남용해서는 안 된다.

혐의범죄가 중대하고 피의자에게 도망 또는 증거인멸의 우려가 있고 피의자를 사전의 체포·구속영장에 의하여 체포·구속할 수 없는 긴급한 경우에 피의자의 신병을 신속히 확보하려는 것이 긴급체포의 목적이다. 어느 나라에서나 수사기관에게 일정한 범위 내에서 사전영장 없는 긴급체포를 인정하는 것을 보면 긴급한 경우에 영장 없는 체포제도 도입의 필요성은 인정된다. 그러나 긴급체포의 남용을 억제하기 위한 장치도 불가결하다.

나. 수사상의 필요와 피의자의 이익을 조화시켜야 한다.

시민적·정치적 권리에 관한 국제규약 제9조(신체의 자유) 제1항은 피의자의 '**함부로 체포되지 아니할 권리**'를 포괄적으로 규정하고 그 구체적 범위와 한계는 조약 비준국의 관행과 재량에 맡기고 있다. 2002년에 선고된 대법원 판결은 수사기관의 수사상의 필요와 피의자의 이익을 적절히 조화시킨 판결이므로 이 판결을 숙지하여야 할 것이다.

(3) 긴급체포된 경우의 체포·구속적부심사의 청구 여부

1) 법규와 판례

가. 형사소송법　　　　체포되거나 구속된 피의자 또는 그 변호인, 법정대리인, 배우자, 직계친족, 형제자매나 가족, 동거인 또는 고용주는 관할법원에 체포 또는 구속의 적부심사(適否審査)를 청구할 수 있다(제214조의2 제1항).

나. 대법원 판례[대법원 1997. 8. 27. 자 97모21 결정]　　　　1997년의 대법원 판결은 '일견 명확하지 아니한 현행 형사소송법의 취지'에 관하여 매우 수준 높은 법률적 논변을 전개하고 있어서 주목할 필요가 있다. 대법원은 '긴급체포된 피의자에게 체포적부심사 청구권이 있는지 여부'에 대하여 이를 '긍정'하고 있다 대법원은 얼핏 보기에 '형사소송법 제214조의2 제1항의 문리'에 반하는 확장해석을 전개하는데, 긍정의 논거로 헌법 제12조 제6항이 '누구든지 체포 또는 구속을 당한 때에는 (하략)'이라고 규정한 것을 들고 있다. 대법원은 시민적·정치적 권리에 관한 국제규약 제9조 제4항을 염두에 두고 이른바 **'헌법적 형사소송론'**을 응용한 것이다.

체포·구속적부심사는 수사단계에서 체포·구속된 피의자를 석방시키는 제도라는 점에서 피고인을 법원이 보증금의 납입 등을 조건으로 석방시키는 보석제도와 구별되며, 체포·구속적부심사는 법원이 청구권자의 청구에 의하여 결정으로 피의자를 석방시키는 제도라는 점에서 법원 또는 검사가 직권 또는 청구에 의하여 피고인·피의자를 석방하는 체포 또는 구속취소(형사소송법 제93조, 제200조의6)와 구별된다. 구속영장에 의하여 구속된 피의자 또는 그 변호인 등이 법원에 구속의 적부심사를 청구하면 죄증을 인멸할 염려가 있다고 믿을 만한 충분한 이유가 있는 경우 등이 아니라면 피의자의 출석을 보증할 만한 보증금 납입을 조건으로 피의자를 석방할 수 있다. 이 석방 결정에 대하여는 형사소송법 제402조에 의하여 항고할 수 있다 [대법원 1997. 8. 27. 자 97모21 결정]. 석방을 결정할 때에는 주거제한, 법원 또는 검사가 지정하는 일시·장소에 출석할 의무조건을 부가할 수 있다. 도망, 증거인멸, 출석 불응 및 기타 조건 위반의 경우를 제외하고는 동일한 범죄사실에 대하여 재체포 또는 재구속이 금지되고 있다(형사소송법 제214조의3).

[체포·구속적부심에 따른 석방률 추이]

연도	청구인원(명)	석방인원(명)	석방률(%)
2011	2,462	633	26.0
2012	2,141	447	21.2
2013	1,865	325	17.9
2014	2,241	459	20.7
2015	2,207	363	16.4
2016	2,437	367	15.1
2017	2,325	333	14.3
2018	2,109	258	12.2
2019	2,038	206	10.1

출처: 법원행정처, 2020 사법연감.

2) 구속영장실질심사와 구별되는 또 하나의 인신보호 장치

체포·구속적부심사제도는 수사기관에 의한 피의자의 체포나 구속이 적법한지 여부와 그 계속의 필요 여부를 법원이 심사하여 부적법·부당한 경우에 구속된 피의자를 석방하는 제도이다. 체포 또는 구속의 적부심사는 구속영장의 실질심사와 구별되는 또 하나의 인신보호 장치이다. 따라서 구속영장실질심사와 체포·구속의 적부심사를 혼동해서는 안 된다. 시민적·정치적 권리에 관한 국제규약도 제9조(신체의 자유) 제4항(체포·구속의 적부심사)과 제3항(구속영장실질심사)을 구별하여 별도로 규정하고 있다. 그러나 체포적부심절차에서는 보증금 납부를 조건으로 한 기소 전 보석제도가 인정되지 않는다[대법원 1997. 8. 27. 자 97모21 결정]. 체포와 구속은 별개의 개념이고 체포는 48시간 이내의 단기유치제도이므로 보증금 납부를 조건으로 한 기소 전 보석을 인정할 실익이 없으며, 또한 형사소송법 제214조의2 제4항에 '구속'된 피의자라고 명시되어 있기 때문이다.

(4) 변호인과의 접견교통권의 보장

1) 법규와 판례

가. 헌법　　누구든지 체포 또는 구속을 당한 때에는 즉시 **변호인의 조력을 받을 권리**를 가진다(제12조 제4항).

나. 형사소송법　　변호인이나 변호인이 되려는 자는 신체가 구속된 피고인 또는 피의자와 접견하고 서류나 물건을 수수(授受)할 수 있으며 의사로 하여금 피고인이나 피의자를 진료하게 할 수 있다(제34조).

다. 형의 집행 및 수용자의 처우에 관한 법률　　수용자는 교정시설의 외부에 있는 사람과 접견할 수 있다. 다만, 형사 법령에 저촉되는 행위를 할 우려가 있는 때, 형사소송법이나 그 밖의 법률에 따른 접견금지의 결정이 있는 때, 수형자의 교화 또는 건전한 사회복귀를 해칠 우려가 있는 때, 시설의 안전 또는 질서를 해칠 우려가 있는 때에는 접견을 금지 할 수 있다(제41조 제1항). 수용자의 접견은 접촉차단시설이 설치된 장소에서 하게 한다. 다만, 미결수용자(형사사건으로 수사 또는 재판을 받고 있는 수형자와 사형확정자를 포함한다)가 변호인과 접견하는 경우나 수용자가 소송사건의 대리인인 변호사와 접견하는 경우로서 교정시설의 안전 또는 질서를 해칠 우려가 없는 경우에는 접촉차단시설이 설치되지 아니한 장소에서 접견하게 한다(제41조 제2항). 또한 수용자가 미성년자인 자녀와 접견하는 경우나 그 밖에 대통령령으로 정하는 경우에는 접촉차단시설이 설치되지 아니한 장소에서 접견하게 할 수 있다(제41조 제3항). 소장은 범죄의 증거를 인멸하거나 형사 법령에 저촉되는 행위를 할 우려가 있거나 수형자의 교화 또는 건전한 사회복귀를 위하여 필요한 때, 그리고 시설의 안전과 질서유지를 위하여 필요한 경우에는 교도관으로 하여금 수용자의 접견 내용을 청취·기록·녹음 또는 녹화하게 할 수 있다(제41조 제4항). 수용자의 접견 내용을 녹음·녹화하는 경우에는 사전에 수용자 및 그 상대방에게 그 사실을 알려주어야 한다(제41조 제5항). 제41조 제4항에도 불구하고 미결수용자와 변호인(변호인이 되려고 하는 사람을 포함)과의 접견에는 교도관이 참여하지 못하며 그 내용을 청취 또는 녹취하지 못한다. 다만, 보이는 거리에서 미결수용자를 관찰할 수 있다(제84조 제1항).

라. 판례　　　　접견교통권은 피고인 또는 피의자나 피내사자의 인권보장과 방어준비를 위하여 필수불가결한 권리이므로 법령에 의한 제한이 없는 한 수사기관의 처분은 물론 법원의 결정으로도 이를 제한할 수 없다[대법원 1996. 6. 3. 자 96모18 결정].

헌법재판소도 변호인과의 자유로운 접견은 신체구속을 당한 사람에게 보장된 변호인의 조력을 받을 권리의 가장 중요한 내용이어서 국가안전보장, 질서유지, 공공복리 등 어떠한 명분으로도 제한될 수 없다고 판시하고 있다[헌법재판소 1992. 1. 28. 91헌마111 결정].

또한 대법원은 신체구속을 당한 피의자 또는 피고인이 범한 것으로 의심받고 있는 범죄행위에 해당 변호인이 관련되어 있다는 등의 사유에 기하여 그 변호인의 변호활동을 광범위하게 규제하는 변호인의 제척(제척)과 같은 제도를 두고 있지 아니한 우리 법제 아래에서는, 변호인의 접견교통의 상대방인 신체구속을 당한 사람이 그 변호인을 자신의 범죄행위에 공범으로 가담시키려고 하였다는 등의 사정만으로 그 변호인의 신체구속을 당한 사람과의 접견교통을 금지하는 것이 정당화될 수는 없다고 판시하였다[대법원 2007. 1. 31. 자 2006모656 결정].

2) 인권보장 방안

가. 구속된 피의자와 변호인의 자유로운 접견은 제한될 수 없다.

헌법 제12조 제4항에서 보장하고 있는 신체구속을 당한 사람의 변호인의 조력을 받을 권리는 무죄추정을 받고 있는 피의자·피고인이 신체구속 상황에서 생길 수 있는 여러 가지 폐해를 제거하고 구속이 그 목적의 한도를 초과하여 이용되거나 작용하지 않게끔 보장하기 위한 것이다. 여기서 '**변호인의 조력**'은 '**변호인의 충분한 조력**'을 의미한다. 변호인의 조력을 받을 권리의 필수적 내용은 신체구속을 당한 사람과 변호인의 접견교통권이며 이러한 접견교통권의 충분한 보장은 구속된 자와 변호인의 대화 내용에 대하여 비밀이 완전히 보장되고 어떠한 제한, 영향, 압력 또는 부당한 간섭 없이 자유롭게 대화할 수 있는 접견을 통해서만 가능하다. 이러한 자유로운 접견은 구속된 자와 변호인의 접견에 교도관이나 수사관 등 관계공무원의 참여가 없어야 가능하다. 변호인과의 자유로운 접견은 신체구속을 당한 사람에게 보장된 변호인의 조력을 받을 권리가 가장 중요한 내용이어서 국가안전보장, 질서유지, 공공복리 등 어떠한 명분으로도 제한될 수 없다[헌재 1992. 1. 28. 91헌마111 결정].

나. 변호인접견 시 관리자는 가청거리가 아닌 가시거리 내에서 감시해야 한다.
구금시설의 관리자와 피의자를 조사하고 있는 수사기관에서는 변호인과 피의자 사이에 위험물질의 교부가 있는지 여부를 감시하여야 할 필요가 있음도 사실이다. 이에 따라 피구금자 또는 피수금자와 그의 변호인 사이의 대담 시에 위험물질의 교부가 있는지 여부를 감시하기 위하여 법집행 공무원은 가청거리 내에서는 안 되지만 가시거리 내에서 감시할 수 있다(형의 집행 및 수용자의 처우에 관한 법률 제84조 제1항 단서).

(5) 별건 체포·구속의 위법성 여부

별건 체포·구속이란 수사기관이 어떤 피의사건(X, 본건)에 대하여 조사할 목적으로 다른 피의사건(Y, 별건)의 혐의에 기초하여 체포·구속하는 경우를 말한다. 수사기관이 본래 의중에 두고 있는 '본건 피의사건'에 대하여 체포장이나 구속영장을 청구할 만한 혐의나 증거자료가 충분하지 않을 때, 비교적 경미하지만 그 혐의는 수사기관이 충분히 확보하고 있는 '별건 피의사건'으로 피의자를 체포·구속하여 신병을 확보한 후 오로지 본건 혐의사건에 대하여 조사하는 경우를 별건 체포·구속이라고 한다.

1) 법규와 판례

가. 헌법　　체포·구속 ·압수 또는 수색을 할 때에는 적법한 절차에 따라 검사의 신청에 의하여 법관이 발부한 영장을 제시하여야 한다(제12조 제3항).

나. 형사소송법　　① 구속기간은 2월로 한다(제92조 제1항). 특히 계속할 필요가 있는 경우에는 심급마다 2차에 한하여 결정으로 갱신할 수 있다(제92조 제2항). ② 검사가 피의자를 구속한 때 또는 사법경찰관으로부터 피의자의 인치를 받은 때에는 10일 이내에 공소를 제기하지 아니하면 석방하여야 한다(제203조).

다. 대법원 판례　　피고인이 기소중지 처분된 신용카드업법 위반 등 피의사실로 27일간 구속되었고 연이어 사기 등 범행으로 구속되어 기소되었지만 결과적으로 위 구속기간이 사기 등 범행사실의 수사에 실질상 이용되었다 하더라도 위 구금일수를 사기죄의 본형에 산입할 수는 없다[대법원 1990. 12. 11. 90도2337 판결].

2) 인권보장방안

가. 불구속 수사와 불구속 재판을 원칙으로

범죄사실이 규명과 범죄자에 대한 재판·처벌을 위하여 수사상 대인적 강제처분으로서 체포·구속이 필요함으로써 허용될 수밖에 없다. 그러나 무죄추정이 원칙에 비추어 볼 때 가급적 불구속 수사와 불구속 재판이 원칙으로 추구되어야 한다. 이에 관한 시민적·정치적 권리에 관한 국제규약 제9조 제3항은 이를 "재판에 회부된 사람이 구치소에 구금당하는 것이 관례로 되어서는 안 된다"라고 규정하고 있다.

나. 인권침해의 소지가 큰 별건 체포·구속

체포·구속은 가장 심각한 자유·구속적 처분이다. 그러므로 헌법과 형사소송법의 **영장주의 천명**과 **구속기간의 제한**의 정신을 침탈하려는 의도적인 목표를 가지고 자행되는 별건 체포·구속은 인권침해의 소지가 클 뿐만 아니라 위법하다.

Ⅲ. 공안사범과 인권

1. 사상전향제도

사상전향제도는 사상범으로 붙잡힌 좌익수들이 사상전향을 하지 않으면 형의 집행 및 수용자의 처우에 관한 법률(구 「행형법」)상의 모든 권리에서 제외되는 것을 말한다.

사상전향제도의 기원은 일제강점기 사회주의자들과 조선의 독립군을 억압하기 위해서 만들어졌던 치안유지법에 있다. 1933년 일제는 **'사법당국통첩'**을 제정, 구속된 사상범들에 대해 **'천황에 대한 충성서약'**을 석방조건으로 내세웠다. 그리고 이 같은 전통은 해방 후에도 그대로 수용돼 간첩 및 좌익사범들에게 적용됐다.

이로 인해 사상전향을 거부한 인민군 포로나 남파간첩, 조작간첩 등 비전향수는 모든 행형상의 누진처우 대상에서 제외되고 온갖 불이익 처우를 받았다. 또 사상전향을 강요받고 그 과정에서 생명의 위협을 받는 경우도 있었다. 이러한 예로 유신

시절 남파공작원으로 체포된 최○○ 씨는 전향을 거부했다는 이유로 지난 1974. 4. 4. 교도당국이 일반죄수들을 시켜 폭행, 사망하게 했다. 또한 병자가 되었어도 비전향수라는 이유로 입병 요청을 했을 때 대부분 불허되었으며 일부는 사망하기도 했다. 1969년 위동맥 출혈이었던 윤○○ 씨와 80년 폐결핵에 걸린 유○○ 씨, 탈장이 일어난 신○○ 씨 등은 수술과 치료를 거절당해 옥사한 대표적인 사례들이다. 특히 1953년부터 1955년 사이 구속된 상당수 좌익수들이 4·19혁명 이후 20년형으로 감형받고 만기출소를 기다리던 1973년 중앙정보부와 법무부는 전향공작 전담반을 교도소에 배치하여 좌익수형자에게 집중적으로 '사상전향공작'을 시행했다.

또한 1975년에는 **'사회안전법'**이 제정되어 전향하지 않은 좌익수에 대해서는 보호감호라는 명목하에 평생을 보호감호소 안에 가두어 둘 수 있게 되었다. 이로 인해 이미 형기를 다 마친 좌익수도 전향을 하지 않았다는 이유로 다시금 갇혀야 했다.

이후 1989년 사회안전법이 폐지되면서 전향제도의 법적 근거는 없어졌으나 법무부령과 법무부의 통첩, 가석방분류심사규칙 등이 폐지되지 않아 사상전향제도는 계속 유지되었다. 그리고 유엔인권위원회는 제52차 정기총회에서, 유엔의 특별보고관이 1995년 한국을 방문·조사·작성한 **'한국의 의사표현에 관한 특별보고서'**에서 "특정한 정치적 신념을 가진 것으로 여겨지는 재소자는 교정당국에 의해 그 신념을 포기하도록 요구받는다. 재소자들이 이러한 사상전향의 요구에 응하지 않으면 가석방 대상에서 제외될 수 있고 사면대상이 되지 않으며, 서신왕래와 면회에 관한 권리가 제한된다. 이러한 관행은 세계인권선언 제19조와 시민적·정치적 권리에 관한 국제규약 제19조에 규정된 사상의 자유를 침해하는 것"이라고 지적했다.

결국 1998년 김대중 정부가 일제 때부터 내려오던 **'사상전향제'**를 **폐지**하고, 대신 공안사범들에게 가석방 결정 전에 출소 후 대한민국 체제와 법을 준수하겠다는 내용을 서약하도록 하는 준법서약제도를 도입하였다.

2. 준법서약제도

준법서약제도는 좌익수나 양심수들에게 가석방 결정의 전제조건으로 대한민국 체제와 법을 준수하겠다는 내용을 서약하도록 한 것이다.

이는 법무부의 「가석방심사등에관한규칙」 제14조 제2항에 "국가보안법위반, 집회및시위에관한법률위반 등의 수형자에 대하여는 가석방 결정 전에 출소 후 대한민국의 국법질서를 준수하겠다는 준법서약서를 제출하게 하여 준법의지가 있는지 여부를 확인하여야 한다"라고 규정되어 있었다.

준법서약서제도는 1998년 김대중 정부가 일제 때부터 내려오던 '사상전향제'를 폐지하면서 도입됐다. 그러나 진보 학계 및 일부 시민단체는 **"준법서약서 제도는 사상전향제의 변형에 불과하다"**라며 이의 폐지를 요구해 왔다. 준법서약의 강요 자체가 헌법에 보장된 양심의 자유에 위배된다는 주장이다. 1999년 3·1절 특사 당시 김대중 대통령이 준법서약서 작성을 거부한 미전향 장기수 우○○ 씨 등 17명에 대해 특별사면을 내리면서 그 실효성에 대한 의문이 제기돼 왔다.

이에 2002년 **헌법재판소**는 준법서약서와 관련된 헌법소원에 대해, **'합헌' 결정**을 내림으로써 그런 논란에 종지부를 찍은 바 있다. "준법서약은 단순한 확인서약에 불과하기 때문에 양심의 영역을 건드리지 않으며 정책수단으로서의 적합성이 인정된다"라는 것이었다.

◎ 판례 [헌법재판소 2002. 4. 25. 98헌마425 결정] ◎

내용상 단순히 국법질서나 헌법체제를 준수하겠다는 취지의 서약을 할 것을 요구하는 이 사건 준법서약은 국민이 부담하는 일반적 의무를 장래를 향하여 확인하는 것에 불과하며, 어떠한 가정적 혹은 실제적 상황 하에서 특정의 사유(思惟)를 하거나 특별한 행동을 할 것을 새로이 요구하는 것이 아니다. 따라서 이 사건 준법서약은 어떤 구체적이거나 적극적인 내용을 담지 않은 채 **단순한 헌법적 의무의 확인·서약에 불과하다 할 것이어서 양심의 영역을 건드리는 것이 아니다.**

양심의 자유는 내심에서 우러나오는 윤리적 확신과 이에 반하는 외부적 법질서의 요구가 서로 회피할 수 없는 상태로 충돌할 때에만 침해될 수 있다. 그러므로 당해 실정법이 특정의 행위를 금지하거나 명령하는 것이 아니라 단지 특별한 혜택을 부여하거나 권고 내지 허용하고 있는 데에 불과하다면, 수범자는 수혜를 스스로 포기하거나 권고를 거부함으로써 법질서와 충돌하지 아니한 채 자신의 양심을 유지, 보존할 수 있으므로 **양심의 자유에 대한 침해가 된다 할 수 없다.**

그러나 법무부의 정책위원들은 준법서약서가 사실상 사상의 변경을 강요함으로써 양심의 자유를 침해한다는 비판을 받아 왔을 뿐만 아니라, 형사정책적으로도 실효성이 없는 법이라는 데 의견의 일치를 이루고, 2003년 7월 법무부 정책위원회를 열어, 공안 및 노동법 위반 사범에 대해 가석방이나 사면을 실시할 때 받도록 한 준법서약서를 폐지하고 관계법령을 개정함으로써 헌법상 보장된 양심의 자유를 침해하는 비판에 종지부를 찍게 되었다.

Ⅳ. 구속제도와 인권

구속이란 피의자 또는 피고인의 신체의 자유를 제한하는 강제처분의 일종으로 형사절차의 과정에 있어서 인신구속은 효율적인 수사를 위한 신병의 확보와 동시에 재판의 원활한 수행을 가능하게 하여 종국에는 형의 집행을 용이하게 하는 제도이다. 그러나 최근 들어 수사기관 및 사법기관은 우리나라의 구속제도 운용이 피의자에 대한 무죄추정의 원칙에 벗어나 있으며 제도 본래의 취지와는 달리 구속제도가 처벌의 일종으로 오·남용되어 피의자 및 피고인의 인권을 침해한다는 문제가 제기되면서 인권을 보장하기 위한 불구속 수사를 확대하고 있는 추세이다.

1. 구속제도에 대한 외국의 입법례

(1) 독일

형사소송법에서 '도망 또는 도망의 위험', '증거인멸의 위험' 또는 '증인 등에 대한 부당한 영향력의 행사'를 기본적인 구속사유로 규정하되, 그 외에 살인·테러범죄 단체조직 등 특정 중대 범죄에 대한 혐의가 있거나(범죄의 중대성), 특정 범죄에 대한 재범의 위험이 있는 경우에도 구속할 수 있도록 규정하고 있다.

(2) 프랑스

① 증거보전, 증인·피해자에 대한 방해 또는 공범자 간의 부정한 통모를 방지하거나, ② 피의자 보호, 사법을 위한 신병의 확보 또는 범죄를 종료시키거나 그 반복의 방지, 증거인멸의 위험이 있거나, ③ 범죄의 중대성, 범행상황 또는 피해의 중요성 때문에 야기된 공공질서에 대한 특별하고 지속적인 혼란을 종료시키기 위하여 필요한 경우에 구속할 수 있도록 규정하고 있다.

(3) 미국

일정한 중범죄에 대하여 '중대 범죄로 유죄판결을 받은 전력, 재범, 형집행 후 5년 미경과'를 보석 제외사유로 규정하고 있다. 체포된 피의자가 즉시 법관에게 인치되어 보석으로 석방되지 않는 한 구금이 계속되므로, 결국 보석의 제외사유가 우리의 구속사유에 해당한다고 볼 수 있다.

2. 우리나라 구속제도의 법적 근거

(1) 헌법

우리 헌법은 신체의 자유 조항인 제12조에서 모든 국민은 신체의 자유를 가지고 누구든지 법률에 의하지 아니하고는 체포·구속당하지 아니한다(제12조 제1항), 체포·구속을 할 때에는 적법한 절차에 따라 검사의 신청에 의하여 법관이 발부한 영장에 의하여야 한다(제12조 제3항)고 규정하여 구속의 **법률주의와 영장주의**를 규정하고 있다. 이러한 인신구속의 제 규정은 범죄수사로 인한 부당한 인권침해와 신체의 자유의 침해를 막도록 하는 데 그 의의가 있으며 신체의 자유를 보장하기 위한 절차적 성격을 띠고 있다. 이에 우리 형사소송법은 위와 같은 헌법의 정신에 따라 체포영장과 구속영장 제도, 체포·구속적부심사제도 등 상세한 조항들을 두어 헌법의 이념을 실현하려 하고 있으며 인신구속제도에 대한 개선 내지 바람직한 방향의 모색은 헌법상의 무죄추정의 원칙에 따른 불구속 수사·재판 확대 노력과 함께 피의자·피고인의 인권보호 측면이 함께 강조되면서 그 중요성이 더욱 부각되고 있다.

(2) 형사소송법

1) 관련 규정

형사소송법은 **제70조**에서 '**피고인 구속**' 사유에 대해 규정하면서, **제201조**에서 '**피의자 구속**'에 대하여는 위 제70조의 사유에 해당하는 경우에 검사는 관할지방법원판사에게 청구하여 구속영장을 받아 피의자를 구속할 수 있다고 규정하고 있다.

2) 구속의 사유

가. 죄를 범하였다고 의심할 만한 상당한 이유　　구속은 기본권인 개인의 신체적 자유를 직접 제한하는 강제처분이므로 구속의 요건이 되는 범죄혐의는 유죄판결에 대한 고도의 개연성이 인정되는 경우로 제한되어야 한다.

나. 주거부정　　일정한 주거가 없는 경우를 독자적 구속사유로 규정하고 있으나 도망의 위험을 판단하는 구체적인 사실에 불과하고 도망과 증거인멸의 염려가 없음에도 불구하고 범죄혐의와 주거부정의 사유가 있다고 하여 구속하는 것은 타당하지 않다는 의견이 제기되고 있다.

다. 증거인멸의 염려　　인적·물적 증거방법에 대해 부정하게 영향을 미쳐 법원 또는 수사기관의 진실발견을 어렵게 할 고도의 개연성을 말하는 것으로 증인에게 허위진술을 부탁하는 경우, 증거물을 위조·은닉·손괴·멸실하는 경우에 해당한다.

라. 도망 또는 도망할 염려　　형사절차를 영구히 또는 장기간에 걸쳐 회피하는 것을 말하며 도망의사가 있어야 한다. 이는 구체적 사실을 평가하여 판단해야 하므로 심리적 상황·범죄종류·자수 여부·예상되는 형벌·주거부정 등 도망유인요소와 사회적 환경·가족관계 등 도망억제요소를 종합적으로 비교·형량하여 판단하여야 한다.

마. 구속사유 심사 시의 고려사항　　법원은 구속사유를 심사함에 있어서 범죄의 중대성, 재범의 위험성, 피해자·중요 참고인 등에 대한 위해우려 등을 고려하여야 한다.

바. 구속의 비례성　　명문의 규정은 없으나 비례성의 원칙도 구속의 실질적 요건이 된다. 상당한 범죄혐의가 있고 도망이나 증거인멸의 위험이 있다고 할지라도 구속의 목적과 그 수단 사이에 비례관계가 인정되어야 한다.

3. 피의자의 구속 현황

최근 구속인원비율은 꾸준히 낮아졌으며 이는 검찰 등 수사기관이 적법절차나 엄격한 증거법칙을 준수함과 아울러 불구속 수사를 강조하면서 인신구속에 신중을 가하고 새로 도입된 영장실질심사제도를 엄격히 실시한 결과로 볼 수 있다.

[제1심 형사공판사건 연도별 구속 인원과 구속률]

연도	접수인원(명)	구속인원(명)	구속인원비율(%)
2011	277,744	28,326	10.2
2012	292,707	27,169	9.3
2013	270,469	27,214	10.1
2014	268,823	28,543	10.6
2015	259,424	33,224	12.8
2016	276,074	33,272	12.1
2017	262,612	28,728	10.9
2018	240,244	24,876	10.4
2019	247,063	24,608	10.0

출처: 법원행정처, 2020 사법연감.

4. 구속제도 운용의 개선방향

(1) 항고제도의 도입

현행 형사소송법은 구속 전 심문제도를 통해 피의자 심문을 포함한 사실조사 과정을 거치고 기록을 정밀 검토한 후 영장의 발부 여부를 판단하고 있기에 이에 대한 불복이 있으면 동급의 동료판사에 영장 재청구를 통해서가 아닌 상급법원의 판단에 이해 시정할 기회가 주어져야 하며, 상급법원의 사례 축적을 통하여 구속기준을 어느 정도 제시해 줌으로써 국민들에게 예측 가능성을 확보해 주어야 한다. 이는 구속제도가 현재 국민의 사법 불신의 한 원인이 되고 그 운용의 심각성에 비추어 법원의 구속영장 발부 역시 법적 심사의 대상으로 삼을 필요가 있기 때문이다. 구속영장 발부기준과 그 적법성 문제는 법원, 검찰만이 알아야 할 내용이 아니라 일반 국민도 당연히 알아야 할 내용이라는 점과 영장발부 여부에 대한 법원의 기존 판단이 자의적이고 일관성이 없다는 비판이 계속되고 있는 점에 비추어 그 필요성은 더욱 크다.

(2) 영장전담판사제도의 보완

다른 일면으로는 현행 **영장전담판사제도**의 보완을 검토해 볼 필요가 있다. 법원으로서는 구속영장발부심사가 경력이 풍부한 법관 중에서 지정된 영장전담판사에 의해 이루어지므로 통일성과 전문성에 문제가 없다고 보겠지만, 영장전담판사가 짧은 시간 내에 방대한 소명자료를 탐독하고 혼자 구속 여부를 결정하는 경우 다소 성급하거나 자의적인 판단이 이루어질 가능성도 배제할 수 없으므로 이를 보완하는 조치로 합의부 형식의 판단이 필요할 것으로 보인다.

(3) 불구속 재판의 실현

우리나라 현행 피의자 구속제도는 검사가 수사지휘하거나 직접 수사한 일부 중대 범죄자에 대하여만 검사가 구속 여부를 1차 판단하여 영장을 청구하고, 그 청구에 대해 법원이 견제하는 체제로서 구속 여부 판단자가 영장청구권자인 검사와 청구에 대한 판단자인 법원으로 이원화되어 있다. 반면 피고인 구속제도는 ① 구속된 피의자가 기소되어 피고인으로 신분이 바뀌어 구속된 상태로 재판을 받게 되거나, ② 불구속 상태로 재판을 받던 피고인이 담당하는 주심판사가 재판 도중 또는 형을 선고한 후(최종 판결 확정 전) 피고인이 구속사유에 해당될 경우 구속영장을 발부하여 피고인을 구속하는 것으로 피고인 구속 여부에 대하여는 법원이 전속적으로 판단하게 된다.

수사기관에서의 구속은 최장 30일이나 법원(1심)에서의 구속기간은 수개월로서 수사기관보다 훨씬 장기이며 기소된 후 2주일이 지나서야 기일이 잡히고, 선고 역시 1회 기일로부터 최소 2주 후에야 기일이 잡히는 현재 재판 시스템에 의하면, 구속재판을 받는 피고인의 경우 범행을 자백하고 벌금이나 집행유예가 선고되는 경우(즉, 구속재판의 필요성이 없는 경우)에도 최소 한 달간의 구속재판을 피할 수 없게 된다. 따라서 법원으로서는 '피고인 구속제도'와 관련하여 피고인의 불이익을 고려하여 보석제도의 활용 등 불구속 재판의 운용에 관심을 기울여야 할 것이다. 불구속 재판은 수사단계에서 구속영장을 기각해도 가능한 것이지만 기소 이후 재판단계에서 보석을 통해서도 가능한 일이다. 장기구금으로 연결되는 폐해를 막고자 한다면 현재의 구속취소나 보석제도를 확대하는 방법으로 실현 가능한 일이다.

제4장

교정기관과 인권

교정기관과 인권

I. 개관

1. 행형법의 개정

수형자를 격리·보호하여 교정·교화하며 건전한 국민사상과 근로정신을 함양하고 기술교육을 실시하여 사회에 복귀케 함을 목적으로 1950년 3월 2일 법률 제105호로 제정된 행형법은 인권존중의 시대적 요구에 미흡하다는 비판이 각계에서 제기됨에 따라, 수형자·미결수용자 등 교정시설 수용자에 대한 차별금지 사유의 확대, 여성·노인·장애인 수용자에 대한 배려, 미결수용자에 대한 처우 개선, 서신검열의 원칙적인 폐지 등으로 수용자의 기본적인 인권 및 외부교통권이 보호될 수 있도록 하고, 수용자별 처우계획의 수립, 수용장비의 과학화, 보호장비의 개선, 징벌종류의 다양화 등으로 수용관리의 효율과 수용자의 사회적응력을 높일 수 있도록 하며, 그 밖에 청원제도 등 현행 제도의 미비점을 개선하여 수용자의 인권신장과 수용관리의 과학화·효율화 및 교정행정의 선진화를 이루는 것을 목표로 하여 2007년 12월 21일 법률 제8728호로 「형의 집행 및 수용자의 처우에 관한 법률」(약칭: 형집행법)로 그 명칭을 변경하면서 전면적인 개정이 이루어졌다.

2. 개정의 주요 내용

(1) 차별금지사유의 확대

종전에는 수용자 처우에 있어서 국적·성별·종교 및 사회적 신분에 따른 차별
금지만을 규정하였으나, 교정시설 내에서의 수용자 간 실질적인 평등 실현과 사회
전반의 인권의식 고양을 위하여 장애·나이·출신지역·출신민족·신체조건·병력·
혼인 여부·정치적 의견 및 성적(性的) 지향 등을 차별금지사유로 추가하였다.

(2) 서신검열제도 개선 및 집필 사전허가제 폐지

종전에는 수용자의 서신은 원칙적으로 검열할 수 있었고 교정시설의 장의 허가를
받아야만 문학·학술 등에 관한 집필을 할 수 있었으나, 수용자의 통신의 자유와 문예
및 창작활동의 자유를 보다 적극적으로 보장하기 위하여 서신 내용의 검열 원칙을 무
검열 원칙으로 전환하고 집필에 대한 사전허가제를 폐지하였다.

(3) 여성·노인·장애인 및 외국인 수용자의 처우

사회적 약자인 여성·노인·장애인 수용자를 특별히 보호하기 위하여 신체적·심리
적 특성, 나이·건강상태 및 장애의 정도 등을 고려하여 그 처우에 있어 적정한 배
려를 할 것을 명시하고, 외국인 수용자의 경우에는 언어·생활문화 등을 고려하여
적정한 처우를 하도록 하였다.

(4) 수형자 개별처우계획 수립 등

수형자의 교정·교화와 사회적응능력 함양을 위하여 교정시설의 장은 수형자의
개별적인 특성에 알맞은 처우계획을 수립·시행하고, 분류심사 결과에 따라 그에 적
합한 시설에 수용하도록 하며, 교정성적에 따라 그 처우가 상향 조정될 수 있도록
하였으며, 수형자의 도주방지 등을 위한 수용설비와 계호의 정도에 따라 교정시설
을 개방시설·완화경비시설·일반경비시설 및 중(重)경비시설로 차등·구분함으로써
수형자의 교정성적에 따라 다양한 처우를 실시할 수 있는 시설기반을 마련하였다.

(5) 분류심사 전담시설의 지정·운영

수형자에 대한 과학적인 분류와 체계적인 처우계획의 수립·시행을 위하여 법무부장관으로 하여금 수형자의 인성·자질·특성 등을 조사·측정·평가하는 분류심사를 전담하는 교정시설을 지정·운영할 수 있도록 하였다.

(6) 미결수용자의 무죄추정에 합당한 지위 보장

무죄추정을 받는 미결수용자가 수형자와 동일한 처우를 받는 것은 타당하지 않으므로 그에 적합한 처우규정을 마련하였으며, 미결수용자는 무죄추정에 합당한 처우를 받는다는 것을 명시하고, 미결수용자가 교정시설 수용 중에 규율위반으로 조사를 받거나 징벌집행 중인 경우라도 소송서류의 작성, 변호인과의 접견, 서신 수수 등 수사 및 재판과정에서의 권리행사를 보장하도록 하였다. 이러한 조치로 미결수용자의 수사 및 재판과정에서의 방어권이 확고히 보장될 것으로 기대된다.

(7) 전자장비의 사용 및 한계규정 마련

육안에 의한 수용자 감시의 한계로 자살 등 각종 사고가 빈발함에 따라 선진 외국에서 성공적으로 행하여지고 있는 발전된 계호시스템 도입의 필요성이 제기되면서, 자살·자해·도주·폭행·손괴 그 밖에 수용자의 생명·신체를 해하거나 시설의 안전 또는 질서를 해치는 행위의 방지를 위하여 필요한 범위 안에서 전자장비를 이용하여 수용자 또는 시설을 계호할 수 있도록 하였다. 다만, 전자영상장비로 거실에 있는 수용자를 관찰하는 것은 자살 등의 우려가 클 때에만 할 수 있도록 하고, 전자장비로 계호하는 경우에도 피계호자의 인권이 침해되지 않는 범위에서 사용할 수 있도록 하였다.

이러한 전자장비의 사용은 교정시설 내에서 발생되는 각종 사고에 효과적으로 대응하고, 최소한의 인력으로 시설의 안전과 질서를 확보할 수 있을 것으로 기대되고 있다.

(8) 보호장비의 종류 변경 및 진정실 수용

종전의 보호장비 중 사슬은 비인도적이므로 이를 보호장비에서 제외하는 대신, 수용자의 신체압박을 최소화하면서 필요한 신체부위에만 사용할 수 있는 현대적 보호장비인 **보호복·보호침대·보호대** 등을 보호장비에 추가하였다. 즉, 보호장비의 종류에는 수갑, 머리보호장비, 발목보호장비, 보호대, 보호의자, 보호침대, 보호복, 포승의 8종이 있으며, 보호장비의 종류별 사용요건과 사용절차에 관하여는 이 법과 동법 시행령에 자세히 규정되어 있다.

또한 수용자가 교정시설의 설비 또는 기구 등을 손괴하거나 손괴하려고 하는 때, 교도관의 제지에도 불구하고 소란행위를 계속하여 다른 수용자의 평온한 수용생활을 방해하는 때에는 교도소장은 강제력을 행사하거나 보호장비를 사용하여도 그 목적을 달성할 수 없는 경우에만 진정실에 수용할 수 있다. 진정실 수용기간은 24시간 이내로 하며, 다만 소장이 특히 계속 수용할 필요가 있으면 의무관의 의견을 고려하여 연장할 수 있다. 기간연장은 12시간 이내로 하되, 계속하여 3일을 초과할 수 없다(동법 제96조).

(9) 마약류사범·조직폭력사범 등에 대한 특별 관리

마약류사범에 의한 교정시설 내 마약류 반입을 효과적으로 차단하고 조직폭력사범으로부터 일반수용자를 보호하기 위하여 마약류사범 및 조직폭력사범 등에 대하여는 수용자로서의 기본적인 처우가 보장되는 범위 안에서 다른 수용자와는 달리 법무부령이 정하는 바에 따라 별도의 관리를 할 수 있도록 하였다.

(10) 징벌종류의 확대

교정시설의 장이 수용자의 규율위반 등을 이유로 부과하는 징벌이 금치(禁置) 위주로 집행되어 왔고, 그 종류도 금치를 포함하여 실외운동 정지, 편지수수 제한, 접견 제한, 집필 제한의 5종에 불과하여 다양하지 못하다는 문제점이 제기되면서, 징벌의 종류에 근로봉사, 공동행사 참가 정지, 전화통화 제한, 텔레비전 시청 제한, 자비구매물품 사용 제한 등 9종을 추가하여 규율위반 등의 태양에 따라 다양한 징벌을 부과할 수 있도록 하였다.

(11) 청원제도의 다양화

수용자가 그 처우에 불복이 있는 경우에 제출하는 청원은 법무부장관 또는 순회점검공무원에게만 하도록 되어 있어 회신이 지연되는 등의 문제점이 제기되어 처우에 관한 불복이 있는 수용자는 법무부장관 또는 순회점검공무원뿐만 아니라 관할 지방교정청장에게도 청원을 할 수 있도록 하였다.

(12) 교정자문위원회 제도 도입

교정시설이 인권의 사각지대라는 대외적 비판을 극복하기 위하여는 교정행정에 대한 국민 참여를 보다 확대할 필요가 있음을 인식하고, 5인 이상 7인 이하의 순수 외부인사로 구성되는 교정자문위원회를 교정시설별로 설치하여 수용자 처우 및 교정시설 운영 등에 관하여 교정시설의 장에게 자문할 수 있도록 하였다. 교정행정의 투명성과 공정성을 제고하여 국민으로부터 신뢰를 얻을 목적으로 이 위원회제도를 두고 있지만, 교정복지전문가나 형사정책 등 관련 전문가들로 위원회를 구성해야 이 제도의 목적을 제대로 구현할 수 있는데, 위원 추천절차에 대한 보다 객관적인 투명한 절차가 마련되지 않은 이상은 정부기관의 유명무실한 각종위원회제도와 마찬가지로 교정공무원을 위한 장식품에 불과하고 실질적인 자문역할을 할 수 있을까에 대하여는 의문이 들지 않을 수 없다.

(13) 부정물품의 반입·수수 등에 대한 벌칙

수용자가 주류·담배·현금·수표를 교정시설에 반입하거나 이를 소지·사용·수수·교환 또는 은닉하는 경우와 수용자 외의 사람이 위 물품을 반입·수수·교환하는 경우 6개월 이하의 징역 또는 200만원 이하의 벌금에 처하여 시설의 안전과 질서를 유지하고 각종 사고를 예방할 수 있도록 하였다.

Ⅱ. 물리력 등의 사용과 한계

1. 독거수용과 보호장비

(1) 개념 및 의의

독거수용은 크게 **처우상 독거수용**과 **계호(戒護)상 독거수용**으로 나뉜다. **처우상 독거수용**이란 주간에는 교육·작업 등의 처우를 위하여 일과(日課)에 따른 공동생활을 하게 하고 휴업일과 **야간에만 독거수용하는 것**을 말하며, **계호(戒護)상 독거수용**이란 사람의 생명·신체의 보호 또는 교정시설의 안전과 질서유지를 위하여 항상 독거수용하고 다른 수용자와의 접촉을 금지하는 것을 말한다. 다만, 수사·재판·실외운동·목욕·접견·진료 등을 위하여 필요한 경우에는 그러하지 아니하다.

교도관은 이송·출정, 그 밖에 교정시설 밖의 장소로 수용자를 호송하거나, 도주·자살·자해 또는 다른 사람에 대한 위해의 우려가 큰 경우, 위력으로 교도관의 정당한 직무집행을 방해한 때, 그리고 교정시설의 설비·기구 등을 손괴하거나 또는 그 밖에 시설의 안전과 질서를 해칠 우려가 크다고 생각되면 **보호장비**를 사용할 수 있다. 교도관이 교정시설의 안에서 수용자에 대하여 보호장비를 사용하는 경우에는 수용자의 나이, 건강상태 및 수용생활 태도 등을 고려하여야 하며, 의무관은 그 수용자의 건강상태를 수시로 확인하여야 한다.

(2) 현행규정

가. 형의 집행 및 수용자의 처우에 관한 법률 동 법률 제14조에서는 수용자의 독거수용을 원칙으로 하면서 독거실 부족 등 시설여건이 충분하지 않고, 수용자의 생명 또는 신체의 보호 및 정서적 안정을 위하여 필요한 때, 그리고 수형자의 교화 또는 건전한 사회복귀를 위하여 **혼거수용**할 수 있음을 규정하고 있다.

나. 형의 집행 및 수용자의 처우에 관한 법률 시행령 동 시행령 제5조에서는 독거수용을 구분하여 설명하고 있다. 주간에는 교육·작업 등의 처우를 위하여 일과에 따른 공동생활을 하게 하고 휴업일과 야간에만 독거수용하는 것을 **처우상 독거수용**이라고 하며, 사람의 생명·신체의 보호 또는 교정시설의 안전과 질서유지

를 위하여 항상 독거수용하고 다른 수용자와의 접촉을 금지하는 것을 **계호상 독거수용**이라고 한다.

다. 형의 집행 및 수용자의 처우에 관한 법률 시행규칙   보호장비의 종류는 수갑(양손수갑, 일회용수갑, 한손수갑), 머리보호장비, 발목보호장비(양발목보호장비, 한발목보호장비), 보호대(금속보호대, 벨트보호대), 보호의자, 보호침대, 보호복, 포승(일반포승, 벨트형포승, 조끼형포승)으로 분류할 수 있다(제169조). 이러한 보호장비의 사용명령이나 승인권자는 소장이며, 소장은 보호장비의 사용을 명령하거나 승인하는 경우에 보호장비의 종류 및 사용방법을 구체적으로 지정하여야 하며, 법률에서 정하지 아니한 방법으로 보호장비를 사용하게 해서는 아니 된다(제170조).

(3) 인권존중을 위한 직무지침

보호장비 사용의 목적		보호장비 사용의 필요성		보호장비 사용의 한계
• 도주, 폭행, 소요, 자살 등의 방지용 • 징벌수단으로는 사용 금지	⇨	• 최소한의 범위 • 계속적 심사	⇨	• 비인도적 보호장비의 금지 • 장시간 사용 금지

1) 보호장비는 **계호의 목적이 인정되는 경우**에만 사용할 수 있다.

보호장비는 수용자가 타인 혹은 자신에게 해를 끼치거나 도주하는 것을 방지하기 위해 사용되는 것으로 계호의 일종으로 보아야지 징벌의 수단으로 생각해서는 안 된다. 따라서 계호의 목적이 인정되는 경우에만 허용될 수 있다. 이는 우리나라와 선진 각국의 형집행법뿐만 아니라 '피구금자 처우에 관한 기준규칙'(이하 "최저기준규칙"이라 함, 제33조)에도 분명하게 규정되어 있다.

2) 보호장비는 **필요한 최소한의 범위 내에서 사용**할 수 있다.

보호장비는 다른 계호방법에 효과를 기대할 수 없는 경우에만, 그것도 **필요한 최소한의 범위 내에서 사용**될 수 있다. 아울러 보호장비 사용의 필요성 여부는 계속 심사되어야 하므로, 보호장비를 사용한 경우에는 수시로 실태를 점검하고 교정사고의 위험이 제거된 경우 즉시 보호장비 사용을 중지하여야 한다.

3) 장시간의 비인도적 보호장비 사용은 위법이다.

보호장비는 수용자에게 심한 고통을 주는 계호방법이므로 사용하는 경우에도 그 종류와 시간이 인도적 관점에서 제한되어야 한다.「피구금자 처우에 관한 최저기준규칙」은 사슬과 차꼬의 사용을 금지하고 있으며(제33조), 그 외의 보호장비도 필요한 시간을 초과하여 사용될 수 없다고 엄격하게 규정한다(제34조). 아울러 우리나라 판례 역시 소년 수용자에 대한 27시간 동안의 보호장비 사용을 위법한 것으로 판시[1]하고 있으므로, 장시간의 보호장비 사용은 철저히 금지되어야 한다.

2. 안전과 질서

(1) 전자장비와 보호장비의 사용

1) 전자장비의 사용

전자장비의 사용은 육안에 의한 수용자 감시의 한계로 자살 등 각종 사고가 빈발함에 따라 이러한 사고들에 효과적으로 대응하고 최소한의 인력으로 시설의 안전과 질서를 확보하기 위하여 선진 외국에서 성공적으로 행하여지고 있는 발전된 계호시스템 도입의 필요성이 제기되면서, 자살·자해·도주·폭행·손괴 그 밖에 수용자의 생명·신체를 해하거나 시설의 안전 또는 질서를 해치는 행위의 방지를 위하여 필요한 범위 안에서 전자장비를 이용하여 수용자 또는 시설을 계호할 수 있도록 하였다(동법 94조 제1항). 다만, 전자영상장비로 거실에 있는 수용자를 관찰하는 것은 자살 등의 우려가 클 때에만 할 수 있도록 하고, 전자장비로 계호하는 경우에도 피계호자의 인권이 침해되지 않는 범위에서 사용할 수 있도록 하였다(동법 제94조 제3항).

2) 보호장비의 사용과 제한

보호장비는 이송·출정, 그 밖에 교정시설 밖의 장소로 수용자를 호송하거나,

---

1) 교도관이 소년인 미결수용자에 대하여 **27시간 동안 수갑과 포승의 계구를 사용하여 독거실에 격리수용**하였는데 위 미결수용자가 포승을 이용하여 자살한 경우, 위 계구 사용은 위법한 조치에 해당한다고 판시하였다(대법원 1998. 11. 27. 98다17374 판결).

도주·자살·자해 또는 다른 사람에 대한 위해의 우려가 있으며, 위력으로 교도관의 정당한 직무집행을 방해하고, 교정시설의 설비·기구 등을 손괴하거나 그 밖에 시설의 안전 또는 질서를 해칠 우려가 있을 때 사용할 수 있다(형의 집행 및 수용자의 처우에 관한 법률 제97조 제1항). 보호장비를 사용하는 경우에는 수용자의 나이, 건강상태 및 수용생활 태도 등을 고려하여야 하며 의무관은 그 수용자의 건강상태를 수시로 확인하여야 한다(동법 제97조 제2항 및 제3항).

보호장비의 경우 비인도적이라고 판단되는 사슬을 보호장비에서 제외하는 대신, 수용자의 신체압박을 최소화하면서 필요한 신체부위에만 사용할 수 있는 현대적 보호장비인 보호복·보호침대·보호대 등을 보호장비에 추가하였다(동법 제98조 제1항).

이러한 보호장비의 사용은 필요한 최소한의 범위에서 사용하여야 하며, 그 사유가 없어지면 사용을 지체 없이 중단하고, 징벌의 수단으로 사용을 금하고 있다(동법 제99조).

(2) 강제력 행사와 무기사용

형의 집행 및 수용자의 처우에 관한 법률은 교도관의 강제력 행사방법을 **유형력 행사**와 교도봉·가스분사기·가스총·최루탄 등 **보안장비**의 사용으로 나누면서 요건과 한계를 규정하고 있는데, 제100조 제1항에서는 수용자가 ① 도주하거나 도주하려고 하는 때, ② 자살하려고 하는 때, ③ 자해하거나 자해하려고 하는 때, ④ 다른 사람에게 위해를 끼치거나 끼치려고 하는 때, ⑤ 위력으로 교도관의 정당한 직무집행을 방해하는 때, ⑥ 교정시설의 설비·기구 등을 손괴하거나 손괴하려고 하는 때, ⑦ 그 밖에 시설의 안전 또는 질서를 크게 해치는 행위를 하거나 하려고 하는 때에 교도관이 강제력을 행사할 수 있다고 규정하고 있으며, 제2항에서는 수용자가 아닌 다른 사람이 수용자를 도주하게 하려고 하거나, 교도관 또는 수용자에게 위해를 끼치려고 하는 경우, 위력으로 교도관의 정당한 직무집행을 방해하는 경우, 교정시설의 설비·기구 등을 손괴하거나 하려고 하는 경우, 교정시설에 침입하거나 하려고 하는 경우, 그리고 교정시설의 안에서 교도관의 퇴거요구를 받고도 이에 응하지 않을 경우에는 교도관이 강제력을 행사할 수 있다고 규정하고 있다. 아울러 형의 집행 및 수용자의 처우에 관한 법률 시행령과 형의 집행 및 수용자의 처우에 관한 법률 시행규칙은 교도관이 무기를 사용할 때에는 원칙적으로 상관의 지시를 받도록 규정하고 있다.

(3) 판례

교도관의 강제력과 무기사용의 적법성 여부에 관한 국내 판례는 아직 발견되지 않는다. 하지만 외국에서는 이에 관한 사법부의 판단도 중요 이슈 중의 하나인데, 특히 미국에서는 치명적인 물리력 행사의 적법성 여부를 판단하는 기준으로 "질서를 유지하거나 회복하기 위해 선의로 사용되었는가 아니면 해를 입히기 위해 악의적 혹은 학대적으로 사용되었는가" 하는 잣대를 제시한다.

(4) 인권존중을 위한 직무지침

강제력 및 무기사용 요건		절차		한계
• 자기 또는 타인에 대한 위해 • 도주 시도	⇨	• 사전 경고 • 사후 보고	⇨	• 필요성의 원칙 • 최소성의 원칙

1) 강제력 행사는 엄격히 제한되어야 한다.

피구금자 처우에 관한 최저기준규칙은 우리나라 형의 집행 및 수용자의 처우에 관한 법률보다 더 엄격하게 강제력 행사의 요건을 제한하고 있으며, 교도관이 무기를 휴대하고 피구금자를 직접 관리하는 것을 원칙적으로 금하고 있다.

◎ 피구금자 처우에 관한 최저기준규칙 제54조 ◎

① 시설의 직원은 정당방위의 경우 또는 피구금자의 도주기도나 법령에 의한 명령에 대한 적극적·소극적·신체적 저항의 경우를 제외하고는 피구금자의 관계에서 물리력을 행사하여서는 안 된다. 직원이 물리력에 의지하는 경우 엄격히 필요한 한도를 넘지 않아야 하며 즉시 소장에게 사태를 보고하여야 한다.

③ 직무상 피구금자와 직접 접촉하는 직원은 특별한 경우를 제외하고는 무기를

휴대하여서는 안 된다. 더구나 무기의 사용에 관한 훈련을 받지 아니한 직원에게는 어떠한 경우에도 무기를 지급해서는 안 된다.

2) 자기 또는 타인에 대한 위해나 도주 시도 시에 강제력을 행사할 수 있다.

강제력이나 무기의 사용이 허용되는 대표적인 경우는 수용자가 자기 또는 타인에게 위해를 가한다든가 도주를 시도하는 상황이다. 형의 집행 및 수용자의 처우에 관한 법률에서는 그 외에 수용자가 구금시설의 질서를 현저히 해치거나 건물·기기 등에 중대한 위험을 야기하는 경우에도 강제력 및 무기를 사용할 수 있다고 규정하지만, 최저기준규칙과 비교해 볼 때 이 요건은 보다 엄격히 해석될 필요가 있다. 아울러 무기의 사용을 더욱 제한할 필요가 있는데, 도주의 경우에 형의 집행 및 수용자의 처우에 관한 법률이 단순한 도주 시도가 아니라 교도관의 지시에 따르지 않고 계속하여 도주하는 때에만 무기를 사용할 수 있도록 한 것도 이러한 취지를 반영한 것이다.

3) 사전경고와 사후보고는 필수적인 절차이다.

강제력이나 무기를 사용할 때에는 원칙적으로 **사전경고**를 하여야 한다. 아울러 형의 집행 및 수용자의 처우에 관한 법률은 무기를 사용한 경우 상관에게 보고하도록 규정하고 있으며, 형의 집행 및 수용자의 처우에 관한 법률 시행령은 이를 강제력의 사용에도 준용하고 있다. 최저기준 역시 강제력 행사 사실을 구금시설의 장에게 보고하도록 규정하고 있다.

강제력과 무기를 사용할 때에는 **필요 최소한의 원칙**이 지켜져야 한다. 즉, 여타의 방법으로 목적을 달성할 수 있을 때에는 강제력과 무기사용이 허용되지 않으며, 불가피하게 사용하는 경우에도 최소한의 피해를 주도록 강구해야 한다는 것이다. 무기보다도 강제력 사용이 먼저 고려되어야 하는 것도 이러한 이유에서이다.

3. 수용자 간 폭행 시 교도관의 책임

(1) 현행규정과 판례

형의 집행 및 수용자의 처우에 관한 법률에서는 수용자에게 규율준수의 의무를 부과하면서 폭행 수용자에게는 강제력과 무기의 사용을 허용하고 징벌을 부과할 수 있게 하고 있으며, 형의 집행 및 수용자의 처우에 관한 법률 시행령에서는 수용자 거실에 대한 교도관의 수시 검사를 규정하고 있다.

판례는 수용자 간 폭행을 방지하지 못한 경우 교도소에 관리책임을 물을 수 있다고 하면서 특히 죄질이 현격히 구별되는 수용자를 혼거 수용한 경우라든지 일정 수용자가 다른 수용자들로부터 위해를 당할 가능성이 발생한 경우에는 특별관리를 해야 한다고 판시한다.

◎ 판례 [대법원 1994. 10. 11. 94다22569 판결] ◎

국가 소속 공무원으로서 행형업무를 담당하는 교도관으로서는 미결수들을 수용함에 있어서는 그 죄질을 감안하여 구별 수용하여야 하고, 수용시설의 사정에 의하여 부득이 죄질의 구분 없이 혼거 수용하는 경우에는 그에 따라 발생할 수 있는 미결수들 사이의 폭력에 의한 사적 제재 등 제반 사고를 예상하여 감시와 시찰을 더욱 철저히 하여야 할 주의의무가 있다.

◎ 판례 [대법원 1979. 7. 10, 79다521 판결] ◎

일석점호 시에 위 망인이 번호를 잘못 불렀기 때문에 단체기합을 받은 것이 사실이라면 그들이 혹시 그 분풀이로 위 망인에 대하여 폭행 등 위해를 가할지도 모를 것이 예상된다 할 것이고, 이와 같은 경우에는 교도소 직원으로서는 통례적인 방법에 의한 감시에 그칠 것이 아니라 특별히 세심한 주의를 다하여 경계함으로써 그와 같은 사고의 발생을 미연에 방지할 직무상의 의무가 있으므로 이를 태만히 한 경우에는 교도소 직원에게 직무상 과실이 있다.

---

(2) 인권존중을 위한 직무지침

폭행방지의 중요성		사전예방		사후처리
• 수용자의 인권보호 • 구금시설의 질서유지	⇨	• 분리수용 • 특별감시	⇨	• 합의 유도 • 징벌과 형사처리

1) 구금시설의 질서유지를 위해서도 수용자간 폭행은 예방해야 한다.

원칙적으로 구금시설은 범죄 경험이 있는 위험한 자들을 가두어 사회의 일반 사람들을 보호하려는 것인데, 문제는 수용자가 동료 수용자로부터 공격당하는 것을 어떻게 예방하고 해결할 것인가이다. 폐쇄된 공간에서 자유를 억압받고 생활하는 수용자들은 그만큼 공격적 성향을 가지기 쉽고, 이로 인해 수용자 간의 폭행은 구금 생활의 일부로 여겨질 만큼 일상화되어 있다. 경우에 따라 사회 일각에서는 수용자 들이 폭행 위협에 노출되는 것을 범죄에 대한 대가로 생각하는 경향도 있으나, 이를 눈감고 방치하는 것은 잔인하고 비인도적인 처사이다. 아울러 수용자 간의 폭행을 효과적으로 예방하지 못하면 구금시설의 질서도 문란해진다. 간혹 정도를 넘지 않 는 수용자 간의 다툼에는 무관심하게 대응하는 것이 현명한 교정관리로 치부되기도 하나, 이는 수용자들을 폭행지향적으로 만들어 궁극적으로 질서유지에 타격을 미치 게 되므로 각별히 관리해야 하는 것이다.

2) 사전예방을 위해 취할 수 있는 조치들

수용자 간의 폭행을 효과적으로 예방하기 위해서는 첫째, 혼거수용 시 죄질이 현격히 다른 수용자들(예를 들어 강력사범과 과실범)은 가능하면 분리하고, 둘째, 특별 히 폭력적이거나 공격에 취약한 수용자들 역시 격리수용하며, 셋째, 구금시설 내에 서 위험지역을 지정하여 특별감시하고, 넷째, 수용자들 간에 개발된 은밀하고도 기 술적인 공격패턴을 철저히 포착하여 적절하게 대처할 필요가 있다. 특히 최근 들어 조직폭력배 출신 수용자들의 폭력 행사가 부쩍 증가하여 경우에 따라서는 교도관들 까지 위협하기도 하므로 이들에 대한 특별관리가 수용자 간 폭행의 사전방지에 중 요한 관건이 된다.

3) 사후처리 시에는 당사자 간의 합의를 도모한다.

수용자 간에 폭행사건이 발생한 경우에는 징벌부과와 형사처리 이외에도 당사자 간의 합의를 유도하여 차후 재발하지 않도록 조치하는 것이 중요하다. 특히 일상적인 다툼 수준의 경미한 폭행에 대해서는 징벌이나 형사처리보다 당사자의 합의를 도모하는 것이 효과적일 수 있다. 왜냐하면 공식적인 제재는 상대 수용자에 대한 원한을 불러일으켜서 향후 더 큰 폭행으로 발전할 가능성이 있기 때문이다.

4. 교도관 폭행의 정당성 여부

(1) 현행규정과 판례

현행법규상 교도관의 폭행을 정당화하는 규정을 찾아볼 수 없다. 다만 형의 집행 및 수용자의 처우에 관한 법률 제100조 및 제101조에서 교도관이 사용할 수 있는 강제력 행사의 방법과 전자장비나 보호장비, 보안장비의 행사 및 무기의 사용 등을 규정하고 있다.

교도관의 폭행을 직접 다룬 국내 판례는 발견되지 않는다. 다만 지방법원의 몇몇 판결에서 수용자의 사망이 교도관의 폭행으로 인한 것이었는지 판단해야 하는 사례들이 있었는데, 우리 법원은 대체로 교도관의 책임을 인정하지 않는 경향을 취한다. 하지만 외국의 판결 중에는 교도관의 폭행에 법적 책임을 지운 예들도 여러 건 발견된다. 미국의 경우 유형력이 사용된 환경과 사용된 유형력의 정도를 고려하여 정당성 여부를 판단해야 한다고 판시하고 있다.

◎ 판례 [대구지방법원 1983. 5. 31. 83가합240 판결] ◎

법원은 교도관의 폭행사실을 인정하면서도, 동 폭행과 수용자의 사망 간에는 인과관계가 없다고 하여 교도관의 책임을 부정하고 있다.

(2) 인권존중을 위한 직무지침

체벌의 금지	지시명령을 위반했을 경우
• 징벌의 종류에서 체벌은 제외됨	• 행형절차와 방법에 따라 제지 • 가능한 한 신체접촉 이외의 방법 사용

1) 사적 체벌의 금지

형의 집행 및 수용자의 처우에 관한 법률은 규율을 위반한 수용자에게 부과할 수 있는 징벌의 종류로서 경고, 도서열람 제한, 청원작업 정지, 작업 상여금의 삭감과 금치 등을 규정할 뿐, 체벌은 제외하고 있다. 유엔의 피구금자 처우에 관한 최저기준규칙 제31조는 보다 적극적으로 신체에 대한 위해를 금지하고 있다.

> ◎ 피구금자 처우에 관한 최저기준규칙 제31조 ◎
>
> 체벌, 암실수용 및 잔인하거나 비인간적이거나 굴욕적인 모든 징벌은 규율위반에 대한 징벌로서 완전히 금지되어야 한다.

2) 지시명령 위반자에 대한 조치는 절차와 방법 준수

지시명령 위반 수용자에 대하여는 현행법규에서 규정하는 절차와 방법을 거쳐 제지해야 하는 것이지 구타 등과 같은 폭행을 사용해선 안 된다. 아울러 가능하면 신체적 접촉 이외의 방법으로 규율위반 수용자를 제압하는 것이 바람직한데, 이와 관련하여 미국 연방교정국은 첫째, 여러 명의 교도관이 현장에 집결하여 숫자 면에서 위압을 주는 방법, 둘째, 대상 수용자와의 언어적 대결에서 권위를 확보하는 방법, 셋째, 물리력 행사를 경고함으로써 대상자를 위축시키는 방법 등을 제안하고 있다.

III. 수용(구금)시설과 인권

올바른 법정신이란 법을 위반한 자들에 대해서까지도 법의 보호를 거두어들이지 않는 철저한 평등사상에 바탕을 두는 것이다. 범법자들에게는 그에 합당한 법적 제재가 가해져야 하겠지만 법은 항상 합의된 제재 이상의 것을 대상자에게 부과하지 않는다. 자유의 박탈은 그 자체로도 충분히 고통스러운 형벌이며 그에 추가되는 잔인한 고통은 문명사회에서 필요하지 않을뿐더러 있어서도 안 된다는 것이 근대 형사사법의 기본이념이다. 구금시설에서도 인권이 중시되어야 하는 이유는 바로 이러한 문명사회의 자부심을 바탕으로 해야 하기 때문이다. 그리고 이렇게 법이 자기에 대해 적대적 행위를 했던 자들까지 버리지 않으려고 하는 것은 그래야 궁극적으로 그들이 다시 법의 테두리 안에 돌아올 수 있기 때문이다.

1. 수용(구금)시설에서 야기되는 인권문제

(1) 본질상 비인간화의 가능성을 갖는 구금시설

구금시설은 법집행의 강제력이 가장 노골적으로 표출되는 곳이다. 법위반에 대한 형사제재로서 인신의 자유가 제약되며 법공동체의 노선을 이탈한 자들에 대한 사회의 분노와 요구가 실행되는 장소이다. 아울러 수용자는 구금되어 있는 동안 폐쇄된 공간의 구금시설 안에서 먹고, 일하고, 쉬고, 자는 일상사의 모든 생황을 영위하게 된다. 즉, 구금시설은 소위 **'총체적 통제시설'**의 대표적인 유형이다. 그러면서 그 안에서의 생활은 일반사회의 수준보다 현저히 떨어지는 것이 일반적인 경향이다. 투여되는 예산은 부족하며, 고립된 섬처럼 사회로부터 단절된 그들만의 공간은 기본적으로 비좁고 열악하다. 미흡함이 보편화되어 있고, 열악한 처우가 당연시된다. 바깥 사회와 비교할 때 비인간화의 가능성을 본질적으로 지니고 있는 공간이 구금시설인 것이다.

사정이 이렇다 보니 구금시설은 종종 인권침해의 대표적인 장소로 거론된다. 일반이 인식이 그럴 뿐 아니라 실제 인권업무를 다루는 국가기관이나 인권단체에 접수되는 진정사건의 상당수가 구금시설 관련 사안들이다. 그 내용의 대부분은 가혹한 징벌, 비합법적인 물리력 행사, 차별적 대우, 적절한 처우의 부재 등이다. 특히 최근 들어서는 관리자에 익한 인권침해에 덧붙여서 수용자 간의 폭력 사용이 호소되기도 한다. 단순히 사람이 모여 사는 곳이니 생겨날 수 있는 동료들 간의 다툼 수준이 아니라 조직이 개입된 계획적 폭력이 공권력에 의해 직접 통제되는 구금시설 안에서 벌어지고 있다는 주장마저 제기된다. 이러한 수용자 내지 출소자들의 이야기를 모두 사실이라고 할 수는 없겠지만 구금시설의 내부 상황이 어떤 다른 기관이나 집단보다 열악한 편이라는 점만은 부인할 수 없는 설정이다.

(2) 응보형에 대한 보편적 잠재적 인식 존재

아울러 이러한 구금시설의 문제점은 그동안 우리 사회에서 비교적 큰 저항 없이 받아들여져 왔다. 몰라서 지나쳤던 것이 아니라 알더라도 문제제기를 하지 않은 측면이 있었다. 그리고 이러한 무시의 배경에는 소위 '죗값'이라는 우리의 전통적 사고방식이 놓여 있다 즉, 죄를 짓고 그 값을 치르는 사람들에게 무슨 인권을 이야기하느냐는 인식이다. 따라서 수형자가 보다 나은 처우를 요구하면 염치없는 행동으로 간주된다. 밥 주고 잠재워 주는 것만으로도 감사해야 한다는 정서가 수형자들에 대한 우리 사회의 보편적 인식이었던 것이다.

(3) 수사·구금 일선에서 적법절차가 지켜지지 않는 이유

인권존중형 처벌론이 범죄자를 처벌하지 말자고 주장하는 것은 결코 아니다. 범죄자에게 무턱대고 잘해 주자는 것도 아니다. 인권존중형 처벌론의 핵심은 '합당한 처벌, 교화의 기회, 합법적이고 공정한 절차'로 요약된다. 이것은 근대 사법 사상의 기본적인 명제이다. 그런데 이렇게 간단한 명제가 왜 아직도 수사·구금 일선에서 잘 지켜지지 않는 것일까?

우선 수사·구금 기관의 책임자와 상급자의 의식이 구태의연한 까닭이 크다. 일제강점기로부터 이어져 내려온 관행과 권위주의적 조직문화가 아직도 하급실무자에게 강요되고 재생산되고 있다. 물론 그 어떤 상급자도 드러내 놓고 적법절차를 무시하라고 지시하지는 않는다. 그러나 상부에서 실적을 다그치거나 질서와 효율성만을 강조하다 보면 인권침해 사건이 터지게 된다. 따라서 유엔과 국제앰네스티 등이 제시하는 법집행 공직자 행동강령은 상부의 명령보다는 **법집행 절차의 엄격한 준수를** 강조한다.

둘째, 적절한 규정이나 절차가 아예 없거나, 있더라도 불합리할 뿐만 아니라 사무화되어 있는 경우가 많다.

셋째, 적법절차를 온정주의와 혼동하는 경향이 있다 '**인간적으로 대해 주면 법의 권위가 서지 않는다**'라는 생각이 많다. 법절차대로 하면 구금시설의 질서유지가 불가능하고, 신사적으로 대해 주면 고분고분하지 않게 된다는 의식이 지배적인 이상 구금과 관련된 인권시비는 절대 근절될 수 없다.

넷째, 법집행 공직자는 자신이 직접 범죄인을 처벌하는 법의 대리집행인이라는 의식을 갖기 쉽다. 물론 공직자가 법을 집행하지만 그것은 개인으로서 범죄자를 다루는 게 아니라는 점을 명심할 필요가 있다. 법집행 공직자는 주어진 절차와 규정에 따라 사적이지 않게 법을 집행하는 것이 크게 보아 범죄자의 인권을 보장하면서 동시에 법 자체의 권위를 보존하는 길임을 알아야 할 것이다.

(4) 법집행 공직자 인권교육과 교정 관련 제도개선의 병행

바로 위의 네 가지 이유에서 법집행 공직자의 인권교육이 필요하다. 유엔과 국제 인권단체들이 권하는 내용이기도 하다. 그런데 한 가지 잊어서는 안 되는 점이 있다. 법집행 공직자의 인권교육과 구금과정의 제도개선이 함께 이루어져야 미결수, 기결수 등 수용자의 인권이 실제로 개선될 수 있다는 것이다. 법집행과 관련된 제도개선 없이 인권교육만 실시될 경우 법집행 공무원들은 교육 내용을 냉소적으로 받아들이게 되어 실제 행동에 별 변화를 가져오지 못했다는 연구보고가 있다. 이는 교육과 제도개선이 동전의 양면을 이룬다는 교훈을 우리에게 일깨워 준다.

(5) 구금시설의 상황은 각국의 인권수준의 척도

어찌 되었든 이제 인권이 화두로 등장한 21세기에 이르러서까지 밖의 사회와 구금시설 안의 사회에 대한 이중적 인권 잣대를 그대로 갖고 갈 수는 없을 것 같다. 일반사회이든 구금시설 내부이든 질서는 법에 의해 구축되어야 하고, 거리의 자유로운 시민이든 시설에 갇힌 수용자든 최소한의 인권보장은 민주국가가 갖추어야 할 필수적 요소이다. "구금시설의 상황은 그 나라의 민주주의 수준을 가늠하는 척도"라는 말이 있다. 사회의 가려진 구석인 구금시설에까지 수용자의 인권이 존중된다면, 그만큼 튼실한 민주적 시스템을 갖춘 사회로 평가하여도 좋다는 이야기이다. 사실 바깥 사회가 아무리 화려하게 치장되어도 구금시설 안이 형편없다면 그 사회의 휴머니즘은 속 빈 강정일 수 있다. 진정한 선진사회는 사회의 가려진 모든 구석에 대한 헤어짐을 바탕으로 해야 가능해지며, 갇혀진 자들 역시 이러한 포용의 대상에서 결코 예외가 되지 않는다.

(6) 구금 그 자체로도 충분히 고통스러운 형벌

같은 맥락에서, 올바른 법정신이란 법을 위반한 자들에 대해서까지도 법의 보호를 거두어들이지 않는, 철저한 **평등사상**에 바탕을 두고 있다는 점도 되새길 필요가 있다. 물론 범법자들에게는 그에 합당한 법적 제재가 가해져야 하겠지만, 법은 항상 합의된 제재 이상의 것을 대상자에게 부과하지 않는다. 자유의 박탈은 그 자체로도 충분히 고통스러운 형벌이며, 그에 추가되는 잔인하고 이상한 고통은 문명사회에서 필요하지 않을뿐더러 있어서도 안 된다는 것이 근대 형사사법의 기본이념이다. 구금시설에서도 인권이 중시되어야 하는 이유는 바로 이러한 문명사회의 자부심을 바탕으로 해야 하기 때문이다. 그리고 이렇게 법이 자기에 대해 적대적 행위를 했던 자들까지 버리지 않으려고 하는 것은 그래야 궁극적으로 그들이 다시 법의 테두리 안에 돌아올 수 있기 때문이다.

2. 구금 관련 인권문제의 쟁점들

구금시설 내의 인권 쟁점은 다양하다. 생활의 모든 부분이 기본적으로 열악하기 때문에 거의 대부분의 문제들이 시비의 대상이 된다. 하지만 그 중에서도 비교적 자주 거론되는 것들을 정리해 보면 크게 대여섯 가지로 분류된다. 가장 두드러진 쟁점은 **물리력 사용**과 **징벌 관련 사항**이다. 아울러 최근에는 **수용자의 건강문제**가 이슈의 하나로 부각되고 있다. **외부교통**과 **권리구제수단**에 관한 사항도 심심찮게 논란의

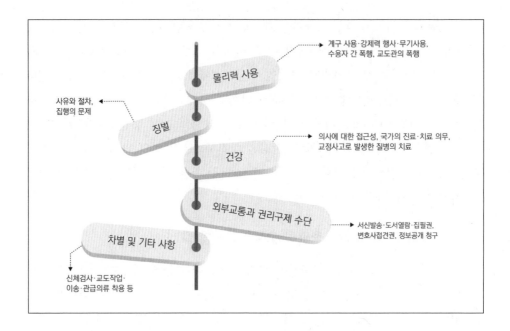

물리력 사용 — 계구 사용·강제력 행사·무기사용, 수용자 간 폭행, 교도관의 폭행

징별 — 사유와 절차, 집행의 문제

건강 — 의사에 대한 접근성, 국가의 진료·치료 의무, 교정사고로 발생한 질병의 치료

외부교통과 권리구제 수단 — 서신발송·도서열람·집필권, 변호사접견권, 정보공개 청구

차별 및 기타 사항 — 신체검사·교도작업· 이송·관급의류 착용 등

대상으로 거론되며 **차별처우**를 비롯한 나머지 문제들이 마지막 쟁점으로 자리하고 있다.

(1) 물리력 사용

구금시설의 관리자들에게는 수용자에 대한 물리력 사용이 허용되는 경우가 있다. 계구의 사용, 강제력 행사, 무기사용이 그것인데, 이러한 물리력 사용의 권한이 권리자에게 부여된 이유는 보안의 필요 때문이다. 하지만 권한의 남용은 수용자의 인권을 중대하게 침해하고 오히려 보안의 정당성마저 훼손하기 때문에 철저히 제약·감시되어야 한다. 아울러 구금시설 안에서는 때로 **구타나 성폭행** 등과 같은 적나라한 폭력이 행해지기도 하는데, 그것은 관리자만이 아니라 수용자들 사이에서 벌어지는 경우도 큰 문제이다. 수용자 간의 폭력행사를 그들만의 문제로 방치한다면 구금시설 안은 약육강식의 정글로 변하기 때문이다.

(2) 징벌

형의 집행 및 수용자의 처우에 관한 법률은 법규를 위반한 수용자에 대해 구금시설 당국이 징벌을 부과할 수 있도록 규정하고 있다. 아울러 징벌의 한 내용으로 소위 금지처분이라고 하는 **독거실수용**까지 허용한다. 단, 징벌의 부과는 철저한 사법원칙에 따라 행해져야 하고, 그 절차는 공정·투명해야 하며, 집행 역시 자의적이거나 가혹해서는 안 된다. 특히 징벌은 갇혀진 공간인 구금시설 안에서 구금시설의 관리자들에 의해 실행되기 때문에 제약의 필요성은 그만큼 크다. 남용을 견제·방지하지 못하면 인권침해의 전형을 이루기 때문이다.

(3) 건강

사람 있는 곳에는 항상 질병이 있다. 구금시설 역시 마찬가지이다. 특히 구금시설의 생활환경은 비좁고 열악하기 때문에 그만큼 질병발생률이 높다. 따라서 수용자는 일반사회에서보다 더 많이 질병의 위험에 노출되는데, 그에 대한 적절한 대책이 강구되지 않으면 구금시설은 '골병드는 장소'가 되어 버릴 수도 있다. 간혹 수용자에 대한 의료처우의 부재를 마땅한 일로 보는 경우도 있으나, 구금의 내용 중에 '아픈 것까지 감수하는' 손해가 포함되어 있지는 않다. 결국 국가가 수용자의 신변을 인수한 이상 질병의 예방과 치료는 국가의 몫이 되는데, 이와 관련하여 의사에 대한 접근성, 진료 및 치료의무, 교정사고로 발생한 질병의 치료문제 등이 제기된다.

(4) 외부교통과 권리구제수단

수용자에게는 기본적으로 **장소이전의 자유**가 박탈된다. 하지만 수용자 역시 '**사회성을 지닌 인간**'이기 때문에 최소한의 사회적 교제까지 막아서는 안 된다. 특히 구금시설은 외부접근이 통제되는 공간이기 때문에 수용자가 느끼는 외부교통의 욕구는 그만큼 크다. 따라서 어느 범위에서 수용자의 외부교통을 허용해 줄 것인지가 문제되는데, 이와 관련하여 행형법규는 서신발송 및 도서·신문 반입에 대한 나름의 원칙을 규정하고 있다. 아울러 수용자의 집필도 중요한 논란거리의 하나인데, 이는 외부교통의 전제가 될 뿐 아니라 때론 권리구제의 방법으로 요구되기도 하여 복합적 성격을 지닌다. 나아가 수용자 역시 국민의 일원으로서 마땅히 불법적이고 부당한 권리침해를 합법적으로 구제받을 수 있어야 하는데, 이와 관련하여 특히 최근에는 수형자의 변호인접견권과 정보공개청구가 문제되고 있다.

(5) 차별 및 기타사항

수용자라 할지라도 차별이 정당화될 수 없으며, 형사사법적으로 부과된 형벌 이외에 자의적인 법익 박탈이 있어서는 안 된다. 특히 행정 편의를 위해 수용자의 중대한 법익을 침해하는 행위는 허용될 수 없다. 이러한 점들과 관련하여 신체검사의 방법과 한계, 교도작업의 관리의무, 수용자 이송의 한계, 관급의류 착용의 한계 등이 문제된다.

Ⅳ. 수용자의 건강문제

구금시설의 생활환경은 비좁고 열악하기 때문에 수용자는 질병의 위험에 일반사회에서보다 더 많이 노출되어 있고 질병발생률도 높다. 따라서 적절한 대책을 강구하지 않으면 구금시설은 병을 만드는 장소가 되어 버릴 수 있다. 종종 수용자에 대한 의료처우의 부재를 당연한 일로 인식하는 경우도 있으나, 구금의 내용 중에 **아픈 것을 감수해야 할** 손해까지 포함되는 것은 아니다. 국가가 수용자의 신변을 인수한 이상 질병의 예방과 치료는 당연히 국가의 몫이 된다고 할 것이기 때문이다.

1. 의사의 진료를 받을 권리 보장

현행 교정법규에는 **의사에 대한 접근성**을 보장하는 특별한 규정이 없다. 각 교정시설마다 의사가 반드시 상주해야 한다는 명문규정도 없다. 그러나 형의 집행 및 수용자의 처우에 관한 법률과 형의 집행 및 수용자의 처우에 관한 법률 시행령 및 교도관 직무규칙에는 의무관(의사)의 고유한 임무가 부여되어 있다. 그러므로 각 교정시설에는 언제라도 자신의 고유 업무를 수행할 의무관이 있어야 함은 분명하다.

우선 각 교정시설에서는 모든 신입자에 대하여 **건강진단**을 실시하여야 하고, 신입자는 소장이 실시하는 건강진단을 받아야 하는데(형의 집행 및 수용자의 처우에 관한 법률 제16조 제2, 3항), 신입자의 건강진단은 수용된 날부터 3일 이내에 하여야 한다(동법 시행령 제15조). 또한 수용자를 다른 교정시설에 이송하는 경우에도 의무관이 진찰을 하여야 하며, 만일 의무관으로부터 수용자가 건강상 감당하기 어렵다는 보고를 받으면 이송을 중지하고 그 사실을 이송받을 소장에게 알려야 한다(동법 시행령 제26조). 이 규정대로라면 의무관이 있어야 신입수용과 이송이 가능하다. 교도관은 독거수용된 사람(이하 **"계호상 독거수용자"**라 한다)을 수시로 시찰하여 건강상 또는 교화상 이상이 없는지 살펴야 하며, 시찰 결과 계호상 독거수용자가 건강상 이상이 있는 것으로 보이는 경우에는 교정시설에 근무하는 의사(공중보건의사를 포함한다. 이하 "의무관"이라 한다)에게 즉시 알려야 하고, 교화상 문제가 있다고 인정하는 경우에는 소장에게 지체 없이 보고하여야 한다. 의무관은 통보를 받은 즉시 해당 수용자를 상담·진찰하는 등 적절한 의료조치를 하여야 하며, 계호상 독거수용자를 계속하여 독거수용하는 것이 건강상 해롭다고 인정하는 경우에는 그 의견을 소장에게 즉시 보고하여야 한다(동법 시행령 제6조 제1, 2, 3항). 또한 금치의 처분을 집행하는 경우에는 의무관으로 하여금 사전에 수용자의 건강을 확인하도록 하여야 하며, 집행 중인 경우에도 수시로 건강상태를 확인하여야 하고(동법 제112조 제4항), 금치의 징벌집행을 마친 경우에는 의무관에게 해당 수용자의 건강을 지체 없이 확인하게 하여야 한다(동법 시행령 제133조 제4항).

교도관 직무규칙에 의무관은 수용자에 대한 건강진단·질병치료 등 의료에 관한 사무와 교도소 등의 위생에 관한 사무를 담당하도록 되어 있으며(규칙 제75조~77조), 사망진단서의 작성(규칙 제82조), 수용자의 질병, 건강 등에 관한 상황 및 의견보고(규칙 제85조), 부식물의 검사(규칙 제83조) 및 매주 1회 이상 위생검사 및 보고(규칙 제84조) 등의 고유 업무를 규정하고 있다.

또한 '피구금자 처우에 관한 최저기준규칙'은 제22조와 제25조에서 수용자의 '의사에 대한 접근성'을 다음과 같이 보장하고 있다.

◎ 피구금자 처우에 관한 최저기준규칙 제22조 ◎

① 모든 구금시설에서는 어느 정도 정신의학에 식견이 있는 1명 이상의 유자격 의사의 진료를 받을 수 있어야 한다. 의료서비스는 지방자치단체 또는 국가의 일반보건행정과 긴밀한 협조를 받아 제공되어야 한다. 이러한 의료업무에는 정신과적 진료 및 적합한 경우 정신병의 치료도 포함된다.

② 전문의의 치료를 요하는 병자는 특별의료구금시설 또는 일반병원에 이송하여야 한다. 구금시설 안에 병원설비를 갖춘 경우에는 그 기구, 비품, 의약품이 병자의 간호 및 피로에 적합하여야 하며, 필요한 교육과 훈련을 받은 직원이 배치되어 있어야 한다.

③ 모든 수용자는 유자격 치과의사의 진료를 받을 수 있어야 한다.

◎ 피구금자 처우에 관한 최저기준규칙 제25조 ◎

① 의무관은 수용자의 신체적·정신적 건강을 돌보아야 하며, 모든 병자와 고통을 호소하는 모든 수용자, 그리고 특별한 그의 주의가 필요한 모든 자를 매일 진찰하여야 한다.

2. 의무관의 역할과 책임

수용자의 건강보호를 위해 우리 행형관계 법규는 수용자에 대한 건강진단을 의무화하고 있고, 의무관을 포함하여 모든 교도관이 질병의 발견과 치료에 주의할 의무가 있음을 천명하고 있다.

또한 질병에 걸린 수용자가 자신의 비용으로 외부의료시설에서 근무하는 의사에게 치료받기를 원하면 교정시설에 근무하는 의사의 의견을 고려하여 적절한 조치를 취하도록 하고, 필요한 경우에는 외부병원에 이송하도록 하고 있으며(동법 제38조), 수용자가 진료 또는 음식물의 섭취를 거부하면 의무관으로 하여금 관찰·조언 또는 설득을 하도록 하고, 이러한 조치에도 불구하고 수용자가 진료 또는 음식물의 섭취를 계속 거부하여 그 생명에 위험을 가져올 급박한 우려가 있으면 의무관으로 하여금 적당한 진료 또는 영양보급 등의 조치를 하게 할 수 있다.

[수용자의 건강검진 실시 현황]

연도	실시대상	실시인원(명)	소요예산(백만원)
2011	전 수용자 (흉부방사선 촬영 등 총 30개 항목)	32,858	830
2012	전 수용자	32,125	847
2013	전 수용자	34,223	749
2014	전 수용자	35,935	881
2015	전 수용자	38,972	927
2016	전 수용자	41,149	981
2017	전 수용자	41,778	807
2018	전 수용자	38,943	789
2019	전 수용자 (검진항목 확대 30개 → 31개, 간암표지자 검사추가)	40,005	791

출처: 법무부, 2020 교정통계연보.

[외부의료시설 진료 건수]

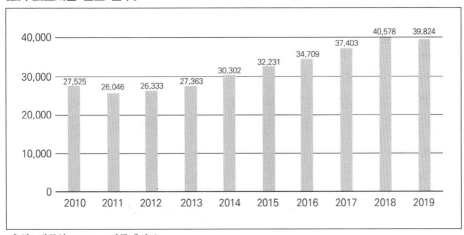

출처: 법무부, 2020 교정통계연보.

교정시설에서는 지속적으로 증가하고 있는 외부진료에 효과적으로 대응하기 위해 교정시설과 협력의료시설 간 최첨단 원격의료시스템을 구축하여 수용자가 외부의료시설에 가지 않고도 교정시설 내에서 협력 의료시설 의사의 진료를 받을 수 있는 양질의 의료서비스를 제공하고 있다.

[원격의료 인원]

연도	총 진료인원	수용형태	
		기결	미결
2015	10,498명	6,565명	3,933명
2016	12,492명	7,151명	5,341명
2017	14,377명	7,584명	6,523명
2018	16,799명	10,094명	6,705명
2019	22,554명	13,928명	8,626명

출처: 법무부, 2020 교정통계연보.

그리고 자살 또는 자해의 우려가 있거나, 신체적·정신적 질병으로 인하여 특별한 보호가 필요한 경우에는 보호실에 수용하는 등의 조치를 취하도록 하고 있다 (동법 제95조).

수용자에 대한 질병의 발견과 치료는 의무관의 가장 기본적인 업무에 해당하며, 다른 교도관도 이러한 의무관의 업무를 도와주어야 할 의무가 있다. 의무관을 포함한 모든 교도관은 수용자의 질병을 조기에 발견하고 적절히 치료하는 데 최선을 다해야 한다.

◎ 피구금자 처우에 관한 최저기준규칙 제24조 ◎

의무관은 모든 피구금자를 입소 후 가능한 한 조속히, 그리고 필요한 경우 그 이후에도 진찰을 함으로써 피구금자의 신체적·정신적 질병을 발견하고 이를 치료하는 데 필요한 모든 조치를 취하여야 한다.

3. 교정사고로 인해 발생한 질병의 치료문제

(1) 현행규정

교도관 직무규칙 제6조에, "수용자의 도주·폭행·소요·자살 등 구금목적을 저해하는 행위에 대한 방지조치는 다른 모든 근무에 우선한다"라고 규정함으로써 **교정사고의 방지**를 최우선 직무로 정해 놓고 있다. 교정사고를 미연에 예방하는 것이 가장 좋은 방법이지만, 수용자 상호 간의 폭행을 완전히 근절하기란 사실한 불가능하다. 따라서 수용자 간의 폭행사고로 말미암아 부상자가 발생하거나 병이 난 경우 신속히 치료해 주는 것도 중요한 과제에 해당한다.

이와 관련하여 형집행법 제36조에서는 부상자 등 치료에 관하여, "소장은 수용자가 부상을 당하거나 질병에 걸리면 적절한 치료를 받도록 하여야 한다"라고 규정하고 있다. 구금시설 내에서 어떤 동기에 의하여 질병(부상)이 발생하였건 간에 수용자에 대한 치료의무는 일차적으로 국가에 있다. 따라서 수용자의 외부병원 치료비는 (교정)예산에서 지급함을 원칙으로 하되 수용자 상호 간 폭행, 싸움 등으로 인해 부상이나 질병이 발생한 경우에는 가해자가 치료비를 부담할 능력이 있다면 구상권을 행사하도록 되어 있다. 즉, 국가가 폭행을 당한 피해수용자의 치료비를 먼저 부담한 다음 치료비 부담능력이 있는 가해 수용자에 대하여 구상조치를 취하도록 하고 있다. 한편 동법 시행령 제56조에는, "소장은 수용자의 질병이 위독한 경우에는 그 사유를 가족에게 통지하여야 한다"라고 규정함으로써, 수용자 간의 폭행이나 싸움으로 인하여 한쪽이 크게 다치거나 위독한 상태가 되었을 때 책임회피를 위해 이를 은폐해서는 안 되고 그 사유를 가족에게 통지할 의무가 있음을 명시하고 있다.

[교정사고 발생 현황]

구분 / 연도	계	도주	도주 미수	자살	병사	화재	폭행치사상	직원폭행	기타
2010	739 (100%)	2 (0.3%)	2 (0.3%)	9 (1.2%)	11 (1.5%)	—	433 (58.6%)	75 (10.1%)	207 (28.0%)
2011	911 (100%)	—	—	11 (1.2%)	16 (1.8%)	—	432 (47.4%)	53 (5.8%)	399 (43.8%)
2012	853 (100%)	1 (0.1%)		4 (0.5%)	26 (3.0%)	—	373 (43.7%)	43 (5.0%)	406 (47.6%)
2013	909 (100%)	—	2 (0.2%)	7 (0.8%)	19 (2.1%)	—	375 (41.3%)	77 (8.5%)	429 (47.2%)
2014	837 (100%)	—	3 (0.4%)	4 (0.5%)	24 (2.9%)	—	385 (46.0%)	49 (5.9%)	372 (44.4%)
2015	940 (100%)	—	1 (0.1%)	4 (0.4%)	24 (2.6%)	—	491 (52.2%)	43 (4.6%)	377 (40.1%)
2016	894 (100%)	1 (0.31%)	2 (0.2%)	7 (0.8%)	22 (2.5%)	—	480 (53.7%)	44 (4.9%)	338 (37.8%)
2017	908 (100%)	—	—	2 (0.2%)	20 (2.2%)	—	455 (50.1%)	73 (8.0%)	358 (39.4%)
2018	1,012 (100%)	1 (0.1%)	1 (0.1%)	7 (0.7%)	33 (3.3%)	—	550 (54.3%)	89 (8.8%)	331 (32.7%)
2019	1,000 (100%)	—	2 (0.2%)	8 (0.8%)	28 (2.8%)	1 (0.1%)	506 (50.6%)	66 (6.6%)	389 (38.9%)

주) 1. 폭행치사상, 직원폭행: 입건송치된 자
　　2. 기타: 작업 중 사상, 자살미수(방지), 소란·난동 등
출처: 법무부, 2020 교정통계연보.

(2) 인권존중을 위한 직무지침

교정사고는 예방도 중요하지만, 이로 인해 발생한 부상이나 질병을 치료하는 것도 중요하다. 교정사고, 특히 수용자 간의 싸움에서 발생한 부상이나 질병에 대해 교도소 당국이 방치할 경우, 이는 이후 더 큰 문제를 발생시킬 소지가 있다. 특히 교도소 당국의 책임을 논할 때는 교정사고의 단계에서라면 관리책임만이 문제될 뿐 이지만 부상치료의 해태까지 첨가된다면 축소 혹은 은폐에 대한 책임까지 부담해야

하는 상황이 벌어질 수도 있다. 따라서 교정사고는 일단 발생된 후라면 사후처리에 만전을 기해야 하는데, 특히 부상을 치료하고 악화를 방지하는 업무는 결코 소홀히 해서는 안 되는 것이다.

제5장

난민과 인권

난민과 인권

I. 개관

　　우리나라는 1992년 12월 「난민의 지위에 관한 협약」 및 「난민의 지위에 관한 의정서」에 가입하였고, 「출입국관리법」에서 난민에 관한 인정절차를 규율하고 있었으나, 다른 선진국들에 비해서 난민을 충분히 받아들이지 못하여 국제사회에서 그 책임을 다하고 있지 못하였다. 또한 난민인정절차의 신속성, 투명성, 공정성에 대하여 국내외적으로 지속적인 문제가 제기되어 왔으며, 난민신청자가 최소한의 생계를 유지할 수 있는 수단이 봉쇄되어 있고, 난민인정을 받은 자의 경우에도 난민의 지위에 관한 협약이 보장하는 권리조차도 누리지 못하는 등 그 처우에 있어서도 많은 문제점이 제기되었다. 이에 아시아 국가로는 최초로 2012년 2월 10일 「난민법」을 제정하고 2013년 7월 1일부터 이를 시행하면서 국내·외적으로 난민의 인권을 보호하는 민주주의 국가로서의 모습을 보이고 있다. 난민법은 「난민의 지위에 관한 1951년 협약」(이하 "난민협약"이라 한다) 및 「난민의 지위에 관한 1967년 의정서」(이하 **"난민의정서"**라 한다) 등에 따라 난민의 지위와 처우 등에 관한 사항을 정하고 있다 (난민법 제1조).

1. 난민의 개념 및 현황

(1) 난민의 개념

우리나라 난민법 제2조 제1호에 의하면, **난민(難民)**이란 ① 인종, ② 종교, ③ 국적, ④ 특정 사회집단의 구성원 신분 또는 ⑤ 정치적 견해로 박해받을 수 있다고 인정할 충분한 근거 있는 공포로 인하여 국적국의 보호를 받을 수 없거나, 보호받기를 원하지 않는 외국인 또는 그러한 공포로 인하여 대한민국에 입국하기 전에 거주한 국가로 돌아갈 수 없거나 돌아가기를 원하지 아니하는 무국적자인 외국인을 말한다고 규정하고 있다.[1] 유엔난민고등판무관사무소 규정에는, "(i) 1926년 5월 12일 및 1928년 6월 30일의 협정 또는 1933년 10월 28일 및 1938년 2월 10일의 협약, 1939년 9월 14일의 의정서 또는 국제난민기구 헌장에 의하여 난민으로 간주되는 자, (ii) 1951년 1월 1일 이전에 발생한 사건의 결과로, 인종, 종교, 국적 또는 정치적 의견을 이유로 박해를 받을 수 있다는 충분히 근거 있는 공포 때문에 자신의 국적국 밖에 있는 자로서, 국적국의 보호를 받을 수 없거나, 또는 그러한 공포로 인하여 혹은 개인적인 사정 이외의 이유 때문에 국적국의 보호를 받기를 원하지 아니하는 자. 또는 종전의 상주국 밖에 있는 무국적자로서, 상주국으로 돌아갈 수 없거나, 또는 그러한 공포 때문에 혹은 개인적인 사정 이외의 이유 때문에 상주국으로 돌아가기를 원하지 아니하는 자"라고 정의하고 있다. 또한 난민협약은 제1조 A(2)에서 '난민'에 대하여 1951년 1월 1일 이전에 발생한 사건의 결과로서, 또한 인종, 종교, 국적, 특정 사회집단의 구성원 신분 또는 정치적 의견을 이유로 박해를 받을 우려가 있다는 충분한 근거가 있는 공포로 인하여, 자신의 국적국 밖에 있는 자로서, 국적국의 보호를 받을 수 없거나, 또는 그러한 공포로 인하여 국적국의 보호를 받는 것을 원하지 아니하는 자. 또는 그러한 사건의 결과로 인하여 종전의 상주국 밖에 있는 무국적자로서, 상주국에 돌아갈 수 없거나, 또는 그러한 공포로 인하여

---

[1] 2015년 10월 16일 자 법무부 보도자료에 의하면, 일상적 의미의 난민은 전쟁, 기아, 재해 등으로 곤경에 빠진 이재민 또는 곤경을 피하여 원래의 거주지를 떠나 대피하는 피난민으로서 거처와 식량 등 구호를 받아야 할 사람들이라고 인식되는 경향이 있고, 법률상 **난민(refugee)은 출신국가로 돌아가면 박해를 받을 가능성이 있어 다른 나라의 보호를 필요로 하는 사람**을 의미한다.

상주국으로 돌아가는 것을 원하지 아니하는 자로 정의하고 있다.

그 밖에도 1969년 「아프리카 난민문제의 특정 양상을 규율하는 아프리카통일기구협약(Organization of African Unity Convention Governing the Specific Aspects of Refugee Problems in Africa)」에서도 유사한 내용을 담고 있다.

이상과 같은 난민의 정의에서 다음과 같은 난민 인정요건을 확인할 수 있는데, 첫째, 박해(Persecution)를 받을 우려가 있다는 충분한 이유가 있는 공포가 있어야 하고, 둘째, 박해의 원인으로 인정되는 "인종, 종교, 국적, 특정 사회단체의 구성원, 그리고 정치적 견해" 등 5가지 사유에 해당해야 하며, 셋째, 국적국 또는 상주국 밖에 있는 자이어야 한다.

다만, 이러한 요건에 의할 경우 빈번히 발생하고 있는 가뭄, 폭우, 지진 등의 천재지변과 빈곤, 그리고 내전이나 국제전쟁을 포함하는 각종 전쟁과 극심한 환경파괴 등을 이유로 피난처를 구하는 새로운 유형의 난민을 효율적으로 보호하는 데 한계가 있다.[2]

(2) 한국의 난민신청 및 난민인정 현황

한국에서 난민신청자가 본격적으로 발생하고 난민문제를 체계적으로 다루기 시작한 것은 한국이 난민협약과 의정서에 가입한 1992년도부터이며, 이후 1994년 출입국관리법 개정을 통해 "난민의 인정 등" 조항이 신설되면서 한국의 난민인정에 관한 법규정이 마련되기 시작하였다. 난민협약 가입 초기에는 소극적인 난민인정 업무로 인해 2000년도까지 한국에서 난민을 인정한 실적은 단 한 건도 없었으나, 한국의 경제성장과 함께 국제적 위상이 높아지면서 2001년 2월에 최초로 에티오피아인 1명을 난민으로 인정하게 되었다.

1994년 이후 2020년 9월 말까지 난민신청자는 70,446명이며, 심사결정 종료자 32,573명 중 1,064명이 난민인정을 받았고, 2,342명이 인도적 체류허가를 받아 총 3,406명이 난민인정(보호)을 받고 있다. 2020년 1월부터 9월 말까지 난민신청자는 6,088명으로 지난해 같은 기간 신청 수인 10,768에 비해 약 43.5% 감소하였으며, 이 중 심사결정이 완료된 자는 4,495명이었다. 위 기간 동안 집계된 난민신청 사유에는

---

2) 오태곤, "난민 인정 문제에 관한 법적 함의", 인문사회 21 제7권 제1호, 2016, 434-435쪽 참조.

정치적 의견(1,010명), 종교(973명), 특정 사회적 집단 구성원(479명), 인종(140명), 국적(94명) 등이 있었다. 심사결정이 완료된 4,495명 중 42명이 난민인정을 받았고, 127명이 인도적 체류허가를 받았으며, 4,326명이 불인정 처분을 받았다. 심사결정 완료 대비 난민인정률이 0.9%에 불과하여 1.5~12.2%를 기록한 예년보다 유독 낮았으며, 인도적 체류허가를 받은 난민의 수치까지 포함해도 보호율이 3.8%에 그쳐 이 역시 6.1~39.8%의 분포를 보인 예년 대비 매우 낮은 수치이다.[3)]

[난민신청 심사결과]

연도 \ 구분	심사완료	난민인정(보호)					불인정
		소계	인정	인도적 체류	인정률(%)	보호율(%)	
2016	5,665	350	98	252	1.7	6.2	5,315
2017	5,875	437	121	316	2.1	7.4	5,438
2018	3,963	652	144	508	3.6	16.4	3,311
2019	5,077	310	79	231	1.5	6.1	4,767
2020. 1~9월	4,495	169	42	127	0.9	3.8	4,326

출처: 대한변호사협회, 2020 인권보고서.

국제사회가 대규모 난민 유입에 대한 대응유형을 살펴보면, ① 국경폐쇄, ② 안전한 제3국으로의 이전, ③ 출신지국 내의 안전지대 설치의 방법을 취하고 있으며, 대규모 난민 유입이 아닌 경우에는 정상적으로 난민심사절차를 진행하고 있다. 2017년도 OECD 회원국의 난민인정률을 살펴보면, **터키가 94.9%**로 가장 높고, 다음으로 리투아니아, 캐나다, 오스트리아, 룩셈부르크, 멕시코, 노르웨이, 칠레, 네덜란드, 그리스, 벨기에(40.2%), **미국(37.8%)** 등의 순이고, **대한민국은 2%,** 일본 0.2%, **이스라엘**이 0.1%이다.

---

3) 법무부, 「출입국외국인정책통계월보」 2020년 9월호, 출입국·외국인정책본부 통계자료, 2020, 3-36쪽 참조.

2. 난민의 유형

난민은 발생 원인에 따라 **정치적 난민, 경제적 난민, 전쟁 난민, 인도적 난민** 등으로 구분하는 것이 일반적이다.[4)]

첫째, 가장 역사적이고 원칙적인 난민의 형태라 할 수 있는 **정치적 난민**은 인종, 종교, 국적, 특정 사회집단에의 소속 또는 정치적 의견을 이유로 본국에서 박해받을 우려가 있는 경우 타국으로 탈출하여 타국의 보호를 요청하는 난민을 말한다. 난민의 흐름을 역사적으로 살펴보면 1960년대와 1970년대는 대체로 냉전체제하의 이데올로기 대립으로 인한 난민 탈출이 많았으며, 사회주의체제를 피한 난민을 위해 서방국가들은 전략적인 측면에서 원조를 하였다.

둘째, **경제적 난민**이란 경제적 궁핍 또는 곤경을 피하기 위해 생존권 확보 차원에서 타국으로 탈출한 난민을 말한다. 경제적인 절박함이 난민을 발생하게 하는 근원적인 요인 중의 하나이지만, 그 관계는 직접적이지 못하다. 보다 직접적인 원인은 경제적으로 자립할 수 없는 여건의 악화에 있다. 1950년 **유엔난민고등판무관**(UNHCR) 사무소규정은 "순수한 경제적 성격의 이유(Reasons of a Purely Economic Character)"는 난민의 자격요건에서 제외된다는 명시적 규정을 두고 있어[UNHCR사무소 규정 제6조A(ii)ⓔ] 국제법상 보호받지 못하고 있다.

셋째, **전쟁 난민**이라 함은 전쟁, 내란, 또는 정치폭동이 발생한 경우 이를 피하여 타국 또는 타 지역으로 피난한 자를 말하며, 이라크의 쿠웨이트 침공 후 발생한 쿠웨이트 난민, 베트남전쟁 당시의 난민 등이 여기에 해당한다. 이들의 대부분은 난민자격을 인정하는 데 있어 어려움이 없다.

넷째, **인도적 난민**은 자연재해 또는 대규모 인권침해 사태가 발생한 경우 이를 피하기 위해 타국으로 도피 또는 탈출한 난민을 말한다. 이 중 대량학살 등 인권침해에 따른 난민지위의 인정에는 어려움이 없으나, 일시적 천재지변으로 인한 인도적 난민은 1951년 난민협약 및 1967년 난민의정서상으로는 난민으로 볼 수 없다는 것이 일반적인 견해이다.

---

4) 고기복, "EU국가의 난민인정제도 — 영국, 프랑스, 독일을 중심으로 —", 한·독사회과학논총 제17권 제1호, 41-42쪽.

마지막으로, 비교적 최근에 제시된 **환경 난민**이 있다. 이는 1985년에 엘-히나위 (El-Hinnawi)가 작성하여 UNEP(United Nations Environment Program)에서 발표한 보고서에서 처음 사용되었는데, 그는 환경난민에 대해 '그들의 생존을 위태롭게 하거나 삶의 질에 심각한 영향을 미치는 현저한 환경파괴(자연 혹은 인간에 의해 초래된)로 인해 일시적 혹은 영구적으로 전통적인 주거지에서 떠나야 하는 사람들을 말하고 이때의 환경파괴는 일시적 혹은 영구적으로 인간의 삶에 적합하지 않도록 하는 생물학적 변화의 가능성을 수반하는 생태계의 물리적, 화학적 변화를 말한다'고 한다.

II. 난민인정 절차 및 심사

난민으로 인정하기 위한 절차는 난민협약이나 난민의정서에 구속력 있는 인정 절차가 마련되어 있지 않으며, 유엔난민고등판무관(UNHCR)과 특별한 협정이 체결된 경우에만 그 내용에 따라 UNHCR과 협조하에 난민인정절차를 진행하기 때문에 국가마다 다르다. 우리나라는 난민법에서 그 절차를 규정하고 있다.

1. 난민인정절차

(1) 출입국항 난민인정신청

우리나라는 난민법이 제정되면서 출입국항에서도 난민인정신청을 할 수 있도록 명시하고 있다(난민법 제6조).[5] 신청을 접수한 출입국항에서는 7일 이내에 정식 난민인정심사 절차 회부 여부를 결정하게 되며, 7일이 경과할 경우에는 입국을 허가하여 국내에서의 난민신청자의 지위에 따른 처우를 받을 수 있도록 하고 있다. 먼저 출입국항에서 난민신청을 할 수 있는 사람은 항공기 또는 선박 등을 이용하여 출입국항으로 우리나라에 입국 또는 상륙하려는 외국인으로서 입국심사를 받을 때에 난민인정신청서를 제출한다. 출입국항으로 입국 또는 상륙한 외국인은 당일 입

---

5) (구)출입국관리법상에서는 난민신청자는 임시상륙허가를 받은 후 다시 난민의 지위를 신청해야 했다.

국 또는 상륙한 출입국항 관할사무소장, 출장소장에게 본인이 직접 신청할 수 있다. 출입국항에서 난민인정신청서를 제출한 사람에 대해서 출입국항 사무소장 등이 7일 이내에 난민인정심사에 회부할지 여부를 결정하도록 한다. 난민인정심사에 회부하기로 결정된 사람에 대해서는 난민신청 접수증이 교부되고 회부가 결정된 시점부터 난민신청자의 지위가 보장된다. 출입국항 사무소장 등은 난민인정심사에 회부하기

[출입국항 난민인정 신청 및 처리 절차]

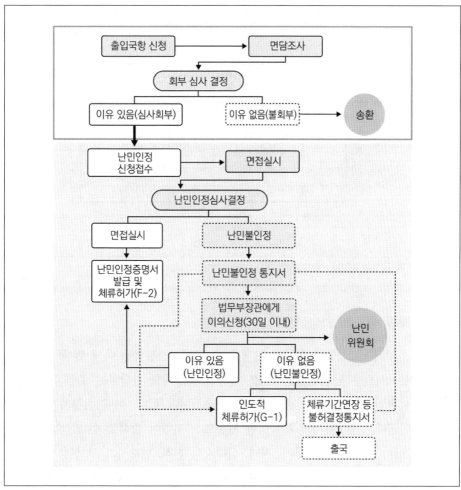

출처: 법무부, 난민인정절차 가이드북.

로 결정한 사람을 입국심사를 하여 입국을 허가한다. 이때 거주지의 제한, 난민심사를 위한 출석요구 등 일부 조건을 붙여 90일 범위에서 입국을 허가할 수 있다. 입국한 난민신청자는 체류지 관할사무소에서 입국한 날부터 90일 이내에 외국인등록을 하고 기타(G-1) 체류자격으로 변경하거나 체류자격을 부여받아야 한다. 난민신청자는 그의 체류지를 관할하는 거점사무소에서 난민인정심사를 받아야 한다. 처리절차를 도표로 살펴보면 아래와 같다.

[출입국항 난민신청 난민심사 회부율][6]

회부율(%)

- 2013: 62.5
- 2014: 35.6
- 2015: 72.2
- 2016: 35.8
- 2017: 11.3
- 2018: 50.5

연도

출처: 법무부, 난민인정절차 가이드북.

(2) 체류 중 난민인정신청

국내에 체류하고 있는 외국인은 체류 중 난민인정신청을 하게 된다. 난민인정을 받으려는 사람은 난민인정신청서를 자신의 체류지를 관할하는 출입국관리사무소장 또는 출입국관리사무소 출장소장에 제출하여야 한다. 이때 신청자가 민법상 미성년자이거나 질병, 기타의 부득이한 사유로 자진하여 출석할 수 없는 경우에는 신청자의 아버지, 어머니, 배우자, 자녀, 신청자의 친척, 변호사가 그 신청자를 대리하여 신청할 수 있다. 신청 시 제출해야 할 서류에는 난민인정신청서, 신청자가 난

6) 송영훈 외, "출입국항 난민신청 제도 개선방안 연구", 법무부, 2018, 18쪽.

민에 해당함을 입증하는 자료(난민에 해당함으로 주장하는 진술서 포함), 사진 1장, 신청자의 신체검사서 1부 등이 있다. 난민인정신청서의 경우 글을 쓸 줄 모르거나 장애 등의 사유로 신청서 작성이 불가능할 경우 접수담당공무원의 도움을 받아 작성할

[체류 중 난민인정 신청 및 처리 절차]

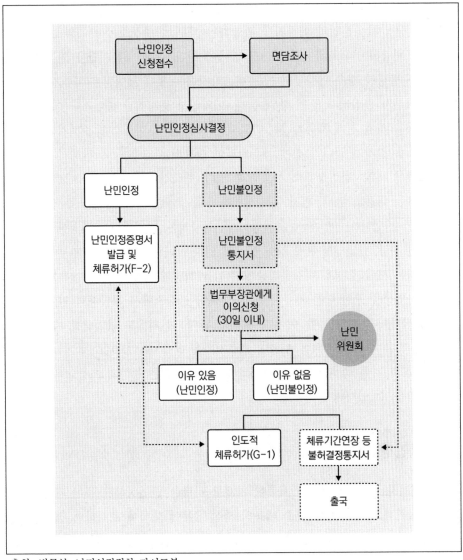

출처: 법무부, 난민인정절차 가이드북.

수 있고, 그 서류에 본인과 접수담당공무원이 서명 또는 기명날인해야 한다. 제출하는 자료가 한글 또는 영문으로 작성된 경우를 제외하고, 이외의 외국어로 작성되어 있는 경우에는 그 자료의 번역문을 첨부하여 제출하여야 한다.

(3) 난민신청자에 대한 처우

난민신청자는 본인의 체류지를 관할하는 사무소, 출장소에서 기타(G-1) 체류자격으로 변경하거나 체류자격 부여를 받아야 한다. 이후 체류기간을 연장해야 되는 상황이 발생한 경우 연장할 수 있는데, 그 사유는 첫째 부여받은 체류기간 내 난민인정 여부가 결정되지 않은 경우, 둘째, 이의신청 준비기간 중이거나 이의신청에 대한 결정을 하기 전에 체류기간이 만료되는 경우 셋째, 행정소송 준비기간 중이거나 행정소송 절차가 끝나기 전에 체류기간이 만료되는 경우 등에 한해서 매회 6개월 범위에서 체류기간연장을 허가받을 수 있다. 한국정부가 제공하는 난민신청자에 대한 처우는 다음과 같다. 먼저, 난민신청자에게 생계비 등을 지원할 수 있고 취업을 허가할 수 있다(난민법 제40조). 취업허가신청자격은, 난민인정을 신청한 후 6개월이 경과한 사람, 난민신청자 중 장애 등으로 인하여 근로능력이 없는 피부양자를 부양해야 하는 사람의 경우 비전문직종에 취업을 희망할 경우 허가된 체류기간 범위 내에서 사업장을 구한 다음 체류지 관할 사무소, 출장소에서 체류자격 외 활동허가를 받아 국내에서 취업을 할 수 있도록 하고 있다. 이 외에도 난민신청자는 주거시설을 지원받을 수 있고(난민법 제41조), 의료지원을 받을 수 있으며(동법 제42조), 난민신청자 및 그 가족 중 미성년자인 외국인은 국민과 같은 수준의 초등교육 및 중등교육을 받을 수 있다(동법 제43조).

2. 난민인정심사

난민심사는 난민신청자가 제출한 자료를 바탕을 난민심사관 등이 개별적으로 면접을 실시하고, 신청자의 진술 내용의 사실 유무에 대하여 조사하여 결정하여야 하는데, 난민신청자의 요청이 있는 경우에는 같은 성(性)의 공무원이 면접을 하여야 한다(동법 제8조 제2항). 또한 난민법 제8조 제5항 각 호에서는 첫째, 거짓서류의 제출이나 거짓 진술을 하는 등 사실을 은폐하여 난민인정신청을 한 경우, 둘째, 난민인정을 받지 못한 사람 또는 난민인정이 취소된 사람이 중대한 사정의 변경 없이 다시 난민인정을 신청한 경우, 셋째, 대한민국에서 1년 이상 체류하고 있는 외국인이 체류기간 만료일에 임박하여 난민인정신청을 하거나 강제퇴거 대상 외국인이 그 집행을 지연시킬 목적으로 난민인정신청을 한 경우에는 심사절차의 일부를 생략할 수 있도록 하여 난민신청 남용을 제한하고 있다.

난민협약에 가입한 대부분의 국가들은 명백하게 근거가 없거나 난민제도를 남용하는 신청을 방지하기 위하여 신속한 심사절차제도를 가지고 있다. UNHCR 집행위원회(Executive Committee)는 명백하게 근거가 없는 난민지위의 신청이 국가들에게 부담이 되며, 난민의 자격을 갖춘 사람들의 이익을 해한다고 지적한 바 있다. 그리고 유럽의 국가들 중에는 국경에서 적법한 입국서류를 소지하지 않은 난민신청자에 대하여 신속한 절차를 적용하는 예가 있지만 대부분의 국가는 신청자가 이른바 '안전한 제3국' 출신이거나 '안전한 제3국'을 경유한 경우에 명백한 근거가 없는 신청으로 간주하는 예가 많다.[7]

이 외에도 난민법에는 난민신청자의 권리와 처우가 규정되어 있는데, 심사과정에서 난민신청자는 변호사의 조력을 받을 권리를 가지며(동법 제12조), 난민심사관은 난민신청자가 신청을 하는 경우 신뢰관계에 있는 사람의 동석을 허용할 수 있고(제13조), 난민신청자는 본인이 제출한 자료, 난민면접조서의 열람이나 복사를 요청할 수 있다(제16조). 또한 법무부장관은 난민신청자가 한국어로 충분한 의사표현을 할 수 없는 경우 면접과정에서 일정한 자격을 갖춘 통역인으로 하여금 통역하게 하여야 하고(제14조), 난민심사관은 난민신청자가 난민면접조서에 기재된 내용을 이해하지 못하는 경우 난민면접을 종료한 후 난민신청자가 이해할 수 있는 언어로 통역 또는 번역을 하여 그 내용을 확인할 수 있도록 하여야 하며(제15조), 난민신청자의 인적사항 등에 대한 공개를 금하고 있다(제17조).

---

7) 오태곤, 앞의 논문, 442쪽.

3. 난민인정자의 권리와 처우

난민인정자란 난민법에 따라 난민으로 인정을 받은 외국인을 말한다. 난민인정자는 난민법 제30조부터 제38조의 규정에 의해 **거주(F-2) 체류자격을 받아 국내에서 안정적으로 체류하고 별도의 허가절차 없이 취업활동도 자유롭게** 할 수 있다. 또한 난민인정자가 해외로 여행을 할 경우에는 **난민여행증명서를 발급받을** 수 있으며, 유효기간 내에는 횟수에 관계없이 자유롭게 출입국을 할 수 있고, 난민여행증명서의 유효기간 내에는 별도의 재입국허가는 받을 필요가 없다. 난민인정자의 배우자와 그 미성년자녀는 재외공관에서 단기방문(C-3, 90일) 사증을 발급받아 국내에 입국하여 체류할 수 있고, 가족결합에 따라 난민으로 인정받을 수 있다. 이 외에도 「**사회보장기본법**」에 따라 대한민국 국민과 같은 수준의 사회보장을 받을 수 있으며, 「**국민기초생활 보장법**」에 따른 급여를 받고, 「**국민건강보험법**」에 따른 건강보험 혜택도 누릴 수 있다. 난민인정자와 그의 자녀가 19세 미만인 경우 초·중등 교육을 받을 수 있으며, 연령, 수학능력, 교육여건 등에 따라 「**초·중등교육법**」에 따른 입학금, 수업료 등을 지원받을 수 있고, 한국어교육 등 사회적응교육을 받을 수 있게 된다.

4. 난민인정의 철회와 취소

난민인정자가 ① 거짓 서류를 제출하여 난민인정결정을 받은 경우, ② 둘째 거짓 진술로 인하여 난민인정결정을 받은 경우, ③ 사실을 은폐하여 난민인정결정을 받은 경우에는 난민인정을 취소할 수 있으며, 난민인정이 철회되는 경우는 ① 자발적으로 국적국의 보호를 다시 받고 있거나, ② 국적을 상실한 후 자발적으로 국적을 회복한 경우, ③ 새로운 국적을 취득하여 그 국적국의 보호를 받고 있는 경우, ④ 박해를 받을 것이라는 우려 때문에 거주하고 있는 국가를 떠나거나 또는 그 국가 밖에서 체류하고 있다가 자유로운 의사로 그 국가에 재정착한 경우, ⑤ 난민인정결정의 주된 근거가 된 사유가 소멸하여 더 이상 국적국의 보호를 받는 것을 거부할 수 없게 된 경우, 그리고 ⑥ 무국적자로서 난민으로 인정된 사유가 소멸되어 종전의 상주국으로 돌아갈 수 있는 경우이다.

이러한 이유로 법무부장관이 난민인정결정을 취소·철회한 때에는 난민인정자나 그 대리인에게 난민인정취소·철회통지서를 교부하고 난민인정증명서를 회수하게 되는데, 난민인정취소 또는 철회 통지를 받은 사람은 **통지서를 받은 날부터 30일 이내에 이의신청이 가능**하다(난민법 제22조).

5. 이의신청

난민불인정결정을 통지받거나 난민인정 후 철회 또는 취소 통지를 받은 경우에는 난민법 제21조의 규정에 의해 통지를 받은 날부터 30일 이내에 법무부장관에게 이의신청을 할 수 있다. 이 경우 이의신청서에 이의의 사유를 소명하는 자료를 첨부하여 지방출입국·외국인관서의 장에게 제출하여야 한다. 법무부장관은 제1항에 따라 이의신청서를 접수하면 난민위원회에 회부한다. 난민위원회는 재적위원 과반수의 출석과 출석위원 과반수의 찬성으로 이의신청 안건을 의결한다. 그리고 필요한 경우에는 난민신청자 또는 그 밖에 관계인을 회의에 출석시켜 진술하게 할 수 있으며, 심의사항에 대한 경험이나 지식이 풍부한 사람으로부터 심의사항에 대한 의견을 들을 수 있다. 그리고 난민위원회는 직접 또는 난민조사관을 통하여 사실조사를 할 수 있다.

법무부장관은 난민위원회의 심의를 거쳐 난민인정 여부를 결정한다. 이의신청이 이유 있다고 인정되면 난민인정결정을 하고 난민인정증명서를 이의신청인에게 교부하며, 이의신청이 이유 없다고 인정되면 이의신청에 대한 기각결정을 하고 이의신청 기각결정통지서를 이의신청인에게 교부한다. 난민인정자는 난민인정 사유가 소멸될 때까지 체류기간 연장허가를 받아 국내에서 계속하여 체류할 수 있고, 이의신청에 대해서 기각결정을 받은 사람은 처분을 안 날로부터 90일 이내, 처분이 있은 날로부터 1년 이내 행정소송을 제기할 수 있으며 소송기간 동안 체류지 관할 사무소장, 출장소장으로부터 난민신청자로서 체류기간연장허가를 받을 수 있다. 법무부장관은 이의신청서를 접수한 날부터 6개월 이내에 이의신청에 대한 결정을 하여야 한다. 다만, 부득이한 사정으로 그 기간 안에 이의신청에 대한 결정을 할 수 없는 경우에는 6개월의 범위에서 기간을 정하여 연장할 수 있다. 그리고 이의신청의 심사기간을 연장한 때에는 그 기간이 만료되기 7일 전까지 난민신청자에게 이를 통지하여야 한다.

III. 난민정책의 성과와 과제

1. 난민보호를 위한 정책의 성과

난민법의 제정과 난민불인정결정에 대한 이의신청심사의 전문성과 독립성을 확보하기 위한 법무부의 '난민위원회'8) 설치, 이를 위한 전문인력의 지원과 법제정에 따른 업무를 종합적으로 기획하고 총괄하는 조직이 필요함에 따라 난민전담부서인 난민과가 2013년 6월에 신설되었다. 또한 과거 이의신청심의가 부실하다는 지적에 따라 난민법에서 난민조사관제도를 새롭게 도입하여 1차 심사와는 별도의 난민조사관이 이의신청 건을 새롭게 검토하고 있다. 이의신청보고서도 신청인이 진술한 내용과 조사관이 조사한 내용을 객관적으로 작성하도록 보고서의 양식을 변경하는 등 이의신청심사의 공정성과 독립성이 보장되도록 노력하고 있으며, 출입국항에서의 난민신청제도의 도입으로 난민법이 시행된 때부터 2015년 10월 기준 총 331명이 출입국항에서 난민신청을 하였고 그 중 212명이 정식 난민인정심사절차로 회부되었다.9)

그동안 가장 큰 문제점 중 하나로 지적되었던 통역문제가 난민법에 통역지원의 의무화를 명시함에 따라 2012년 2월부터 난민전문통역제도를 시행하고 있다. 또한 난민으로 인정되기까지 심사기간이 보통 1년 이상 소요되는데 이 기간 동안 난민신청자에 대한 최소한의 생계유지를 위한 지원이 현실화되었으며, 우리 사회에

---

8) 현재 난민위원회는 **위원장 1명을 포함하여 총 15명의 위원으로 구성**되어 있다. 난민위원회 심의에 앞서 각 분야 전문가들로 구성된 분과위원회 심의를 거치도록 하여 이의신청심의를 보다 심도 있게 진행할 수 있도록 하기 위해 난민위원회 산하에 3개의 분과위원회를 구성하여 운영하고 있으며, 위원회의 구성은 대한변호사협회, 대법원, 인권단체 등의 추천을 받은 난민전문가 및 난민주요발생국의 국가정황에 해박한 교수, 국제법 전공 교수 등도 추가 위촉하여 민간위원이 과반수가 되도록 구성하고 있다.

9) 오태곤, 앞의 논문, 446쪽.

적응을 위한 한국어, 컴퓨터 교육, 직업상담 등을 지원할 수 있도록 출입국·외국인 지원센터를 건립하여 현재 운영 중이다. 이 외에도 최근 난민신청 건수가 급증함에 따라 이에 대한 집중적인 처리 및 이의신청의 효율성을 강화하기 위한 정책을 마련 하였으며, 외교부, UNHCR 등 관계기관과의 협업을 강화하여 국가정황, 해외 주요 국가 심사자료 등을 신속히 입수하여 심사에 적극 활용하도록 하였다. 난민인정자 외에도 인도적 체류자의 경우 실질적인 취업을 보장하는 방향으로 제도를 보완하는 등 그 처우를 개선하기 위한 노력이 있었고, 전반적인 난민신청자에 대한 처우에 있 어서도 생계비 지원을 위한 노력을 지속적으로 추진하고 있다.[10]

2. 앞으로의 과제

(1) 난민신청절차의 보완

현행 난민법에서 규정하고 있는 난민신청절차에 대하여 몇 가지 문제가 지적 되고 있어 이를 살펴보면, 첫째, 공항의 출입국심사대 외부에서 난민신청 의사를 밝 히거나 요구할 경우, 완전히 입국한 것으로 인정되지 않아 난민인정신청이 받아들 여지지 않고 있다는 점이다. 따라서 해당 난민은 대한민국의 정상적 출입국절차를 통해 영내에 완전히 입국한 후에야 신청을 할 수 있다. 그런데 난민협약은 제31조에 서 난민은 입국과정이나 체류과정에서 법적 지위의 합법성에 대해 문제를 삼지 못 하도록 되어 있다.[11] 또한 일부 난민신청의 경우 접수 단계에서 담당 공무원의 자 의적인 판단에 따라 접수가 보류되거나 담당자의 자의적 판단에 의해 난민에 해당 되지 않는다고 설득하는 경우가 발생하기도 한다. 난민인정절차 중 가장 중요한 절 차는 담당 공무원 면담이다. 이 면담은 서울출입국관리사무소의 난민담당공무원이 지정하는 일시 및 장소에서 이루어지는데, 일반적으로 난민신청 접수 3~6개월 이 후에 서울출입국관리사무소 국적난민과 내에서 이루어진다. 면담 내용은 본국을 떠

---

10) 법무부난민과, 「법무부·국회 Friends of UNHCR·UNHCR 공동 포럼 발표문」, 2014, 5-14쪽 참조.
11) 「난민의 지위에 관한 협약」(난민협약) 제31조는 "체약국은 그 생명 또는 자유가 제1조의 의미에 있 어서 위협되고 있는 영역으로부터 직접 온 난민으로서 허가 없이 그 영역에 입국하거나 또는 그 영 역 내에 있는 자에 대하여 불법으로 입국하거나 또는 불법으로 있는 것을 이유로 형벌을 과하여서는 아니 된다"라고 규정하고 있다.

날 수밖에 없었던 이유와 본국에 돌아갈 수 없는 이유 등 박해에 관한 것으로 난민으로서의 자격요건을 갖추었는가를 판단하는 가장 중요한 근거가 된다.

그러나 현행 면담절차에 있어서 통역문제가 지속적으로 제기되고 있다. 면담 과정에서 원활한 통역의 제공은 가장 필수적인 문제이지만, 그동안 관련 예산 부족과 인식 미비로 인해 양적으로나 질적으로 충분한 통역의 제공되지 않고 있는 것이 현실이다. 최근에는 통역 제공이 한층 강화되고 있지만 영어, 프랑스어, 중국어 등 주요 언어를 제외하면 원활한 통역이 제공되지 못하고 있다. 특히 난민신청자들의 출신국가가 다양화되고 있는 최근의 추세로 미루어 볼 때, 중동, 남아시아 및 아프리카 지역의 소수언어에 대한 통역 제공을 강화해야 할 것으로 지적되고 있다.[12]

(2) 국민의식의 변화 필요

2014년 12월 기준 국내 불법체류 외국인 혹은 미등록 이주민은 약 20만 8,778명으로 집계되고 있으며, 불법체류자 관련 문제가 언론에 보도될 때마다 불법체류자에 대한 사회적 인식이 부정적으로 변하게 되는데, 이러한 부정적 인식이 난민에 대해서도 그대로 반영되고 있다. 2014년 영종도에 개소한 난민수용시설에 대해 지역공동체의 반대운동이 심했는데, 이는 난민에 대한 부정적 인식에 기인하여 난민시설을 혐오시설로 간주하여 발생한 것이라고 볼 수 있다. 이러한 국민적 정서가 고착되어 있는 상황에서는 관계부처가 최소한으로 국제적 기준에 맞추는 인도주의적 정책을 수립하고 집행하려고 해도 사회적으로 정착되기 어렵다. 난민에 대한 부정적 인식은 난민인정심사 과정에서도 보이는데, 외국의 경우 난민문제를 인권의 문제로 이해하는 반면, 우리나라의 경우에는 불법체류 외국인을 적발해 처벌하거나 추방하기 위한 수단으로 난민에 대한 정책을 다루고 있다고 지적되어 왔다.

국제사회에서 한국의 높은 위상과 난민법의 제정 등으로 우리나라의 난민신청자 수는 급증하고 있다. 이에 발맞춰 정부에서도 관련 법률이나 제도의 정비를 위해 노력하고 있지만, 여전히 법적 보호장치나 한국사회에 적응할 수 있는 제도, 기타 정책들이 아직은 미흡한 상태이다. 또한 난민에 대한 국민들의 의식도 부정적인 측

---

12) 옥영혜, 앞의 논문, 192쪽 참조.

면이 강하여 인권침해의 소지가 다분하다. 이에 법적 장치나 제도의 개선과 더불어 국민의 의식변화를 위한 인권교육 등의 다양하고 적극적인 대책이 필요하다.

(3) 난민지위 재신청 제도화

현재 난민법을 비롯한 난민인정심사제도는 재신청에 대하여 언급하고 있지 않다. 그러나 법무부 출입국·외국인정책본부에서는 사회단체의 탄원서 등 여러 가지 경위를 통해서 특별한 경우에 한해서 재신청을 받고 있다. 하지만 문제는 이 재신청이 공식적인 절차가 아니라 난민신청자의 특수한 경우를 감안한 예외적인 경우에 한에서 허용한다는 점에서 재신청 여부는 '임의재량'에 맡긴 것으로 이해된다. 현재의 난민인정심사제도는 난민신청자에게 법무부에서 2회, 행정소송 과정에서 3회의 심사기회를 주고 있는데, 난민신청자에 비해 인정률이 현저히 낮은 상황에서 출입국사무소는 인도적 차원을 고려하여 소수의 난민신청자에게만 재신청을 허용해 왔다. 문제는 난민인정신청 후 1년이 훨씬 넘어서야 난민인정 여부 결정이 이루어지고, 법무부장관에게 이의신청을 하더라도 다시 1년이 넘는 시간을 기다려야 하는 행정지체 상황에서 취업활동이 극히 제한적이며 이로 인한 생계유지에 문제가 발생할 수 있다는 점이다.[13] 현재 이러한 재신청 과정은 난민법에 구체적으로 명시되어 있지 않지만, 난민이 자발적으로 발생하는 것이 아니고 상황적 요인과 변수에 의해서 영향을 받는 점, 그리고 그러한 재신청의 경우가 실제 증가하고 있다는 점 등을 감안한다면 현 시점에서 공개적 제도화를 심각하게 검토할 필요가 있다.[14]

요컨대 현행 난민문제와 관련해서는, ① 한국의 국제적 위상에 부응하여 난민인정률을 제고하고, ② 난민심사 적체를 해소하기 위하여 난민심사절차를 간소화하며, ③ 난민심사관 교육 프로그램을 강화함으로써 난민심사업무 역량을 제고하고, ④ 난민신청제도에 대한 남용의 의심이 있다면 난민신청 자체를 제한하거나 신청기한이나 횟수를 법·제도적으로 제한하며, ⑤ 난민위원회의 심사역량 강화를 위하

---

13) 서울행정법원 2013. 10. 10. 선고 2013구합13617 판결 참조.

14) 오병훈, "한국 난민정책의 문제점과 개선방안", 정책개발연구 제15권 제1호, 한국정책개발학회, 2015, 86-87쪽 참조.

여 상근위원을 배치하여 상설기구화하고, ⑥ 난민문제와 관련이 있는 유관 부처나 지방정부와의 협업을 강화함으로써 효율적이고 전면적인 대응이 이루어질 수 있도록 난민심사제도를 개선하는 방안을 검토할 필요가 있다.[15)

---

15) 김예경/백상준/정민정, "난민유입대응 관련 정책 현황과 개선방안", NARS 현안분석 vol. 20(국회입법조사처), 2018. 9. 3. 참조.

제6장

탈북자와 북한주민의 인권 및 납북자 문제

탈북자와 북한주민의 인권 및 납북자 문제

Ⅰ. 북한의 인권

1. 북한의 인권 관련 법령

1990년대에 출판한 북한 「조선말대사전」에서 인권은 "사람이 사람으로서 마땅히 가져야 할 권리, 즉 사람의 자주적 권리, 사회적 존재로서의 사람의 인권은 그의 정치생활, 경제생활, 문화생활 등 사회생활에서 표현된다. 인권은 온갖 착취와 억압이 청산되고 인민이 나라의 주인으로 된 사회주의제도에서만 철저히 보장된다"라고 명시하고 있다. 한편 인권유린은 "반동통치계급들이 사람의 자주적 권리를 침해하고 짓밟는 것"으로 표현했다.[1]

2000년대에 들어와 북한의 인권개념은 한층 세련되었다. 즉, 「조선대백과사전」에서 인권은 사람이 사회적 존재로서 마땅히 가져야할 권리, 사람이 자연과 사회의 주인의 지위를 차지하고 주인으로서의 역할을 하자면 정치·경제·문화를 비롯한 모든 분야에서 인간의 자주적 본성에 맞는 권리이다. 인권은 사람이 사회적 존재로서의 존엄을 가질 권리, 정치적 권리와 경제·문화적 권리, 불가침권 등을 기본 내용으로 하고 있다.

---

1) 「조선말대사전(2)」, 평양: 사회과학출판사, 1992, 1696쪽.

북한의 인권 관련 법령의 주요 내용을 살펴보면 다음과 같다.

첫째, **북한헌법**에 규정되어 있다. 북한의 현행 사회주의헌법에서 표면적으로는 공민의 기본권리를 인정하고 있다. 그러나 제63조에서 "공민의 권리와 의무는 하나는 전체를 위하여, 전체는 하나를 위하여라는 집단주의원칙에 기초한다"라고 명시하고 있다. 그 외에 제64조에서 "참다운 민주주의적 권리와 자유, 물질문화생활을 실질적으로 보장한다"고 하며, 제67조에 "공민은 언론, 출판, 집회, 시위와 결사의 자유를 가진다"고 하고, 제68조에는 "공민은 신앙의 자유를 가진다"라고 규정하고 있다. 그러나 종교건물을 짓거나 종교의식 같은 것을 허용하는 것으로 보장된다는 조항 등에서는 일반적 인권보장과는 다르다는 점을 알 수 있다.

둘째, **북한형법**의 규정이다. 북한은 정치를 법의 상위개념으로 보고 있어 정치가 법보다 우선하며, 법은 정치 및 당과 수령의 정책을 실현하는 수단으로 존재한다. 따라서 형법의 규범적 지위도 조선노동당 규약을 최고규범으로 하여 **노동당규약 → 헌법 → 일반법령**(형법)의 체계로 되어 있다. 따라서 형법은 수령과 노동당의 노선과 정책을 관철하고 북한체제를 수호하는 기능을 수행하고 있다.

북한형법 제1조에서 "조선민주주의인민공화국 형법은 범죄에 대한 형사책임 및 형벌제도를 바로 세워 국가주권과 사회주의제도를 보위하고 인민들의 자주적이며 창조적인 생활을 보장하는 데 이바지한다"라고 밝히고 있으며, 제2조에서는 "국가는 범죄자의 처리에서 노동계급적 원칙을 확고히 견지하고 사회적 교양을 위주로 하면서 이에 법적 제재를 배합하도록 한다"라고 규정하여 북한형법의 계급적 본질을 천명하고 있다. 이는 형법이 범죄행위에 대한 사후적 제재와 병행하여 사회적 교양을 통해 북한주민들의 사상무장을 강화하고 반노동계급적 요소를 제거함으로써 북한사회 전체의 계급노선을 확고하게 하는 계급투쟁의 무기임을 입증하는 것이다.

그 외에 북한에도 **형사소송법, 사회주의노동법, 재판소구성법, 변호사법** 등이 있으나, 이러한 규정들은 인권보장과는 거리가 상당히 거리가 멀고, 1인 세습권력유지와 노동당 1당 독재체제를 유지하는 데 초점이 맞춰져 있다.

2. 북한의 인권상황

(1) 생존권

북한의 식량난 이후 발생한 대량 아사자의 문제는 생존권의 문제가 북한주민들에게 가장 시급한 인권문제라는 사실을 입증한다. 1995년부터 북한의 식량난이 외부사회에 알려진 이후 한국을 비롯한 국제사회의 원조가 지속되고 있고, 북한 내부에서도 열악한 농업생산성을 향상시키기 위한 정책들을 취해 왔음에도 불구하고 여전히 식량생산량은 저조하다. 사회주의식 농장경영제도 자체의 비효율성도 열악한 농작물 생산 실태의 원인이 되지만, 북한의 낙후된 농업기반시설과 작물을 재배하기에 불리한 기후환경, 척박한 토양상태, 농업보조재 공급부족 등의 요인들은 식량부족 현상을 가중시키는 원인이다. 생명을 위협하는 기아나 영양결핍 등의 문제를 해결하기 위해서는 식량 생산과 보급이 제대로 되어야 하고 그러기 위해서는 농업환경의 개선이 반드시 필요하다.[2]

만성적인 식량부족과 그로 인한 노인과 어린이들의 영양실조, 신체의 기형화 등은 향후 그 심각성을 더하게 될 비극적 참상이라고밖에 표현할 수 없는 상황이다. 1995년부터 1998년까지의 대량 식량난으로 인한 북한의 아사자 규모는 최대 약 300만 명 이상으로 보고되고 있다.[3] 이런 점에서 무엇보다 심각하고도 시급한 해결을 요구하는 북한의 인권문제는 식량문제라고 할 수밖에 없는 상황이다.

(2) 경제적·사회적 권리

전통적으로 사회주의 국가들은 그 체제가 경제적·사회적 평등권을 실질적으로 보장하고 있다고 선전해 왔다. 마찬가지로 북한 역시 자신들의 체제가 누구나 평등

---

2) 통일연구원, "농업분야의 지속가능한 대북지원 및 남북 협력방안 모색", 통일연구원 정책연구시리즈 14-01, 2014, 74쪽.

3) 이 수치에 대해서는 전 북한 노동당 비서 황장엽의 증언과 좋은 벗들의 조사자료를 참조할 수 있다. 황장엽은 조직지도부 성원의 보고를 기초로 "1995년부터 1996년 말까지 150만 명이 굶어 죽었다는 것은 틀림없는 자료이다. 1997년과 1998년 사정은 똑똑히 알 수 없으나 식량사정이 크게 개선된 것 같지 않기 때문에 적어도 매년 100만 명 정도 굶어 죽은 것으로 추측된다"(「황장엽 비록공개」, 조선일보사, 2001, 106-107쪽) 좋은 벗들의 보고서 역시 식량난이 가장 심각했던 시기인 1995년 8월부터 1998년 7월 말까지 약 300만 명의 아사자가 발생한 것으로 추정하고 있다.

하게 교육받고, 의료혜택을 받고, 일할 수 있는 권리를 보장받는 사회라고 주장해 왔다.

그러나 식량난 이후 이러한 권리들은 심각하게 위협받고 있다. 북한이 내세우던 의료체계는 마비되어 가고 있는 것으로 보인다. 병원에는 초보적인 의약품과 수술기구조차 구비되어 있지 않으며, 의약품을 구하는 것은 환자 본인의 부담이 되고 있다.4) 이러한 상황은 교육현장에서도 마찬가지로 나타나고 있다. 교육자재의 부족은 물론 어린이들에 대한 적절한 영양공급도 되지 못하고 있는 상황이다.

(3) 정치적·시민적 권리

정치적·시민적 권리는 전체주의 사회, 수령절대주의체제라는 정치적 조건 속에서 원칙적으로 보장되기가 어려운 권리라고 할 수 있다. 자유민주주의체제에서 주장하는 사상, 언론, 결사, 집회의 자유 등은 북한체제의 속성상 원천적으로 보장되기 어려운 성격을 가지고 있다. 또한 언론과 표현의 자유는 주민 상호 간의 엄격한 조직적 감시체계로 인해 보장되기 어려우며, 통행증 제도를 통한 거주이전의 자유에 대한 제한은 식량난 이후 정치적·시민적 권리에 대한 침해를 넘어서 생존권을 위협하는 상황이라고 한다. 왜냐하면 통행의 자유가 억압당하면서, 식량을 구입하기 위한 이동자체가 금지되는 상황이 벌어지고 있기 때문이다.5)

[북한 인권상황]

구분	현황
자유권	• 사형제도는 법보다 포고문, 지시 등에 의해 자의적으로 집행되고, 특히 **공개처형**은 생명권을 유린하는 대표적인 행위로 국제사회로부터 많은 지탄을 받고 있음 • **5~6개 정치범수용소에 약 15만여 명이 수용**되어 참혹한 인권유린을 당하고 있으며 교화소, 노동단련대, 집결소 등 구금시설에서의 자의적 구금, 고문, 가혹행위, 굶주림, 노동착취 등 극심한 인권침해 상황에 직면하고 있음 • **전근대적 연좌제에 의한 신분세습**과 핵심계층, 동요계층, 적대계층 등 출신성분에 따라 진학, 결혼, 직장, 입당 등 사회생활 전반에 차별행위가 만연되어 있음 • 변호인의 조력 등 정당한 법적 절차에 따라 독립된 사법기관에 의해 재판받을 권

---

4) 「북한 인권백서 2003」, 42-43면 참조.
5) 좋은 벗들의 보고서는 통행 증명서 제도가 당장의 끼니를 구하는 행위를 금지하는 효과를 낳기 때문에 시급히 폐지되어야 한다고 주장하고 있다(「북한식량난과 북한인권」, 48쪽 이하 참조).

	리가 보장되어 있지 않음 • 여행증 제도로 거주이전의 자유가 전면 제한되고 있으며, 특히 정치적 성분이 불량한 시민은 평양에서 강제추방되고 있는 실정임 • 수령절대주의에 의한 김일성·김정일에 대한 철저한 우상화로 인해 사상, 양심 및 종교의 자유가 허용되지 않고 있으며 보위부, 보안원들로부터 사상동향 등 일상적인 감시와 통제를 받고 있음 • 집회, 결사 및 표현의 자유가 철저히 제한되고 내외부 정보가 차단되어 있음 ※ 최근 장마당 등을 통해 한류문화 등 외부의 소식이 점차 유입되고 있음
사회권	• 1990년대 소위 '고난의 행군' 시기를 거치면서 식량배급제도가 붕괴되고 선군정치 등으로 인해 특권층을 제외한 일반주민의 식량배급은 사실상 중단된 상황에서 주민들은 각자 장마당 등을 통해 힘겹게 독자적으로 삶을 영위하고 있으며, 이러한 식량난은 대량 탈북의 계기가 됨 • 노동권은 집단주의 원칙에 의한 공동이익을 위한 것으로 권리가 아닌 의무로 인식되고, 만성적인 경제난으로 다수가 실업상태에 있지만 비생산적인 노동현장에 동원되고 있음. 외화벌이를 위해 외국에 파견된 근로자들의 임금착취도 심각함 • 북한주민은 노동3권(단결권, 단체교섭권, 단체행동권)에 대한 인식 자체가 결여되어 있고 유일한 노동조합 형태인 '조선직업총동맹'은 당과 국가의 정책을 선전하는 조직에 불과함 • 직업선택은 개인의 의사와 능력보다 당의 인력 수급계획과 출신성분 등에 따라 좌우됨 • 북한의 헌법과 사회보장법에서는 외형적으로 완전한 사회보장이 가능한 복지국가의 모습을 갖추고 있지만 실제와는 엄청난 괴리를 보이며 식량배급제, 무상의료, 무상교육, 연금제 등 사회보장제도는 붕괴된 지 오래됨 • 북한은 11년 무상의무교육제를 실시하고 있으나 경제난으로 교육환경이 매우 열악함. 특히 교육 내용도 지식과 인격 함양보다 수령 우상화 등 의식교육과 군사훈련에 주력하고 있음 • 여성, 아동, 노인, 장애인 등 사회적 소수자의 인권은 한층 열악한 상황에 처해 있고, 특히 영유아, 아동들은 영양결핍으로 인한 발육부진으로 건강권이 심각하게 위협받고 있음

출처: 국가인권위원회, 북한인권 결정례집(2004~2015).

3. 북한의 인권문제

(1) 북한인권의 문제점

북한은 남한에 대한 관계에서 볼 때 특수한 법적 지위를 갖추고 있다. 이를 한마디로 표현하면, 북한은 **국가이면서 동시에 국가가 아닌 모순성**을 갖고 있다는 것이다. 이를 자세히 말하면 다음과 같다. 우선 국내법, 특히 헌법의 측면에서 보면 북한은 독자적인 국가가 아니다. 왜냐하면, 대한민국 헌법 제3조는 "대한민국의 영토는 한반도와 그 부속도서로 한다"라고 규정하고 있음으로써, 북한지역도 역시 대한민국의 영토에 포함하고 있기 때문이다. 다시 말해 북한지역은 한반도에 속하는 지역이고 한반도 전체가 대한민국, 즉 남한의 영토에 해당하는 이상 북한지역도 남한에 속한다는 것이다. 다만 '**휴전**'이라는 장애 때문에 대한민국의 주권이 사실상 북한 지역에 미치지 못하고 있을 뿐이라고 한다.6) 따라서 남한의 시각에서 볼 때 북한은 합법적인 정권이 아니며, 따라서 북한의 주권성도 인정할 수 없다. 우리나라의 「국가보안법」은 이러한 시각을 전제로 함으로써 **북한도 '반국가단체'**에 지나지 않을 뿐이다.7)

그러나 다른 한편 북한은 주권적인 국가로 인정을 받고 있기도 하다. 우선 1991년 남한과 북한이 **동시에 국제연합에 가입**하면서, **국제법상 북한은 독립된 주권국가로 승인**을 받게 되었다. 말하자면, 북한은 독자적인 주권과 외교권을 갖게 된 셈이다. 이러한 맥락에서 **남북기본합의서**는 북한을 통일을 위해 함께 나아가고 협력해야 할 동반자로 이해한다.

(2) 북한 인권문제의 국제적 논의

인권의식이 세계적으로 확대되는 이러한 상황 속에서 북한 인권문제 역시 인권에 관한 국제적 논의의 중심 대상이 되고 있다. 국제적인 차원에서 북한 인권문제 제기의 중심 주체는 크게 유엔과 국제 인권단체들을 꼽을 수 있다.8)

1) UN 안전보장이사회

2016년 3월 2일 UN 안전보장이사회는 만장일치로 결의안 2270호를 채택하였다. 이는 북한이 1월 6일 감행한 제4차 핵실험과 2월 7일의 장거리미사일 발사실험

---

6) 이는 우리 대법원의 기본 태도이다. 가령 대법원 1990. 9. 25. 선고 90도1451 판결; 대법원 1997. 11. 20. 선고 97도2021 판결 등 참조.

7) 이에 관해서는 장명봉, "남북한 기본관계 정립을 위한 법적 대응", 남북한 유엔가입과 한반도 통일문제의 공법적 대응, 한국공법학회, 1991, 132쪽.

8) 이원웅, 「북한인권 문제와 국내의 운동현황」, 「한반도의 평화와 인권 2」, 한국인권재단 엮음, 사람생각, 2002, 235쪽 이하 참조.

에 따른 조치이자 UN 헌장 제7장 제41조의 비군사적 제재규정에 근거한 결정이다. UN은 이미 핵실험 및 장거리미사일 발사와 관련하여 결의안 제1718호(2006), 제2874호(2009), 제2087호(2013), 제2094호(2013) 등을 내놓은 바 있다. 이번 대북제재는 기존의 안보리 대북제재 결의와 달리 북한의 WMD 개발에 대응하는 것은 물론, WMD 차원을 넘어서 북한경제 전반에 영향을 줄 수 있는 제재조치들이 포괄적으로 망라되어 있다.

UN 안보리 결의안 제2270호는 제재조치 이외에도 북한주민의 인도주의적 상황과 인권문제에 대해 고려하고 있다. 회원국의 북한 민간인 추방(제14조), 핵개발과 관련된 전산·GPS·우주과학 등에 관한 훈련을 제공하지 못하게 한 조치(제17조), 의심되는 화물을 소지한 개인에 대한 검문(제18조) 등은 북한 민간인에 대해서도 영향을 미칠 수 있는 제재조치들이다. 또한 동 결의안 전문은 결의안에 따른 제재조치들이 북한주민들에게 반인도주의적인 결과를 초래할 것을 의도하지 않고 있음을 밝히고 있고, 북한주민들이 직면하고 있는 중대한 고난 상황에 대한 깊은 우려를 표명하고 있다.

이러한 안보리 대북제재와 더불어 유엔 인권메커니즘도 북한에 대해서 강력한 압력을 실행하고 있다. 1997년 (구)유엔인권소위원회에서 북한 인권문제가 처음으로 거론되기 시작한 이후 20여 년 동안 국제 NGO와 유엔은 북한인권을 주요 의제로 다루어 왔다. 2014년 COI보고서 이후 유엔의 대북인권 접근전략은 '창피주기정치(mobilization of shame)'에서 책임성규명 및 '처벌정치(politics of prosecution)' 단계로 이행되고 있다. 북한 인권문제는 3년 연속 안보리 의제로 채택되고, '최고존엄'을 국제형사재판소(ICC)에 반인도범죄로 기소할 수 있는 가능성을 열어 두고 있다.

COI보고서의 가장 중요한 의미는 북한의 인권침해 상황을 '반인도적 범죄'로 재규정(reframing)하고 있다는 점인데, 이것은 국제인권레짐에 의해서 당연히 가해책임자 식별과 처벌절차로 이행된다.[9]

2019년 12월 18일 제74차 유엔총회에서도 북한인권결의가 무투표로 채택되었다. 총회결의에는 한반도 상황과 관련하여 북한인권, 인도적 상황 개선을 위한 대화와 관여의 중요성에 남북대화의 중요성이 포함되었으며, 정기 서신교환, 화상상봉,

---

9) 이원웅, "북한인권법과 대북인권정책", 신아세아 제23권 제2호, 2016, 63-68쪽 참조.

영상메시지 교환 등을 통한 이산가족 상시, 정례 상봉 및 접촉의 중요성을 강조하는 내용 등이 추가되었다.[10]

2) UN 인권소위원회에서의 북한인권에 관한 결의안 채택

유엔인권소위원회는 1997년과 1998년 북한인권에 관한 결의안을 채택하였다. 이어 2003년 4월 16일 제59차 유엔인권위원회는 유럽연합의 주도로 북한인권 개선을 촉구하는 결의안을 53개 위원국 가운데 28개국의 찬성으로 채택하였다. 또 2004년 4월 15일에도 유엔인권위원회는 유럽연합의 주도로 대북결의안을 표결에 부쳐 찬성 29, 반대 8, 기권 16으로 통과시켰으며, 북한 인권문제에 관한 특별보고관을 임명하기에 이르렀다.[11] 특별보고관은 북한 정부 및 주민들과 직접 접촉채널을 구축하고, 국제인권협약과 국제인도법의 준수 여부를 포함한 인권상황 전반을 조사하여 인권위원회는 물론 유엔총회에 조사결과와 권고사항을 보고할 의무가 있다. 특별보고관으로는 비팃 문타폰(Vitit Muntarbhorn) 태국 국립출라롱콘대학 법학과 교수가 임명되었다. 그는 2004년 10월 유엔총회에서 북한인권 특별보고관 활동에 관한 보고를 하였으며, 2005년 3월 14일에는 제61차 유엔인권위원회에 관련 보고서를 제출하였다.[12]

3) UN 인권이사회

2015년 3월 개최된 제25차 유엔인권이사회는 2014년 "북한상황"이 유엔안전보장이사회 공식의제로 채택된 것을 환영하면서 안보리가 북한 인권문제와 관련하여 지속적이고 적극적인 역할을 할 것을 촉구하는 내용의 "북한인권결의"를 채택하였다. 2015년 6월 23일에는 2014년 발표된 유엔북한인권조사위원회 보고서의 권고사항 및 인권이사회 결의에 따라 서울 유엔인권사무소가 설치되었으며, 2015년 12월 제70차 유엔총회에서는 유엔안보리가 북한상황을 국제형사재판소에 회부하고 인권침해 책임자에 대한 제재방안을 검토할 것을 촉구하는 강력한 내용의 "북한인권결

---

10) 통일부, 「2020 통일백서」, 2020, 126-127쪽.

11) 한국정부는 남북관계의 특수성을 고려한다는 입장에서 2004년 유엔인권위원회의 북한 인권문제에 관한 결의안 표결에서 기권했다.

12) www.dailyNK.com, 2005년 1월 23일. 보고서는 탈북자 처리문제와 관련하여 중국, 러시아에는 강제송환 금지를, 북한에 대해서는 강제송환자의 학대와 북한 내 인권상황 개선을 촉구하고 있다.

의"를 채택하였다.

2019년 3월 22일 제40회 유엔인권이사회에서는 북한인권결의가 무투표로 채택되었다. 결의에는 북한인권, 인도적 상황 개선을 위한 대화와 관여의 중요성, 이산가족 재개 및 이산가족 문제 관련 남북정상회담 합의사항 환영 등의 내용이 추가되었다.

4) 국제사면위원회의 북한인권개선결의안 채택

국제사면위원회(AI)는 1983년부터 연례보고서에서 북한의 인권문제를 수록하기 시작했으며, 1998년에는 아시아워치와 미네소타변호사 국제인권위원회가 공동으로 「북한의 인권」이라는 최초의 체계적인 북한인권보고서를 발간하여 국제적으로 문제를 공론화하였다. 또한 헤리티지재단은 1992년 정치적, 경제적, 사회적 인권부재 실상을 심포지엄 보고서 「북한의 인권」에 담아 출판하였으며, 아시아·태평양의원연맹(APPU) 총회는 방콕의 1994년 제29차 총회에서 남한 대표단이 제출한 '북한 내 인권개선과 억류된 한국인의 조속 송환을 촉구하는 결의안'을 만장일치로 채택하였다.

5) 미국의 북한인권법안 채택

미국에서는 하원에서 만장일치로 통과된 '북한인권법안(The North Korean Human Rights Act)'이 2004년 9월 28일 상원에서도 만장일치로 통과되었다. '2004년 북한인권법안'의 주요 내용은 북한주민의 인권신장을 위해 자유아시아 방송(RFA)과 미국의 소리(VOA) 등을 지원하며, 탈북자 지원단체들을 후원하고, 탈북자들이 미국으로 망명하는 것을 허용하는 등의 내용들을 담고 있다.[13] 상원에서 통과된 법안 역시 이러한 내용들을 핵심으로 하고 있으며, 연간 2,400만 달러를 4년에 걸쳐 미국정부가 사용할 수 있다는 규정을 포함하고 있다.[14] 또한 최근의 몇몇 보도에 따르면 일본

---

13) 국내의 일부 시민단체들은 미국의 북한인권법안이 담고 있는 내용에 대한 우려를 표명하고 있다. 이러한 우려는 '2003 북한자유법안과 2004 북한인권법안에 대한 한국시민사회의 의견'이라는 성명으로 발표되었으며, 그 핵심 내용은 인권문제의 해결은 김정일 정권의 교체라는 정치적 목적과 분리되어 접근되어야 하며, 인도적 지원이 제한되어서는 안 되고, 인권문제가 남북간의 평화적 교류협력에 방해가 되어서는 안 된다는 것이다.

14) 특히 매년 집행되는 2,400만 달러 중 2,000만 달러를 탈북자를 지원하는 단체나 개인에게 후원하는 것으로 규정함으로써 향후 탈북자 인권 관련 활동은 급속히 확대 강화될 것으로 예상된다.

에서도 자민당과 민주당 의원들에 의해 초당적으로 북한인권법 제정이 추진 중이라고 한다. 이러한 흐름들을 종합적으로 고려할 때, 북한 인권문제에 대한 국제적인 관심과 개입의 노력은 향후 점차 확대되어 나갈 것으로 예상된다.

(3) 북한 인권문제의 국내적 논의

1) 논의의 동향

2015년 12월 말 기준 통일부에 등록된 북한인권 단체는 총 33개로 매년 증가하는 추세이며 활동영역도 다양해지고 있다. 정부는 학술회의 개최, 자료집 발간, 아카데미 운영, 문화행사 및 캠페인 등 북한인권 민간단체들의 다양한 활동을 지원하고 있으며, 이를 통해 북한 인권문제에 대한 국내외 관심과 개선 노력이 확대되고 실질적인 북한인권 개선에 기여할 수 있기를 기대하고 있다.

우리 시민사회에서 북한 인권문제에 대해 접근하고 논의하는 입장들은 크게 보아서 다음과 같은 세 가지로 분류할 수 있다.

첫 번째 입장은 북한 인권문제에 대해 **원칙적이고 근본적인 비판의 입장**을 취하는 쪽에서는 북한 인권문제의 심각성을 강조하며, 북한 인권문제의 근원이 3대 세습의 독재체제에 있다고 진단했다. 이들은 또한 이러한 진단에 기초해서 북한 세습독재정권 타도를 목표로 하는 북한민주화론을 제기하였다. 이 입장은 북한 김정은 정권의 교체가 있기 전에는 북한 인권상황의 근본적인 개선이 불가능하다고 본다는 점에서 원칙적이고 근본적인 입장이라고 할 수 있다. 이 입장에서는 이러한 판단을 기초로 북한 인권문제를 국제사회에 알려 북한정권에 대한 국제적인 압력을 강화하며, 이를 통해 북한 내부의 민주화를 촉진함으로써 북한 인권문제를 해결하고자 노력하고 있다.

두 번째 입장은 북한 인권문제에 대해 **유보적 입장**을 취하는 쪽에서는 북한 인권문제 자체가 부정확한 정보에 기초해서 현실보다 과장되고 있으며, 또 우리의 특수한 상황을 고려할 때 북한 인권문제를 전면적으로 제기하는 것은 바람직하지 않다고 판단하고 있다. 이들은 이러한 입장에서 남북한 평화체제의 유지와 교류협력을 통한 북한의 점진적 변화를 선호하고 있다. 그리고 남북간의 교류협력을 지속적으로 추진하며, 미국과 북한 간의 군사적 긴장을 완화시키고, 이러한 조건 속에서 북한 스스로 개혁개방을 통한 안정적 연착륙을 이루어 나가기를 기대하고 있다. 그리고 북한 인권문제 역시 이러한 상황의 개선과 더불어 점진적으로 해결되어 나갈 것으로 판단하고 있다.

세 번째 입장은 **북한 인권문제에 대해 인도주의적 입장을 취하는 쪽에서는 북한 인권문제의 심각성을 진지하게 받아들이지만, 북한 인권문제에 대해 정치적 목적을 가지고 접근하는 것에 대해서는 반대**하고 있다. 이들은 북한인권의 심각성이 우리 사회에서 공론화되는 것에는 관심이 있지만, 인권문제의 해결은 철저히 인도주의적 원칙에 따라서 해결되어야 한다고 주장하고 있고, 북한 인권문제 해결을 위해 대북 봉쇄정책을 취하거나 체제전환을 시도하는 것에 대해서는 우려를 표명하고 있다.

2) 북한인권법의 제정 및 주요 내용

국회에서는 체계적인 북한인권정책 추진을 위한 제도적 기틀 마련을 위해 '북한인권법'을 제정하려는 논의가 진행되어 왔다. 제17대 국회에서 '북한인권법안'을 발의한 이래 제19대까지 동 제정안을 포함하여 총 19개의 법안이 발의되었다. 이 법안들은 통일부에 북한인권자문위원회, 인도적지원협의회, 인도적지원사무소, 인권정보센터 등을 설치하고 북한인권기본계획을 수립하며, 법무부에 북한인권기록보존소 설치 등의 규정을 주요 내용으로 하고 있다. 국회는 일부 쟁점사항을 남겨 두고 법안 내용에 합의하였으며, 절충안에는 북한주민의 인권보호 및 증진을 위하여 매 3년마다 '북한인권증진 기본계획의 수립' 및 매년 '집행계획의 수립', 북한인권 증진에 관한 정책자문을 위한 위원회의 설치, 북한인권재단의 설립 등의 관련 내용을 규정하고 있다. 「북한인권법」은 2016년 3월 2일 국회본회의를 통과하여 3월 3일 공포되었다.

북한인권법의 주요 내용을 살펴보면, 첫째, 북한주민의 인권보호 및 증진을 위하여 국제인권규약에 규정된 자유권과 생존권을 추구함으로써 북한주민의 인권보호 및 증진에 기여함을 목적으로 하고 있는데(제1조), 이는 미국이나 일본의 북한인권법과 달리 우리나라 헌법의 영토조항 연장선상에서 북한주민의 인권문제를 대한민국 정부의 책무로 규정한다는 원칙을 천명한 것으로 볼 수 있다. 둘째, 북한주민의 인권보호를 위해서 북한인권법은 북한인권재단(제10~12조)과 북한인권기록센터(제13조) 등 두 개의 핵심기구 설치를 규정하고 있는데, 이 두 기구는 향후 북한인권상황에 대한 연구 및 조사, 시민단체 지원, 피해자 진술 수집 및 기록, 보존 등의 임무를 수행하게 된다. 또한 북한주민의 인권증진을 위해서는 남북인권대화(제7조) 및 인도적 지원(제8조)에 관하여 규정하고 있다. 셋째, 북한인권법의 적용대상과 관련하여 제3조는 북한인권법의 보호대상인 북한주민에 대한 정의를 "군사분계선 이북지역에 거주하며 이 지역에 직계가족·배우자·직장 등 생활의 근거를 두고 있는 자"라고 규정하고 있다. 즉, 북한인권법에서 다루고자 하는 북한인권의 개념과 범위는 분명히 북한영토 내에 거주하는 북한주민에 한정되어 있음을 알 수 있다. 추후 이 부분에 대해서는 북한인권법의 대상을 북한영토 내의 북한주민으로 국한시켜야 할지 혹은 이산가족 등 남북간 인도적 사안까지 확대해야 할지, 재외북한이탈주민의 인권보호까지 포함하는지에 대한 논의가 있어야 할 것으로 보인다.[15)]

[북한인권 개선을 위한 국가정책 총괄표]

전략 과제	I. 북한주민 인권개선	II. 북한이탈주민 인권개선	III. 국군포로, 납북자, 이산가족 문제 해결
	1-1. 단기 실행계획	2-1. 재외 북한이탈주민 인권개선	3-1 단기 실행계획
실 행 계 획	1-1-1 북한인권에 관한 범 국민적 교육·홍보의 제도화/교과부, 통일 부, 문광부 1-1-2 북한인권법 제정/ 국회 1-1-3 정부와 민간단체 등 과 협력방안 강구/ 통일부, 국방부 등 1-1-4 북한주민의 정보접근 권 보장방안 마련/ 통일부, 문광부, 방송위 1-1-5 분배의 투명성이 보 장되는 인도적 지원/ 통일부	[단기 실행계획] 2-1-1 재외 북한이탈주민 실태파악 및 정보공 유/외통부, 통일부 2-1-2 북한이탈주민 체류국 가와 외교활동 강화/ 외통부 2-1-3 해외 북한이탈주민 보호 시스템 강화/외 통부, 통일부 [중·장기 실행계획] 2-1-4 국제법상 난민지위 보장 방안 강구/외 통부, 통일부	3-1-1 국가의 피해자 인권 보호 책무 이행/외통 부, 통일부, 국방부 3-1-2 인권·인도주의적 접근방안 마련/통 일부, 국방부 3-1-3 이산가족의 상시 상 봉체계 구축/통일 부, 외통부 3-1-4 UN 등 국제기구와 의 공조방안 강화/ 외통부, 통일부, 국 방부

---

15) 이원웅, 앞의 논문, 68-72쪽 참조.

1-1-6 유엔 및 국제기구와의 협력방안 강구/외통부	2-1-5 북한이탈주민 신변처리 간소화 방안 마련/외통부 2-1-6 북한이탈 여성과 현지주민 사이에 태어난 아동의 권리 보호/외통부, 통일부, 법무부 2-1-7 대규모 탈북사태에 대비한 인권보호대책 강구/외통부, 통일부	
1-2. 중·장기 실행계획	**2-2. 국내 정착 북한이탈주민 인권개선**	**3-2. 중·장기 실행계획**
1-2-1 국제사회에서 인권 대화 및 기술협력지원 강화/외통부, 통일부, 법무부 1-2-2 북한 법·제도의 체계적 연구/외통부, 통일부, 법무부 1-2-3 통일을 대비한 인권정책 수립/외통부, 통일부	[단기 실행계획] 2-2-1 정신적·육체적 치유 프로그램 운영/통일부 2-2-2 실용적인 국내정착 프로그램 운영/통일부 2-2-3 북한이탈 여성에 대한 정책 강화/국정원, 통일부, 여성가족부 [중·장기 실행계획] 2-2-4 북한이탈주민에 대한 인식 개선/통일부 2-2-5 사회통합을 지향하는 장기적 정책 개발/통일부	3-2-1 미흡한 관련 법·제도 보완/국회, 통일부, 국방부 3-2-2 사회적 합의 및 지지기반 구축 /통일부, 국방부

출처: 국가인권위원회, 북한인권 결정례집(2004~2015).

Ⅱ. 탈북자의 인권

1. 탈북자의 개념 및 원인

 (1) 개념 북한지역을 떠나 대한민국체제에 편입되거나 제3국을 떠도는 사람들을 통틀어 일반적으로 **탈북자**라 한다. 한편 탈북자에 대한 북한의 강제송환

및 가혹행위 등이 국제사회에 널리 알려지면서 중국, 러시아, 몽골 등 제3국을 떠도는 탈북자들의 난민지위 인정문제가 쟁점이 된다.

(2) 원인   탈북자 대량 발생 사태는 1990년대 발생한 북한의 식량난과 경제난이었다. 여기에 1990년대 이후 경제사정이 악화되고, 엎친 데 덮친 격으로 심각한 자연재해가 반복되면서 북한의 식량사정은 결정적으로 악화되었다. 1993년 냉해, 1994년 우박 피해, 1995년 역사상 유례없는 대홍수, 1996년 국지적 홍수, 1997년 가뭄, 1998년 국지적인 홍수 등 심각한 자연재해가 반복되면서 북한의 식량난은 돌이킬 수 없는 지경에 처하게 되었다. 식량부족 현상이 지속됨으로써 1990년대 중·후반 이른바 '고난의 행군' 시기에 아사자가 대량 발생했다.

2. 탈북자 문제에 대한 북한의 입장과 대응

(1) 생계형 탈북자 문제 및 주요 탈북사태에 대한 북한의 입장과 대응

1) 생계형 탈북자 문제에 대한 입장과 대응

북한은 탈북자 문제를 대외적으로 조용히 처리한다는 입장을 견지해 왔다. 지난 1990년대 중·후반 극도로 피폐해진 경제상황으로 인해 생계형 탈북행렬이 이어지면서 불거진 이 문제를 전면에 노출시킬 경우 북한의 치부만 드러내는 꼴이 되기 때문이다. 따라서 북한은 중국으로 이탈한 탈북자에 대해 대외적으로 '일시 월경자'라는 입장을 갖고 있다. 이 같은 입장에 따라 2003년 미 상원이 북한난민구호법 안을 통과시킨 것에 대해서도 "우리 제도에는 정치범이나 인권문제가 존재하지 않으며 더욱이 난민이란 있을 수도 없다"라고 반발한 바 있다(조선중앙방송, 2003. 7. 14.) 또한 북한은 국경경비를 강화하는 등 탈북사태를 방지하기 위한 조치를 취했으나, 그것은 어디까지나 소극적인 조치였다. 오히려 북한지도부는 거주와 여행 제한을 해제시키는 조치를 헌법에 명시함으로써 이 같은 사태를 묵인하는 조치를 취하였다. 이는 북한당국의 적극적인 선택이라기보다는 어쩔 수 없는 소극적인 선택이었다. 국가가 주민생활을 책임질 수 없는 조건에서 체제를 위협하는 상황이 아닌 한 생계형 탈북을 방치할 수밖에 없었던 것이다. 그러나 2000년대 이후 탈북문제에 대한 북한의 입장은 탈북방지 쪽으로 선회하고 있다. 최근 들어 북한경제는 상대적으로 호전되는 양상을 보이고 있고 식량난도 약화되고 있다. 이에 따라 대량 탈북사태도 거의 발생하지 않고 있다. 하지만 중국에 체류하고 있는 1990년대 중·후반의 탈북자들이 문제를 일으키고, 외국공관들로 진입하는 사태 등이 발생하고 있다. 중국과의 외교적 마찰이 커지면서, 탈북 방지에 대한 북한과 중국의 공조조치가 구체화되고 있다.

북한과 중국은 사법협조와 국경경비를 강화하는 등 탈북방지대책에 적극적으로 나서고 있다. 북한은 중국과 2003년 11월 19일 「민·형사사법협조조약」을, 2004년 6월 「국경협력협정」을 각각 체결했다. 이처럼 북한은 1990년 후반 대량 탈북사태에 대해 묵인과 관대한 처벌로 대응했으나, 최근에는 처벌을 강화하고 있다고 한다. 중국 내 외국공관으로의 탈북자 잠입사태 빈발, 중국 내 탈북자를 둘러싼 사회적 불안 등으로 탈북 방지에 적극 나서고 있는 것이다. 또한 중국당국의 탈북자들에 대한 체포와 북한으로의 송환도 거세지고 있으며, 북한으로 송환된 탈북자들에 대한 북한당국의 처벌도 보다 강화되고 있는 것으로 보인다.

2) 주요 탈북사태에 대한 북한의 반응

생계형 탈북자에 대한 공식반응이 거의 없는 속에서 북한은 정치적 탈북이나 대규모 탈북 입국 등에 대해서는 민감한 반응을 보이고 있다. 북한은 한국 등에 입국한 탈북자에 대해서는 '범죄자', '피랍자', '변절자'라는 반응을 나타내고 있다. 북한은 탈북자가 다른 나라에 정착하는 것에 대해 일일이 반응을 보이지 않지만, 주요 인물이나 국제적으로 파장을 일으킨 탈북 및 망명사건 때 이 같은 반응을 보였다. 그러나 이 같은 반응도 북한 내부에 대해서는 철저하게 비밀에 부쳐지고 있으며, 완벽한 보도통제 때문에 공식적으로는 전혀 알려지지 않고 있다. 대표적인 사례로 1997년 2월 황장엽 노동당 국제담당 비서의 망명과 1997년 8월 장승길 이집트 주재 북한대사의 미국망명, 1999년 1월 김경필 베를린 주재 북한이익대표부 서기관의 미국망명에 대해서는 그다지 격렬한 반응을 보이지는 않았지만, 2004년 7월 27, 28일의 대규모 탈북자입국사태와 관련하여, 29일 조국평화통일위원회는 대변인 성명을 통해 이례적으로 격렬한 반응을 보였다. 조평통은 이 사태를 "남조선당국의 조직적

이며 계획적인 유인납치행위이자 백주의 테러범죄"라고 주장했다. 또한 "6·15공동
선언에 대한 전면위반이고 도전이며 우리 체제를 허물어 보려는 최대의 적대행위"
로 규정하고, "북남 사이에 새로운 반목과 대결을 조장하며 북남관계에 돌이킬 수
없는 엄중한 장애를 조성하고 있는 남조선 당국의 반민족적 납치테러범죄를 절대로
수수방관하지 않을 것이며 응당한 계산을 할 것"이며, "이 사태가 빚어낼 후과는 전
적으로 남조선 당국이 책임지게 될 것이며 이에 협조한 다른 세력들도 반드시 비싼
대가를 치르게 될 것"이라고 경고했다(조선중앙통신, 2004. 7. 29.).

(2) 북한인권법과 북한의 대응

1) 북한인권법의 내용과 의미

미국은 2004년 10월 이후 탈북자를 비롯한 북한주민들의 인권을 강화하기 위
한 2004 **북한인권법안**을 상·하원에서 전원 찬성으로 최종 통과시키고, 부시 대통
령이 서명함으로써 미국 국내법 차원에서 발효되었다. 이로써 탈북자 문제에 대해
미국이 개입할 수 있는 발판이 마련되었으며, 북한의 반발도 커졌다. 북한인권법은
제1장 북한주민 인권신장, 제2장 궁핍한 북한주민 지원, 제3장 탈북자 보호 등으로
구성되어 있다. 이 법은 북한 내 기본적 인권의 보호와 존중, 탈북자들의 곤경에 대
한 보다 지속적인 인도주의적 해결책 촉진, 북한 내 인도주의적 지원의 투명성과 접
근성, 모니터링의 강화, 북한 안팎으로의 자유로운 정보흐름의 촉진, 민주적인 정부
체제로의 한반도의 평화통일 가속화 등을 목적으로 한다고 명시하고 있다. 또한 이
법은 중국 등지의 탈북자에 대한 인도적 지원과 북한주민의 인권증진을 위해 노력
하는 민간단체들을 후원하고, 한국국적을 취득한 탈북자들의 미국난민 및 망명신청
을 제한하지 않는 것을 골자로 하고 있다.

2) 북한인권법에 대한 북한의 대응

북한인권법에 대한 북한의 반발은 이 법의 통과 이전부터 격렬했다. 2004년 9
월 3일 북한은 "북한인권법안을 채택함으로써 북한의 인권을 정치화, 국제화하려
침략의 구실로 이용하고 있다"라고 비난했다(통일부, 2004. 9. 4.). 그 이전에도 북한은
"우리의 사회주의 제도는 사회생활 모든 분야에서 인민들의 자주적 권리를 보장, 인

권문제가 제기될 수 없다"며 "미국의 반북책동을 우리의 존엄과 자주권에 대한 엄중한 침해로 낙인하며 단호히 규탄한다"라고 미국을 비난했다(「동아일보」, 2004. 5. 12.). 2004년 10월 2일 조총련 기관지 「조선신보」는 "미국의 북조선 인권법은 조선 압살법"이라는 제목의 시론을 통해, "미국에 도전하고 미국식 가치관에 거슬리는 국가에 대해 미국이 자유와 민주주의의 보편성을 휘두르며 필요에 따라 침략전쟁과 정권교체도 서슴지 않는다"며, "미국이 해방법, 민주주의법, 인권법을 제정했을 때는 예외 없이 정권교체, 체제전환을 노리거나 침략전쟁을 일으키는 명분을 세우기 위한 예비전에 들어섰다"라고 지적했다. 한편 북한인권법이 우회적으로 중국을 겨냥하고 있다는 점에서 중국내 탈북자들의 입장도 더욱 어려워지고 있다. 탈북자들을 관대하게 처리하도록 하는 압력이 담긴 북한인권법이 종교 및 인권문제로 고통받는 상당수 중국인들에 대한 메시지를 담고 있다고 볼 수 있기 때문이다. 북한인권법은 북한주민들의 대대적인 중국탈출까지 촉진시켜 북·중 국경을 혼란스럽게 만들 가능성까지 있다. 또한 더 많은 탈북자들이 외국공관이나 기관에 진입하려는 심리를 키워 줄 수도 있다.

이러한 상황을 고려하여 중국은 탈북자 문제에 대해 보다 강경한 입장을 보일 것이다. 이미 이런 분위기는 2004년 9월 27일 상하이 주재 미국국제학교에 진입한 탈북자 9명을 연행한 사실에서도 명확하게 드러나고 있다. 실제 북한인권법 발효 이후 중국에서 탈북자들은 이전보다 더 어려운 조건에 놓여 있다고 한다. 중국의 협조가 없는 이상 북한인권법이 탈북자들에게는 오히려 독이 되는 상황이 전개될 수도 있는 것이다.

3. 탈북자 문제에 대한 한국의 입장과 지원정책

(1) 탈북자 현황과 탈북의 변화 양상[16]

북한이탈주민의 입국은 1998년 꾸준한 증가추세를 보였으나 2012년 이후 감소추세를 보이고 있다. 2015년에는 총 1,276명이 입국하였으며, 1998년부터 2015년까

---

16) 통일부, http://www.unikorea.go.kr/CmsWeb/viewPage.req?idx=PG0000000365.

지 총 2만 8,795명의 북한이탈주민이 국내에 입국하였다. 또한 탈북여성의 비율도 2012년을 기점으로 남성을 추월하여 현재까지 지속적으로 증가했다는 점도 상기할 만하다. 이렇게 여성탈북자 수가 증가한 이유는 과거에는 생존을 위해 탈북하는 현상이 많았지만, 최근에는 보다 나은 삶의 질을 추구하는 탈북으로 바뀌고 있기 때문이다. 따라서 생계 자체가 문제가 됐던 1990년대 중반에는 가족을 책임진 가장의 탈북이 많았지만, 지금은 중국에 나와서 취업하기가 쉬운 여성들의 탈북이 더 늘어나고 있다는 것을 알 수 있다.

[최근 10년간 탈북자 입국 현황]

구분	2010	2011	2012	2013	2014	2015	2016	2017	2018	2019
남(명)	591	795	4404	369	305	251	302	188	168	202
여(명)	1,811	1,911	1,098	1,145	1,092	1,025	1,116	939	969	845
합계(명)	2,402	2,706	1,502	1,514	1,397	1,276	1,418	1,127	1,137	1,047
여성비율(%)	75	71	73	76	78	80	79	83	85	81

출처: 통일부.

그리고 가족동반 탈북이 늘고 있는데, 이는 아래의 연령별 탈북자 입국 현황에서 보는 바와 같이 0~9세, 10~19세의 어린아이들과 청소년기의 탈북자 수가 많다는 점에서 알 수 있다. 가족동반 탈북이 늘고 있는 것은 중국 등 제3국의 체류국가에서의 단속강화에 따른 신변위협, 북한 내의 남한사회에 대한 정보유입 증가 등이 이유가 될 수 있다. 그리고 이미 국내에 들어온 탈북자들이 북한 내에 있는 가족들을 데려오고 있는 것도 하나의 원인이 되고 있다.

[연령별 탈북자 입국 현황: 2019년 12월 말 기준]

구분	0~9세	10~19세	20~29세	30~39세	40~49세	50~59세	60세 이상	계
누계(명)	1,228	3,754	9,474	9,585	5,876	1,974	1,326	33,217

출처: 통일부.

다음으로 **한국입국**을 탈출목적으로 하는 경우가 증가하고 있다. 과거의 탈북자는 경제난 속에서 식량구입 또는 돈벌이 목적으로 북한을 탈출하여 생활해 오다가 북한으로 귀환이 어려울 때 한국입국을 희망하였다. 그러나 조선족이나 해외교포들의 북한방문, 유학생들이 전하는 정보의 유입으로 최근의 탈북자들은 국경을 넘을 때부터 한국입국을 목표로 하는 경우가 많아졌다. 마지막으로 생계가 아닌 **더 나은 삶**을 추구하기 위한 탈북자가 증가하고 있다. 과거와 같이 군인이나 노동자에 집중되는 것이 아니라 교사, 의사, 교수, 연구자, 운동, 예술가 등 다양한 분야의 탈북자들이 나타나고 있는데, 이는 더 나은 삶을 추구하기 위한 탈북자가 증가하고 있음을 보여 주는 것이다.

[탈북자 지역별 거주 현황: 1998년부터 2016년 3월까지]

지역	서울	경기	인천	부산	경북	경남	대구	충북	충남/세종
인원(명)	6,875	7,836	2,506	984	1,020	1,014	703	1,021	1,202
지역	광주	강원	대전	전남	전북	울산	제주	계	
인원	574	675	530	607	516	536	234	26,833	

* 사망, 말소, 이민, 주소불명, 보호시설 수용자 제외
출처: 통일부, 2020통일백서.

(2) 탈북자에 대한 한국의 입장

1) 김영삼 정부의 탈북자 정책

김영삼 정부는 이러한 대북정책의 기조하에서 탈북자 문제에 접근하였는데, 탈북자 정책의 주요 내용은 다음과 같다. 첫째, **조용한 외교정책**이다. 한국의 입장에서 탈북자 문제는 체류국과 북한과의 관계, 남북관계 등 상호 갈등적인 요소들을 포함하고 있는 복잡하고 어려운 사안이기 때문에, 체류국과의 조용한 외교 교섭을 통해 문제를 해결하는 것을 원칙으로 하였다. 둘째, **전원수용과 선별수용**으로 나누어 볼 수 있다. 1996년 이전 김영삼 정부는 탈북자를 전원수용하도록 하는 지침을 마련하여 기본적으로 탈북자에 대한 보호의무는 인정하였다. 그러나 이후 「재외공관에서의 귀순·망명 요청자 등에 관한 처리지침」의 개정을 통해 북한주민이 귀순을 요청

하는 경우 전원허용을 원칙으로 하면서도 예외적으로 귀순을 불허할 수 있도록 예외조항을 명시하여, 국내입국을 선별적으로 처리하여 왔다. 이러한 김영삼 정부의 원칙 없고 일관성 없는 탈북자 정책은 북한과 국제사회에 한국의 입장을 표명하지 못하는 결과로 이어졌다. 러시아 북한 벌목공 탈출은 탈북자 문제가 본격적으로 제기된 시기로 이에 대한 정부의 확고한 의지가 무엇보다 중요했기 때문에 이러한 소극적 정책에 대해 국내외 탈북자 지원 NGO와 언론매체들로부터 비판을 받았다.

2) 김대중 정부의 탈북자 정책

김대중 정부는 '**대북포용정책**'을 추진하였는데 이 정책은 "**평화와 화해협력을 통한 남북관계의 개선**"에 목표를 두고 적극적이고 포용적인 자세로 남북경제협력을 활성화하고 민간교류를 확대함으로써 북한과 보다 많은 교류협력을 이끌어 내면 통일로 나아갈 수 있다는 것이 김대중 정부의 입장이었다. 김대중 정부의 탈북자 문제에 대한 구체적인 정책은 다음과 같이 요약될 수 있다. 첫째, 김영삼 정부와 마찬가지로 조용한 외교정책을 계속 추진하였다. 북한과의 경제협력을 통해 북한을 개방으로 이끌어 북한을 유도한다는 포용정책을 추구하는 김대중 정부는 다른 정부보다 탈북자들의 증가로 북한과 외교관계가 경색되지 않기를 원했다.

둘째, 재외 탈북자에 대한 **전원수용방침**을 나타냈다. 김대중 정부는 한국정착을 희망하는 재외 탈북자에 대해 전원수용하며, 탈북자가 제3국의 정착을 희망할 경우 이에 최대한 협조한다는 입장이었다.

셋째, **비공개교섭의** 원칙이다. 탈북자 발생 초기와 달리 시간이 경과하면서 관련국들은 탈북자의 인권침해문제가 국제적 관심사로 부각되는 것을 막기 위해 탈북자 문제를 처리하는 데 있어 제도화하지 않고 사안별로 제3국 추방을 통해 간접적으로 남한입국을 묵인하거나 혹은 직접 남한입국에 협조하는 방식으로 처리하여 왔다. 무엇보다도 탈북자의 국내입국을 위해서는 체류국의 동의 없이는 불가능하기 때문에 김대중 정부는 비공개교섭의 원칙을 취하는 것이 바람직하다는 입장이었다.

넷째, 탈북자 문제를 해결하기 위해 UNHCR[17] 및 NGO 등에 **다각적인 협조**를

---

17) 국제연합난민고등판무관사무소(國際聯合難民高等辦務官事務所, Office of the United Nations High Commissioner for Refugees) 세계 난민문제의 항구적 해결을 위하여 설립된 국제연합의 보조기관이다. 난민에 대해 인도적·사회적 입장에서 국제적 보호를 요청하고 인도주의에 입각한 난민의 국

요청하여, 탈북자 체류국 정부와의 외교적 마찰의 소지를 줄이고, 정부는 탈북자의 국내입국을 지원하는 한국 NGO와 수시로 접촉하며, NGO의 활동을 돕는다는 원칙이었다.

3) 노무현 정부의 탈북자 정책

노무현 정부는 한반도의 평화를 정착시키고 남북 공동번영을 추구함으로써 평화통일의 기반조성과 동북아 경제 중심 국가로의 발전토대를 마련한다는 취지하에 **평화번영정책**을 제시하였다. 평화번영정책으로 단기적으로는 북한 핵문제를 해결하고, 중기적으로는 한반도 평화체제를 구축하고, 중장기적으로는 동북아 경제 중심 국가 건설을 추진한다는 전략을 취하였다. 그러나 노무현 정부 시기에 들어와 연간 탈북 입국자들이 1천여 명에 이르고, 수많은 탈북자가 해외에 체류하고 있는 상황에서 재외 탈북자들의 인신매매, 각종 질병 등 인권침해가 심각하게 우려되었다. 정부는 더 이상 탈북자 문제를 소홀히 할 수 없으며, 탈북자 보호정책이 보다 적극적이고 다각적인 정책방침을 세워야 하는 시기에 이르게 된 것이다. 그럼에도 불구하고 노무현 정부의 탈북자 정책은 탈북자에 대한 조용한 외교의 원칙, 「탈북자 보호 및 정착지원에 관한 법률」에 따른 전원수용원칙, 탈북자에 대한 인도주의와 인권 차원에서 접근 등 김대중 정부의 접근과 큰 틀에서 차이가 없다. 한편으로 국제적으로 관심이 높아진 북한 인권문제와 관련하여, 노무현 정부는 북한주민의 인권보호에 깊은 우려와 관심을 표명하고 남북한 관계개선이 궁극적으로 북한인권 증진에도 기여한다는 인식하에 대북 인도적 지원과 경제협력사업 추진을 계속해 나갈 계획임을 밝혔다. 또한 북한당국에도 인권분야에서 국제사회와 대화와 협력을 증진해 나가면서 북한주민의 인권보호기준을 국제수준에 부합되게 개선하도록 최대한의 노력을 경주할 것을 촉구하는 내용의 발언을 하였다. 실질적 차원에서 노무현 정부가 표방하는 탈북자 문제에 대한 접근은 대북평화번영정책의 추진과정에서 불가피한 충돌이 있을 수 있었다. 북한 핵문제의 평화적 해결을 위해서 북한과 유연한 관계를 추구하다 보면 적극적인 탈북자 정책을 취하기가 불가능한 것이다. 또한 중국의 탈

제적인 보호와 귀환·재정착·가족재결합사업 등을 지원한다. 또 난민구제를 위한 자금조달, 난민캠프의 설치·운영·관리 등의 활동을 편다.

북자 강제송환에 대한 대책 마련도 이루어지지 않았다. 예컨대 지난 2004년 6월에 중국공안에 체포된 탈북자 7명이 단식투쟁을 한다는 소식이 알려졌음에도 불구하고 정부는 강제송환은 없을 것이라는 입장표명만 하다 탈북자들이 북송되었다. 역대 정부들이 그러하듯이 노무현 정부 시기에도 제3국에서의 탈북자 강제북송에 대해 정부의 외교 협상력이 부재하였을 뿐만 아니라 정부의 대책도 미온적이었다.

중국 등 제3국에 체류하고 있는 탈북자들이 적게는 3만 명에서 많게는 10만 명으로 추산되는 상황에서, 연간 1,000여 명의 탈북자를 국내에 들여오는 것이 근본적인 대책이 될 수는 없다. 한국의 탈북자 정책이 일부 탈북자들을 국내에 들여오는 것은 성공했지만, 현재 탈북자에 대한 정치적·경제적인 능력의 한계를 보이고 있고 집단입국에 대한 북한의 반발로 인해 남북관계가 악화되는 문제점이 생겨나고 있다.

(3) 한국정부의 탈북자 대책

1) 탈북자 문제에 대한 한국의 정책방향

한국정부가 탈북자 문제를 해결하는 데 있어서 무엇보다도 중요한 것은 북한 체제를 붕괴시킬 수 있다는 우려를 잠식하고, 탈북자 문제에 대한 근본대책으로 장기적으로 더 이상 탈북자가 발생되지 않도록 노력해야 한다는 것이다. 이는 두 가지 차원에서 살펴볼 수 있다. 하나는 탈북자가 발생하는 근본원인인 북한 내부의 요인이고 다른 하나는 탈북한 사람들의 상당수가 해외에 체류하고 있는 상황에서 국내 입국을 막는 방법이다. 먼저 북한 내부의 요인을 살펴보면, 탈북자가 대량으로 늘어나고 있는 가장 큰 이유는 북한이 가진 경제적 취약성에서 나온 것으로 북한의 심각한 식량난에서 기인한다.

따라서 생계형 탈북을 방지하기 위해서는 식량지원이 선행되어야 하며 한국정부는 북한의 식량지원과 관련하여 식량부족에서 오는 최소한의 생계도 보장받지 못하는 북한주민들의 상황을 국제사회에 알려 국제사회를 통한 식량지원이 확대될 수 있도록 하는 노력도 기울여야 한다. 아울러 북한 식량난의 문제가 해결된다 하여도 북한 내부의 인권개선이 이루어지지 않는다면 탈북현상이 줄어들지 않을 수 있다. 따라서 탈북자의 근원적인 방지를 위해서 식량 이외에 의약품 등 인도적 지원과 함께 북한과의 공식, 비공식 채널을 통해 북한의 인권이 개선될 수 있도록 노력해야 한다. 북한경제를 희생시키기 위해서는 북한의 경제 인프라 구축이 이루어질 수 있는 대북지원이 이루어져야 하는데, 무엇보다도 북한 에너지 확보를 위한 각종 지원사업을 계속하고 개성공단사업과 같이 남북경제협력을 지속하여 북한경제의 자생력을 키우는 방법을 모색해야 한다. 다음으로 재외탈북자에 대한 한국의 정책방향을 살펴보면, 재외 탈북자의 경우 중국이나 러시아와 같은 제3국의 체류국에서도 제대로 인권을 보장받지 못하고 있다. 이는 탈북자의 국내입국을 증가시키는 원인이 되고 있다. 그러나 한국의 탈북자 수용능력이 부족한 상황에서 해외체류 탈북자의 대량 국내입국을 막을 수 있는 방안을 모색해야 한다. 이를 위해서는 무엇보다도 체류국에서의 인권이 최소한 보장될 수 있는 방안을 모색해야 하는데 탈북자들이 한곳에 모여 정착할 수 있도록 정착촌을 만드는 방안이 하나의 대안이 될 수 있을 것이다.

2) 재외 탈북자 문제 해결방안

중국이나 러시아는 탈북자들을 불법체류자로 간주하고 있기 때문에 탈북자들은 국가의 보호를 받지 못하고 인신매매, 강제소환, 질병치료에서 제외되는 등 재외탈북자의 생활환경은 매우 열악하다. 따라서 정부는 탈북자들의 인권침해에 대해 지속적인 관심을 갖고 강제송환이 중단될 수 있도록 노력하면서, 보다 적극적으로 탈북자 문제 해결을 위해 관련 정책에 대한 체계적인 정비를 마련하는 것이 필요하다. 따라서 해외에 체류하고 있는 탈북자에 대한 해결방안으로 다음과 같은 방안이 모색될 수 있다 첫째, 조용한 외교를 견지하되 보다 적극적인 비공개적인 방식으로 남한입국을 안정적이면서도 제도화될 수 있도록 외교적인 노력을 기울여야 한다. 둘째 탈북자 문제에 대한 정부와 민간의 공동노력 및 협조체계가 이루어져야 한다. 셋째, 탈북자들의 유형이 다양화됨에 따라 탈북자에 대한 보호대책도 그 유형에 따라 적절하게 모색되어야 한다. 넷째, 재외 탈북자를 국제법상 난민으로 처리하는 해결방법을 모색해야 한다.

3) 국내입국 탈북자에 대한 지원정책

현 정부는 북한이탈주민을 분단으로 인해 고통받는 분단이재민 중 하나로 보고 이들이 본인의 자유의사에 따라 대한민국의 보호와 지원을 희망하는 경우 이들을 전원 받아들이는 원칙을 견지해 오고 있다. 또한 국내입국 후에는 우리 사회에서 자유와 인권을 누리며 살아갈 수 있는 최소한의 출발선을 맞추어 준다는 의미에서 각종 지원제도를 제공하고 있다.

2015년 사회적응교육은 정서안정, 문화적 이질감 해소 및 사회·경제적 자립 동기 부여를 위한 교육을 제공하고 있으며, 2015년 4월부터 학습자 주도형·개방형 사이버교육을 도입하여 북한이탈주민의 취업능력을 조기에 배양하고 있다. 거주지 전입 이후 북한이탈주민은 거주지보호기간인 5년 동안 북한이탈주민재단과 지역적응센터 등으로부터 교육, 취업 등의 지원을 받게 된다. 특히 2015년에는 정착지원법에 근거하여 범정부 차원의 '2015년 북한이탈주민 정착지원 시행계획'을 수립하여 시행함으로써 정착지원 사업의 효율성을 높이고 중복성을 개선하고자 노력하고 있다. 이 밖에도 북한이탈주민의 우리 사회 정착을 위한 각종 제도와 법규들을 꾸준히 개선하고자 노력하고 있다.

[북한이탈주민 사회적응교육 현황 – 직업교육]

구분	2011	2012	2013	2014	2015	2016	2017	2018	2019
남(명)	546	361	254	262	168	198	150	116	136
여(명)	1,351	1,002	843	1,018	785	904	807	726	721
합계(명)	1,897	1,363	1,097	1,280	953	1,102	957	842	857

출처: 통일부, 2020통일백서.

[국가인권위원회의 탈북자에 대한 결정례]

구분	내용
2007. 1. 23.	• 탈북자 신상정보 공개에 의한 인권침해 관련 권고 – 군부대 내에서 합동신문조의 신문에 응하고 있는 동안 이미 귀순 관련 사실이 언론에 공개. 수사 경찰관들의 폭언 및 폭행과 수시의 야간조사는 피의자들의 인격권, 신체의 자유를 침해한 것으로 판단하고, 그 소속기관장인 경찰서장으로 하여금 당해 경찰관들에 대해 서면경고할 것을 권고
2008. 7. 17.	• 북한주민 22명 북송사건에 대한 권고 – 귀북의사를 표명한 월선 북한주민에 대하여 국가정보원의 조사과정에 있어 충분히 인권이 보장되고 투명성이 제고될 수 있도록 개선대책을 마련할 것과 국

	민의 알 권리 보장을 위해 이를 언론에 신속하게 공개하는 등의 언론대책을 강구할 것을 권고
2008. 8. 4.	• 재중 탈북자의 강제송환 중단 촉구 권고 - 국가인권위원회는 외교통상부장관에게 중국정부가 재중 탈북자에 대한 무조건적인 강제송환을 중단하고, 적절한 방법으로 탈북자의 인권을 보호하는 조치를 취하도록 다각적인 외교적 노력을 할 것을 권고
2011. 10. 24.	• 신숙자 모녀(일명 통영의 딸) 송환을 위한 권고 - 신숙자 모녀가 조속히 송환될 수 있도록 국회의장, 국무총리, 외교통상부장관, 통일부장관에게 다각도의 방안을 마련토록 권고
2011. 11. 24.	• 북한이탈주민 외상 후 스트레스 경감을 위한 체계적 정신건강 프로그램 마련 권고 - 북한이탈주민이 국내에 입국한 초기에 외상 후 스트레스 등 정신적 고통을 완화하고 정신건강을 증진하여 안정적인 국내정착에 도움이 될 수 있도록 하나원, 북한이탈주민지원재단 등에 관련 전문인력을 확충하고 외상 후 스트레스 경감을 위한 체계적인 정신건강 프로그램을 마련할 것을 권고
2012. 12. 6.	• 북한이탈주민 건강권 개선을 위한 의견표명 - 통일부장관에게, 하나원의 보건의료 인력을 충원하여 북한이탈주민이 입국 초기에 안정적 진료를 받을 수 있는 기반을 마련할 것, 북한이탈주민의 보건의료 정보에 보다 쉽게 접근할 수 있도록 할 것, 북한이탈주민들이 자신의 건강상태를 확인하고 진료를 받을 수 있는 의료지원체계를 강화할 것에 대하여 의견을 표명 - 행정안전부장관에게, 북한이탈주민이 입국 초기 안정적 진료를 위하여, 관계부처에서 하나원의 정규 보건의료 인력 증원 요청 시 협력하도록 의견을 표명
2013. 10. 17.	• 북한이탈주민 정착지원을 위한 제도개선 권고 - 통일부장관에게, 북한이탈주민의 국내정착과 인권보호를 위하여 직업훈련과 취업의 연계성 제고방안을 마련하고, 북한이탈주민에 대한 인식개선 사업을 강화하며, 국내에 입국한 지 1년 이상 경과 시 보호대상에서 제외할 수 있도록 한 현행법률규정을 개정하도록 권고

출처: 국가인권위원회, 북한인권 결정례집(2004~2015).

4. 탈북자의 국제법적 의미

탈북자를 국제법상 보호하기 위해서는 탈북자가 그 보호범위에 해당하는지 먼저 검토하여야 하고 탈북자가 국제법상 보호대상이 되는 난민에 해당되는지 알아보아야 할 것이다.

(1) 난민의 개념 및 탈북자와 관련된 난민

1) 난민의 개념

난민이란 인종·종교·국적·특정 사회집단의 구성원·정치적 의견으로 인한 이유 때문에 박해의 명백한 공포를 느끼고 국적국 바깥에 있고, 그러한 공포 때문에 국적국의 보호를 받을 수 없거나 받기를 거부하는 자, 또는 그러한 사건의 결과로서 무국적이거나 종전 거주지국의 바깥에 있는 자로서 종전 거주지국으로 돌아갈 수 없거나 돌아갈 의사가 없는 자를 말한다.

2) 탈북자와 관련된 난민

가. 난민협약상 난민　　　난민협약상 난민이라 함은 1951년 난민협약 및 1967년 난민의정서상 난민의 요건을 갖춘 경우를 협약상 난민이라 한다. 즉, 인종, 종교, 국적, 특정 사회집단의 구성원 또는 정치적 견해를 이유로 박해를 받아 국적국 혹은 거주국을 탈출하거나 거주하기를 원치 않는 경우에 해당하는 자를 말한다.

나. 사실상 난민　　　사실상 난민은 난민협약상 난민의 개념에 포함되지 않지만, 그와 유사한 상황하에 있는 자를 말한다.

다. Mandate 난민　　　Mandate(위임) 난민은 UNHCR 규정 및 UN 총회 결의에 의하여 난민협약상 보호받지 못하는 경우이지만 그들을 방치할 경우 생명을 상실하거나 심각한 인권유린을 당할 우려가 있는 자로서 UN이 그 보호대상으로 간주하여 UNHCR이 구호하는 자를 말한다. Mandate 난민은 상기 사실상 난민과 유사하나 대량인권침해가 초래된 지역을 탈출한 사람들이 대부분이다.

라. 궤도난민　　　궤도난민이라 함은 박해받는 국가로 돌아갈 수 없고 돌아가길 원치 아니하지만 접수국에 의하여 비호신청이 거부되어 접수국과 인접국 사이를 떠돌아다니면서 계속 비호신청을 하는 자를 말한다.

마. 경제적 난민　　　경제적 난민이라 함은 오로지 경제적인 목적, 즉 개인적인 생활수준을 향상시키기 위하여 자신의 거주국을 떠나 보다 경제적 삶이 나은 국가로 이주하는 자를 말한다. 이 경우 합법적으로 이주하는 경우는 이민이라 전혀 문제가 되지 않지만, 불법적인 경우가 문제가 되며 불법입국자 내지 불법체류자라 하

여, 접수국에 의하여 강제추방을 당하는 것이 보통이다. 경제적 난민은 국제법상 그리고 국내법에 의해서도 전혀 보호받지 못한다.

바. Republikflucht　　동유럽공산국에서 그 체제에 적응하지 못하고 자신이 거주하던 '공화국을 탈출한 자'라고 직역할 수 있는데 조국을 떠났다는 이유 하나만으로 본국에 송환되면 정치적 처벌을 받는다는 점에서 난민협약상 난민의 개념과 외관상 차이가 있으나, 결과적으로 정치적 박해를 받는다는 점에서 국제난민법상 보호의 대상이 되어야 한다.

(2) 난민보호에 관한 국제기구 및 국제난민법

1) 국제기구　　1946년 후반 제2차 회기에서 유엔총회는 **국제난민구제기관**(IRO)을 설립했다. 유엔구제부흥기관(UNRRA)의 업무를 인수받고, 난민의 등록, 보호, 재정착, 송환 등의 책무를 임시로 맡았던 기구이고, **유엔난민고등판무관**(UNHCR)은 1949년 12월 3일 유엔총회는 총회결의안 319 A(IV)를 통해 유엔난민고등판무관실을 설립하기로 결의했다. 판무관실은 1951년 1월 1일 3년을 최초 임기로 하는 유엔총회의 부속기구로 설립된 기구이다.

2) 국제난민법　　수많은 국제기구들은 난민의 대우에 관한 기준을 확립하고 정의한다. 그 중 가장 중요한 것이 1951년 난민의 지위에 관한 유엔협약과 이 협약에 부속된 1967년 난민의 지위에 관한 의정서이다. 한편, 한국정부의 경우 1992년 난민협약 및 의정서에 가입함으로써 조약가입에 따른 국제법상의 의무를 부담하였을 뿐만 아니라, 2000년부터는 유엔난민고등판무관실 집행이사국으로 활동하게 됨으로써 집행이사국으로서 국제적 난민보호에 더욱 힘써야 하는 도덕적 의무를 갖게 되었다.

(3) 탈북자의 난민인정 여부 및 중국과의 관계

탈북자의 탈출경로는 다양하나 여기서는 논란이 되는 북한에서 중국으로 탈출한 탈북자만을 한정하여 그들의 난민지위 인정 여부를 살펴보기로 한다. 난민의 지위 내지 자격을 인정받기 위해서는 난민으로서의 요건을 갖추어야 한다. 탈북자가 난민협약상 난민의 요건을 갖춘 경우에는 전혀 문제가 되지 않는다. 협약상 난민으로 인정되면, 접수국의 국민과 별 다를 바 없는 최소한의 생활을 할 수 있다. 중국당국은 탈북자를 난민협약상 난민으로 인정하지도 않으며 사실상 난민이나 Mandate 난민, 궤도난민으로도 인정치 않고 있다. 단지 불법입국자인 경제적 난민으로 인정하여 탈북자가 중국공안에 체포되면 대부분 북한으로 강제송환되고 있는 실정이다. 과연 중국당국의 주장처럼 탈북자는 경제적 난민에 불과한 것인가? 이해당사자인 남북한, 중국을 비롯한 러시아를 제외한 제3자적인 입장에 있는 국제기구는 전혀 그렇게 생각하고 있지 않다 특히 난민보호를 전적으로 다루는 UNHCR은 탈북자를 난민으로 간주하고 있다.

먼저 탈북자들의 탈북동기로 보아 난민협약상 난민 개념의 요건인 인종, 국적, 종교 및 정치적 박해 여부에 대한 입증은 곤란하다고 할 것이다. 북한 자체의 폐쇄성과 단일민족국가라는 점, 그리고 대부분의 탈북자들이 북한사회에서 당원이나 고위직의 신분을 가진 자들이 아니라는 점에 비추어 박해의 입증이 어렵다. 특정 사회집단의 구성원에 해당되는지 여부에 대해서는 입증이 상기 요건들보다 상대적으로 쉬울 수 있으나 이 또한 용이한 일은 아니다. 따라서 탈북자들이 협약상 난민으로 중국당국에 의해 인정받기는 사실상 불가능하다고 할 것이다. 그러면 UNHCR은 어떠한가. UNHCR은 탈북자를 1951년 난민협약상 난민으로 인정하고 있다. 그럼에도 불구하고 난민협약 당사국인 중국에 대해 동 협약을 위반한 경우 어떤 제재조치도 취할 수 없는 것이 현행 난민협약의 문제점이다.

두 번째로 사실상 난민 내지 Mandate 난민으로 탈북자를 보호할 수 있을 것인가. 이 경우 탈북자가 체류하고 있는 중국은 법적 내지 사실상 관행에 의해 국제적으로 보호할 수 있는 사실상 난민 내지 Mandate 난민으로 인정하지 않고 탈북자를 불법체류자로 규정하고 있다. 이 경우 또한 UNHCR과 중국당국과 전혀 협의대상이 되지 못한다는 점이다. 이 경우 중국은 국제법상 아무런 책임을 지지 않는다 해도 인도적 고려를 할 수는 있을 것이다. 이것은 태국정부가 캄보디아나 미얀마에서 대거 탈출한 사람들을 난민협약 당사국은 아니면서 자국에 수용해 보호한 사례에 비추어 충분히 가능성은 있다고 할 것이다. 그러나 중국은 북한과의 전통적 우호관계를 고려하여 그렇게 하지 않고 있다.

세 번째로 중국당국이 탈북자를 협약상 난민이나 사실상 난민 또는 Mandate

난민으로 인정하여 주지 않기 때문에 강제송환의 위험에 처한 탈북자들이 러시아나 동남아로 비호신청을 하기 위하여 월경(越境, 국경이나 경계선을 넘는 일)하는 경우가 증가하고 있다. 이 경우 궤도난민에 해당된다고 할 수 있는데, 1999년 11월 러시아로 월경하다가 체포된 7명 탈북자의 경우처럼 당사국의 이해에 따라 사실상 신변안전을 보호받지 못하고 있으며, 동남아 지역으로의 탈출도 지리적 사정에 의하여 용이한 것이 아니다.

그러면 탈북자는 난민으로서의 보호를 전혀 받을 수 없는가? 난민담당국제기구인 UNHCR은 어떤 태도를 보이는지 살펴보기로 한다. UNHCR은 탈북자를 1951년 난민협약상 난민으로 인정하면서, 난민협약 당사국인 중국에 난민협약 준수를 촉구하고 있다. 그러면 UNHCR은 중국이나 러시아와 달리 탈북자를 왜 난민으로 인정하고 있는가? 이것은 난민협약을 어떻게 적용하는가 하는 문제와 관련이 있다고 할 것이다. 난민협약 당사국은 협약을 준수할 의무가 있음은 주지의 사실이나, 대부분의 당사국은 협약상 용어의 의미를 지나치게 좁게 해석하거나 적용 자체를 배제하고 있는 실정으로서 자국의 국내사정이나 관련국과의 외교관계나 이해관계에 크게 좌우되고 있는 것이 현실이다. 이는 자국의 국익에 반하는 개별 난민이나 비호신청자의 인권은 전혀 고려의 대상이 되지 못한다는 의미이다. 특히 중국이나 러시아의 경우 더욱 그러하다. 인도적 내지 인권적 측면보다 국가정책적 측면이 더 강하게 작용하고 있다. 즉, 중국이나 러시아의 경우 아직까지 북한과의 관계악화를 우려하여 탈북자를 북한당국에 인계하고 있는 것이 사실이다. 그러나 UNHCR은 비호신청자나 자신이 거주하는 국가를 탈출한 자들에 대하여 그 국가의 정치적, 사회적, 경제적 사정을 고려하여 가능한 한 인도적, 인권적 차원에서 난민 지위 범위를 가급적 넓게 적용하려는 경향이다. 이것은 UNHCR의 관행을 보더라도 분명하다.

요컨대 UNHCR은 탈북자에 대한 난민지위 여부에 대해 중국당국의 입장과는 달리 협약상 난민지위를 인정하며 중국에 UNHCR 요원을 파견하여 보호노력을 기울이고 있다. 그러나 중국은 1982년 난민협약에 가입한 난민협약 당사국으로서 최소한 난민지위 인정 여부에 대해 UNHCR과 협의를 하여야 하며, UNHCR의 권고를 긍정적으로 수용하여야 함에도 그러지 않고 있다. 국제법상 확립된 원칙으로서의 강제송환금지의 원칙에 입각하여, 송환되면 생명이 박탈된 위험에 처한 자들을 북한으로 강제송환한 것은 국제법 위반이다. 결국 탈북민은 중국당국의 주장처럼 설령 탈북자가 난민협약상 난민은 아니라 하더라도 **사실상 난민 내지 Mandate 난민 또는 궤도난민으로는 인정**되므로, 최소한 북한으로 강제송환하는 조치가 국제법 위반이라는 점을 분명하게 주장하고 이의 방지를 실현하기 위해 국제사회와 중국에 대해 외교적인 노력을 더 경주해야 할 것이다.

III. 납북자 문제와 인권

1. 납북자의 개념

납북자란 일반적으로 자신의 의지에 반하여 입북할 수밖에 없었으며, 그 이후에도 자신의 의사와는 무관하게 북한에 억류되고 있는 자를 말한다고 정의할 수 있다.

2. 납북자 현황

(1) 전시 납북자(통일부 자료)

'전시 납북자'란 한국전쟁 당시 납북된 이들을 지칭한다. 이들 납북자는 한국전쟁 당시 납북된 학자, 종교인, 예술인 등을 의미한다. 이들은 당시 상황이 전쟁상황임을 감안할 때, 입북의 경위가 **'납북'**인지 **'월북'**인지 분명하지 않은데, 이를 구분할 객관적 자료가 부족한 상태에 있다.

[전시 납북자 현황]

구분	출처	인원
서울시 피해자 명단	공보처 통계국, 대한민국통계연감(1950)	2,438명
6·25사변 피납치자 명부	공보처 통계국, 대한민국통계연감(1952)	82,959명
6·25사변 피납치자 명부	공보처 통계국, 대한민국통계연감(1953)	84,532명
6·25사변 피납치자 명부	내무부 치안국(1954)	17,940명
실향사민등록자명단	대한적십자사(1956)	7,034명

출처: 통일부, 2016통일백서.

(2) 전후 납북자

입북경로를 비교적 분명히 알 수 있는 존재들로서 다양한 경로를 통해 '행방불명'되었던 이들이다.

[전후 납북자 현황(추정)]

(단위: 명)

구분		계	어·선원	KAL기 납치	군·경	기타	
						국내	해외
피랍자		3,835	3,729	50	30	6	20
귀환자	송환	3,310	3,263	39	–	–	8
	탈북·귀환	9	9	–	–	–	–
미귀환자		516	457	11	30	6	12

출처: 통일부, 2016통일백서.

(3) 국군포로(국방부 자료)

국군포로는 군인으로서 국가적 차원의 공적 임무 수행 중 적의 포로가 된 사람들을 의미한다. 일반적으로 포로는 전쟁 중에 교전 상대방에게 포획, 억류되어 자유를 박탈당했으나, 일반국제법이나 특별협정에 의해 대우가 보장된 적국의 국민을 지칭하는 말이다. 그리고 포로는 더 이상의 전투를 수행할 수 없는, 즉 전투력이 상실된 이들을 지칭하므로 더 이상 전투원으로 간주되지 않고 인도적으로 대우해 주어야 할 존재이다. 현행 「국군포로의 송환 및 대우 등에 관한 법률」에도 "국군포로라 함은 대한민국 군인으로서 참전 또는 임무 수행 중 적국(반국가단체 포함)이나 무장폭도 또는 반란집단에 의하여 억류 중인 사람 또는 억류지를 벗어난 사람으로서 대한민국으로 귀환하지 아니한 사람을 말한다(제2조 제1호)"라고 되어 있다.

6·25전쟁이 끝나갈 무렵 유엔군과 공산군은 1953년 4월부터 1954년 1월까지 3차례에 걸쳐 전쟁포로를 교환하였다. 당시 유엔군 측은 국군 실종자의 수를 82,000여 명으로 추정하였으나, 공산군 측으로부터 최종 인도된 국군포로는 8,343명에 불과하여 상당수가 북한에 강제억류된 것으로 추정된다. 1994년 조창호 소위의 탈북·귀환 이후 2015년 12월 말까지 총 80명의 국군포로가 탈북·귀환하였고, 국방부는 귀환한 국군포로와 북한이탈주민의 진술을 바탕으로 현재 약 500여 명의 국군포로가 북한에 생존해 있는 것으로 추정하고 있다.[18]

[국군포로]   (단위: 명)

구분	계	생존	사망	행방불명
계	1,770	560	910	300

[귀환 국군포로 현황(총 68명/사망 13명, 생존 55명)]   (단위: 명)

연도	1994	1997	1998	1999	2000	2001	2002	2003	2004	2005	2006	2007	총계
포로	1	1	4	2	9	6	6	5	13	11	7	2	68
가족	–	2	5	8	9	12	9	10	34	18	30	–	137

* 참여정부기간(2003~현재) 귀환인원: 국군포로 39명/가족 92명

3. 우리 정부의 노력

(1) 국군포로·납북자의 문제해결 노력

정부는 2011년 12월 26일 「납북자 대책위원회의 설치 및 운영 등에 관한 규정」을 제정하여 범정부적인 납북자 대책기구로서 「납북자 대책위원회」를 설치하였다. 납북자 대책위원회는 납북자 관련 종합대책의 수립 및 현안업무의 처리방향과 해

---

18) 통일부, 「2016 통일백서」, 110쪽.

결방안 등을 심의하는 기구로, 통일부차관을 위원장으로 하고 통일부·법무부·외교부·국방부·국무조정실·국가정보원·경찰청 관계공무원 및 대한적십자사 임원 등으로 구성된다.

2000년 남북정상회담 이후 정부는 국군포로와 납북자 문제의 해결을 위해 북한과의 협의를 지속적으로 시도하였다. 그러나 북한은 국군포로의 경우 이미 정전협정에 따른 포로교환으로 종료된 문제이고, 납북자는 존재하지 않는다고 주장하며 협의 자체를 거부하였다.

그럼에도 정부는 국군포로와 납북자 문제해결을 자국민 보호차원에서 국가의 기본적 책무로 인식하고 대북정책의 주요과제로 추진하였으며, 송환을 통한 근본적인 해결을 위해서도 노력하였다. 이에 따라 남북적십자회담 및 남북적십자 실무접촉 등을 통해 계기 시마다 북한에 국군포로와 납북자 문제의 해결을 촉구하였으며, 2000년 제2차 이산가족상봉행사 이후 현재까지 국군포로 및 납북자 112명에 대한 생사확인이 이루어졌으며, 53명의 가족이 상봉하였다. 특히 2015년 10월 20일부터 26일까지 열린 제20차 이산가족상봉행사 준비를 계기로 정부는 국군포로 및 납북자 50명에 대해 북한 측에 생사확인을 의뢰하였고, 그 중 20명의 생사를 확인, 두 가족의 상봉이 이루어졌다.[19]

(2) 전후 납북피해자 지원

2007년 4월 27일 「군사정전에 관한 협정 체결 이후 납북피해자의 보상 및 지원에 관한 법률」이 제정되어 2007년 10월 28일부터 시행되었다. 이 법에 따라 2007년 11월 전후 납북피해자 보상 및 지원에 관한 사항을 심의하기 위해 국무총리 소속의 '납북피해자 보상 및 지원 심의위원회'가 설치되었고, 이 위원회는 2019년 12월까지 피해위로금 등 150억 원을 납북피해자에게 지급하였다. 또한 정부는 납북피해자 지원정책의 일환으로 연말연시, 명절 등 기회가 있을 때마다 생활이 어려운 납북자 가족을 직접 방문하여 아픔을 위로하고 있다.[20]

---

19) 통일부, 「2016 통일백서」, 111-112쪽.
20) 통일부, 「2016 통일백서」, 116쪽.

제7장

성범죄와 관련된 인권

성범죄와 관련된 인권

I. 성범죄자 신상정보등록공개제도

1. 신상공개제도의 개념과 필요성 여부

(1) 신상공개제도의 개념

일반적인 개념으로 '**신상공개**'라 함은 개인의 사진이나 직업, 주소, 연령 등 일신상에 관한 제반 사항을 개방하는 것을 말하며, '성범죄자 신상공개제도'란 「성폭력범죄의 처벌 등에 관한 특례법」과 「아동·청소년의 성보호에 관한 법률」에 의해 성폭력 범죄의 예방을 위해 법무부와 여성가족부가 소관하여 유죄의 확정판결을 받거나 재범 위험성이 인정되어 공개명령을 선고받은 사람의 신상정보를 등록하고 관리하여 그 내용을 일반 국민이나 지역주민에게 공개하는 제도이다.

우리나라는 2000년 7월 1일부터 시행된 「청소년의 성보호에 관한 법률」[1]을 근거로 2001년 8월 첫 신상공개제도를 시행하였다. 이것은 징역형이나 벌금형 등 형사처벌을 가하는 것과는 별도로, 형이 확정된 자의 신상을 청소년보호위원회가 공개할 수 있도록 규정한 것으로 아동·청소년 성범죄에 대한 경각심을 높이고 범죄자

---

1) 이 법률은 2009. 6. 9. 전부개정되어 「아동·청소년의 성보호에 관한 법률」로 명칭이 변경되어 2010. 1. 1.부터 시행됨(약칭: 청소년성보호법).

[신상정보 등록·공개·고지제도 비교]

신상정보 **등록**제도

등록대상	성범죄로 유죄판결 또는 공개명령이 확정된 자
제출기간	판결이 확정된 날부터 30일 이내 ※ 변경정보는 20일 이내 제출, 사진은 1년마다 촬영
등록기간	20년간 등록·관리
등록정보	• 성명 • 사진 • 주민등록번호 • 소유차량의 등록번호 • 연락처(전화번호, 전자우편주소) • 성범죄 경력정보 • 주소 및 실제거주지 • 성범죄 전과사실 • 직업 및 직장 등의 소재지 • 전자장치 부착 여부 및 기간 • 신체정보(키, 몸무게)
등록정보활용	등록대상 성범죄와 관련한 범죄 예방 및 수사에 활용
처벌규정	등록대상자가 제출정보 또는 변경정보를 정당한 사유 없이 제출하지 아니하거나 사진촬영에 응하지 아니한 경우 ※ 벌칙: 1년 이하의 징역 또는 500만 원 이하의 벌금

신상정보 **공개**제도

공개대상	법원으로부터 공개명령을 선고받은 자
공개기간	법원의 판결에 의함(최장 10년) ※ 교정시설에서 수용된 기간 공개기간에서 제외
공개정보	정보통신망(www.sexofender.go.kr) 이용 • 성명 • 등록대상 성범죄 요지 • 나이 • 성폭력 범죄 전과 사실(죄명 및 횟수) • 주소 및 실제 거주지(도로명 및 건물번호까지) • 신체 정보(키와 몸무게) • 사진 • 전자장치 부착 여부
열람방법	실명인증 절차를 거친 후 누구나 열람 ※ 공개정보를 악용한 자는 5년 이하의 징역 또는 5천만 원 이하의 벌금

신상정보 **고지**제도

고지대상	법원으로부터 고지명령을 선고받은 자
고지내용	공개정보와 동일(단, 실제 거주지는 상세주소까지 포함)
집행방법	공개명령 기간 신상정보를 아동·청소년이 있는 세대 등에 우편고지

법무부

여성가족부

의 범죄행위를 억제하는 일반예방효과에 초점을 둔 정책이었다. 그러나 신상공개제도는 현재까지도 위헌논란을 중심으로 많은 사회적 관심과 함께 첨예한 찬반논란을 불러일으켰다.

개정된 아동·청소년의 성보호에 관한 법률에서는 종래에는 행정기관인 국가청소년보호위원회(이 위원회는 1997년 「청소년 보호법」 제정에 따라 만들어졌는데, 2005년에는 문화관광부 산하 위원회에서, 2008년 보건복지부 산하 청소년보호위원회로, 2010년부터는 여성가족부 산하 청소년보호위원회로 변경되었음)의 행정처분에 따른 아동·청소년 대상 성범죄자의 신상정보를 공개함으로써 위헌논란이 있었으나, 이를 해소하기 위해 개정 법률에서는 법원의 판결을 통해 성범죄로 유죄판결이 확정된 자의 신상정보를 공개하고 취업을 제한하도록 입법화하였다. 법원의 판결을 통해 성범죄자의 등록정보를 공개하도록 하며 그 집행은 여성가족부장관이 하도록 규정하고 있다. 따라서 현재는 누구든지 성명과 주민등록번호 입력 등의 방법으로 실명인증을 받아 인터넷상에서 등록된 성범죄자 중에서 공개명령을 받은 성범죄자의 사진과 주소 등을 확인할 수 있게 되었다(아동·청소년성보호에 관한 법률 제49조, 제50조 참조).

(2) 신상공개제도의 필요성 여부

'그 나라의 장래를 예견하려면 그 나라의 청소년을 보라'는 말이 있다. 이 말은 청소년들은 오늘의 구성원이며 다음 세대를 이어갈 우리의 미래상이기 때문이다. 또한 청소년은 생존·보호·발달의 기본적 인권의 주체로서 회복하기 어려운 중대한 위협의 상황에서 기본권을 보장하는 것은 우리 국민 모두의 책무이자 국가의 기본적 의무이기도 하다.

더욱이 청소년 대상 성범죄자 신상공개제도는 범죄자 본인을 처벌하려는 것이 아니라, 현존하는 성폭력 위험으로부터 사회공동체를 지키려는 인식제고의 계기를 제공함과 동시에 일반 국민들이 이러한 범죄로 나서는 충동으로부터 자신을 제어하기 위해 도입된, 즉 청소년보호라는 사회공동이익을 구현하기 위한 제도이다.

이는 2002년 UN 아동권리협약하에서 국제법적 효력을 「아동매매·아동성매매 및 아동 음란물에 관한 선택의정서」의 발효 및 헌법재판소의 합헌결정에서도 확인된 바 있다. 또한 국민 대부분도 사회공동의 이익을 위해 신상공개제도의 도입에 동의하고 있다.

2. 외국의 사례

(1) 미국

미국에서는 1994년 뉴저지주에서 메건이라는 7살 소녀가 이웃의 성범죄자에게 성폭행 당해 숨진 사건을 계기로 「성범죄자 석방공고법」(이른바 '메건법')이 생겨났다.[2] 메건법은 미성년자를 상대로 한 성범죄자가 복역 후 석방되더라도 경찰이 그 거주지를 이웃사람들에게 알려 주는 제도이다. 메건법이 적용되는 대상은 미성년자에게 돈을 주거나 유혹해 성관계를 맺거나 강간한 사람이다.

지방검사의 신청에 따라 법원이 출소한 성범죄자의 위험성 정도를 결정하고, 경찰은 이에 의거해 성범죄자의 사진과 함께 이름, 나이, 신체적 특징, 관련 범죄, 거주지 등을 상세히 등록한다. 경찰은 이들 자료를 해당자의 거주지 주민에게 알려 피해를 예방하도록 하고 해당자가 이사를 하더라도 관할 경찰은 계속 자료를 넘겨받아 이웃에 고지하도록 하고 있다.

메건법의 운영 형태는 주마다 약간씩 다르다. 뉴욕주의 경우 10대 성매매 상대자의 사진과 명단을 아예 소책자로 만들어 주민들에게 나눠 주고 있으며, 텍사스주는 성범죄자의 집과 자동차에도 이를 표시하도록 하고 있다. 미국은 이와 함께 2000년 7월 '투 스트라이크 아웃' 제도를 두고 있다. 이 제도는 아동 대상 성범죄로 유죄판결을 두 번 받으면 무기징역에 처해 사회에서 격리시키는 제도이다.

---

2) 아동성폭력예방을 위한 이 법은 **1994년 미국 뉴저지주**에 살았던 성폭력피살자인 7세 소녀 메건 니콜 칸카(Megan Nicole Kanka)의 이름을 따서 '**메건법(Megan's Law)**'이라 명명되었다. 이 법은 기소된 적이 있는 상습강간범과 성폭행범, 성도착자 등에 대해 10년간 주소지를 주당국에 등록하여 주민들이 전화를 통해 누구나 명단을 제공받을 수 있게 함으로써 아동성폭력범죄를 예방할 수 있도록 하는 법률이다. 이 법이 만들어진 계기는 1994년 7월 29일 메건은 강아지를 주겠다는 이웃사람 제스 티멘드쿼스의 꼬임에 그의 집에 들어갔다가 잔인하게 강간, 살해되었다. 가해자는 이미 1981년에 5세 아이에게 상해를 가하고 또 다른 7세 아이에 대한 성폭행 미수혐의로 유죄확정판결을 받은 바 있는 전과 2범이었음이 드러나, 메건 칸카가 실종된 지 89일이 지난 후, 뉴저지 주지사인 크리스틴 토드 휘트만은 오늘날 메건법이라 불리게 된 법령에 서명하였고, 뉴저지주에서 통과된 이 메건법은 1996년 5월 17일 연방법률로 제정되어 50개 주에서 통용되게 되었다. **플로리다주**에도 아동성추행특별법이 제정되었는데, 이른바 **제시카 런스포드(Jessica Lunsford)법**이다. 이는 플로리다주에서 2005년 4월 어린이 성폭행 전과자에게 살해된 9세 소녀 **제시카 런스포드(Jessica Lunsford)**의 이름을 딴 처벌법으로서, 어린이 성폭행범에 대한 **처벌 하한을 징역 25년**으로 하고, 출소 후에도 **평생 전자팔찌**를 채워 집중 감시하도록 하는 법으로 미국 다른 주로 확산되고 있는 실정이다.

캘리포니아주 메간법 운영사례

1. 공개 방법
- 캘리포니아주 거주자에 대해서 수신자 부담 HOT-LINE 운영, 컴퓨터 CD-ROM 무료 배포 등
- 학교 및 위험도가 높은 개인(같은 공동주택 거주 등)에게 경찰이 직접 고지
2. 공개 내용
- 이름, 별명, 사진, 성별, 신체적 특징(상처, 흉터, 문신 등), 성범죄 요지, 거주지 등
3. **공개 대상: '위험' 및 '고위험'으로 분류된 성범죄자**
- '위험' 성범죄 등록범: 강간범, 아동 혹은 자립능력이 없는 성인에 대한 음란행위범, 구강성교범, 물건 등을 이용한 유사성교범, 아동에 대한 치한범, 아동매춘범, 매춘목적의 아동유인범 등 11개 범죄의 형 확정자
- '고위험' 성범죄 등록범: 범죄전력에 비추어 재범위험이 훨씬 더 큰 범죄자들을 말함
- 공개 대상이 아닌 '그 외'의 범주에 속한 범죄는 배우자 강간, 외설적 물건(아동 포르노 등) 소지자, 노출범 등을 말함

미국 연방대법원 신상공개 판결 소개(2003. 3.)

1. 위헌심판 배경
- 알래스카주 메건법은 사진 등을 포함한 성범죄자의 신상을 인터넷 등을 이용하여 배포하고 있음
- 신상공개는 실질적인 처벌에 해당하는지, 또 법제정 이전의 범죄자까지 공개하는 것은 사후입법 처벌금지에 해당하는지에 대해 판단
2. 연방대법원 판결 내용
- 결론: 합헌, 메건법에 의한 신상공개제도는 처벌이라고 볼 수 없음
- 논거: 가) 이미 공개되어 있는 범죄기록(public record)에 대한 정확한 정보를 배포하는 것으로 조소와 수치감을 공개적으로 전시하는 식민시대의 명예형(주홍글씨)과는 다름
  나) 범죄방지(deterrence)효과가 있다고 해서, 바로 처벌이라고 볼 수는 없음(범죄방지효과를 지니는 다른 규제수단도 많음)
- ※ 미국의 경우 연방대법원이 위헌 여부를 최종 판단하므로, 본 판결은 우리의 경우로 보면 헌법재판소의 결정과 같다고 할 수 있음

(2) 대만

대만은 아동복지법 개정에 따라 1999년부터 언론을 이용해 신원을 공개했다. 16세 이하 미성년자를 대상으로 한 성관계로 유죄가 인정되면 최고 7년형에 처하고 이름과 사진이 주요 언론에 공개된다.

(3) 중국

중국은 14세 이하의 미성년자와 성관계를 가진 사람들에 대해서는 금품 수수 여부와 관계없이 모두 강간으로 간주해 중벌에 처하고 있다.

(4) 영국

영국은 2000년에 13세 이하의 어린이에 대해 성범죄를 저지르면 무기징역에 처한다는 내용의 '섹스법(sex law)' 초안을 작성했다. 이 초안에 따르면 직접 성관계를 맺지 않더라도 오럴섹스 등 성폭력도 강간으로 간주해 같은 형량을 적용하며 성관계 장면을 16세 이하 청소년에게 강제로 보인 경우 10년형을 선고한다는 내용이다. 2000년에는 타블로이드 주간지인 「뉴스 오브 더 월드」는 7월 23일자에 미성년자 대상 성범죄자 49명의 명단을 전격 공개한 적이 있다.

(5) 프랑스

프랑스는 지난 1997년 경찰법을 개정해 어린이 관련 기관 등이 필요로 할 경우에 어린이 상대의 성범죄 기록을 공개하도록 했다. 성범죄자는 경찰서에 자신의 거주지를 신고해야 하고, 경찰서에서는 해당 지역학교 등에 관련 정보를 제공하고 있다.

3. 법률의 제정 및 변천과정

(1) 제정

정부는 아동 및 청소년 대상 성범죄 행위를 사전에 예방하고 성범죄 피해 청소년을 보호·구제하는 장치를 마련하기 위하여 아동·청소년 대상 성범죄자에 대한 엄한 형사처벌과 신상공개를 주요 내용으로 하는 「아동·청소년의 성보호에 관한 법률」(구 「청소년의 성보호에 관한 법률」)을 청소년 보호라는 국제적 추세에 부응하여 제정하게 되었다.

아동·청소년의 성보호에 관한 법률의 제정과정은 다음과 같다.3)

청소년 성매매 처벌 등에 관한 법률(안) 공청회 개최(1999. 9. 3.)	사회적으로 만연된 불건전한 퇴폐·향락문화의 근절과 윤락· 유흥업소의 청소년 불법고용 근절을 위해 새정치국민회의가 국회의원회관에서 공청회를 개최
「아동·청소년 성 보호에 관한 법률안」국회에 제출(1999. 11. 2.)	공청회 때 논의된 사항을 중심으로 하여 박상천·임채정 의원 외 102인의 발의로 「아동·청소년 성 보호에 관한 법률안」을 국회에 제출
「청소년 보호법 중 개정 법률안」 국회에 제출(1999. 11. 5.)	한나라당의 권영자·김영선 의원 외 130인의 발의로 「청소년 보호법 중 개정 법률안」을 국회에 제출
국회 정무위원회에서 공청회 개최 (1999. 12. 10.)	국회에 제출된 2개의 법률안에 대하여 국회정무위원회 회의실 에서 공청회 개최
국회정무위원회에서 2개 법률안을 반영한 대체 법률안 마련·통과	1999. 12. 27. 국회정무위원회 위원장의 발의로 대안 통과 - 「청소년의 성 보호에 관한 법률」

국회 본회의 통과(2000. 1. 14.)

공포(법률 제6261호)(2000. 2. 3.)

청소년 대상 성범죄자 신상공개 집행
- 제1차: 2001. 8. 30, 169명   - 제2차: 2002. 3. 19, 443명   - 제3차: 2002. 9. 24, 670명
- 제4차: 2003. 4. 9, 643명   - 제5차: 2003. 12. 18, 545명   - 제6차: 2004. 7. 14, 553명
- 제7차: 2004. 11. 24, 557명   - 제8차: 2005. 6. 20, 532명   - 제9차: 2005. 12. 19, 512명
- 제10차: 2006. 5. 22, 533명   - 제11차: 2006. 12. 19, 494명   - 제12차: 2007. 4. 24, 485명

신상공개제도 헌법재판소 합헌결정
(2003. 6. 26. 2002헌가14)
- 서울행정법원 위헌여부심판제청:
2002. 7. 26.
	**2003. 6. 26. 헌법재판소는 청소년 대상 성범죄자 신상공개
	제도에 대하여 합헌결정**을 내렸다. 이로써 제도 시행 초기부
	터 가해자에 대한 인권침해 등 논란을 종식시키고 신상공개제
	도가 아동·청소년 성보호를 위한 실질적인 제도로 발전시킬
	수 있는 계기가 되었다.
	헌법재판소 합헌결정 요지
	• 신상공개제도의 입법목적은 해당 범죄인의 신상과 범죄행
	  위를 공개함으로써 일반 국민에게 경각심을 주어 유사한 범
	  죄를 예방하고, 이를 통하여 청소년을 보호하기 위한 것으
	  로서, 그 정당성이 인정된다.
	• 또한, 신상공개제도는 일반 성인들에게 청소년 성 매수자가
	  되지 않도록 하는 위하적 내지 예방적 효과가 있으므로 수
	  단의 적합성도 인정된다.
	• 성인에 의한 청소년의 성 매수 행위는 빠른 속도로 확산되
	  며, 그러한 범죄행위는 청소년의 정신적, 육체적, 사회적 성

---

3) http://youth.go.kr/bb/bb03000.asp#section2

	장에 평생 치유될 수 없는 심각한 위협을 줄 수 있다. • 신상공개제도는 범죄자 본인을 처벌하려는 것이 아니라, 현존하는 성폭력 위험으로부터 사회 공동체를 지키려는 인식을 제고함과 동시에 일반인들이 청소년 성 매수 등 범죄의 충동으로부터 자신을 제어하도록 하기 위하여 도입된 것으로서, 이를 통하여 달성하고자 하는, '**청소년의 성보호**'라는 **목적은 우리 사회에 있어서 가장 중요한 공익의 하나라고** 할 것이다.
저위험군 교육과정 도입 (2003. 11.)	연 2회 저위험군 신상공개 대상자에 대한 재범방지 교육실시 후 공개 면제
	청소년성보호제도의 발전적 개선·보완
	청소년의 성 보호에 관한 법률 개정(2005. 12. 29.), 시행(2006. 6. 30.)
「아동·청소년의 성보호에 관한 법률」로 명칭을 변경하고 전면 개정함(전부개정 2009. 6. 9.)	**법원의 공개명령제도를 도입하여 기존의 열람방식 개선**

(2) 성범죄자 신상공개의 변천과정

2000년 청소년 성보호법 제정 이후 제13차 신상공개(2007. 11. 21.) 대상자 383명을 포함하여 총 6519명이 공개되었고, 이후 수차례의 주요 개정이 있었다.

구분	주요 내용
2005. 12. 29.	• 청소년 대상 성범죄자의 신상정보등록 및 열람제도의 추가 도입 • 취업의 제한 등 청소년 대상 성범죄의 관리시스템 강화 • 신상공개 대상자의 교육과정 이수권고의 법적 근거 마련
2007. 8. 3.	• 청소년 대상 성범죄의 처벌을 강화하고 피해 청소년에 대한 보호지원 강화 • 청소년 대상 성범죄를 친고죄에서 반의사불벌죄로 변경 • 가해자가 친권자인 경우 격리 및 보호결정 • 범죄자의 세부정보를 등록 후 이를 열람할 수 있도록 함
2009. 6. 9.	• **아동·청소년의 성보호에 관한 법률로 개정** • **정보통신망을 통한 신상정보 공개제도의 시행**
2011. 1. 1.	• 신상정보 우편고지제도 시행
2011. 4. 16.	• 성인 대상 성범죄자 신상정보 등록 및 공개, 고지제도의 시행 • 피해자 나이 19세 이상은 법무부, 19세 미만은 여성가족부에서 관장

(이어짐)

2012. 1. 17.	• 우편고지처에 어린이집 원장, 유치원의 장, 학교의 장 추가
2012. 2. 1.	• **공중밀집 장소에서의 추행, 통신매체 이용 음란, 카메라 등 이용 촬영죄를 신상정보등록 대상이 되는 아동·청소년 대상 성범죄에 추가**
2013. 6. 19.	• 신상정보 등록 및 공개 관련하여 등록은 법무부가 맡고, 공개 및 고지는 여성가족부 • 신상정보 공개범위에 성폭력범죄 전과사실과 위치추적 전자장치 부착 여부도 공개하도록 강화 • 성적 목적을 위한 공공장소 침해행위를 등록 대상 성범죄에 추가 • 신상정보의 우편고지 대상자에 읍, 면사무소와 학교교과 교습학원의 장, 지역아동센터 및 청소년 수련시설의 장 추가

4. 성범죄자 신상공개제도의 내용

현행법은 성범죄자에 대한 신상정보등록제도와 신상정보공개제도를 별도로 규정하고 있다. 즉, 신상정보등록은「성폭력범죄의 처벌 등에 관한 특례법」에 규정하여 성폭력범죄의 처벌 등에 관한 특례법상의 범죄와 아동·청소년의 성보호에 관한 법률 제2조 제2호의 범죄로 유죄판결이 확정된 자는 신상정보등록 대상자가 된다.「아동·청소년의 성보호에 관한 법률」에는 아동·청소년 대상 성폭력범죄를 저지른 자 뿐만 아니라 성인 대상의 성범죄자에 대한 신상공개제도를 같이 규정하고 있다. 2011년의 통계를 보면 성인 대상 성범죄자 중 신상정보등록자는 481명인데 신상공개명령 대상자는 64.8%인 329명이고, 아동·청소년 대상 성범죄자 중 신상정보등록자는 1,682명인데 신상공개명령 대상자는 76.8%인 1,291명으로 전체 신상정보등록자 2,163명 중 신상공개명령 대상자가 1,620명으로 74.9%에 달하여 매우 높은 공개비율을 보이고 있다. 공개대상자는 아동·청소년의 성보호에 관한 법률 제49조에서 규정하고 있는데, 제1호의 아동·청소년 대상 성폭력범죄를 저지른 자[4]와 제2호의「성폭력범죄의 처벌 등에 관한 특례법」소정의 범죄를 저지른 자는 당연히 그 대상이 되나, 다만 피고인이 아동·청소년인 경우, 그 밖에 신상정보를 공개하여서는 아니 될 특별한 사정이 있다고 판단하는 경우에는 공개하지 않을 수 있는 예

---

4) 아동·청소년 대상 성폭력범죄란 아동·청소년 대상 성범죄에서 제11조부터 제15조(아동·청소년의 성을 사는 행위 등)까지의 죄를 제외한 죄를 말한다.

외를 인정하고 있다.5) 공개대상자에 대한 공개명령은 법원이 등록대상사건의 판결의 선고와 동시에 선고하여야 하도록 되어 있다. 공개되는 신상정보는 성명, 나이, 주소 및 실제거주지, 신체정보(키와 몸무게), 사진, 등록 대상 성범죄 요지(판결일자, 죄명, 선고형량을 포함), 성폭력범죄 전과사실(죄명 및 횟수), 전자장치 부착 여부가 그 대상이다. 신상정보의 공개는 정보통신망을 이용한 인터넷공개방식을 채택하고 있다. 법원은 공개대상자 중 일정한 요건에 해당하는 자에 대하여 판결로 고지대상자의 주소 등 고지정보를 고지대상자가 거주하는 읍·면·동의 아동·청소년의 친권자

[성범죄자 신상공개의 절차]

판결문 접수(법무부)
• 판결문 검토 및 접수대장 작성 • 판결문 내용 확인 등 • 판결문 문서 등록 • 판결문 접수 일일 현황 작성

⇨

등록원부 작성(법무부)
• 판결 내용 및 범행요지 등 요약 입력 • **각종 등록정보 조회 및 입력** • 신상정보제출서와 대조 • 대상자별 문서철 제작 및 편철

⇩

신상정보등록 및 관리(법무부)
• 등록정보원부 내용, 범죄사실요지 등 검토 • **성범죄자등록관리시스템 등록** • **등록 대상자에게 등록사실 통지** • 실거주지 등 제출정보 확인 – 허위정보 확인 시 수사의뢰 및 직권 등록 • 변경정보제출서에 대한 확인 및 변경 등록

⇦

신상정보제출서 접수 및 관리(법무부)
• **제출서 내용 검토** • 제출서 접수 현황 작성·관리 • 판결문 접수자와의 대조 • 기한 내 미제출자 파악, • 수사의뢰 • 미제출자 직권등록 사전준비

⇩

공개 및 고지(여성가족부)
◇공개 • 등록정보 '성범죄자 알림e' 사이트 전송 ◇고 지 • 세대주 및 관내 학교 주소 정보요청 • 신상정보고지서 작성 및 내용 검토 • **고지서 전송 및 현황 작성**

---

5) 13세 미만의 아동·청소년을 대상으로 아동·청소년 대상 성범죄를 저지른 자의 경우는 13세 미만의 아동·청소년을 대상으로 아동·청소년 대상 성범죄를 다시 범할 위험성이 있다고 인정되는 자로 한정하여 **재범의 위험성을 요건**으로 하고 있다.

또는 법정대리인이 있는 가구 등 법에 규정된 사람에 대하여 고지하도록 하는 명령을 등록 대상 성범죄 사건의 판결과 동시에 선고하도록 하고 있다. 신상정보의 고지는 기존에는 우편을 통한 고지방식을 사용하였으나 2013년 개정 이후에는 주민자치센터 게시판을 통한 고지방식을 추가하였다.

5. 성범죄자 신상공개의 위헌성 여부

(1) 이중처벌금지의 원칙

헌법 제13조 제1항 후단에서 "동일한 범죄에 대하여 거듭 처벌받지 아니한다"라고 규정하여 이중처벌을 금지하고 있다. 아동·청소년 성보호에 관한 법률에서도 신상공개제도의 형벌성을 부정한다면 신상공개가 이중처벌금지에 해당하지 않는다고 볼 수 있다.6) 여기서의 이중처벌은 정식형벌로의 제재를 말하지만 신상공개는 형벌적인 속성이 있을 뿐이지 형벌과는 다른 제재에 해당한다고 볼 수 있다. 헌법재판소는 이중처벌금지의 원칙에서의 '처벌'은 원칙적으로 범죄에 대한 국가의 형벌권 실행으로서의 과벌을 의미하는 것으로 국가가 행하는 일체의 제재나 불이익처분을 모두 그 '처벌'에 포함할 수 없으며,7) 형벌의 집행을 마친 사람에게 별도로 보안관찰 처분을 하는 것이나, 형벌과 보호감호를 병과하여 선고하는 것은 이중처벌이 아니라고 판시하였다.8) 또한 아동·청소년 성보호법상의 신상공개제도는 아동·청소년의 성보호를 달성하기 위한 전형적인 형사제재 이외의 새로운 형태의 범죄예방수단으로 파악하는 한 그 본질, 목적, 기능에 있어서 형벌과는 다른 의의를 지니므로 형벌 부과와 별도로 신상을 공개한다고 하더라도 이중처벌금지의 원칙을 위반하는 것이 아니라는 견해가 타당하다.9)

---

6) 이경재, "청소년성보호법의 문제점과 개선방안", 형사정책 제13권, 한국형사정책연구회, 2001, 19쪽.

7) 헌법재판소 1994. 6. 30. 92헌바38 결정.

8) 헌법재판소 1997. 11. 27, 92헌바27 결정; 헌법재판소 1991. 4. 1. 89헌마17 결정.

9) 이병희, "성범죄자 신상공개의 형사법적 고찰", 형사법연구 제17권, 한국형사법학회, 2002, 274쪽.

(2) 과잉금지의 원칙

헌법재판소는 신상공개제도는 범죄자 처벌이 아니라 청소년의 성보호에 있으므로 목적의 정당성이 인정되고, 공개된 형사재판에서 밝혀진 범죄인들의 신상과 전과를 일반인이 알게 된다고 하여 그들의 인격권 내지 사생활의 비밀을 침해하는 것이라고 단정하기 어렵고, 신상과 범죄사실이 공개되는 범죄인들은 이미 국가형벌권 행사로 인하여 해당 기본권의 제한 여지를 일반인보다는 더 넓게 받고 있으며, 성매수자의 일반적인 인격권과 사생활의 비밀의 자유가 제한되는 정도가 청소년 성보호라는 공익적 요청에 비해 크다고 할 수 없으므로 과잉금지의 원칙에 반하지 않는다고 판시하였다.[10]

(3) 평등의 원칙

우리 헌법 제11조에 규정되어 있는 평등이란 일체의 차별적 대우를 부인하는 절대적 평등만을 의미하는 것이 아니라 법의 적용이나 입법에 있어서 불합리한 조건에 의한 차별을 하여서는 안 되는 상대적 평등을 의미한다. 청소년 대상 성범죄와 그 밖의 일반범죄는 서로 비교집단을 이루는 '본질적으로 동일한 것'으로 단정하기는 어렵기 때문에[11] 평등권을 침해한 것이라 할 수 없다.

6. 신상공개제도의 효과

2001년 8월부터 현재까지 총 9차에 걸친 청소년 대상 성범죄자 신상공개의 실시결과에 대해 대부분은 긍정적인 평가가 있었다. 그러나 일부에서는 그 효과성에 대하여 의문을 가지고 있는 경우도 있다. 재범방지에 대한 판단 및 비교는 단순 범죄발생률만으로는 어려움이 있으나, 헌법재판소에서도 "일반인으로 하여금 청소년 대상 성범죄충동을 억제하게 하는 효과가 있다(합헌 결정문 일부)"는 **수단의 적합성**을 인정한 바 있다.

---

10) 헌법재판소 2003. 6. 26. 2002헌가14 결정.
11) 헌법재판소 2003. 6. 26. 2002헌가14 결정.

일반 국민 대부분이 청소년 대상 성범죄자에 대한 신상공개에 대하여 필요성을 공감하고 있다 할지라도, 신상공개제도는 청소년 대상 성범죄방지를 위한 여러 정책수단 중의 하나일 뿐이다. 청소년 대상 성범죄를 방지하기 위해서는 국민들의 청소년 성보호 의식 함양과 함께 예방, 단속·처벌, 치료·재활 등 종합적인 대책추진이 중요하다.

특히 2005년도에 실시한 저위험군 교육과정에 참가한 대상자 대부분이 신상공개제도에 대하여는 부정적 의견을 표명하고 있으면서도 제도의 효과성에 대하여는 **거의 모두**(91.4%)가 **효과가 "있다"**라고 응답하고 있다.

앰버경보(Amber Alert)

- 앰버경보는 실종어린이의 인상착의와 같은 정보를 도로전광판 등에 널리 공개해 신고와 제보를 독려하는 미국의 시스템임
- 2004년 부시 대통령은 어린이유괴, 납치살해 사건이 잇따르자 국가의 가장 소중한 자원인 어린이들이 범죄 대상이 되는 것은 우리 모든 어른들의 책임이라고 강조하고 긴급대책회의를 소집함
- 여기에 미 연방의회는 유괴, 납치사건의 비상경보 체제인 앰버경보(Amber Alert)를 50개 주(州) 전역에 의무화하는 법안을 심의해 통과시키고 2,500만 달러의 예산을 배정하는 등 아동범죄에 신속한 대책을 마련함

성폭행범에 대한 중형 선고

- 스위스는 2004년 어린이 성폭행범에게 무조건 종신형을 선고하는 법안이 국민투표에서 통과돼 입법화됐고, 미국 캔자스주는 재범 가능성이 높은 성범죄 전과자에 대해 형기만료 후 재범 가능성이 사라질 때까지 정신병원에 강제로 입원시킬 수 있게 하는 「섹슈얼 프레데터 법」을 통과시켰음

성범죄자의 유전자정보 데이터베이스화

- 성폭력범죄자의 유전자정보를 데이터베이스(DB)화하여 수사에 활용하는 것도 인권침해 논란은 있지만 여러 선진국에서 시행하고 있음
- 영국은 1995년부터 내무부가 225만 명을 입력해 매주 1,300여 건의 사건을 해결하고 있으며, 미국은 1994년부터 FBI가 주도해 276만 명을 입력했고, 프랑스, 독일 등 유럽 국가도 이 제도를 시행하는 것은 물론 유럽 공통의 DB 구축도 추진하고 있음

II. 성충동 약물치료제도와 인권

1. 개관

아동 및 여성을 대상으로 하는 성폭력범죄가 날로 흉포해지면서 국민을 보호하고 안전한 사회 분위기를 조성하기 위한 노력은 끊임없이 이어지고 있으며, 이 과정에서 여러 제도의 도입이 이루어졌으나 그 실효성이 미흡한 상황에서 「성폭력범죄자의 성충동 약물치료에 관한 법률」(약칭: 성충동약물치료법)이 2010. 7. 23. 제정되어 2011. 7. 24.부터 시행되었다. 그러나 이 법률은 제정 당시부터 형사정책적, 헌법적 관점에서 인권침해적 요소가 적지 않다는 논란이 발생하였고, 도입을 반대하는 주장이 지속적으로 제기되었다. 이러한 반대견해 중 가장 문제가 되었던 것은 **제4조(치료명령의 청구)** 제1항 및 **제8조(치료명령의 판결)** 제1항의 규정으로 성충동 약물치료를 당사자의 동의를 구하지 않고 **법원의 명령에 의해 강제적으로 집행**된다는 것이었다. 결국 2013년에 위 조항들이 과잉금지원칙에 위반되어 치료명령 피청구자의 기본권을 침해한다는 이유로 위헌법률심판이 제청되었다. 2015년 12월 23일 헌법재판소가 "성충동 약물치료는 대상자 자신을 위한 치료이기도 하다는 점, 성충동 약물치료에 의하여 제한된 남성호르몬의 생성 및 작용은 치료 종료 후 수개월 이내에 본래와 같이 회복이 가능하다는 점, 부작용이 큰 경우에는 약물치료 중단 등의 대책이 마련되어 있다는 점 등을 고려하면, 심판대상조항들은 원칙적으로 **침해의 최소성과 법익의 균형성은 인정**되지만, 제8조 제1항의 경우 장기형이 선고되면 치료명령의 선고시점과 집행시점 사이에 상당한 시간적 간극이 존재하게 되고, 그에 따라 장기간의 수감생활 중의 사정변경으로 인하여 집행시점에서 불필요한 치료가 이루어질 가능성이 있는데도 이를 배제할 수 있는 절차가 없으므로 과잉금지원칙을 위반하여 피치료자의 신체의 자유 등 기본권을 침해한다"라고 하면서, "법적 혼란의 방지를 위하여 헌법불합치 결정을 선고하되, 2017년 12월 31일을 시한으로 입법자가 개정할 때까지 계속 적용하도록 한다"라고 판시하면서,[12] 다시 논란의 대상이 되었다.

---

12) 헌법재판소 2015. 12. 23. 2013헌가9 결정.

2. 성충동 약물치료의 개념

(1) 성충동 약물치료의 개념

성충동 약물치료, 소위 화학적 거세라고도 불리는 이 치료제도는 성폭력범죄를 저지른 성도착증 환자에게 성적 충동을 일으키는 남성호르몬의 분비를 제어하기 위한 약물 투여와 인지·왜곡·일탈적 성적 기호 등의 수정을 위한 심리치료 등을 병행하는 방법으로 도착적인 성기능을 일정기간 동안 약화 또는 정상화하는 치료를 말한다. 즉, 뇌에서 분비되는 테스토스테론(testosterone)이라는 남성호르몬이 성욕에 관계된다는 전제하에 약물을 통해 이 호르몬의 분비량을 제어하는 것을 말한다. 이는 전립선암 등의 치료과정에서 남성호르몬을 제거하는 방식을 응용한 것으로, 여기에 쓰이는 의학적 시술은 남성의 정소에서 분비되는 ① 남성호르몬을 제거하는 방법, ② 여성호르몬을 투여해 남성호르몬 분비를 억제하는 방법, ③ 남성호르몬 분비를 차단하는 방법 등 크게 세 가지로 나눌 수 있다. 이 가운데 남성호르몬을 제거하는 방식은 선진국의 화학적 거세에 거의 사용되지 않는 방식이고, 미국이나 유럽의 경우에 한정하여 나눈다면 대체로 여성호르몬을 투여해서 남성호르몬 분비를 억제하거나 남성호르몬 분비를 차단하는 방식을 많이 사용하고 있다.[13]

[치료에 사용되는 약물의 종류]

구분	약물
성호르몬의 생성을 억제·감소시키는 약물 (시행령 제8조 제1항 제1호)	메드록시프로게스테론 아세테이트 (Medroxyprogesterone acetate, MPA)
	류프롤리드 아세테이트(Leuprolide acetate)
	고세렐린 아세테이트(Goserelin acetate)
	트립토렐린 아세테이트(Triptorelin acetate)
성호르몬이 수용체에 결합하는 것을 방해하는 약물 (시행령 제8조 제1항 제2호)	사이프로테론 아세테이트 (Cyproterone acetate, CPA)

---

13) 김현우/임유석, "성폭력범죄자에 대한 성충동 약물치료의 문제점 및 개선방안", 사회과학연구 제18권 제2호, 동국대학교 사회과학연구원, 2011, 88-89쪽.

(2) 법적 성격

「성충동약물치료법」의 법적 성격에 대해서는 크게 ① **보안처분**으로 보는 입장과 ② **형벌**로 보는 입장으로 나눌 수 있겠지만, 현재까지는 이를 순수한 형벌로 보는 견해는 찾아보기 힘들고, 성충동 약물치료가 재범을 방지하고 사회복귀를 촉진한다는 목적으로 시행된다는 점, 처벌보다는 치료에 초점을 맞추어 강력한 처벌보다는 범죄자의 특성에 맞게 처우하려고 한다는 점, 행위자의 특수한 위험성으로 인하여 형벌만으로 그 목적을 달성할 수 없기 때문에 징역형의 선고와는 별도로 부가되는 형사제재라는 점, 성충동 약물치료의 내용에는 약물 투여뿐만 아니라 심리치료 프로그램의 운영 등도 필수적으로 요구된다는 점 등을 논거로 들면서 보안처분으로 파악하는 견해가 주류라고 볼 수 있다.

법원은 형사제재에 관한 종래의 일반론에 따르면, 형벌은 본질적으로 행위자가 저지른 과거의 불법에 대한 책임을 전제로 부과되는 제재를 뜻함에 반하여, 보안처분은 행위자의 장래 위험성에 근거하여 범죄자의 개선을 통해 범죄를 예방하고 장래의 위험을 방지하여 사회를 보호하기 위해서 형벌에 대신하여 또는 형벌을 보충하여 부과되는 자유의 박탈과 제한 등의 처분을 뜻하는 것으로서, 양자는 그 근거와 목적을 달리하는 형사제재이다. 즉, 형벌과 보안처분은 다 같이 형사제재에 해당하지만, 형벌은 책임의 한계 안에서 과거의 불법에 대한 응보를 주된 목적으로 하는 제재이고, 보안처분은 장래 재범 위험성을 전제로 범죄를 예방하기 위한 제재라고 하면서,[14] 「성충동약물치료법」의 근본적인 목적은 재범의 방지 및 이를 통한 사회방위에 있기 때문에 범죄자의 책임이 아니라 행위에서 제시된 위험성이 치료명령 여부, 기간 등을 결정하고, 치료명령은 장래를 향한 조치로서 기능하는바, 성충동 약물치료는 본질적으로 '보안처분'에 해당한다고 판시하고 있다.[15]

그러나 성충동 약물치료의 목적과 의도는 단순히 재범의 방지뿐만 아니라 중대한 범죄를 저지른 자에 대하여 그 책임에 상응하는 강력한 처벌을 가하고 일반국민에 대하여 일반예방적 효과를 위한 강력한 경고를 하려는 것이라고 볼 것이기

---

14) 헌법재판소 2012. 12. 27. 2010헌가82 결정 등 참조.
15) 헌법재판소 2015. 12. 23. 2013헌가9 결정.

때문에 성충동 약물치료는 '**형벌적 성격을 갖는 보안처분**'이라고 보아야 한다는 견해도 있다.[16)]

(3) 입법 배경 및 연혁

2000년대 들어 안전한 사회를 위한 성폭력범죄에 대한 입법적 강화조치에 대한 논의가 끊임없이 제기되었고, 이에 상응하듯 2000년 2월 3일에 「청소년의 성보호에 관한 법률」이 제정되어 성범죄자에 대한 신상공개제도가 도입되었으며,[17)] 2007년 4월 27일에 「특정 성폭력범죄자에 대한 위치추적 전자장치 부착에 관한 법률」이 제정되어 성폭력범죄자에 대한 전자감시제도가 도입되었다.[18)] 그러나 신상정보공개제도의 경우 도입 이후에도 소아성기호증 또는 그러한 경향을 가진 아동 성폭력범죄자 개인에 대한 재범방지의 측면에 있어서는 그 실효성이 보장되지 않고, 오히려 공개대상자는 물론 그 가족의 사회적 환경의 박탈로 이어져 실질적인 사회적 연좌제로 기능할 가능성이 높다는 문제가 있으며, 전자감시제도의 경우에도 위치추적장치를 끊고 도주하여 다시 성폭력범죄를 저지르는 등의 사건이 발생하면서 성폭력범죄자의 재범발생을 방지하는 데 근본적인 한계가 있음을 인식하게 되었다.[19)]

이러한 제도들의 도입에도 불구하고 아동이나 여성을 대상으로 한 성폭력범죄가 지속적으로 발생하게 되었고, 성폭력범죄의 재범방지를 위한 더욱 강력한 정책의 마련을 촉구하는 목소리가 높아지게 되면서 일반 성폭력범과 다른 정신적·사회적인 문제가 있는 아동 성폭력범에 대하여 범죄자의 특성에 맞는 처우를 할 필요가 있다는 문제의식에 기초하여, '상습적 아동 성폭력범의 예방 및 치료에 관한 법률안'이 2008년 9월 8일 의원입법으로 발의되었다. 위 법률안은 ① 13세 미만의 아동을 대상으로 한 상습적 성범죄자 중에서 비정상적인 성적 충동이나 욕구를 억제하기

---

16) 박찬걸, "성충동 약물치료제도의 시행과 향후 과제", 형사정책연구 제24권 제1호, 2013, 272쪽.

17) 이 법률은 2009년에 전면개정되면서 「아동·청소년의 성보호에 관한 법률」로 명칭이 변경되었으며, 2012년에 다시 전면개정되면서 신상공개의 대상범위와 공개 내용, 고지의 객체를 대폭 확대하였다.

18) 이 법률은 전자발찌 부착 대상을 성폭력범죄자에서 확대하여 「특정범죄자에 대한 위치추적 전자장치 부착 등에 관한 법률」로 명칭을 변경하여 2009년 8월 9일부터 시행되었고, 2020년 8월 5일부터 「전자장치부착 등에 관한 법률」로 이름이 바뀌어 시행되고 있다(약칭: 전자장치부착법).

19) 정영주, "아동 대상 성폭력범죄자에 대한 성충동 약물치료의 형사정책적 정당성 및 헌법적 정당성", CHUNG BUK LAW JOURNAL 제8권 제1호, 2014, 4쪽 참조.

어려운 성도착증 환자로 판명된 자에 대하여 화학적 거세 치료요법 및 심리치료 프로그램을 마련하여 재범을 방지하고 사회복귀를 촉진하는 것을 목적으로 하여(안 제1조), ② 13세 미만 아동에게 성폭력범죄를 저지른 25세 이상 성도착증환자 또는 상습적 성범죄자에 대하여(안 제2조), ③ 사전에 치료요법에 관한 충분한 설명을 하고 본인의 동의를 받아(안 제9조), ④ 검사의 청구와 법원의 결정에 의하여 화학적 거세 치료(약물 투여 및 심리치료)를 실시하고(안 제3조, 제5조, 제6조), ⑤ 화학적 거세 치료는 치료감호소에 수용하여 실시하되, 수용기간이 최장 6개월을 넘을 수 없으며(안 제10조 및 제11조), ⑥ 화학적 거세 치료를 받은 경우 형법의 규정보다 가석방 요건을 완화(무기: 5년, 유기: 형기의 5분의 1)할 수 있고(안 제15조), ⑦ 화학적 거세 실태와 내용(치료대상자의 신상정보 제외)은 공개하도록(안 제14조) 규정하였다. 위 법률안에 대하여 1년 9개월 동안 수차례에 걸친 법제사법위원회의 심의가 이루어졌는데, 심의과정에서 '화학적 거세'라는 용어 사용의 적정 여부, 가석방 요건 완화의 형법체계상 문제점, 약물치료의 안전성이나 실효성, 치료명령의 성격, 치료대상자의 범위 및 치료대상자의 동의 요구의 적정 여부, 치료기간, 치료명령 청구 및 결정 시점, 소급적용의 필요성, 예산상 부담, 기타 절차상 문제 등에 관하여 논의가 이루어진 결과, ① 법률 명칭을 '상습적 아동 성폭력범의 예방 및 치료에 관한 법률'에서 '성폭력범죄자의 성충동 약물치료에 관한 법률'로 바꾸고, ② '화학적 거세'라는 용어 대신 '성충동 약물치료'라는 용어를 사용하도록 하는 한편, ③ 치료대상자를 '13세 미만 아동'에 대하여 성폭력범죄를 저지른 '25세 이상' 사람에서 '16세 미만 사람'에 대하여 성폭력범죄를 저지른 '19세 이상' 사람으로 확대하면서, 치료대상자의 '상습성' 요건을 삭제하며, ④ 법률의 실효성 확보를 위하여 치료대상자의 동의를 요건으로 하지 않도록 하는 등의 내용을 담은 수정안이 의결되었다. 위 수정안은 2010년 6월 29일 제291회 국회 본회의에서 재석의원 180명 가운데 137명의 찬성으로 의결되고, 2010년 7월 23일 공포되어 2011년 7월 24일부터 시행되었다. 그러나 성충동약물치료법의 시행 이후에도 성폭력 강력범죄가 끊이지 않자, 피해자의 나이에 제한을 두지 아니하는 취지의 개정안이 발의되어 2012년 11월 22일 국회 본회의를 통과하고, 2012년 12월 18일 공포되었으며, 2013년 3월 19일 시행되었다.[20]

---

20) 헌법재판소 2015. 12. 23. 2013헌가9 결정.

3. 주요 내용

(1) 제정목적

「성충동약물치료법」제1조는 사람에 대하여 성폭력범죄를 저지른 성도착증 환자로서 성폭력범죄를 다시 범할 위험성이 있다고 인정되는 사람에 대하여 성충동약물치료를 실시하여 성폭력범죄의 재범을 방지하고 사회복귀를 촉진하는 것을 목적으로 한다고 밝히고 있다.

(2) 성충동 약물치료명령의 종류

현행 「성충동약물치료법」에 의한 성충동 약물치료명령은 ① 성폭력범죄를 저지른 성도착증환자로서 성폭력범죄를 다시 범할 위험성이 있다고 인정되는 19세 이상의 사람에 대한 법원의 판결에 의한 치료명령(제4조 내지 제12조), ② 성폭력범죄를 저질러 징역형 이상의 형이 확정되었으나 치료명령이 확정되지 아니한 수형자 중 성도착증 환자로서 재범의 위험성이 인정되고 약물치료에 동의하는 자에 대한 법원의 결정에 의한 치료명령(제22조 내지 제24조)과 ③ 성폭력범죄자 중 성도착증환자로서 치료감호의 집행 중 가종료 또는 치료위탁되는 피치료감호자나 보호감호의 집행 중 가출소되는 피보호감호자에 대한 치료감호심의위원회에 의한 치료명령(제25조 내지 제29조)으로 나누어진다.

(3) 치료명령의 절차

1) 치료명령 청구 대상자

치료명령 청구 대상자는 "사람에 대하여 성폭력범죄를 저지른 성도착증 환자로서 성폭력범죄를 다시 범할 위험성이 있다고 인정되는 19세 이상의 사람"을 말하며,[21] 여기서 성도착증 환자란 「치료감호 등에 관한 법률」(약칭: 치료감호법) 제2조

---

21) 대법원은 '성폭력범죄를 다시 범할 위험성'이라 함은 재범할 가능성만으로는 부족하고 피청구자가 장래에 다시 성폭력범죄를 범하여 법적 평온을 깨뜨릴 상당한 개연성을 의미한다고 보고 있으며(대법원 2014. 2. 27. 2013도12301 판결), 피청구자가 성도착증 환자로 진단받았다고 하더라도 그러한 사정만으로 바로 피청구자에게 성폭력범죄에 대한 재범의 위험성이 있다고 단정할 것이 아니라, 치료명령의 집행 시점에도 여전히 약물치료가 필요할 만큼 피청구자에게 성폭력범죄를 다시 범할 위

제1항 제3호에 해당하는 소아성기호증, 성적가학증 등 성적 성벽이 있는 정신성적 장애인으로서 금고 이상의 형에 해당하는 성폭력범죄를 지은 자 및 정신건강의학과 전문의의 감정에 의하여 성적 이상 습벽으로 인하여 자신의 행위를 스스로 통제할 수 없다고 판명된 사람을 말한다(제2조 제1호). 이러한 약물치료는 비정상적 성적 충동이나 욕구를 억제하거나 완화하기 위한 것으로서 의학적으로 알려지고, 과도한 신체 부작용을 초래하지 아니하며, 의학적으로 알려진 방법대로 시행될 것을 요건으로 하고 있다(제3조).

2) 검사의 치료명령의 청구

검사는 치료명령 청구 대상자에 대하여 정신건강의학과 전문의의 진단이나 감정을 받은 후(제4조 제2항), 공소가 제기되거나 치료감호가 독립 청구된 성폭력범죄 사건의 항소심 변론종결 시까지 법원에 치료명령을 청구할 수 있고(제4조 제1항, 제3항), 법원은 피고사건의 심리결과 치료명령을 할 필요가 있다고 인정하는 때에는 검사에게 치료명령의 청구를 요구할 수 있다(제4조 제4항). 치료명령의 청구서에는 치료명령 피청구자의 이름 등 치료명령 피청구자를 특정할 수 있는 사항과 청구의 원인이 된 사실, 적용법조 등을 기재하여야 하며, 법원은 치료명령 청구를 받으면 지체 없이 청구서 부본을 치료명령 피청구자 또는 그 변호인에게 송달하여야 한다(제7조).

3) 법원의 치료명령 판결

치료명령 청구사건의 판결은 피고사건의 판결과 동시에 선고하여야 하고(제8조 제4항), 법원은 치료명령 청구가 이유 있다고 인정하는 때에는 15년의 범위에서 치

험성이 있고 피청구자의 동의를 대체할 수 있을 정도의 상당한 필요성이 인정되는 경우에 한하여 비로소 치료명령의 요건을 갖춘 것으로 보아야 한다고 판시하였다(대법원 2014. 12. 11. 2014도6930 판결). 또한 이 경우 법원이 피청구자의 '성폭력범죄를 다시 범할 위험성'을 판단함에 있어서는 피청구자의 직업과 환경, 동종범행으로 인한 처벌전력, 당해 범행 이전의 행적, 그 범행의 동기, 수단, 범행 후의 정황, 개전의 정 등과 아울러 피청구인의 정신성적 장애의 종류와 정도 및 치료 가능성, 피청구인이 치료명령의 과정에서 받을 약물치료 또는 인지행동치료 등을 자발적이고도 적극적으로 따르고자 하는 의지, 처방 약물로 인하여 예상되는 부작용의 가능성과 정도, 예상되는 형 집행 기간과 그 종료 당시 피청구자의 연령 및 주위환경과 그 후 약물치료 등을 통하여 기대되는 재범 방지 효과 등의 여러 사정을 종합적으로 평가하여 판결 시를 기준으로 객관적으로 판단하여야 할 것이라고 판시하였다(대법원 2014. 2. 27. 2013도12301 판결).

료기간을 정하여 판결로 치료명령을 선고하여야 하며(제8조 제1항), 치료명령 청구가 이유 없는 경우 또는 피고사건에 대하여 무죄(심신상실을 이유로 치료감호가 선고된 경우는 제외됨)·면소·공소기각, 벌금형, 선고유예 또는 집행유예의 판결 또는 결정을 선고하는 때에는 판결로 치료명령 청구를 기각하여야 하는데(제8조 제3항), 치료명령의 선고는 피고사건의 양형에 유리하게 참작되어서는 안 된다(제8조 제6항).

4) 피치료자의 의무

치료명령을 선고받은 사람은 치료기간 동안 「보호관찰 등에 관한 법률」에 따른 보호관찰을 받는다. 또한 「성충동약물치료법」 제15조는 치료명령을 받은 사람은 치료기간 중 상쇄약물의 투약 등의 방법으로 치료의 효과를 해하여서는 안 되며, 형의 집행이 종료되거나 면제·가석방 또는 치료감호의 집행이 종료·가종료 또는 치료위탁되는 날부터 10일 이내에 주거지를 관할하는 보호관찰소에 출석하여 서면으로 신고하여야 하고, 주거이전 또는 7일 이상의 국내여행을 하거나 출국할 때에는 미리 보호관찰관의 허가를 받아야 한다고 규정하고 있다.

5) 치료명령의 집행 및 연장

치료명령은 검사의 지휘를 받아 보호관찰관이 집행하는데(제13조 제1항), 의사의 진단과 처방에 의한 약물 투여, 전문가에 의한 인지행동 치료 등 심리치료 프로그램의 실시 등의 방법으로 집행하며(제14조 제1항), 집행시기는 형집행 종료·면제, 가석방, 치료감호 집행 종료·가종료, 치료위탁으로 석방되기 전 2개월 이내이다(제14조 제3항). 보호관찰관은 약물 투여의 방법으로 치료명령을 집행하는 경우, 치료기관의 의사로 하여금 부작용에 대한 검사 및 치료도 함께 실시하게 하여야 하고, 검사 결과 치료명령을 받은 사람의 신체에 회복하기 어려운 손상이 발생할 수 있다는 의사의 소견이 있거나 그 밖에 약물 투여에 따른 부작용이 크다고 인정되는 경우에는 약물 투여를 일시 중단할 수 있으며, 보호관찰심사위원회에 약물 투여 일시 중단의 승인을 신청할 수 있다. 약물 투여 일시 중단이 승인된 경우, 보호관찰관은 승인일부터 1개월마다 치료명령을 받은 사람의 부작용 치료 내용, 신체상태의 변화 및 약물 투여 적합 여부 등에 대한 의사의 진단과 처방 결과를 심사위원회에 보고하고, 심사위원회는 그 보고에 따라 약물 투여 재개 여부를 결정한다(시행령 제11조).

치료경과 등에 비추어 치료명령을 받은 사람에 대한 약물치료를 계속하여야 할 상당한 이유가 있거나 피치료자의 준수사항 위반 등이 있어 보호관찰소장의 신청에 따라 검사가 치료기간 연장을 청구하는 경우, 법원은 결정으로 치료기간을 연장할 수 있으나, 다만 종전의 치료기간과 합산하여 15년을 초과할 수 없다(제16조).

6) 치료명령의 집행정지, 가해제, 집행종료

치료명령의 집행 중 구속영장 집행 등으로 구금된 때에는 집행이 정지되며(제14조 제4항), 치료명령을 받은 사람이 치료명령이 계속 집행될 필요가 없을 정도로 개선되어 죄를 다시 범할 위험성이 없다고 인정되는 때에, 보호관찰심사위원회는 보호관찰소장 또는 피치료자 및 그 법정대리인의 신청에 따라 치료명령의 가해제를 결정할 수 있다(제17조, 제18조). 피치료자 등의 신청은 치료명령의 집행이 개시된 날부터 6개월이 지난 후에 하여야 한다(제17조 제2항).

치료명령이 가해제된 사람이 성폭력범죄를 저지르는 등 재범의 위험성이 있다고 판단되는 때에 보호관찰소장은 가해제의 취소를 보호관찰심사위원회에 신청할 수 있고, 보호관찰심사위원회는 재범의 위험성이 현저하다고 인정될 때에 가해제를 취소하여야 한다(제19조). 치료명령은 치료기간이 지난 때, 치료명령과 함께 선고한 형이 사면되어 그 선고의 효력을 상실하게 된 때, 치료명령이 가해제된 사람이 그 가해제가 취소됨이 없이 잔여 치료기간을 지난 때에 그 집행이 종료된다(제20조).

4. 외국의 입법례

(1) 미국

미국은 1990년대부터 연방법으로 **성폭력약탈자법**(Sexually Violent Predator Laws)과 **성범죄자등록통지법**(Sex Offender Registration and Notification Act) 등 성범죄자에 대한 강력한 통제장치를 만들어 왔다. 성폭력약탈자법은 주정부 또는 연방정부에 '비정상적 정신상태 또는 인격장애'로 인해 석방될 경우 성폭력범죄를 범할 것 같은 범죄자에 대해 형기를 마쳤더라도 무제한 수감할 수 있게 하는 권한을 부여하고 있다.

성범죄자등록통지법은 **아담 월쉬 아동보호안전법**(The Adam Walsh Child Protection and Safety Act)**으로 2006년 6월 27일 제정**되었다. 이 연방법은 성범죄자에 대한 전국적 등록체계를 구축해 대중, 특히 아동들을 폭력적인 성범죄자들로부터 보호하는 것을 목적으로 하고 있다. 이 법에 따라, 성범죄자는 석방되기 전 또는 징역형이 선고되지 않을 경우 3일 이내에 이름, 사회보장번호, 주소, 고용주 이름과 주소, 학생일 경우 학교 이름과 주소, 범죄자가 운전하는 자동차 등록번호와 차량종류, 그리고 법무부장관이 요구하는 기타 개인정보를 등록하도록 규정하고 있으며, 주정부는 등재 대상 범죄자의 신체적 특징, 범죄종류, 체포, 기소, 수감, 석방일 등을 포함하는 범죄력, 현재의 사진, 지문과 손바닥 지문, DNA 샘플, 유효한 자동차운전면허 또는 신분증명서 사본, 기타 법무부장관이 요구하는 정보 등을 추가 등록해야 한다.[22]

   미국의 경우 연방법 이외에도 몇몇 주에서 **성폭력범죄자에 대한 외과적 또는 화학적 거세제도를 시행**하고 있는데, 이를 살펴보면 다음과 같다.[23]

주(州)	구분	주요 내용
텍사스	외과적 거세	• 범죄자가 동의할 경우에만 치료적 목적으로 시행 • 17세 미만 아동 대상
캘리포니아	외과적/화학적 거세 중 선택	• 재범 이상: 필요적 강제처분, 초범: 임의적 처분 • 가석방의 조건으로 처벌적 목적에서 운영 • 13세 미만 아동 대상
플로리다	외과적/화학적 거세 중 선택	• 재범 이상: 필요적 강제처분, 초범: 임의적 처분 • 모든 성폭력범죄자
몬태나	화학적 거세	• 가해자가 3세 이상 연상인 경우 법원 결정에 따른 임의적 처분 • 16세 미만 대상
오리건	화학적 거세	• 교정당국의 행정처분 • 성범죄 전과가 있는 가석방 예정자

(이어짐)

---

22) 조성자, "성충동 약물치료에 대한 비교법적 연구", 강원법학 제33권, 강원대학교 비교법학연구소, 2011, 347쪽 참조.

23) 이동명/박현정, "상습적 성범죄자처우에 관한 고찰 — 성충동약물치료명령을 중심으로 —", 법학연구 제42집, 2011, 222쪽; 정영주, 앞의 논문, 4-5쪽 참조.

아이오와	외과적/화학적 거세 중 선택	• 재범 이상: 필요적 강제처분, 초범: 임의적 처분 • 13세 미만 아동 대상
루이지애나	외과적/화학적 거세 중 선택	• 13세 미만 아동 대상
조지아	화학적 거세	• 17세 미만 대상

(2) 독일

독일은 1969년 **자의적 거세 및 기타 치료방법에 대한 법률**(BGBI. I. S. 1143-일명 거세법)을 제정하여 거세와 징역형의 선택을 허용하였다. 위 법률상 거세(Kastration)란 남성의 비정상적인 성충동 발현을 억제하기 위한 조치로 남성의 생식선을 의도적으로 제거하거나 성기능을 지속적으로 기능하지 못하게 하는 것을 의미하고 있어 외과적 거세와 화학적 거세를 인정하고 있다.[24] 독일은 거세와 관련하여 「자의적 거세 및 기타 치료방법에 대한 법률」 제1조에 "남성의 생식선을 고의적으로 제거하거나 성기능을 지속적으로 불능화하는 것을 통해 비정상적인 성욕 발현의 억제를 목적으로 하는 처우"라고 정의하고 있고, 제2조에 "당사자의 동의를 전제로 하여 의사의 진단서가 있어야 한다"라고 규정하고 있다. 거세의 목적은 본인의 비정상적인 성적 충동에 관해 심각한 질병, 정신적 장애 또는 고통 등을 치료하기 위하여 활용한다든지, 이러한 치료뿐만 아니라, 완화하기 위한 수단으로 국한하고 있다. 또한 독일은 대상 성폭력범죄자를 25세 이상으로 규정하고 있으며 대상범죄를 14세 이하 피해자에 대한 성범죄 등으로 한정하고 있다.[25]

(3) 기타 유럽국가

프랑스의 경우 재범의 위험성을 가늠하여 본인의 동의하에 시행하고 있으나, 이를 강제적 약물투입으로 전환할 것인가에 대한 논의가 진행되고 있으며, 스웨덴의 경우에는 1944년 성폭력범죄자에 대한 성충동 억제약물투입을 허용하는 법률을 제정하여 대상자의 동의를 구하지 않고 성욕으로 사회에 해악을 끼칠 우려가 있다

---

24) 황일호, "성충동 약물치료의 재범억지 효과성에 관한 연구", 교정연구 제56호, 2012, 52쪽.
25) 박상기, "소위 화학적 거세와 성폭력범죄자의 성충동 약물치료에 관한 법률의 문제점", 형사정책연구 제21권 제3호, 한국형사정책연구원, 2010, 209쪽.

고 인정되는 23세 이상의 성폭력범죄자에 대해 적용하고 있다. 덴마크는 유럽 최초로 1929년 성충동 억제약물투입에 대한 법률을 제정하여 1973년에 개정하였는데, 성폭력범죄자뿐만 아니라 정신장애자까지도 그 대상으로 하고 있다. 이 밖에도 오스트리아를 비롯하여 캐나다 역시 가해자의 자율적 선택을 바탕으로 한 화학적 요법을 시행하고 있고, 최근 이스라엘에서도 아동 성폭력가해자들이 '화학적 거세'에 동의한 사례가 보고되고 있다.[26]

5. 「성충동약물치료법」의 쟁점에 대한 검토

「성충동약물치료법」에 대해 가장 논의가 많았던 부분은 역시 헌법불합치 결정과 함께 개정을 요구한 제8조 제1항의 본인 동의의 생략으로 인한 강제성 문제이다.

(1) 본인 동의의 생략(강제성) 문제

1) 헌법재판소의 헌법불합치 결정

헌법재판소는 "성충동약물치료법 제8조 제1항의 위헌성은 치료명령 청구가 이유 있다고 인정하는 때 15년의 범위에서 치료기간을 정하여 판결로 치료명령을 선고하도록 규정한 것 자체에 있는 것이 아니라, 피치료자가 치료명령의 집행 시점에서 치료감호에 의한 치료 등으로 치료의 필요성이 달라졌다고 주장하며 그 치료에 이의를 제기하는 경우 치료의 필요성에 관하여 다시 법원의 판단을 거치게 하는 등 불필요한 치료가 이루어지는 것을 막을 수 있는 절차가 마련되어 있지 않음에도, 일률적으로 그 선고 시점에서 치료명령의 요건이 충족된다고 판단하는 때에는 치료명령을 선고하도록 한 데에 있다. 이와 같이 치료명령의 근거규정에는 위헌적인 부분과 합헌적인 부분이 공존하고 있으므로, 성폭력범죄자의 재범을 방지하고 사회방위의 목적을 달성하면서도, 치료명령 선고 시점과 집행 시점의 시간적 간극으로 인하여 불필요한 치료가 이루어질 가능성을 배제할 수 있는 구체적인 방법과 절차, 즉 치료명령 선고 시점과 집행 시점 사이에 어느 정도의 시간적 간극이 있는 경우 피치료자의 이의 제기를 허용할 것인지, 피치료자가 이의를 제기하는 경우 그 절차를

---

26) 이동명/박현정, 앞의 논문, 223-224쪽 참조.

어떻게 형성할 것인지, 피치료자의 이의가 이유 있다고 인정되는 경우(치료의 필요성이 달라졌다고 인정되는 경우) 치료명령 자체를 취소·변경하도록 할 것인지, 치료명령은 그대로 두고 그 집행을 불허·변경하도록 할 것인지 등에 관하여는 이를 입법자의 판단에 맡기는 것이 바람직하다. 그리고 이 사건 명령조항의 위헌적인 부분은 치료명령의 선고에 의하여 곧바로 현실화되는 것이 아니고, 집행 시점에서 비로소 구체적으로 문제가 되며, 그 집행 시점까지 개선입법을 함으로써 제거될 수 있음에도, 이 사건 명령조항에 대하여 적용 중지를 명한다면 법원이 치료명령의 선고를 할 수 없게 됨은 물론, 동시에 선고하고 있는 피고사건의 선고마저 할 수 있는지 여부에 관하여 논란을 불러일으키는 등 법적 혼란이 생길 우려가 있으므로, 이러한 법적 혼란이 생기는 것을 불식시키기 위해서는 계속 적용을 명함이 상당하다. 따라서 이 사건 명령조항에 대하여 **헌법불합치 결정을 선고**하되, 입법자의 개선입법이 이루어질 때까지 계속 적용을 명하기로 하되, 입법자는 가능한 한 빠른 시일 내에 개선입법을 해야 할 의무가 있으므로, 늦어도 2017. 12. 31.까지는 개선입법을 이행하여야 하고, 그때까지 개선입법이 이루어지지 않으면 이 사건 명령조항은 **2018. 1. 1.부터 효력을 상실한다**"라고 판시하였다.

헌법재판소의 이 조항에 대한 헌법불합치 결정에 따라 2017. 12. 19. 추가된 치료명령의 집행 면제 신청, 치료감호심의위원회의 치료명령 집행 면제 신청, 치료명령의 집행 면제 결정 통지 등에 관한 이 법률의 내용을 살펴보면 다음과 같다.

제8조의2(치료명령의 집행 면제 신청 등) ① 징역형과 함께 치료명령을 받은 사람 및 그 법정대리인은 주거지 또는 현재지를 관할하는 지방법원(지원을 포함한다. 이하 같다)에 치료명령이 집행될 필요가 없을 정도로 개선되어 성폭력범죄를 다시 범할 위험성이 없음을 이유로 치료명령의 집행 면제를 신청할 수 있다. 다만, 징역형과 함께 치료명령을 받은 사람이 치료감호의 집행 중인 경우에는 치료명령의 집행 면제를 신청할 수 없다.

② 제1항 본문에 따른 신청은 치료명령의 원인이 된 범죄에 대한 징역형의 집행이 종료되기 전 12개월부터 9개월까지의 기간에 하여야 한다. 다만, 치료명령의 원인이 된 범죄가 아닌 다른 범죄를 범하여 징역형의 집행이 종료되지 아니한

경우에는 그 징역형의 집행이 종료되기 전 12개월부터 9개월까지의 기간에 하여야 한다.

③ 징역형과 함께 치료명령을 받은 사람은 제1항 본문에 따른 치료명령의 집행 면제를 신청할 때에는 신청서에 치료명령의 집행 면제의 심사에 참고가 될 자료를 첨부하여 제출하여야 한다.

④ 법원은 제1항 본문의 신청을 받은 경우 징역형의 집행이 종료되기 3개월 전까지 치료명령의 집행 면제 여부를 결정하여야 한다.

⑤ 법원은 제4항에 따른 결정을 하기 위하여 필요한 경우에는 그 법원의 소재지를 관할하는 보호관찰소의 장에게 치료명령을 받은 사람의 교정성적, 심리상태, 재범의 위험성 등 필요한 사항의 조사를 요청할 수 있다. 이 경우 조사에 관하여는 제5조를 준용하며, "검사"는 "법원"으로 본다.

⑥ 법원은 제4항에 따른 결정을 하기 위하여 필요한 때에는 치료명령을 받은 사람에 대하여 정신건강의학과 전문의의 진단이나 감정을 받게 할 수 있다.

⑦ 제1항에 따른 치료명령 집행 면제 신청사건의 관할에 관하여는 제6조 제2항을 준용한다.

⑧ 징역형과 함께 치료명령을 받은 사람 및 그 법정대리인은 제4항의 결정에 대하여 항고(抗告)를 할 수 있다.

⑨ 제8항의 항고에 관하여는 제22조 제5항부터 제11항까지를 준용한다. 이 경우 "성폭력 수형자"는 "치료명령을 받은 사람"으로 본다.

제8조의3(치료감호심의위원회의 치료명령 집행 면제 등) ① 「치료감호 등에 관한 법률」 제37조에 따른 치료감호심의위원회(이하 "치료감호심의위원회"라 한다)는 같은 법 제16조 제1항에 따른 피치료감호자 중 치료명령을 받은 사람(피치료감호자 중 징역형과 함께 치료명령을 받은 사람의 경우 형기가 남아 있지 아니하거나 9개월 미만의 기간이 남아 있는 사람에 한정한다)에 대하여 같은 법 제22조 또는 제23조에 따른 치료감호의 종료·가종료 또는 치료위탁 결정을 하는 경우에 치료명령의 집행이 필요하지 아니하다고 인정되면 치료명령의 집행을 면제하는 결정을 하여야 한다.

② 치료감호심의위원회는 제1항의 결정을 하기 위하여 필요한 경우에는 치료

명령을 받은 사람에 대하여 정신건강의학과 전문의의 진단이나 감정을 받게 할 수 있다.

　　제8조의4(치료명령의 집행 면제 결정 통지) 법원 또는 치료감호심의위원회는 제8조의2 제4항 또는 제8조의3 제1항에 따라 치료명령의 집행 면제에 관한 결정을 한 때에는 지체 없이 신청인 또는 피치료감호자, 신청인 또는 피치료감호자의 주거지를 관할하는 보호관찰소의 장, 교도소·구치소 또는 치료감호시설의 장에게 결정문 등본을 송부하여야 한다.

2) 개선방안의 모색

　　「성충동약물치료법」 제8조 제1항이 논란의 대상이 된 이유는 2008년에 제출된 법률안에 '화학적 거세 치료대상자의 동의가 있을 것'이라는 명문의 규정이 있었지만, 기존 법률안에서 성충동 약물치료명령이 '결정'의 형식으로 되어 있던 것을 '판결'의 형식으로 변경하여 그 절차를 강화하면서 제5차 법제사법위원회 회의에서 자발적 동의 규정을 삭제하게 되는데,[27] 이는 종래 약물치료제도의 도입에 관한 논의의 기본전제에 해당하는 당사자의 사전동의를 배제한 것으로서 가장 첨예한 논란을 불러일으키게 된 것이다.

　　결국 헌법재판소의 결정에 따르면서 논란을 불식시키고 제도의 원활한 운영을 위해서는 원칙적으로 모든 치료대상자의 '동의'를 요건으로 하는 법률의 개정이 이루어져야 한다.

　　성충동 약물치료명령은 신체 기능의 일부를 일시적으로 불능화하는 조치이므로 그 조치의 목적 및 효과와 부작용에 대해서 정확한 이해를 수반한 자유의사에 기한 동의가 필수적으로 요구된다. 특히 대상자의 동의는 일정시간이 흐른 이후 더 이상 약물치료를 하지 않을 경우 당사자 스스로 극복하도록 도움을 줄 수 있다고 판단되는 심리치료에 적극적인 참여를 유도해서 그 효과를 최대화할 수 있는 방안이 될 것이다. 실제 의학계에서도 대상자의 자발성이 결여된 상황에서 의사의 진단이 곧 대상자의 치료와 처벌을 결정짓는 입장이 될 수도 있다는 견해를 피력한 바 있으나, 약물치료의 필요성을 입증해야 하는 근거가 많지 않아 신중한 진단과 판단

---

27) 국회사무처, 제291회 국회(임시회) 법제사법위원회 회의록, 2010. 6. 29, 4쪽 참조.

을 해야 하는 어려움을 토로하고 있는 것도 사실이다.28) 따라서 본인의 동의를 절차화함은 물론이고 이에 따른 승인도 관련 기관의 승인을 거치는 신중함을 기할 필요가 있다. 외국의 경우 당사자가 자발적으로 동의하는 데 있어서 노르웨이는 '불임화조치위원회', 스웨덴은 '국가건강복지위원회', 핀란드는 '국가복지국' 등의 기관에 의한 승인을 거쳐 이를 시행하도록 하고 있는데,29) 우리나라도 외국과 같은 전문기관의 설치 및 운영이 필요하다.

(2) 약물치료의 부작용 문제에 대한 검토

헌법재판소의 반대의견을 살펴보면, 성충동 약물치료에 사용되는 약물들이 남성호르몬의 생성과 작용을 억제함으로써 성충동이나 성기능을 저하, 억제한다는 점은 인정되지만, ① 성충동 약물치료 중이라고 하더라도 피치료자가 법에 위반하여 약물의 효과를 상쇄시키는 약물을 복용하는 경우나 성기에 대한 마찰 등 자극을 통하여 성행위를 하는 것은 가능하므로 약물치료의 성기능 억제의 효과가 절대적이라고 보기는 어렵고, ② 성폭력범죄의 태양 가운데 성기의 삽입에 의한 경우는 일부분이고, 성도착증 환자의 성폭력범죄나 아동 대상 성폭력범죄의 경우 이물질의 삽입이나 기타 추행의 형태로 발생하는 경우가 많으므로 성기능의 무력화가 성폭력범죄를 불가능하게 한다고 단정할 수 있는 것도 아니며, ③ 그 밖에 성폭력범죄의 동기역시 성적 충동에 한정되지 않고, 정서적 욕구 또는 통제욕구가 성폭력범죄의 중요동기가 된다는 연구결과가 다수 존재하고 있으며, 성적 환상 외에 분노, 열등감, 고립감, 공감능력의 부재, 남성 중심적이고 폭력적인 성의식, 미약한 법준수 의식등이 성폭력범죄의 심리적 원인으로 주목되고 있는바, 성적 충동의 억제로 인한성폭력범죄 예방효과에도 의문이 있다. ④ 또한 성충동 약물치료를 통한 성폭력범죄의 재범 억제효과의 연구에 관해서는 법적·윤리적 이유로 치료대상자 선정이나 비교·대조군 설정이 어렵고, ⑤ 피치료자의 보고에 의존하는 외에 성폭력범죄의 재범 빈도의 정확한 반영에도 어려움이 있으며, ⑥ 장기간의 추적 관찰 역시 쉽지않은 문제가 존재하여 과학적으로 정밀한 연구결과를 얻는 데 한계가 있는 것이 현

---

28) 문수진 외, "성충동 약물치료에 관한 고찰", 한국범죄심리연구 제10권 제1호, 2014, 124쪽.

29) 박찬걸, 앞의 논문, 279-280쪽.

실이고, ⑦ 현재 보고되어 있는 외국의 몇몇 연구들의 경우도 비교적 소규모 집단을 대상으로 하거나, 피치료자의 동의에 따른 자발적 치료를 전제로 한 사례들이 많아 그 연구결과를 일반화시키기 어려우므로, 성충동 약물치료의 재범 억제효과에 관한 신뢰할 만한 연구자료를 찾기 어렵다는 주장을 하고 있다.

이러한 반대의견에서 제시하고 있는 문제들을 해결하기 위해서는 피치료자의 의무조항을 강화하여 치료약물의 효과를 상쇄시키는 행위를 사전에 차단하고, 예산과 인력의 투자를 집중하여 성폭력범죄의 행위태양과 발생원인을 철저히 파악하고, 이를 기초로 성폭력범죄자의 유형을 명확하게 구분할 수 있는 프로그램의 개발이 우선되어야 할 것이며, 나아가 비교·대조군의 설정을 용이하게 하고 과학적으로 신뢰할 만한 연구자료를 축적할 수 있는 약물치료 관련 전담연구소의 설치가 필요하다.

미국의 경우 가톨릭교회에서 1985년부터 미국 내 소아성애증 성직자를 대상으로, '심리상담치료'와 '화학적 거세'의 적절한 조화를 통한 아동성범죄 예방 및 재범 방지를 위해 St. Luke 연구소를 설립하여 운영하고 있는데, 이 연구소의 활동은 '화학적 거세'와 관련하여 가장 효과적이면서 적정한 절차를 제시하고 있을 뿐만 아니라 비용 면에서도 치료를 위해 교도소와 병원이 각각 개별적으로 운영·지출하는 비용보다 훨씬 효과적이어서 성범죄 재범방지에 관련하여 가장 효과적이며 완벽한 해결책을 제공하고 있다는 평가를 받고 있다.

(3) 심리치료 프로그램의 문제

성충동 약물치료의 경우 호르몬의 조절로 인한 성충동의 감소효과를 가져올 수는 있지만, 약물의 섭취가 중단되는 경우 다시 성기능이 회복되기 때문에 재범의 가능성이 항상 존재한다고 해도 과언이 아닐 것이다. 그러므로 효과적인 심리치료가 병행되지 않을 경우에는 기존의 약물치료가 무의미해질 수 있고, 약물치료만으로는 특정 성범죄자의 재범위험성을 억제하는 데 한계가 있기 때문에 심리치료 프로그램과의 연계와 함께 **자발적인 의지에 의한 심리치료의 지속적인 참여**는 필수적인 요건이라고 할 수 있다. 「성충동약물치료법」 제10조 등에서도 약물치료와 병행하여 보호관찰관의 지시에 따라 인지행동 치료 등의 심리치료 프로그램을 성실하게 이수하도록 규정하고 있다. 이러한 규정의 존재는 특정 성폭력범죄자의 경우 일종의 중독현상으로 파악하면서 '처벌'도 중요하지만 근본적으로 재범의 위험성을 제거하기 위해서는 '치료'가 병행되어야 하는데, 육체적인 문제를 해결하기 위한 약물의 주입과 정신적인 문제를 해결하기 위한 심리치료가 동시에 이루어졌을 때 비로소 '치료'의 효과를 극대화 시킬 수 있다고 본다. 그러나 해당 법률에는 심리치료에 대한 구체적인 처우원칙이 없으며 어떤 이론과 모델을 기초로 해야 하는지에 대한 가이드라인의 설정도 매우 미흡한 상태이다.[30]

외국의 입법례를 살펴보더라도 약물치료만을 단독으로 실시하는 국가는 거의 없으며, **인지행동요법 등에 근거한 그룹치료 또는 개인치료 등의 심리학적 처우를 병행**하고 있으며, 어떤 심리치료 프로그램을 사용하든지 간에 '최상의 실천'이라는 정책 가이드라인을 유지하고 있어 그 효과성 또한 상당히 입증된 바 있다.[31] 그러나 우리나라의 경우에는 현재 인지행동요법에 근거한 심리적 처우 프로그램이 확립되어 있다고 볼 수 없는 실정으로 성충동 약물치료제도의 성공적인 운영을 위해서 심리치료 프로그램의 내실화가 시급한 문제로 부각되고 있는 것이다. 오히려 약물치료보다는 심리치료 프로그램의 운영이 동 제도의 성과를 좌우한다고도 볼 수 있기 때문에 재범 방지에 더욱 효과적인 교정 프로그램이 활성화되어야 하며, 수감기간 동안 성범죄자의 성격장애 등을 완화하거나 제거하기 위한 **종합적·의무적·전문적인 교육 및 치료 프로그램이 개발**되어야 한다.

(4) 성폭력범죄 수형자에 대한 약물치료명령에 대한 검토

「성충동약물치료법」제22조 제1항에서 검사는 사람에 대하여 성폭력범죄를 저질러 징역형 이상의 형이 확정되었으나 제8조 제1항에 따른 치료명령이 선고되지 아니한 수형자 중 성도착증 환자로서 성폭력범죄를 다시 범할 위험성이 있다고 인

---

30) 성충동약물치료법 시행령 제5조에서 인지행동 치료 등 심리치료 프로그램에 대해 '인지행동 치료 등 심리치료 프로그램은 인지 왜곡과 일탈적 성적 기호의 수정, 치료 동기의 향상, 피해자에 대한 공감 능력 증진, 사회적응 능력 배양, 일탈적 성행동의 재발 방지 및 그 밖에 성폭력범죄의 재범 방지를 위하여 필요한 사항을 그 내용으로 포함하고 있어야 하며, 심리치료 프로그램은 성충동 약물치료 기간 동안 월 1회 이상 실시되어야 하고, 법무부장관은 심리치료 프로그램의 개발과 전문 집행 인력의 양성을 위하여 노력하여야 한다'라고 규정하고 있을 뿐 구체적인 가이드라인의 설정이 없는 상태이다.

31) 이완희, "성충동 약물치료 대상자의 인지행동치료 처우기법 개발", 한국경찰학회보 제15권 제6호, 2013, 197쪽.

정되고 약물치료를 받는 것을 동의하는 사람에 대하여 그의 주거지 또는 현재지를 관할하는 지방법원에 치료명령을 청구할 수 있다고 규정하고 있으며, 제23조에서는 수용시설의 장은 제22조 제2항 제6호의 결정이 확정된 성폭력 수형자에 대하여 법무부령으로 정하는 바에 따라 「형의 집행 및 수용자의 처우에 관한 법률」 제119조의 가석방심사위원회에 가석방 적격심사를 신청하여야 하고, 가석방심사위원회는 성폭력 수형자의 가석방 적격심사를 할 때에는 치료명령이 결정된 사실을 고려하여야 한다고 규정하고 있다. 또한 **법원의 판결 또는 치료감호심의위원회의 결정에 따른 경우에는 국가가 치료비용을 모두 부담**하나, **성폭력 수형자가 가석방 요건을 갖추고 스스로 치료에 동의하여 법원이 치료명령을 결정하는 경우에는 본인이 비용을 부담**하되, 치료비용을 부담할 경제적 능력이 없는 때에는 국가가 비용을 부담하도록 제24조에서 규정하고 있다.

이러한 운영방식에 대해 **첫째,** 가석방의 가능성이 있는 자는 조기의 사회복귀를 위하여 형식적인 동의를 할 가능성이 높고, 이러한 형식적 동의는 필수적으로 병행되는 심리치료 프로그램의 효과를 현저히 감소시킬 우려가 있으며, **둘째,** 동의가 가석방 결정의 필요적인 조건은 아니라고 하지만 교정시설에서는 약물치료의 동의 여부가 수형자의 가석방 시기 판단과 직접적으로 관계되므로 실질적으로 동의가 강제될 수밖에 없고, **셋째,** 재범위험성이 인정되는 자로 판단되는 자에게 약물치료를 명하면서 가석방하는 것은 논리적으로 모순이라고 지적하면서 가석방심사위원회는 가석방심사 대상자 중 약물치료에 동의한 자의 진정한 의사를 확인하기 위하여 보다 철저한 심사를 거쳐야 할 것이며, 진정한 동의로 판단이 되지 않은 경우에는 가석방에서 제외하여 미연에 부진정한 동의를 예방해야 한다는 견해도 있다.[32]

모든 범죄에 대해 **범죄자 치료 및 재활의 가장 중요한 점은 재범률의 감소 여부**이다. 재범률 연구를 보면 치료집단은 비치료집단에 비해 **재범률이 30~50% 감소**하는 것으로 나타나고 있다. 그러나 재범률 연구를 통해 알 수 있는 다른 하나의 사실은 치료집단도 비치료집단과 마찬가지로 재범 추적기간이 늘어남에 따라 재범률이 증가한다는 것이다.[33] 이러한 결과는 치료 및 재활의 실효성 확보를 위해 치료효과의 유

---

32) 박찬걸, 앞의 논문, 284-286쪽.
33) 윤정숙 외, "성범죄자를 위한 치료프로그램 개발 및 제도화 방안(Ⅲ)-치료프로그램 이수자의 사후

지·보수를 위한 연속적인 치료, 즉 **사후치료가 제공되어야 할 필요성**을 시사한다.

Ⅲ. 디지털 성범죄와 인권

1. 개관

그동안 우리 사회는 사회적 약자나 소수자의 보호를 위해 관련 법률을 제정하거나 제도를 도입하는 등 다양한 노력을 하였다. 그러나 여전히 소외되어 고통받는 계층은 존재하며 이들을 보호하기 위한 노력도 계속되고 있다.

4차 산업혁명과 정보통신기술의 발전, 그리고 인터넷 플랫폼의 다변화는 다양한 정보에 대한 접근을 용이하게 하면서 현대인의 생활 전반에 편리함을 제공하고 있다. 그러나 정보에 대한 접근성은 삶의 편리라는 긍정적인 면과 함께 사이버 공간에서의 범죄 증가라는 부정적인 면도 동시에 발생시킨다. 이러한 사이버 공간에서의 범죄 중 가장 심각하다고 볼 수 있는 것이 바로 불법촬영물을 이용한 디지털 성범죄이다.

'N번방 사건'은 갑자기 시작된 디지털 성범죄 사건이 아니었다. 100만 회원을 가지고 있었던 소라넷 사건, 128만 회원 규모의 웰컴투비디오 폐쇄사건, 웹하드카르텔 사건, 성매매 포털 '밤의 전쟁', 그리고 여러 대학들에서 발생한 단톡방 사건들 등이 모두 디지털 공간에서 발생한 심각한 성범죄들이었다. 하지만 '소라넷'이 1999년 개설된 후 2016년에 폐쇄되기까지 만 18년이 걸렸고, 100만 회원을 가지고 있던 소라넷에서 처벌받은 사람은 운영자 단 1명뿐이었다. 오랜 기간 수많은 피해자들이 심각한 인권침해를 당하여 왔음을 의미한다. 이하에서는 우리 사회의 디지털 성범죄 피해를 단적으로 보여 준 N번방 사건이 어떻게 진행되었고, 그 피해 실태는 어떠하며 피해자들의 인권침해 상황은 얼마나 심각한지, 우리 사회에 어떠한 영향과 변화를 주었는지, 앞으로 남은 과제가 무엇인지 살펴보기로 한다.[34]

관리 방안 연구-", 한국형사정책연구원 연구총서, 2014, 18쪽.

34) 대한변호사협회, 「2020년도 인권보고서」, 2021 참조.

2. 디지털 성범죄의 위험성과 피해 실태

(1) 디지털 성범죄 피해의 심각성

1) 피해 회복의 어려움

디지털 성범죄는 인터넷 공간에서의 빠르고 무한정한 유포, 가해자의 익명성과 불특정성, 그리고 N번방 사건에서 볼 수 있었듯이 너무나 쉽게 다수의 가해자가 공동으로 범행을 저지를 수 있다는 것을 특징으로 한다. 그리고 이러한 특징들은 결국 피해자에 대한 심각한 인권침해와 피해 회복의 어려움을 의미한다. 온라인에서 성폭력 피해 경험이 있는 여성 2,000명을 대상으로 한 조사결과에 따르면, 촬영 피해자의 경우는 34.3%가 자살을 생각했고 그 중 37.8%가 자살 계획을 세웠으며, 실제 자살을 시도한 사례는 33.3%였다. 유포의 협박을 받은 피해자들 중 자살을 생각한 응답자는 41.7%였고, 자살 계획 50.0%, 자살 시도 35%로 나타났다. 유포, 재유포 피해자의 자살 생각 비율은 디지털 성폭력 피해자 가운데 가장 높은 45.6%, 자살 계획은 42.3%, 자살 시도는 45.5%로 조사되어 온라인상에서 성폭력 피해의 정도가 심해질수록 자살에 대한 사고, 계획, 경험이 높아지는 것을 확인할 수 있다.[35]

이처럼 디지털 성범죄에 의해 단순히 수많은 피해 여성들이 성적 자기결정권의 침해를 받는 것에 그치는 것이 아니라 인격의 파괴, 인격살인에까지 이를 정도로 고통받고 있으며, 온라인 공간에서뿐만 아니라 실제 오프라인의 공간에서도 회복되기 어려울 정도로 삶이 훼손되고 있다. 결국 여성 피해자의 온라인 활동은 위축되고, 온라인 공간에서 여성 배제의 결과를 초래함으로써 과학기술의 발달이 또 다른 성별 불평등을 야기하고 있는 것이다. 특히 새로운 테크놀로지의 발전과 그 효과는 인격에 대한 침해와 신체에 대한 침해의 영향이 가지는 차이에 대해 새롭게 인식을 전환해야 할 필요성을 제기한다.

2) 피해자의 취약성을 이용한 범죄

사이버 공간에서 발생하는 범죄는 피해자의 취약성을 이용한 범죄라는 특징을 갖고 있다. 정보통신기기의 사용이 보편화되고 SNS, 채팅, 게임 등 시간과 공간의

---

35) 한국여성인권진흥원, "온라인 성폭력 피해실태 및 피해자 보호방안", 2018, 142-143면.

제한이 없이 사적이고 개인적인 소통과 접근이 확대되면서, 비장애 성인 여성만이 아니라 아동·청소년, 지적장애인 또는 경계성 장애인 등에게 접근하고, 그루밍,[36] 위협, 고립 등을 통해 가해 대상으로 삼을 수 있는 가능성이 증대되었다.[37] 이처럼 열악한 상황에 있는 피해자들은 자신의 피해 사실을 제대로 인지하지 못하고, 피해자들을 지원할 수 있는 주변인들 역시 이를 인지하고 도움을 줄 수 있는 시기가 늦어지면서 피해자들은 자신에게 필요한 증거 등의 수집을 초기에 제대로 하지 못하여 법적 대응에도 어려움을 겪게 된다. 결국 열악한 지위에 있는 피해자는 지속적이고 장기적인 피해를 입게 되고 피해와 가해의 정도는 점점 악화되어 가고 있는 것이다.

3) 암수범죄의 증가와 낙인에 의한 위험성

불법행위에 의한 촬영과 그 영상물의 유포 및 소지, 그리고 시청 등의 행위는 피해자가 인지하지 못하는 경우가 대부분이라는 점이다. 이는 촬영기법이나 도구의 다양성 등으로 인하여 피해 자체를 인식하지 못하기 때문이다. 또한 다양한 도구를 활용한 공공장소에서의 불특정다수인에 대한 불법촬영의 경우 개인정보보호 등의 이유로 피해자의 신원확인이 곤란한 경우가 대부분이어서 수사기관에 의한 피해자의 특정이 어렵고 범인의 검거 가능성도 어려워지게 되어 암수범죄가 증가하게 되는 것이다. 이 외에도 데이트 폭력에서 기인하는 불법촬영물의 경우 최초 촬영은 서로의 사랑을 확인하는 절차라는 생각에 상대방의 동의하에 이루어졌을 가능성이 매우 높으나 헤어진 이후에는 상대방의 동의 여부와 관계없이 유포되기 때문에 암수범죄가 증가하게 된다.

불법촬영을 통해 영상물이 SNS 등을 통해 유포되는 경우 이를 인지한 피해자는 엄청난 정신적 충격과 심리적 고통, 그리고 공포에 떨어야 한다. 이로 인해 피해자를 정상적인 생활을 영위할 수 없게 되며, 사회와의 관계를 스스로 단절한 채 갇힌 삶을 살게 되는데, 이는 이렇게 유포된 영상물이 영구적으로 완벽하게 삭제될 수

---

36) 그루밍(grooning) 성범죄란 가해자가 피해자의 호감을 얻거나 돈독한 관계를 만드는 등 신뢰관계를 토대로 심리적으로 지배한 뒤 성폭력을 가하는 것을 의미한다. 따라서 그루밍 성폭력 피해자들은 피해 당시에는 자신이 성범죄의 피해자라는 점을 인식하지 못하는 경우가 많다.

37) 김정혜, "텔레그램 'N번방' 등 온라인 매개 성폭력 사건들을 통해 본 이 시대 성폭력의 특성", 한국여성정책연구원 brief 제53호, 2020 참조.

없다는 현실적인 사실 앞에서 피해자들은 모멸감, 분노, 무형의 공포, 성적으로 문란하다는 오명 등과 같은 낙인에 의한 위험성에 고스란히 노출될 수밖에 없기 때문이다.[38]

4) 디지털이라는 특성에 의한 위험성의 증대

불법행위에 의해 촬영된 영상물의 유포는 물리적 공간을 초월하는 인터넷을 활용하여 이루어지는 경우가 대부분이기 때문에 확산되는 범위가 매우 광범위하며, 전파되는 속도도 빠르다. 그리고 유포행위의 다양성과 복잡한 경로 탓에 누구에 의해 어디에서부터 시작되었는지, 또는 언제부터 피해가 발생하였는지 등을 밝혀내는 일이 매우 어렵다. 또한 쉽게 복제되는 특성으로 인하여 지속적이고 반복적으로 피해가 발생할 수도 있으며, 오프라인에서 성폭력범죄와 관련된 도구로 사용되기도 하고, 불법적인 영리 추구의 목적으로 웹하드 등 유통 플랫폼을 통해 조직적으로 유포되기도 한다.[39] 이렇게 유포된 불법촬영물은 국내 수사망을 회피할 목적으로 해외 서버(server)를 통하여 유통되는 경우가 많기 때문에 공급자와 수요자를 추적하는 것이 쉽지 않고, 관련 자료를 전송받아 시청한 후 클라우드 서비스(cloud service)[40] 등을 이용하여 해당 데이터를 분산하여 보관하다가 필요할 때마다 언제 어디서든 꺼내어 시청할 수 있는 등 소지의 방법 등이 간편해지면서 피해가 급속도록 확산되고 있다. 결국 이러한 방식으로 광범위하게 확산된 불법영상물은 삭제나 차단관리 등이 어렵게 되기 때문에 그 위험성이 증대되는 원인으로 지적되고 있다.

---

38) 서승희, "사이버성폭력 피해의 특성과 근절을 위한 방안 — 비동의유포 성적 촬영물을 중심으로 —", 이화젠더법학 제9권 제3호, 이화여자대학교 젠더법학연구소, 2017, 67–68면.

39) 김숙희/김영미/김현아/서승희/장윤정, "디지털 성폭력 피해 영상물 삭제와 처리 개선방안에 관한 연구", 이화젠더법학 제10권 제1호, 이화여자대학교 젠더법학연구소, 2018, 54쪽.

40) 인터넷으로 연결된 초대형 고성능 컴퓨터(데이터센터)에 소프트웨어와 콘텐츠를 저장해 두고 필요할 때마다 꺼내 쓸 수 있는 서비스이다. 사용자가 스마트폰이나 PC 등을 통해 문서, 음악, 동영상 등 다양한 콘텐츠를 편리하게 이용할 수 있다. 한편 클라우드 컴퓨팅은 데스크톱PC·휴대폰·노트북 등 물리적으로 서로 다른 위치에 존재하는 다양한 정보들을 웹 기반 애플리케이션을 활용, 대용량 데이터베이스를 가상화 기술로 통합해 제공하는 기술 및 환경을 말한다. 통합된 데이터들은 인터넷 가상데이터센터에서 분산처리하고, 이 데이터들을 다시 가공하거나 각 단말기로 보낼 수도 있다. 이는 개인 단말기에는 정보를 남기지 않고 중앙시스템에 연결해 사용하므로 정보의 보안성을 높일 수 있다는 장점이 있다.

(2) N번방 사건의 피해 실태

2019년 2월 피해자들의 성 착취 사진을 올리고 신상정보까지 공유하는 텔레그램 채팅방이 있다는 사실이 일부 인터넷 커뮤니티에 알려졌다. 'N번방'이라는 명칭은 1번부터 8번까지 각각 다른 이름이 붙여진 8개의 텔레그램 비밀대화방에서 방마다 서로 다른 피해 여성들의 신상정보와 성착취물이 올라온 데서 붙은 것이며, 텔레그램 성착취의 상징적인 표현이 되었다.

텔레그램은 2013년 러시아의 두로프 형제가 개발한 철저히 암호화된 메신저 앱으로, 종단 간 암호화 기능, 자동삭제 타이머 기능 등을 제공하며, 법집행기관에 비협조적인 것으로 악명 높다. 대화방은 운영자 아래 오프라인 성범죄 공범, 해커 및 프로그래머, 소비자, 판매 수익금 전달책 등이 참여하여 조직적으로 운영되고 있으며, 보안 유출이 된 경우 해당 대화방을 폭파하고 새로운 방을 개설하는 행위를 반복하였다. 텔레그램에서 많은 피해자를 양산한 '박사방'은 '박사'라는 닉네임을 가진 인물이 운영하였다는 이유로 붙여진 이름이다. N번방과 박사방의 가해자들은 피해자들의 성 착취 영상을 올리는 것은 물론 이들의 신상정보까지 모두 공개해, 피해자들이 자신들에게 복종할 수 밖에 없도록 극심한 고통을 준 것으로 알려졌다. 또 가해자들은 문화상품권이나 가상화폐처럼 추적이 어려운 금품을 받은 뒤 방문자들에게 해당 채팅방으로 향하는 링크를 공유했는데, 이곳에 입장한 사람들은 최소 수만 명에서 최대 26만 명으로 추정되고 있다. 아울러 가해자들은 신고와 추적을 피하기 위해 채팅방을 수시로 없애고 만드는 일을 반복했으며, 이러한 수법을 이용한 유사 N번방들까지 등장한 상황이다. N번방, 박사방 운영자와 공범 외에도, 텔레그램에서 유포된 성착취영상물들을 재유포하는 대화방을 만들어 이익을 취하고, 텔레그램 'N번방'에 접속할 수 있는 링크를 전송하고, 텔레그램 'N번방', '박사방' 등에서 유통된 아동·청소년성착취물을 재판매함으로써 피해자들의 피해는 더 가중되었다. 특히 피해자의 개인정보를 유출해 운영자의 범죄를 도운 행위로 인해 피해자들의 개인정보까지 가해자들에게 공유되면서 피해자들은 일상생활에서도 심각한 피해를 입었다.

무엇보다 텔레그램 N번방에서의 아동·청소년 피해 사례들은 매우 심각하다.

아동·청소년들은 '노예'로 지칭되며 성착취를 당했는데, 가족, 학교, 친구, 개인정보가 총동원된 전방위 협박을 거쳐 노예가 되었고, 범행은 주로 트위터에서 이루어졌다. 한 예로 N번방 창시자인 '갓갓'은 경찰을 사칭해 미성년자에게 메시지를 발송하고, 개인 트위터에 사적인 사진을 올린 아이들을 타깃으로 하였다. '게시물 신고가 접수됐으니 링크에 신상정보를 입력하고 조사에 응하라'는 문자를 먼저 보내고, 답이 없으면 '부모님에게 연락하겠다'는 협박을 덧붙였다. 아이들이 신상정보를 내놓으면 '신원확인을 해야 한다'며 얼굴 사진을 요구했다. 이어 얼굴을 미끼로 전신, 가슴, 상의 탈의 사진으로 요구는 점점 커졌다. 아이들이 뭔가 이상한 느낌이 들어 멈칫하면, 그 사이 신상정보를 털어 겁을 주었다. 그들은 끊임없이 메시지를 보내고, 대답을 독촉하고, 숨 쉴 틈 없이 압박했다.

이러한 아동·청소년들에 대한 성착취는 온라인상에서 그치지 않았다. 이들은 노예라고 지칭하는 아동·청소년을 오프라인으로 끌어내어 범죄를 저질렀는데, 숙박업소로 추정되는 방에서 중학생 정도로 보이는 여자아이를 성인 남성이 강간하고 그 영상을 실시간으로 공유하기도 하였으며, 채팅방의 공범들은 '이게 바로 그루밍이지'라는 환호로 댓글을 달기도 하였다.

이런 상황이 발견되자 성착취의 피해자를 지원하고 문제를 종식시키기 위해 활동해 온 단체들은 정부, 경찰 등을 만나 제대로 된 수사와 피해자 지원 대책, 재발방지 대책을 요구하고 이 문제의 공론화를 위해 공동대책위원회 구성을 논의한 후, 2020년 2월 14일 텔레그램 성착취에 관련한 이 모든 문제에 복합적으로 대응하고자

[국민청원 내용과 참여인원]

청원 내용	참여인원
텔레그램 아동·청소년 성노예 사건의 철저한 수사 및 처벌 촉구합니다	348,634명
N번방 대화 참여자들도 명단을 공개하고 처벌해 주십시오	457,487명
가해자 N번방박사, N번방회원 모두 처벌해 주세요	650,579명
박사방 회원 중 여아살해 모의한 공익근무요원 신상공개를 원합니다	519,948명
텔레그램 N번방 용의자 신상공개 및 포토라인 세워 주세요	2,715,626명
텔레그램 N번방 가입자 전원의 신상공개를 원합니다	2,026,252명

'텔레그램 성착취 문제 공동대책위원회'를 출범하였다. 또한 이런 심각한 디지털 성범죄 피해 실태가 알려지자 청와대 국민청원에 N번방과 관련된 청원들이 계속해서 올라왔고, 많은 국민들이 심각성을 인식하고 공감을 하여 수십에서 수백만 명의 동의를 받게 되었다.

(3) N번방 관련 판결 현황

N번방 판결의 선고형은 기존의 디지털 성범죄 선고형보다는 상향되었으며, 디지털 성범죄와 관련하여 가해자들에게 '범죄단체조직죄'를 인정하였다는 점에 의의가 있다.

1) 주요 운영자 판결 현황

가. 텔레그램 '박사방' 운영자 조모 씨는 아동·청소년을 포함한 여성 피해자 수십 명을 협박해 성 착취 영상을 촬영하고 인터넷 메신저 텔레그램 박사방을 통해 판매·유포, 성착취물을 제작하고 유포하기 위해 범죄단체를 조직하였다. 조모 씨와 박사방 가담자들은 조직적으로 역할을 분담하고 내부 규율을 만드는 등 음란물 공유 모임을 넘어선 범죄단체를 조직한 것으로 조사됐다. 1심 재판부는 이런 혐의를 유죄로 인정해 징역 40년을 선고하고 신상정보 공개·고지 10년, 취업제한 10년, 위치추적 전자장치(전자발찌) 부착 30년, 1억여 원 추징 등을 명령했다. 그리고 현재 조모 씨와 검찰 모두 항소한 상황이다.

나. '켈리'는 텔레그램 성착취 공유방의 창시자인 '갓갓'으로부터 'N번방'을 물려받아 운영했던 닉네임이다. 켈리는 자신의 집에서 아동·청소년이 등장하는 음란물 9만 1,890여 개를 저장해 이 중 2,590여 개를 판매해 2,500만원의 부당 이익을 챙긴 혐의로 기소됐다. 2019년 11월 1심 재판부가 징역 1년을 선고하자 켈리는 항소하였지만, 2020년 3월 결국 항소취하서를 법원에 제출하여 1심 형량인 징역 1년이 확정되었고, 2020년 9월 1년의 형기를 마치고 석방되었다.

다. 닉네임 '와치맨'은 2019년 4월부터 5개월 동안 텔레그램 대화방인 '고담방'을 개설하고, 음란물을 공유하는 대화방 4개를 링크하는 수법으로 1만 건이 넘는 음란물을 공공연하게 전시하여 기소되었는데 이 중에는 아동·청소년 관련 사진과 동영상 100여 개도 포함되었다. 또한 이에 앞서 음란물 사이트를 운영한 혐의로 2019년 10월 기소되어 재판을 받다가 'N번방'과 관련한 혐의로 2020년 2월 추가 기소되었다. 그런데 결심공판에서 검찰이 징역 3년 6월을 구형했다가 '솜방망이 처벌'이라는 비판이 나왔고, 이에 검찰의 보강수사 끝에 영리목적 성범죄 혐의 등을 추가 적용한 뒤 기존 구형의 3배인 징역 10년 6개월을 구형했다. 이는 지난 4월 성 착취 영상물 제작 사범 등에 대해 최대 무기징역까지 구형한다는 내용을 담은 '디지털 성범죄 사건처리기준'을 적용한 것이다. 하지만 다른 측면에서는 변론종결된 사건을 재개하여 구형을 늘리는 것은 피고인의 인권적인 측면에서 적절하지 않다는 이견도 있다. 이에 대해 법원은 2020년 11월 16일 '와치맨'에게 징역 7년을 선고하였다.

라. 텔레그램 'N번방' 최초 개설자인 '갓갓'의 지시를 받고 13살 아동에게 성적 학대를 하면서 음란물을 제작해 배포한 공범 A에게, 대법원은 아동·청소년의 성 보호에 관한 법률 위반(음란물 제작·배포) 등의 혐의로 원심이 선고한 징역 3년의 형을 확정했다.

마. 텔레그램 '박사방'의 주범으로 최근 징역 40년을 선고받은 조모 씨의 재판에서는 '박사방'의 핵심 고객이었던 회사원 2명도 공범으로 기소되었는데, 각각 징역 7년과 8년을 선고받았다. 이들은 조모 씨에게 50만원씩의 가상화폐를 주고, '고액 후원자의 방' 등 유료 박사방에 가입한 이후, 조모 씨에게 원하는 성착취물의 내용을 제안하며 '맞춤형' 주문을 했고, 다운받은 성착취물을 다른 대화방에 올리기도 하였다. 이들이 박사방에서 내려받은 사진과 영상은 휴대전화에서 발견된 것만 각각 1,200여 건과 270건에 이르렀다. 이들에게 적용된 핵심 죄명은 범죄집단 가입·활동죄로, 법원은 조모 씨의 범행이 지속된 가장 중요한 동기는 돈이었고, 성착취물이 어떻게 제작되는지를 알 수 있었는데도 돈을 내거나 영상 내용을 제안하는 등 범행에 협력했다고 지적하고 각각 징역 8년과 7년의 중형을 선고하였다.

2) 성착취물 재유포 관련 판결 현황

가. 텔레그램 '박사방'의 성착취 영상물을 재유포한 혐의로 기소된 이른바 '피카츄방' 운영자 B는 징역 3년 6개월을 선고받고, 80시간의 성폭력 치료 프로그램 이수명령, 5년간 아동·청소년 관련 기관이나 장애인복지시설에 취업하지 못하도록 제

한했다. B는 2019년 12월 11일부터 2020년 3월 9일까지 텔레그램 대화방을 운영하며 '박사방'이나 'N번방'에 올라온 미성년자 성착취물 등을 재유포한 혐의로 구속기소되었는데, 텔레그램에서 유료 대화방 1개와 무료 대화방 19개를 운영한 것으로 드러났다. '잼까츄'라는 대화명을 쓴 B가 운영한 20개 대화방 모두 '피카츄'라는 이름이 붙었다. '피카츄' 유료 대화방 회원들은 1인당 4~12만원의 회원 가입비를 내고 성착취물과 음란물을 내려받은 것으로 조사됐다.

나. 대학생 C(25)는 2019년 3~10월 텔레그램 단체대화방을 운영하면서 아동·청소년 성착취 영상 700여 개와 그 외 음란물 3만 1,000여 개를 유포한 혐의로 재판에 넘겨졌다. 그는 4차례에 걸쳐 3만여 원 상당의 기프티콘을 받고 텔레그램 'N번방'에 접속할 수 있는 링크를 전송해 영리목적으로 아동·청소년성착취물을 판매한 혐의도 받았다. 법원은 징역 2년을 선고하고, 40시간의 성폭력 치료 프로그램 이수와 10년 동안 아동·청소년 관련 기관과 장애인복지시설 취업제한을 명했다.

다. 법원은 2020년 7월 텔레그램 'N번방', '박사방' 등에서 유통된 아동·청소년 성착취물을 내려받아 다른 사람에게 판매한 D에게 제1심에서 성착취물 수만 건을 다운받아 소지하고 유포한 혐의(아동·청소년의 성 보호에 관한 법률 위반 등)로 징역 5년을 선고했다. 그리고 성폭력 치료 프로그램 강의 40시간 이수와 5년 간의 아동·청소년 관련 기관 및 장애인복지시설 취업제한을 명령하고 60만 1,749원의 추징금도 선고했다.

3) 개인정보 유출과 관련된 판결 현황

'박사방' 운영자 조모 씨(25)에게 피해자들의 개인정보를 넘긴 사회복무요원이 실형 2년을 선고받았다. 'N번방' 사건에서 사회복무요원이 개인정보를 유출해 범죄를 도운 것으로 밝혀지면서 이들에 대한 처벌을 강화해야 한다는 논의가 나온 이후 첫 판결이다. 법원은 「개인정보 보호법」 위반 등 혐의로 구속기소된 E(26)에게 징역 2년을 선고하고 법정구속했다. E는 서울 한 주민자치센터에서 사회복무요원으로 근무하면서 공무원을 통해 알게 된 아이디와 공인인증서 비밀번호로 개인정보를 무단 조회하고, 이를 텔레그램을 통해 조모 씨 등에게 제공한 혐의를 받았다. 조모 씨의 사기·협박 피해자 17명의 개인정보를 제공했고, 조모 씨 외 다른 인물들에게도 107

명의 개인정보를 넘긴 것으로 조사되었다.

3. 디지털 성범죄 관련 주요 입법의 변화

(1) 디지털 성범죄 관련 주요 입법의 변화

1) 성폭력처벌법의 개정

가. 제14조 카메라 등 이용 촬영죄의 처벌 강화

성폭력처벌법의 주요 개정 내용으로는 카메라 등을 이용한 촬영, 그 촬영물 또는 복제물 반포 등의 죄의 법정형이 모두 상향되었다는 것이다. 특히 불법촬영물 등을 소지·구입·저장·시청한 자를 처벌하는 규정을 신설하고, 성적 촬영물 등을 이용하여 사람을 협박 또는 강요한 자를 처벌하는 규정을 신설하였다. 또한 지인능욕, 딥페이크 합성으로 문제가 되었던 허위영상물 등의 반포 등 처벌규정을 신설하는 등, 그동안 처벌이 미약했던 부분을 보완하여 법정형을 전반적으로 상향하고, 성폭력처벌법에 근거가 없어 문제되었던 법적 공백 부분을 보완하였다.

나. 불법촬영물 소지죄의 신설

디지털 성범죄의 특성상 단순히 개설자 및 일부 주도자만 처벌하는 것은 범죄의 억제에 한계가 있다. 따라서 N번방에 참여한 사람들, 불법촬영물 등을 소지, 시청하는 사람들을 함께 수사하고 처벌하여야 한다는 논의가 지속적으로 있어 왔고, 마침내 제14조(카메라 등을 이용한 촬영) 제4항에서 "제1항 또는 제2항의 촬영물 또는 복제물을 소지·구입·저장 또는 시청한 자는 3년 이하의 징역 또는 3천만원 이하의 벌금에 처한다"라는 조항이 신설되었다.

다. 허위영상물 등의 반포 등 처벌 신설

디지털 성범죄의 유형 중 지인능욕 등 편집, 합성, 가공 등에 의한 피해도 심각했지만, 기존의 성폭력처벌법에서는 촬영행위만을 규정하고 있어 '편집 등'의 범죄는 성폭력범죄로 처벌할 수 없었다. 하지만 피해자의 입장에서는 촬영에 의하건 편집에 의하건 성적 대상이 되어 피해를 입은 사실은 동일함에도 불구하고 편집 등에 대해서는 입법적 공백이 있어 왔던 것이다. 이에 '편집 등' 관련 처벌 조항이 신설되었다.

라. 촬영물 등을 이용한 협박·강요 신설

N번방의 피해 실태에서도 피해자가 가해자의 촬영물 등을 이용한 '협박'에 의해 고통을 받고 있었고, 이러한 협박에 이끌려 점점 더 심각한 범죄의 피해자가 되어 가는 양상이 많았다. 하지만 디지털 성범죄의 유형 중 불법촬영과 유포행위와는 별도로, 이러한 촬영물 등을 이용한 협박 등의 행위에 대해서는 성폭력처벌법에서 규정하고 있지 않아 가해자를 성폭력처벌법으로 처벌할 수 없었고 피해자를 성폭력 범죄의 피해자로 보호할 수 없는 한계가 있었는데, 성폭력처벌법 제14조의3(촬영물 등을 이용한 협박·강요)이 신설되어 향후 협박·강요에 대해서도 성폭력처벌법이 적용되게 되었다는 점에 의미가 있다.

2) 아동·청소년 성보호에 관한 법률 개정

우리 사회에서 텔레그램 N번방 사건의 발생을 계기로 아동·청소년성착취물 관련 범죄에 대한 처벌 강화가 필요하다는 논의가 활발해졌다. 특히 개정 전 법에서 사용되었던 '아동·청소년 이용음란물'이라는 용어가 '아동·청소년성착취물'로 변경되어, 아동·청소년에 대한 성범죄는 그 자체가 '성착취'임을 분명히 하였다는 점에 큰 의의가 있다.

아동·청소년 성보호에 관한 법률 변화의 주요 내용은 '아동·청소년 이용음란물'을 '아동·청소년성착취물'로 용어를 변경(제2조)하고, 아동·청소년성착취물의 제작·배포 등에 관한 죄 형량 강화, 아동·청소년성착취물을 광고·소개, 구입·시청한 자에 대한 처벌 근거를 마련(제11조)하여, 아동·청소년에 대한 성범죄의 심각성을 반영한 법정형으로 상향조정함으로써 아동·청소년에 대한 성착취범죄를 강력하게 처벌하겠다는 의지가 천명되었다는 것이다.

3) 불법촬영물의 삭제의무 강화를 위한 전기통신사업법 개정

암수범죄의 증가와 낙인에 의한 2차, 3차 피해를 막기 위해 제시되는 몇 가지의 대안 중 가장 우선적으로 이루어져야 하는 것이 바로 불법촬영물의 완전한 삭제를 위한 정책의 강화라고 생각한다. 불법촬영물이 유포되는 경로 대부분이 인터넷 공간이기 때문이다. 인터넷 공간의 특성상 불법으로 촬영된 영상물이 한번 유포되면 어떤 경로로 어디까지 전파되었는지 파악하는 것이 쉽지 않다. 이러한 특징으로 피해가 발생하는 순간 그 위험성은 급속도로 확산된다는 것이다. 이로 인해 피해자는 물리적·정신적인 피해의 고통에서 끝나는 것이 아닌, 사회로부터의 단절과 고립으로 인해 3차 이상의 피해를 당할 가능성이 높아지기 때문이다. 이와 관련하여 최근 관련 법률들의 개정이 이루어졌기에 이에 대해 살펴보고자 한다.

우선, 정부는 부가통신사업자에게 불법촬영물의 유통방지 의무를 부여하고, 과학기술정보통신부장관이 부가통신사업자에 대한 현황 파악을 위하여 실태조사를 실시할 수 있는 근거를 마련하기 위해 「전기통신사업법」에 제22조의5 부가통신사업자의 불법촬영물 등 유통방지 규정을 신설하였다. 개정법률의 주요 내용을 살펴보면 부가통신사업을 신고한 자 및 특수유형부가통신사업자 중 조치의무사업자는 자신이 운영하고 관리하는 정보통신망을 통하여 일반에게 공개되어 유통되는 정보 중에서 "불법촬영물" 등이 유통되는 사정을 신고하고, 삭제요청 또는 대통령령으로 정하는 기관·단체의 요청 등을 통하여 인식한 경우에는 지체 없이 해당 정보의 삭제와 접속을 차단하는 등 유통방지에 필요한 조치를 취하여야 한다. 여기서 말하는 불법촬영물이란 「성폭력처벌법」 제14조에 따른 촬영물 또는 복제물(복제물의 복제물을 포함한다)과 제14조의2에 따른 편집물·합성물·가공물 또는 복제물(복제물의 복제물을 포함한다), 「아동·청소년의 성보호에 관한 법률」 제2조 제5호에 따른 아동·청소년성착취물을 말한다. 또한 조치의무사업자는 불법촬영물 등의 유통을 방지하기 위하여 기술적·관리적 조치를 하도록 명시하고 있다.

그러나 「전기통신사업법」 제22조의5에서 말하는 조치의무사업자가 어떠한 사업자를 지칭하는 것인지 명확하지 않고, 기술적·관리적 조치를 어떻게 취해야 하는 것인지가 모두 대통령령에 위임되어 있어 그 내용의 명확성이 분명하지 않다는 문제가 제기되고 있다.41) 이와 관련하여 방송통신위원회에서는 "기술적·관리적 조치

---

41) 이와 관련하여 (사)한국인터넷기업협회와 벤처기업협회, 그리고 코리아스타트업포럼은 2020년 5월 7일 국회 과학기술정보방송통신위원회 전체회의를 통과한 인터넷 산업 규제법안들에 대한 정부의 입장을 묻는 공동질의서를 발송하였다. 해당 질의서에는 "불법촬영물에 대한 유통방지 의무를 위해 이용자의 사적 공간에까지 기술적·관리적 조치를 취하라는 것은 민간 사업자에 사적 검열을 강제하는 것이라는 우려가 지속적으로 제기되고 있다. 불필요한 오해를 없애기 위해, 전기통신사업법 제22조의5 제2항에서 언급하고 있는 '대통령령으로 정하는 기술적·관리적 조치'는 무엇을 의미하는지 궁금하고, 이 과정에서 사생활 및 통신비밀에 대한 이용자의 권리보호를 위해 어떤 보완사항을 검토 중인지 알고 싶다"라는 취지의 내용이 담겨 있다; (사)한국인터넷기업협회 공동보도자료, "인기협·벤기협·코스포, 정부에 인터넷산업 규제법안 및 시행령에 대한 입장을 묻다", 〈http://www. kinternet.org/

의 내용은 불법촬영물 등을 발견한 이용자가 사업자에게 신고하도록 하는 기능과 서비스 안에서 유통되지 못하도록 인식하고 이용자의 검색 및 송수신을 제한하는 조치와 경고문구 발송 등을 고려하고 있다"는 설명을 하였다.[42]

방송통신위원회의 설명은 문언상 부가통신사업자가 스스로 외부의 신고나 요청과 별도로 자체적인 활동을 통해 불법촬영물 등의 존재를 "인식"하고 이러한 게시물을 이용자가 검색하거나 송수신하는 것을 제한하는 조치를 의미하는 것으로 이해될 수 있다. 그런데 이러한 조치가 부가통신사업자의 불법촬영물 등에 대한 '모니터링 의무'를 전제하는 것이라면 이러한 대통령령의 내용은 '신고 또는 요청에 의해 인식한 해당 불법촬영물 등에 대한 삭제 등 조치의무'를 규정하고 있는 개정안의 내용과 상응하지 않게 된다. 개정된 전기통신사업법 제22조의5 제1항에서는 "지체 없이 해당 정보의 삭제·접속차단 등 유통방지에 필요한 조치를 취하여야" 하는 경우에 대해 불법촬영물 등이 "유통되는 사정을 신고, 삭제요청 또는 대통령령으로 정하는 기관·단체의 요청 등을 통하여 인식한 경우"로 규정하고 있어 신고나 요청 등에 의해 불법촬영물의 존재를 "인식"한 경우 삭제 등 조치의무를 부담하는 것으로 하고 있는바, 이는 부가통신사업자가 자체적으로 불법촬영물 등을 인식하고 발견하는 상황을 규정하고 있지 않은 것으로서 역시 대통령령의 내용과 조화가 되지 않을 것이다.[43] 따라서 향후 시행령 등을 마련하는 과정에서 불법촬영물 등이 주로 유통되는 서비스의 유형을 파악해 고려하고 사업자의 의견 등을 수렴하여 조치의무사업자의 범위나 기술적·관리적 조치의 방법에 대한 규정의 명시가 이루어져야 할 것이다.

이와 동시에 디지털 성범죄가 급증하고 있으나 수사기관이 수사과정에서 발견한 불법촬영물에 대해 방송통신심의위원회에 심의를 요청할 권한이 없어 불법 촬영물의 신속한 차단에 어려움이 있는바, 이에 대한 개선이 필요하다는 문제가 끊임없이 제기되었다. 이에 「정보통신망 이용촉진 및 정보보호 등에 관한 법률」 제44조의4 제2항 및 제3항을 신설하여 정보통신서비스 제공자단체가 청소년 유해정보 및 「정

---

news/press/view/211⟩.

42) 방송통신위원회 설명자료, "인터넷 사업자의 디지털성범죄물 유통방지 의무 강화 법안은 사적검열의 우려가 없습니다", ⟨https://www.gov.kr/portal/ntnadmNews/2162576⟩.

43) 허진성, "온라인서비스제공자의 불법정보 삭제·차단의무에 대한 연구-전기통신사업법과 정보통신망법의 개정 내용을 중심으로", 언론과 법 제19권 제2호, 한국언론법학회, 2020, 66-67쪽.

보통신망 이용촉진 및 정보보호 등에 관한 법률」 제44조의7에 따른 불법정보에 대한 모니터링 등 자율규제 가이드라인을 정하여 시행할 수 있도록 하고, 정부가 이를 지원할 수 있도록 하였으며, 제44조의7 제3항 제1호의 규정을 개정하여 「성폭력범죄의 처벌 등에 관한 특례법」 제14조에 따른 불법촬영물에 대하여는 수사기관의 장이 방송통신심의위원회에 심의 요청을 할 수 있도록 함으로써 수사기관의 요청 시 즉시 영상물을 삭제하고 차단하도록 하는 신속처리절차(fast track)를 마련하였다.[44]

그러나 법률의 개정에 따른 삭제 및 차단조치를 위해서 필요한 막대한 비용이 소요되는 문제도 간과해서는 안 된다. 광범위하게 퍼져 있는 온라인상의 불법촬영 영상물을 전부 삭제하기 위한 비용은 정확한 산출이 어려울 정도로 피해자가 혼자 감당하기는 어려울 것이다. 그러므로 독자적인 담당기관을 설치하여 정부가 비용을 선지급한 후 불법촬영물 등을 촬영하여 유포한 범죄자에게 구상권(求償權)을 행사하는 방법을 고려해 볼 필요가 있다.

4) 범죄수익은닉의 규제 및 처벌 등에 관한 법률 개정

디지털 성범죄의 특성상 불특정 다수의 가해자가 특정되지 않는 경우가 많으며, 이 경우 개별 범죄사실의 특정 및 개별 범죄와 범죄수익 간 관련성 입증이 어려워 범죄수익환수가 좌절되는 경우가 발생하고 있다. 이에 「아동·청소년의 성보호에 관한 법률」에 따른 아동·청소년성착취물 제작·배포 등의 죄와 「성폭력범죄의 처벌 등에 관한 특례법」에 따른 카메라 등을 이용한 촬영, 허위영상물 등의 반포 등의 죄에 대해서는 범죄수익에 관한 입증책임을 완화함으로써 범죄수익의 보다 원활한 환수에 기여하고자 동법 제10조의4(범죄수익등의 추정)에 '… 범죄수익등으로 형성되었다고 볼 만한 상당한 개연성이 있는 경우에는 그 죄에 관계된 범죄수익등으로 추정한다'라는 규정을 신설하였다.

---

44) 김학웅, "성폭력특례법에 따른 불법촬영물 삭제의무 관련 개정", KISO 저널 제34호, (사)한국인터넷 자율정책기구, 2019, 46쪽.

제8장

군대와 인권

군대와 인권

군대에서의 인권보장에 대해 말하려고 하면 '군기'가 없는 군대를 만들 일 있냐며 어림없다는 소리라는 반응이 아직은 보통 사람들의 의식이다. 헌법의 핵심, 인권보장도 군대 앞에선 꼬리를 내린다. 그러나 군인도 '제복 입은 시민'으로서 인간으로서의 기본적인 권리를 누려야 한다. 오히려 징병제에 기초하여 상명하복의 조직체계 아래에서 강제적 집단생활을 하는 군대의 특성상 군인인권보장의 필요성이 절실하다. 전시에는 어쩔 수 없다 하더라도 적어도 평시에는 말이다. 그런 관점에서 군인의 인권보장에 걸림돌인 낡은 특별권력관계론의 허실을 정확히 이해하고 군인인권 목록의 필요성과 군대 내에서 인권을 보장할 수 있는 제도적 장치로서 어떠한 것들이 있는지를 알아보고, 관련 문제로 양심적 병역거부자에 대한 내용도 살펴본다.

I. 군인의 인권문제

1. 제복 입은 시민의 권리

군대에서의 인권문제에 대하여 균형 있는 시각을 가지려면, 먼저 고정관념을 극복해야 한다. '모름지기 남자는 군대에 갔다 와야 된다'거나 '군 생활이 편하면 군기강이 흐트러진다'는, 그래서 마치 불편을 감수해 가며 죽도록 고생해야 국방의무를 다하는 거라는 인식에서 벗어나야 한다. 군대 위에 인권이 있는 것이지 그 반대가 아니기 때문이다. 인권의 보편적 기준을 설정하고 그에 도달하려는 노력에는 중단이 있을 수 없기 때문이다. 또한 인권을 보장하는 헌법명령을 준수해야 한다. 그리하여 헌법규범과 헌법현실의 괴리를 말하기 전에 헌법규범의 의미를, 그리고 군인 신분과 군의 특수성 또는 국방의무를 논하기 전에 사람과 인권이 최우선의 가치임을 인정하는 일에서부터 출발해야 한다. 민주국가의 헌법에서는 인권보장이 목적이고, 국가권력이란 기본권보장을 실현하기 위한 수단이다. 헌법 제10조에는 "모든 국민은 인간으로서의 존엄과 가치를 가지며, … 국가는 개인이 가지는 불가침의 기본적 인권을 확인하고 이를 보장할 의무를 진다"라고 천명한다. 그러기에 인권의 본질적 내용을 침해할 수 없으며, 인권을 제한하기 위해서는 국가안전보장·질서유지 또는 공공복리를 위하여 필요한 경우에 한하여 법률로만 제한할 수 있다. 이때 과연 그러한지를 따지는 법리가 과잉금지원칙이다. 즉, 과연 인권을 제한하는 입법목적이 정당한가, 그 목적을 달성하기 위해 적합한 수단을 택하고 있는지, 그 수단은 피해를 최소화하고 있는지, 설령 그렇다고 해도 제한을 받는 인권과 그 인권을 제한함으로써 얻는 이익 간에 적절한 균형관계가 형성되었는지 등 제 단계의 심사기준을 모두 하자 없이 통과해야 할 것이다.

2. 낡은 특별권력관계론의 극복

군인신분과 인권의 문제는 전통적으로 **특별권력관계론**에서 출발한다. 역사적으로 특별권력관계론은 의회와 법원의 통제를 회피하려는 군주세력의 도피처이론으로서 특별권력관계에서 인권보장과 법치주의를 부정한다. 그러나 오늘날 이러한 낡은 특별권력관계론은 더 이상 존재하지 않는다. 다만 특성상 공법상의 목적을 달성하기 위해서 일정한 정도의 인권 제한이 인정될 뿐이다. 즉, 특별권력관계는 법률규정이나 당사자의 동의 등 특별한 법적 원인에 의하여 행정주체와 국민 중 일부 사이에 성립하는 관계로서, 공법상의 특정한 목적달성에 필요한 한도 내에서 행정주체가 일부 국민을 포괄적으로 지배하고, 일부 국민이 이에 복종하는 것을 내용으로 하는 공법상의 특수한 법률관계를 말한다.

그럼에도 불구하고 한국사회의 군대 현실은 사실상 낡은 특별권력관계를 극복하지 못하고 있다. 오늘날의 특별권력관계론에 따를 때, 군복무관계는 국방의 목적을 전제하고 있기 때문에 군인으로서 감수해야 하는 인권 제한은 국방의 목적과 밀접한 연관성을 가지는 범위에 한정되어야 하며, 국방의 목적과 구체적·직접 관련이 없다면 군인에 대한 인권 제한은 허용되지 않는다. 국방의무가 군인의 인권을 제한하는 일반적 근거일 수 없다. 헌법상 인권과 기본의무는 대가관계가 아니기 때문이다. 더욱이 군복무관계는 법규에 의하여 강제적으로 성립되기 때문에 그로부터 파생될 수 있는 인권침해 가능성을 막기 위해서라도 인권보장 장치를 마련해야 한다. 설령 국방의 목적을 위한 인권 제한의 경우라고 하더라도 인권의 중요성 정도와 침해의 중대성 정도를 고려한 비례원칙에 입각해 인권 제한의 헌법적 정당성 여부를 판단해야 한다. 결론적으로 낡은 특별권력관계론의 극복은 제복 입은 시민인 군인의 지위를 법률로 규정함으로써 가능하다. 즉, 군인은 어떠한 기본권을 어느 정도 제한받을 수 있으며 어떠한 의무를 갖는지, 군인으로서 어떠한 권리를 향유할 수 있는지에 대해서 상세하게 규정하는 법률이 필요하다.

3. 군대에서의 인권문제

(1) 군인인권의 주요 의제

원칙적으로 인간이면 향유해야 할 보편적 인권은 군인에게도 당연히 보장된다. 다만 특별권력관계에 놓인 군인의 지위를 고려하면서 군대 내에서 보장되어야 할 군인인권의 주요 의제를 구체화해 보면 다음과 같다. 즉, ① 존엄한 인간으로서 대우받을 권리, ② 폭력·가혹행위·압제로부터의 자유, ③ 의식주, 건강, 휴식 등에서 인간다운 처우를 받을 권리, ④ 교양과 지식습득의 기회를 제공받을 권리, ⑤ 사회정착에 필요한 교육과 지원을 받을 권리, ⑥ 휴가·급여·승진·임면 등 신분상의 권리, ⑦ 군대 내의 직무결정에 참여할 권리, ⑧ 처벌과 징계처분에 있어서 적법한 절차와 법률의 보호를 받을 권리, ⑨ 불법적인 명령을 거부할 권리, ⑩ 군 외부에 진정·고발하고 외부의 조력을 받을 권리, ⑪ 군인가족이나 관련자가 군부대에 방문하고 접근할 권리, ⑫ 군인의 실체적·절차적 권리에 관해 교육받을 권리 등을 들 수 있다.

(2) 군사법제도와 징계절차의 개선방향

군사법제도는 **지휘관 사법**으로 부를 만큼 헌법이 보장하는 공정한 재판을 받을 권리는 물론 사법권의 독립 등의 관점에서 불신을 받는 제도였다. 사법제도개혁추진위원회의 군사법제도 개혁방안은 **현역군인이 군사법원의 재판부에 참여하는 심판관제도,** 그리고 **군사법원의 재판결과에 대하여 지휘관이 형을 감경할 수 있는 제도인 관할관의 확인감경권제도**를 평시에 폐지하고 있다. 아울러 부대 지휘관으로부터의 독립이라는 관점에서 **군사법원과 군검찰제도를 정비**하였다. 다만 헌법이 군사법원에 관한 규정을 두고 있다고 하더라도 미국처럼 장기적인 해외파병이 잦은 상황이 아니라면 평시에 상시 군사법원을 운영할 필요는 없어 보인다.

따라서 군인의 범죄에 대하여도 군사법원이 아닌 일반법원에서 재판을 하도록 법률을 개정할 필요가 있다. 즉, 헌법 제11조 제1항에는 '군사재판을 관할하기 위하여 특별법원으로서 군사법원을 둘 수 있다'라고 규정하고 있기 때문에, 반드시 군사법원을 별도로 설치해야 하는 것은 아니다. 군인이 아닌 군무원이 국방부에 근무하듯이 군검찰이나 군법무관을 별도로 두지 않고 일반 검사와 판사가 군형사사건을 수사, 기소, 재판을 할 수 있기 때문이다. 군사법제도 전반에 대한 혁신이 필요하다.

다음으로 군대 내에서 특히 문제가 되는 것 중 하나는 **징계문제**이다. 징계권은 조직법상의 일반적인 권한으로서 조직이나 조직 내의 적절한 질서와 규율을 확보하기 위하여 인정되는 권한이다. **군인사법은 징계사유, 징계절차, 징계조치, 이의제기 등을 규정**하고 있다.

1) **징계사유**   군인으로서 군율에 위반하여 군 풍기를 문란하게 하거나 그 본분에 배치되는 행위와 같이 포괄적으로 정하기보다는 군조직상의 인사조치를 취해야 할 행위와 경미한 위반행위를 구별하여 후자의 행위를 경범죄처벌법상의 경범죄처럼 법정화하는 것이 필요할 것이다.

2) **징계절차**   징계절차는 징계절차의 공정성, 징계기관의 적절한 구성, 항고절차의 실효성이 중요하다. 징계요구자나 징계결정권자가 동일한 지휘계통에 있는 제도에서는 공정한 결정을 기대할 수 없으며, 징계항고 역시 사실상 유명무실할 수밖에 없다. 따라서 징계기구의 독립성과 항고의 실효성이 확보될 수 있어야 할 것이다.

3) **징계조치**   징계조치에는 여러 가지가 있으나 특히 심각한 문제를 안고 있는 것이 영창제도이다. 먼저 영창처분이 병에게 국한된다는 점에서 평등원칙에 부합하지 않는다. 그리고 영창처분은 영장제도, 법관에 의한 재판, 인신구속에 대한 복잡한 원칙의 적용을 받지 않기 때문에 편의적으로 남용될 우려가 상당히 높다고 할 것이다. 영창제도는 인신구금을 한다는 점에서 징역·금고·구류와 사실상 다르지 않다. 군영창제도에 대한 근본적인 개선도 필요하다. 군사경찰의 직무범위와 지휘감독 등 그 역할에 관한 「군사경찰의 직무수행에 관한 법률」의 내용도 재검토하여, 군사경찰의 권한을 남용하여 인권을 침해하지 않도록 각종 민간인 전문가가 군사경찰 내의 각종 전문가위원회의 위원으로 참여할 필요가 있다.

4. 앞으로의 과제

군인인권에 대한 접근과 그 개선에 있어 가장 어려운 문제는, 우리 사회에 깊이 뿌리 박혀 있으며 우리 인식에서도 자명하게 자리 잡고 있는 **국가주의 및 군사주의문화**라고 할 수 있다. 현재 군인인권 문제에서 절실한 과제는 "예나 지금이나 군대란 두말 할 것도 없이 특수집단이며 강제집단"으로서 "어떠한 냉소적인 모욕이나 고초도 의지로 참아 넘기며 나라가 요구하는 의무와 책임을 다해야 하는 운명적인 집단"이라는 **반인권적 인습**에서 벗어나지 못하는 것이라고 할 수 있다.[1] 군대도 민주주의 사회 안에 있다는 인식을 되새기면서 군의 기강확립도 인권보장의 터전 위에서 가능할 수 있도록 하여야 할 것이다.

따라서 군대 내에서의 인권침해 문제를 근본적으로 개선하기 위해서는, 첫째로 군사법제도를 전면적으로 개편하여 일반 사법제도와 동일하게 일반 시민사회에서

---

1) 조선일보, 2005. 6. 23. 자 보도.

의 감시가 가능하도록 해야 하고, 둘째로는 특별권관계 중에서도 특수한 상명하복 관계로 이루어진 군조직의 특수성을 감안할 때 인권침해의 개연성이 높으므로 일반 사회에서의 직장인에 대한 인권교육보다도 더 강화된 군대 내의 인권교육의 정례화 가 제도적으로 정착되어야 할 것이다.

II. 양심적 병역거부자

1. 양심적 병역거부의 개념·종류와 근거

(1) 양심적 병역거부의 개념

양심적 병역거부를 지칭하는 용어로 보통 영어로 'conscientious objection' 이라 하고, 양심적 병역거부자를 'conscientious objector'로 사용하고 있다. 또한 독 일 기본법상에는 'Kriegsdienst mit der Waffe aus Gewissensgrunden zu verweigern'의 문구에서 양심에 근거한 집총거부로 지칭하고 이를 주장하는 자를 'kriegsdienstverweigerer'로 부른다. 그리고 이것이 법적 권리로 인정되는 경우를 **양심적 병역거부권**이라 한다.

양심적 병역거부란 광의의 의미로 어떠한 상황하에서도 인명을 살상하는 것을 절대적으로 반대한다는 순수한 평화주의에 입각한 개념이지만 협의의 의미로 병역 과 관련한 것으로 자기의 신앙, 도덕률, 철학적, 정치적 이유 등에 따른 양심상의 결 정으로 무기를 휴대한 병역을 거부하는 행위를 말한다. 역사적으로 볼 때 양심적 병 역거부가 주로 평화주의에 기초해 사용되어 온 관계로 평화와 반대되는 전쟁에 반 대한다는 의미에서 양심적 반전이라는 용어가 사용되기도 한다.

(2) 양심적 병역거부의 종류

양심적 병역거부를 모든 형태의 전쟁에 반대하는 ① 보편적 거부(universalistic objection) 혹은 일반적 거부(general objection), ② 특정 전쟁만을 반대하는 선택적 양심 적 거부(selective conscientious objection), ③ 전쟁 자체에는 반대하지 않으나 대량살상

무기, 특히 핵무기를 사용하는 전쟁을 거부하는 재량적 거부(discretionary conscientious objection)의 형태로 분류하기도 하고, 또한 모든 전쟁에 대해 병역을 거부하는 경우에는 일반적 거부(generall conscientious objection, allgemeine Kriegsdienstverweigerung)로 부르고, 특정한 전쟁·특정한 대상·특정한 수단 등을 거부하는 경우를 선택적 거부(selective conscientious objection) 또는 상황한정적 거부(상황제한적, 상황조건적, situationsbedingte Kriegsdienstverweigerung)로 분류하기도 한다.

양심적 병역거부를 합법화하는 나라의 경우도 대부분은 보편적 거부, 일반적 거부만을 허용하는 것이 대부분이다. 그러나 선택적 거부에 대해서는 일률적으로 양심적 병역거부를 인정하지 않을 이유가 있는가 하는 것도 진지한 의문의 대상이 되어야 할 것이다.

또한 거부 정도에 따라 ① 군복무는 받아들이지만 무기사용 분야에서 종사하는 것은 거부하는 비전투적 거부(noncombatant conscientious objection), ② 군복무 대신 단체나 기관 등에서 대체적 복무를 하는 가장 전형적인 양심적 병역거부 형태인 대체적 거부(alternative conscientious objection), ③ 군복무의 거부뿐만 아니라 일체의 대체복무도 거부하는 절대적 거부(완전거부, absolute conscientious objection)로 분류한다. 여기서 양심적 집총거부는 무기휴대를 거부하는 좁은 의미라면 병역을 무기로 휴대하고 군대에서 하는 전투복무(combatant service), 무기를 휴대하지 않고 군대에서 근무하는 비전투복무(noncombatant service), 무기를 휴대하지 않고 군대 밖에서 근무하는 민간복무로 분류할 때 이 모두를 포괄하는 개념은 양심적 병역거부라고 부르는 것이 타당하다고 본다.

(3) 양심적 병역거부인정 범위

UN 인권위원회 결의는 양심적 병역거부권이 종교적, 도덕적, 인도주의적 또는 이와 유사한 동기에서 발생하는 심오한 신념 또는 양심에서 유래하는 것이고 군복무를 하고 있는 사람도 양심적 병역거부권이 있다고 한다. 양심적 병역거부는 병역의무 부과를 전제로 군입대 전에 병역을 거부하는 것으로 보는 것이 일반적이지만 (예컨대 미국), 이 또한 인정하는 것이 타당하다고 본다.

양심적 병역거부가 양심의 자유에 속하는가 아니면 종교적 자유에 속하는 가에 대해서 논쟁이 있다. 혹자는 한국에서 양심적 병역거부자는 거의 여호와의증인 이었기 때문에 "소위 양심적 병역거부의 문제는 종교적 신념에 의한 병역거부"로 부르는 것이 합당하다고 주장하기도 한다. 그러나 종교적 양심을 이유로 한 병역거부를 주장하는 것을 종교의 자유의 하나로 보는 경우에 종교에 기반하지 않은 철학적, 윤리적, 도덕적 양심에 기반하여 양심적 병역거부를 주장하는 경우를 포괄할 수 없게 된다. 양심적 병역거부는 일정 종교인만이 가질 수 있는 것이 아니며 비종교인도 주장할 수 있는 것으로 보아야 한다. 실제로 여호와의증인 이외에 제7안식일 교도, 불교도 중에서도 양심적 병역거부자가 나타나기도 하였기 때문에 오히려 양심적 병역거부라고 부르는 것이 합당하다고 본다.

2. 양심적 병역거부인정의 헌법상 근거조항

(1) 인간의 존엄과 가치

헌법 제10조는 모든 국민은 **인간으로서의 존엄과 가치**를 가지며 정신이나 물질을 막론하고 행복을 추구할 권리를 가진다고 규정하고 있다. 양심적 병역거부는 인간으로서 존엄한 존재로 처우 받아야하므로 그러한 존재로 처우해 줄 것을 요구하는 것으로 헌법 제10조에 근거하여 당연한 논리이다. 양심적 병역거부는 인간양심의 표출로, 인간은 존엄한 가치를 지닌 존재로 자신의 마음에서 우러나오는 양심에 의해 자율적인 행동으로 표출되는 것에 대해 보장받아야 한다는 것이다.

(2) 평화적 생존권

평화를 추구하고 평온한 삶을 영위하려는 평화적 생존권에 대한 헌법상 명문규정은 없지만 제37조 제1항의 열거되지 아니한 권리보장, 제5조의 평화유지와 침략전쟁부인 등의 규정에서 그 근거를 찾을 수 있다. 생명권이 명문의 규정은 없어도 헌법상 권리로 인정되고 있듯이 평화적 생존권도 명문규정은 없지만 헌법상 언급한 헌법의 몇몇 조항을 근거로 헌법상 권리로 볼 수 있다.

따라서 인간으로서의 존엄과 가치를 유지하기 위한 것으로서 평화를 주장하며 평화를 깨는 집총병역을 용인할 수 없다고 하는 양심적 판단에 의한 병역거부는 이러한 평화적 생존권에서 나온다고 볼 수 있다.

(3) 양심의 자유 및 종교의 자유

우리 헌법 제19조에서 규정하고 있는 "모든 국민은 양심의 자유를 가진다"라는 양심의 자유는 양심형성(결정)의 자유, 양심유지의 자유, 양심실현의 자유를 그 내용을 한다. 양심적 병역거부는 양심에 반하는 행위의 강제를 거부할 소극적 양심실현의 자유에 포함된다.

여기서 양심적 병역거부에서의 양심은 종교적 신념에 근거한 양심으로 종교의 자유의 일환임을 주장하기도 한다. 역사적으로 볼 때 양심의 자유가 종교적 자유에서 파생되었고 이는 양자가 밀접한 관련을 가지고 있음을 부인할 수 없는 것이다. 그러나 신앙의 자유나 종교를 선택하고 종교를 신봉하거나 신봉하지 않을 자유임을 의미하는 종교의 자유와는 달리 양심적 병역거부자들이 주장하는 양심은 종교적 신념에서 나오는 것이나 양심상 갈등을 동반한다는 의미에서 양심의 자유에서 다루는 것이 타당하다고 본다.

3. 각국의 입법례

양심적 병역거부는 20세기 이전까지는 공식적으로 인정되지 않았으나 20세기부터 점차 자연법에 근거한 보편적인 자연권으로 받아들여지고 있다. 유엔과 유럽이사회와 같은 국제기구는 양심적 병역거부권을 인권으로 간주하고 확대시키고 있지만, 많은 국가에서 이를 인정하지 않고 법적 기준도 마련하고 있지 않고 있다.

양심적 병역거부권에 관한 최소한 기본원칙은 UN 인권이사회 결의 1998/77에서 언급되고 있다. 일부 국가는 이 권리를 인정하고 있으나, 일부 국가는 UN 결의에 여전히 반대하고 있다.

대체복무를 실시하는 국가에서는 일반적으로 국내헌법이나 이행입법을 통하여 양심적 병역거부권을 인정하거나 대체복무제를 시행하고 있다. 대체복무가 필요한 사유는 거의 유사하며 일반적으로 양심이나 종교상 이유를 인정하고 있다. 대체 민간복무규정은 군사활동과는 관련이 없다.

국가실행으로서 각국의 양심적 병역거부의 인정과 대체복무형태를 살펴보면 다음과 같다. 징병제를 채택하지 않은 국가는, 미국, 영국과 일본을 포함한 91개국이며, 에콰도르, 프랑스, 멕시코, 필리핀 등은 최근에 징병제를 폐지했고, 징병제를 채택하고 있는 국가는 독일, 덴마크, 오스트리아와 태국을 포함한 85개국이다.

대체복무제를 실시하면서, 민간대체복무를 실행하고 있는 국가는 독일, 덴마크, 태국을 포함한 31개국이며, 비전투적 대체복무를 실행하고 있는 국가는 크로아티아와 스위스를 포함한 5개국이다. 대체복무를 실시하지 않으면서 양심적 병역거부자에 대해 형벌을 가하는 국가는 한국, 싱가포르와 터키를 포함한 8개국이고, 양심적 병역거부자에 대한 형벌기록을 가지고 있지 않거나 입증할 수 없는 국가는 페루, 수단과 이집트를 포함한 40개국이다.

4. 양심적 병역거부자에 대한 판결

(1) 대법원의 입장

1) 종래의 견해

그동안 법원은 병역의무자가 양심상 이유로 병역 자체를 거부하고 징병검사나 입영을 기피한 경우에 병역법 제88조에 의해 입영기피죄로 처벌해 왔다. 대법원은 1969년 판결에서 "헌법 제25조의 규정에 의하면 모든 국민은 법률이 정하는 바에 의하여 국방의 의무를 가진다고 되어 있어서 병역법은 위 헌법의 규정에 따라 제정된 것으로서 같은 법의 규정에는 특단의 사정이 없는 이상 모든 국민은 다같이 이에 따라야 하며, 피고인이 여호와의증인이라는 종교를 신봉하고 그 교리에 그리스도인의 '양심상 결정'으로 군복무를 거부한 행위는 응당 병역법의 규정에 따른 처벌을 받아야" 한다고 하고 "한 번 처벌을 받았다고 하여서 다시는 같은 법의 적용으로 처벌을 받지 않게 되는 것은 아니다"라고 하여 양심적 병역거부는 양심의 자유에서 보호하는 권리가 아니라고 보고 이들에 대한 이중처벌을 할 수 있다는 판결을 내렸다.

그리고 군입대 후 군사훈련이나 집총을 거부한 경우에는 군형법상 항명죄로 처벌하여 왔으며, 양심적 병역거부로 처벌받고 육군교도소에 수감되어 있던 중 다시 상관의 집총훈련명령을 받고 이를 거부한 것에 대해, "참모총장의 지시 내지 위임이 없이 군교도소장이 한 수형자에 대한 집총훈련명령은 항명죄에 있어서 정당한 명령이라고 할 수 없다"라고 하여 원심이 군형법상 항명죄를 적용한 것을 파기환송하였으나, 이는 참모총장의 지시 내지 위임이 있다면 군교도소에서의 집총거부에 대하여 항명죄로 재차 처벌받을 수 있게 되어 집총거부자에 대해 끝없는 처벌을 가할 수 있게 되는 문제를 안고 있었다.

2) 2004년 대법원 판결[대법원 2004. 7. 15. 선고 2004도2965 판결]

2004년 대법원의 판결은 양심적 병역거부를 인정하지 않아 온 기존의 입장을 그대고 고수하였다. 다만 다른 한편 구체적 병역의무의 이행을 거부한 사람이 그 거부사유로서 내세운 권리가 헌법에 의하여 보장되고, 나아가 그 권리가 법률조항의 입법목적을 능가하는 우월한 헌법적 가치를 가지고 있다고 인정될 경우에 대해서까지도 처벌하게 되면 그의 헌법상 권리를 부당하게 침해하는 결과에 이르게 되므로 이때에는 이러한 위헌적인 상황을 배제하기 위하여 예외적으로 그에게 병역의무의 이행을 거부할 정당한 사유가 존재한다고 보고 있다.

3) 2018년 대법원 판결[대법원 2018. 11. 1. 2016도10912 판결]

가. 양심에 따른 병역거부가 병역법 제88조 제1항에 규정된 '정당한 사유'에 해당하는지 여부(적극)

양심에 따른 병역거부, 이른바 양심적 병역거부는 종교적·윤리적·도덕적·철학적 또는 이와 유사한 동기에서 형성된 양심상 결정을 이유로 집총이나 군사훈련을 수반하는 병역의무의 이행을 거부하는 행위를 말한다. 양심을 포기하지 않고서는 집총이나 군사훈련을 수반하는 병역의무를 이행할 수 없고 병역의무의 이행이 자신의 인격적 존재가치를 스스로 파멸시키는 것이기 때문에 병역의무의 이행을 거부한다는 것이다. 결국 양심을 포기할 수 없고 자신의 인격적 존재가치를 스스로 파멸시킬 수도 없기 때문에 불이행에 따르는 어떠한 제재라도 감수할 수밖에 없다고 한다.

병역법 제88조 제1항은 현역입영 거부 행위에 대하여 3년 이하의 징역에 처한다고 정하고 있다. 실제 재판에서는 대부분 양심적 병역거부자의 개별적인 사정을 고려하지 않은 채 병역법 시행령 제136조 제1항 제2호 가목에서 정한 전시근로역 편입 대상에 해당하는 1년 6개월 이상 징역형의 실형을 일률적으로 선고하고 있다. 부자(父子) 또는 형제가 모두 실형을 선고받아 복역하는 상황도 적지 않게 발생하였다. 이러한 형사처벌이 계속되고 있는데도 양심적 병역거부자는 우리 사회에서 매년 평균 약 600명 내외로 발생하고 있다.

헌법상 국가의 안전보장과 국토방위의 신성한 의무, 그리고 국민에게 부여된 국방의 의무는 아무리 강조해도 지나치지 않다(대법원 2004. 7. 15. 선고 2004도2965 전원합의체 판결 등 참조). 국가의 존립이 없으면 기본권 보장의 토대가 무너지기 때문이다. 국방의 의무가 구체화된 병역의무는 성실하게 이행하여야 하고 병무행정 역시 공정하고 엄정하게 집행하여야 한다. 헌법이 양심의 자유를 보장하고 있다고 해서 위와 같은 가치를 소홀히 해서는 안 된다. 따라서 양심적 병역거부의 허용 여부는 헌법 제19조 양심의 자유 등 기본권 규범과 헌법 제39조 국방의 의무 규범 사이의 충돌·조정 문제가 된다.

국방의 의무는 법률이 정하는 바에 따라 부담한다(헌법 제39조 제1항). 즉, 국방의 의무의 구체적인 이행방법과 내용은 법률로 정할 사항이다. 그에 따라 병역법에서 병역의무를 구체적으로 정하고 있고, 병역법 제88조 제1항에서 입영의무의 불이행을 처벌하면서도 한편으로는 '정당한 사유'라는 문언을 두어 입법자가 미처 구체적으로 열거하기 어려운 충돌 상황을 해결할 수 있도록 하고 있다. 따라서 양심적 병역거부에 관한 규범의 충돌·조정 문제는 병역법 제88조 제1항에서 정한 '정당한 사유'라는 문언의 해석을 통하여 해결하여야 한다. 이는 충돌이 일어나는 직접적인 국면에서 문제를 해결하는 방법일 뿐만 아니라 앞에서 보았듯이 병역법이 취하고 있는 태도에도 합치하는 해석방법이다.

위에서 보았듯이 소극적 부작위에 의한 양심실현의 자유에 대한 제한은 양심의 자유에 대한 과도한 제한이 되거나 본질적 내용에 대한 위협이 될 수 있다. 양심적 병역거부는 이러한 소극적 부작위에 의한 양심실현에 해당한다. 양심적 병역거부자들은 헌법상 국방의 의무 자체를 부정하지 않는다. 단지 국방의 의무를 구체화하는 법률에서 병역의무를 정하고 그 병역의무를 이행하는 방법으로 정한 집총이나 군사훈련을 수반하는 행위를 할 수 없다는 이유로 그 이행을 거부할 뿐이다.

헌법은 기본권 보장의 체계로서 기본권이 최대한 실현되도록 해석·운용되어야 한다. 헌법 제10조는 모든 국민은 인간으로서의 존엄과 가치를 가지며 국가는 개인이 가지는 불가침의 기본적 인권을 확인하고 이를 보장할 의무를 진다고 선언하고 있다. 양심의 자유는 도덕적·정신적·지적 존재로서 인간의 존엄성을 유지하기 위한 필수적 조건이다.

위에서 본 양심적 병역거부의 현황과 함께 우리나라의 경제력과 국방력, 국민의 높은 안보의식 등에 비추어 양심적 병역거부를 허용한다고 하여 국가안전보장과 국토방위를 달성하는 데 큰 어려움이 있을 것으로는 보이지 않는다. 따라서 진정한 양심적 병역거부자에게 집총과 군사훈련을 수반하는 병역의무의 이행을 강제하고 그 불이행을 처벌하는 것은 양심의 자유에 대한 과도한 제한이 되거나 본질적 내용에 대한 위협이 된다.

자유민주주의는 다수결의 원칙에 따라 운영되지만 소수자에 대한 관용과 포용을 전제로 할 때에만 정당성을 확보할 수 있다. 국민 다수의 동의를 받지 못하였다는 이유로 형사처벌을 감수하면서도 자신의 인격적 존재가치를 지키기 위하여 불가피하게 병역을 거부하는 양심적 병역거부자들의 존재를 국가가 언제까지나 외면하고 있을 수는 없다. 일방적인 형사처벌만으로 규범의 충돌 문제를 해결할 수 없다는 것은 이미 오랜 세월을 거쳐 오면서 확인되었다. 그 신념에 선뜻 동의할 수는 없다고 하더라도 이제 이들을 관용하고 포용할 수는 있어야 한다.

요컨대, 자신의 내면에 형성된 양심을 이유로 집총과 군사훈련을 수반하는 병역의무를 이행하지 않는 사람에게 형사처벌 등 제재를 해서는 안 된다. 양심적 병역거부자에게 병역의무의 이행을 일률적으로 강제하고 그 불이행에 대하여 형사처벌 등 제재를 하는 것은 양심의 자유를 비롯한 헌법상 기본권 보장체계와 전체 법질서에 비추어 타당하지 않을 뿐만 아니라 소수자에 대한 관용과 포용이라는 자유민주주의 정신에도 위배된다. 따라서 진정한 양심에 따른 병역거부라면, 이는 병역법 제88조 제1항의 '정당한 사유'에 해당한다.

이와 달리 양심적 병역거부가 병역법 제88조 제1항에서 정한 '정당한 사유'에 해당하지 않는다고 판단한 대법원 2004. 7. 15. 선고 2004도2965 전원합의체 판결, 대법원 2007. 12. 27. 선고 2007도7941 판결 등을 비롯하여 그와 같은 취지의 판결들은 이 판결의 견해에 배치되는 범위에서 이를 모두 변경하기로 한다고 판시하였다.

여호와의증인 신도인 피고인이 종교적 양심을 이유로 입영하지 않고 병역을 거부한 사안에서, 양심적 병역거부자에게 병역의무의 이행을 일률적으로 강제하고 그 불이행에 대하여 형사처벌 등 제재를 하는 것은 양심의 자유를 비롯한 헌법상 기본권 보장체계와 전체 법질서에 비추어 타당하지 않을 뿐만 아니라 소수자에 대한 관용과 포용이라는 자유민주주의 정신에도 위배되므로 진정한 양심에 따른 병역거부라면 이는 병역법 제88조 제1항의 '정당한 사유'에 해당한다는 이유로, 이와 달리 유죄로 판단한 원심판결을 파기한 사례이다.

나. 반대견해   이러한 다수의견에 대하여, 국가의 안전보장에 우려가 없는 상황을 전제로 진정한 종교적 신념에 따라 병역을 거부하는 경우에는 정당한 사유가 있다는 취지의 별개의견, 병역법의 입법 취지와 목적, 체계, 병역의무의 감당능력에 관련된 규정들의 성격에 비추어 병역법 제88조 제1항의 정당한 사유는 당사자의 질병이나 재난의 발생 등 일반적이고 객관적인 사정에 한정되고 양심적 병역거부와 같은 주관적 사정은 인정될 수 없다는 취지의 반대의견 등이 있다.

(2) 헌법재판소의 결정

1) 헌법재판소 2004. 8. 26. 2002헌가1 결정

병역법 제88조 제1항 제1호의 위헌성을 주장하여 제기한 위헌제청신청을 받아들인 서울남부지방법원은 헌법재판소에 위헌심판제청을 하였고 이를 인용한 헌법재판소는 위 규정에 대한 위헌 여부를 판단하였다. 헌법재판소는 이 사건에서 헌법상 보장되는 양심의 내용, 양심의 자유로부터 대체복무를 요구할 권리가 도출되는지 여부, 양심실현의 자유에 대한 침해 여부의 심사에 일반적인 비례의 원칙이 적용되는지 여부, 대체복무제도의 도입을 통하여 병역의무에 대한 예외를 허용하더라도 국가안보란 공익을 효율적으로 달성할 수 없다고 본 입법자의 판단이 현저히 불합리하거나 명백히 잘못된 것인지의 여부, 양심보호조치 등에 관한 입법자에 대한 권고에 대해 5인의 다수의견의 합헌, 2인 각각의 별개의견의 단순합헌, 2인의 반대의견의 위헌판단이 있었다.

2) 헌법재판소 2011. 8. 30. 2008헌가22 결정

헌법재판소는 "양심은 어떤 일의 옳고 그름을 판단함에 있어서 그렇게 행동하지 아니하고는 자신의 인격적인 존재가치가 허물어지고 말 것이라는 강력하고 진지한 마음의 소리로서 절박하고 구체적인 양심이다"라고 하여 기존의 판례와 동일한 입장을 취하면서, "양심상의 결정이란 선과 악의 기준에 따른 모든 진지한 윤리적 결정으로서 구체적인 상황에서 개인이 이러한 결정을 자신을 구속하고 무조건적으로 따라야 하는 것으로 받아들이기 때문에 양심상의 심각한 갈등이 없이는 그에 반하여 행동할 수 없는 것을 말한다. 또한 양심의 자유가 보장하고자 하는 '양심'은 민주적 다수의 사고나 가치관과 일치하는 것이 아니라, 개인적 현상으로서 지극히 주관적인 것이다"라고 판시하고 있다. 그리고 "양심은 그 대상이나 내용 또는 동기에 의하여 판단될 수 없고, 양심상의 결정이 이성적·합리적인지, 타당한지 또는 법질서나 사회규범, 도덕률과 일치하는지 여부는 양심의 존재를 판단하는 기준이 될 수 없다"라고 하여 양심의 개념에 있어 주관적 양심설의 입장임을 알 수 있다.

5. 한국에서의 실천

(1) 우리나라의 현재 상황

위에서 살펴본 바와 같이 2004년 대법원과 헌법재판소는 양심적 병역거부자에 대한 처벌을 규정한 병역법에 대해 합헌결정을 내렸고, 헌법재판소는 '양심보호조치 등에 관한 입법적 권고'를 결정함으로서 국내에서의 사법적 판단은 끝났다. 2005년 국가인권위원회는 "양심적 병역거부권은 헌법19조의 양심의 자유 중 '양심에 반하는 행동을 강제당하지 않을 자유'가 포함되므로 이는 양심의 자유의 보호범위에 있다"고 보고, "현재의 제도는 '양심적 병역거부 및 형사처벌'과 '단순한 병역이행' 간에 양자택일식이 해법뿐인데 헌법 제19조의 양심의 자유와 제39조의 국방의 의무가 조화롭게 공존할 수 있는 방법은 병역 이외에 대체복무가 있다"라고 결정했다. 국가

인권위는 "헌법에 보장된 양심의 자유는 종교의 자유, 학문·예술의 자유와 함께 내심의 자유에 속하며 정신적 자유의 모체를 이루는 인간존엄성의 기초로서 정신적 자유의 근원인 국가비상상태에서도 유보될 수 없는 최상급의 기본권"이라고 설명했다.

2006년 B규약 제3차 보고서 심의에 대한 최종견해에서, 2003년 병역법 개정으로 현역복무 거부로 인한 처벌이 최대 3년 징역형을 받고 있고, 그들이 재소집될 수 있고 새로운 처벌을 받게 되는 횟수에 대해 입법적으로 제한이 전혀 없으며, 병역의무 요건을 만족시키지 않는 사람들은 정부나 공공기관이 고용에서 배제되며, 유죄를 선고받은 양심에 따른 병역거부자들이 전과자로 낙인됨을 감수해야 한다는 데에 우려를 표명하였다. 위원회는 한국이 가입하고 있는 B규약 제18조에 일치하는 입법을 제정할 것을 권고하고, 사상, 양심 및 종교의 자유에 대한 권리에 관한 위원회의 일반논평 22의 제11항에 대해 한국정부의 주의를 환기시켰다.

국내사법절차가 완료된 상황에서, 2004년 10월 18일 양심적 병역거부자 여호와의증인 윤○○과 최○○ 2명이 B규약 제18조상 양심적 병역거부권이 침해되었음을 주장하였다. 2006년 12월 4일 위원회는 이 사건을 심의, 채택한 최종문서를 통해 한국정부가 청원인을 형사 처벌한 것은 B규약 제18조가 보장하는 양심의 자유, 종교의 자유에 위반한다고 밝히고 재발방지의무와 함께 필요한 조치를 취할 것을 요구했다. 위원회는 최종문서에서 B규약 제18조에 규정된 종교나 양심이 자유가 법률상 의무를 거부할 권리를 의미하는 것은 아니지만, 종교적 양심에 반해 행동할 것을 강요받지 않도록 보호받을 권리를 규정하고 있다고 밝혔다. 위원회는 B규약 제18조 제3항을 볼 때 그런 자유가 공공안전, 보건, 도덕 혹은 타인의 기본권 보호를 위해 필요한 경우 법률에 의해 제한될 수 있음은 인정되나, 그 경우에도 그런 권리의 본질적 내용이 침해되어서는 안 된다고 지적했다. 특히 동 위원회는 양심적 병역거부자의 형사처벌과 관련하여 한국정부가 국가안보 차원의 불가피성을 주장한 데 대해, 규약 제18조의 종교나 양심의 자유를 완전히 존중할 경우 구체적으로 군복무제도에 어떤 문제점이 발생하는지를 충분히 입증하지 못했다고 지적하면서 군복무자와의 형평성 문제는 대체복무제도를 통해 제거하는 것이 가능하다는 점을 지적하고 있다.

이러한 국내외적 논란 속에 **헌법재판소는 2018년 6월 종래의 헌법재판소의 결정을 변경하여 대체복무제를 도입하도록 결정**하였는데, 헌법재판소의 결정 내용을 살펴보면 다음과 같다.

◎ 헌법재판소 2018. 6. 28. 2011헌바379 등 병합 ◎

- 병역법 제5조 제1항 ➔ **헌법불합치 결정(6대3)**
- 제88조 제1항 ➔ **합헌결정**(합헌4, 일부위헌 4, 각하 1)

　【판시사항】

　가. 병역의 종류를 규정한, 2006. 3. 24. 법률 제7897호로 개정되기 전의 구 병역법부터 현행 병역법까지의 **병역법 제5조 제1항**(이하 모두 합하여 '병역종류조항'이라 한다)이 양심적 병역거부자에 대한 대체복무제를 규정하고 있지 않음을 이유로 그 위헌확인을 구하는 헌법소원심판청구가 진정입법부작위를 다투는 청구인지 여부(소극)

　나. 병역종류조항의 위헌 여부가 양심적 병역거부자에 대한 형사 재판의 전제가 되는지 여부(적극)

　다. 병역의 종류를 **현역, 예비역, 보충역, 병역준비역, 전시근로역**의 다섯 가지로 한정하여 규정하고 양심적 병역거부자에 대한 대체복무제를 규정하지 아니한 **병역종류조항**이 **과잉금지원칙**을 위반하여 양심적 병역거부자의 양심의 자유를 침해하는지 여부(적극)

　라. 현역입영 또는 소집 통지서를 받은 사람이 정당한 사유 없이 입영일이나 소집일부터 3일이 지나도 입영하지 아니하거나 소집에 응하지 아니한 경우를 처벌하는, 2009. 6. 9. 법률 제9754호로 개정되기 전의 구 병역법부터 현행 병역법까지의 병역법 제88조 제1항 본문 제1호, 2009. 6. 9. 법률 제9754호로 개정되기 전의 구 병역법 및 2013. 6. 4. 법률 제11849호로 개정되기 전의 구 병역법의 각 제88조 제1항 본문 제2호(이하 모두 합하여 '처벌조항'이라 한다)가 **과잉금지원칙**을 위반하여 양심적 병역거부자의 양심의 자유를 침해하는지 여부(소극)

　마. 병역종류조항에 대하여 헌법불합치 결정을 하되 계속 적용을 명한 사례

【결정요지】

　가. 비군사적 성격을 갖는 복무도 입법자의 형성에 따라 병역의무의 내용에 포

함될 수 있고, 대체복무제는 그 개념상 병역종류조항과 밀접한 관련을 갖는다. 따라서 병역종류조항에 대한 이 사건 심판청구는 입법자가 아무런 입법을 하지 않은 진정입법부작위를 다투는 것이 아니라, 입법자가 병역의 종류에 관하여 입법은 하였으나 그 내용이 양심적 병역거부자를 위한 대체복무제를 포함하지 아니하여 불완전·불충분하다는 부진정입법부작위를 다투는 것이라고 봄이 상당하다.

　나. 병역종류조항이 대체복무제를 포함하고 있지 않다는 이유로 위헌으로 결정된다면, 양심적 병역거부자가 현역입영 또는 소집 통지서를 받은 후 3일 내에 입영하지 아니하거나 소집에 불응하더라도 대체복무의 기회를 부여받지 않는 한 당해 형사사건을 담당하는 법원이 무죄를 선고할 가능성이 있으므로, 병역종류조항은 재판의 전제성이 인정된다.

　다. 병역종류조항은, 병역부담의 형평을 기하고 병역자원을 효과적으로 확보하여 효율적으로 배분함으로써 국가안보를 실현하고자 하는 것이므로 정당한 입법목적을 달성하기 위한 적합한 수단이다. 병역종류조항이 규정하고 있는 병역들은 모두 군사훈련을 받는 것을 전제하고 있으므로, 양심적 병역거부자에게 그러한 병역을 부과할 경우 그들의 양심과 충돌을 일으키는데, 이에 대한 대안으로 대체복무제가 논의되어 왔다. 양심적 병역거부자의 수는 병역자원의 감소를 논할 정도가 아니고, 이들을 처벌한다고 하더라도 교도소에 수감할 수 있을 뿐 병역자원으로 활용할 수는 없으므로, 대체복무제를 도입하더라도 우리나라의 국방력에 의미 있는 수준의 영향을 미친다고 보기는 어렵다. 국가가 관리하는 객관적이고 공정한 사전심사절차와 엄격한 사후관리절차를 갖추고, 현역복무와 대체복무 사이에 복무의 난이도나 기간과 관련하여 형평성을 확보해 현역복무를 회피할 요인을 제거한다면, 심사의 곤란성과 양심을 빙자한 병역기피자의 증가 문제를 해결할 수 있으므로, 대체복무제를 도입하면서도 병역의무의 형평을 유지하는 것은 충분히 가능하다. 따라서 대체복무제라는 대안이 있음에도 불구하고 군사훈련을 수반하는 병역의무만을 규정한 **병역종류조항은, 침해의 최소성 원칙에 어긋난다.** 병역종류조항이 추구하는 '국가안보' 및 '병역의무의 공평한 부담'이라는 공익은 대단히 중요하나, 앞서 보았듯이 병역종류조항에 대체복무제를 도입한다고 하더라도 위와 같은 공익은 충분히 달성할 수 있다고 판단된다. 반면, 병역종류조항이 대체복무제를 규정하지 아니함으로 인하여 양심적 병역거부자들은 최소 1년 6월 이상의 징역형과 그에 따른 막대한 유·무형의 불이익을 감수하여야 한다. 양심적 병역거부자들에게 공익 관련 업무에 종사하도록 한다면, 이들을 처벌하여 교도소에 수용하고 있는 것보다는 넓은 의미의 안보와 공익실현에 더 유익한 효과를 거둘 수 있을 것이다. 따라서 병역종류조항은 법익의 균형성 요건을 충족하지 못하였다. 그렇다면 양심적 병역거부자에 대한 대체복무제를 규정하지 아니한 병역종류조항은 과잉금지원칙에 위배하여 양심적 병역거부자의 양심의 자유를 침해한다. 헌법재판소는 2004년 입법자에 대하여 국가안보라는 공익의 실현을 확보하면서도 병역거부자의 양심을 보호할 수 있는 대안이 있는지 검토할 것을 권고하였는데, 그로부터 14년이 경과하도록 이에 관한 입법적 진전이 이루어지지 못하였다. 그사이 여러 국가기관에서 대체복무제 도입을 검토하거나 그 도입을 권고하였으며, 법원에서도 양심적 병역거부에 대해 무죄판결을 선고하는 사례가 증가하고 있다. 이러한 사정을 감안할 때 국가는 이 문제의 해결을 더 이상 미룰 수 없으며, 대체복무제를 도입함으로써 기본권 침해 상황을 제거할 의무가 있다.

라. [재판관 강일원, 재판관 서기석의 합헌의견]

병역종류조항에 대체복무제가 규정되지 아니한 상황에서 현재의 대법원 판례에 따라 양심적 병역거부자를 처벌한다면, 이는 과잉금지원칙을 위반하여 양심적 병역거부자의 양심의 자유를 침해하는 것이다. 따라서 지금처럼 병역종류조항에 대체복무제가 규정되지 아니한 상황에서는 양심적 병역거부를 처벌하는 것은 헌법에 위반되므로, 양심적 병역거부는 처벌조항의 '정당한 사유'에 해당한다고 보아야 한다. 결국 양심적 병역거부자에 대한 처벌은 대체복무제를 규정하지 아니한 병역종류조항의 입법상 불비와 양심적 병역거부는 처벌조항의 '정당한 사유'에 해당하지 않는다는 법원의 해석이 결합되어 발생한 문제일 뿐, 처벌조항 자체에서 비롯된 문제가 아니다. 이는 병역종류조항에 대한 헌법불합치 결정과 그에 따른 입법부의 개선입법 및 법원의 후속 조치를 통하여 해결될 수 있는 문제이다.

이상을 종합하여 보면, 처벌조항은 정당한 사유 없이 병역의무를 거부하는 병역기피자를 처벌하는 조항으로서, 과잉금지원칙을 위반하여 양심적 병역거부자의 양심의 자유를 침해한다고 볼 수는 없다.

[재판관 안창호, 재판관 조용호의 합헌의견]

처벌조항은 병역자원의 확보와 병역부담의 형평을 기하고 국가의 안전보장과 국토방위를 통해 헌법상 인정되는 중대한 법익을 실현하고자 하는 것으로 입법목적이 정당하고, 입영기피자 등에 대한 형사처벌은 위 입법목적을 달성하기 위한 적절한 수단이다. 양심을 빙자한 병역기피자를 심사단계에서 가려내는 것은 지극히 개인적·주관적인 양심의 형성과정을 추적해야 하는 쉽지 않은 일이다. 나아가 생명과 신체에 대한 위험 속에서 이행하는 병역의무와 등가성이 확보된 대체복무를 설정하는 것은 사실상 불가능하거나 매우 까다로운 일이다. 대체복무제의 도입은 국가공동체가 양심적 병역거부에 대한 합법성과 정당성을 인정하는 문제이므로, 그 도입 여부는 규범적 평가 이전에 국민적 합의가 선행되어야 하는데, 아직 이에 관한 국민적 합의가 이루어지지 못한 것으로 보인다. 이와 같은 상황에서 양심적 병역거부자에 대해 형벌을 부과한다고 하여 침해의 최소성 요건을 충족하지 못한다고 볼 수 없다. 병역거부는 양심의 자유를 제한하는 근거가 되는 다른 공익적 가치와 형량할 때 우선적으로 보호받아야 할 보편적 가치를 가진다고 할 수 없다. 반면 처벌조항에 의하여 달성되는 공익은 국가공동체의 안전보장과 국토방위를 수호함으로써, 헌법의 핵심적 가치와 질서를 확보하고 국민의 생명과 자유, 안전과 행복을 지키는 것이다. 따라서 처벌조항에 의하여 제한되는 사익이 달성하려는 공익에 비하여 우월하다고 할 수 없으므로, 처벌조항은 법익의 균형성 요건을 충족한다. 그렇다면 처벌조항은 과잉금지원칙을 위반하여 양심의 자유를 침해하지 아니한다.

[재판관 이진성, 재판관 김이수, 재판관 이선애, 재판관 유남석의 일부위헌의견]

병역종류조항은 처벌조항의 의미를 해석하는 근거가 되고, 처벌조항은 병역종류조항의 내용을 전제로 하므로, 병역종류조항의 위헌 여부는 처벌조항의 위헌 여부와 불가분적 관계에 있다. 따라서 병역종류조항에 대하여 헌법불합치 결정을 하는 이상, 처벌조항 중 양심적 병역거부자를 처벌하는 부분에 대하여도 위헌 결정을 하는 것이 자연스럽다. 처벌조항은 양심적 병역거부자에 대한 처벌의 예외를 인정하지 않고 일률적으로 형벌을 부과하고 있으나, 대체복무제의 도입은 병역자원을 확보하고 병역부담의 형평을 기하고자 하는 입법목적을 처벌조항과 같은 정도로 충분히 달성할 수 있다고 판단되므로, 처벌조항은 침해의 최소성 원칙에 어긋난다.

'국가안보' 및 '병역의무의 공평한 부담'이라는 공익은 중요하나, 양심적 병역거부자에 한정하여 볼 때 형사처벌이 특별예방효과나 일반예방효과를 가지지 못하는 것으로 보이므로, 처벌조항이 위 공익 달성에 기여하는 정도는 그다지 크다고 하기 어렵다. 반면, 형사처벌로 인한 불이익은 매우 크므로, 처벌조항은 법익의 균형성 요건을 충족하지 못한다. 따라서 처벌조항은 과잉금지원칙에 위배하여 양심적 병역거부자의 양심의 자유를 침해하므로, 처벌조항 중 '양심적 병역거부자를 처벌하는 부분'은 **헌법에 위반된다.**

[재판관 김창종의 각하의견]

청구인들의 주장은 양심상의 결정을 내세워 입영을 거부하였을 경우 '정당한 사유'에 해당하지 않는다고 보는 법원의 법령 해석·적용은 잘못된 것이고, 그렇게 해석하면 청구인들의 양심의 자유 등을 침해하여 헌법에 위반된다는 취지이다. 이는 처벌조항 자체의 위헌 여부를 다투는 것이 아니라, 법원의 처벌조항에 대한 해석·적용이나 재판결과를 다투는 것에 불과하므로 헌법재판소법 제68조 제2항의 헌법소원으로는 부적법하다. 제청법원들의 위헌제청 역시 대법원판결과 같이 양심적 입영거부를 처벌조항의 '정당한 사유'에 해당하지 않는 것으로 해석하는 한 처벌조항이 위헌이라는 취지로서, 처벌조항 중 '정당한 사유'의 포섭이나 해석·적용의 문제에 관하여 헌법재판소의 해명을 구하는 것에 불과하므로 부적법하다. 나아가 제청법원들은 처벌조항의 '정당한 사유'의 합헌적 해석을 통하여 양심적 병역거부자들에 대하여 무죄를 선고함으로써 그들의 기본권 침해를 방지할 수 있음에도, 자신의 합헌적 법률해석에 일반적 구속력을 얻기 위하여 헌법재판소에 위헌제청을 한 것에 불과하므로, 이러한 관점에서도 제청법원들의 **위헌제청은 부적법**하다.

마. 병역종류조항에 대해 단순위헌 결정을 할 경우 병역의 종류와 각 병역의 구체적인 범위에 관한 근거규정이 사라지게 되어 일체의 병역의무를 부과할 수 없게 되므로, 용인하기 어려운 법적 공백이 생기게 된다. 더욱이 입법자는 대체복무제를 형성함에 있어 그 신청절차, 심사주체 및 심사방법, 복무분야, 복무기간 등을 어떻게 설정할지 등에 관하여 광범위한 입법재량을 가진다. 따라서 병역종류조항에 대하여 헌법불합치 결정을 선고하되, 다만 입법자의 개선입법이 이루어질 때까지 계속적용을 명하기로 한다. 입법자는 늦어도 2019. 12. 31.까지는 대체복무제를 도

입하는 내용의 개선입법을 이행하여야 하고, 그때까지 개선입법이 이루어지지 않으면 병역종류조항은 2020. 1. 1.부터 효력을 상실한다.

[재판관 안창호, 재판관 조용호의 병역종류조항에 대한 반대의견]

청구인 등이 주장하는 대체복무는 일체의 군 관련 복무를 배제하는 것이므로, 국방의무 및 병역의무의 범주에 포섭될 수 없다. 따라서 병역종류조항에 대체복무를 규정하라고 하는 것은 병역법 및 병역종류조항과 아무런 관련이 없는 조항을 신설하라는 주장이다. 헌법재판소법 제68조 제2항에 의한 헌법소원에서 위와 같은 진정입법부작위를 다투는 것은 그 자체로 허용되지 아니하므로, 병역종류조항에 대한 심판청구는 부적법하다.

[재판관 김창종의 병역종류조항에 대한 반대의견]

병역종류조항은 당해사건의 공소사실을 유죄로 판단할 때 적용된 법률조항이 아니고 법원이 이를 적용하지 않더라도 당해사건 해결을 위한 재판을 하는데 아무런 지장이 없으므로, 병역종류조항의 위헌 여부는 당해사건을 해결하기 위하여 필요한 선결문제가 아니다. 병역종류조항이 위헌으로 결정되면 그에 근거한 병역처분은 후발적으로 위법하게 되는 하자가 있게 되지만, 그러한 병역처분의 하자는 독립적인 후속처분인 입영처분에 승계된다고 볼 수 없으므로, 병역종류조항에 대한 위헌결정으로 인하여 입영처분까지 위법한 처분으로 된다고 볼 수 없다. 당해사건 법원은 입영처분이 적법, 유효한 이상, 그 입영처분에 따른 의무의 이행을 거부한 청구인들에게 '정당한 사유'가 없다면 처벌조항에 따라 유죄판결을 선고할 수밖에 없는 것이고, 병역종류조항에 대한 위헌결정이 있다는 이유만으로 청구인들에게 당연히 무죄판결을 선고하여야 하는 것은 아니다. 그러므로 청구인들의 병역종류조항에 대한 심판청구는 당해사건 재판의 전제성이 인정되지 아니하여 **부적법하므로** 각하하여야 한다.

[재판관 이진성, 재판관 김이수, 재판관 이선애, 재판관 유남석의 병역종류조항 법정의견에 대한 보충의견]

병역종류조항은 처벌조항의 의미를 해석하는 근거가 되고, 처벌조항은 병역종류조항의 내용을 전제로 한다. 만약 병역종류조항이 양심적 병역거부자에 대한 대체복무제를 포함하고 있지 않다는 이유로 위헌으로 결정된다면, 처벌조항이 이행을 강제하는 병역의무의 내용 역시 대체복무제를 포함하여야 하는 것으로 달라지게 되고, 그에 따라 처벌조항 중 대체복무의 기회를 부여하지 않고 양심적 병역거부자를 처벌하는 부분 역시 위헌으로 결정되어야 한다. 따라서 병역종류조항의 위헌 여부는 처벌조항의 위헌 여부와 불가분적 관계에 있다고 볼 수 있으므로, 병역종류조항은 당해 사건에 간접 적용되는 조항으로서 재판의 전제성이 인정된다.

[재판관 서기석의 병역종류조항 법정의견에 대한 보충의견]

처벌조항에 대한 합헌의견에서 본 바와 같이, 병역종류조항에 대체복무제가 규정되지 아니한 상황에서 현재의 대법원 판례에 따라 양심적 병역거부자를 처벌한다면, 이는 과잉금지원칙을 위반하여 양심적 병역거부자의 양심의 자유를 침해한다. 따라서 대체복무제를 규정하지 아니한 현행 병역종류조항에 대하여 헌법불합치 결정을 선고함으로써 대체복무제가 도입되도록 할 필요가 있다. 한편, 대체복무제가 도입되지 아니한 현 상황에서 법원이 현재의 견해를 변경하여 양심적 병역거부자에 대하여 무죄 판결을 선고한다면, 양심적 병역거부자는 결과적으로 병역의무도 면제받고 대체복무도 이행하지 않게 됨으로써, 군복무를 이행하는 사람과 비교하여 형평에 어긋나는 결과를 초래하게 된다. 따라서 이러한 위헌적인 결과가 발생하는 것을 막기 위해서도 대체복무제를 규정하지 아니한 현행 병역종류조항에 대하여 헌법불합치 결정을 선고하여야 하는 것이다. 이와 같이 양심적 병역거부자를 처벌조항에 의하여 처벌하든지, 처벌하지 않든지 간에 위헌적인 상황이 발생하는 것을 막기 위해서는 대체복무제가 도입되어야 하므로, 병력종류조항에 대하여는 헌법불합치 결정이 선고되어야 한다고 본다.

[재판관 조용호의 병역종류조항 반대의견에 대한 보충의견]

병역의 종류를 어떻게 형성할 것인지는 병력의 구체적 설계, 안보상황의 예측 및 이에 대한 대응 등에 있어서 매우 전문적이고 정치적인 사항에 관한 규율이므로, 입법자가 광범위한 입법형성의 재량 하에 결정할 사항이다. 입법자에게 법률의 제정 시 개인적인 양심상의 갈등의 여지가 발생할 수 있는 사안에 대하여 사전에 예방적으로 양심의 자유를 고려하는 일반조항을 둘 것을 요구할 수는 없다. 양심의 자유에서 파생하는 입법자의 의무는 단지 입법과정에서 양심의 자유를 고려할 것을 요구하는 '일반적 의무'이지 구체적 내용의 대안을 제시해야 할 헌법적 입법의무가 아니므로, 양심의 자유는 입법자가 구체적으로 형성한 병역의무의 이행을 양심상의 이유로 거부하거나 법적 의무를 대신하는 대체의무의 제공을 요구할 수 있는 권리가 아니다. 그렇다면 처벌조항과 달리 양심에 반하는 행위를 강제하는 효력이 없는 병역종류조항에 대하여 입법자가 대체복무제를 규정하지 않았음을 이유로 위헌확인을 할 수는 없다. 나아가 입법자가 국가안보를 위태롭게 하지 않고서는 양심의 자유를 실현할 수 없다는 판단에 이르렀기 때문에 대체복무의 가능성을 제공하지 않았다면, 이러한 결단은 국가안보라는 공익의 중대함에 비추어 정당화될 수 있는 것으로서 위헌이라고 할 수 없다.

[재판관 안창호의 병역종류조항 반대의견 및 처벌조항 합헌의견에 대한 보충의견]

처벌조항에 대한 합헌의견을 토대로, 국가공동체가 양심적 병역거부에 대해 합법성과 정당성을 인정하기 전에라도 다음과 같이 형사처벌 이외의 법적 제재를 완화함으로써 양심적 병역거부자의 기본권 제한을 경감하는 방안을 검토해 볼 수 있다. 예컨대 ① 학계·법조계·종교계 등으로 구성된 전문위원회가 형 집행 종료 즈음에 형 집행 과정에서 취득한 자료 등에 기초하여 진정한 양심에 따른 병역거부인지 여부를 판정하고, 양심적 병역거부자인 경우에는 사면을 하는 방법, ② 공직 임용, 기업의 임·직원 취임, 각종 관허업의 특허 등 취득 등과 관련하여 양심적 병역거부자에 대한 불이익의 예외를 인정하는 방법, ③ 양심적 병역거부자가 징역형을 선고받고 정역에 복무할 때, 그 정역을 대체복무에서 고려될 수 있는 내용으로 함으로써, 일정부분 대체복무제를 도입한 효과를 거둘 수 있게 하는 방법 등을 고려할 수 있다. 이런 불이익 완화 조치는 '평상시'에만 양심적 병역거부자에 대한 법적 제재를 완화하여 국가안보의 위험성을 최소화할 수 있다. 나아가 위 조치는 양심적 병역거부에 대하여 합법성과 정당성을 인정하는 것은 아니므로 국민적 합의가 필요하다 하더라도 그 합의는 상대적으로 쉽게 이루어질 수 있을 것이다. 합헌의견은 민주주의의 포용성과 다양성을 포기하려는 것이 아니라, 민주주의의 가치와 질서를 수호하여 이를 바탕으로 그 포용성과 다양성을 확대하기 위한 것이며, 이를 통해 우리와 우리 자손들이 자유롭고 평등한 가운데 안전하고 행복하게 살 수 있는 터전을 마련하기 위한 것이다.

◎ 헌법재판소 2018. 7. 26. 2011헌마306, 2013헌마431(병합) ◎

• 입법부작위 위헌확인

【판시사항】

양심적 병역거부를 이유로 유죄판결을 받은 청구인들의 개인통보에 대하여 자유권규약위원회(Human Rights Committee)가 채택한 견해(Views, 이하 '이 사건 견해'라 한다)에 따른, 전과기록 말소 및 충분한 보상을 포함한 청구인들에 대한 효과적인 구제조치를 이행하는 법률을 제정하지 아니한 **입법부작위의 위헌확인을 구하는 헌법소원심판청구가 적법한지 여부(소극)**

【참조조문】

헌법 제6조 제1항

시민적 및 정치적 권리에 관한 국제규약(International Covenant on Civil and Political Rights, 조약 제1007호) 제18조 제1항, 제28조 제1항, 제29조 제1항, 제30조 제4항, 제40조 제4항, 제41조)

시민적 및 정치적 권리에 관한 국제규약 선택의정서(Optional Protocol to the International Covenant on Civil and Political Rights, 조약 제1008호) 제1조, 제2조, 제4조 제1항, 제5조

【결정요지】

'시민적 및 정치적 권리에 관한 국제규약'(이하 '자유권규약'이라 한다)의 조약상 기구인 자유권규약위원회의 견해는 규약을 해석함에 있어 중요한 참고기준이 되고, 규약 당사국은 그 견해를 존중하여야 한다. 특히 우리나라는 자유권규약을 비준함과 동시에, 자유권규약위원회의 개인통보 접수·심리 권한을 인정하는 내용의 선택의정서에 가입하였으므로, 대한민국 국민이 제기한 개인통보에 대한 자유권규약위원회의 견해(Views)를 존중하고, 그 이행을 위하여 가능한 범위에서 충분한 노력을 기울여야 한다. 다만, 자유권규약위원회의 심리가 서면으로 비공개로 진행되는 점 등을 고려하면, 개인통보에 대한 자유권규약위원회의 견해(Views)에 사법적인 판결이나 결정과 같은 법적 구속력이 인정된다고 단정하기는 어렵다. 또한, 자유권규약위원회의 견해가 규약 당사국의 국내법 질서와 충돌할 수 있고, 그 이행을 위해서는

각 당사국의 역사적, 사회적, 정치적 상황 등이 충분히 고려될 필요가 있으므로, 우리 입법자가 자유권규약위원회의 견해(Views)의 구체적인 내용에 구속되어 그 모든 내용을 그대로 따라야만 하는 의무를 부담한다고 볼 수는 없다. 나아가 기존에 유죄판결을 받은 양심적 병역거부자에 대해 전과기록 말소 등의 구제조치를 할 것인지에 대하여는 입법자에게 광범위한 입법재량이 부여되어 있다고 보아야 한다. 따라서 우리나라가 자유권규약의 당사국으로서 자유권규약위원회의 견해를 존중하고 고려하여야 한다는 점을 감안하더라도, 피청구인에게 이 사건 견해에 언급된 구제조치를 그대로 이행하는 **법률을 제정할 구체적인 입법의무가 발생하였다고 보기는 어려우므로, 이 사건 심판청구는 헌법소원심판의 대상이 될 수 없는 입법부작위를 대상으로 한 것으로서 부적법하다.**

(2) 대체복무제도의 도입과 시행

국가인권위원회가 2005년 12월 종교적 병역 거부를 인정하고 국회와 정부에 '대체복무제' 도입을 권고하면서, 이를 둘러싼 찬반 논란이 일었다. 이후 정부는 2007년 9월, 2009년 초부터 종교적 병역거부자들이 36개월 동안 한센병원이나 결핵병원 등에서 근무하면 병역이행으로 간주해 주겠다고 발표하였으나, 이명박 정부의 출범 이후 이 결정이 변경되었다. 국방부는 2008년 12월 대체복무제 도입은 시기상조이며, 최종결정은 무기한 보류한다고 밝혔다. 그러다 2018년 6월 헌법재판소가 종교와 양심을 이유로 군복무를 거부한 이들을 위한 대체복무를 정하지 않은 병역법 조항에 헌법불합치 결정을 내리면서, 2019년 12월 31일까지 해당 조항을 개정하라고 판시하였다. 이후 해당 조항이 명시된 병역법 등의 개정이 이루어지면서 2020년 1월부터 종교적 신앙 등에 따른 병역거부자들에 대한 대체복무제가 시행되고 있다.

1) 헌법재판소, 병역법 제5조 헌법불합치 판결(2018. 6.)

헌법재판소가 2018년 6월 28일 종교와 양심을 이유로 군복무를 거부한 이들을 위한 대체복무를 정하지 않은 병역법 제5조 제1항 등에 대한 헌법소원 심판에서 재판관 6대3(각하) 의견으로 헌법불합치를 결정했다. 헌재는 현행법상 병역종류가 군사훈련을 전제로 하고 있고, 대체복무제는 규정하지 않아 양심적 병역거부자의 '양심의 자유'를 침해한다고 보았다. 또한 국방력에서 병역자원의 비중이 점차 낮아지고 있고, 엄격한 심사를 통해 병역회피자를 걸러 낼 수 있다는 점을 들어 대체복무제 도입에 문제가 없다고 판단했다. 헌법재판소는 병역의 종류를 현역·예비역·보충역·병역준비역·전시근로역 등으로만 규정한 이 조항을 2019년 12월 31일까지 개정하라고 판시하였다.

2) 국방부, 대체복무제 규정한 '병역법 개정안' 등 입법예고(2018. 12.)

국방부는 2018년 6월 28일 헌법재판소에서 2019년 12월 31일까지 대체복무제를 도입하도록 결정함에 따라 2018년 12월 28일, 헌법 제19조에 따른 '양심의 자유'를 이유로 한 병역거부자가 대체복무를 통해 병역의무를 이행하는 방안을 제시한 '병역법 개정안'과 '대체역의 편입 및 복무 등에 관한 법률안'을 입법예고했다. 국방부는 「병역법」 제5조 '병역의 종류' 조항을 개정하여 기존의 병역준비역·현역·예비역·보충역·전시근로역 외에 여섯 번째 병역의 종류로서 '대체역'을 신설하고, '대체역'의 심사·편입·복무 등에 관한 구체적인 사항은 「대체역의 편입 및 복무 등에 관한 법률」에서 정하도록 법률 제·개정안을 마련했다. 개정안에 따르면 대체복무자는 군복무 환경과 가장 유사하게 영내에서 24시간 생활하는 교정시설에서 합숙근무하도록 했으며, 초기에는 교정시설로 단일화하되 제도 정착 시 복무분야를 다양화하도록 했다. 복무기간은 현역병(복무기간 단축 기준 18~22개월) 및 공중보건의사 등 다른 대체복무자(34~36개월)의 복무기간을 고려하여 36개월로 정했다. 한편, 국방부는 2019년 1월 4일 양심적 병역거부라는 용어 대신 '종교적 신앙 등에 따른 병역거부'라는 용어를 사용하겠다고 발표했다. 국방부는 '대체복무제 용어를 둘러싼 불필요한 논란을 최소화하고 국민적 우려를 해소하기 위해 앞으로 양심, 신념, 양심적 등과 같은 용어는 사용하지 않을 것'이라면서 '향후 정부는 이를 대신해 종교적 신앙 등에 따른 병역거부자 대체복무로 용어를 통일해 사용한다'고 밝혔다.

3) 양심적 병역거부자 대체복무역 신설, 병역법 국회 통과(2019. 12.)

국회가 2019년 12월 27일 양심적 병역거부자에 대한 대체복무역 신설과 관련한 병역법을 통과시켰다. 해당 법안은 병역종류에 '대체역'을 추가하고 교정시설 등 대통령령이 정하는 대체복무기관에서 36개월 동안 합숙복무하도록 하는 것을 주된 내용으로 한다. 한편, 2020년 6월 30일부터 양심적 병역거부자의 대체복무(대체역 편입) 접수를 시작으로 대체복무제도가 본격 시행되었다. 대체역 심사위원회의 심의·의결을 거쳐 편입이 결정된 사람은 10월 이후부터 대체복무요원으로 소집, 법무부 교정시설에서 36개월 동안 합숙복무를 하게 된다. 그리고 복무를 마친 후 8년 차까지 교정시설에서 예비군 대체복무를 하게 된다.

[주요 국가 대체복무 기간과 비율]

구분	현역병(a)	대체복무(b)	비율(b/a)
덴마크	4개월	4개월	1
에스토니아	8개월	8개월	1
독일(징병제 실시)	9개월	9개월	1
오스트리아	6개월	9개월	1.5
스위스	260일	390일	1.5
러시아	12개월	18개월	1.5
벨라루스	18개월	27개월	1.5
대만(징병제 실시)	4개월	6개월	1.5
그리스	9개월	15개월	1.7
프랑스(징병제 실시)	10개월	20개월	2
핀란드	5.5개월	11.5개월	2.1

출처: 국방부, 종교 또는 개인적 신념 등 양심에 따른 병역거부자 대체복무제 도입방안 공청회자료집(2018).

III. 군사법제도와 인권

1. 개관

2014년 9월 손과 발이 묶인 채 포로체험 훈련을 받던 특전사 2명이 질식사하는 사건이 발생하였고, 6명의 군인이 군사재판에 넘겨졌으나, 훈련을 제안했던 사령관은 처음부터 재판을 받지 않았다. 현장 교관이던 부사관 4명은 각각 2,000만원의 벌금형을 선고받았으나 장교급 관련자는 2심에서 모두 무죄가 선고되었다. 그리고 2015년 6월에는 선임의 가혹행위를 견디다 못한 해병대 일병이 건물 3층에서 뛰어내리는 사고가 발생하였고, 해당 부대 지휘관은 가해 병사의 폭행사실을 알고도 입건하지 않아 **직권남용**과 **직무유기 혐의**로 재판을 받게 되었으나, 부대 이미지 실추를 우려와 해당 병사가 사망할 개연성이 낮아 사건을 가볍게 판단한 점을 고려해야 한다는 이유로 해병대 사령부 보통군사법원은 지휘관에게 무죄를 선고하였다.

이처럼 각종 총기사고를 비롯한 각종 사건에서 확인된 군대 내 인권문제와 함께 비민주적이며 지휘관 중심의 군사법제도에 대하여 국회를 포함한 언론, 시민단체 등은 헌법에 충실한 **공정성, 객관성, 독립성을 담보할 수 있는 군사법제도**를 만들거나 **군사법원을 폐지해야 한다는 비판**을 제기하고 있다.

이러한 비판에 국방부는 2015년 5월 11일 군사법제도 개선안을 담은 '군사법원법' 개정안을 입법예고하였으나 그 내용을 살펴보면 무늬만 개혁이며 더 이상의 개선의지가 없음을 보여 주고 있다.2) 법조계와 학계에서는 군사법원은 폐지되어야 한다는 주장이 끊임없이 제기되고 있는데, 이계수 건국대 법학전문대학원 교수는 "재판부 구성이 민주적인지, 절차가 공정하고 투명한지, 결과를 검증하고 비판할 수 있는지 등을 볼 때 매우 예외적이고 이례적인 제도"라고 비판하였으며, 국가인권위원회 의뢰로 한국공법학회가 2015년 국군교도소 수용자 99명을 대상으로 진행한 설문조사에서 응답자의 66.7%(73명)가 **군사재판이 불공정**하다고 답했다고 한다.3)

비판의 목소리에 군 내부에서는 그동안 군사법제도에 대한 수많은 변화를 시

---

2) 2015년 5월 11일 국방부가 입법예고한 **군사법원법 개정안** 살펴보면, 현재 운영 중인 **84개의 평시 사단급 보통군사법원을 폐지**하는 대신 **30개의 보통군사법원**(육군, 16개, 해군 7개, 공군 7개)을 설치하고(안 제6조), 평시 **보통군사법원의 재판부를 군판사 3인으로 구성**하되, 관할관 지정사건 그리고 군형법 위반 등 일부 범죄에 대하여 **심판관제도를 예외적으로 운영**하며(안 제26조 제1항과 제3항), 평시 관할관의 확인감경권을 행사할 수 있는 대상범죄와 감경범위를 "작전, 교육 및 훈련 등 성실하고 적극적인 임무수행과정에서 발생한 범죄에 한하여 2분의 1 미만의 범위"로 제한한다(안 제379조 제1항)는 등의 내용이다. 이러한 내용에 비추어 볼 때 국방부 입법예고안은 민주적 군사법제도를 만들기는 커녕, 비판받고 있는 군사법제도를 거의 그대로 유지하는 방안에 지나지 않는다. 결국 국방부는 '군사법제도 개혁의 주체'가 아니라 '군사법제도 개혁의 대상'임을 다시 한 번 확인할 수 있을 뿐이다.

3) 서울경제 2016. 4. 11. 자 보도.

도하였다. 그러나 외형상 군 사법절차에서 **상관 및 지휘관의 절대적 지위가 약화되**고 법치주의 원리에 의거한 수사 및 사법절차가 강화되었다고 해서 군 사법제도의 근본적인 개혁 필요성이 감소하는 것은 아니다. 그동안에도 군대라는 조직 안에서는 많은 인권침해 사건들이 발생하였고 이를 제재하고 처벌하는 데 있어 군 수사 및 사법제도는 많은 한계를 드러내고 있는 것이 사실이기에 무늬만 개혁이 아닌 실질적인 개혁이 일어나야 할 시점이다.

구분		내용
군사법원법 개정안 주요 내용		• **보통군사법원 설치 부대 제한** 　→ 사단급을 폐지하고 **군단급 설치** • **관할관 확인조치(감경)권 제한** 　→ 업무수행 과정 범죄에 한해 감경 비율 3분의 1 미만 감경 • **심판관제도 제한** 　→ 고도의 군사적 지식과 경험 필요한 사건에만 심판관 지정
더불어민주당 '군 사법권' 관련 총선 공약		• **관할관 확인조치권 및 심판관 폐지** • **군 장병 재판 참여** • **비순종 군사범죄 민간 이첩** • **군 수사기관에 대한 군검찰 지휘·감독** • **인권담당 군법무관 독립성 강화** • **군사법원 또는 항소심 군사법원 폐지**
군사법원 존폐론	폐지론	• 법 개정 불구 **관할관·심판관 부작용 여전** • 공정성보다 계급논리 등이 작용될 여지 존재 • 군 전문성 필요한 사건은 극히 제한적임
	존치론	• 지휘체계 유지에 지휘관의 군사법 개입 필요 • 군사법절차로 신속한 재판권리의 보장 • 일반범죄와 다른 특수한 양형요소의 참작 필요

출처: 서울경제 2016. 4. 11. 자 보도자료 참조.

2. 군사법원의 연혁

대한제국시대 광무 4년 1900년 10월 10일 법률 제5호로서 육군법률이 제정·공포되었으나, 당시 육군법률은 실체법으로 군 형사소송절차가 없어 일반 형사소송법규가 적용되었다. 1904년 9월 18일 육군 군인의 범죄를 심판하기 위하여 군무대신의 직속하에 육군법원을 설치하였으나 이 제도는 1910년 국권피탈 후에 국체와 함께 없어졌다. 1945년 11월 13일 재조선미국 육군사령부 군정청 법령 제28호에 의하여 조선군정청 국방사령부가 설치되고, 1946년 1월 15일 미군정은 남조선국방경비대 1개 연대를 창설하였다. 1952년 국방부 주관하에 새로운 군법회의법 제정 작업을 시작하여 1961년의 5·16군사정변 이후 1962년 법전정리사업의 일환으로 군형법, 군행형법과 함께 군법회의법이 제정되면서 수차례의 개정작업을 하게 된다.[4]

2005년 1월 대통령자문기구인 사법개혁추진위원회가 설치되어 법조인 양성과 관련된 로스쿨제도의 도입, 국민참여재판 등 많은 사법제도개혁안들이 입법화되면서 군사법원의 조직에 대한 논의가 진행되었고, 2005년 12월 국방부는 군사법원 독립성 확보를 위한 '군사법개혁입법안'을 국회에 제출하였다. 그러나 법제사법위원회에서 계류되다가 회기만료로 폐기되었고, **2014년 12월 18일 민·관·군 병영문화혁신위원회에서 군사법제도 개선권고안을 국방부에 제시하였다.**

[현행 군사법원 개관]

구분	보통군사법원	고등군사법원
설치	• 국방부·국방부직할부대·각군 본부 및 편제상 장관급 장교가 지휘하는 예하부대 또는 기관에 설치(86개)	• 고등군사법원: 국방부 소속 1개 설치 • 상고심은 대법원임
재판관	• **관할관(사단장급 이상)이 심판관 및 군판사를 임명**(제25조)	• **군판사 3인으로 운영원칙** • 관할관(국방부장관)이 지정한 사건의 경우 군판사 3인과 심판관 2인을 재판으로 가능(특별재판부)
관할관 확인조치권	• 평시: **관할관이 확인·감경권 있음** • 전시: 관할관이 형집행 확인·면제권 있음	• 관할관(국방부장관) 확인조치권 없음
	※ 관할관은 군사법원의 행정사무를 관장(제8조)	
군판사	• **각 군 소속으로 각군 참모총장이 각 군 군판사를 임명**	• 국방부장관은 각 군 참모총장의 의견을 들어 각 군 소속 군법무관 중에서 임명
	• 임기가 정해져 있지 않고 순환보직 실시	

---

4) 김백진, "군사법원의 필요성과 목적에 대한 고찰", 저스티스 통권 제147호, 2015, 191-194쪽 참조.

3. 군 수사 및 사법절차에서의 인권문제와 개선방향

(1) 문제점

1) 수사과정에서의 적법절차 준수 여부

군사경찰 및 군검찰의 수사과정에 대한 내용을 전체적으로 평가하면 2003년 설문조사와 비교하였을 때 적법절차 준수 수준이 고르게 향상되었다고 할 수 있다. 체포 또는 구속 시 영장을 제시하는 비율은 60.2%(2003년의 조사) → 76.7%(2015년의 조사, 이하 순서 동일)로, 신분증을 제시하는 비율 역시 68.4% → 81.3%, 체포 또는 구속 시 피의자의 권리 고지 여부는 71.1% → 89.1%로, 묵비권 행사 시 불이익 없음 고지 여부도 62.2% → 79%로 증가하였다.

이러한 변화는 형사사법절차의 적법절차 준수 요구와 2007년 형사소송법 개정 등에 따른 성과로 보인다. 따라서 위와 같은 **적법절차 준수 수준의 전반적인 향상**은 군 수사절차만의 변화라기보다는 사법절차 전반의 변화이며, 이러한 변화가 군 수사에 반영된 것이라고 볼 수도 있다. 또한 일반 경찰과 비교해 보았을 때 군 사법경찰관의 적법절차 준수 여부가 일정하게 뒤쳐지는 영역이 있는데 이에 대해서는 이후 개선이 요청된다.

2) 군 수사기관의 수사과정에서의 언어 및 신체적 폭력 문제

적법절차 준수 비율의 향상에도 불구하고, 여전히 수사과정에서 언어 및 신체적 폭력을 경험했다는 조사결과가 상당한 비율로 나타나고 있다. 군 사법경찰 수사과정에서 반말, 무시하는 말, 욕설, 폭언 등을 들은 적이 있다는 응답은 62.9%에 달했고, 21.7%는 그 정도가 매우 심하였다고 응답하였다. 폭행 역시 응답자의 22.8%가 수사과정에서 경험하였다고 하였다. **군검찰 수사과정에서도 반말, 무시하는 말, 욕설, 폭언** 등을 들은 적이 있다는 응답은 54.6%, 매우 심하였다는 응답은 16.2%였다.

이는 군 수사기관에 의한 수사가 고압적인 분위기 속에서 이루어지고 있음을 보여 주는 단면이라고 할 수 있으며, 군대 내부의 계급관계가 수사과정에서도 부당하게 투영된 모습이라고 해석할 수 있다.[5]

---

5) 2015년 국가인권위원회의 인권상황실태조사 연구용역보고서에서 국군교도소에 수감 중인 군인들을

[군검찰부 및 군검찰관 현황(2014년 9월 기준)]

구분	국방부		육군		해군		공군		계
	고등	보통	고등	보통	고등	보통	고등	보통	
검찰부 (개)	1	1	1	58	1	15	1	20	98
검찰관 (명)	6	6	6	76	4	15	2	21	136

3) 군사재판의 공정성에 대한 불신 문제

군사법원의 재판과정이 불공정했다는 응답은 2003년 55.3%에서 2015년에는 66.7%로 상승하였는데, 군 수사기관의 적법절차 준수 비율이 대부분 상향되었다는 점에 비추어 보면 우려되는 지점이다. 물론 재판에 대한 형사피고인의 불신은 일반적이며, 적법절차 준수 여부가 응답자의 '경험'에 대한 설문이었다면, 군사법원 관련 조사는 응답자의 '인식' 또는 '평가'를 확인하는 차이점이 존재한다는 것을 고려해야 할 것이다. 그럼에도 동일한 문항으로 **국군교도소 수용자**들에게 진행하였던 2003년 조사와 비교할 때도 군사법원 재판이 불공정했다는 평가가 10% 이상 증가했으며, 매우 불공정했다는 평가도 상당히 늘어났다(24.6% → 38.4%). 그리고 재판과정에서 억울하거나 가혹한 일을 당한 적이 있다는 응답도 28.3% → 44.9%로 증가하였다는 것은 군사재판에 대한 인식의 변화가 존재하였음을 보여 준다고 할 수 있다. 또한 재판과정에서 겪은 억울한 일의 구체적인 내용에 대해서는 제대로 변호를 받지 못했다는 응답도 25.8% → 40.9%로 증가하였다.

이러한 결과를 종합하면, 현재 '군 수사 및 사법절차'에서 적법절차는 점점 더 보장되고 있으나 실질적 방어권의 행사는 여전히 원활하지 않으며, 그 결과 군사재판에 대한 주관적 불신과 불만이 상당한 상황'이라고 판단할 수 있다.

대상으로 2003년과 2015년에 군 수사와 사법제도의 현황에 대한 설문조사를 실시하고 분석한 내용이 있어 이를 정리하였음; 이계수 외, "군 수사와 사법제도 현황 및 개선방안 연구", 2015년 국가인권위원회 인권상황실태조사 연구용역보고서, 45쪽 이하.

[군사법원 및 재판관 현황(2014년 9월 기준)]

구분	국방부		육군	해군	공군	계
	고등군사법원	보통군사법원	보통군사법원	보통군사법원	보통군사법원	
군사법원	1	1	49	14	19	84(개)
군판사	6	3	19	13	9	50(명)

[보통군사법원 사건 수]

구분	2011년	2012년	2013년	2014년 (6. 30. 기준)
전체 사건 수	2,683	2,530	2,631	1,644

4) 관할관·심판관의 전문성과 공정성에 대한 불신문제

설문조사의 응답자들 상당수는 심판관·관할관에 대해서 인지 자체가 없는 것으로 확인되었다. 심판관의 경우 49%가, 관할관의 경우 56.6%가 알지 못한다는 답변을 하였는데, 관할관의 경우 모른다는 응답률은 2003년의 32.7%에서 2015년에는 56.4%로 크게 증가하였다. 심판관에게 재판을 받고, 관할관의 확인조치권 대상이었던 국군교도소 수용자들조차 과반 이상이 제도 자체를 인지하지 못하고 있다는 점은 제도의 정당성에 의문을 갖게 한다.

심판관과 관할관 제도에 대해서 인지하고 있는 집단 중 상당수도 이에 대해 부정적인 평가를 하였다. 심판관제도의 필요성 여부에 대해서는 국군교도소 수용자 중 20명을 선별하여 심층면담을 통해 구체적으로 확인하였는데, 20명 중 잘 모르겠다고 응답한 6명을 제외한 14명 중에서 9명은 심판관이 필요 없다고 답변하였다.

관할관의 확인조치권이 필요하다는 의견은 2003년 68.1%에서 2015년에는 47%로 크게 줄어들었다. 관할관에 대해서 잘 모른다고 응답한 58.2%를 제외한 41.8%의 의견 중 관할관의 감경권 행사에 차별이 있다는 응답률도 43.9%에 달하였다. 관할관 확인조치권이 필요하지 않다고 답한 52명에게 그 이유를 물었는데, 군인도 민간인과 동일한 재판을 받아야 하기 때문이라는 답변이 58.5%로 가장 많았다. 심층면담을 통해서 확인한 관할관의 불필요성에 대한 응답은 대부분 관할관의 비전

[심판관 현황(2014년 9월 기준)]

구분	국방부	육군	해군	공군	계
심판관	25	239	156	78	498(명)

문성에 대한 불신 및 재판결과를 임의로 바꾸는 행위에 대한 불공정 등이었다.

(2) 인권보장을 위한 개선안

1) 군사법원의 폐지

군사법원제도 재구성에서 가장 중요한 문제인 군 지휘계통으로부터의 독립성 확보를 위해서는 군사법원제도를 전면적으로 폐지하여 민간으로 이양하거나, 군사법원제도를 최대한 군 내부의 조직과 독립하여 존치시키는 것이 필요하다. 하지만 군사법원의 폐지에 대해서 국방부와 군은 지속적으로 군사법원 폐지에 대해 부정적인 시각을 보이면서, 사단급 군사법원을 군단급 군사법원으로 상향시키는 정도로 군사법원제도의 존치를 강력하게 주장하고 있을 뿐이며, 군사법원제도가 가진 근본적인 모순점들을 해결하려는 시도를 보이지 않고 있다.

그러나 지금까지 보여진 군사법제도의 문제를 근본적으로 해결하기 위해서는 **군사법원을 폐지하고 그 재판업무를 민간으로 이양**시키는 것이 맞다. 만약 평시에도 군사법원을 유지하게 된다면 앞서 언급한 것처럼 군 내부의 조직과 완전히 독립시키면서 **군사법원의 관할을 항명죄 등과 같은 순정군사범에 국한**시키는 것이 바람직한 방향일 것이다.

2) 심판관제도 및 관할관 확인조치권의 폐지

심판관제도는 법률전문가가 아닌 군 관계자가 재판에 재판장으로 개입하여 얼마든지 재판과정을 왜곡할 수 있다는 점에서 지속적으로 비판의 대상이 되어 왔다. 이런 비판을 수용하여 1994년 이전에는 심판관이 2인이던 것을 1인으로 축소한 전례가 있다. 그러나 심판관제도에 대해서는 여전히 당연 폐지를 주장하는 견해가 많다. 심지어 국방부도 심판관제도를 원칙적으로 폐지하되, 순정군사범 등 군의 전문적 식견이 필요한 사안에 대해서 개입할 수 있도록 하는 안을 제시한 바 있다. 그러나 국방부와 군은 당초 제시안과 달리 국회 논의과정에서 군판사보다 높은 계급에 속한 피고인을 재판하는 경우에는 피고인보다 계급이 높은 심판관을 두어 피고인을 압도할 수 있어야 한다는 논리를 내세워 심판관제도의 전면적 폐지가 불가하다는 입장으로 돌아섰다. 하지만 이는 지극히 옹색한 논리에 불과하다. 피고인의 계급이 군판사보다 높다고 하여 군사법원법에 의한 신분적 보장을 받는 지위에 있는 군판사가 재판을 할 수 없는 것은 아니기 때문이다.

관할관 확인조치권은 군사법원의 폐습 중 하나로 손꼽혀 왔다. 사법절차에 따라 내린 판결을 지휘관의 결정에 의하여 감경할 수 있다는 것이 군사법원과 민간법원을 구분하는 가장 큰 기준이었다. 국회 특위는 관할관 확인조치권의 폐지를 당위론으로 제시하고 있었지만, 국방부와 군은 국회 협상과정에서 관할관 확인조치권을 폐지하게 되면, 군사법제도가 유명무실화된다는 점 등을 지속적으로 제시하였고, 결국 국회 법사위는 국방부·군의 입법안을 수용하되 다만, 감경의 수준을 2분의 1에서 3분의 1로 제한하는 선에서 합의가 이루어졌다.

3) 군사경찰 및 군검찰제도의 개혁

공정성이 의심되는 사건에 있어서 검찰권의 관할을 상급부대로 하는 안은 민·관·군 병영혁신위나 국회 특위, 국방부 모두 합의에 도달한 것처럼 보인다. 그러나 군검찰제도의 개혁에서 본질적인 문제는 군검찰권을 일반 지휘관의 영향력에서 배제하는 것이다. 또한 군검찰의 조직적 역량을 강화하기 위한 수사지휘권의 도입, 군검찰 전문인력의 양성도 중요하다. 그러나 지금의 군검찰 조직의 구조적 한계를 극복하는 문제와 관련해서는 논의가 전혀 진전되지 못하고 있는 실정이다. 아울러 군사경찰의 문민화도 함께 모색되어야 한다.

4) 옴부즈만제도의 도입

국방부·군은 당초부터 옴부즈만제도의 도입에 대해서는 부정적인 견해를 보였다. 옴부즈만의 권한이 국민권익위원회·국가인권위의 역할과 중복되고, 군 지휘권을 침해할 수 있는 소지가 있다는 점 때문이었다. 국회특위에서는 국회 차원의 '국방감독관'제도를 도입해야 한다는 의견을 여러 차례 피력하였다. 국무총리실 또는 국방부 산하에 두어서는 조직·직무상의 독립성을 확보할 수가 없고, 국가인권위의 역할이 상대적으로 제한되어 있는 점 등을 그 근거로 들었다. 그러나 사정이야 어떻든 내실 있는 옴부즈만 제도가 되기 위해서는 무엇보다도 군지휘관의 영향력을 벗어난 민간인 신분의 군인권보호관제도를 활성화하고 군사경찰과 군검찰의 수사과정에 외부전문가를 위원으로 참여하도록 의무화함으로써 군대 내의 성폭력, 가혹행위, 상관에 의한 반인권적인 갑질문화를 개선하도록 해야 하며, 나아가 정례적인 인권교육과 점검은 필수적으로 요구된다고 하겠다.

4. 국군교도소 수용과 인권문제[6]

2015년 9월부터 12월까지 국가인권위원회는 국군교도소를 방문하여 인권침해 사항에 대한 조사를 하였다. 조사과정에서 과거 인권침해가 되었던 일부 내용들의 개선이 이루어진 점을 확인한 반면, 새롭게 대두된 문제들이 있어 이에 대해 살펴본다.

◎ 2015년 국군교도소 방문조사에 따른 인권침해 사항에 대한 주요 내용 ◎

• 국방부장관에게 국군교도소 수용자의 인권보호를 위하여,
 1. 헌병대 및 군검찰 등의 지적장애인 조사 시 장애특성을 고려한 조사방법을 적용할 것
 2. 수용유형에 따른 효과적인 교정·교화를 위하여 법무부 및 민간 교정시설과의 이송체계 협의 등을 추진할 것
 3. 군교정업무의 특수성을 고려한 교정 전문인력을 양성할 것

• 국군교도소장에게 수용자의 인권보호를 위하여,
 1. 수용자의 범죄유형을 고려한 성폭력 예방교육을 실시할 것
 2. 특별관리 수용자에 대한 지속적인 모니터링을 실시할 것
 3. 실내운동과 라디오 청취를 전면 제한하는 관행을 개선할 것
 4. 수용자 교정·교화 프로그램을 강화할 것
 5. 교도관, 교도병에 대한 직무교육 및 인권교육을 강화할 것

---

6) 이하의 내용은 국가인권위원회가 2015년 9월부터 12월까지 국군교도소 방문조사를 실시하여 각종 인권침해 사항에 대하여 구체적인 사례와 개선안을 권고하였는바, 이를 참조하여 작성하였음.

(1) 지적장애인 수용자의 조사 시 장애특성을 고려한 조사방법의 적용 필요

1) 사례

A수용자는 입대 후 검사에서 정신지체 장애 3급 수준으로 판정되었고, 2015년 3월 국군교도소 입소 면담에서 의사소통에 문제가 있는 것으로 나타났으며, 교도관과 교도병들도 이를 알고 있었다. 그러나 교도대 예규에 따르면 A수용자는 특별관리대상자에 해당되는 정도가 아니었다. 국군교도소는 A수용자가 가벼운 정신지체로 혼자보다는 옆에서 누가 도와주는 게 나을 것이라는 이유로 B수용자(○일병 사망 사건의 가해자) 등과 혼거 수용하였는데, 이후 A수용자는 B수용자 등 동료수용자 3명으로부터 수시로 폭행 및 가혹행위를 당하였으며, 국군교도소는 피해가 심각한 수준에 이르러 A수용자가 2015년 8월 21일 교도관 면담 시 이를 진술할 때까지 제대로 파악하지 못하고 있었다. 국군교도소는 사실조사 후 B수용자를 독거실에 분리 조치하고 수사를 의뢰하였지만, 그 과정에서 "추가 가해자가 있다"는 일부 수용자들의 진술을 듣고도, A수용자가 "다른 사람은 장난이었다"고 했다는 이유로 추가조사를 하지 않았다. 그 밖에도 A수용자는 연락두절 등으로 가족의 도움을 받지 못한 상태에서 성폭력 혐의로 재판을 받았고, 2015년 6월 다른 수용자로부터 성추행 피해를 당했을 때도 본인의 결정으로 합의한 사실이 있었다.

2) 인권침해 여부

「장애인차별금지 및 권리구제 등에 관한 법률」 제26조 제1항에서는 " 공공기관 등은 장애인이 생명, 신체 또는 재산권 보호를 포함한 자신의 권리를 보호·보장받기 위하여 필요한 사법·행정절차 및 서비스 제공에 있어 장애인을 차별하여서는 아니 된다"라고 규정하고 있으며, 제6항에서는 "사법기관은 사건관계인에 대하여 의사소통이나 의사표현에 어려움을 겪는 장애가 있는지 여부를 확인하고, 그 장애인에게 형사사법 절차에서 조력을 받을 수 있음과 그 구체적인 조력의 내용을 알려 주어야 한다. 이 경우 사법기관은 해당 장애인이 형사사법 절차에서 조력을 받기를 신청하면 정당한 사유 없이 이를 거부하여서는 아니 되며, 그에 필요한 조치를 마련하여야 한다"라고 규정하고 있다. 그러나 위 사례의 내용에 비추어 볼 때, A수용자는 수사나 재판과정에서 위 법률에 명시된 사법·행정절차 서비스나 정당한 편의 등을 충분히 제공받았다고 보기 어렵다. 국가인권위원회는 위 사안에 대해 군 수사기관 등이 지적장애인 수용자를 조사할 경우 장애특성을 고려한 조사절차와 방법을 숙지하고 적용할 것을 권고하는 결정을 내렸다.

(2) 특별관리대상 수용자에 대한 지속적인 모니터링 문제

위 사례에서 가해자인 B수용자는 교도관과 교도병의 눈을 피해 A수용자를 지속적으로 괴롭혔음에도 다수의 교도관들은 B수용자가 "겉으로 보기에는 모범수였다"고 진술하였다. 미결수용자들이 수감되어 있는 3소대 근무일지에는 A수용자가 당한 폭행, 괴롭힘 등의 정황이 수차례 기록되었고, 일부 교도병은 이를 교도관에게 보고하였음에도 별도의 조치가 없었던 것으로 파악되고 있다.

이러한 문제는 국군교도소가 교도대 예규 「특별관리대상자 기준」에만 의존한 나머지 사실을 정확히 인지하지 못하였으며, 이로 인해 B수용자와 같은 인권침해 사례가 나타나고 있는 것이다. 이에 국가인권위원회는 국군교도소가 교도대 예규에만 의존할 것이 아니라 근무일지, 현장 근무자 의견, 상담기록 등을 종합적으로 검토해 특별관리대상 수용자에 대한 지속적인 모니터링을 실시할 필요가 있으며, 이에 대한 대책을 마련하도록 권고하였다.

(3) 급증하는 성범죄 수용자에 비해 부실한 예방교육의 문제

국군교도소 수용자 중 성범죄자 비중은 2013년 이후 급증하고 있다. 이에 국군교도소는 2015년부터 교정·교화 프로그램을 실시하면서 외부 기관에 성폭력 예방교육을 의뢰하였으나, 일부 성범죄 수용자는 교육 프로그램의 존재 자체를 모르거

[국군교도소 성범죄 수용자 현황]

구분	2011	2012	2013	2014	2015
성범죄 수용자 (명)	21 (12%)	28 (17%)	45 (25%)	60 (33.3%)	55 (35%)

* ( )는 국군교도소 전체 수용자 중 성범죄수용자 비율임.

나 교도소에서 교육 참가 여부에 대한 의사도 묻지 않았다고 진술하였다.

실제 2015년 9월 17일 기준 성폭력치유 프로그램(1회 5강) 교육을 수강한 수용자는 8명에 불과하였다. 또한 외부 성폭력 예방교육 강사에게 보수를 지급하지 않았고, 교육내용도 수용자들의 성범죄 유형이 다양함에도 1개의 프로그램으로 진행되고 있었다. 인권위가 실시한 심층 만족도 조사 결과 대부분의 수용자가 현실에 맞지 않는 내용, 상식적 내용 등 프로그램의 문제점을 지적하였고 만족도도 낮았다.

따라서 국군교도소는 성폭력 예방 프로그램의 효과성을 제고하기 위하여 내용을 보강하고 수용자의 성범죄 유형 분석을 기초로 다양화할 필요가 있다. 또한 법무부 범죄예방정책국의 치료감호소나 국립법무병원 등 유관기관과의 긴밀한 업무협조 등을 통하여 치료 프로그램 등을 강화해야 할 필요가 있다.

(4) 수용자의 건강권 등의 보장 강화

국가인권위원회의 조사과정에서 수용자들은 포승 및 수갑 과잉 사용, 운동시간 부족, 정좌 강요, 폭언·욕설이나 거실 내 운동 전면 제한, 체력단련시간에 돌멩이 줍기나 잡초 뽑기, 라디오 청취불가 등에 문제를 제기하였다. 이에 국군교도소는 군 표준일과표에 따라 1시간 이내 실외운동을 보장하고, 연병장에서 수용자들의 부상을 방지하기 위하여 돌멩이 줍기를 하고 있으며, 라디오 청취는 불가하지만 TV 시청은 평일 3시간, 주말 12시간 보장한다고 답변하였다. 그러나 국가인권위원회는 수용자의 하루 운동시간이 1시간 이내이고 날씨나 여건에 따라 축소될 수 있다는 점을 고려할 때 수용자의 건강권 보장을 위하여 다른 수용자에게 피해를 주지 않는 범위 내에서 가벼운 운동을 허용하는 것과 수용자의 정보 선택과 문화적 권리 보장을 위해 라디오 청취의 전면 제한을 개선할 필요가 있다고 판단하고 이에 대한 개선을 권고하였다.

(5) 교정·교화 프로그램의 강화 필요

국군교도소는 2015년부터 교정·교화 프로그램을 실시하고 있는데, 이에 관한 2016년 예산은 1,056만원으로 수용자의 교정·교화, 사회복귀 지원교육을 수행하기에 부족한 수준이다. 「군에서의 형의 집행 및 군수용자의 처우에 관한 법률」(약칭:

군형집행법) 제51조는 군수형자에 대하여 교육, 교화 프로그램, 작업, 직업훈련 등을 통하여 교정·교화를 도모하고 사회생활에 적응하는 능력을 기르도록 처우하여야 한다고 규정하고, 제53조와 제54조에서 교육 및 교화 프로그램의 실시를 명시하고 있다. 따라서 법률의 취지에 따라 수형자의 교정, 사회복귀 준비를 위하여 적정 예산을 확보하고, 법무부와의 협조체계의 구축, 외부 전문기관 등과의 교류 등 교정·교화 프로그램을 강화할 필요가 있다.

[국군교도소의 교육, 교화 프로그램]

구분	내용
기술교육	• 사회적응 능력향상, 기술 습득력 향상 • 침대 및 기타 군내 비품생산 • 군 예산 절감, 비품표준화의 기여
기능교육	• 목표: 국가기술자격증 습득으로 취업기회 확대 및 사회진출의 발판 제공, 전문기능인 양성으로 사회의 필요한 인력 배출 • 과목: 정보처리, 자동차 정비, 지게차 운전, 용접, 이용사, 한/양/중식 조리, 워드프로세서, 컴퓨터활용능력
사이버교육	• 목표: 인터넷을 통한 동영상 원격교육으로 정보화사회에 적응할 수 있는 능력 배양 및 출소 후 정착 기반 조성 • 교육진행: 인터넷 동영상 강의를 통한 교육 • 과목: 공인중개사, 감정평가사, 영어, 일본어, 중국어, 경영학, IT자격증
인성교육	• 건전한 가치관 확립과 긍정적 사고 함양을 위해 종교인 등 외부강사를 통한 수용자 인성교육 실시

출처: 국군교도소 홈페이지(http://www.kmc.mil.kr).

(6) 교도병 직무교육 및 인권교육 강화

국군교도소는 직무수행에 미흡한 부분이 확인되었다는 자체 의견을 제출한 바 있는데, 실제 다수의 교도병은 체계적인 직무교육을 받지 못하고 선임의 경험을 전수받는 형태로 교정업무를 배우고 있다고 진술하였고, 국군교도소 업무지침 성격의 '전입신병 관리 매트릭스' 등에 대해서도 제대로 파악하지 못하고 있었다. 현재 국군교도소는 교정교화과장이 인권교관으로서 소속 장병에 대해서 반기 1회, 수용자에 대해서 분기 1회 인권교육을 실시하는데, 교육 대상자의 다양성과 특수성을 고려한 교육내용의 편성, 사례별 수시교육 등 인권교육의 강화가 필요한 시점이다.

(7) 민·군 협조체계 구축 및 전문성 강화

국군교도소는 군의 유일한 교정시설로 기결과 미결, 사병과 장교, 사형수와 단순 범죄자의 구분 없이 일괄 수용하고 있는 실정이다. 현실적으로도 다수 수용자들은 국군교도소를 교정시설보다는 군복무의 연장으로 인식하고 있었고, 현행법에 따르면 군수용자의 민간교도소 이송은 법무부장관의 동의를 받아야만 가능하도록 되어 있다. 국군교도소는 2018년 수용동 신축 시 기결·미결, 간부·사병을 구분하여 설계에 반영할 예정이라고 밝혔는데, 국가인권위원회의 교도관 심층면접 조사에 의하면 군 교도소 내 교정 전문가가 부족하고 국방부 내에서 교정업무의 특수성에 대해 충분히 공론화되지 못한 것으로 확인되었다. 이러한 상황에서 국군교도소가 군 교정기관으로서 충실한 역할을 수행을 하기 위해서는 특성에 맞는 교정행정 수립, 수용자 유형별 교정·교화를 위해 민간 교도소와 이송시스템 협의를 추진하거나 국방부 내 교정업무에 대한 전문인력 양성 등에 대한 적극적 검토가 필요하다.

제9장

사형제도와 인권

사형제도와 인권

인간이 이 지구상에 살기 시작하면서부터 어느 지역을 막론하고 범죄는 그칠 날이 없었고 그에 대한 대응방안으로서의 형벌은 고래(古來)로부터 존재해 왔다. 이러한 형벌 중 가장 오랜 것 중의 하나가 사형제도인 것은 주지의 사실인 만큼 사형제도의 존폐론과 존치 시 그 폐해를 방지하기 위한 각종 방안들도 오래전부터 연구되어 온 것이 또한 사실이며 사형과 인권에 관련된 문제들로 우리나라뿐만 아니라 세계 각국에서 논란이 되고 있는 것이 사실이다.

I. 사형제도의 개념

사형은 수형자의 생명을 빼앗는 형벌이다. 사형의 본질은 생명의 박탈에 있으므로 이를 **생명형**이라고도 하고, 형벌 중에서 가장 무거운 형벌이기 때문에 극형으로 불리기도 한다.

Ⅱ. 사형제도 존폐론의 논거

1. 폐지론의 논거

이탈리아의 형법학자인 **체사레 베카리아**(Cesare Beccaria, 1738~1794)가 그의 저서「범죄와 형벌」에서 사형은 사회계약의 본래의 뜻에 반하는 것이므로 폐지되어야 한다고 주장한 이래, 지금에 이르기까지 사형폐지를 위한 논의는 끊이지 않고 있다. 사형폐지론의 논거를 요약해 보면 다음과 같다.

① 국가는 사람의 생명을 박탈하는 권리를 가질 수 없다. 실정법적으로는 헌법 제10조 인간존엄에 반한다. 나아가 어떠한 경우에도 인간은 인간의 생명을 침해할 권리를 부여받을 수 없다.

② 사형집행 후 오판으로 판정이 났을 때 이를 회복할 방법이 없다.

③ 사형의 위하력(威嚇力)은 과장된 것이다. 많은 경우 살인범은 격정적·병적 상태에서 범죄를 저지르며, 그렇지 않더라도(예컨대 계획적 살인범) 자신의 범행이 발각되지 않으리라고 확신을 갖고 범행하는 것이 일반적이다. 실제로 사형을 폐지한 독일, 스위스 그리고 일부 주에서 사형을 폐지한 미국 등의 경우를 보면 사형제도를 두고 있는 곳보다 중범죄가 더 많이 발생하는 것으로 나타나지 않고 있다.

④ 범행한 자만을 사형집행하는 것은 범죄에 대한 사회적 책임을 은폐시키는 것이다.

⑤ 개선·교육의 형벌이념과 부합하지 않는다.

⑥ 사형은 사람이 사람을 죽임으로써 인간생명의 절대성을 부정하는 시범을 국가가 보이는 것으로써 생명경시풍조를 조장하는 것이다.

⑦ 사형은 범죄피해자에게 아무런 도움이 되지 못한다. 즉, 사형은 피해자의 구제와 무관하며 단순한 응보적 만족감만을 얻게 해 줄 뿐이다.

⑧ 사형은 다른 자유형처럼 정도의 차이를 나타낼 수 없다. 따라서 죄에 대한 형벌의 균형을 유지하기 어렵다.

2. 존치론의 논거

로크(J. Locke, 1632~1704), 루소(J. J. Rousseau, 1712~1778), 칸트(I. Kant, 1724~1804) 등의 사상가들이나 이탈리아 학파의 **롬브로조**(C. Lombroso, 1835~1909), **페리**(E. Ferri, 1856~1929) 등은 사형을 긍정적으로 보았지만, 모두 사형폐지론이 활발하게 일어나기 이전에 있었던 견해로서 사형존치론으로 규정하기는 어렵다. 사형존치론은 사형폐지론에 비해 목소리가 높은 편은 아니나 다음과 같은 근거를 내세운다.

① 사형은 정의에 대한 응보적 요구에서 정당하다. 악에 대한 악의 반동으로써 정의는 실현된다.

② 사형은 강력한 일반예방효과를 가지기 때문에 일반인의 범죄를 억제한다. 다른 사람의 생명에 대한 침해를 예방하기 위해서는 사형의 위협이 필요하다.

③ 극악한 인물을 사회로부터 완전히 격리할 수 있는 방법이 필요하다

④ 사형은 피해자 또는 일반인의 피해감정을 정화시켜 줄 수 있다. 즉, 사형은 잔인한 반사회적 행위에 대해 갖는 피해자 또는 일반인의 피해감정을 국가가 대신하여 해소시켜 주는 효과가 있다.

⑤ 사형은 국가가 행형비용을 절감시킨다.

⑥ 사형에 대한 오판의 우려는 지나친 염려이다. 지금까지 사형에서 오판이 내려진 경우는 극히 드문 예에 속한다. 최근에는 강력한 범죄투쟁수단을 선호하는 경향이 등장하면서 사형을 존치하고 있는 나라에서는 예전에 비해 사형제도가 더 많이 이용되는 것으로 보이며, 폐지했던 사형제도를 다시 부활시킨 나라도 있다.

III. 사형제도에 대한 국제적 시각

1. 사형제도 폐지에 관한 국제조약

최근 몇 년 동안 가장 눈부신 발전은 국가들이 스스로 '사형을 폐지하겠다'라는 국제협약을 채택하고 있다는 것이다. 현재 이와 같은 조약에는 ① 시민적 및 정치적

권리에 관한 국제규약(B규약) 제2선택의정서, ② 인권과 사형폐지에 관한 미국협약의 의정서(미주인권협약 추가의정서), ③ 인권과 기본적 자유 보호에 관한 유럽협약의 의정서 6번(유럽 인권협약 제6 의정서), ④ 인권과 기본적 자유 보호에 관한 유럽협약(인권에 관한 유럽협약)의 의정서 13번, 4개가 마련되어 있다.

인권에 관한 유럽협약의 의정서 6번은 평화 시의 사형폐지를 담고 있는 합의서이다. 시민적 및 정치적 권리에 관한 국제규약의 두 번째 의정서와 인권에 관한 미국협약의 의정서는 사형제도의 완전한 폐지를 제시하고 있지만, 전시에서 사형을 유지하고자 하는 당사국 또는 주를 위해 예외를 허용하였다. 인권에 관한 유럽협약의 의정서 13번은 어떠한 예외도 허용하지 않은 채 모든 상황에서 사형을 완전히 폐지하도록 제시한다.

(1) 시민적 및 정치적 권리에 관한 국제규약의 두 번째 의정서(Second Optional Protocol to the International Covenant on Civil and Political Rights)[1]

사형폐지를 위한 시민적 및 정치적 권리에 관한 국제규약 제2선택의정서는 1989년 유엔총회에서 채택되어 전 세계적인 범위를 갖는다. 선택의정서는 완전한 사형폐지를 규정하고 있지만 선택의정서의 비준 또는 가입 시까지 유보를 선언한 국가에 한해 전시상황에서의 사형을 유지하는 것을 허용하고 있다. 시민적 및 정치적 권리에 관한 국제규약의 당사국인 국가는 선택의정서의 당사국이 될 수 있는 자격을 갖는다.

한국은 시민적 및 정치적 권리에 관한 국제규약 제2선택의정서를 비준하지 않았다.

---

1) 체약국: 오스트레일리아, 오스트리아, 아제르바이잔, 벨기에, 보스니아 헤르체고비나, 불가리아, 카보베르데, 콜롬비아, 코스타리카, 크로아티아, 사이프러스, 체코, 덴마크, 지부티, 에콰도르, 에스토니아, 핀란드, 그루지야, 독일, 그리스, 헝가리, 아이슬란드, 아일랜드, 이탈리아, 리히텐슈타인, 리투아니아, 룩셈부르크, 마케도니아, 몰타, 모나코, 모잠비크, 나미비아, 네팔, 네덜란드, 뉴질랜드, 노르웨이, 파나마, 파라과이, 포르투갈, 루마니아, 산마리노, 세르비아 몬테네그로, 세이셸, 슬로바키아, 슬로베니아, 남아프리카, 스페인, 스웨덴, 스위스, 동티모르, 투르크메니스탄, 영국, 우루과이, 베네주엘라; 서명은 하였지만 비준하지 않는 국가: 안도라, 칠레, 기니비사우, 온두라스, 니카라과, 폴란드, 상투메 프린시페, 터키

(2) 인권과 사형폐지에 관한 미국협약의 의정서(Protocol to the American Convention on Human Rights to Abolish the Death Penalty)[2]

1990년 미주기구 총회에서 채택된 사형폐지를 위한 인권에 관한 미국협약 의정서는 완전한 사형폐지를 규정하고 있지만 선택의정서의 비준 또는 가입 시까지 유보를 선언한 국가에 한해 전시상황에서의 사형을 유지하는 것을 허용하고 있다. 인권에 관한 미국협약의 체약당사국은 의정서의 당사국이 될 수 있는 자격을 갖는다.

(3) 인권과 기본적 자유 보호에 관한 유럽협약(인권에 관한 유럽협약)의 의정서 6번[Protocol No.6 to the European Convention for the Protection of Human Rights and Fundamental Freedoms(European Convention on Human Rights]

현 45개국 비준, 1개 국가가 서명하였다.

(4) 인권과 기본적 자유 보호에 관한 유럽협약(인권에 관한 유럽협약)의 의정서 13번[Protocol No. 13 to the European Convention for the Protection of Human Rights and Fundamental Freedoms(European Convention on Human Rights)][3]

1982년 유럽의회에서 채택한 사형폐지를 담고 있는 인권과 기본적 자유 보호를 위한 유럽협약 제6의정서는 평시상황에서의 사형폐지를 규정하고 있다. 일부 국가는 전시 또는 전쟁의 긴급한 위협상황 속에 저질러진 범죄에 한해 사형선고를 존속시킬 수 있다. 인권에 관한 유럽협약의 체약당사국은 선택의정서의 당사국이 될 수 있는 자격을 갖는다.

---

2) 체약국: 브라질, 코스타리카, 에콰도르, 니카라과, 파나마, 파라과이, 우루과이, 베네수엘라; 서명은 했지만 비준하지 않는 국가: 칠레

3) 체약국: 안도라, 오스트리아, 벨기에, 보스니아 헤르체고비나, 불가리아, 크로아티아, 사이프러스, 체코, 덴마크, 에스토니아, 핀란드, 그루지아, 독일, 그리스, 헝가리, 아이슬란드, 아일랜드, 리히텐슈타인, 마케도니아, 몰타, 포르투갈, 루마니아, 산마리노, 세르비아 몬테네그로, 슬로베니아, 스웨덴, 스위스, 우크라이나, 영국; 서명은 하였지만 비준하지 않은 국가: 알바니아, 프랑스, 이탈리아, 라트비아, 룩셈부르크, 몰도바, 모나코, 네덜란드, 노르웨이, 폴란드, 슬로바키아, 스웨덴, 터키

인권에 관한 유럽연합의 의정서 6번은 평화 시의 사형폐지를 담고 있는 합의서이며, 시민적 및 정치적 권리에 관한 국제협약의 두 번째 의정서와 인권에 관한 미국협약의 의정서는 사형제도의 완전한 폐지를 제시하고 있지만, 전시에서 사형을 유지하고자 하는 당사국 또는 주를 위해 예외를 허용하였다. 인권에 관한 유럽협약의 의정서 13번은 어떠한 예외도 허용하지 않는 채 모든 상황에서 사형을 완전히 폐지하도록 제시하고 있다.

2. 세계 각국의 사형제도 현황

(1) 사형폐지국과 사형존치국

2015년 피지, 마다가스카르, 콩고, 수리남 4개국이 법적으로 사형을 완전히 폐지하였으며, 몽골에서도 사형을 폐지한 신규 형법안이 통과돼 2016년 말에 발효되었고, 2020년에는 차드와 미국 콜로라도주가 사형제도를 폐지했으며, 카자흐스탄은 사형폐지를 약속하고, 바베이도스는 의무적 사형부과제도를 폐지하였다. 따라서 2021년 4월 현재 전 세계적으로 모든 범죄에 대한 사형폐지국은 108개국이며, 법적 또는 실질적 사형폐지국은 144개국이 되었다.

[세계 지역별 사형폐지 및 존치 현황]

지역	내용
미주	• 미주지역에서는 사형집행 중단을 향한 진전을 이어 갔다. 7년 연속으로 미국이 사형을 집행한 유일한 국가이다. 미국은 28건을 집행했는데, 이는 1991년 이후 가장 낮은 수치이다. 52건의 사형선고는 1977년 이후 가장 적은 수치이다. • 펜실베니아주는 사형집행 유예를 선포했고, 총 19개 주가 사형을 완전 폐지했다. • 트리니다드토바고는 미국을 제외하고 미주지역에서 유일하게 사형을 선고했다.
아시아 · 태평양	• 2015년 아시아 · 태평양지역의 사형집행 건수가 급격히 증가한 것은 파키스탄이 주된 원인인데, 국제앰네스티의 조사에 따르면 파키스탄은 이 지역의 총 사형집행 건수 중 약 90%를 차지했다(중국 제외). • 방글라데시, 인도, 인도네시아는 사형집행을 재개하였으며, 인도네시아에서는 한 해 동안 마약 관련 범죄로만 14명이 처형됐다. • 중국은 여전히 세계에서 가장 많이 사형을 집행하고 있는데, 국제앰네스티는 중

	국에서 2015년 수천여 명이 처형되고, 수천여 명에게 사형이 선고됐을 것으로 추정하고 있다. • 최근 수년간 중국의 사형집행 건수가 감소한 조짐이 나타기는 했지만, 사형 관련 정보가 기밀로 유지되고 있어 이를 정확히 확인하는 것은 불가능하다.
유럽, 중앙아시아	• 벨라루스는 이 지역에서 유일하게 사형을 적용한 국가로 2015년 사형을 집행하지는 않았지만, 최소 2건 이상의 사형을 선고했다.
중동, 북아프리카	• 오만과 이스라엘을 제외한 이 지역의 모든 국가가 사형을 선고했고, 8개국이 사형을 집행했다. 2014년 기록보다 26% 증가한 1,196명 이상이 처형됐는데, 주로 이란과 사우디아라비아에서의 사형집행 급증이 증가 원인이었다. • 이 지역에서 기록된 총 사형집행 건수 중 82%가 이란에서 이루어졌다.
사하라 이남 아프리카	• 마다가스카르와 콩고가 사형을 완전히 폐지했고, 사형을 선고한 숫자는 주로 나이지리아에서 급감한 덕분에 2014년 909건에서 2015년 443건으로 크게 감소했다. • 사형집행 건수 역시 2014년 46건에서 43건으로 소폭 감소했다. 그러나 차드의 경우 8월, 무장단체 보코하람 소속으로 추정되는 용의자 10명을 총살하면서 12년 만에 처음으로 사형집행을 재개했으나, 2020년에 사형제도를 다시 폐지했다.

(2) 사형선고와 집행

2015년 한 해 동안 세계적으로 사형집행 건수가 급격히 증가하며 25년 만에 가장 많은 사형수가 처형되었다. 국제앰네스티가 세계 사형제도 현황 보고서를 통해 밝힌 바에 따르면, 급증의 원인은 주로 이란, 파키스탄, 사우디아라비아가 일조했다. 2015년 처형된 사형수는 최소 1,634명으로, 작년 대비 54% 이상 증가했으며 국제앰네스티가 1989년부터 기록한 이래 가장 많은 수이다. 이 통계는 중국의 사형집행이 포함되지 않은 것으로, 사형 관련 통계를 기밀로 취급하는 중국에서는 수천 명 이상이 처형됐을 것으로 추정된다.

세계적으로 사형집행이 증가하는 데 주로 일조한 3개 국가가 있는데, 이는 2015년 총 사형집행 건수(중국 제외)의 89%를 차지한다. 파키스탄은 2014년 12월 민간인에 대한 사형집행 유예를 해제한 이후 사형집행을 계속해서 남발하고 있다. 2015년에 320명 이상이 교수대로 보내졌는데, 이는 국제앰네스티가 파키스탄을 기록한 이래 가장 많은 숫자다. 이란은 지난해 최소 743명을 처형한 데 이어 2015년 최소 977명의 사형을 집행했으며, 압도적인 대부분의 경우는 마약 관련 범죄로 사형이 선고됐다. 이란은 세계에서 마지막 남은 청소년 범죄자 사형집행국 중 하나이기도 한데, 이는 명백한 국제법 위반이다. 이란은 2015년, 유죄를 선고받을 당시 18세 이하였던 4명에게도 사형을 집행했다. 또한 사우디아라비아는 2015년에 2014년 수치 대비 76% 증가한 최소 158명을 처형했다. 대부분 참수형을 당했지만, 사형수를 총살하거나 시신을 공공장소에 전시하기도 했다.

사형을 집행한 국가의 수도 2014년 22개국에서 2015년 25개국으로 증가했다. 2014년 단 한 건의 사형집행도 하지 않았으나 2015년 재개한 국가는 최소 6개국으로, 이 중 차드의 경우는 10여 년 만에 처음으로 사형을 집행했다. 2015년에 사형을 가장 많이 집행한 5개 국가는 중국, 이란, 파키스탄, 사우디아라비아, 미국 순이었다.

이렇듯 사형선고 및 집행이 전 세계적으로 증가하는 반면, 피지, 마다가스카르, 콩고, 수리남 등 4개국이 법적으로 사형을 완전히 폐지하였으며, 몽골에서도 사형을 폐지한 신규 형법안이 통과돼 2016년 말에 발효되었다.4)

2020년 전 세계 사형 현황을 담은 국제앰네스티 연례사형보고서에 의하면, 매년 수천 건의 사형을 집행하는 것으로 추정되는 중국·이란(246건 이상), 이집트(107건 이상), 이라크(45건 이상), 사우디아라비아(27건)의 순으로 사형집행이 이루어졌다.

[1985~2015년 전 세계 사형집행 추이-중국을 제외한 최소 수치]

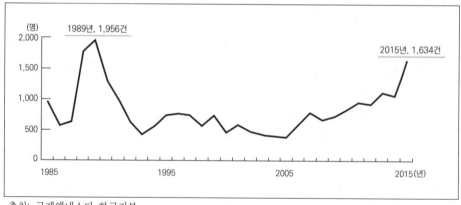

출처: 국제앰네스티 한국지부.

---

4) 국제앰네스티, 2016. 4. 6. 보도자료 참조.

3. 사형제도가 범죄율에 미치는 영향

　범죄율과 사형제도와의 연관성에 관하여, 유엔이 1988년 조사하고 2002년 업데이트한 사형제도 사용과 범죄율 변화 사이의 관계에 관한 연구자료들을 재검토해 보면 다음과 같은 결과를 도출할 수 있다. "수치가 지속적으로 같은 방향을 가리키고 있다는 사실은 국가들이 사형제도에 대한 의존성을 낮추어 나갈 경우 범죄율이 갑자기 심각해질 것이라고 두려워할 필요가 더 이상 없다는 것을 설득력 있게 제시해 주고 있다."

　현 사형폐지국의 범죄 수치는 사형이 폐지되면 사회안정에 악영향을 줄 것이라는 주장을 뒷받침하지 못하고 있다. 캐나다의 경우 10만 명당 살인율은 1975년 3.09로 가장 높은 수치를 나타냈으나 살인에 대한 사형폐지가 있기 전년도인 1980년에는 2.41을 기록하였고 그 이후에는 지속적으로 감소하고 있는 경향이다. 사형을 폐지한 지 27년이 지난 2003년 살인율은 1975년 대비 44%가 낮아진 10만 명당 1.73을 기록하였고 이는 지난 30여 년 중 가장 낮은 수치에 해당한다. 2005년 2.0으로 증가하였으니, 이 수치는 사형제도가 폐지된 해와 비교하여 3분의 1에 달하는 수치이다.5)

4. 미성년 범죄자에 대한 사형문제

　국제인권조약에 따르면 18세 이하 아동범의 사형선고는 금지되어 있다. 시민적 및 정치적 권리에 관한 국제규약, 인권에 관한 미국협약, 아동의 권리에 관한 협약은 모두 이와 같은 조항들을 포함하고 있다. 또한 적어도 특정 범죄에 대해 사형을 부과하는 법률을 유지하고 있는 100여 개국은 미성년 범죄자에 대한 처형을 제외시키는 법률을 가지고 있거나 또는 위에 나열한 협약 중 하나에 가입함으로써 아동처형을 배제할 것으로 추정하고 있다. 그러나 여전히 몇몇 국가들은 아동범에 대한 처형을 지속시키고 있다. 2006년 이란은 4명의 미성년 범죄자에 대한 사형을 집행하였으며, 파키스탄은 1명의 미성년 범죄자를 처형하였다.

---

5) 로거 후드(Roger Hood), *The Death Penalty: A World-Wide Perspective*, Oxford, Clarendon Press, third edition, 2002, p. 214.

1990년 이후 9개국은 18세 이하 미성년 범죄자를 처형한 것으로 알려지고 있다. 여기에는 중국, 콩고민주주의공화국, 이란, 나이지리아, 파키스탄, 사우디아라비아, 수단, 미국과 예멘이 속한다. 중국, 파키스탄, 미국, 예멘은 법적으로 사형 가능한 최소연령을 18세로 상향하였다. 미국과 이란에서 집행된 소년범에 대한 사형은 미국 최고법원이 2005년 3월 18세 이하의 미성년 범죄자에 대한 사형집행이 위헌이라고 판결하기 전에 중국, 콩고민주주의공화국, 이란, 나이지리아, 파키스탄, 수단, 사우디아라비아, 예멘 등 7개국을 통틀어 행해진 소년범에 대한 사형집행의 수를 상회하였다. 이란은 이제 1990년 이래로 19명의 아동을 처형한 미국의 미성년 범죄자에 대한 사형집행의 수를 넘어섰다.

IV. 우리나라의 사형제도

우리나라의 가장 오래된 형률인 **기자(箕子)의** 8조금법(八條禁法)에 의하면, "사람을 살해한 자는 죽음으로 갚고, 사람을 상해 입힌 자는 곡물로써 갚고, 도둑질한 자는 그 집의 노비가 된다"라는 표현이 나온다. 이것으로 미루어 고조선시대부터 **동해보복(同害報復)사상**에 의하여 사형이 행해졌음을 알 수 있다. 삼국시대에는 사형 등의 형벌권이 국가에 귀속되면서 개인적 보복으로 사형을 시킬 수 없게 되었다. 조선시대에는 다양하고 잔혹한 사형집행방법이 있었으나, 그 집행을 제한하기 위한 제도도 시대에 따라 적절히 고안되었다. 1894년 갑오경장을 통해 칙령 제30호(1894. 12. 27.)가 발효되어 참형과 능지처참형이 폐지되고, 일반사형은 교수형으로, 군형법상 사형은 총살형으로 규정되었다.

1. 법정형이 사형인 범죄

한국은 아직도 사형제도가 있는 국가 중 하나이다. 현행형법상 국사범(國事犯), 살인 및 중대한 범죄행위 중의 치사(致死)사건 등에 사형을 규정하고 있다. 대부분 사형을 과할 수 있는 범죄는 상대적 법정형으로 되어 있다. 형법 시행 후에 그 미비

점을 보완하기 위하여 많은 특별법이 제정되었는데, 사형이 적용되는 특별법으로는 군형법, 국가보안법, 특정범죄가중처벌법, 폭력행위 등 처벌에 관한 법률, 특정강력범죄처벌 등에 관한 특례법, 문화재보호법, 보건범죄단속에 관한 특별조치법, 성폭력범죄의 처벌 등에 관한 특례법, 아동학대범죄의 처벌 등에 관한 특례법 등이 있다. 사형선고를 받은 자가 심신의 장애로 의사능력이 없는 상태에 있거나 잉태 중에 있는 여자인 때에는 법무부장관의 명령으로 집행을 정지하며, 심신장애의 회복 또는 출산 후 법무부장관의 명령에 의하여 형을 집행한다. 범죄행위 시 18세 미만의 소년에 대해서는 사형을 과하지 못한다.

사형제도를 유지하고 있는 국가는 한국을 포함한 미국, 일본 등 90여 개국이다. 이들 국가의 경우 법정형량에 사형이 규정되어 있는 범죄는 대개 5개 내지 6개 정도이나, 한국이 법정형으로 사형을 규정하고 있는 범죄의 종류는 현재도 89가지로 지나치게 많은 편이지만 1996년 이전에 비해 8종이 감소하였는데, 이는 종전에 법정형이 사형으로 규정되어 있던 강도치사죄를 비롯한 8가지 범죄에 대한 사형 법정형을 폐지하였기 때문이다.

2. 사형집행 현황

건국 이래 지금까지 사형선고가 확정된 범죄자는 1,000여 명에 달하고, 이 중 1996년까지 사형이 집행된 사람은 979명, 1948년 강도살인범 1명과 살인범 3명에게 처음으로 사형이 선고된 이후 매년 평균 19명 정도에게 사형이 집행되었다. 사형이 확정된 사형수들이 모두 집행되지는 않았고, 지금까지 27명 정도의 사형수가 무기징역으로 감형되어 죽음을 면했다. 또한 2명은 잘못된 기소로 판정되어 검찰이 공소를 취소하였다. 특히 20명은 병사했고, 감옥에서 스스로 목숨을 끊은 사람도 2명이 있다. 사형이 확정된 뒤 특별사면된 경우, 사형선고 후 14년 만에 무죄선고를 받은 경우, 오판에 의한 피해발생도 있었다. 사형이 확정된 지 20여 일 만에 집행되고, 사형확정 하루 만에 형이 집행된 경우도 있었다.

연간 사형집행 수는 사회상황을 반영하고 있는데, 역대 사형집행자들의 죄목에는 공안사범이 최대로, 국가보안법, 반공법, 비상조치령 등으로 집행된 사람은 340명

[사형집행 및 미집행(사형수) 현황]

연도	확정	집행	감형	사망	미집행
1997	8	23	—	—	38
1998	4	—	2	—	40
1999	4	—	5	—	39
2000	9	—	2	—	46
2001	8	—	—	—	54
2002	2	—	4	—	52
2003	5	—	—	—	57
2004	2	—	—	—	59
2005	3	—	—	—	62
2006	2	—	—	1	63
2007	3	—	—	2	64
2008	—	—	6	—	58
2009	3	—	—	4	57
2010	2	—	—	—	59
2011	—	—	—	1	58
2012	—	—	—	—	58
2013	—	—	—	—	58
2014	—	—	—	—	58
2015	—	—	—	1	57

출처: 법무부.

이고, 나머지는 살인죄가 320명, 강도살인이 280명이다. 이는 한국의 정치적, 경제적, 사회적, 문화적 및 국민의 법감정 등 여러 요인에 의한 것이나, 국제적으로 높은 사형집행률에 속한다. 아직도 사람들은 잔인한 범죄에 대해서는 '눈에는 눈, 귀에는 귀'라는 원칙을 받아들이고 있고, 사형의 성격은 예방역할을 하고 있다고 보고, 피해자의 생명권이 범죄자의 생명권에 뒤지는 것을 두려워하고 있다. 한국 국민은 70% 이상이 사형제도를 여전히 지지하고 있다.

우리나라는 1999년 12월 30일 사형을 집행한 이래로 10년이 넘도록 사형을 집행하지 않아 2007년부터 '실질적 사형폐지국'으로 국제앰네스티가 분류하고 있으며, 2020년 12월 16일 유엔총회에서 채택된 사형집행유예(모라토리엄) 결의안에 최초로 찬성한 바 있다.

3. 사형제도에 대한 판례의 동향

(1) 대법원

사형에 관한 우리나라의 판례 태도를 보면 다음과 같다. "국가의 형사정책으로 질서유지와 공공복리를 위해 형법에 사형이라는 형벌을 규정하였다 하여 이를 헌법에 위배된 것이라 할 수 없다"6), "범행의 동기, 태양, 죄질, 살해의 수단, 방법의 집요성, 잔악성, 결과의 중요성, 피해자의 수, 피해감정, 범인의 연령, 전과, 범행 후의 정황, 범인의 환경, 교육정도 등 제반 사정을 참작하여 죄책이 심히 중대하고 죄형의 균형이나 범죄의 일반적 예방의 견지에서도 극형이 불가피하다고 인정되는 경우에 사형의 선택도 허용된다고 보아야 할 것이다"7), "형법 제250조, 제41조 등 사형이라는 형벌을 규정한 형법규정이 헌법위반의 법률이라고 할 수 없고, 사형집행을 인정하는 형법 제66조, 행형법 제57조 제1항은 헌법에 위배되는 것이라고 볼 수 없다."8)

(2) 헌법재판소

헌법재판소에 처음으로 사형제도의 대한 합헌 여부를 묻는 헌법소원을 낸 사람은 1989년 사형이 확정된 서○○ 씨(당시 40세)였고, 이에 헌법재판소는 청구의 법적 시한을 넘겼다는 이유로 각하하였다. 두 번째 소원은 1990년도 사형선고를 받은 손○○ 씨(당시 23세)에 의하여 제기되었으나, 헌법소원 제기 직후 법무부가 사형집행을 해 버렸다. 헌법재판소는 4년이 지난 1995년 12월에 "당사자가 사망해 심리할 필요가 없다"고 역시 각하하였다.

---

6) 대판 1990. 4. 24. 90도319; 서울고법 1989. 12. 28. 89노306.
7) 대판 1992. 8. 14. 92도1086; 서울고법 1992. 4. 21. 92노412.
8) 대판 1994. 12. 19. 94초123; 대판 1995. 1. 13. 94도2662.

헌법재판소가 사형제도에 대한 사실상 첫 판단을 한 경우는, 1996년 11월 28일, 사형을 선고받았던 무기수 정○○ 씨가 "형법 제250조의 사형제도는 인간의 생명권과 신체의 자유를 침해한다"고 낸 헌법소원에 대한 결정이다. 재판부는 결정문에서, "사형은 죽음에 대한 인간의 본능적인 공포심과 범죄에 대한 응징의 욕구가 맞물려 고안된 '필요악'으로서 불가피한 선택이며, 여전히 제 기능을 하고 있는 점에서 정당화될 수 있고, 다른 사람의 생명과 중대한 공공의 이익을 보호하고, 사형이 죄에 비해 너무 과중한 형벌이라는 헌법상의 비례의 원칙에 위반하지 않고, 헌법이 정한 형벌이므로 헌법질서에 반하지 않는다"라고 했다. 이 결정은 현재 한국에서는 아직 사형폐지가 시기상조이고 극악무도한 범죄자에 대해 사형을 피할 수 없다는 '범죄예방의 효과'를 고려한 것이었다. 재판부는 "그러나 사형은 무엇보다 고귀한 인간의 생명을 국가가 법의 이름으로 빼앗는 일종의 제도 살인의 속성을 벗어날 수 없는 점에 비추어, 비록 법정형으로서 사형이 적정한 것이라 하더라도 이를 선고함에 있어서 특히 신중을 기해야 한다"고 하고, "사형제도의 존폐문제는 찬반논의가 계속되어야 하고, 문화와 인간의 지적 수준이 발달하는 등 시대상황이 바뀌어 사형이 갖는 범죄예방의 필요성이 없게 되었다고 국민의 법감정이 인식하는 시기가 되면 곧바로 폐지되어야 한다"라고 하여 위헌판단의 가능성을 남기기도 하였다.

4. 사형제도 폐지를 위한 대안모색

한국은 1990년 4월 10일에 B규약[9] 및 B규약 제1선택의정서에 가입하였고 동년 7월 10일에 발효했다. 아시아 국가에서 한국, 필리핀, 네팔, 몽고만이 B규약 선택의정서의 당사국이고, B규약 제2선택의정서의 당사국에는 아시아 국가는 없다. 이 외에도 한국은 유엔이 채택한 주요 인권협약에 가입함에 따라 국내적 인권문제에 관한 새로운 인식을 제고하고 있다. 한국에서 사형문제와 관련하여 특히 문제가 되는 것은 국제기준과 관행에 비해, ① 사형 적용의 범죄 수가 너무 많고, ② 사형 비율도 높으며, ③ 역대 정치범의 사형집행이 많았고, ④ 약식의 사형집행이 있었다는 점이다.

---

9) 시민적 및 정치적 권리에 관한 국제규약.

또한 생명권의 효과적인 보호를 위해서는, ① 국가 헌법에 생명권을 소중히 규정하고, ② 엄격한 방법으로 생명권의 예외범위를 명시하고, 예외의 남용에 대한 보호규정을 마련하며, ③ 위반에 대한 책임명시와 (개인적인 구제절차와는 별도로) 적정한 보상을 인정한다. ④ 인권증진에 관한 유엔기구의 권고를 고려하고, ⑤ 자의적 혹은 약식의 사형집행, 자발적이 아닌 실종, 비상시 등에 대한 UN 특별보고서를 신중히 고려해야 한다. ⑥ 경찰이나 법집행 공무원에 의한 무기사용에 관한 행동강령을 마련하고, ⑦ 국제인권규범의 홍보가 필요하며, 홍보의 주목적은 인권보호의 국제기준을 널리 알리고 그 적용확보에 있다. 인권홍보는 모든 차원 모든 매체를 통하여 이루어지는 것이 효과적이다. ⑧ 인권교육이 필요하며, 초중고 및 제3의 교육시설의 정식교육과정뿐 아니라, 특히 지도층, 법집행 공무원으로서 경찰, 교도소, 준군사집단, 군대, 보안요원 및 일선 영역에서 효과적인 인권교육을 위한 전략을 발전시킨다. ⑨ 생명권 보호에 관한 연구 지원, 조사, 세미나 및 전문가 토론회 주최와 권고적 활동, ⑩ 관련 NGO의 활동을 장려한다.

사형폐지로 나아가기 위해서는, 국내 차원에서의 구체적인 실천방안으로는 ① 사형폐지를 위한 각종 법령과 제도를 정비하고, ② 사형에 해당되는 범죄 수를 대폭 줄이고, 우선 단계적으로 일반범죄에 대하여 사형을 폐지해 나가고, 일반 형법상 내란죄, 외환유치죄, 여적죄 등과 균형법상 반란죄, 이적죄 등 중한 범죄에 한정해야 한다. ③ 형사소송법상 적법절차를 강화한다. ④ 사형선고는 제한적이고 신중하게 이루어져야 하며, ⑤ 사형집행유예제도를 최대한 이용하고, ⑥ 임산부, 산모, 정신장애인, 노인의 사형면제, 노인의 경우 사형선고나 집행이 될 수 없는 최대연령 설정이 필요하다. ⑦ 양심수, 정치범에 대한 사형폐지 및 국가보안법의 일부규정과 적용문제의 제고가 필요하고, ⑧ 감형과 사면제도를 적극적으로 활용한다. ⑨ 사형의 **대체형벌**로서의 '**종신형**' 혹은 '**무기형**'의 도입을 고려하고, ⑩ '**사형수의 권리보호를 위한 세이프가드10)**'를 국내법에 포함시키거나 관련 조항을 마련한다. ⑪ 각 분야, 특히 판사, 변호사, 법집행 공무원, 교도관, 군요원의 교수기회에 있어서 관련 인

---

10) '사형수의 권리보호 안전장치'(이하 '세이프가드')는 UN 범죄예방 및 규제위원회의 권고에 따라 1984년 경제사회이사회 결의 1984/50의 부속서로서 채택되었다. '세이프가드'는 1985년 8월 26에서 9월 6일 사이 이탈리아 밀라노에서 열린 범죄예방 및 범죄자처우에 관한 제7차 UN 회의에 의하여 1985년에 승인되었다. 이후 1989년 경제사회이사회 결의 1989/50으로 확대되었다.

권규범과 '세이프가드'를 홍보하고 이에 관한 교육을 하며, ⑫ 대중에게도 '세이프가드'를 홍보하고, ⑬ 사형수도 '세이프가드'의 내용을 알도록 한다. 아울러 재소자를 포함한 사형수의 처우와 수용에 관한 세부규정이 마련되어야 한다. ⑭ 완전폐지를 위해서는 사형제도에 대한 위헌판결을 내리도록 하고, ⑮ 사형폐지 특별법 채택을 고려하며, ⑯ 소수자(minorities)나 불리한 집단에 대한 사형적용의 차별적 상황에 대한 주의가 필요하고, ⑰ 사형폐지에 기여하고 있는 국제사면위원회의 권고를 겸허하게 받아들이며, ⑱ B규약 제2선택의정서의 가입, 비준을 통한 실천을 모색한다.

인권은 스스로 이행될 수 없고, 정치는 법을 지휘하고 일련의 정치적 결정은 법적 권리를 선택하게 된다. 가장 훌륭한 법도 사회 내 법에 대한 인식, 법적 가치판단과 태도에 대한 법적 양심의 수준이 낮다면 중요한 역할을 수행하지 못한다. 생명권 보호와 사형폐지를 위하여, 각종 법령과 제도의 정비도 중요하지만, 무엇보다도 국제인권조약을 이행하려는 정부의 적극적인 의지와 각 개인의 투철한 인권존중사상의 고취가 중요하다. 또한 민주주의의 발전과 경제발전과 사회안정을 이루기 위해 정부와 민간의 모든 분야에서의 최선의 노력을 다하고, 사형을 폐지할 정도로 흉악범죄가 줄어든다면, 자연스럽게 사형폐지의 국민 공감대가 형성되고, 사형이라는 형벌이 더 이상 필요가 없는 날을 앞당기게 될 것이다.

제10장

사회적 약자 및 소수자의 인권

제10장

사회적 약자 및 소수자의 인권

I. 사회적 약자 및 소수자의 개념

'사회적 약자'란 공동체 구성원 가운데 사회적 관점에서 약자로 취급되는 사람 내지 그로 인하여 보호가 필요한 사람이라고 할 수 있다. 그러나 사회적 약자의 범위를 정하는 객관적 기준이 명확하지는 않다는 점이 문제로 제기되고 있다. 예컨대 경제적 약자가 사회적 약자인 경우가 많지만, 항상 동일시되는 것은 아니다. 경제적 형편과 무관하게 질병, 고령 등으로 인하여 사회적 약자로 분류될 수도 있으며, 본인의 경제적 능력은 부족하지만 가족의 부양 등으로 인하여 사회적 약자로 분류되지 않는 경우도 있다. 또한 경제적 기준을 적용할 경우에도 구체적으로 어떤 잣대로 사회적 약자로 분류할 것인지가 문제된다. 예를 들면 소득을 기준으로 할 것인지, 재산을 기준으로 할 것인지, 양자를 복합적으로 고려할 것인지가 문제될 수 있으며, 각각의 경우 하위 몇 퍼센트 정도를 사회적 약자로 볼 것인지도 문제된다. 그렇기 때문에 사회적 약자로 인정하는 데 아무 이견이 없는 경우도 있지만, 사회적 약자로 인정할 것인지 여부가 논란의 대상이 되는 경우도 있다.[1]

사회적 약자는 사회공동체를 지배하는 법적 지위에 비해 불합리하거나 불리한 대

---

1) 차진아, "사회적 약자의 인권에 관한 연구–사회적 약자의 유형에 따른 인권보장의 구체화방향을 중심으로", 공법학연구 제13권 제2호, 2012, 194–195쪽.

우를 받는 지위에 있는 집단을 의미하는 것이며, 사회적으로 불리한 위치에 있는 모든 사람을 일컫는 말로 이들은 불리한 위치에 있을 뿐이며 어느 집단에 속해 있다는 이유나 인식으로 차별을 받는 것은 아니라고 정의할 수 있을 것이다.

그리고, 소수자는 어원적으로 **다수자인 'majority'**의 대응 개념인 'minority'를 의미하며, **사회적 소수자** 또는 **사회적 소수집단**이라고도 부른다. 소수자는 다수자와 반대되는 모든 경우에 사용하고 있지만 일반적으로 다수가 인정하거나 향유하는 습관이나 이념, 사상과는 다른 것을 주장하는 소수를 말하기도 하고, 수적으로는 다수이지만 권력의 중심세력에서 배제된 소외된 계층을 말하기도 한다.[2]

사회적 약자나 소수자에 대한 개념규정은 시대상황이나 그 사회구성원들의 인식에 따라 달라질 수 있는 개념이며, 이를 연구하는 학자들마다 그 범위를 조금씩 다르게 제시한다. 이러한 이유로 **사회적 약자나 소수자의 개념을 명확하게 규정하기에는 한계**가 있다. 아래에서는 사회적 약자인 아동, 노인, 장애인, 성소수자, 외국인 근로자, 결혼이주여성의 인권문제를 다루어보기로 한다.

II. 아동학대와 인권

유엔아동권리협약의 비준 이후 지난 25년여 동안 우리 정부는 아동 관련 법에 유엔아동권리협약의 이념 등을 반영하고자 노력하였고, 일부 지방자치단체는 협약을 구체적으로 실행할 수 있도록 **아동인권조례 등을 제정**하였다. 그러나 최근에 발생한 아동 관련 범죄들, 특히 아동에 대한 체벌이나 어린이집 보육교사의 원생 폭행 사건 등과 같은 일련의 아동학대사건 보도를 접하면서 아직도 지속되고 있는 아동 인권침해 행위에 대해 분노하고 학대행위자에 대한 강력한 처벌 및 재발 방지를 위한 대책 마련에 고심하고 있다.

---

2) 나달숙, "사회적 약자 및 소수자의 인권보호와 인권교육 방향", 법과인권교육연구 Vol. 6 No. 3, 2013, 25쪽.

1. 개념의 정리

(1) 아동의 개념

우리나라의 법률상 아동의 정의를 명문화한 조문은 「**아동복지법**」 제3조이다. 「아동복지법」 제3조 제1호에서는 아동을 **만 18세 미만인 사람**으로 규정하고 있는데, 이는 「**유엔아동권리협약**」 제1조에서 아동을 **만 18세 미만의 모든 사람**으로 정의하고 있는 것의 영향을 받은 것으로 보인다.

[우리나라 법령상 아동의 개념]

아동복지법	아동=18세 미만
청소년 보호법	청소년=19세 미만
민법	미성년자=19세 미만
형법	형사미성년자=14세 미만
공직선거법	선거권자=19세 이상
청소년 기본법, 청소년복지 지원법, 청소년활동 진흥법, 학교 밖 청소년 지원에 관한 법률,	청소년=9세 이상 24세 이하
아동·청소년의 성보호에 관한 법률	아동·청소년=19세 미만의 자

외국의 경우 국가에 따라서는 연령에 따라 세분화된 명칭을 사용하는 경우도 있다.

일본의 아동복지법 제4조는 아동을 만 18세에 달하지 못한 자로 규정하면서도 정의규정에서 영아는 만 1세에 달하지 못한 자, 유아는 만 1세부터 소학교 취학 시기에 이르는 자, 소년은 소학교 취학 시기부터 만 18세에 이르는 자로 구분하고 있으며, 법률조문의 적용대상을 명시하고 있어 다른 관련 법들과의 충돌이 없고, 다른 법률에서의 새로운 정의가 필요 없다.

독일의 경우에는 일반적으로 0세는 신생아 또는 젖먹이, 1~3세는 작은 어린이, 4~5세는 어린이, 6~12세는 학령아동, 13~17세는 청소년, 18~19세는 젊은 성인 또는 청소년, 20~29세는 젊은 성인으로 구분하고 있다. 또한 독일은 아동과 청소년을 법적으로 구분하여 정의하고 있는데, 청소년보호법 제1조와 아동·청소년원조법 제7조에서는 어린이를 14세 미만의 자, 청소년을 14세 이상 18세 미만의 자로 정하고 있다.[3]

우리나라에서 아동이란 말은 다양한 의미로 사용된다. 아동은 초등학교 이하의 어린이만을 뜻할 수도 있고, 중·고등학교에 재학 중인 청소년까지 포함하는 넓은 개념일 수도 있다. 또한 아동은 성인과 대칭되는 개념으로서 성인의 연령에 도달하지 않은 미성년자를 의미할 수도 있다.

(2) 체벌의 개념

교육학 사전에서는 체벌(體罰, corporal punishment)이란 "훈육의 한 방법으로서 특정의 행동을 중단하도록 하기 위해 신체적 고통을 가하는 것"이라고 정의하고 있다. 즉, 체벌이란 상대방에게 신체적 고통을 주기 위하여 신체의 일부 또는 물건을 가지고 상대방의 신체에 물리력을 행사하거나 기합과 같은 벌을 주는 행위를 말한다. 이러한 체벌은 동서양을 불문하고 전통적으로 가정 또는 학교교육에 있어 아동에 대한 훈육 및 징계수단으로 널리 용인되어 왔다. 그러나 체벌은 나쁜 성적이나 학습태도, 규칙위반 또는 비행을 이유로 흔히 아동에게 가해지기 때문에 아동의 인격을 모욕하고 신체에 관한 인권을 침해할 뿐만 아니라 차별의 일종으로서 문제가 된다. 아동에 대한 체벌이 아동에 대한 폭력이나 가혹행위 또는 폭언 등과 함께 아동의 인권에 대한 중대한 침해행위로서 다루어져야 할 이유가 여기에 있다.

(3) 학대의 개념

생명과학대사전에서는 학대(虐待, abuse)란 강자의 약자에 대한 가혹한 대우, 지배, 힘의 행사, 좁은 뜻으로는 의도적, 비의도적과는 관계없이 대상과 특별한 관계에 있는 자 등이 대상에 불필요한 고통을 주는 것으로 정의하고 있다. 또한 학대의 유형에 대해서는, ① 의도적으로 물리적인 힘으로 신체에 상해나 통증을 가하는 **신체적 학대**, ② 공갈, 모욕, 위압 등의 언어 또는 비언어적 수단으로 정서적 또는 심리적 고통을 의도적으로 생기게 하는 **정서적 또는 심리적 학대**, ③ 의도적 또는 결

---

3) 이정식, "아동의 권리에 관한 고찰", 세계헌법연구 제13권 제2호, 2007, 205쪽.

과적으로 치료 제공자가 치료의무를 하지 않는 **방임**, ④ 허가 없이 본인의 금전, 재산, 기타 소지품을 착취하여 양해 없이 사용하는 **금전적, 물리적 착취**, ⑤ 본인과의 합의 없이 성적 접촉을 한다는 **성적 학대** 등으로 분류하고 있다.

또한 우리나라 아동복지법 제3조 제7호는 아동학대란 "보호자를 포함한 성인이 아동의 건강 또는 복지를 해치거나 정상적 발달을 저해할 수 있는 신체적·정신적·성적 폭력이나 가혹행위를 하는 것과 아동의 보호자가 아동을 유기하거나 방임하는 것"라고 하여 아동학대를 신체적 학대, 정서적 학대, 성적 학대, 유기·방임의 4가지 유형으로 나누고 있다. 그리고 청소년 보호법에서는 제2조 제7호에서 청소년폭력·학대를 "폭력이나 학대를 통하여 청소년에게 신체적·정신적 피해를 발생하게 하는 행위"라고 규정하고 있다.

2. 아동학대의 유형[4]

아동학대에 대한 협의 또는 광의의 개념에 따라 아동학대는 대체로 **신체적 학대**(physical abuse), **정서적 학대**(emotional abuse), **성적 학대**(sexual abuse), **방임**(neglect)의 네 가지 유형으로 구분하고 있다.

(1) 신체적 학대

신체적 학대(physical abuse)는 부모나 양육자가 아동의 신체에 상해를 주는 학대행위로, 신체 일부를 사용하거나 여러 가지 도구를 사용하여 신체적 손상을 입히고 고통을 주는 것을 말한다. 아동복지법 제17조에서는 아동의 신체에 손상을 주거나 신체의 건강 및 발달을 해치는 행위로 정의하고 있으며 아동에게 행하지 말아야 할 금지행위로 규정하고 있다.

신체적 학대는 **1차 신체적 학대**와 **2차 신체적 학대**로 구분할 수 있는데, **1차 신체적 학대**는 골절, 두개골 훼손, 심한 화상 등이 포함되고, 2차 신체적 학대는 작은 멍, 약한 화상 등이 포함된다.

---

4) 김혜정/조한나, "아동학대 예방 및 재학대 방지를 위한 상담·교육 프로그램 개발", (재)부산여성가족개발원 연구보고서, 2015, 13-16쪽 참조.

(2) 정서적 학대

정서적 학대(emotional abuse)란 직접적인 신체손상을 초래하진 않지만 **아동자 아존중감과 정서를 손상시키는 행위**로서 직접적인 학대와 간접적인 학대로 나눌 수 있다. **직접적인 학대는 아동에게 폭언 또는 아동을 거부하는 행동이나 표정** 등을 말하며, **간접적인 학대는** 아동에게 직접적으로 행하는 것은 아니지만 **가족 간의 불화에 의한 폭언 등으로 아동에게 정신적인 손상을 가하는 행위**를 의미한다. 일반적으로 정서학대는 보호자가 아동에게 행하는 언어적 모욕, 정서적 위협, 감금이나 억제, 기타 가학적인 행위 등을 말한다.

(3) 성적 학대

성적 학대(sexual abuse)란 성인의 성적 충족을 위해 아동을 성적으로 이용하거나 아동에게 행하는 모든 성적인 행위를 말한다. 성적 학대의 구체적인 행위로는 성기삽입이나 접촉뿐만 아니라 자위행위 장면 노출, 포르노비디오를 아동에게 보여주거나 포르노물을 판매하는 행위, 아동 성매매 등의 행위, 보호자의 부부관계 및 자위행위 목격 등으로 아동이 부적절하게 성에 노출되는 것, 성매매 업소에 아동을 데리고 가는 행위 등을 포함한다. 이러한 성적 학대는 학대자와 피학대자의 관계, 연령차, 강압, 행위 자체의 부적절성 등으로 인해 학대 가운데서 특별히 심각한 것으로 다루어지고 있다.

(4) 방임

방임(neglect)은 아동을 보호할 책임이 있는 **양육자가 고의적이든 무관심해서든 영유아가 피할 수 있는 고통을 경험**하게 하거나 **영유아의 신체적, 지적, 정서적 능력을 개발하는 데 기본적으로 필요한 요소들을 제공해 주지 못해 건강과 안전을 위협하고 정서적 박탈감을 경험하게 되는 상황**을 말한다. 방임은 **물리적 방임, 교육적 방임, 의료적 방임**으로 구분한다. 물리적 방임은 기본적인 의식주를 제공하지 않는 행위, 상해와 위험으로부터 아동을 보호하지 않는 행위, 불결한 환경이나 위험한 상태에 아동을 방치하는 행위 등을 말한다. 그리고 **교육적 방임**은 양육자가 아동을 학교에 보내지 않거나 아동의 무단결석을 허용하는 행위, 학교 준비물을 챙겨 주지 않는 행위, 특별한 교육적 욕구를 소홀히 하는 행위 등을 포함한다. **의료적 방임**은 아동에 대한 필요한 의료적 처치를 하지 않는 행위, 예방접종이 필요한 아동에게 예방접종을 실시하지 않는 행위 등을 말한다.

3. 아동학대에 대한 입법례

(1) 유엔아동권리협약

아동체벌과 관련하여 **유엔아동권리협약**은 제19조에서 "**국가는 아동이 부모, 법정 후견인 또는 기타 양육자의 양육을 받는 동안 모든 형태의 신체적·정신적 폭력으로부터 보호해야 한다**"고 하면서 제28조 제2항에서는 학교의 규율이 반드시 아동의 인권과 일치되고 현재 제시된 협약에 합치되도록 할 것을 규정하고 있다. 또한 **제37조**에서는 "**어떤 아동도 고문을 당하거나 기타 잔인하고 비인간적이거나 모멸적 대우 또는 벌을 받아서는 안 된다**"라고 규정하고, 무엇보다 제3조는 "아동과 관련된 모든 행동에서 아동 최선의 이익"이 고려되어야 함을 규정하고 있다. 물론 유엔아동권리협약 제19조나 제28조 제2항의 규정을 살펴보면 협약상 **명시적으로 금지하는 것은 '가정 및 학교 등'에서의 '폭력**(violence)'**이며, '체벌**(corporal punishment)'**은 아니다.** 그러나 이에 대해 1996년 '아동권리위원회'는 협약당사국의 이행보고와 관련된 일반지침을 마련하면서 모든 협약당사국이 가정 또는 각종 양육기관, 공사립학교나 교육기관, 교정기관 등에서 '체벌'을 포함하여 '심각한 조롱, 상처, 학대, 유기, 착취를 포함하는 모든 육체적·정신적 폭력'을 금지하고 있는 입법을 두고 있는지 여부를 보고하도록 함으로써 아동권리협약 제19조가 금지하는 '폭력'에 '**교육 및 교정기관을 포함하여 모든 가정에서의 체벌**'이 포함된다고 해석하였다.[5]

---

5) 이노홍, "아동의 권리와 가정내 아동체벌금지에 관한 헌법적 고찰", 홍익법학 제16권 제1호, 2015, 참조.

(2) 스웨덴[6)

체벌을 법으로 금지한 대표적인 나라는 스웨덴이다. 스웨덴은 학교를 시작으로 아동복지시설, 소년원 체벌금지에 이어, 부모를 포함한 모든 사람들에 의한 **체벌을 전면 금지**하는 「자녀처벌금지법」을 1979년 3월 제정하였다. 이렇게 점진적으로 체벌을 법으로 금지해 가면서 사회적 인식변화도 일어나 1981년에는 국민의 99%가 체벌금지법의 내용을 이해하게 되었다. 현재, 스웨덴은 14세 이하 아동의 부상으로 인한 사망률이 가장 낮은 국가 중 하나이다.[7)

[스웨덴 아동체벌금지 입법과정]

연도	주요 사항
1949	부모후견인법에서 부모−자녀 관계를 규제함. 그러나 처벌을 위한 것이기보다는 권고적 성격
1957	형법에서 부모가 자녀를 체벌할 수 있는 법적 보호 사항들을 삭제
1958	학교에서의 체벌을 금지
1960	교육기관, 교도소에서 체벌 금지
1966	부모후견인법 아동체벌을 할 수 있는 법적 보호사항들을 삭제
1975	3세의 딸을 둔 아버지가 심한 체벌로 상처를 입혔는데도 무죄를 선고받음
1977	아동권리위원회가 국회 차원에서 조직되고 체벌에 관한 조사를 실시함
1978	아동권리위원회는 아동체벌의 분명한 금지를 제안함
1979	부모후견인법에서 아동체벌을 금지하여 입법화함

(3) 독일

독일은 1993년과 1994년 아동에 대한 모든 체벌을 금지시킬지 여부에 대한 논란이 있었지만 합의에 이르지 못하다가 **1998년 민법개정을 통해 "육체적, 심리적 학대를 포함한 경멸적 훈육방법을 금지"**하였지만, 여전히 적절한 정도의 교육적 목적

---

6) 홍신기/김현욱/권동택, "주요국의 아동 체벌 금지 입법 사례와 시사점", 비교교육연구 제20권 제1호, 2010, 36−41쪽 참조.
7) 세이브더칠드런, 「체벌근절 Q&A」, 2015 참조.

에 위배되지 않는다면 체벌이 허용되는 것으로 해석되었다. 이러한 개정 법률의 모호한 기준은 통상 어느 정도의 체벌이 법령에서 금지되는 정도인지를 파악하는 데 전혀 도움이 되지 못한다는 비판을 받게 되었다. 이에 2000년 민법 재개정 시 제1631조에 "아동은 폭력 없이 양육받을 권리가 있다. 심리적 위해를 유발하는 체벌과 그 밖의 경멸적 수단의 사용은 금지된다"라고 규정함으로써 부모 또는 후견인에 의한 가정 내 아동체벌을 금지하였다.

(4) 일본

일본에서 아동학대 방지와 관련된 법제는 민법과 아동복지법, 아동학대의 방지 등에 관한 법률로 다방면에서 규율하고 있다. 각각의 법은 규율하는 내용에 차이가 있다. 민법은 주로 친권제한규정과 미성년후견에 관한 규정을 두고 있고, 아동복지법은 아동상담소의 기능을 규정하여, 피학대아동에게 아동학대로 인하여 발생한 장해와 보육 등에 관하여 대처하는 규정을 두고 있다. 그리고 아동학대의 방지 등에 관한 법률에서는 아동학대의 유형을 정의하고 아동학대에 특화된 조치로서 출입조사, 임검과 수색 등을 규정하고 있다. 그러나 일본은 이들 법제를 통하여 '아동학대죄'를 별도로 규정하지 아니하고 있는데, 아동학대행위를 행한 자에 대한 처벌에 대하여는 기존의 형사법을 적용하는 것으로 규율하고 있다.[8]

(5) 코스타리카

코스타리카는 비교적 최근인 2008년도에 아동체벌금지법안을 입법화하였다. 법안 개혁과정은 아동공약수립을 촉구하는 캠페인인 Fundacion Paniamor 재단[9]의 5년간 캠페인 활동이 주효하였고, 법안을 논의하고 투표하여 결정하는 데는 단 7분

---

8) 백경희, "아동학대에 대한 친권제한의 실효적 적용에 관한 고찰─일본의 아동학대 방지 관련 법제와의 비교를 중심으로", 법학연구 제57권 제2호, 부산대학교 법학연구소, 2016, 154쪽.
9) Paniamor의 법안 개혁과정에서는 세 가지 요소가 상호 관련되어 있는데, 첫째, '아동권리'에 대한 고려는 체벌을 모든 인간이 부여받은 권리를 깨뜨리는 것으로 보고 있으며, 나이에 따른 차별이며, 아동에게 낮은 지위를 부여하는 표현이고, 아동에게 해를 입히는 도구적 폭력의 표현으로 보고 있다. Paniamor는 인간의 권리를 존중해야 하는 것으로 체벌금지의 당위성을 찾고 있다. 둘째, '전통관념'에 대한 접근은 체벌이 아동 양육방식에서 가부장적 관념의 표현으로 보고 있다. 셋째, 상황맥락적 접근은 코스타리카 국민들에게 각인된 주요한 사회적 고정관념을 확인하고, 법적·과학적·문화적 주장들을 정리하며, 이 고정관념과 반대되는 사항이나 주장들을 정리하여 교육하는 것이다.

이 걸렸다고 한다.

코스타리카의 아동체벌금지사례는 Paniamor라는 조직에 의해 주도되어 국회를 통해 입법화된 경우이다. 이 법안의 결과로 코스타리카는 **가정, 학교, 다른 보육기관에서의 체벌을 금지하고, 형법에서의 처벌을 규정**하게 되었다. 단순히 입법되는 것이 중요한 것이 아니라 꾸준한 캠페인을 통해 실천될 수 있게 하는 것도 중요한 요소임을 보여 주고 있다. 캠페인은 시간이 걸리고 인내심이 필요하며, 국제적 조직의 꾸준한 지지가 필요한 부분이다.

(6) 뉴질랜드

뉴질랜드는 **2007년에 아동체벌금지 입법화**를 시도하였다. 뉴질랜드의 경우 아시아·태평양지역의 국가, 영어사용권 국가 중에서 처음이라는 점에서 그 의미가 크다고 할 수 있다. 법안 개정을 보면 형법에서의 아동체벌에 관한 불분명한 내용을 삭제하여 그 의미를 분명히 하였다.[10]

(7) 핀란드

핀란드는 1957년 모든 학교에서 체벌금지규정을 두고 1969년 형사상 합법적 징벌수단으로 체벌 항변을 인정하지 않았지만 여전히 일반인들 사이에서 부모에 의한 자녀체벌이 합법적이라고 생각하고 아동체벌행위가 지속되어 문제되다가, 1979년 스웨덴의 아동체벌금지법 개정이 있게 되자 핀란드의 아동체벌금지법 도입논의가 공론화되었고, 결국 **1983년 민법을 통해 아동에 대한 모든 신체적 체벌을 금지하는 규정**을 두게 되었다

(8) 우리나라

국가인권위원회의 대한민국 제3, 4차 국가보고서에 대한 최종견해에서 아동학대와 관련하여 2011년도 아동복지법 개정을 환영하고 있으나, ① 아동에 대한 물리

---

10) 그 내용은 형법 제59조에 ① 아동을 훈육하기 위한 폭력과 체벌의 사용을 명확히 금지하며, ② 아동을 체벌하는 부모나 다른 사람들은 어떤 법안의 보호도 받을 수 없고, 아동의 체벌은 명백한 위법사항이라는 규정을 삽입하는 것이다.

적 및 심리적 학대와 방임의 증가, 그런 학대를 보고해야 할 법적 의무가 협소하게 정의되어 있는 점, ② 아동보호전문기관의 수가 제한적이며 재정적 및 인적자원이 불충분하다는 점, ③ 학대와 방임 피해자의 외상 후 스트레스와 재활을 위한 지원의 제공이 불충분하다는 점에 우려를 표명한 바 있다. 2014년도와 2015년도에 아동학대와 관련하여 아동복지법에 일부개정이 이루어졌으며, 2014년도에는 아동학대에 대한 강력한 대처 및 예방을 위하여 **아동학대범죄의 처벌 등에 관한 특례법을 제정하였다.**[11)]

1) 민법

민법 제913조에 "친권자는 자를 보호하고 교양할 권리의무가 있다"고 규정하고 있고, 개정 전 민법 제915조에 '자녀를 보호 또는 교양하기 위하여 필요한 징계를 할 수 있고 법원의 허가를 얻어 감화 또는 교정기관에 위탁할 수 있다'라고 하여 친권자의 미성년자 자녀에 대한 징계권을 규정하고 있어, 이에 근거하여 친권자의 훈육을 위한 체벌을 사회상규를 벗어나지 않는 한 인정하는 것이 종래 대법원 판례의 입장이었다. 그러나 2021. 1. 26. 민법 제915조가 폐지됨으로써 친권자인 부모의 자녀훈육을 위한 체벌은 전면적으로 허용되지 않는다고 하겠다.

2) 초·중등교육법

초·중등교육법 제18조 제1항은 "학교의 장은 교육을 위하여 필요한 경우에는 법령과 학칙으로 정하는 바에 따라 학생을 징계하거나 그 밖의 방법으로 지도할 수 있다"고 규정하여 직접적으로 체벌금지를 규정하고 있지는 않지만, 동법 시행령 제31조 제8항에 의해 "학교의 장은 법 제18조 제1항 본문에 따라 지도를 할 때에는 학칙으로 정하는 바에 따라 훈육·훈계 등의 방법으로 하되, 도구, 신체 등을 이용하여 학생의 신체에 고통을 가하는 방법을 사용해서는 아니 된다"라고 규정하여, 직접적, 간접적 신체 체벌을 금지하고 있다.

3) 아동복지법

아동복지법 제17조 제3호와 제5호는 누구나 "아동의 신체에 손상을 주거나 신

---

11) 황옥경 외, 「아동·청소년권리 국제인권기준의 국내이행 기초현황조사」, 2015년 국가인권위원회 아동·청소년 권리 모니터링 연구용역 보고서, 국가인권위원회, 2015, 213쪽.

체의 건강 및 발달을 해치는 신체적 학대행위"와 "아동의 정신건강 및 발달에 해를 끼치는 정서적 학대행위"를 금지하고 제71조는 이를 위반한 자에 대해 5년 이하의 징역 또는 3천만원 이하의 벌금에 처하도록 하고 있다. 또한 제3조 제7호에 "아동학대란 보호자를 포함한 성인이 아동의 건강 또는 복지를 해치거나 정상적 발달을 저해할 수 있는 신체적·정신적·성적 폭력이나 가혹행위를 하는 것과 아동의 보호자가 아동을 유기하거나 방임하는 것"으로 정의하면서, 아동학대범죄의 처벌 등에 관한 특례법에 의해 아동학대행위자를 처벌하는 규정을 두고 있다.

4. 아동학대의 실태와 문제점

(1) 아동학대 관련 사례

1) 화곡동 어린이집 아동학대 사건

2018년 9월 18일 오후 12시 33분경 서울 강서구 화곡동 어린이집에서 보육교사가 생후 11개월 된 원생 B군을 이불로 뒤집어씌운 뒤 6분간 몸을 꽉 껴안고, 몸에 올라타 8초간 눌러 질식사하게 한 사건으로 해당 보육교사는 비슷한 방법으로 총 8명의 영아를 학대한 것으로 드러났다.[12]

2) 강서구 위탁모 아동학대 사망 사건

2018년 11월 30일 서울 강서구 화곡동에서 위탁모 김모 씨가 설사 증세를 보이는 당시 15개월 여아에게 열흘간 하루에 한 끼만 주고 수시로 폭행을 하고 경련 증세를 보이자 병원에 데려가지 않고 32시간 동안 방치하여 결국 입원 20일 만에 사망하게 하여 아동학대치사 혐의로 구속기소된 사건이다. 수사 결과 김모 씨는 생후 6개월 된 아기의 코와 입을 10초간 틀어막고 욕조에서 숨을 못 쉬게 하며 동영상을 촬영하는 등 총 5명을 학대한 혐의가 드러나기도 했다.[13]

---

12) 연합뉴스, "'아동학대치사' 화곡동 어린이집 교사 징역 10년 구형", 2018. 10. 8.(https://www.yna.co.kr/view/AKR20181008156200004?input=1195m)
13) 시사인, "스웨덴은 왜 자녀체벌을 금지했나", 2018. 7. 25.(https://www.sisain.co.kr/?mod=news&act=articleView&idxno=32339)

[아동학대 신고접수 추이]　　　　　　　　　　　　　　　　　　　　　(단위: 건수, %)

구분		2015	2016	2017	2018	2019
아동	학대사례	16,651 (86.7)	25,878 (87.2)	30,923 (90.5)	33,532 (92.1)	38,380 (92.7)
	일반사례	2,563 (13.3)	3,796 (12.8)	3,246 (9.5)	2,885 (7.9)	3,009 (7.3)
	총계	19,214 (100.0)	29,674 (100.0)	34,169 (100.0)	36,417 (100.0)	41,389 (100.0)

출처: 보건복지부, 학대대응기관 전달체계 개편방안 연구(2020).

[아동학대 유형 및 징후]

신체학대 징후	• 신체적 징후: 설명하기 어려운 신체적 상흔, 발생 및 회복에 시간차가 있는 상처, 비슷한 크기의 반복적으로 긁힌 상처, 사용된 도구의 모양이 그대로 나타나는 상처, 담뱃불 자국, 뜨거운 물에 잠겨 생긴 화상자국, 회복부에 있는 화상자국, 알고 있는 물체 모양(다리미 등)의 화상자국, 회복속도가 다양한 화상자국, 입, 입술, 치은, 눈, 외음부 상처, 긁히거나 물린 자국에 의한 상처, 손목이나 발목에 긁힌 상처, 영유아에게 발견된 붉게 긁힌 상처, 성인에 의해 물린 상처, 겨드랑이, 팔뚝 안쪽, 허벅지 안쪽 등 다치기 어려운 부위의 상처, 대뇌 출혈, 망막출혈, 양쪽 안구 손상, 머리카락이 뜯겨 나간 두피 혈종 등을 동반한 복잡한 두부 손상, 고막 천공이나 귓불이 찢겨진 상처와 같은 귀 손상, 골격계 손상, 시간차가 있는 골절, 치유 단계가 다른 여러 부위의 골절, 복합 및 나선형 골절, 척추 손상(특히, 여러 군데의 골절), 영·유아의 긴 뼈에서 나타나는 간단 골절, 회전상 골절, 걷지 못하는 아이에게서 나타나는 대퇴골절, 골막하 출혈의 방사선사진, 골단 분리, 골막 변형, 골막 석회화, 간혈종, 간열상, 십이지장 천공, 궤양 등과 같은 복부손상, 폐 좌상, 기흉, 흉막삼출과 같은 흉부손상 • 행동적 징후: 어른과의 접촉회피, 다른 아동이 울 때 공포를 나타냄, 공격적이거나 위축된 극단적 행동, 부모에 대한 두려움, 집에 가는 것을 두려워함, 위험에 대한 지속적인 경계
정서학대 징후	• 신체적 징후: 발달지연 및 성장장애, 신체발달 저하 • 행동적 징후: 특정 물건을 계속 빨고 있거나 물어뜯음, 행동장애(반사회적, 파괴적 행동장애), 신경성 기질장애(놀이장애), 정신신경성 반응(히스테리, 강박, 공포), 언어장애, 극단행동, 과잉행동, 자살시도, 실수에 대한 과잉반응, 부모와의 접촉에 대한 두려움
성학대 징후	• 신체적 징후: 학령 전 아동의 성병감염, 임신, 아동의 질에 있는 정액, 찢기거나 손실된 처녀막, 질에 생긴 상처나 긁힌 자국, 질의 홍진(紅疹), 배뇨곤란, 요도염, 생식기의 대상포진, 항문 괄약근의 손상, 항문주변의 멍이나 찰과상,

	항문 내장이 짧아지거나 뒤집힘, 항문 입구에 생긴 열창, 항문이 좁아짐, 회음부의 동통과 가려움, 변비, 대변에 혈액이 나옴, 입천장의 손상, 인두(咽頭)임질(pharyngeal gonorrhea) • **행동적 징후:** 나이에 맞지 않는 성적 행동, 해박하고 조숙한 성지식, 명백하게 성적인 묘사를 한 그림들, 타인과의 성적인 상호관계, 동물이나 장난감을 대상으로 하는 성적인 상호관계, 위축, 환상, 유아적 행동(퇴행행동), 자기파괴적 또는 위험을 무릅쓴 모험적인 행동, 충동성, 산만함 및 주의집중장애, 혼자 남아 있기를 거부 또는 외톨이, 특정 유형의 사람들 또는 성에 대한 두려움, 방화/동물에게 잔혹함(주로 남아의 특징), 비행, 가출, 약물 및 알코올 남용, 자기파괴적 행동(자살시도), 범죄행위, 우울, 불안, 사회관계의 단절, 수면장애, 유뇨증/유분증, 섭식장애(폭식증/거식증), 야뇨증, 외상 후 스트레스 장애, 저조한 학업수행
방임의 징후	• **신체적 징후:** 발달지연 및 성장장애, 비위생적인 신체상태, 예방접종과 의학적 치료 불이행으로 인한 건강상태 불량, 아동에게 악취가 지속적으로 나는 경우 • **행동적 징후:** 계절에 맞지 않는 부적절한 옷차림, 음식을 구걸하거나 훔침, 비행 또는 도벽, 학교에 일찍 등교하고 집에 늦게 귀가함, 지속적인 피로 또는 불안정감 호소, 수업 중 조는 태도, 잦은 결석

(2) 친부모에 의한 아동학대행위의 증가 현상

중앙아동보호전문기관이 발표한 '2017 전국아동학대현황보고서'에 따르면 아동학대 사건 신고 접수는 3만 927건으로 전년 대비 15.1% 늘었고, 이 중 총 2만 2,367(72.3%)건이 아동학대로 최종 판명돼 아동학대사례는 2001년 2,105건에서 10배 이상 증가하였다. 아동학대로 인한 사망도 역대 최다인 38명을 기록하였고, 이 중 55.8%가 친부모가정, 12.2%가 부자가정, 11.8%가 모자가정, 5.9%가 재혼가정으로 나타났다. 또한 '최근 5년간 아동학대 및 재학대 현황' 자료에 따르면, 아동 재학대 발생건수는 2013년 980건에서 2017년 1,983건으로 5년간 모두 6,821건이 발생했고 5년새 2배 넘게 증가한 것으로 나타났다. 2014년에 아동학대로 판단된 1만 27건을 대상으로 부모에 의해 발생한 경우는 81.8%에 해당하는 8,207건으로 압도적인 수치를 보여 준다. 아동학대사례 10건 중 8건 이상은 부모에 의해 발생되었음을 알 수 있다. 부모에 의해 발생한 사례 중 **친부에 의해 발생한 사례**가 4,531건(45.2%), **친모**는 3,211건(32.0%), 계모와 계부는 각각 242건(2.4%), 189건(1.9%) 순으로 높게 나타났다. 2014년 언론을 뜨겁게 달군 '울산계모사건', '칠곡계모사건'등 각종 미디어 매체

출처: 보건복지부, 2014 전국아동학대현황보고서.

의 노출을 통해 계부·계모의 아동학대가 심각하게 드러나고 있지만 실제로는 친모와 친부에 의한 학대가 약 18배 더 많이 일어나고 있다.

　아동학대처벌법이 시행되기 전에는 아동복지법 내에서 학대행위자 상담·교육에 대한 강제이수 조항이 없어 학대행위자에 대한 조치가 한계가 있었지만, 2014년 9월에 아동학대처벌법을 시행한 이후 **임시조치·조건부 기소유예·보호처분 등을 통해 학대행위자의 상담 및 치료 또는 교육명령을 강제화**할 수 있게 되었다.14) 문제는 자신의 아이를 학대하는 부모라고 하더라도 아동을 부모로부터 분리시키면 아동에게는 또 다른 심리적 상처를 주게 된다는 것이다. 아동의 행복을 위하여 학대의 범주를 확대하여 공권력이 가정에 적극적으로 개입하려고 한다면, 오히려 가정 내의 인간관계가 불안정하게 되어 가정 자체가 해체 내지 붕괴될 수도 있다. 그렇게 되면 가정 밖으로 내몰리는 아동의 수는 증가하게 되고 권리주체로서의 아동보호의 목적이 전도될 수도 있다는 것이다.

　따라서 아동을 적절하게 보호하고 교육하기 위해서는 과보호도 방임도 아닌 적정한 균형을 갖추고 그 아동의 성격, 상태에 따라 부모의 입장에서 순간적으로 그 대응을 바꾸어 나가야 한다. 물론 상당히 심각하고 중대한 아동학대의 경우에는 가정이라고 해서 방치할 수는 없다. 그러한 심각한 아동학대에 대하여는 기왕에 제정된 법제도를 통하여 침해된 **아동권리를 구제하고 아동학대 재범을 방지하고 예방**하기 위하여 노력해야 한다.

---

14) 보건복지부, 「2014 전국아동학대현황보고서」, 2015, 114쪽.

(3) 아동학대는 대부분 가정 내에서 발생

과거에도, 현재도 아동을 보호하고 교육하는 1차적 영역은 역시 가정이다. 이러한 가정은 아동이 건강하고 건전하게 성장할 수 있는 장소이다. 그러나 2014년 발생한 전체 아동학대의 발생장소를 살펴보면 **가정 내에서 발생한 사례가 전체 아동학대사례의 85.9%**인 총 8,610건으로 가장 높게 나타났다. 이 중 아동의 가정 내에서 발생한 사례는 총 8,400건(83.8%)으로 10명 중 8명이 아동의 가정 내에서 발생하는 것으로 해석할 수 있다.

[아동학대행위자의 피해아동과의 관계] (단위: 건수, %)

연도		2015	2016	2017	2018	2019
가족 및 친척	부모	9,348 (79.8)	15,048 (80.5)	17,177 (76.8)	18,920 (76.9)	22,700 (75.6)
	친인척	562 (4.8)	795 (4.3)	1,067 (4.8)	1,114 (4.5)	1,332 (4.4)
	소계	9,910 (84.6)	15,843 (84.8)	18,244 (81.6)	20,034 (81.4)	24,032 (80.0)
대리양육자		1,431 (12.2)	2,173 (11.6)	3,343 (14.9)	3,906 (15.9)	4,986 (16.6)
타인		187 (1.6)	201 (1.1)	294 (1.3)	360 (1.5)	663 (2.2)
기타*		166 (1.4)	454 (2.4)	441 (2.0)	304 (1.2)	364 (1.2)
파악 안 됨		21 (0.2)	29 (0.2)	45 (0.2)	—	—
총계		11,715 (100.0)	18,700 (100.0)	22,367 (100.0)	24,604 (100.0)	30,045 (100.0)

* 기타: 부모의 지인, 인터넷을 통해 알게 된 사람, 강사 등
출처: 2015, 2016, 2017, 2018, 2019 전국아동학대현황보고서, 아동학대 주요통계 '학대행위자와 피해아동과의 관계' 표 재구성.

어린이집, 학교, 유치원과 같은 아동을 돌보고 **교육하는 기관**에서는 각각 300건(3.0%), 171건(1.7%), 96건(1.0%)으로 전체 사례 중 **5.7%에 해당**하는 수치이고, 2013년보다 약 1.2%가 높게 나타났다. 또한 아동을 보호하는 **복지시설**에서는 아동복지시설 180건(1.8%), 기타 복지시설 30건(0.3%)으로 전체 사례 중 2.1%에 해당한다.

2015년부터 2019년까지 가족이나 친인척에 의한 아동학대 비율은 소폭 감소하였으나 대리양육자에 의한 아동학대 비율이 지속적으로 상승하고 있음을 알 수 있다.

아동을 보호하고, 교육하는 중요한 역할을 하고 있기 때문에 위와 같은 기관들 내에서 아동학대 발생을 막기 위한 노력들이 요구된다. 또한 위와 같은 기관들은 어떤 학대 발생장소보다 예방할 수 있는 가능성이 높다고 할 수 있다. 이들을 대상으로 각 직군의 보수교육을 활용하여 일시적인 신고의무자 교육이 아닌 보다 심층적으로 **학대예방법과 올바른 훈육방법**에 대한 교육 및 훈련이 필요하다.[15]

(4) 아동학대 발생빈도의 문제

아동학대 발생빈도의 경우 **거의 매일 발생한 사례가 3,073건**(30.6%)으로 가장 높게 나타났으며, 다음으로 2~3일에 한 번인 경우가 1,371건(13.7%), 일주일에 한 번인 경우가 1,253건(12.5%)이었다. 즉, 일주일에 한 번 이상 빈번하게 학대를 경험한 아동은 56.8%로 전체 사례의 절반 이상을 차지한다. 만성적인 학대는 일회성의 학대보다 아동의 발달에 미칠 수 있는 후유증이 심각할 수 있다. 따라서 만성적으로 발생하는 학대를 방지하기 위하여 학대의 근본적인 원인을 파악하여 이를 해결하기 위한 서비스를 제공해야 하며, **사례개입종결** 이후에도 일정기간 동안 **지역사회 내 유관기관과의 협력을 통하여 사후관리**가 이루어져서 학대의 위험요인에 대한 **지속적인 모니터링이 필요**하다.[16]

---

15) 보건복지부, 「2014 전국아동학대현황보고서」, 2015, 122쪽.
16) 보건복지부, 「2014 전국아동학대현황보고서」, 2015, 123쪽.

[아동학대 발생빈도]   (단위: 건)

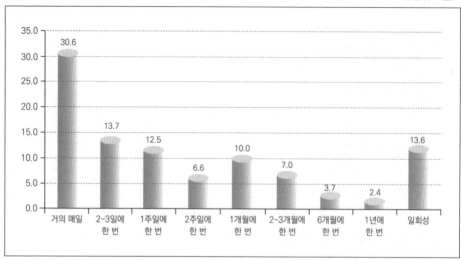

출처: 보건복지부, 2014 전국아동학대현황보고서.

(5) 중복 및 재학대의 발생

아동학대사례의 재학대 발생비율은 2015년 10.6%(1,240건)이던 것이 2016년, 2017년 다소 감소하였다가 2019년 11.4%(3,431건)로 증가하는 것을 볼 수 있다.

[아동 재학대사례 발생건수 추이]   (단위: 건, %)

연도		2015	2016	2017	2018	2019
아동	학대사례	11,715 (100.0)	18,700 (100.0)	22,367 (100.0)	24,604 (100.0)	30,045 (100.0)
	재학대사례	1,240 (10.6)	1,591 (8.5)	2,160 (9.7)	2,543 (10.3)	3,431 (11.4)

출처: 보건복지부, 학대대응기관 전달체계 개편방안 연구(2020).

연도별 아동학대의 유형을 살펴보면 정서학대＞신체학대＞방임＞성적 학대의 순으로 나타나고 있음을 알 수 있다. 대부분의 학대유형이 발생건수가 지속적으로 증가하고 있음을 볼 수 있다. 그러나 총 발생건수 대비 비율의 경우 정서학대는 증가하고 있는 반면에 신체학대, 성적 학대, 방임 등의 경우는 다소 감소하고 있는 것

[아동학대 사례유형] (단위: 건)

구분	2015	2016	2017	2018	2019
신체학대	1,884	2,715	3,285	3,436	4,179
정서학대	2,046	3,588	4,728	5,862	7,622
성적학대	428	493	692	910	883
방임	2,010	2,924	2,787	2,604	2,885
총계	6,368	9,720	11,492	12,812	15,569

출처: 보건복지부, 학대대응기관 전달체계 개편방안 연구(2020).

을 볼 수 있다.

2014년 아동학대에 대한 현황보고서에 따르면 아동학대의 유형 중 2가지 이상의 학대가 동시에 이루어지는 **중복학대는 4,814건(48.0%)으로 가장 높은 비율**을 차지하였다. 그리고 방임 1,870건(18.6%), 정서학대1,582건(15.8%), 신체학대 1,453건(14.5%), 성학대 308건(3.1%) 순으로 나타났다. 실제 아동학대가 발생할 때 한 가지 학대유형보다는 두 가지 유형 이상의 학대가 복합적으로 발생하는 경우가 더 많은 것을 알 수 있다. 중복학대 중 **신체학대·정서학대가 3,440건(34.3%)으로 가장 높은 비율**을 보였다. 다음으로 신체학대·정서학대·방임이 531건(5.3%), 정서학대·방임은 513건(5.1%)으로 나타났고, 이외에 모든 학대유형이 복합적으로 나타난 사례는 13건(0.1%)이었다. 여기서 정서학대와 방임이 동시에 발생한 중복학대는 다른 유형에 비해 학대를 의심할 만한 징후가 눈에 띄기 어려워 외부에 노출될 가능성이 적을 수 있다. 그리고 신고의무자를 대상으로 학대유형에 대하여 학대인식에 대한 응답을 살펴보면, 정서학대와 방임이 학대라고 응답한 비율이 정서학대 55.5%, 방임은 49.7%로 나타나, 신체학대 72.0%, 성학대 90.8%에 비해 낮은 수치를 보였다. 그러므로 신고의무자에 대한 아동학대 예방교육과 교육 이행에 대한 관리·감독이 철저히 이루어져야 하고, 아동들과 자주 접하는 신고의무자들의 경우 아동의 작은 변화에도 민감하게 반응하여 학대 의심증상이 나타나는지 유심히 관찰할 수 있도록 교육해야 할 것이다.

중복학대의 경우 아동의 후유증은 더 복합적이고 심각할 수 있기 때문에 여러 유형의 학대가 복합적으로 발생하는 현상에 대한 심층적 분석이 필요하며, 이에 따른 다각적인 개입이 필요하다.

[아동학대 사례유형]

유형		발생건수
신체학대		1,453
정서학대		1,582
성학대		308
방임		1,870
중복학대	신체·정서학대	3,440
	신체·성학대	180
	방임·성학대	191
	정서·성학대	39
	방임·정서학대	513
	방임·성학대	9
	신체·정서·성학대	51
	신체·방임·정서학대	531
	신체·방임·성학대	2
	정서·방임·성학대	7
	신체·정서·방임·성학대	13
합 계		10,027

5. 아동학대의 예방 및 보호

아동복지법 제22조에 아동학대의 예방과 방지를 위하여, 국가와 지방자치단체는 아동학대의 예방과 방지를 위한 각종 정책의 수립 및 시행, 아동학대의 예방과 방지를 위한 연구·교육·홍보 및 아동학대 실태조사, 아동학대에 관한 신고체제의 구축·운영, 피해아동의 보호와 치료 및 피해아동의 가정에 대한 지원, 기타 아동학대의 예방과 방지를 위한 사항 등의 조치를 취하여야 한다고 규정하고 있다(제22조

제1항). 지방자치단체는 아동학대를 예방하고 수시로 신고를 받을 수 있도록 긴급전화를 설치하여야 하고(동조 제2항), 시·도지사 또는 시장·군수·구청장은 피해아동의 발견 및 보호 등을 위하여 아동학대 신고접수, 현장조사 및 응급보호, 피해아동, 피해아동의 가족 및 아동학대행위자에 대한 상담·조사, 그 밖에 대통령령으로 정하는 아동학대 관련 업무를 수행하여야 한다(동조 제3항)고 규정하고 있다. 또한 원활한 사업의 진행을 위해 시·도지사 또는 시장·군수·구청장은 「사회복지사업법」 제11조에 따른 사회복지사의 자격을 가진 아동학대전담공무원을 두어야 한다. 아동권리보장원은 아동학대예방사업의 활성화 등을 위하여 아동보호전문기관에 대한 지원, 아동학대예방사업과 관련된 연구 및 자료 발간, 효율적인 아동학대예방사업을 위한 연계체계 구축, 아동학대예방사업을 위한 프로그램 개발 및 평가, 아동보호전문기관·학대피해아동쉼터 직원 및 아동학대전담공무원 직무교육, 아동학대예방 관련 교육 및 홍보, 아동보호전문기관 전산시스템 구축 및 운영, 그 밖에 대통령령으로 정하는 아동학대예방사업과 관련된 업무를 수행한다(동조 제6항).

[아동학대 개입절차]

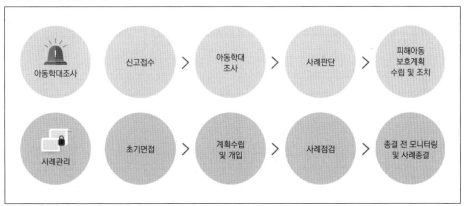

출처: 아동권리보장원.

[아동학대 사법처리절차]

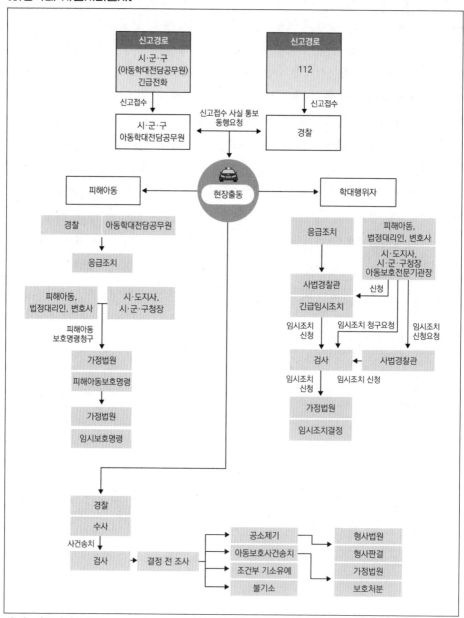

출처: 아동권리보장원.

6. 아동인권보호를 위한 대안모색

(1) 아동학대 관련 법령의 체계화 필요성

아동학대를 규율하고 있는 여러 법률이 있으나, 각 법률 간의 구성요건이나 처벌형량 등의 차이, 그리고 중복적 규정으로 인하여 법적용의 일관성이 없거나 규정의 남용이 문제이다. 즉, 아동학대 관련 규정들이 여러 법률에 산재되어 유기적인 관련성을 갖지 못한다는 문제와 아동학대 규정은 아동복지법 일부규정에 지나지 않는다는 비판, 그리고 아동학대를 규율하기에는 가정폭력처벌법이 아동학대 처벌을 위해 제정된 것이 아닌 일반적인 가정폭력을 예정하고 있기 때문에 **아동학대에 관한 특례법이 필요하다는 주장 등이 제기되어 제정**된 것이 아동학대처벌법이다. 이렇게 제정된 동법의 절차적 **기본 틀은 가정폭력처벌법을 바탕**으로 하고, 제도는 **아동복지법 규정을 준용**하고 있으며 소년법상 검사의 결정전조사제도를 도입하고 **성폭력처벌법, 아청법 등의 법률 내용 다수를 준용규정**으로 두고 있다. 이렇게 아동학대처벌법은 다수의 법률을 소위 짜깁기한 형태의 법률로서 동법의 입법취지 및 기본이념에 부합된 규정이 미미하다는 문제가 있다. 즉, 상기 법률들의 입법목적이 각기 다르기 때문에 아동학대처벌을 위해 준용할 경우, 유사한 사건임에도 불구하고 적용 법률이 달라지고 그에 따라 처벌의 결과가 다르게 나타날 수 있다.[17]

따라서 아동학대처벌법의 입법목적에 따라 그 운용이 특별형법으로서의 역할과 규범력을 제고하기 위하여 아동학대범죄를 **현행 아동학대처벌법보다 구체적이고 체계적인 규정이 필요**하다. 즉, 실제적인 아동학대범죄에 대한 정의와 범주, 구성요건 그리고 처리특례에 대한 일관성을 통한 실질적인 법률효과를 발생시킬 수 있는 다양한 제도들을 위한 사법적 시스템 구축 등이 요구된다. 그러기 위해서는 흩어져 있는 아동학대 관련 규정을 아동학대처벌법으로 통합하여 그간 아동복지 차원에서 피해아동을 보호대상자로서 한정한 것을 넘어서서, 권리를 침해당한 피해아동의 권리구제 차원에서 다루어지도록 하고, 한편으로 아동학대행위자의 학대예방을 위한 다양한 조치를 구체적이고 집행 가능한 제도로 정착할 있도록 하는 등 아동학대처

---

17) 김학자, "성·가정·아동폭력에 대한 형사정책 연구", 법조 제616권, 법조협회, 2008, 126-128쪽 참조.

벌법 전면개정의 입법개선이 요구된다. **아동**은 유엔헌장에서 선언한 것처럼 공동체 구성원으로서 고유의 존엄성 및 평등하고 양도할 수 없는 권리의 주체로서 **평화, 존 엄, 관용, 자유, 평등, 연대의 정신 속에서 양육되어야 한다.**[18]

(2) 아동학대 예방을 위한 상담·교육 프로그램 운영의 개선

지금까지 아동학대를 예방하기 위한 프로그램은 아동학대가 대부분 가정 내에 서 부모에 의해 이루어지고 있다는 점에서 부모와 아동 간의 관계를 향상하고 양육 기술을 습득할 수 있도록 하는 부모교육에 초점이 맞추어져 있었으며, 아동학대를 가정폭력의 문제로 보고 가정폭력행위자 교육 중 아동학대를 다루기도 하였다. 아 동학대행위자를 대상으로 한 상담·교육 프로그램은 **2009년 보건복지부에서 개발 한 아동학대행위자 특성별 치료 프로그램**과 아동학대처벌법 이후 중앙아동보호전 문기관에서 제시한 **아동학대행위자 상담·교육 프로그램 매뉴얼**이 대표적이라 할 수 있다.

그러나 이러한 아동학대행위자 상담 및 교육 프로그램의 대부분은 아동보호전 문기관을 방문하여 이루어지거나 기관에서 연계한 상담전문가를 찾아가는 방식으 로 이루어지고 있다. 아동학대행위자의 저항감을 감소시키고 이들이 보다 적극적으 로 프로그램에 참여하도록 유도하기 위해 기관으로 찾아오는 프로그램이 아니라 **찾 아가는 프로그램으로 전달방식**을 보다 다양화할 필요가 있다. 또한 프로그램 구성과 전체적인 운영은 아동보호전문기관에서 이루어지지만 실제 상담과 교육은 각각의 세부 프로그램 내용에 따른 전문가와의 연계를 통해 이루어지고 있어 아동학대 상 담·교육 프로그램의 운영은 좋은 **상담전문가를 확보**하는 것이 가장 중요한 일이다. 기관들이 상담전문가 명단을 공유하고 매해 추천을 통해 전문가를 추가 확보하는 방식을 통해 상담전문가 풀을 구성하는 것이 필요하다. 뿐만 아니라 상담전문가들 이 정기적 사례모임을 통해 프로그램 진행과정, 변화를 유도하기 위한 전략 등을 논 의함으로써 **전문가들이 효과적으로 의사소통할 수 있는 시스템**이 마련되어야 할 것 이다.

---

18) 김용화, "「아동학대범죄의 처벌 등에 관한 특례법」 시행 1주년에 즈음하여 ― 아동학대 처벌 관련법 통합 논의를 중심으로 ―", 법학논집 제22권 제3호, 2015, 613-614쪽.

(3) 아동보호전문기관의 역할 강화

현재 아동학대처벌법에서는 **검찰의 기소유예와 법원의 수강명령**을 통해 아동학대행위자 교육이 이루어지도록 하고 있으나 그 전 단계에서 아동학대를 예방할 수 있는 시스템이 마련되어야 한다. 아동학대전문기관의 권한을 확대하여 현장방문 시 아동의 격리를 비롯한 부모에 대한 상담 및 교육명령이 합법적으로 가능할 수 있도록 하는 제도적 보완이 필요하다.

또한 아동학대는 부모가 폭력적이거나 부주의하기 때문이 아니라 아동의 욕구를 이해하고 적절하게 반응할 수 있는 지식의 결여로 발생하는 경우가 많기 때문에 하고 있기 때문에 발생한다. 따라서 아동보호전문기관에 대한 홍보를 강화하여 기관에 대한 부정적 이미지를 해소하고 아동학대행위자에 국한된 프로그램이 아니라 주민들을 위한 **다양한 부모교육 프로그램을 확대 강화하여 양육기술과 대화기법** 등 기본적인 부모교육이 선행될 수 있도록 해야 한다.

(4) 유관기관과의 협력체제 구축

아동학대에 대한 예방은 아동이 다시 학대당하지 않도록 하는 것과 동시에 아동이 건강하게 성장하고 부모가 되었을 때 자신의 아동을 학대하는 세대 간 전승이 나타나지 않도록 하는 것을 의미한다. 이를 위해서는 **아동학대행위자뿐만 아니라 아동과 가족에 대한 다양한 치료와 서비스가 병행되어야 한다. 또한 가족 전체의 참여를 유도하고 학대를 유발할 수 있는 위기요인**을 제거하기 위해 노력하여야 한다. 나아가 부모집단을 구성하여 비슷한 처지에 있는 다른 부모들과 함께 현재의 어려움을 함께 나누고 해결할 수 있는 의미 있는 관계를 형성하도록 함으로써 사회적으로 고립되지 않도록 도와주어야 한다. 이를 위해 아동학대 예방을 위한 전문기관인 아동보호전문기관과 아동과 가족의 다양한 욕구에 대한 서비스를 제공하고 보편적인 아동학대 예방 서비스를 제공하는 **기관들과의 효율적인 연계체계**를 구축하는 것이 필요하다.[19]

---

19) 김혜정/조한나, 「아동학대 예방 및 재학대 방지를 위한 상담·교육 프로그램 개발」, (재)부산여성가족개발원 연구보고서, 2015, 118-121쪽 참조.

Ⅲ. 노인과 인권

노인복지법 제2조에서는 노인에 대해 후손의 양육과 국가 및 사회의 발전에 기여하여 온 자로서 존경받으며 건전하고 안정된 생활을 보장받아야 하며, 그 능력에 따라 적당한 일에 종사하고 사회적 활동에 참여할 기회를 보장받고, 노령에 따르는 심신의 변화를 자각하여 항상 심신의 건강을 유지하고 그 지식과 경험을 활용하여 **사회의 발전에 기여**하도록 노력하여야 한다고 규정하여 노인에 대한 우리 사회의 역할에 대해 명시하고 있다. 즉, 모든 노인은 **인간다운 노후에 대한 권리**를 가지고 있으며, 사회의 구성원으로서 존중받고 차별받지 않아야 한다. 그러나 노인인구 증가에 따른 세대 간, **노인세대 내 갈등확산**은 노인과 관련한 각종 사회문제와 더불어 노인학대의 흐름에도 큰 영향을 미치고 있다.

1. 노인인권과 노인학대의 개념

(1) 노인인권의 개념

노인인권은 노인이 '인간다운 노후생활을 영위할 수 있는 권리', 또는 '노인이라는 이유로 인간의 존엄성을 차별받지 않을 권리'로 정의될 수 있다.

[노인인권의 영역과 세부적 권리]

영역	인권 항목	세부적 권리
인간존엄권	행복추구권과 평등권	• 천부적 자유와 존엄, 생명권, 신체의 자유와 안전, 강제노동과 노예제도의 금지, 고문금지, 법 앞에서의 평등, 차별금지
자유권	신체자유권	• 불법 체포 및 구속으로부터의 자유, 불법 강제노역으로부터의 자유
	사생활자유권	• 사생활의 비밀과 자유, 주거의 불가침, 거주 및 이전의 자유, 통신의 자유
	정신적 자유권	• 양심의 자유, 종교의 자유, 학문과 예술의 자유, 개인적 및 집단적 표현의 자유

(이어짐)

	경제적 자유권	• 재산권의 보장, 직업선택의 자유 • 정보접근권, 정치활동의자유, 참정권
사회권	경제권	**• 연금수급권, 기초생활보장권, 노후경제생활에 대해 교육받을 권리 등**
	노동권	• 은퇴 준비 교육권, 경제활동 참여권, 적정 보수를 받을 권리, 적정 노동환경 요구권 등
	주거권	• 주거환경보장권
	건강권	• 건강증진권, 위생 및 영양권, 건강급여권, 재활서비스 이용권, 요양보호권, 시설입소권 등
	평생교육권	• 노인교실, 노인복지관 등의 교육프로그램 참여권
	문화생활권	• 경로당, 노인복지관 등의 여가프로그램 참여권
	사회참여권	• 자원봉사활동 참여권, 동아리·클럽 활동 참여권, 교통편의서비스 이용권 등
	가족유지권	• 가족과의 교류, 가족의 부양을 받을 권리 등
	소통권	• 가족, 이웃, 친구, 비노인층 등 관계망과의 교류권
청구권	법절차적 권리	• 청원권, 재판의 청구권, 형사보상 청구권, 국가배상 청구권, 범죄피해자의 구조 청구권

출처: 국가인권위원회, 노인인권길라잡이.

(2) 노인학대의 개념

노인학대는 대표적 일탈행위로서 그 개념은 다차원적이고, 사회문화적 차이 등으로 인해 국가와 학자에 따라 다양하게 정의되고 있으며, 합의된 정의는 존재하지 않고 있다. 즉, **노인학대의 개념**은 '단순히 누군가가 의도적으로 노인에게 위해(危害)를 가하는 소극적이고 협의적인 개념'에서부터 '노인의 인권보호'를 전제로 하는 적극적이고 광의의 개념'에 이르기까지 매우 다양하다. 노인학대와 관련된 용어는 **학대**(abuse), **폭력**(violence), **유기**(abandonment), **방임**(neglect), **부적절한 처우**(maltreatment or mistreatment), **착취**(exploitation) 등으로 다양하게 사용되고 있다.[20]

우리나라의 **노인복지법 제1조의2 제4호**는 "**노인학대**"란 노인에 대하여 신체

---

20) 권중돈 외, 「노인인권 길라잡이」, 국가인권위원회, 2014, 371쪽.

적·정신적·정서적·성적 폭력 및 경제적 착취 또는 가혹행위를 하거나 유기 또는 방임을 하는 것을 말한다고 규정하고 있다. 이러한 노인학대는 노인인권의 극단적인 침해행위로서, 노인 인권영역 중에서 인간존엄권 영역의 권리를 심각하게 침해하거나 훼손하는 행위에 해당한다. 즉, 노인학대는 인간으로서 존중받지 못하고 차별받고, 구금당하고, 가진 것을 빼앗기고, 행복한 삶을 영위할 수 있는 기회를 박탈당하는 가장 심각한 수준의 인권침해행위에 해당한다.

2. 노인인권 관련 국제법 및 국제협약

노인 인권옹호 및 실현기준과 행동원칙 마련을 위한 본격적인 논의는 제2차 세계대전 직후인 1948년 **국제연합**(UN)의 「**노인의 권리선언**」에서 시작되었다. 이후 1980년대 들어서면서 고령화에 관한 관심이 증가하고, 그 문제의 해결을 위한 행동계획의 필요성이 증대됨에 따라 국제연합의 노인인권 관련 활동이 활성화되었는데, 1982년 국제연합은 오스트리아 빈에서 '고령화에 관한 국제행동계획(International Plan of Action on Ageing)'을 채택하였고, 1990년에는 **10월 1일을 '세계노인의 날** (International Day for the Elderly)'로 선포하였으며, 1991년에는 '**노인을 위한 유엔원칙**(United Nations Principles for Older Persons)'을 채택하였다. **2002년에는 '마드리드 고령화국제행동계획**(International Plan of Action on Ageing)'이 수립되었고,[21] 노인 인권보장 관련 원칙과 행동계획 마련 외에도 노인인권을 신장하려는 국제적 수준의

---

21) 마드리드 고령화국제행동계획의 주요 내용을 살펴보면, a. 모든 사람의 인권과 모든 노인들의 기본적인 자유의 완전한 실현, b. 노년기의 빈곤해소 및 안전한 노후의 달성, c. 노인들이 소득활동과 봉사활동을 포함하여 사회의 경제·정치·사회적 생활에 완전하고 효과적으로 참여할 수 있는 능력 부여, d. 노인들이 단일한 동질집단이 아니라는 인식과 더불어 지역사회 내 평생교육과 참여를 통해 개인개발, 자아실현 및 복지를 위한 기회 제공, e. 개인의 '경제적, 사회적, 문화적 권리' 및 '시민적, 정치적 권리'의 완전한 향유와 노인에 대한 모든 형태의 폭력과 차별의 철폐. 특히, 성차별 철폐를 통하여 노인의 성평등 달성, f. 사회개발을 위하여 가정, 세대 간 상호의존, 연대와 호혜주의 중요성 인식, g. 예방과 재활 관련 보건의료를 포함한 보건의료, 지원, 사회적 보호의 제공, h. 국제행동계획을 실제적인 행동으로 전환함에 있어 모든 수준의 정부, 시민사회, 민간분야 및 노인들 사이의 협력관계 촉진, i. 개도국에서 과학적 연구와 전문적 지식을 강화하고, 기술의 가능성을 개인, 사회, 건강 분야에 미치는 영향에 초점을 맞추도록 하는 것, j. 노화과정에 있는 노인에 고유한 상황과 노인들의 특수한 환경에 대한 인식 및 노인들에게 직접 영향을 미치는 결정에 노인들이 자신들의 소리를 효과적으로 낼 수 있는 방법을 찾을 필요성에 대한 인식 등이다.

다양한 활동이 전개되고 있다.

이 외에도 **국제노동기구**(International Labor Organization, ILO)**는** 1952년 「**사회보장의 최저기준에 관한 협약**」을 채택하였는데, 1958년에는 협약 제111호를 통해 모든 회원국은 노동자 단체 및 사용자 단체와 협의하여 연령으로 인하여 특별히 보호받거나 지원받아야 한다고 여겨지는 사람에게 필요한 사항을 충족시키기 위한 조치를 차별이 아닌 것으로 결정하도록 하였다. 그리고 1967년에는 「**장애ㆍ노ㆍ유족연금에 관한 128호 협약**」을 통해 노령연금의 지침을 제시함으로써 노인 인권보장에 기여하였으며, 1980년에는 권고 162호를 통해 노인근로자를 고령화로 인해 취업에 어려움을 지닌 사람으로 정의하면서 노인 근로자들이 직장 내에서 그리고 사회보장, 퇴직 등에서 차별받지 않는 기준을 마련하도록 권고하였다. **경제협력개발기구**(Organization for Economic Cooperation and Development, OECD)**는** 고용, 노인 등 사회보장제도 전반에 관한 각 국 동향의 비교분석을 근거로 정책대안을 제시하여 노인인권 증진에 기여하였으며, **1969년 채택된 미국의** 「**노인헌장**」**은 노인의 권리를 9가지로 명시**[22]하였다.[23]

3. 노인학대의 현황과 실태

(1) 전체신고 현황

노인보호전문기관의 연도별 노인학대 전체 신고접수 건수를 보면 2010년 이후 꾸준히 증가해 오고 있으며, 2010년 대비 2014년 전체 신고 건수는 40.9% 증가 (7,503건 → 10,569건)하였다. 이후에도 꾸준히 증가하는 추세를 보이고 있는데 2015년 에는 11,905건이었던 신고접수가 2019년까지 매년 1,000여 건씩 증가하고 있어 노인학대에 대한 예방이 시급한 것으로 판단되고 있다.

---

22) 미국 노인헌장에서 명시하고 있는 노인의 9가지 권리는 ① 인간으로서의 역할을 수행할 수 있는 권리, ② 각자의 능력에 따라 취업을 할 수 있는 권리, ③ 노후생활의 궁핍을 면할 수 있는 권리, ④ 여가ㆍ교육 및 의료에 대한 지역사회 자원을 공평하게 향유할 수 있는 권리, ⑤ 노후의 필요를 충족시킬 수 있는 주거에 거주할 수 있는 권리, ⑥ 가족의 이익에 반하지 않는 한 정신적, 경제적 원조를 받을 수 있는 권리, ⑦ 본인이 원하는 경우에는 독립하여 생활할 수 있는 권리, ⑧ 생존이나 사망 시까지도 인간으로서의 존엄성을 잃지 않을 권리, ⑨ 노후를 풍부하게 보내는 데 필요한 모든 지식에 접근할 수 있는 권리이다.

23) 권금주 외, 「노인요양병원 노인인권상황 실태조사」, 국가인권위원회 2014년 인권상황실태조사 연구용역보고서, 2014, 18-20쪽.

[연도별 노인학대 신고접수 건수]

구분	일반사례[24]	학대사례[25]	전체사례
2015년	8,087	3,818	11,905
2016년	7,729	4,280	12,009
2017년	8,687	4,622	13,309
2018년	10,294	5,188	15,482
2019년	10,828	5,243	16,071

출처: 중앙노인보호전문기관, 2019 노인학대 현황보고서 가이드북.

증가율이 큰 폭으로 증가한 원인으로는 노인학대 관련 기관의 증설에 따른 증가분이 추가된 것이라 볼 수 있고, 노인보호전문기관의 활발한 교육 및 홍보활동으로 인하여 신고 건수가 증가한 것이라 볼 수 있다.

[연도별 노인학대사례 건수 및 비율]

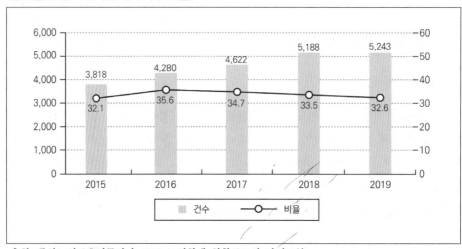

출처: 중앙노인보호전문기관, 2019 노인학대 현황보고서 가이드북.

---

24) 신고접수된 사례 중 단순 정보제공이나 기관 안내 등의 문의로 학대의심사례로 보기 어려운 사례와 신고접수 시 노인학대가 의심되었으나, 사실관계 확인 및 현장조사 등을 통하여 노인학대 및 학대위험요인이 드러나지 않는 경우를 말함.

25) 신고접수 시 노인학대가 의심되어 현장조사를 실시한 후 사례판정 결과 학대사례(응급, 비응급, 잠재적 사례)로 판정된 사례를 의미함.

일반 및 학대 사례의 비중을 살펴보면 2010~2011년까지는 학대사례의 비중이 40.0% 이상의 수준을 보이고 있으나, 2012년부터는 그 비중이 점차 감소하여 2014년에는 33.4%로 나타났으며, 2015년에는 32.1%로 지속적인 감소추세로 돌아서는 듯 보였으나 2016년에 다시 35.6%로 상승하였다. 이후 2017년부터 다시 감소추세로 돌아서면서 2019년에는 32.6%의 비중을 보이고 있다. 이와 반대로 상담횟수 (2014년)의 경우 일반상담은 13.1%(10,860회), 학대상담은 86.9%(71,889회)로 일반적으로 상담업무는 학대사례 중심으로 진행되고 있기 때문에 일반사례가 상담업무에 미치는 영향은 그리 크지 않아 보인다.

(2) 재학대 현황[26]

연도별 재학대 관련 신고 건수를 살펴보면 2010~2011년까지 학대사례 대비 9.5% 이상이던 재신고 건수는 2012년 8.7%, 2013년 6.0%으로 점차 감소하다가 2014년에는 전체 학대사례의 5.9%로 나타났다. 그러나 2015년에 다시 6.0%로 약간 증가했다가 이후 2019년까지 계속해서 증가추세를 보이고 있다. 2019년 학대사례 대비 재학대사례 비율은 9.5%로 나타나고 있어 이에 대한 예방책이 필요해 보인다.

[연도별 재학대 건수 및 비율]   (단위: 건, %)

구분		2015년	2016년	2017년	2018년	2019년
학대사례 건수		3,818	4,280	4,622	5,188	5,243
재학대	건수	229	249	359	488	500
	비율	6.0	5.8	7.8	9.4	9.5
증감률		–	8.7	44.2	35.9	2.5

출처: 중앙노인보호전문기관, 2019 노인학대 현황보고서 가이드북.

재신고의 경우 이미 종결되었던 사례 중 다시 학대가 발생하여 신고한 사례를 의미하며 발생 사실 자체만으로도 의미가 있는 수치로 재신고 발생 원인분석이 필요하다. 연도별 추이만으로는 재신고의 구체적 원인을 파악할 수 없지만 재신고 발

---

26) 노인보호전문기관에 신고접수되어 종결되었던 사례 중 다시 학대가 발생하여 신고된 사례로 당해 연도 외에 기년도 사례가 포함되어 있음.

생 여부는 사례종결의 시기적절성, 종결사유, 사후관리 등에 의해 영향을 받을 수 있으며, 사례종결 이후 학대피해노인 및 주변인들의 노인학대에 대한 인식 정도가 높아져 신고율에 영향을 미쳤을 것이라 추측해 볼 수 있다.

(3) 학대발생장소

연도별 학대발생장소 추이를 보면 가정 내 학대의 경우 2010년 85.6%에서 2014년 84.5%로 감소추세를 보이다가 2015년에 85.8%로 증가한 후 2018년까지 지속적으로 상승하였다. 그러나 2019년에는 4,450건(84.9%)로 다시 감소한 것을 볼 수 있다. 반면에 학대발생장소가 생활시설인 경우 2010년 4.1%에서 2014년 7.0%로,

[연도별 학대발생장소]   (단위: 건, %)

구분	2015년	2016년	2017년	2018년	2019년
가정 내	3,276	3,799	4,129	4,616	4,450
	85.8	88.8	89.3	89.0	84.9
생활시설	206[주1]	238[주1]	327[주1]	380[주1]	486[주1]
	5.4	5.6	7.1	7.3	9.3
이용시설	57	16	16	41	131
	1.5	0.4	0.3	0.8	2.5
병원	88	24	27	65	45
	2.3	0.6	0.6	1.3	0.9
공공장소	80	94	58	42	60
	2.1	2.2	1.3	0.8	1.1
기타	111	109	65	44	71
	2.9	2.5	1.4	0.8	1.4
계	3,818	4,280	4,622	5,188	5,243
	100	100	100	100	100

주 1) 학대행위자가 가족 구성원인 경우를 가정 내 학대에 포함한 수치임(2015~2019년)
출처: 중앙노인보호전문기관, 2019 노인학대 현황보고서 가이드북.

2019년에는 9.3%까지 비중이 증가하는 등 전반적인 증가추세임을 확인할 수 있다. 생활시설 증가는 2008년 7월 노인장기요양법이 시행됨에 따라 노인요양시설의 증가가 생활시설 학대 건수에 영향을 미치는 것으로 추정된다. 특히 제도 시행 이후 시점인 2010년에는 **생활시설 학대 건수가 2배 이상 증가하였으며** 지속적으로 증가 추이를 보이고 있다.

(4) 노인학대 피해자 가구형태

연도별 노인학대 피해자 가구형태를 살펴보면 노인단독가구와 노인부부의 경우 최근 5년간 꾸준히 증가하고 있으며, 자녀동거, 손자녀동거, 자녀·손자녀동거 비율은 점차 감소하고 있는 추세이다.

[연도별 학대피해 노인가구 형태]　　　　　　　　　　　　　　　　　(단위: 건, %)

구분	2015년	2016년	2017년	2018년	2019년
노인단독	1,318	1,140	1,007	999	1,039
	34.5	26.6	21.8	19.3	19.8
노인부부	808	1,023	1,216	1,512	1,669
	21.2	23.9	26.3	29.1	31.8
자녀동거	1,021	1,328	1,536	1,738	1,588
	26.7	31.0	33.2	33.5	30.3
손자녀동거	139	154	178	187	182
	3.6	3.6	3.9	3.6	3.5
자녀·손자녀동거	185	234	245	252	195
	4.8	5.5	5.3	4.9	3.7
기타	347	401	440	500	570
	9.1	9.4	9.5	9.6	10.9
계	3,818	4,280	4,622	5,188	5,243
	100	100	100	100	100

출처: 중앙노인보호전문기관, 2019 노인학대 현황보고서 가이드북.

연도별 가구형태의 비율을 살펴보면 노인단독가구의 경우 매년 증가추이를 보이다가 2016년부터 급격한 감소추세로 돌아서고 있으며, 이와 반대로 노인부부 가구의 경우 매년 증가추이를 보이고 있다. 자녀동거의 경우에도 2014년까지는 감소추이를 보이다가 최근 증가하는 모습을 볼 수 있다.

이처럼 노인단독 및 노인부부 가구는 증가하고 있지만 자녀동거 비율이 낮게 나타나는 것은 고령화와 함께 자녀들이 부모부양에 대한 경제적 부담과 부모와 따로 살고 싶어하는 경향, 그리고 노부모 스스로도 자녀에게 부양부담을 주기를 꺼려하는 분위기 등에 의한 것으로 추정해 볼 수 있다. 따라서 사회복지관 등과 연계하여 사례발굴을 위한 노력을 해야 할 것이다.

(5) 학대행위자와 학대피해노인과의 관계

연도별 학대행위자 유형을 보면 "아들"이 지속적으로 가장 많은 학대유형을 보이고 있으며, 그 외 배우자, 딸, 며느리 등 가족구성원에 의한 학대는 최근 변화 형태를 보이고 있는데, "며느리·딸·배우자"에서 "딸·배우자·며느리", 배우자·딸·며느리"로 변화하고 있다. 이는 고령화와 함께 노부부가 노년기를 함께 보내는 경우가 많아졌고, 자녀들이 노부모와 함께 사는 비율이 점점 낮아지고 있기 때문으로 유추해 볼 수 있다.

[학대행위자와 학대피해노인과의 관계]

구분	2015년	2016년	2017년	2018년	2019년
본인	622	522	290	240	200
	14.7	11.3	5.7	4.2	3.5
배우자	652	952	1,263	1,557	1,749
	15.4	20.5	24.8	27.5	30.3
아들	1,523	1,729	1,913	2,106	1,803
	36.1	37.3	37.5	37.2	31.2
며느리	183	157	131	143	109
	4.3	3.4	2.6	2.5	1.9

(이어짐)

딸	451	475	424	436	438
	10.7	10.2	8.3	7.7	7.6
사위	21	23	27	34	27
	0.5	0.5	0.5	0.6	0.5
손자녀	64	103	124	134	112
	1.5	2.2	2.4	2.4	1.9
친척	46	63	49	59	50
	1.1	1.4	1.0	1.0	0.9
타인	283	221	176	168	222
	6.7	4.8	3.5	3.0	3.8
기관	379	392	704	788	1,067
	9.0	8.5	13.8	13.9	18.5
계	4,224	4,637	5,101	5,665	5,777
	100	100	100	100	100

출처: 중앙노인보호전문기관, 2019 노인학대 현황보고서 가이드북.

위와 같은 맥락으로 자녀와 함께 살지 않는 노인단독가구가 늘어나면서 학대피해노인 본인이 스스로를 돌보지 못하거나 의도적으로 돌보지 않는 학대행위자가 "본인"이 되는 비율은 최근 5년간 5.6%(196건)에서 11.9%(463건)로 2배 이상 증가하였다. 이처럼 학대행위자가 "본인"인 비율은 노인에 대한 부양의식의 변화로 앞으로도 지속적으로 증가할 것으로 보이며 이에 따라 노인단독가구의 학대사각지대 발굴 및 경제적·심리적 지원 연계 등의 체계적 지원을 위해 타 부서와의 협조체계를 구축하는 등의 대책 마련이 필요하다.

(6) 학대유형 현황

노인학대는 여러 유형이 동시다발적으로 발생하며, 보통 **"정서적-신체적-방임" 학대유형의 순으로 나타난다.** 학대유형의 연도별 현황을 살펴보면 매년 학대신고 건수의 증가에 따라 학대유형 건수는 자연 상승분이 반영되어 있으며 각 학대유형이 차지하고 있는 비율을 살펴보면, 신체적 학대, 정서적 학대, 성적 학대의 경우 매년 그 비율이 크게 증가하고 있으나, 이에 반해 경제적 학대, 방임, 유기 등의 유형은 큰 변화가 없거나 감소하는 추세를 보이고 있다. 이는 학대피해노인 중 노인단독가구의 증가와 함께 학대행위자 유형 중 학대피해노인 본인인 경우가 증가한 것에 그 원인을 찾을 수 있다.

[연도별 학대유형 건수] (단위: 건, %)

구분	2015년	2016년	2017년	2018년	2019년
신체적 학대	1,591	2,132	2,651	3,046	3,130
	25.9	31.3	36.4	37.3	38.1
정서적 학대	2,330	2,730	3,064	3,508	3,465
	37.9	40.1	42.0	42.9	42.1
성적 학대	102	91	150	228	218
	1.7	1.3	2.1	2.8	2.6
경제적 학대	542	491	411	381	426
	8.8	7.2	5.6	4.7	5.2
방임	919	778	649	718	741
	14.9	11.4	8.9	8.8	9.0
자기방임	622	523	291	240	200
	10.1	7.7	4.0	2.9	2.4
유기	48	66	71	55	41
	0.8	1.0	1.0	0.7	0.5
계	6,154	6,811	7,287	8,176	8,229
	100	100	100	100	100

출처: 중앙노인보호전문기관, 2019 노인학대 현황보고서 가이드북.

자기방임유형의 경우 학대피해노인 스스로가 본인을 의도적, 비의도적으로 돌보지 않는 것으로 보통 혼자 사는 노인단독가구에서 많이 나타난다. 노인단독가구의 연도별 자기방임유형 건수를 비교해 보면 비슷한 추이를 보이는 것을 확인할 수 있다. 따라서 노인단독가구 증가에 따른 자기방임유형 증가에 대한 해결을 위해 독거노인 돌봄서비스 및 지역사회자원과 연계하여 노인단독가구의 학대 발생예방을 위해 노력해야 할 것이다.

4. 노인학대의 발생원인

(1) 학대행위자 원인

학대행위자 원인의 분석결과를 살펴보면 전체 5,675건 중 **개인의 내적 문제가 1,965건(34.6%)**으로 가장 높게 나타났으며 **개인의 외적 문제가 1,056건(18.6%)**으로 나타나, **학대행위자 개인의 내적·외적 기질적 특성**으로 인한 원인이 **53.2%로 과반 이상**을 차지하는 것으로 나타났다. 그 외 피해자 부양부담으로 인한 원인 713건 (12.6%), 경제적 의존성 587건(10.3%), 알코올 및 약물 사용장애 549건(9.7%), 정신적 의존성 470건(8.3%), 신체적 의존성 212건(3.7%), 과거 학대받은 경험 123건(2.2%)으로 나타났다.

각 항목을 구체적으로 살펴보면 신체적 의존성은 학대행위자의 신체적 질환, 장애 등 건강상의 문제로 인해 학대피해노인에게 의존하는 것을 의미한다. 정신적 의존성은 학대행위자의 정신적 문제로 인해 학대피해노인에게 의존하는 것을 의미하며 그 대표적인 예로는 정신질환 및 우울증 등이 있다. 경제적 의존성으로는 학대행위자가 고정적인 수입이 없거나 소득이 낮아 학대피해노인에게 금전적인 부분에 의존하는 것을 의미한다. 개인의 내적인 문제는 분노, 고집스런 성격, 자신감 결여, 지나친 경계, 사회적 반응의 결핍, 적대적 행위, 충동적 성격, 폭력적 성격, 사회적 고립, 정서적 욕구불만 등의 성격문제를 포함한다. 개인의 외적 문제는 학대행위자의 이혼, 재혼, 부부갈등, 스트레스(부양부담 스트레스 외) 실직 등이 해당된다. 알코올 및 약물장애는 알코올 및 약물의 중독이나 의존을 의미하며, 과거 학대받은 경험은 과거 학대행위자가 아동이었을 때 그 부모로부터 아동학대를 당한 것을 의미한다. 마지막으로 학대피해노인 부양부담은 학대피해노인을 부양해야 하는 의무감 및 책임감으로 정신적 또는 경제적인 부담감을 의미한다.

(2) 가족환경 원인

가족환경 원인의 분석결과를 살펴보면 발생원인 3,468건으로 그 중 **"피해자학
대행위자 갈등"**이 1,833건으로 **52.9%**로 가장 높게 나타나 **피해자와의 갈등관계가
학대발생의 유발요인이 높은 것으로** 유추해 볼 수 있는 부분이다. 그 외 **"가족구성원
과의 갈등(자녀 간, 형제 간, 친족 간)"**은 909건(26.2%), **"가족의 경제적 어려움"**은 726건
(20.9%) 등의 순으로 나타났다. 각각의 항목을 구체적으로 살펴보면 "학대피해노인
학대행위자 갈등"은 학대피해노인과 학대행위자 두 사람 사이의 갈등을 의미하며,
"가족구성원 간의 갈등"은 부모부양문제, 재산문제 등으로 학대피해노인 자녀 간,
형제 간, 친족 간의 갈등으로 여러 사람이 갈등대상이 될 수도 있다. "가족의 경제
적 어려움"은 학대피해노인의 부양문제로 인한 부양가족들의 경제적 어려움을 의
미한다.

5. 노인학대로 인한 인권침해를 방지하기 위한 대책

(1) 노인보호전문기관의 증설과 모니터링 체계 구축

매해 노인학대 신고 건수는 증가하고 있고, 최근에는 1년에 1만 건이 넘는 신
고가 접수되고 있지만 노인학대에 대한 낮은 인식과 국민적 관심 저조로 인하여 노
인학대의 사각지대는 항상 존재하고 있으며, 이를 담당하고 있는 각 지역의 노인보
호전문기관도 인력부족 등의 이유로 신속한 대응에 한계가 있다.

이러한 문제점을 해결하기 위해서는 노인보호전문기관의 증설 및 인력충원이
시급하다. **노인보호전문기관의 증설**은 노인학대 사례발굴에 직접적인 영향을 미치
고 있기 때문이다. 실제로 노인보호전문기관은 2004년 17개소를 시작으로 점차 증
설되어 왔으며 그때마다 노인학대사례의 접수 건수도 함께 증가하였다. 실제로 2개
기관이 개소된 2009년과 3개 기관이 증설된 2010년에는 각각 17.2%, 21.8%의 증가
율을 보이는 등 기관 증설이 신고건수 증가에 영향을 미치는 것을 볼 수 있다.

또한 기관의 증설과 함께 지역사회의 자원을 활용하여 **노인학대 모니터링 및 지원체계**를 구축하는 것이 필요하다. 지역사회의 자원을 활용한 모니터링 체계의 활성화는 노인학대 신고 활성화를 위한 인식개선 교육 및 홍보를 적극적으로 수행할 수 있는 체계를 구축할 수 있는 밑거름이 될 것이다.

(2) 노인복지시설 내 학대예방 강화

2008년 7월「노인장기요양보험법」 시행 이후 노인요양시설이 증가하였고, 이에 따라 시설 내 학대도 증가한 것으로 보인다. 문제는 복지시설의 경우 학대가 시설 내부에서 발생되기 때문에 발견이 어려우며, 은폐의 가능성이 높고, 장기화될 경우 심각성이 높아질 수 있다는 것이다. 이러한 시설 내 학대를 예방하고 방지하기 위해서는 우선 시설학대 판정의 투명성을 강화해야 한다. **2015년 노인복지시설 인권보호 및 안전관리지침**에서는 시설에서 노인학대 발생 시 해당 시설장은 현장조사 결과를 바탕으로 **"학대사례조사판정위원회"를 개최**할 수 있도록 적극 지원해야 한다고 명시되어 있다. 2015년 개정 이전에는 학대사례조사판정위원회의 위원 구성이 시설장 및 직원 등의 내부위원들이 포함되도록 되어 있었으나 개정된 지침에 따르면 내부위원을 모두 배제하고, **경찰·법조인·관계공무원, 노인보호전문기관 등 외부위원으로 구성·운영**하며 시설장 및 시설 내부 종사자는 위원회에 참관하여 의견 제시 정도만 할 수 있도록 하고 있다. 이러한 법규의 개정에 맞춰 시설 내 학대사례의 투명성과 공정성 확보를 위하여 노력해야 할 것이다. 이와 함께 시설학대예방을 위한 체계적인 법적 근거를 마련하고, 교육 및 홍보의 활성화, 시설학대 내부신고자를 위한 보호체계의 강화 등과 같은 방안도 함께 고려되어야 할 것이다.

(3) 신고의무자 대상 교육 및 홍보활성화

2014년 현재 노인복지법에서 규정하고 있는 **노인학대 신고의무자의 노인학대 신고율은 전체의 20.1% 수준**이다. 신고의무자의 경우 노인학대사례의 조기발견이 쉬울 뿐 아니라, 이들은 주로 전문가 집단으로 구성되어 있어 상호 협력을 통해 학대피해노인을 위기상황에서 신속히 대응하고 보호할 수 있는 집단으로 신고의무자의 신고는 매우 중요하다. 그러나 전체에서 차지하는 신고의무자의 비율은 미흡한

수준이다. 유사기관인 아동보호전문기관의 경우 신고의무자의 신고비율이 40.0%
(2013년)로 노인보호전문기관과 두 배 가까이 차이가 난다. 이렇듯 차이가 나는 이유
는 아동보호전문기관의 경우 24개 신고의무자 직업군(2014년)이 있고, 노인보호전문기
관의 경우 그의 절반 수준도 안 되는 8개 직업군에 불과하기 때문인 것으로 판단된다.
따라서 노인학대 발생 징후의 조기발견이 가능한 직군을 발굴하여 점차적으로 신고
의무자의 범위를 확대해 나갈 필요가 있다. 이 외에도 신고의무자의 직군별 맞춤형
교육자료를 개발하여 신고의무자의 인식수준을 향상시키기 위한 노력 등이 필요하다.

(4) 학대행위자 대상 개입 강화

학대행위자의 경우 학대행위를 부인하고 상담 및 서비스 제공을 거부하는 등
비자발적인 성향을 가지고 있다. 노인학대행위자의 상당수는 **아들, 딸 등 "자녀"에
의한 학대**로 학대피해노인은 자녀가 학대를 하여도 신고하기를 꺼려하며, 신고를
하여도 형사처벌을 받는 것 까지는 원하지 않는다. 단지 **상담이나 치료 프로그램, 병
원입소 등**을 통해 학대행위자인 자녀의 태도가 개선되길 바란다. 그러나 학대행위
자의 대부분이 상담이나 서비스 제공을 거부하고 있어 학대행위에 대한 근본적인
문제해결에 어려움을 겪고 있다. 이를 개선하기 위하여 비자발적인 **학대행위자에 대
한 상담 및 교육이 가능하도록 법적근거를 마련**하고 민간영역에서는 **학대행위 근절
과 가정회복을 위한 학대행위자 대상 프로그램·서비스 개발이 필요**하다. 이와 함께
학대행위자 교육 및 상담참여에 대한 권고규정의 신설과 학대 원인을 해결할 수 있
는 사회서비스를 지속적으로 연계·확대하는 방안이 마련되어야 할 것이며, 노인보
호전문기관 상담원 자격기준에 정신보건 전문요원을 추가하여 학대행위의 원인된
행위를 치료 및 상담할 수 있도록 할 필요성이 있다.

Ⅳ. 장애인의 인권

장애인에 대한 인권적 관점은 장애를 가진 사람들을 '대상'이 아닌 '주체'로 보
는 것을 의미하며, 권리의 문제는 장애를 가진 사람들이 '차별' 없이 모든 인권을 동

등하고 효과적으로 향유하도록 보장하는 것과 관련되어 있다. 그러나 우리나라 법제도의 현실은 아직까지 이를 충분히 보장하고 있지 못하며 장애인은 거의 모든 영역에서 심각한 차별을 당하고 있다. 이러한 현실을 개선하고 장애인의 인권을 보장하기 위해서는 헌법과 법률의 제·개정을 통해 차별금지와 기회균등을 보장하고 동시에 장애로 인한 특별한 욕구를 충족하기 위한 사회보장과 복지서비스의 확대 등국가적 차원에서의 '합리적 배려'와 '적극적 조치'를 통한 사회권보장이 이루어질 필요가 있다.

1. '장애'에 대한 정의

(1) 무엇이 '장애'인가

장애인의 인권은 그가 속한 사회가 장애를 어떻게 정의하고 어떻게 바라보는가에 따라 달라질 수밖에 없다. 즉, 장애를 개인의 불운, 전생의 죄의 결과로 바라보는 사회에서 장애인은 사회로부터 '**분리**'되거나 '**열등한 존재**'로 취급받아 왔다. 장애의 개념을 '**개별적 손상**'과 '**의학적 상태**'로 바라볼 때 장애인을 권리의 주체로서보다는 치료의 대상, 자선의 대상으로 바라보기가 쉽다. 이러한 장애에 대한 편견과 차별에 맞선 장애인단체와 당사자들의 저항과 투쟁의 결과, **장애에 대한 정의**는 점차 **개별적 손상과 질병에 따른 '개인적 문제'로 바라보던 관점**에서 '**사회환경의 영향을 강조하는 관점**'으로 발전해 오고 있다. 이는 **세계보건기구**(WHO)의 장애개념의 변화를 통해서도 확인된다. 즉, '장애'는 현대 산업사회의 산물로 개인의 의지와 무관하게 발생할 수밖에 없으며 따라서 장애는 개인의 책임이 아닌 **사회적 책임의 문제**라는 것이다. 장애에 대한 사회환경의 영향을 강조하는 관점에서는 사회환경에 따라 장애가 발생할 수도 있으며 그렇지 않을 수도 있다는 점에서 장애를 '장애를 가진 사람'이 아닌 '그가 속한 사회환경'으로 본다. 장애를 개인의 문제가 아닌 사회구조적인 문제로 인식하는 것은 장애문제 해결의 책임을 그가 속한 사회에 두고 장애인의 인권보장을 위한 사회적 노력을 강조한다는 점에서 매우 중요하다 할 수 있다.

(2) '장애'에 대한 법적 정의와 범주

장애에 대한 법적 정의 역시 그가 속한 사회에 따라 다양하다. 우리나라의 경우 장애에 대한 법적 정의는 **장애인복지법**에서 정하고 있는데, 동법 제2조에는 "**장애인**"이란 **신체적·정신적 장애로 오랫동안 일상생활이나 사회생활에서 상당한 제약을 받는 자**를 말하며, 여기에서 "**신체적 장애**"란 주요 외부 신체기능의 장애, 내부기관의 장애 등을 말하고, "**정신적 장애**"란 발달장애 또는 정신질환으로 발생하는 장애를 말하는 것이며, "**장애인학대**"란 장애인에 대하여 **신체적·정신적·정서적·언어적·성적 폭력이나 가혹행위, 경제적 착취, 유기 또는 방임을 하는 것**을 말한다고 규정하고 있다. 우리나라는 동 법률에 따라 **1988년부터 장애인등록제도를 시행**하고 있다. 유엔의 보고서에 따르면, 세계인구의 약 10%에 해당하는 6억 명이 넘는 사람들이 장애를 가지고 있으며 이를 적용할 때 우리나라에는 약 450만 명의 장애인이 있다고 볼 수 있다. 장애인의 범주는 장애인복지법에 근거해 지체장애, 시각장애, 청각장애 등의 **15가지의 장애로 구분**되어 있다. 그러나 이러한 장애범주의 구분에도 불구하고 여전히 손상이나 기능 이상이 겉으로 완벽하게 드러나야 장애로 인정하는 전통적인 방식을 벗어나지 못하고 있어 사회·환경적 개념을 포함하여 좀 더 적극적인 정의와 해석을 통한 범주 확대가 필요하다는 지적을 받고 있다. 예를 들어 스웨덴 등 서구 복지국가에서와 같이 의사소통이 어려운 **이주노동자**, 이동이 불편한 **임산부** 등의 **한시적 장애**도 장애의 범주에 포함시킬 필요가 있다.

[장애인복지법에 따른 장애유형 분류]

대분류	중분류	소분류	세분류	확대예상 장애범주
신체적 장애	외부신체 기능의 장애	지체장애	절단장애, 관절장애, 지체기능장애, 변형 등의 장애	소화기장애, 비뇨기장애, 만성통증, 기타 암
		뇌병변장애	중추신경의 손상으로 인한 복합적인 장애	
		시각장애	시력장애, 시야결손장애	
		청각장애	청력장애, 평형기능장애	

		언어장애	언어장애, 음성장애, 구어장애	
		안면장애	안면부의 추상, 함몰, 비후 등 변형으로 인한 장애	
	내부 기관의 장애	신장장애	투석치료 중이거나 신장을 이식받은 경우	
		심장장애	일상생활이 현저히 제한되는 심장기능 이상	
		간장애	일상생활이 현저히 제한되는 만성·중증의 간기능 이상	
		호흡기장애	일상생활이 현저히 제한되는 만성·중증의 호흡기기능 이상	
		장루·요루장애	일상생활이 현저히 제한되는 장루·요루	
		뇌전증장애	일상생활이 현저히 제한되는 만성·중증의 뇌전증(간질)	
정신적 장애	지적장애		지능지수가 70 이하인 경우	만성알코올·약물중독, 기질성뇌증후군, 치매, 기타 정신발달장애
	정신장애		정신분열병, 분열형 정동장애, 양극성 정동장애, 반복성 우울장애	
	자폐성장애		소아자폐 등 자폐성장애	

2. 장애인 인권의 핵심과 발달과정

장애에 대한 정의의 변화에서 나타나듯이 장애에 대한 관점은 지난 20년에 걸쳐 자선적인 접근에서 권리에 기초한 접근으로 극적인 변화를 겪었다. 1981년 UN 총회에서는 회원국이 '**장애인의 완전한 사회참여와 평등**'을 목표로 장애인에 대한 적극적인 시책을 펼 것을 촉구하며 '세계장애인의 해'를 선포하고 이듬해인 1982년 '**세계장애인의 해 행동계획**'을 채택하였으며, 1983년부터 1992년까지를 '세계장애인 10년'으로 정해 장애문제를 해결하기 위한 전 지구적 차원에서의 지속적인 노력을 촉구한 바 있다. 세계장애인 10년이 끝나 가던 1992년 아시아·태평양지역의 여러 나라에서는 세계장애인의 해 행동계획과 세계장애인 10년의 성과가 미흡했다는 비판에 따라 1992년 4월 UN ESCAP(아시아·태평양 경제사회이사회)에서는 '세계장애인 10년'을 계승·발전하려는 취지에서 '아태장애인 10년'을 선포했다. 이어 같은 해 12월 12일 행동강령을 채택했으며 매 2년마다 각국의 장애시책 진전에 대한 검토 및 평가를 위해 ESCAP 회의를 소집하였다.

우리나라에서의 장애인 인권운동은 1980년 중반부터 서서히 시작되었다. 본격적인 계기는 서울올림픽이 열리던 1988년 '최소한의 장애인복지제도도 갖추지 않고 장애인의 생존권을 보장하고 있지 못한 사회에서 장애인 올림픽을 개최하는 것은 기만이라며 올림픽 거부 및 장애자생존권보장운동'을 전개하면서 시작되었다. 88올림픽 거부투쟁과 생존권 확보운동을 주도했던 장애운동의 주체들은 장애문제를 '권리'의 문제로 풀어 가기 위한 조직적 운동의 토대를 세워 나갔다. 이후 1993년 군사정권이 무너지고 문민정부가 들어서면서 그동안 국가권력으로부터의 자유권 확보에 집중해 왔던 사회운동의 관심이 장애인 등 사회적 약자의 문제와 사회권 확보에 집중되면서 본격화되었다. 이러한 사회적 토대 위에 **1990년대 장애인운동은 장애 관련 4대 입법, 즉 「장애인 복지법」, 「장애인고용촉진 및 직업재활법」, 「특수교육진흥법」, 「장애인·노인·임산부 등의 편의증진 보장에 관한 법률」**의 제정을 이끌어 냈으며, 김대중 정부가 들어서면서 1998년 12월 한국장애인인권헌장이 채택되기에 이른다. 최근 장애인 실태조사에 따르면 우리나라의 추정 장애인구는 2000년 약 144만 9,496명이던 것이 2014년 272만 6,910명으로 나타나 2000년 이후 장애인구가 127만 7,414명 증가하였다. 장애인구의 증가와 더불어 장애인복지 수요가 새로이 발생하고 욕구 또한 다양화되고 있다. 특히 장애인의 경우 전생애주기, 그리고 보건, 교육, 취업, 복지 등 다양한 영역에 걸쳐 각각 차별적인 욕구를 가지고 있다. 이러한 장애인구의 증가 및 다양한 욕구에 부응하기 위하여 정부는 2011년 **장애인 연금제도와 「장애인활동 지도에 관한 법률(약칭: 장애인활동법)」 및 「장애아동 복지지원법」** 등을 검토하고 제정하였으며, 2013년에는 4차 장애인정책종합계획을 수립하는 등 다양한 정책을 지속적으로 개발하는 정책적 노력을 하고 있다.

3. 차별금지원칙과 장애인의 권리영역별 차별 실태

(1) 차별금지원칙

장애인의 권리논쟁은 특별한 권리 향유에 관한 것이라기보다는 오히려 장애를 가진 사람들이 차별 없이 모든 인권을 동등하고 효과적으로 향유하도록 보장하는 것과 관련되어 있다. **차별금지원칙**은 나이와 성(gender), 그리고 아동의 경우처럼 장애라는 특정한 맥락 속에서 광범위하게 관련되어 있는 인권을 형성하는 데 도움을 준다. 그러므로 차별금지와 그것을 통하여 장애인들이 동등하고 효과적으로 인권을 향유하도록 하는 것은 매우 중요한 개혁의 주제이다. 최근 조사결과에 따르면, 유엔 당사국들은 명백하게 장애에 관한 인권적 관점으로 움직여 가고 있으며 39개국이 장애의 맥락에서 차별금지법이나 기회평등법을 채택하였다. 우리나라의 경우 아직까지 장애인차별금지법이 제정되지 않았으나 2000년 이후 지속적으로 장애인차별금지법을 제정하기 위한 장애인단체와 당사자들의 노력이 계속 진행돼 왔으며 최근 들어 구체적인 제정 논의가 이루어지고 있는 상황이다.

(2) 권리영역별 차별 실태와 다중차별

장애는 시민, 정치, 경제, 사회 그리고 문화의 권리가 상호의존적이며 불가분의 관계임을 주장하고 증명하는 데 최적의 영역 중 하나이다. 이는 장애인의 차별실태에서 매우 잘 드러난다. 현실에서 장애인에 대한 차별은 정치, 경제, 사회 그리고 문화에 이르기까지 사회생활 전반에 걸쳐 매우 심각하게 이루어지고 있으며, 각각의 차별은 상호의존적이며 불가분의 양상으로 나타난다.

특히 장애인의 폐쇄적인 사회복지시설에 수용되는 경우 거의 모든 사회적 권리가 박탈당한다는 점에서 더욱 심각하다.

권리영역별 차별 실태를 좀 더 구체적으로 살피자면 첫째, **참정권**의 경우 선거 시 후보자에 대한 정보의 제공에 있어 청각장애인 또는 시각장애인을 고려하지 못하거나 투표소를 2층에 설치하여 접근을 차단하거나 장애가 있는 사람이 후보로 나서는 것을 제한하거나 비하하는 사회적 장벽 등에 의한 차별이 존재한다. 둘째, **자유권**의 경우 편의시설 설치의 미비 또는 적절한 이동수단과 활동보조인 지원 등 사회적 서비스가 지원되지 않는 데 따른 이동의 제한이 심각하다. 또한 장애로 인해 법적 절차를 거치지 않고도 사회복지시설 또는 정신병원에 감금되고 있어 자의에 의해 구금되지 않을 권리를 침해당하고 있으며 시설수용 시 종교선택의 자유, 사상 선택의 자유, 신체의 자유에 대한 침해가 심각하게 이루어지고 있다. 이러한 차별은 장애인이 동등한 권리의 주체가 되기 위해 필수적인 정당한 편의제공의 거부 또는 결여, 즉 합리적인 배려가 이루어지지 않은 데 따른 간접차별에 해당한다고 볼 수 있다. 셋째, **사회권**의 경우 대부분의 장애인은 노동을 통한 수입을 갖지 못하고 수급권과 수당을 통해 빈곤과 낙인 속에 살아가고 있으며, 최저임금법에서는 장애인을 최저임금 적용 제외대상으로 규정하여 최저임금조차 보장받고 있지 못하는 실정이다.

또 교육부문에서도 장애로 인한 교육기회의 차단, 적절한 교육환경의 부재로 인한 권리침해가 심각한 상황이다. 불과 10여 년 전까지만 해도 장애인은 의무교육의 대상에서 제외되어 있었다.

마지막으로 권리영역별 차별 실태와 더불어 장애가 있는 여성 또는 아동, 노인, 이주민, 동성애자 등 다중적 차별구조에 놓여 있는 사람들의 상황은 더욱 심각하며 이들에 대한 정책적 고려가 필요하다. 특히 장애가 있는 여성의 경우 가부장적 사회구조에서의 여성에 대한 차별이 더해져 교육과 노동 등 각종 실태에서 남성장애인의 절반 수준에도 미치지 못하고 있으며 여성의 외모를 중시하는 사회적 편견에 의해 무성적 존재로 치부당하거나 모성을 박탈당하는 등 이중적 차별구조가 심각한 것으로 보고되고 있다.

4. 장애인 관련 학대 현황

2018년을 기준으로 장애인학대 신고 건수는 3,658건이며, 이 중 학대의심사례는 1,835건(50.2%)으로 나타났다. 장애인학대의심사례 사례판정 결과, 장애인학대사례는 889건(48.4%), 비학대사례는 796건(43.4%), 잠재위험사례는 150건(8.2%)이었다. 장애인 학대로 판정된 889건의 피해장애인 성별은 남성 488건(54.9%), 여성 401건(45.1%)로 남성이 더 많은 것으로 나타났다. 또한 학대사례 중 828건(93.1%)은 장애인복지법상 장애인으로 등록되어 있었으며, 61건(6.9%)은 장애인으로 등록되어 있지 않았다. 장애인으로 등록되지 않은 장애인들에 대한 학대도 유의미한 수준으로 일어나고 있음을 알 수 있다.

학대피해 장애인 중 지적장애인 비율이 66%(587건)로 장애유형 중 가장 높은 비율로 나타났으며 다음으로는 지체장애 61건(6.9%), 정신장애 50건(5.6%) 순이었다.

장애인학대행위자의 성별은 남성이 573건(64.5%), 여성이 310건(34.9%), 파악이 안 된 사건이 6건(0.7%)이었다. 60대가 233건(26.2%)으로 가장 많았으며, 다음으로는 50대 230건(25.9%), 40대 143건(16.1%) 순이었다.

장애인거주시설 종사자에 의한 학대가 349건으로 가장 많았으며(39.3%), 그다음으로는 가족 및 친인척이 271건(30.5%), 타인 264건(29.7%)이었다. 장애인과 밀접한 관계를 맺고 있는 사람들에 의한 학대 비율이 상당히 높다는 것을 알 수 있다.

학대 발생장소는 피해장애인의 거주지가 311건(35.0%)으로 가장 많았고, 장애인 거주시설이 195건(21.9%), 직장 및 일터가 109건(12.3%)이었다. 즉, 장애인이 일상적으로 생활하고 있는 공간에서의 학대피해가 가장 많았다.

장애인학대 유형을 분석한 결과 신체적 학대가 339건(27.5%)으로 가장 높게 나타났으며, 다음으로는 경제적 착취 302건(24.5%), 방임 229건(18.6%), 정서적 학대 70건(7.9%), 성적 학대 111건(9.0%) 순으로 높게 나타났다. 장애인학대 유형별로 피해장애인의 성별을 보면 경제적 착취와 방임에서 각각 30.4%, 27.6%로 남성의 비율이 높았으며, 정서적 학대와 성적 여성이 남성보다 많았고, 특히 성적 학대의 경우 여성이 64.0%로 높은 차이를 보였다.

그리고 특히 발달장애인 학대가 2018년 전체 장애인학대의 70.4%(626건)를 차지하여 발달장애인이 학대 고위험군임이 드러났다[학대피해 장애인의 주장애 또는 부장애가 발달장애인인 경우를 모두 포함하여 전체 학대사례의 발달장애인 수치 68.5%(609건)와 차이가 있음]. 또한, 장애인복지시설, 노인복지시설, 아동복지시설, 정신건강복지시설, 교육기관 등 집단이용시설에서 발생한 장애인학대사례도 전체 학대의 35.2%(313건)을 차지했는데, 그 중 장애인거주시설이 62.3%(195건)로 가장 많았고, 그다음은 장애인이용시설 16.0%(50건), 교육기관 12.1%(38건)이었다.

위와 같은 조사결과를 바탕으로 하여 장애인 학대를 근절하기 위해서는 예방 및 조기발견, 피해자 지원, 재발방지의 차원에서 종합적으로 접근하여 조치를 마련해야 한다고 하며, 대국민 인식 개선 및 홍보강화, 다양한 신고 활성화 대책 강구, 적극적 초동조치 기반 확충, 장애인권익옹호기관의 예산 및 인력 확충, 지역사회 자립 및 정착 지원대책 강화, 촘촘하고 강화된 처벌을 위한 법령·기준 정비, 다각적인 재발방지 대책 마련이 필요하다.

5. 장애인의 인권을 구체화하기 위한 노력

(1) 국제법체계와 국제장애인권리협약 제정 노력

장애인의 인권이 보편적 권리를 동등하게 누리는 것을 의미한다는 점에서 장애인의 권리는 세계인권선언과 이를 구체화한 자유권협약, 사회권협약, 아동권리협약 등 국제협약에서 정한 권리를 포괄하고 있다. 그러나 장애에 대한 권리적 접근은 1981년 세계장애인의 해 이후에 시작되었다고 볼 수 있다. 실제로 그 이전에 제정된 세계인권선언과 국제협약은 장애에 대한 내용을 담고 있지 못하며 유일하게 아동권리협약만이 장애에 대한 차별금지와 관련 내용을 담고 있을 뿐이다. 그 밖에 장애인인권헌장(1975), 농·맹인의 권리선언(1977), 정신지체인의 권리선언(1971), 정신질환자의 보호 및 정신건강 서비스 증진을 위한 원칙(1991) 등이 있다. 또한 장애인과 관련된 주요 지역별 문서로 아프리카인권헌장(1981), 아메리카인권협약(1969), 유럽인권협약(1950), 헬싱키최종법(1975), 유럽사회헌장(1961) 등의 선언과 문서에서 장애인의 권리를 명시화하기 위한 노력이 이루어져 왔으나 선언적인 수준에 그쳐 법적 구속력을 담보하고 있지 못하다. 이후 2000년대에 이르러 국제장애인권리협약의 제정이 추진되고 있으며, 현재 추진 중인 국제장애인권리협약 초안은 유엔인권헌장에서 주요하게 보장되고 있는 6개 핵심 권리협약에 명시된 내용을 장애인의 전 영역에 걸쳐 권리로 인정하도록 함과 동시에 장애에 대한 시혜적 접근에서 벗어나 인권적 패러다임의 전환을 통해 장애인의 권리를 명확히 보장하는 것을 목표로 하고 있다.

(2) 헌법과 법률에서의 장애인 인권보장

일반적으로 국제협약에서 정한 기준은 국내에서 구체적인 법적 효력을 지니지 못한다. 따라서 협약에서 정하고 있는 권리들이 국내에서 실효성을 갖기 위해서는 헌법과 법률에 의해 구체화 될 필요가 있다. 우리나라의 경우 **헌법 제34조 제5항**에서 장애인에 대한 국가의 보호의무를 규정하고 있으며, **장애인복지법**(1989), **장애인 고용촉진 및 직업재활법**(1990), **특수교육진흥법**(1977), **장애인·노인·임산부 등의 편의 증진 보장에 관한 법률**(1997), **교통약자의 이동편의 증진법**(2005) 등이 있다. 이 외에도 각종 법률에 장애 관련 조항이 포함되고 있다. 그러나 우리나라의 헌법과 법률은 보편적 시민으로서 장애인의 권리를 보장하기 위한 차별제거와 적극적 조치를 통한 평등을 구현하기에는 아직 한계를 갖고 있다. 즉, 현행 헌법은 장애를 가진 사람을 권리의 주체로서가 아닌 보호의 대상으로 바라보고 있는 것이다. 또한 장애인복지법을 비롯한 5개 장애인 관련 법률은 생존권, 노동, 교육, 편의제공, 이동권 등을 보장하기 위한 적극적 조치를 규정하고 있으나 장애차별금지와 기회균등에 있어서는 선언적인 수준에 머물고 있어 장애차별과 사회적 장벽을 제거하는 데 근본적인 한계가 있다. 1998년 선포된 한국장애인인권헌장은 전문과 13개 조문에 걸쳐 장애인의 권리와 권리보장을 위한 국가의 의무를 포괄적으로 규정하고 있으나 이는 선언에 불과하여 법률적 효력을 갖고 있지는 않다.

(3) 공익소송운동

보편적 시민으로서 장애인의 권리를 실질적으로 보장받기 위해서는 헌법과 법률에서 정한 내용의 수준과 함께 법에 정한 내용을 일상에서 구체적인 권리로 살아 움직이도록 만드는 실천이 필요하다. 이러한 취지에서 우리나라에서도 1990년대 중반 이후 장애인의 인권을 보장하기 위한 법제개정운동과 함께 **공익소송운동**이 지속적으로 이루어져 왔다. 그러나 공익소송운동은 장애차별에 대한 구체적 법률규정이 결여된 현행 법률체계상 패소율이 높고 권리침해가 발생한 사후조치란 점과 소송과정에서의 비용문제와 정신적 부담이 크다는 점에서 한계를 가지고 있다. 따라서 장애차별을 좀 더 보편적 방식으로 규제할 수 있는 입법이 선행될 필요가 있다. 그럼에도 불구하고 법이 늘 살아 움직이도록 하는 데 있어 실천활동이 갖는 힘을 고려할 때 공익소송운동은 의미가 크며 사회적 지원이 확대될 필요가 있다.

6. 장애인 인권보장의 성과와 과제

(1) 장애등급제 폐지

2019년 7월 1일 장애등급제가 31년 만에 폐지되었다. 1988년 도입된 장애등급제는 의학적 심사를 바탕으로 1급에서 6급까지 장애인을 구분했다. 장애인에 관한 지원은 장애등급에 따라 차등적으로 제공되어 왔고, 장애계에서는 이런 방식이 장애인 개별 욕구를 고려하지 못한다는 비판을 끊임없이 제기했다. 이에 보건복지부는 장애등급제를 단계적으로 폐지하고 수요자 중심의 장애인 지원체계를 구축하기로 하였다. 보건복지부에 따르면 지원체계의 주요 내용은 ① 장애등급제의 단계적 폐지, ② 장애인 서비스 지원 종합조사 도입, ③ 전달체계 강화이다. 좀 더 구체적으로 살펴보면 먼저 1~6급까지로 나뉘었던 장애등급은 장애정도로 개편되었으며, 단 '장애정도가 심한 장애인(현행 1~3급)'과 '심하지 않은 장애인(현행 4~6급)'을 구분했다. 즉, 장애등급을 장애 중·경으로 이원화하는 것이며, 장애인등록은 현행대로 유지된다. 따라서 장애인이 심사를 다시 받거나 장애인등록증(복지카드)을 새로 발급받을 필요는 없다. 종전 1~3급 중증장애인 혜택도 그대로 유지된다. 장애등급 기준으로 지원되는 23개 서비스 지원 대상과 조례에 근거한 지방자치단체 장애인 서비스를 확대하며 장애등급제의 폐지를 고려한 관련 복지제도를 개선하였다.

(2) 장애인 인권보장의 과제

첫째, 국제장애인권리협약의 제정과 함께 협약에 대한 가입을 통해 국제기준에 따라 장애인 인권을 증진해 나가기 위한 노력이 필요하다. 둘째, 장애인차별금지법 또는 기회균등에 관한 법률제정을 통해 장애차별의 내용과 차별제거를 위한 노력, 피해자에 대한 권리구제방법을 구체적으로 정할 필요가 있으며, 장애인차별금지법의 제정은 향후 국제장애인권리협약의 국내 이행을 위한 기초법의 역할을 할 수 있도록 하여야 할 것이다. 셋째, 장애인의 인권보장을 위해서는 현행 헌법에서 장애인을 보호의 대상으로만 다루고 있는 점을 개정하여 장애를 이유로 차별받지 않을 권리를 더욱 명확하게 규정할 필요가 있다. 넷째, 관련 법률에 산재해 있는 장애차별조항이 삭제되거나 개정될 필요가 있으며 장애인시설에서 생활하고 있는 사람들의 인권보장과 탈시설 및 자립생활을 위한 법제개정 등 정책적 노력이 필요하다. 마지막으로 지적장애와 정신질환, 치매 등에 의한 의사표현 및 결정 능력이 취약한 성인이 최대한 자기결정권과 선택권을 존중받고 잔존 능력이 존중될 수 있도록 현행 민법의 성년후견인·한정후견인제도를 보다 세밀하게 개정할 필요가 있다.

V. 성(性)소수자와 인권

2020년은 이른바 '트랜스젠더의 숙명여자대학교 입학 논란'으로 시작되어 '이태원 클럽 코로나19 집단감염 사건', '부사관 트랜스젠더의 강제전역 사건' 등에 이르기까지 성소수자를 둘러싼 사회적 논란이 컸던 한 해였다. 성소수자의 인권에 대한 대중적 인식과 관심이 확대됨에 따라 이들에 대한 적대감의 표출도 적지 않았으며, 그 흐름에 편승하여 조직적 이익을 확보하려는 시도도 이어졌다. 다만, 2020년의 사건들은 대부분 일시적으로 대중의 주목을 받는 일회성 사건에 그쳤고, 그 관심의 크기에 비하여 깊이 있는 사회적 논의는 부족하였으며, 그 결과 가시적인 제도변화로 이어지는 사례는 드물었다.

1. 성소수자의 개념

(1) 성소수자의 의의

성소수자란 성적 지향을 이유로 사회적으로 **구별, 배제, 차별받는 집단**이라 정의할 수 있다.

그리고 이들은 결코 양적인 차원에서 수적으로 적은 사람들만을 의미하는 것이 아니다. 성소수자 문화 인권센터의 정의에 따를 경우, **동성애자, 이반, 양성애자, 성전환자, 양성생식기소유자, 레즈비언, 게이, 바이섹슈얼, 트랜스젠더, 인터섹슈얼, 퀴어** 등이 한국의 성소수자에 속한다.

(2) 성소수자의 역사

1) 한국

한국의 경우, 성소수자 인권운동은 최근 10년 동안 놀랄 만한 성장을 보여 주었다. 여기에는 대중매체에서 쉽게 접할 수 있는 연예인들의 '성정체성 드러내기' 또는 '커밍아웃'이 커다란 기폭제 역할을 했다는 사실을 부인하기 힘들 것이다. 2000년 동성애자인 **홍석천의 커밍아웃**, 그리고 2001년 **트랜스젠더인 하리수**의 등장은 변태성욕자나 정신병자의 전형적 이미지와 성소수자의 이미지를 막연하게 동일시했던 일반대중의 인식에 적지 않은 변화를 가져왔다. 그리고 이러한 대중적 인식의 변화는 곧바로 제도적 차원에서의 변화로 나타나기 시작하였다. 이 과정에서 국가인권위원회는 중요한 위치를 차지하였는데, 각종 사전에 남아 있던 동성애 비하 표현의 삭제, 동성애 사이트에 대한 규제 철폐, 군대 내 성적소수자 차별금지를 위한 관련 법령 수정 등의 성과를 얻어냈다.

특히 인권위원회가 편찬한 '**성적소수자 인권기초현황조사**' 보고서는 성소수자의 차별철폐와 인권보장을 위한 법적·정책적 근거를 마련했다는 점에서 커다란 의미를 지니는 것으로 평가받고 있다. 트랜스젠더의 성별 정정 문제에 있어서도, 2002년 부산지방법원의 판결을 계기로 한국 법원의 태도는 상당한 변화를 보여 주기 시작하였다. 이러한 2002년 판결이 아직까지 개별 법원의 수준에서 이루어지고 있는 한계에도 불구하고, "성전환자와 같은 성적 소수자에 대한 사회적·법적 인식의 변화 그리고 성적 소수자의 인간으로서의 존엄과 가치의 보장이라는 현대적 가치에 대한 재평가"로서의 의의를 지니는 것으로 보고 있다. 이와 같은 노력을 통해 점차 많은 사람들이 "성소수자인 '그들'은 이성애자이면서 절대다수인 '우리'와 크게 다르지 않으며, 그저 **성정체성의 '차이'**만 있을 뿐"이라는 생각을 공유하기 시작하였다. 이제 성소수자의 차별문제와 인권보장 문제는 공공영역에서의 정치행위와 대중매체의 문화콘텐츠 등을 통해서 공공연하게 다루어질 수 있는 주제로 자리 잡기 시작하였다.

하지만 성소수자 인권보장 관련 법령을 연구하는 학자들은 우리나라의 성소수자의 인권보장의 수준이 서구 선진국에 비하여 크게 뒤떨어져 있다는 점을 인정해야 하고 동성애자 인권보장에 있어 법제도적 측면에서 많은 장치가 필요하다고 분석하고 있다.

2) 외국의 사례

동성애자나 트랜스젠더와 같은 성소수자가 '**변태적 성범죄자**', '**성도착자**', 또는 '**정신병자**'라는 낙인에서 벗어나는 데에는 실로 오랜 세월이 걸렸지만, 가시적인 성과는 20세기 후반기에 집중되었다.

성소수자의 역사를 연구하는 학자들은 고대 그리스와 중국, 그리고 조선시대와 현재에 이르기까지 동성애는 인간의 일상적인 삶 속에서 일정한 부분을 항상 구성하고 있었다는 점을 일관되게 강조하고 있다. 성소수자의 역사를 고찰하는 문헌들은 정치적인 집단의 형성에 바탕을 둔 근대적인 동성애 해방운동의 맹아가 독일과 영국 등지에서 19세기 중반 무렵부터 나타나기 시작했다고 보고 있으며, 미국의 경우 동성애 인권운동은 제2차 세계대전 이후 매카시즘의 동성애 탄압에 대한 저항운동의 성격으로 구체화되었다고 보고 있다. 그리고 가장 영향력 있는 **20세기 성적 소수자 인권운동의 효시로서 스톤월 항쟁**[27]을 꼽는 데 주저하지 않는다. 스톤월 항쟁 이후 성소수자의 인권운동이 보다 조직적인 정치투쟁으로 거듭나기 시작하였다는 데에 관련 학자들은 입을 모으고 있다.

3) 성소수자의 법적 지위

우리 헌법상 성소수자의 인권에 관하여 명시적으로 언급되어 있지 않지만, 헌법 제11조 제1항(평등권), 제17조(사생활의 자유)를 근거로 한 성적 자기결정권 내지 프라이버시권에 의하여 보장된다. 「국가인권위원회법」 제2조 제3항, 「형의 집행 및 수용자 처우에 관한 법률」 제5조, 「군에서의 형의 집행 및 수용자 처우에 관한 법률」 제6조 제1항에서는 성적 지향을 이유로 한 차별을 명시적으로 금지하고 있다. 우리

---

27) 스톤월 항쟁은 1969년 6월 28일 발발하였다. 스톤월이란 이름은 크리스토퍼 스트리트에 있는 게이 바 '스톤월 인(Stonewall Inn)'에서 온 것으로, 스톤월 항쟁은 경찰들이 이 바를 습격한 데 반발한 게이, 레즈비언, 바이섹슈얼, 트랜스젠더 등이 이 앞에서 경찰과 몸싸움을 불사하며 벌인 시위를 일컫는다. 이후로 이 날을 기념하여 해마다 6월 마지막 주 일요일에 게이 퍼레이드가 열리게 되었고, 또 이런 이유로 뉴욕 게이 퍼레이드의 앞부분은 항상 정치단체나 비영리단체들이, 뒤로 가면서 게이 유흥업소들이 참여해서 퍼레이드는 언제나 화려하고 신나는 클라이맥스를 맞게 된다.

나라가 가입한 「시민적·정치적 권리에 관한 국제규약」 제26조 역시 차별을 금지하고 있고, 동 조항에 관하여 유엔인권위원회는 동성 간 성행위에 대한 처벌이 평등권을 침해한다고 판단한 바 있다.

다만, 「국가인권위원회법」은 기본적으로 국가인권위원회의 조직과 구성에 관한 법률로서, 차별금지에 관한 조항은 1개를 두고 있을 뿐이며, 그 피해구제와 관련해서도 권고적 효력만을 갖는 한계가 있다. 우리나라의 '포괄적 차별금지법' 입법 여부와 관련한 논쟁은 위와 같은 「국가인권위원회법」의 한계를 고려하여 국가인권위원회가 법무부에 차별금지 규정을 구체화하는 포괄적 차별금지법안을 마련하여 입법할 것을 권고하면서 시작된 것이다.

결국 현 시점에서 성소수자의 인권은 주로 헌법상 평등권 위반에 기초한 차별철폐의 주장으로 제기되고 있다. 평등권의 위반을 이루는 차별의 유형에 관하여는 ① 이성 간에서 허용되는 행위를 동성 간에서 불법으로 간주하는 유형, ② 그 자체로서 중립적인 법률의 내용을 성소수자에 대해서 차별적으로 적용하는 유형, ③ 일정한 권리가 특정 개인의 성적 지향을 이유로 부여 또는 부인되는 유형의 세 가지로 구분할 수 있다. 한편, 세계인권선언의 제1조는 "모든 인간은 자유롭고, 그 존엄과 권리에 있어 평등하게 태어났다"고 명시하고 있으며, 제2조는 "모든 인간은 이 인권선언에서 표방된 모든 권리와 자유를 향유하며, 인종, 피부색, 성별, 언어, 종교, 정치적 또는 기타의 견해, 출신국가나 출신사회, 재산, 출생이나 기타 지위 등 어떠한 이유로도 차별받지 않는다"라고 선언한다. 이러한 인권선언의 정신을 구체화하기 위하여 유엔인권이사회(UNHRC)는 2011년 6월 17일 "성적 지향과 성별 정체성에 관한 선언"을 최초로 채택한 이래로 2014년 및 2016년에 각 결의를 통하여 성적 지향과 성별 정체성에 기반한 차별과 폭력으로부터의 보호조치를 촉구한 바 있다. 그리고 위 결의에 따라 유엔인권최고대표사무소(OHCHR)에서도 2011년 및 2015년 전 세계의 성적 지향과 성별 정체성에 관한 인권 유린 상황을 조사한 각 보고서를 제출하였는바, 성소수자의 인권은 현재 국제인권법상 근거를 획득해 가는 과정에 있다.[28]

---

28) 대한변호사협회, 「2020 인권보고서」, 2021, 405-407쪽.

[성소수자에 관한 용어]

용어	해설
성적 지향성 (방향성)	• 성적 지향이란 특정한 성별의 상대에게 성적, 감정적으로 관심을 나타낸다는 뜻이다. 선택한다기보다 생물학적인 면에서 사랑과 성욕의 대상임을 나타내는 객관적인 현상을 지칭하는데, 성적 지향의 대상을 성별에 따라 분류하면 여성, 남성, 양성, 무성 등으로 나눌 수 있다.
성정체성	• 성정체성은 성적 지향성을 바탕으로 자신의 성적 상황을 스스로 인식하고 그 인식을 바탕으로 자신의 성적 주체성을 성립시키는 상태를 말한다. 즉, 자신의 성적인 관심의 대상을 스스로 확인하고 긍정하며, 그 상황에 따라 자신의 삶을 꾸려 가는 출발은 성정체성의 확립에서 시작된다.
젠더	• 젠더(gender)는 사회적, 문화적 성을 가리키는 말이다. 사람에게 규정되어진 사회적, 문화적, 정치적 의미의 성 구분이다.
동성애와 동성연애	• 동성애는 같은 성을 사랑하는 성적 정체성을 말한다. 성적 대상으로서 동성은 같은 생물학적 성(sex)일 필요는 없다. 즉, 동성애는 남성의 성정체성을 가지고 남성을 사랑하거나, 여성의 성정체성을 가지고 여성을 사랑하는 것을 말한다. • 일반인들이 자주 쓰는 동성연애는 자신의 성적 정체성을 바탕으로 동성에게 지속적이고도 자연스러운 애정관계가 아닌, 단지 동성 간의 육체적 결합만을 지칭한다.
호모	• 호모(homo)란 용어는 원래 19세기 말 헝가리 의사가 그 이전의 동성애를 종교적 또는 도덕적으로 모멸하던 용어(sodomy 등)를 대신하여 의학적으로 고안해 낸 용어이다. 즉, 범죄적이거나 윤리적 판단보다는 병리학적 인식으로 만들어진 용어이다. 그러나 산업화 이후 동성애자 탄압이 시작되면서 동성애와 동성애자를 모멸하는 용어로 사용되기 시작했다.
게이	• 게이(gay)란 용어는 이러한 호모란 용어의 차별성에 반대한 동성애자들이 어두운 동성애자의 이미지를 벗고, 밝은 이미지의 기쁨이란 의미에서 사용하기 시작했다. • 원래는 남·여 동성애자 모두를 지칭했으나, 지금은 주로 남성 동성애자를 지칭하는 말로 사용된다.
레즈비언	• 레즈비언(lesbian)은 여성 동성애자를 지칭한다. 고대 그리스의 유명한 여자 시인 사포가 그의 여성 제자들과 살았던 레스보스 섬에서 유래한다.
트랜스젠더	• 트랜스젠더(trans-gender)는 자신의 생물학적 성과 다른 성정체성을 지닌 이들을 총칭하는 말이다. 성전환의 여부와는 관계없이 다른 성을 지향하는 사람들을 지칭하므로, 외모나 복장으로 구분되어지는 것은 아니다.
커밍아웃	• 커밍아웃(coming-out)은 'coming out of the closet-벽장 속에서 나오기'의 축약이라는 것에서 보여지듯이, 동성애자 스스로 자신의 정체성을 긍정하고 외부에 자신의 성정체성을 밝히는 것을 말한다. 동성애자들이 억압받는 현시대에서 동성애자들이 자아를 형성하고 표출하는 하나의 통과의례처럼 여겨진다.

(이어짐)

이성애주의	• 이성애주의는 이성애라는 하나의 성정체성이 절대적이란 주장을 말한다. 이는 동성애를 비롯한 모든 성적 소수자들을 억압하기 위해 만든 이데올로기로서, 이성애주의를 강화하기 위해 동성애공포증(homo phobia)을 조장한다.
동성애공포증	• 동성애공포증은 이 시대에서나 볼 수 있는 현상으로 동성애에 대한 무조건적 거부감을 드러내는 것을 말한다. 논리적 배경 없이, 또는 정치적 목적으로 동성애자를 억압하거나 무작정 두려워하는 태도이다.

2. 성소수자 인권 관련 사례

(1) 트랜스젠더 하사의 강제전역

대한민국 육군 제5기갑여단에서 전차조종수로서 부사관으로 복무하던 변모 하사는 2019년 5월경부터 국군수도병원에서 '상세불명의 성주체성 장애'로 진단을 받아 정신건강의학과 치료를 받으며 군복무를 하던 중, 2019년 10월경 제5기갑여단장에게 여행국을 '태국'으로, 여행목적을 '의료목적의 해외여행'으로 하는 사전 국외여행 허가신청을 하였고, 제5기갑여단장으로부터 승인을 받아 출국하여 태국의 병원에서 'MTF 성전환수술(male to female, 남성에서 여성으로의 성전환)'을 받았다. 해당 하사는 귀국 후 국군수도병원에 입원하여 '고환의 결여 및 무형성', '성전환증'이라고 최종진단을 받았다. 이에 따라 육군본부의 전역심사위원회는 변모 하사의 전역 여부에 관한 심사를 개시하였다.

이에 국가인권위원회는 2020년 1월 21일 긴급구제로서 변모 하사에 대한 전역 심사를 연기할 것을 육군에 권고하면서, 현역복무 중 성전환자에 대한 별도의 입법이나 전례가 없고, 이 사건 부사관의 성전환 수술행위를 신체장애로 판단하여 전역 심사위원회에 회부하는 것은 성별정체성에 의한 차별행위로 볼 개연성이 있으며, 전역심사위원회 회부절차는 결과적으로 피해자의 기본권에 영향을 미치는 사안이 될 수 있고, 2020년 1월 22일 개최될 전역심사위원회에서 전역결정이 있을 경우 변모 하사에게 회복하기 어려운 피해발생의 우려가 있음을 이유로 제시하였다.

그러나 육군본부 전역심사위원회는 2020년 1월 22일 변모 하사에 대하여 '심신 장애 전역(퇴역)'을 강행·의결하였으며, 변모 하사가 위 전역처분에 관하여 육군본부 군인사소청심사위원회에 인사소청을 제기하였으나, 군인사소청심사위원회도 2020년 7월 3일 '고환결손' 및 '음경상실'이 심신장애 전역사유에 해당한다는 이유로 이를 기각하였다. 위 처분에 관하여 변모 하사가 불복하여 현재 전역처분 취소소송이 진행 중이다.[29] 한편, 국가인권위원회는 2020년 12월 14일 제20차 전원위원회에서 변모 하사의 진정신청을 인용하기로 하여 '전역조치는 차별'이라고 의결하였다.

위 사건의 경우, 변모 하사가 2020년 2월 10일 법원에 의하여 성별정정 신청이 허가되어 가족관계등록부상의 성별이 여성이 된 점을 고려할 때, 법적 성별이 여성이 된 사람에 대하여 '고환결손' 및 '음경상실'에 따른 심신장애를 이유로 전역처분을 하는 것이 적법한지 여부가 법리적 쟁점이 될 것으로 보인다. 한편, 법원의 판단과 관계없이 우리 군의 성전환자의 현역복무에 대한 허용 여부에 관한 입장이 구체적으로 정리되어야 할 필요성도 여전히 남아 있다. 참고로 2019년 기준으로 19개 국가에서 성전환자의 공개적인 군복무가 전면적으로 허용되고 있다.[30]

(2) 성전환자의 여대(숙명여대) 입학

2020년 한 트랜스젠더 여성이 숙명여자대학교 법과대학 정시모집에 합격했다는 소식이 전해져 논란이 되었다. 해당 학생은 2019년 태국에서 성전환수술을 받았다고 하며, 최초의 트랜스젠더 변호사로 활동하고 있는 박모 변호사를 롤모델로 법과대학에 입학하고자 숙명여대에 지원한 것으로 알려졌다. 숙명여대 측은 교칙상 이를 금지할 규정이 없으나, 처음 있는 일이라서 아무런 준비가 되어 있지 않다는 입장이었다. 그러나 숙명여대 등 6개 여자대학의 래디컬 페미니스트 모임을 중심으로 '트랜스젠더 입학반대 TF팀'이 구성되어 입학 반대운동이 거세게 일어났으며, 특히 숙명여대 재학생들이 단체로 입학처에 항의전화를 하고 총동문회에 항의 이메일을 보내거나 트랜스젠더 여성의 입학을 막기 위한 카카오톡 단체대화방을 만드는

---

29) 군인권센터 보도자료, "트랜스젠더 군인 변OO의 부당 전역, 사법부가 바로잡아야 한다", 2020. 8. 11.(https://mhrk.org/notice/press-view?id=2461)
30) 호주, 오스트리아, 벨기에, 볼리비아, 캐나다, 체코, 덴마크, 에스토니아, 핀란드, 프랑스, 독일, 아일랜드, 이스라엘, 네덜란드, 뉴질랜드, 노르웨이, 스페인, 스웨덴, 영국. 이 외에 쿠바, 태국의 경우 제한적으로 군복무가 허용된다. 위키피디아, "Transgender people and military service", (https://en.m.wikipedia.org/wiki/Transgender_people_and_military_service)

등의 행동을 하였다. 결국 2020년 2월 7일 해당 트랜스젠더 학생이 자신의 입학을 둘러싼 숙명여대 재학생과 졸업생들의 반대 여론에 부담감을 느껴 숙명여대 입학을 포기하고 재수하기로 했다는 소식이 전해졌다.

위 사건의 경우, 트랜스젠더 여성에 대하여 성전환을 이유로 집단적인 배척 움직임이 발생하여 대학의 입학이 좌절된 사건이라는 점에서 성소수자에 대한 혐오가 표현된 전형적인 모습으로 볼 수 있으며, 특히 인권운동 안에 공존해 온 여성운동과 성소수자운동 사이의 균열 가능성을 극적으로 보여 준 사건으로 평가된다. 이에 관하여는 현재까지 여성운동 내부에서도 의견이 엇갈리고 있으며, 특히 생물학적 성(sex)과 구별되는 사회적 성(gender)을 인정하지 않는 일부 래디컬 페미니스트(Trans-Exclusionary Radical Feminist, TERF)에 대한 평가를 두고 인권운동 진영 내부에서 논란을 야기하고 있다.

(3) 이태원 클럽에서의 코로나19 집단감염 사태

2020년 4월 30일부터 5월 5일까지 있었던 연휴기간에 서울특별시 용산구 이태원동에 소재한 다수의 클럽에서 코로나바이러스감염증-19 집단감염이 발생하였다. 특히 위 집단감염의 중심에 있던 확진자가 방문한 클럽 중 성소수자를 위한 클럽이 포함되어 있다는 사실이 자극적인 방식으로 보도되면서 성적 지향에 관한 아우팅 및 성소수자에 대한 혐오촉발 논란이 있었다.

위 사건 이전에도 정부 및 지자체가 확진자의 동선을 지나치게 구체적으로 공개하는 것이 사생활에 대한 침해가 된다는 논란이 있었으나, 특히 성소수자의 경우 자칫 동선 공개만으로 성소수자의 낙인이 찍혀 혐오범죄로 이어질 수 있다는 우려가 제기되었다. 성소수자단체 '차별금지법제정연대'를 포함한 '코로나19인권대응네트워크'는 "정부의 방역정책이 성소수자 혐오를 촉발한다"고 주장하며, "여러 지자체가 확진자를 특정할 수 있을 정도로 동선을 구체적으로 공개하고, 이태원 지역에 간 사람들에 대한 개인정보를 적법한 기준과 절차 없이 수집하고 있다", "기지국 수사, 강력한 행정명령 등의 시행과정에서 인권의 기본원칙이 침해되는 점이 우려스러운 상황"이라고 주장했다.

반면, 정부의 방역정책이 성소수자에게만 특별히 강력하게 적용되는 것도 아니고 이전부터 해 왔던 방역정책과 별 다를 바가 없으므로, 성소수자 인권을 이유로 동선을 구체적으로 공개하지 말라는 것은 감염에 노출되었을지도 모르는 수많은 시민들의 안전보다 성소수자의 프라이버시를 더 중요시하려는 것이어서 부당하다는 반론도 있었다.

위 사건의 경우 성소수자에 대하여 형식적으로 평등한 취급을 하는 것이 결과적으로 불평등한 결과를 가져올 가능성을 보여 준 것으로, 성소수자의 인권과 관련하여 발생하는 아우팅 등 특유의 어려움을 노정한 사례로 평가된다.

(4) 성소수자 단체 광고 무단훼손

성소수자 운동단체인 '성소수자차별반대 무지개행동'의 신청으로 2020년 7월 31일 서울 지하철 2호선 신촌역에 설치된 광고현수막이 게시 이틀 만에 훼손된 채 발견되었다. 위 광고는 시민들의 사진으로 "성소수자는 당신의 일상 속에 있습니다" 라는 문구를 넣은 것인데, 2020년 8월 2일 유독 위 광고만 해당 문구를 칼로 길게 찢고 글자 사이사이에도 칼집을 내는 등 난자되어 있었다. 위 광고는 2020년 5월경부터 국제 성소수자 혐오반대의 날을 맞아 홍대입구역에 게시될 계획이었지만, 서울교통공사 측이 "성소수자 관련 광고는 '의견광고'에 해당한다"며 한 차례 불승인 판정을 내렸었다. 이후에도 공동행동 측이 인권위에 진정을 내는 등 광고게시를 위한 행동에 나섰고, 재심의를 통해 8월 한 달간의 게시가 가능해졌는데 이에 대한 훼손행위가 일어난 것이다.

위 사건은 성소수자에 대한 혐오범죄가 구체적으로 표현된 것으로, 성소수자에 대한 혐오와 차별이 서슴없이 그 폭력성을 드러낼 수 있음을 섬뜩하게 보여 준 사건이다.

(5) 개신교단 내 성소수자 관련 활동의 징계

성소수자 축제에 참석하는 참가자들을 위해 축도했다는 이유로 감리교 목사가 교회 재판을 받아 논란이 되었다. 감리교의 헌법에 해당하는 '교리와 장정' 재판법에서는 '마약법위반, 도박 및 동성애를 찬성하거나 동조하는 행위'를 정직, 면직, 출교의 대상으로 규정하고 있었다. 그럼에도 영광제일교회 이 모 목사는 인천 부평구에서 열린 퀴어문화축제에 참석하여 성소수자를 축복하였고, 결국 교회 재판에 회부되어 2년 정직처분을 받았다. 이 목사는 위 교회 재판에 항소하였다.

한편, 한동대학교가 재학 중이던 학생이 성소수자 강연회를 개최하였음을 이유로 무기정학처분을 내린 사건도 발생하였는데, 학생이 무기정학처분 무효확인을 구하는 소를 제기하자 법원은 2020년 1월 30일 이를 인용하여 한동대학교의 무기정학처분이 위법하다고 판단하였다.

위와 같은 사건들은 성소수자의 인권이 직접적으로 침해된 사안은 아니므로, 성소수자의 인권에 부정적인 종교교단에게 그 자치규범에 근거한 징계권 행사를 어디까지 허용할 것인가의 문제로 귀결된다고 볼 수 있다.

3. 성소수자의 인권 관련 쟁점[31)]

(1) 포괄적 차별금지법 제정 문제

차별금지법은 개별 차별금지 사유나 영역별로 제정하는 입법례가 있는 반면, 차별금지영역과 사유를 모두 포괄하는 차별금지법의 입법례도 있다. 전자로 대표적인 것이 「장애인 차별금지 및 권리구제에 관한 법률」, 「고용상 연령차별금지 및 고령자고용촉진에 관한 법률」 등이 있으나, 성소수자 인권과 관련해서는 주로 후자의 '포괄적 차별금지법' 제정운동을 중심으로 논쟁이 이루어지고 있다.

포괄적 차별금지법은 2007년 제17대 국회에서 처음 발의된 이래로 매회 국회마다 계속하여 발의되고 있으며, 제21대 국회에서도 2020년 6월 29일 장혜영 의원(정의당) 등 10인의 발의로 접수되어 소관위원회에 회부되었다. 위 법안의 주요 내용으로는 '성적 지향'과 '성별정체성'을 금지되는 차별사유 중 하나로 명시하면서, 차별행위의 피해자가 국가인권위원회에 진정을 제기할 수 있도록 하되 시정권고를 받은 자가 이를 이행하지 않는 경우 이행강제금을 부과할 수 있도록 하여 실효성 있는 구제를 받을 수 있도록 하였고, 정부에게 차별시정기본계획 수립 및 이행결과 공개의무를 부과하였으며, 차별행위에 관한 입증책임을 전환하여 행위자가 차별의 부

---

31) 대한변호사협회, 「2020년도 인권보고서」, 2021, 418-424쪽 참조.

존재를 입증하도록 하는 규정 등을 두었다.

법조계에서도 포괄적 차별금지법의 도입 여부를 둘러싼 논의가 활발하게 이어졌다. 2020년 9월 24일에는 대한변호사협회와 서울지방변호사회 후원, 민주사회를 위한 변호사 모임 주최로 「포괄적 차별금지법(평등법) 제정을 위한 법조 토론회」가 열렸으며, 차별금지법안이 헌법적 기본권의 핵심 가치를 담아낸 것이라는 주장이 제기되었다. 2020년 12월 12일에는 인권법학회와 법원 국제인권법연구회가 공동으로 「포괄적 차별금지법과 법원의 역할」이라는 학술대회를 개최하였는데, 현직 법관들이 발제자로 참여하면서 법원이 적극적인 차별구제기관으로서의 역할을 다할 것을 주문하여 눈길을 끌었다. 이에 관하여 이미 국가인권위원회법에 따라 국가인권위원회가 평등권 침해적 차별행위에 대해 차별구제를 위한 조사와 권고를 할 권한을 보유하고 있으므로 새로운 입법은 불필요하다거나, 표현의 자유, 종교의 자유 등을 크게 위축시킬 우려가 있다거나, 국민적 합의가 부족하므로 명문의 입법화는 현재로서는 시기상조라는 등의 비판도 제기되고 있다. 특히 기독교계에서는 성서에서 금지하는 동성애를 보장하는 법은 자연법에 어긋난다는 이유로 반대의 목소리를 높이고 있으며, 복음법률가회도 2020년 10월 20일 「포괄적 차별금지법 바로알기 심포지엄」을 열어 포괄적 차별금지법의 전체주의적 경향을 우려하며 개별적 차별금지로 규율할 것을 주장하였다.

한편, 국제인권기구는 이미 여러 차례에 걸쳐 우리나라 정부에 차별금지법의 조속한 도입을 권고한 바 있으며, 대표적으로 2017년 유엔사회권위원회는 "당사국의 헌법이 성별, 종교, 사회적 신분의 차별만을 금지하는 것을 감안할 때 차별금지법 도입의 지연을 우려한다. 또한 위원회는 당사국이 차별금지사유를 둘러싸고 공감대를 형성하기 위하여 적극적이고 효과적인 조치를 충분하게 취하지 않은 것을 우려한다. 위원회는 포괄적인 차별금지법을 채택할 긴급성을 재확인하며 당사국이 인권존중의 보호와 인권의 평등한 향유에 대한 차별의 해로운 영향에 대해 국민과 입법자들에게 인식을 제고할 것을 권고한다"라고 한 바 있다.

(2) 동성혼의 합법화 문제

우리나라에서 동성애는 범죄가 아니지만 동성혼은 법적으로 제한되고 있다. 대표적인 사례는 서울서부지방법원(2016. 5. 25. 자 2014호파1842)의 결정으로, 법원은 2014년 동성애자인 A영화감독이 "동성 간 혼인신고를 수리해 달라"며 서대문구청을 상대로 제기한 가족관계등록부정정신청사건을 각하하였다. 재판부는 "혼인제도가 다양하게 변화되어 왔지만 혼인이 기본적으로 남녀의 결합관계라는 본질에는 변화가 없고 일반 국민들의 인식도 이와 다르지 않다"고 하면서, "동성 간 결합을 혼인으로 인정할 것인지의 문제는 헌법과 민법 등 관련 법률의 제정 당시에 예상하거나 고려하지 않은 새로운 문제이기 때문에 우리 법체계에는 현재까지 이에 대한 제도적 장치가 없는 상태로, 법률혼주의를 채택하고 있는 현행 법제에서 목적론적 해석론만으로 동성 간의 혼인할 권리까지 인정할 수는 없다"라고 판시했다.

이에 앞서 대법원도 방론으로, "우리 민법은 이성(異性) 간의 혼인만을 허용하고 동성(同性) 간의 혼인은 허용하지 않고 있다"는 전제하에 판단한 바 있고(대법원 2011. 9. 2. 자 2009스117 전원합의체 결정), 헌법재판소도 "혼인은 근본적으로 애정과 신뢰를 기초로 하여 남녀가 결합하는 것"(헌법재판소 2011. 11. 24. 선고 2009헌바146 전원재판부 결정)이라고 해석한 바 있다.

이와 관련하여 문재인 대통령은 2020년 8월 27일 한국교회총연합 등 교계와의 간담회에서 포괄적 차별금지법과 관련한 질문에 "한국 교회의 우려를 잘 알고 있다. 동성혼 합법화는 우려하지 않아도 된다"고 답하여 동성혼에 관한 반대입장을 밝혔으며, 이에 관한 합법화 찬성 측의 규탄도 이어졌다.

동성혼이 허용되는 외국에서 혼인신고를 하고 귀국하는 경우에도, 그 당사자의 국적이 대한민국(복수국적 포함)인 경우에는 혼인의 성립요건이 인정되지 않는다(국제사법 제36조 제1항). 혼인의 성립요건은 각 당사자에 관하여 그 본국법에 의하고(국제사법 제36조 제1항), 당사자가 둘 이상의 국적을 가지고 그 국적 중 하나가 대한민국인 때에는 대한민국 법을 본국법으로 하므로(국제사법 제3조 제1항), 현행법령상으로는 동성혼이 허용되는 외국의 복수국적을 가진 대한민국인이 그 외국에서 혼인신고를 하더라도 국내법상 혼인의 성립이 인정되지 않는다. 이와 관련하여 대한민국 국적의 동성애자인 한 여성이 2019년 5월경 미국 뉴욕에서 대한민국 국적의 배우자와 동성부부로 혼인신고를 하고 2019년 11월경 한국에서 결혼식을 올린 후, 2020년 5월경 종로구청을 찾아 혼인신고서를 접수하여 화제가 되었다. 그는 필수 준비서류,

공증이 필요한 부분을 모두 완비하여 혼인신고서를 접수하였으나, 약 4시간 후 불수리 통보를 받았다고 한다.

(3) 성전환자의 성별정정 및 개명 문제

성전환자의 성별정정 및 개명에 관하여 명시적인 법률은 없으나, 대법원은 "성전환자도 인간으로서의 존엄과 가치를 향유하며 행복을 추구할 권리와 인간다운 생활을 할 권리가 있고 이러한 권리들은 질서유지나 공공복리에 반하지 아니하는 한 마땅히 보호받아야 한다(헌법 제10조, 제34조 제1항, 제37조 제2항)"는 점을 근거로 "법령상 절차규정의 미비를 이유로 성전환자임이 명백한 사람에 대한 호적의 정정을 허용하지 않는다면 위 헌법정신을 온전히 구현할 수 없게 된다", "성전환자가 호적정정과 더불어 개명허가신청을 하여 법원이 호적정정을 허가하는 경우에는 그의 이름이 정정된 성에 부합하도록 하는 개명 역시 허가할 수 있다"고 판단하여 원칙적으로 성별정정 및 개명을 허용하고 있다(대법원 2006. 6. 22. 자 2004스42 전원합의체 결정). 또한 대법원이 2020년 2월 21일자로 「성전환자의 성별정정허가신청사건 등 사무처리지침」을 개정하여 성별정정권 행사 절차를 개선하였음은 앞서 살펴본 바와 같다. 다만, 대법원은 "가족관계등록부 정정허가는 성전환에 따라 법률적으로 새로이 평가받게 된 현재의 진정한 성별을 확인하는 취지의 결정이므로, 그 정정허가 결정이나 이에 기초한 가족관계등록부상 성별란 정정의 효과는 기존의 신분관계 및 권리의무에 영향을 미치지 않는다"는 법리에 기초하여, 성전환자가 현재 혼인 중에 있거나, 미성년 자녀가 있는 경우에는 성별정정을 불허하고 있다(대법원 2011. 9. 2. 자 2009스117 전원합의체 결정).

즉, 현재로서는 성전환자가 ① 성전환수술을 받아서 전환된 성으로 활동하고 있고, ② 현재 혼인 중이 아니며, ③ 미성년 자녀가 없는 경우에 한하여 성별정정이 허용되고 있다. 이 중 ② 요건은 동성혼의 인정 여부와 직결되는 문제이므로 동성혼이 허용되기 전에는 인정되지 않는 것이 법리적으로 일관될 것이나, 대법원이 '친권자와 미성년자인 자녀 사이의 특별한 신분관계와 미성년자인 자녀의 복리에 미치는 현저한 부정적인 영향'을 근거로 ③의 요건을 요구하는 것이 적정한지에 관하여는 비판의 여지가 크다. 친권자가 이미 성전환수술을 받고 사회적으로 전환된 성으로 활동하고 있는 상황이라면 가족관계등록부상으로만 전환되기 이전의 성을 계속 유지하도록 강요하는 것이 오히려 미성년자인 자녀의 복리에 부정적인 영향을 미칠 가능성이 높을 것이다.

(4) 동성애자의 군복무 및 군형법 제92조의6

현재 우리 군은 동성애자의 현역복무를 원칙적으로 허용하고 있다. 「군인의 지위 및 복무에 관한 기본법」 제11조는 "군인은 이 법의 적용에 있어 평등하게 대우받아야 하며 차별을 받지 아니한다"라고 규정하며, 부대관리훈령(국방부훈령)은 동성애자 병사의 복무 여건 보장을 위한 별도의 장(章)을 두어 "병영 내 동성애자 병사는 평등하게 취급되어야 하며, 동성애 성향을 지녔다는 이유로 차별받지 아니한다"라는 기본원칙하에, 동성애자 병사의 신상비밀 보장, 아우팅(outing, 성적 지향 또는 성별 정체성을 타인이 강제로 공개하는 것) 행위의 제한, 동성애자에 대한 구타나 가혹행위 등 일체의 괴롭힘과 차별금지, 성적 소수자 인권보호 교육 등 구체적인 금지·의무사항을 규정하고, "지휘관 등은 동성애자 병사가 단순히 동성애자임을 스스로 밝히는 경우에 강제 전역조치를 할 수 없다"라고 규정하였다. 다만, 동성애자 병사의 병영 내에서의 모든 성적 행위는 금지되며, 특히 동성애자 및 동성애 행위의 군형법에 따른 형사처벌 문제가 쟁점이 되어 왔다. 군형법은 1962년 제정 당시부터 "계간 기타 추행"을 형사처벌 대상으로 규정하여 동성애에 대한 비하적 표현 및 탄압으로 문제되어 왔으며, 현행 군형법에서도 제92조의6에서 "항문성교나 그 밖의 추행을 한 사람"을 처벌하도록 하여 문제가 되고 있다. 특히 군형법 제92조의6은 그 문언상 당사자의 동의 여부를 불문하고 처벌하도록 규정하고 있다는 점에서 강제 없이 합의에 의한 성관계 내지 성적 행위까지도 처벌하도록 해 성적 자기결정권, 사생활의 비밀과 자유, 신체의 자유를 침해하며, 이성애 행위에 대하여 아무런 처벌규정이 없는 점에 비추어 평등권도 침해한다는 논란이 있어 왔다. 즉, 위 조항은 폭행 또는 협박, 위계 또는 위력과 같은 '강제성(가해성)'과 공연음란죄를 구성할 수 있는 '공연성'이 전혀 존재하지 않는 성년인 군인 동성애자 사이의 동성애 행위에 대해서도 형사처벌을 하고 있다.

이에 관하여 헌법재판소는 이미 2002년, 2011년, 2016년 세 차례에 걸쳐 군형법 제92조의6이 합헌이라고 판시[32]하였으며, 그 근거로 위 조항이 "군이라는 공동사회의 건전한 생활과 군기의 확립을 입법목적으로 하는데, 동성 군인 사이의 성적 만족 행위를 금지하고 형사처벌하는 것은 이러한 입법목적을 달성하기 위한 적절한 수단이며, 우리나라의 안보상황과 징병제도하에서 단순한 행정상의 제재만으로는 동성 군인 간의 추행행위를 효과적으로 규제하기 어렵다"는 점을 들고 있다(헌재 2016. 7. 28. 선고 2012헌바258 결정). 다만, 2016년 결정에서는 4인의 재판관이 명확성 원칙에 위배된다며 위헌 의견을 낸 바 있다.

위와 같이 합헌결정이 여러 차례 있었음에도, 하급심 법원(수원지방법원)은 2020년 재차 위 조항의 위헌성 여부를 판단받기 위하여 위헌법률심판 제청을 하였으며, 이에 앞서 2017년경에 있었던 인천지방법원의 위헌법률심판 제청과 3건의 헌법소원과 함께 현재까지 헌법재판소에서 이를 심리 중이다(헌재 2020헌가3, 2017헌바357, 2017헌가16 등).

VI. 외국인노동자의 인권

1. 외국인노동자와 인권

(1) 왜 외국인노동자의 인권에 관심을 가져야 하는가

한 나라의 인권수준을 가늠하려면 그 나라의 재소자와 외국인노동자의 인권상황을 살펴보라는 말이 있다. 그만큼 재소자와 외국인노동자는 '너무도 당연히' 차별받고 소외당하고 있기 때문이다. 특히 외국인노동자에 대한 차별은 '외국인노동자의 노동이 우리 경제의 밑거름이 되고 있다'는 사실 때문에 더욱 부끄러운 일이다. 우리 사회에 필요하기 때문에 함께 살게 된 '외국인 노동자'를 어떻게 대해야 할지 생각해야 할 시기이다.

인권은 인간, 즉 사람의 권리'이다. 사람이면 누구나 가지고 있는 권리이고 누

---

32) 헌법재판소 2002. 6. 27. 선고 2001헌바70 결정; 헌법재판소 2011. 3. 31. 선고 2008헌가21 결정; 헌법재판소 2016. 7. 28. 선고 2012헌바258 결정.

구나 사람답게 살아야 할 권리를 가지고 있다. 하지만 우리는 흔히 외국인노동자 특히 미등록노동자는 아무런 권리도 인정받지 못할 것이라고 생각한다. 그러나 UN의 '모든 이주노동자와 그 가족의 권리보호에 관한 국제협약'에 따르면, 합법적 상황이든 불법적 상황이든 간에 관계없이 모든 외국인노동자와 그 가족은 어느 나라로든지 떠날 수 있는 자유와 본국에 돌아가 거주할 수 있는 권리, 생명권, 고문이나 잔악하고 비인도적 또는 품위를 손상시키는 대우나 처벌로부터 보호받을 수 있는 권리, 노예처럼 되지 않을 권리, 강제노동으로부터 보호받을 권리, 사상·양심·종교의 자유, 법 앞에 인간으로 인정받을 권리, 외국인노동자의 자녀는 성명·출생등록 및 국적에 대한 권리, 취업국의 국민과 평등하게 교육받을 권리 등을 갖는다. 그리고 합법적 상황에 놓여 있는 외국인노동자는 단체와 노동조합을 결성할 권리, 가족결합의 권리 등 추가적인 권리를 갖고 있다.

우리 사회는 아주 빠르게 개방되고 있다. 많은 한국인들이 외국으로 진출하고 있고 또 많은 외국인들이 한국에 들어와 살거나 일하고 있는 실정이고, 지금처럼 낮은 출산율이 계속 유지된다면 우리 사회는 빠른 시일 내에 고령화사회로 접어들게 되고 결국은 이민자를 적극적으로 받아들일 수밖에 없는 상황이 오게 될 것이다.

이제 '우리 한국도 어려운데'라거나 '우리 먼저 잘살고 그다음에 살펴야지'하는 논리는 통하지 않는다. 노동자도 이미 우리 사회의 구성원임을 인식하고 '한국인의 인권'과 '외국인노동자의 인권'이 결코 다르지 않음을 알고 동일하게 보려는 노력이 필요하다.

(2) 외국인(이주)노동자의 인권

국가는 자국민의 이해관계를 보전하기 위하여 외국인의 입국과 자국 내 취업을 통제한다. 국경통제는 내국인의 안전보장과 일자리보호를 위해 필수불가결하게 취해지는 국민국가의 주권(sovereignty)영역이다. 세계인권선언에서도 거주이전과 직업선택의 자유를 언급할 때 '한 나라의 영토 내에서'라는 전제를 달고 있다. 그러므로 일반적으로 국가가 이주노동자(migrant workers)의 직업선택과 거주, 이전의 자유를 규제하는 것은 일정부분 국제적으로 용인된다.

이주노동자는 외국인노동자(foreign workers), 이민노동자(immigrant workers), 이

방인노동자(alien workers) 등 다양한 명칭으로 불리지만, '일정기간 동안 다른 나라에 가서 돈벌이를 하는 사람'을 가리킨다는 점에서는 동일하다. 굳이 구분하자면, 외국인노동자 , 이민노동자, 이방인노동자는 노동력 수입국의 입장에서 이주노동자를 지칭하는 명칭으로, 송출국에서 해외취업 중인 자국인 노동자를 지칭하는 용어로는 부적합하다. 즉, '이주노동자'라는 말은 송출, 정착, 귀환이라는 이주의 전 과정을 포괄하기 위하여 사용하는 용어이다. 「모든 이주노동자와 그 가족의 권리보호에 관한 국제협약(International Convention on the Protection of the Rights of All Migrant Workers and Members of Their Families, 이주노동자권리협약)」에 따르면, 이주노동자는 "그 사람이 국적을 갖지 아니하는 나라에서 유급활동에 종사할 예정이거나 또는 이에 종사하는 사람으로 국경왕래노동자, 계절노동자, 선원, 근해시설노동자, 순회노동자, 특정사업관련노동자, 특별취업자, 자영취업자 등을 포함한다(제2조). 그러나 국제기구직원, 공무원, 투자가, 난민, 무국적자, 유학생, 연수생, '취업 또는 체류가 허가되지 않은 선원, 근해시설노동자' 등은 이주노동자에 포함되지 않는다(제3조).

그러므로 이주노동자의 인권은 국민국가로 구획되어진 세계사회를 전제로 하고 살펴볼 수 밖에 없다. 따라서 '국가의 주권'과 '국민의 배타적 기본권(시민권 원칙)' 및 '인간의 보편적 기본권'의 관계를 살펴보아야 한다. 이주노동자의 인권영역에 대해서는 '국가의 주권'과 '인간이 기본권'이 접합되는 부분이 적지 않기 때문이다.

(3) 이주노동자에게 인정되는 권리

'인간의 권리'로 간주되어 외국인에게 인정되는 기본권은 다음과 같다. 첫째, 외국인도 '인간으로서의 존엄과 가치'를 지니며 '행복추구권'을 가진다. 모든 국민은 인간으로서의 존엄과 가치를 가질 뿐 아니라, 행복을 추구할 권리를 가지기 때문에 외국인도 인간의 존엄성에 관한 헌법 제10조의 적용을 받음은 물론 행복추구권의 주체가 된다.

둘째, 대부분의 자유권은 인간의 권리를 의미하기 때문에 외국인에게도 원칙적으로 보장된다. 다만, 자유권 가운데 거주·이전의 자유(제14조), 언론·출판의 자유(제21조), 집회·결사의 자유(제21조) 등은 국가 안전 등을 이유로 제한의 대상이 되고 있다.

셋째, **평등권**은 상호주의 원칙에 따라 외국인에게 보장된다. 국내에 거주하는 모든 사람은 성별, 종교, 장애, 나이, 사회적 신분, 출신지역, 출신국가, 용모, 신체조건, 혼인 여부, 임신 또는 출산, 가족상황, 인종, 피부색, 사상 또는 정치적 의견, 전과, 성적 지향, 병력 등에 의해 고용, 재화, 용역, 교통수단, 상업시설, 토지, 주거시설, 교육시설, 직업훈련기관의 공급이나 이용에서 차별을 당하지 않을 권리를 가진다.

넷째, 외국인도 **경제적 기본권**을 가진다. 그러나 직업선택의 자유(제15조)를 비롯하여 토지소유권·광업권 등 각종 재산권에 관해서도 현행 법제도상 일정한 범위 내에서 내국인에 비해 여러 가지 제한을 받고 있다.

다섯째, **청구권**은 기본권을 보장하기 위한 기본권이므로, 일정한 기본권의 보장과 결부된 청구권은 외국에게도 인정된다. 그렇지만 국가배상청구권과 범죄피해 자구조청구권의 경우, 외국인은 내국인에 비해 엄격한 제한을 받고 있다.

(4) 이주노동자에게 인정되지 않는 권리

첫째, 외국인이 **정치적 자유**를 비롯한 선거권·피선거권·공무담임권·국민투표권, 기타 정치적 **활동권** 등 '**참정권**'을 향유할 수 없는 근거는 국민주권의 원리에 있다. 외국인들에게도 기본적 인권은 인정해도 참정권은 인정하지 않는 것은 국제인권법에 일관되게 나타나 있다. **참정권**은 '인권'이라기보다는 '**주권**'의 **영역**이라 할 수 있다. 다시 말해, 국민의 권리인 것이다. 국민주권 원리가 당해 국민의 의사결정에 의거한 국가통치를 요청하고 있으므로 외국인의 참정권 제한은 당연한 것으로 받아들여진다.

다만, '지방자치단체의 주요 결정사항에 관한 주민의 직접참여를 보장하기 위하여' 2004년 1월 29일 제정한 '**주민투표법**'은 합법체류 외국인이 지방자치단체 활동에 대한 제한적 참여를 허용한다. 주민투표권은 참정권이라기보다는 **주민자치권**으로 이해하는 것이 바람직하다.

둘째, **사회적 기본권**은 원칙적으로 자국의 **영토** 안에 있는 모든 '**사람**'에게 보장되어야 할 성질이 것이기는 하지만, 자국민의 인간다운 생활을 보장하기 위한 '국가 내적 실정권인 것이 적지 않으므로, 그 **제한의 폭이 광범위하게 인정**된다. 건강하고 쾌적한 환경에서 생활할 권리(환경권, 제35조), 신체적·정신적 건강을 향유할 권리(건강권, 제36조 제3항) 등은 **외국인도 당연히 누려야 하는 인간의 기본권으로 인정**된다. 또한 국내에서 일하는 노동자는 체류자격과 국적에 관계없이 **단결권·단체교섭권· 단체행동권, 즉 노동3권**을 가진다. 그러나 근로의 권리가 한국에서 생활하는 모든 외국인에게 허용되는 것은 아니다. 외국인이 한국에서 노동하는 것을 정부가 무한정 허용할 경우 국민의 취업기회가 제한될 수 있다는 점을 고려, 정부의 허가를 받아서 취업할 수 있도록 규정하고 있다. 즉, **근로의 권리는 외국인의 경우 한국인보다 대폭 제한**된다. 한국에서는 거의 대부분의 사회적 기본권에 대해 제한요건을 부여한다.

　　셋째, 외국인의 '**입국의 자유**'가 보장되지 않는 것은 국가가 어떠한 자를 입국시키는가에 관하여 결정권을 갖고 있다는 **국제관습법상 당연한 것으로 인식**되고 있다. 따라서 외국인의 입국을 허가할 것인가의 여부는 **해당 국가의 자유재량에 속하는 사안**이며 각국 정부는 자국의 영토주권에 의거하여 자유로이 외국인의 입국을 금지하거나 제한할 수 있다. 그렇지만 최근 국제교류가 활발히 이루어지고 있는 시점에서 원칙적으로 외국인의 입국을 인정하는 것이 국제관례이고, 「난민의 지위에 관한 협약」 가입국은 난민이라고 인정된 외국인을 받아들일 의무가 있는 등 '외국인 입국 통제에 관한 국가의 재량권'은 꽤 많은 제약을 받고 있다.

　　국제법상 국가는 외국인의 입국을 승인할 의무가 없고, 그 외국인의 출국을 금지할 수도 없다. 외국인에게 입국의 자유가 인정되지 않으므로, 일단 입국한 외국인이라도 한국에 체류할 권리가 자동적으로 부여되는 것은 아니다. 또한 그 외국인이 일시적으로 출국하여 재입국하는 경우에도 신규 입국과 마찬가지로 취급된다. 그러나 일단 입국을 허가받은 외국인에게는 '출국의 자유'가 보장된다. 또한 추방 또는 범인인도 등의 정당한 사유가 있는 경우, 국가는 외국인의 의사에 반하여 그의 출국을 강제할 수 있다. 그러나 경미한 범죄를 저지른 외국인에 대한 무조건적 추방명령은 부당하며, 이의신청 등 당사자의 구명권리가 보장된다.

　　요컨대, 대부분의 나라에서는 '**국가안전보장·질서유지 또는 공공복리**' 등의 사유가 있을 경우 헌법 또는 국내법을 통해 외국인의 '권리'를 일정 정도 제약한다. 외국인에 대한 권리의 제약이 이처럼 합당한 근거를 가질 경우, 일반적으로 용인되며 법적 차별로 간주되지 않는다.

2. UN 이주노동자권리협약

(1) UN 이주노동자권리협약의 의미

한편, 대한민국 국회가 비준하지 않았으나 발효된 국제법규들을 검토할 필요가 있다. 1990년 제69차 UN 총회에서 채택된 '이주노동자권리협약'은 국회가 비준하지 않았으므로 법률과 동일한 효력이 발생하는 것은 아니지만, 국제사회가 인정하는 규범이므로 중요하게 참조할 수 있는 기준이다. 그것은 각종 국제조약에 규정된 권리주체로서의 시민 또는 주민의 용어에 가려 사각지대에 있는 이주노동자와 그 가족을 보호하기 위해 만들어진 국제인권규범이다.

이주노동자권리협약은 우선적으로 이주노동자의 체류자격에 관계없이, 즉 그들이 비합법적 방식으로 입국하였거나 체류자격이 비합법 상태에 있다 할지라도 인간으로서 보호받아야 할 최소한의 권리들을 규정하고 있다. 출국의 자유, 생명권, 고문 또는 비인도적 형벌의 금지, 강제노동의 금지, 사상양심의 자유, 신체의 자유, 국외추방의 제한, 자녀의 권리, 노동조합에 대한 권리 등이 그것이다. 그것들은 모두 '인간의 권리'로서, 국제인권규약 등 기존 인권조약에 포함된 내용들인데, 그 적용 대상을 합법·비합법을 막론한 전체 이주노동자로 특정화한 것이다.

아울러 이 협약은 합법적 이주노동자에게 보장해야 할 추가적 권리를 규정하고 있다. 이주노동자권리협약에 의거할 경우, 합법체류 이주노동자는 일시출국의 권리, 이주·주거 선택의 자유, 결사의 권리, 본국의 공무에 참가할 권리, '가족 결합의 권리'와 '직업선택의 자유'를 보장받는다. 유입국 정부는 이주노동자의 정주(定住)를 막기 위하여 가족초청을 제한하는 것이 불가피하다고 판단한다. 또 유입국 정부는 자국인 노동자의 고용기회 침식을 방지하기 위하여 이주노동자의 취업 허용 직종·업종·규모 등을 제한해야 할 필요성을 강하게 인식하고 있다. 이러한 요인은 노동력 유입국에서 이주노동자권리협약을 비준하지 않는 핵심적 요인으로 작용하고 있다.

2005년 12월 13일 기준, 이주노동자권리협약에 가입한 34개국이 모두 노동력 송출국이고, 이주노동자를 받아들이는 선진국이 한 나라도 없다는 사실이 이러한 우려를 반영한다. 거의 모든 선진국들은 이 조항에 따라 이주노동자의 가족초청을 허용하면 그들의 정착을 초래할 수 있고, 또 자국인 노동자의 취업기회를 보호할 수 있는 장치가 부족하다는 점 등을 근거로 이 협약에 가입하지 않고 있다. 그 나라들은 자국민의 일자리를 보호하고, 사회복지 혜택을 자국민에게만 배타적으로 제공하며, 이주노동자의 자유로운 주거이동과 직업선택의 자유를 제약하면서, 그것을 '주권'행사의 측면으로 정당화하고 있다. 한국 역시 이주노동자권리협약에 가입하지 않았으므로, 현재로서는 비전문취업·연수취업·내항선원 또는 산업연수 체류자격을 가진 '합법적 이주노동자'에게 가족동반사증을 발급하지 않는 것과 사업장 이동의 자유를 부여하지 않는 것을 차별대우로 규정할 수는 없다.

(2) 앞으로의 과제

그렇지만 이 협약에 비준하는 나라들이 점점 늘어나고 있는 점을 고려할 때, **'외국인의 가족결합 제약'**과 **'노동이동의 제약'**이 영원히 합리화될 것이라고 판단할 수는 없다. 앞으로 전 지구화 추세가 강화될 경우 이주노동자 인권의 영역은 지금까지 국민의 배타적 권리로 여겨졌던 부분까지 점차 확대될 가능성이 있다. **이주노동자권리협약**은 아직 가입국 수가 많지 않으나, UN 총회에서 채택되어 발효된 국제인권규범의 하나로 다른 국제인권협약들이 그러했던 것처럼 국제관습법으로 이행하는 과정 중에 있다고 보아야 한다.

1966년 UN 총회에서 채택된 자유권규약과 사회권규약이 발효되는 데 10년이 걸렸으며, 가입국이 100개국을 넘은 것은 1990년대 중반 이후에야 가능했다는 점을 상기할 필요가 있다. 인권의 영역이 점점 확대되고 있다는 점, 또 경제의 전지구화 추세로 외국에서 생활하는 사람이 늘어나고 있다는 점 등을 고려할 때 이주노동자협약에 비준한 나라들의 수가 증가할 것은 자명하다. 한국은 이러한 세계사적 변동에 부응하기 위해서라도 **이주노동자권리협약에 서둘러 가입**해야 할 것이다.

VII. 결혼이주여성과 인권

1. 다문화사회에 대한 이해와 인권

(1) 문화적 차이에 대한 관용

모든 사람은 고유한 언어·관습·취향·종교·문화를 가지고 있으므로 특정한 문화 등을 강요할 수 없으며, 이로 인한 사회적 차별을 해서는 안 된다.

(2) 인권에 대한 국내적·국제적 기준

1) 국내적 기준

헌법 제6조 제2항에 "외국인은 국제법과 조약이 정하는 바에 의하여 그 지위가 보장된다"고 규정하고 있고, 제10조에는 "모든 국민은 인간으로서의 존엄과 가치를 가지며, 행복을 추구할 권리를 가진다. 국가는 개인이 가지는 불가침의 기본적 인권을 확인하고 이를 보장할 의무를 진다"라고 규정하고 있다. 우리 헌법재판소도 이러한 인간의 존엄과 가치 및 행복추구권은 '인간의 권리'로서 외국인도 주체가 될 수 있다고 판시하였다.[33] 또한 건강한 가정생활을 할 권리는 국적과 관계없이 모든 인간이 누려야 할 기본적 권리에 속하고, 국가는 이를 보장하여야 한다.[34]

2) 국제적 기준

가. 세계인권선언(제1, 2, 6, 7조)

모든 사람은 태어날 때부터 자유롭고 존엄하며 권리에 있어서 평등하다. 모든 사람은 인종·피부색·성별·언어·종교·정치적 의견 또는 기타의 의견·민족적 또는 사회적 출신·재산·가문 또는 기타의 지위에 따른 어떠한 차별도 받지 않고 이 선언에 규정된 권리와 자유를 지닌다.

나. 자유권규약(제2조 제1항, 제16조, 제26조, 제27조)

자유권 규약 제26조는 "모든 사람은 법 앞에 평등하고 어떠한 차별도 없이 법

---

33) 헌법재판소 2001. 11. 29. 99헌마494 결정.
34) 「대한민국 헌법」 제36조 참조.

의 평등한 보호를 받을 권리를 가진다. 이를 위하여 법률은 모든 차별을 금지하고, 인종·피부색·성·언어·종교·정치적 또는 기타의 의견·민족적 또는 사회적 출신·재산·출생 또는 기타의 신분 등의 어떠한 이유에 의한 차별에 대하여도 평등하고 효과적인 보호를 모든 사람에게 보장한다"라고 규정하고 있다. 더욱이 **자유권규약 위원회**는 제26조에 관한 **일반적의견** 18(UNDoc CCPR/C/21/Rev1/Add1, 21 November 1989)을 채택하고 동조에 광범위한 의미를 부여하면서 동조는 자율적 평등의 권리로서 동 규약에 이미 규정되어 있는 여러 권리에 한정되지 않고 시민적·정치적·경제적·사회적·문화적 권리의 범위를 넘어 적용된다고 본다. 또한 자유권규약에 있어서 차별이란 인종차별철폐협약(제1조) 및 여성차별철폐협약(제1조)에서 정의된 바를 그대로 채용함으로써 결국 제26조는 직접 및 간접의 어떠한 차별도 해당됨을 분명히 하였다. 자유권규약위원회는 평등이 반드시 동일한 취급을 의미하지는 않음을 명시하였으며, 특별히 다른 취급을 하는 구별의 기준이 합리적이고 객관적이며 그 의도가 자유권규약하에서 정당화되는 목적을 달성하는 것인 경우에는 반드시 차별로는 되지 않는다고 보았다. 다만, 자유권규약 제1선택의정서에 기하여 자유권규약위원회에 제기된 개별사례의 처리에 있어서 제26조는 비교적 좁게 해석되어 왔으며, 간접(다른효과)차별보다도 직접(다른취급)차별의 사례에 대처해 왔다고 말할 수 있다. 일반적으로 자유권규약 제26조의 법적 성질은 실질적 평등원칙을 의미하며, 이는 기회의 평등과 결과의 평등을 보장하고 사회의 모든 영역에서 사실상의 평등을 보장하기 위하여 차별금지원칙이 포괄적으로 적용됨을 뜻한다고 본다.[35] 자유권규약은 제3조 및 제26조 이외에도 제2조 제1항에서 인종·피부색·언어·종교 등과 더불어 성에 의한 차별금지를 일반적 차별금지의 하나로 규정하면서 국제연합헌장의 여성의 평등권을 보장하는 명문규정을 재확인하고 있다. 또한 제16조에서는 법 앞에서 인간으로서 인정될 권리보장에 관한 규정을 두고 있다.

　　Lovelace v. Canada 사건에서 Lovelace는 인디언의 마리시트족의 여성구성원으로 태어나 등록되었는데, 캐나다의 법제도하에서 비인디언과의 혼인 후 인디언 거류지에 살 권리를 포함한 부족구성원으로서의 제 권리와 특권을 상실하게 되자, 자유권규약 제1선택의정서에 기하여 통보를 행하고 이러한 인디언법이 자유권규약

---

35) 박정원, "인권조약하에서 이해되는 차별금지원칙의 성질", 최신외국법제정보, 2008, 113쪽.

제26조 및 제27조에 위반된다고 주장하였는바, 이에 대하여 자유권규약위원회는 당해 인디언법이 자유권규약 제27조에 위반된다고 결정하였다.36)

다. 사회권규약(제2조)

이 규약의 당사국은 이 규약에서 선언된 권리들이 인종, 피부색, 성, 언어, 종교, 정치적 또는 기타의 의견, 민족적 또는 사회적 출신, 재산, 출생 또는 기타의 신분 등에 의한 어떠한 종류의 차별도 없이 행사되도록 보장할 것을 약속한다.

Broeks v. The Netherlands 사건에서 기혼여성이 실업수당을 얻기 위해서는 주된 생계유지자라는 점을 입증하도록 요구하는 데 비해 기혼남성에게는 그러한 요구를 하지 않는 네덜란드 사회보장법에 대하여 이의를 신청한 네덜란드 여성(Broeks)의 주장을 지지하였다. 본 사례에서 네덜란드 정부는 사회보장에 관계된 남녀차별은 본래 **사회권규약 제2조**에 기해 점진적으로 해결되어야 하고, 즉시 실시의 자유권규약 제26조는 사회권에까지 미치지 못한다고 주장하였다. 또한 기혼여성에 대한 생계유지자 증명요건은 한정된 사회보장재원과 실업급부법 제정 당시의 남녀의 사회적 지위를 배려한 것으로 1980년대의 사건 당시에도 그 상황에는 변화가 없다는 것이었다. 그러나 자유권규약위원회는 이러한 네덜란드 정부의 주장을 기각하면서 그 이유로서 사회권에 관계된 차별이 사회권규약 제2조에 포함된다고 해도 자유권규약 제26조의 적용이 완전히 배제될 수 없으며, 동 제26조는 당국이 규제 및 보호하는 모든 분야의 법률상 혹은 사실상의 차별을 금지하는 규정이므로 사회권에 관계된 국가의 조치에도 적용될 뿐만 아니라 기혼여성에게만 생계유지자의 증명을 요구하는 것은 동조가 금지하는 차별기준인 '**합리적이고도 객관적인 기준에 기한 구별**'에 해당하지 않는 불합리한 차별에 해당하기 때문에 통보자에게 타당한 구제를 부여하도록 권고하였다.37)

라. 아동권리협약(제30조)

인종적·종교적·언어적 소수자나 원주민 아동은 본인이 속한 공동체의 구성원들과 함께 고유의 문화를 향유하고, 고유의 종교를 믿고 실천하며, 고유의 언어를

---

36) 이병화, "국제법상 여성의 인권과 문화상대주의의 한계", 대한국제법학회, 국제법학회논총 제53권 제3호, 2008. 12, 171쪽.
37) 이병화, 앞의 논문, 172쪽.

쓸 권리를 보호받아야 한다고 규정하고 있다.

(3) 인권교육과 인권침해에 대한 구제

인권감수성 함양을 위한 인권교육과 인권침해에 대한 지원체계의 유기적 연관성이 필요하다. 이를 위해서는 이주민의 인권에 영향을 미치는 **공무원, 사업주와 직원에 대한 인권교육의 의무화를 강화**해야 한다.

2. 국제이주여성의 유입배경

여성이 국제결혼을 통해 다른 나라로 이주하는 현상은 일차적으로는 이주여성의 개인적 선택의 문제이지만, 그 사회적 배경에는 전 지구적인 자본주의체계, 송출국과 유입국 사회와 정부, 국제결혼알선·중개업체 등 다양한 사회적 요인이 작용한다. 즉, 자본주의적 세계질서 속에서 국가 간의 불평등 발전과 여성의 상품화, 송출국가의 가난과 실업에 따른 자국여성의 송출에 대한 방관 내지 장려하는 정부정책이나 가부장적 사회문화, 유입국 사회의 신부부족문제를 외국여성으로 충원하려는 필요성과 이를 조장하거나 방관하는 유입국가정책, 국제결혼 성사를 통해 이윤을 추구하려는 국제결혼중개업체 등이 국제결혼을 통한 이주여성의 증가시키는 주요한 원인이 되고 있다.[38]

통계청 자료에 의하면 2004년부터 2006년까지 한국인의 혼인 10쌍 중 한 쌍이 외국인과 결혼하였고, 2005년에는 13.6%가 국제결혼을 하였으며 이 중 38%가 농촌지역이었다. 2006년에는 11.6%로 다소 감소하였으나 농촌지역은 41%로 오히려 증가하였다.

특히 베트남 여성들은 2000년 95명에 불과하였으나, 2006년에는 10,131명으로 크게 증가하였다. 근래에 연이은 결혼피해사례로 인해 베트남 정부가 한국인과의 결혼절차를 보다 엄격하게 심사하게 되자, 최근에는 국제결혼중개업체들이 캄보디아, 몽골 등으로 사업영역을 옮겨 가고 있는 추세이다.

2005년 보건복지부 조사에 의하면 전국적으로 국제결혼중개업체는 2,000여 개

---

38) 설동훈, 「노동력의 국제이동」, 서울대학교 출판부, 2000, 136면 이하 참조.

이상이고, 그 중 1,000여 개 정도가 실제로 영업을 하고 있는 실정이라고 한다. 그 동안 결혼중개업은 세무서에 신고만 하면 영업이 가능한 자유업종이었으나, 2007년 말에 제정·공포된 「결혼중개업의 관리에 관한 법률」(2007. 12. 14.)이 2008년 6. 15. 부터 시행됨으로써 국제결혼중개업은 신고제가 아닌 등록제로 바뀌었다. 이로써 그 동안 무분별하게 난립하면서 인권침해적인 많은 문제들을 야기하였던 국제결혼중 개업체들이 어느 정도 정비되고 이에 대한 행정당국의 규제가 가능하게 되어 매매 혼적 성격의 국제결혼 등 인권침해적인 요소가 점차 개선되는 계기가 되었다.

국제결혼으로 인한 다문화가족은 언어와 문화의 차이, 세대차이, 경제적 어려 움, 사회적 고립, 편견과 차별 등으로 인해 여러 가지 어려움에 처하게 된다. 여성을 상품화하고 결혼을 상업적으로 이용하는 결혼중개업체에 대한 지도·감독이 강화되 어야 한다.39)

「결혼중개업의 관리에 관한 법률」만으로 이주여성들의 인권과 가족들의 권리를 보호할 수는 없기 때문에 다문화가족협회와 같은 비영리단체를 만들어 이주여성들의 본국과의 네트워크를 활성화하여 국제결혼을 희망하는 사람들에게 제대로 된 정보 와 통역서비스를 제공함으로써 참된 의미의 만남이 이루어질 수 있도록 하는 방안 을 강구해야 할 시점이다.

3. 이주여성 관련 국내 법률의 내용

국제결혼을 비롯한 이주여성과 관련해서는 재한외국인 처우 기본법, 국적법, 출 입국관리법, 다문화가족지원법, 재외동포의 출입국과 법적 지위에 관한 법률, 결혼중 개업의 관리에 관한 법률, 각종 사회복지 관련 법 등에 관련 규정이 산재해 있다.

---

39) 결혼중개업체를 통한 한국인 남성과 외국인 여성의 국제결혼의 주요 과정과 그 과정에 나타나는 부 정적인 주요 실태를 살펴보면 다음과 같이 정리할 수 있다. 제1단계(모집, 상담, 회원가입): 인권침해 적 모집광고, 부정확한 정보제공, 과다한 중개비용 지불 → 한국결혼중개업체 해당국 출국 → 제2단 계(맞선 및 현지 결혼식): 결혼증명서 교부 전 합방 등 배우자의 자기결정권 침해 → 제3단계(혼인신 고 및 신부초청) → 제4단계(외국인 여성배우자의 입국 및 결혼생활 시작, 90일 이내 외국인등록) → 제5단계(결혼생활 2년 이후부터 영주 또는 귀화자격 취득 가능): 이질문화와의 접촉, 적응에 어려움 과 인권침해 발생, 경제적 빈곤과 자녀양육 환경의 취약, 체류 등 신분상의 불안 → 제6단계(자립역 량 강화): 언어와 취업역량의 미흡, 각종 차별과 문화차이에 따른 갈등).

(1) 재한외국인 처우 기본법

1) 국제화에 따른 외국인의 급격한 증가

최근 국내에 체류하는 이주민의 수가 급격히 증가하였다. 이주노동자의 법적
지위에 관하여는 「외국인근로자의 고용 등에 관한 법률」이 있고, 국제결혼에 의해
주로 이루어지는 이주민가족의 보호와 처우에 대하여는 「재한외국인 처우 기본법」
이 있다. 그러나 미등록외국인에 대하여는 「출입국관리법」에 강제퇴거규정을 두고
있으나 이들에 대한 보호와 처우에 관하여는 다른 법률이 없다고 할 수 있다. 합법
적이든 불법적이든 이주민의 수는 날로 증가하고 있는 것이 현실이다. 이들이 한국
사회의 발전에 기여하고 현실적으로 사회구성원으로 활동하고 있다는 사실도 부정
하기 어렵다. 그러나 다른 언어와 문화로 인해 한국사회에의 적응에 어려움을 겪고
있으며 이로 인해 갈등으로 사회통합을 저해하고 나아가서는 국가 간의 문제로 비
화하거나 국제적인 인권문제로 부각되고 있는 실정이다.

2) 「재한외국인 처우 기본법」의 내용

이 법률은 재한외국인이 대한민국 사회에 적응하여 개인의 능력을 충분히 발
휘할 수 있도록 하고, 대한민국 국민과 재한외국인이 서로를 이해하고 존중하는 사
회 환경을 만들어 대한민국의 발전과 사회통합에 이바지함을 목적으로 2007. 5. 17.
제정되어 2007. 7. 18. 발효되었고, 동법 시행령은 2007. 7. 18. 제정되어 같은 날부
터 발효되기 시작하였다. 이 법률의 주요 내용은 다음과 같다.

가. 적용대상(제2조)

재한외국인 처우 기본법의 적용대상이 되는 "재한외국인"이란 대한민국의 국적
을 가지지 아니한 자로서 대한민국에 거주할 목적을 가지고 합법적으로 체류하는 자
에 한정된다. 따라서 국제결혼에 의한 이주민가족, 영주권자, 난민, 재한외국인으로
서 국적취득 후 3년이 경과하지 않은 자, 전문외국인력, 외국인근로자, 외국국적 동
포, 유학생 등 국내에 합법적으로 거주할 목적으로 체류하는 외국인 전부를 그 적용
대상으로 하고 있다. 그러므로 불법체류자는 그 적용대상에서 제외되어 있다.

나) 외국인정책의 수립 및 추진체계

a. 외국인정책의 기본계획과 연도별 시행계획의 수립·시행 및 평가

① 법무부장관은 관계 중앙행정기관의 장과 협의하여 5년마다 외국인정책에 관한 기본계획을 상호주의 원칙을 고려하여 수립하고 외국인정책위원회의 심의를 거쳐 확정하여야 한다(제5조).

② 관계 중앙행정기관의 장은 기본계획에 따라 연도별 시행계획을 수립·시행 하여야 하며, 지방자치단체의 장은 중앙행정기관의 장이 수립한 시행계획에 따라 당해 지방자치단체의 연도별 시행계획을 수립·시행하여야 한다.

③ 관계 중앙행정기관의 장은 지방자치단체의 시행계획이 기본계획 및 중앙행정기관의 시행계획에 부합되지 아니하는 경우에는 그 변경을 요청할 수 있고, 그 시행계획의 이행사항을 점검할 수 있으며, 소관별로 다음 해 시행계획과 지난해 추진 실적 및 평가결과를 법무부장관에게 제출하여야 하고, 법무부장관은 이를 종합하여 **외국인정책위원회**에 상정해야 한다.

b. 업무의 협조요청

법무부장관은 기본계획과 시행계획을 수립·시행하고 이를 평가하기 위하여 필요한 때에는 국가기관·지방자치단체 및 대통령령이 정하는 공공단체의 장에게 관련 자료의 제출 등 필요한 협조를 요청할 수 있고, 중앙행정기관 및 지방자치단체의 장은 소관 업무에 관한 시행계획을 수립·시행하고 평가하기 위하여 필요한 때에는 공공기관장에게 관련 자료의 제출 등 필요한 협조를 요청할 수 있다.

다. 외국인정책위원회

외국인정책에 관한 주요 사항을 심의·조정하기 위하여 국무총리 소속으로 외국인정책위원회를 두고, 위원회는 위원장 1인을 포함한 30인 이내의 위원으로 구성하며, 위원장은 국무총리가 되고 위원은 대통령령이 정하는 중앙행정기관의 장을 포함하여 위원장이 위촉한 위원으로 구성된다. 외국인정책위원회에는 외국인정책실무위원회를 두도록 규정하고 있다(제8조). 법무부가 제시한 예시안으로 실무위원회 산하에 **전문인력유치위원회, 결혼이민자가족지원회, 국적·영주제도개선대책위원회, 불법체류대책위원회**를 두고 있다.

라. 재한외국인 등에 대한 처우

a. 재한외국인 등의 인권옹호

국가 및 지방자치단체는 재한외국인 또는 그 자녀에 대한 불합리한 차별 방지 및 인권옹호를 위한 교육·홍보 및 그 밖에 필요한 조치를 하여야 한다.

b. 재한외국인의 사회적응 지원

재한외국인의 한국사회 적응을 위한 교육·정보제공 및 상담지원을 할 수 있다.

c. 결혼이민자 및 그 자녀의 처우

결혼이민자에 대한 국어교육, 대한민국의 제도·문화에 대한 교육, 그 자녀에 대한 보육 및 교육지원 등을 할 수 있다. 대한민국 국민과 사실혼 관계에서 출생한 자녀를 양육하고 있는 재한외국인 및 그 자녀나 영주권자에 대하여도 동일하게 처우할 수 있다.

d. 영주권자의 처우

대한민국에 영구적으로 거주할 수 있는 법적 지위를 가진 외국인인 영주권자에 대하여는 대한민국의 안전보장·질서유지·공공복리, 그 밖에 대한민국의 이익을 해치지 아니하는 범위 안에서 대한민국으로의 입국·체류 또는 대한민국 안에서의 **경제활동 등을 보장**할 수 있다(제13조).

마. 국민과 재한외국인이 더불어 살아가는 환경 조성

재한외국인 처우 기본법의 적용 대상은 **합법적인 체류자**에 한정하고 있다. 인간이 누려야 할 기본적 권리의 향유는 인간의 체류상태에 따라 달라진다고 할 수 없다. 따라서 예컨대 미등록 이주노동자라 하더라도 임금체불, 산업재해 등과 같은 피해를 입은 경우에는 노동사무소 진정과 국내 사법절차를 통한 법적 구제가 가능하도록 하거나, 미등록 이주여성이 성폭력피해를 입은 경우 형사고소를 통해 피해구제가 가능하도록 하는 등 미등록 이주자에 대한 권리보호를 확대해 왔다. 그러나 불법체류외국인을 배제하는 것은 부모가 미등록 외국인이기 때문에 한국사회에 태어난 그 자녀도 **미등록 체류자**가 되어 보호대상에서 원칙적으로 배제되는 문제점이 있다. 따라서 **불법체류자와 그 자녀들**의 문제도 고려되어야 한다.[40]

---

40) 박선영, "이주여성과 그 자녀의 인권", 저스티스 제96호, 18쪽 이하 참조.

(2) 국적법

국제결혼 중 한국 남성과 외국인 여성이 차지하는 비율이 70% 이상을 차지하고 있다. 특히 농림어업 남성 종사자의 국제결혼비율은 2005년 2,8885건으로 35,9%를, 2006년에는 3,525건으로 41%를 차지하는 것으로 나타나 농어촌지역의 국제결혼 현상은 매년 증가추세를 보이고 있다.

한국 남성과 혼인신고한 이주여성의 국적별 통계를 보면, 베트남과 중국, 필리핀 여성이 90%를 차지하고 나머지가 몽골, 태국, 우즈베키스탄, 캄보디아 순이다. 특히 베트남의 경우에 2001년 1.3%, 2003년 7.3%, 2005년 18.7%, 2006년 33.5%로 현격히 증가하고 있다. 이는 국제결혼중개업체의 적극적인 주선활동과 지자체의 농어촌 국제결혼 비용 지원사업 실시 등도 한 요인이라 할 수 있다.

1) 혼인으로 인한 국적취득의 방법

대한민국의 국민이 되는 요건을 정하고 있는 국적법에 의하면 대한민국의 국적을 취득하는 방법으로는 **출생·인지 및 귀화에 의한 방법**이 있다. 국제결혼으로 인한 국적취득방법은 귀화에 의한 국적취득방법 중 일반귀화가 아닌 **간이귀화의 요건**을 충족하는 경우에 해당한다.

우리 국적법은 1997년 개정되기 이전에는 외국인 여성이 한국인 남성과 결혼하면 바로 국적을 취득하는 '**자동국적취득제도**', '**가족국적동일주의**'를 취하고 있었다. 그러나 일부 중국조선족 여성들의 위장결혼이 발생하자 이를 방지하고 남녀평등을 실현한다는 취지하에 혼인으로 인한 국적자동취득제도를 폐지하면서, 대한민국국민과 혼인한 외국인의 국적취득요건을 더욱 강화하였다. 즉, 배우자가 대한민국의 국민인 외국인으로서 ① **그 배우자와 혼인한 상태로 대한민국에 2년 이상 계속하여 주소가 있는 자와, ② 그 배우자와 혼인한 후 3년이 경과하고 혼인한 상태로 대한민국에 1년 이상 계속하여 주소가 있는 자**는 법무부장관의 귀화허가를 받아야만 우리 국적을 취득할 수 있도록 개정함으로써 결혼이주자의 국적취득요건을 오히려 강화하는 결과를 초래하였다.[41]

---

41) 국적법 제6조 제2항 제1, 2호 참조.

그러나 1997년 개정된 국적법의 간이귀화[42] 요건이 너무 제한적이고 비인도적이라는 비판에 직면하자, 2004년 재개정을 통해 혼인에 의한 간이귀화 요건 중 제6조 제2항에 제3호와 제4호를 추가로 신설함으로써 **간이귀화허가요건을 완화**하였다. 즉, ① **한국인 배우자와 혼인한 상태로 대한민국에 주소를 두고 있던 중 그 배우자의 사망이나 실종 또는 그 밖에 자신에게 책임이 없는 사유로 정상적인 혼인생활을 할 수 없었거나, ② 그 배우자와의 혼인에 의하여 출생한 미성년의 자를 양육하고 있거나 양육하여야 할 자**에게도 제1호 또는 제2호의 기간을 충족하고 법무부장관이 상당하다고 인정하는 자에게는 간이귀화를 허가할 수 있도록 하여 결혼이주여성의 국적취득이 가능하도록 하였다.[43]·[44]

2) 혼인에 기한 국적취득의 문제점

국적법의 간이귀화요건에 대하여는 다음과 같은 문제점을 지적할 수 있다.

간이귀화요건 중 제6조 제2항 제4호에는 "제1호와 제2호의 기간을 충족하지 못하였으나, 혼인에 의하여 출생한 미성년의 자를 양육하고 있거나 양육하여야 할 자로서 제1호와 제2호의 기간을 충족하고 법무부장관이 상당하다고 인정하는 자"라고 규정하고 있다.

그런데 혼인이주여성은 일반적으로 경제적으로 취약하기 때문에 '**혼인에 의하여 출생한 미성년의 자를 양육하고 있거나 양육하여야 할 자**'의 지위에 놓여 있지 않은 경우가 많다. 따라서 혼인 중에 배우자의 자녀를 출산한 경우에는

---

42) 국적취득에는 출생에 의한 취득, 인지에 의한 취득 및 귀화에 의한 취득이 있다. 귀화로 인한 취득은 귀화요건을 갖추어 법무부장관에게 귀화허가를 신청하면 심사한 후 귀화허가 여부를 결정한다. 귀화요건에는 일반귀화요건과 간이귀화요건 및 특별귀화요건이 있다. 간이귀화나 특별귀화의 요건에 해당하지 않은 자는 일반귀화요건을 갖추어야 귀화신청을 할 수 있다. 일반귀화요건으로는 ① 5년 이상 계속하여 대한민국에 주소가 있을 것, ② 대한민국의 민법에 의하여 성년일 것, ③ 품행이 단정할 것, ④ 자신의 자산이나 기능에 의하거나 생계를 같이하는 가족에 의존하여 생계를 유지할 능력이 있을 것, ⑤ 국어능력 및 대한민국의 풍습에 대한 이해 등 대한민국 국민으로서의 기본 소양을 갖추고 있을 것이 요구된다(국적법 제2~7조 참조).

43) 국적법 제6조 제2항 제3호 및 제4호 참조.

44) 2006년 5월 9일 법무부는 귀책사유 입증이 어려운 결혼이민자를 위하여 여성단체의 확인서를 입증자료로 제출할 수 있도록 하였고, 2007년 1월 10일 출입국관리국은 국적업무처리지침의 개정으로 한국인과 혼인한 후 그 혼인관계가 단절된 외국인이 공인된 여성관련단체가 작성한 확인서를 제출하는 경우에 국적신청접수가 가능하도록 하였다(김선아, "국제결혼 이주여성의 인권실태와 개선방안", 전북대학교 대학원, 2007. 2. 22.).

양육권이 누구에게 있든지 불문하고 간이귀화를 신청할 수 있도록 해야 할 것이다.

국제결혼에 기한 국적취득과 관련하여 우리 국적법의 특색은 다음과 같다.

가. 혼인에 기한 국적취득에 있어서 경제적 능력요건

구비서류로 본인 또는 가족이 독립하여 생계를 유지할 수 있는 능력이 있음을 입증하는 서류를 제출하도록 규정함으로써 한국인 배우자의 재정능력상태에 따라 이주여성의 국적취득 여부가 결정되도록 규정하고 있다.

나. 혼인에 의한 간이귀화신청 절차상 한국인 배우자에 대한 의존성

혼인에 의한 간이귀화신청 서류접수 시 반드시 한국인 배우자와 함께 출석하도록 하고 배우자의 신원보증을 필수적 신청서류로 규정하여 결혼이주여성의 한국 국적 취득을 한국인 배우자의 의사에 좌우되도록 하고 있다. 이러한 규정은 평등한 부부관계를 제도적으로 형성하지 못하도록 할 뿐만 아니라 가정폭력을 유발하는 계기를 제공해 주어 혼인파탄을 초래하는 원인이 된다고 할 수 있다.

다. 이혼 시 국적취득 요건의 엄격함

한국인 배우자의 귀책사유 등으로 정상적인 혼인생활을 할 수 없는 경우에는 이주여성이 상대방 배우자의 귀책사유 등을 입증하거나 또는 그 배우자와의 혼인에 따라 출생한 미성년의 자를 양육하고 있거나 양육하여야 할 경우에는 국적취득을 할 수 있도록 2004년에 국적법을 개정하였다.[45]

그러나 혼인한지 얼마 되지 않은 이주여성이 배우자의 폭력 등으로 혼인관계를 지속하기 어려운 경우에는 언어도 서툴고 한국의 법률·의료·사회 등의 제도도 잘 알지 못하므로 결혼이주여성 자신이 상대방 배우자의 귀책사유를 입증하는 서류를 구비하여 관계기관에 제출한다는 것은 현실적으로 매우 어렵다. 또한 결혼이주여성의 경제적 능력은 현실적으로 미약하므로 이주여성에게 한국과의 사이에 출생한 자녀에 대한 양육권을 인정할 가능성은 희박하게 된다.

3) 국적취득자의 외국국적의 포기의무

대한민국 국적을 취득한 **결혼이주여성**은 **대한민국 국적을 취득한 날부터 6개월**

---

45) 국적법 제6조 제2항 제4호 참조.

내에 그 외국국적을 포기해야 한다.[46]

4) 귀화허가 등의 취소

법무부장관은 거짓이나 그 밖의 부정한 방법으로 귀화허가나 국적회복허가 또는 국적보유판정을 받은 자에 대하여는 그 허가 또는 판정을 취소할 수 있다(국적법 제21조).

(3) 출입국관리법

출입국관리법은 대한민국에 입국하거나 대한민국으로부터 출국하는 모든 국민 및 외국인의 출입국관리와 대한민국에 체류하는 외국인의 체류관리 및 난민의 인정 절차에 관한 사항을 규정하고 있는 법이다.

외국인이 입국할 때는 유효한 여권과 법무부장관이 발급한 사증을 가지고 있어야 한다. 사증면제협정을 체결한 국가의 국민이나 기타 입국허가를 받은 자 등은 **사증**(visa)없이 입국할 수 있다.

1) 외국인등록, 체류기간연장신청 및 체류지변경신고

국제결혼으로 인한 혼인이주여성들도 다른 외국인과 동일하게 출입국관리법에 따라 90일 이상 체류할 때에는 입국일로부터 90일 이내에 외국인등록을 하고(제31조) 외국인등록증을 받게 된다. 또한 체류기한연장허가는 만료 전에 체류기간연장신청을 해야 한다. 이사 등으로 체류지가 변경되면 전입날로부터 14일 이내에 시·군·구청 또는 관할 출입국사무소에 체류지변경신고를 해야 한다. 체류자격이 상실된 경우에는 그 사유가 발생한 날부터 30일 이내에 체류자격을 받아야 하며, 체류자격을 변경하고자 하는 자는 그 신분변경일부터 30일 이내에 법무부장관으로부터 체류자격변경허가를 받아야 한다.

2) 체류권문제

종전까지는 대한민국 국민과 혼인한 외국인 이주여성은 **배우자 비자**(F-2) 소지자로서 취업활동을 하기 위해서는 '**체류자격외 활동허가**'를 받도록 하였으나, 2005

---

46) 국적법 제10조 참조.

년 출입국관리법 시행령 개정으로 전면적으로 자유로운 활동이 가능하도록 규정을 개정하였다.

대한민국 국민의 **배우자 비자**(F-2)를 소지한 자가 **영주비자**(F-5)를 받기 위해서는 5년 이상 국내에 거주할 것을 요건으로 하였으나, 이를 2년 동안 국내에 거주하면 영주비자 취득이 가능하도록 완화하였다. 이것은 혼인에 기초한 간이귀화허가 요건에 있어서 국내계속거주기간을 2년으로 한 것과 동일하게 그 기간을 조정한 것이다. 그러나 출입국관리국에서 혼인이주여성이 체류기간 연장신청이나 혼인에 의한 간이귀화신청을 할 때 배우자의 동행을 요구하도록 한 것은 개선되어야 할 것이다. 만약 결혼생활이 원만하게 유지되고 있는데도 불구하고 한국인 배우자가 악의적으로 체류연장이나 국적취득신청에 대한 도움을 거부할 경우에 결혼이민여성은 불법체류자가 되기 때문이다. 가령 이주여성 가정폭력 등으로 집을 나와 쉼터 등의 보호기관에 있는 머무는 경우에도 한국인 배우자가 관할 출입국사무소를 방문하여 신원보증을 철회하면 가출사유 등을 불문하고 불법체류자로 전락해 버리기 때문이다.47)

(4) 결혼중개업의 관리에 관한 법률

1) 국제결혼 성립과정의 실태

일반적으로 국제결혼이 성립하는 유형을 살펴보면, 친지의 소개, 직접 만남, 종교단체의 주선, 결혼중개업체의 중개 등 크게 4가지 유형으로 나누어 볼 수 있다. 친지가 소개하는 경우로는 중국 동포와 중국 한족의 경우가 많은 편이며, 결혼중개업체를 통한 경우로는 베트남, 몽골, 필리핀, 우즈베키스탄, 몽골, 러시아 등의 여성에게서 많이 나타나고 있다. 이 중 결혼중개업체를 통한 국제결혼의 경우에는 대부분 배우자를 소개받기 위해 당사자가 돈을 지불하였고, 결혼 전에 배우자가 될 사람을 한 번도 직접 만나보지 않고 결혼한 경우로 종교단체는 27%, 결혼중개업체는 17%에 이르고 있다. 또한 결혼이민자 5명 중 1명 이상이 남편에 대한 사전정보가 사실과 달랐다고 하며, 결혼중개업체의 경우에는 배우자에 대한 사전정보가 사실과

---

47) 박선아, "결혼이민정책에 관한 입법현황과 과제", 대구지방변호사회 창립60주년 기념세미나 자료집 (2008. 6.), 47면 이하 참조.

달랐다는 것이 무려 44%에 이른다는 조사결과도 있다.[48] 이것은 국제결혼 희망자 모집과정 및 신상정보 미제공 또는 허위제공의 문제가 심각함을 나타낸다.

2) 결혼중개업법의 내용

가. 제정목적

현대사회에서 만남의 기회가 한정된 성인남녀의 만남을 주선하고 결혼을 위한 상담과 알선 등 관련 서비스를 제공하는 결혼중개업이 성행하고 있으나 이를 관리하고 규제하는 법규가 미비하여 이것과 관련된 이용자들의 피해를 사전에 예방하기가 어려운 상황이다.

특히 오늘날 세계화 추세에 따라 국제결혼이 급격히 증가하였고, 그로 인해 인신매매성 위장결혼, 사기결혼, 허위정보 제공에 따른 피해 등으로 인해 사회문제로 부각되었다. 이러한 사정하에서 결혼중개업의 관리에 관한 법률은 국내(국제)결혼을 위한 상담 및 알선 등의 서비스를 제공하는 결혼중개업을 건전하게 지도, 육성하고 이용자를 보호함으로써 건전한 결혼문화 형성에 이바지하도록 할 목적으로 제정되었다. 이 중 국제결혼중개와 관련된 규정을 살펴보면 다음과 같다.

나. 주요 내용

a. 국제결혼중개업체의 창업 등에 대한 규제

국제결혼중개업의 등록제 실시, 휴폐업 및 영업재개 신고제, 일정한 자에 대한 결격사유와 겸업을 금지하고 있다(동법 제4~7조 참조).[49] 국제결혼중개업을 하고자 하는 자는 소정의 교육을 받고 보증보험금 또는 예치금, 중개사무소 등 갖추어 시, 도지사에게 등록하여야 하며, 휴업·폐업 등의 경우에도 신고하여야 한다(동법 제4조).

b. 결혼중개계약서 등의 작성

결혼중개업자는 결혼중개계약서의 작성(제10조), 외국 현지법령 준수(제11조),

---

48) 보건복지부, 「국제결혼 이주여성의 실태조사 및 보건·복지 지원 정책방안」, 2005. 그 외에 소비자 보호원에 접수된 2004~2006년 사이의 국제결혼중개업체로 인한 피해사례의 대표적인 유형으로는 계약해지 및 위약금 문제(31.4%), 상대방이 도망가는 등 혼인과 관련한 사기(23.9%)가 가장 큰 비중을 차지하고 있으며, 그 밖에 추가비용 요구(12.6%), 혼례지연(10.7%), 부정확한 정보전달(8.2%), 상대방의 지병, 신체적 결함 등 은폐(3.1%) 등으로 나타나고 있다.

49) 국제결혼중개업체에 대하여 현재 우리나라와 국제결혼이 증가하고 있는 중국, 베트남, 필리핀, 캄보디아 등 대부분의 국가에서는 상업적인 국제결혼알선행위를 법으로 금지하고 있다.

거짓, 과장된 표시·광고의 금지(제12조) 및 개인정보의 보호의무(제13조)를 부과함으로써 종래 국제결혼업체와의 관계에서 발생하던 여러 문제들을 최소화하기 위한 규제조항이 마련되었다.

c. 위반에 따른 각종 제재조치

결혼중개업체의 위반행위에 대하여는 시정명령, 영업정지, 폐쇄조치, 과태료(300만원 또는 100만원) 등 행정처분을 규정하고 있고, 중대한 위반행위에 대하여는 5년 이하의 징역 또는 5천만원 이하의 벌금에 처하거나, 3년 이하의 징역이나 3천만원 이하의 벌금에 처하도록 하여 벌칙조항을 강화하였다.

(5) 다문화가족지원법

이 법의 제정목적은 다문화가족 구성원의 안정적인 가족생활을 영위할 수 있도록 함으로써 이들의 삶의 질 향상과 사회통합에 이바지함을 목적으로 한다(제1조). 이 법에서 말하는 '다문화가족'이란 ① 재한외국인 처우 기본법 제2조 제3호의 결혼이민자와 국적법 제2조에 따라 출생 시부터 대한민국 국적을 취득한 자로 이루어진 가족, ② 국적법 제4조에 따라 귀화허가를 받은 자와 같은 법 제2조에 따라 출생 시부터 대한민국 국적을 취득한 자로 이루어진 가족을 말한다. 또한 '결혼이민자등'이란 다문화가족의 구성원으로서 다음 각 목의 어느 하나에 해당하는 자를 말한다. 즉 ① 재한 외국인 처우 기본법 제2조 제3호의 결혼이민자, ② 국적법 제4조에 따라 귀화허가를 받은 자를 말한다.

1) 국제결혼의 증가와 우리 사회의 변화

국제결혼의 급격한 증가로 우리 사회가 다인종, 다문화 사회로 급속히 변모하고 있다. 우리나라는 그동안 순혈주의 내지 단일민족 의식으로 인한 다문화가족에 대한 편견과 차별로 인해 주류사회에의 편입을 배제하는 배타성을 유지해 왔다. 이러한 일반의 태도에는 그동안 국제결혼을 하는 한국인들이 대체로 사회·경제적으로 하위계층에 속하는 사람들이 많고 그 배우자도 대체로 후진국의 여성들이 많기 때문이기도 하다.

2) 다문화가족의 형성유형

① 미군병사 남성과 결혼한 한국인 여성의 결혼으로, 이 유형이 1950년대와 1970년대 국제결혼의 주류를 형성했다. 이들은 미군 기지촌 주변에서 가정을 꾸리거나 미국으로 귀환하는 남편을 따라 외국으로 이주하였다.

② 외국인 남성전문직 종사자와 한국인 여성의 결혼에 해당하는 유형으로, 1980년 이후에 우리 경제력 향상과 국제무역의 활성화로 외국인의 국내유입과 한국인의 외국진출에 따라 증가하고 있다.

③ 한국남성과 외국인 여성결혼이민자의 결혼유형으로, 1990년대 들어와 '농촌총각 장가보내기 운동' 등으로 증가하였고, 1995년 이후에는 취업을 위한 방편으로 국제결혼을 하는 외국인 수가 늘어나면서 한국인 남성과 외국인 여성이 결혼하는 수가 그 반대의 경우보다 많아지게 되었다.

④ 외국이주노동자와 한국인 여성의 결혼으로, 1980년대 말부터 시작된 이 유형은 그 수가 많지 않다.

이와 같이 다문화가족의 형성과정은 크게 4가지 유형으로 분류할 수 있다. 이 중에서 적극적인 지원이 필요한 유형은 여성결혼이민자나 이주노동자와 결혼한 한국인의 경우이다. 즉, 결혼이민자 가족이나 이주노동자 가족의 경우에는 사회·경제적으로 하층에 속하므로 직업과 빈부에 따라 평가하는 우리 사회의 경향에 비추어 보면 비하와 멸시의 대상이 되기 쉽다.[50] 여성결혼이민자나 이주노동자들도 우리 헌법 제10조에서 말하는 '인간의 존엄과 가치'를 실현할 수 있도록 건강한 가정을 이룰 수 있도록 지원해야 한다.

이들을 지원하는 것은 국제인권선언을 비롯한 국제협약에 따른 인간의 보편적 권리인 인권이라는 관점에서 국제사회가 요구하는 것이기도 하다. 우리나라는 「이주노동자와 그 가족의 권리보호에 관한 국제협약」에 가입하지 않았기 때문에 비록 체약당사국으로서의 의무는 지지는 않는다 하더라도 국제인권법의 영역이 확대되는 세계적 추세에 비추어 국제사회의 요구가 강해지고 있다. 그러나 우리나라가 가입한 「**유엔아동권리협약**」은 불법체류 외국인근로자의 자녀의 교육권도 보장하도록

---

50) 김종보, 다문화가족지원법 제정을 위한 입법 공청회, 2007. 1. 26.

요구하고 있다.

이러한 국제사회의 요구뿐만 아니라 이주노동자나 여성결혼이민자는 우리 사회의 발전을 위해서 종사하거나 한국인과 결혼한 우리 사회의 구성원이고 또한 우리의 미래를 만들어 갈 자녀를 양육하는 사람들이므로 다문화가족을 지원하는 것은 사회의 건전한 통합과 우리의 후세대를 위해서도 필수적이라 하겠다.

3) 다문화가족지원법의 내용

① 국가와 지방자치단체는 다문화가족 구성원이 안정적인 가족생활을 영위할 수 있도록 필요한 제도와 여건을 조성하고 이를 위한 시책을 수립·시행하여야 할 의무가 있고, 보건복지부장관은 실태조사를 하여야 한다. 또한 다문화가족에 대한 이해증진을 위한 필요한 조치를 하여야 하고 결혼이민자들에 대하여 각종 생활정보 및 교육을 제공하여야 하며 평등한 가정을 영위하기 위한 노력을 하여야 한다. 또한, ② **가정폭력피해자에 대한 보호지원**, ③ **산전 산후 건강관리의 지원**, ④ **아동보육 교육지원**, ⑤ **다문화지원센터의 지정**, ⑥ **사실혼 배우자 및 자녀의 처우** 등에 필요한 조치를 하여야 한다.

그 밖에도 이 법 제5~12조까지의 규정은 **대한민국 국민과 사실혼관계에서 출생한 자녀를 양육하고 있는 다문화가족 구성원에 대하여 준용**하도록 규정하고 있다(제14조).

4) 다문화가족지원법의 개선방향

다문화가족에 대한 지원은 체류상태와 관계없이 이루어져야 한다. 왜냐하면 한국인과 국제결혼한 후 합법적인 체류가 한국인 배우자의 지원 여부에 달려 있는 현재의 국적법체계로는 국제결혼가정 내의 불평등한 가족관계를 형성하는 기제로 작용되어 왔기 때문이다. 다문화가족지원법이 합법적인 체류자로 한정한다면 결혼이주여성이 한국인 배우자의 체류연장에 대한 도움 없이는 불법체류자로 전락하기 쉽기 때문에 이들에 대한 지원이 현재의 다문화가족지원법으로는 불가능하기 때문이다.

물론 이 법이 사실혼관계에 있는 외국인 배우자와 그 자녀도 지원대상에 포함한 것은 진일보한 것이지만, 그것도 한국인과 그 사이에 출생한 자녀를 양육하는 것을 전제로 한 경우로 한정하고 있는 것은 문제이다. 이들을 이 법 제3조의 '**결혼이**

민자' 정의규정에 적극적으로 포섭하여 규정해야 할 것이다. 따라서 법률의 명칭도 '다문화가족지원법'이 아니라 '다문화가정지원법'[51)으로 변경하는 것이 좋다고 생각한다.

　　우리 사회가 순혈주의 내지 민족중심주의로의 지향성을 지닌 '**통합주의**'로 갈 것인지, 참된 의미의 '**다문화주의**(multi-culturalism)'로 나아가야 할 것인지 진지하게 고민하면서 그 방향성을 모색해야 할 것이다.

[동화주의와 다문화주의의 비교]

구분	동화주의 모델	다문화주의 모델
문화적 지향	문화적 동질화 추구, 추상적 타 문화의 이해와 수용	문화적 이질성 존중, 구체적인 타 문화의 이해와 수용
정책목표	소수집단의 주류사회로의 동화	소수집단의 고유성 인정
갈등해소	완전한 동화를 통해	완전한 참여를 통해
정책수단	소수집단 차별방지 법제화(소극적)	소수집단의 문화와 권리를 보호(적극적)
다양성 개념	사적 영역 문화다양성	사적, 공적 영역의 다양성
평등개념	기회의 평등	결과의 평등
이주민 관점	노동력, 이방인, 통합	사회구성원, 사회다양성의 원천
한계	이주민 동화의 현실적 어려움, 이주민에 대한 현실적 배제	민족정체성 약화, 사회적 분열 초래

(6) 사회복지 관련법

1) 국민4대보험법

　　귀화를 하지 않은 혼인이주여성도 국제규범상으로는 **국민연금법, 국민건강보험법, 고용보험법, 산업재해보상보험법** 등 4대 사회보험의 수혜 대상이 되지만, 호혜주의에 따라 우리나라와 사회보험협정체결을 한 나라는 미국, 영국, 독일, 프랑스, 캐나다, 필리핀 등이고 실제로 혼인이주여성이 많은 동남아시아 출신의 혼인이주여성들에게는 적용되지 않는다. 다만 중국의 경우에는 국민연금보험료를 상호 면제하기

---

51) 다문화가정이란 국제결혼가정뿐만 아니라 외국인근로자가정, 외국인유학생가정, 북한이탈주민(새터민)가정 등도 포함하는 개념이다.

로 합의하고 잠정조치를 시행하고 있다. 또한 국민건강보험의 경우 혼인이주여성은 국민건강보험법상 강제가입 대상이 아니고 신청에 의하는 임의가입 대상이어서 빈곤계층에 속하는 이주여성들은 대부분 신청하지 않고 있다.

고용보험의 경우도 고용보험법상 일단 고용보험에 가입하여 6개월 이상 보험료를 납입해야 최대한 2달 반 동안 실업급여를 받을 수 있으나(제7~8조), 이것 또한 경제적 사정으로 가입하지 않고 있는 실정이다.

산업재해보상의 경우는 국내에 취업하고 있는 모든 외국인 혼인이주여성을 산재보험의 당연적용자로 규정하고 있다(제5조). 그러나 현행 기초생활보장제도상 혼인이주여성들은 공적 부조의 대상에서 제외하고 있기 때문에, 가구원에 외국인 배우자가 포함되어 있는 경우 외국인은 수급자에 해당하지 않아 생계가 어려운 이들에게 이중의 고통을 안겨 주고 있다.

그 외에도 혼인이주여성과 관련하여 우리나라의 사회복지 관련 법제를 살펴보기로 한다.

2) 국민기초생활보장법

세계인권선언 제25조는 "**모든 사람은 식량·의복·주택·의료 기타 필수적인 사회역무를 포함하여 자신과 가족의 건강과 안녕에 적합한 생활수준을 누릴 권리를 가진다**"고 규정하고 있고, 헌법 제34조에 "**모든 국민은 인간다운 생활을 할 권리를 가진다**"라고 선언하고 있다.

이와 관련하여 2005. 12. 23. 국민기초생활보장법을 개정하여 제5조의2에 국내에 체류하고 있는 외국인 중 대한민국 국민과 혼인하여 대한민국 국적의 미성년 자녀를 양육하고 있는 사람으로서(대한민국 배우자와 이혼하거나 그 배우자가 사망한 경우에도 가능) 소득인정액이 최저생계비 이하가 아니지만 생활이 어려운 자도 수급권자가 될 수 있도록 개정하였다.[52] 이때 급여의 종류에는 생계급여, 주거급여, 의료급여, 교육급여, 해산급여, 장제급여, 자활급여의 7종이 있으며, 급여의 수준은 수급자의 소득인정액을 포함하여 최저생계비 이상이 되도록 하여야 한다.[53] 그러나 혼

---

52) 국민기초생활보장법 제5조의2 및 동법 시행령 제5조의2 참조.
53) 국민기초생활보장법 제7조 제2항 참조.

인이주여성에게는 국적취득 전이라 하더라도 의료비, 교육비, 주거비 등을 긴급지
원하도록 해야 한다. 기초생활보장제도가 신청주의로 되었으므로 신청을 하지 않으
면 혜택을 볼 수 없게 된다. 따라서 한국어에 서툴고 법제도도 모르는 혼인이주여성
이 신청하여 혜택을 보기는 어렵다. 따라서 혼인이주여성들의 빈곤탈출과 사회안전
망 구축이라는 측면에서 실사주의로 바꾸는 것도 고려해 볼 필요가 있다.

3) 긴급복지지원법

생계가 어려운 국민을 돕고 건강하고 인간다운 생활을 보장하기 위해 2005년
12월에 긴급복지지원법을 제정하였지만, 혼인이주여성에게는 실질적인 생계, 의료,
주거지원을 받을 수 있는 수급권 조항을 두고 있지 않다. 다만, 실제소득이 최저생
계비의 120% 미만인 자로서 미성년자를 양육하고 있는 국적 미취득 여성은 자활근
로사업 대상에 포함시키고 있지만, 나이 어린 자녀를 맡길 곳이 여의치 않다는 점이
다. 또한 위기상황에 처한 자에 대한 일시적 보호권에서도 이들이 제외되어 있다는
점에서 긴급복지지원의 실효성에 의문이 든다.

4) 건강가정기본법

건전한 가정생활의 영위와 사회통합을 목적으로 2004년에 제정된 건강가정기
본법을 개정하여 국제화 사회에 대비하기 위한 다문화가정 관련 조항을 신설할 필
요가 있다. 이 법에 의하여 설치된 건강가정지원센터의 기능과 역할에도 다문화가
정에 대한 규정은 없다. 이 법 제35조의 건강가정사제도를 활용하여 혼인이주여성
에 대한 지원방안을 강구하는 것이 보다 현실적이라 하겠다.

5) 기타 지원금

각종 사회복지를 위한 중앙정부의 지원금을 결혼이주여성이 많은 지역에 더
많이 배분되도록 할 필요가 있다.

(7) 의료체계

인간이 인간으로서 존엄과 가치를 지니고 살아가기 위해서는 정신적·육체적으
로 건강해야 한다. 이를 위해서는 의료체계가 보장하는 건강권의 확보가 무엇보다

중요하다. 세계보건기구가 헌장에서 권장하는 도달 가능한 최고수준의 건강권은 아니라 하더라도 최소한의 의료보장은 가능해야 한다. 그러나 혼인이주여성들은 자신의 질환치료비용 전액을 본인이 부담하고 있고, 정보부족 등으로 무료진료소를 이용하지 못하는 경우도 있다. 보고에 의하면 혼인이주여성의 3분의 1이 의료보장체계 밖에 있다고 한다. 이를 시정하기 위해서는 병원의 기본적인 문진표에 다국어 번역자료를 비치하여 혼인이주여성이 정신적·육체적 건강을 도모하고 나아가 모자보건의 확충이라는 측면에서 적극 지원해야 할 것이다.

(8) 모성보호

혼인이주여성들이 한국문화나 한국어에 익숙해지기 전에 임신과 출산을 해야 하는 경우에는 이들에 대한 산전, 산후 관리가 중요하다. 그런데 모자보건법은 이러한 내용이 제대로 반영되지 않으므로 혼인이주여성과 자녀들의 건강이 매우 열악한 실정이다.[54] 헌법 제36조에 의해 혼인과 가족생활에 있어서 개인의 존엄과 양성평등, 모성보호, 국민보건에 관하여 국가의 보호를 받을 수 있어야 한다.

(9) 교육권

1) 이주여성에 대한 교육

다문화가족지원센터를 비롯한 각종 지원센터, 방송매체, 지방자치단체, 각급 교육기관 등에서 이주여성에 대한 언어교육이나 우리 사회의 법, 제도, 문화 등에 대한 체계적이면서 다양한 교육과 지원이 필요하다. 나아가 자녀양육 및 직업교육도 아울러 병행되어야 한다.

2) 자녀에 대한 교육

국제결혼가정의 자녀로서 초중고에 재학하는 학생수가 2007년을 기준으로 1만 3,445명에 이르고, 그 중 어머니가 외국인인 경우가 1만 1,825명으로 88%에 이르고 있다. 국제결혼가정의 자녀는 국적법 제2조 제1항에 의해 출생과 동시에 대한

---

54) 박재규, "국제결혼 이주여성의 농촌지역 정착과 지원방안"(한국사회의 지구화와 근대성에 관한 한국사회학회 전기사회학대회, 2004. 6. 17.), 123-128쪽.

민국 국민이 되므로, 헌법 제31조에 의해 능력에 따라 균등하게 교육을 받을 권리와 의무를 가지게 된다. 외국인근로자의 자녀도 헌법 제6조 제2항과 유엔아동권리협약 제2조 및 유엔아동권리위원회권고(2003. 1.)에 의하여 한국인의 자녀와 동등한 교육 권을 보장하고 있다. 나아가 미등록 외국인근로자의 자녀도 유엔아동권리협약에 근 거하여 동등한 교육권을 보장받는다.

외국인 근로자의 자녀도 ① 신체적 자유, 표현의 자유, 정보접근의 자유, ② 양 육받을 권리, 가족재결합의 권리(부모가 합법적인 체류자인 경우), 유해환경으로부터 보호받을 권리, ③ 차별받지 않을 권리, ④ 차별이나 처벌로부터 보호받을 권리, ⑤ 국적취득의 권리, 휴식, 여가와 문화생활에 참여할 권리, ⑥ 교육받을 권리, 노동 착취로부터 보호받을 권리를 가진다.

유엔아동권리협약(The Convention on the Rights of the Child, CRC)[55] 제2조에는 "당사국은 자국의 관할권 안에서 아동 또는 그의 부모나 후견인의 인종, 피부색, 성 별, 언어, 종교, 정치적 또는 기타의 의견, 민족적, 인종적 또는 사회적 출신, 재산, 무능력, 출생 또는 기타의 신분에 관계없이 그리고 어떠한 차별도 없이 이 협약에 규정된 권리를 존중하고 각 아동에게 보장하여야 한다"라고 규정하고 있다.

(10) 참정권

현재 약 3만 5,000여 명인 국내 혼혈인구는 2020년경에는 167만 명에 달할 것 이라는 추산도 있다. 이런 상황하에서 이민자들의 참정권 등 각종 정치적 권리행사 에 대한 적절한 방안이 강구되어야 한다.

2005년 8월 개정된 공직선거법에 의하면 국내에 거주하는 자로 영주권을 취득 한 지 3년이 지난 19세 이상의 외국인에게 지방선거에 한해 투표권을 주고 있다(공 직선거법 제15조 제2항 제2호 참조). 그리고 국내거주외국인은 이러한 투표행위 외에는 일체의 정치활동을 할 수 없도록 규정하고 있다.

유엔여성차별철폐위원회(CEDAW)는 2007년 8월 우리나라의 인신매매성 국제결 혼 증가에 대하여 우려를 표명하면서 최종권고문을 발표하였다. 동 위원회는 인신

---

55) 이 협약은 유엔에서 1989년에 회원국 만장일치로 채택되어 1990년부터 발효되었으며, 우리나라는 1991년 가입하였고 2005년 말 현재 192개국이 가입하였다.

매매적인 국제결혼 증가와 국제결혼가정에 만연한 가정폭력에 우려를 표하고, 결혼 중개업자의 활동을 규제하는 법률제정을 촉구하고, 이를 위해 한국정부에 '**유엔국제 조직범죄협약의 인신매매방지의정서**' 및 '**이주노동자와 그 가족의 권리보호에 관한 협 약**'의 비준을 권고하였다. 나아가 한국정부가 이주여성에게 그들의 권리와 구제방 법, 가정폭력의 예방 및 방지를 위해 이용가능 한 수단을 알려 주도록 권고하고 있 다. 동시에 유엔인종차별철폐위원회의 한국정부에 대한 최종권고문에도 국제결혼 이주여성의 인권문제에 대하여 동일한 취지의 우려와 권고가 있었다. 결혼이주여성 이 **이주민, 여성, 빈곤**이라는 삼중고에 시달리지 않도록 법제도적 정비가 필요하다.

제11장

환자의 인권

제11장

환자의 인권

Ⅰ. 개관

환자와 의료인의 관계는 의료의 **객체와 주체의 관계, 또는 의료공급자와 의료수요자**라는 단순한 계약관계에 불과한 것이 아니다. 양자의 관계는 환자의 질병치료를 공통의 목적으로 하지만, 환자의 생명과 신체에 대한 침해의 위험이 상존하면서 의료행위가 이루어지므로 단순한 사적 거래관계만은 아니다.

의료행위는 환자 자신의 정신적·육체적 질병에 대한 진단과 처치가 이루어지게 되므로 의료과정에 환자의 신체에 대한 침해행위가 필시 수반되고, 환자는 무엇보다도 의료인의 전문적의 의료행위에 대한 신뢰를 토대로 하여 의료행위에 대한 승낙을 하게 된다.

그러므로 양자는 의료서비스의 공급자와 수요자라는 양자 간의 동의 내지 승낙을 전제로 한 **사적 의료계약관계**이면서도, 다른 한편으로 국가는 전문적인 의료인에 의해 환자의 질병을 치료, 예방하고 건강을 보호 증진하도록 하여, 국민의 건강하고도 행복한 삶을 영위할 수 있도록 하여야 하므로, 경우에 따라서는 의료인에게 일정한 권리와 의무를 부과하거나(예컨대 응급의료 등) 일정한 질병에 대해서는 이를 관리하기 위해 환자를 격리치료할 수 있는(감염병 등) **공법적 관계**에 놓여 있기도 하다.

그러나 기본적으로 의료행위는 의료인과 환자 간의 사적 계약관계에서 이루어지고, 이러한 의료계약관계는 의료공급자인 의료인에 의한 의료행위의 내용에 관하여 환자에 대한 충분한 설명을 전제로 하여, 환자 자신(보호자 등)에 의한 동의 내지 승낙이라는 결정하에서 적정한 의료행위를 제공받는 계약관계이다. 즉 의료행위란 의료인에 의한 질병에 대한 진단과 치료 및 부작용 등에 관한 충분한 설명을 전제로 하여, 환자의 의료행위에 대한 승낙이라는 **자기결정권의 행사를 통해 이루어지는 계약관계**이다.

그러므로 의료인의 적법한 의료행위가 제공되기 위해서는 생명, 신체, 자유 등에 침해가 수반되는 의료행위에 대한 환자의 동의나 승낙이 전제되어야 하고, 이러한 환자의 동의 없는 의료행위는 환자의 자기결정권의 침해로서 헌법상 보장된 인간으로서의 존엄과 가치, 행복추구권이라는 기본권을 침해한 결과가 초래된다. 아래에서는 먼저 환자의 인권에 관한 국내외 관련 규정의 주요 내용을 살펴보고, 다음으로 환자의 인권보장에 있어서 쟁점이 되는 사안과 관련 판례를 검토하기로 한다.

II. 환자의 인권과 관련 법령

종래에는 의사와 환자의 관계를 수직적인 관계로 인식하여, 의사는 우월한 위치에 있고 환자는 의료혜택을 받는 것에 항상 감사해야 하는 의료처치의 대상으로서 의료관계인의 일방적, 전단적 의료행위를 수용해야 하는 피동적 지위에 놓여 있었다. 따라서 의료전문직에 종사하는 자는 모든 의료행위에 대하여 권위의식과 특권의식을 갖게 되었다. 그러나 교육수준의 향상과 인권의식의 함양으로 환자와 의료인의 관계는 대등한 당사자로서의 의료계약관계라는 새로운 인식이 싹트게 되었다.

- 환자를 진료함에 있어 의학적 사실이나 기술만 필요한 것이 아니라 사회·문화·경제적 제반 요인이 복합적으로 관련이 있으므로, 이러한 면에서는 환자가 의사보다 나을 수 있기에 환자와 의사는 상하관계가 아닌 대등관계이다.
- 환자가 진료서비스의 비용을 지불하기 때문에 계약관계이지 결코 상하관계가 아니다.

• 의료전문직종의 존재이유는 환자를 위한 것이지 환자가 의사를 위해 존재하지 않는다는 인식이 필요하다.

따라서 의사와 환자관계는 대등한 계약관계로 **의사는 환자에 대한 봉사자**라는 관계모형이 성립된다. 이런 환자의식 변화에도 불구하고 관계는 변함이 없고 진료비 저렴화 정책으로 처우가 더욱 나빠지자 정식으로 권리침해 사실을 제기하였고 의료계에서도 올바른 관계를 유지하기 위한 권리장전을 선포하게 되었다.

1. 환자의 인권에 관한 국내·외 규정의 내용

(1) 환자의 권리장전1)

환자의 권리장전의 주요 내용을 살펴보면, **무해의 원칙, 자율의 원칙, 사회정의 실현의 원칙**을 토대로 하고 있다. 구체적인 내용은 다음과 같다.

① 환자는 인간으로서의 존엄과 가치 및 생명, 신체, 인격을 존중받을 권리

② 질병, 연령, 성별 또는 사회적, 경제적 지위의 기타 어떠한 이유로도 차별을 받지 아니하며 평등한 의료를 받을 권리

③ 적법한 자격을 갖춘 의료종사자로부터 최선의 의료를 받을 권리

④ 언제든지 의료인 및 의료기관을 자유롭게 선택할 권리

⑤ 자기 생명의 주인으로서 의료행위의 목적, 방법, 내용 및 그 결과를 충분히 알 권리

⑥ 진료기록을 열람하거나 기타 진료에 관한 정보의 제공을 요구할 권리

⑦ 자유로운 의사에 따라 검사치료 등 의료행위를 선택하고 수락 또는 거부할 권리

모든 환자는 의료진으로부터 자식의 질병, 현재의 상태, 치료계획 및 예후에 대한 설명을 들을 권리가 있다.

⑧ 자기의 의사에 의하지 아니하고는 연구나 진료 이외의 목적으로 이용되지

---

1) 녹색소비자연대 편, 「의료제도와 건강보험 매뉴얼」, 2002.

아니할 권리

⑨ 정당한 이유없이 질병과 치료 및 사생활에 관하여 모든 비밀을 침해받지 아니할 권리

⑩ 의료사고로 인한 진료상의 나쁜 결과에 대해 그 원인규명과 피해보상을 요구할 권리

(2) 의료생활협동조합의 환자권리장전

의료생활협동조합의 '**환자권리장전**'은 환자의 생명을 소중히 여기고 이를 보장하기 위하여 규율하는 것으로 조합원, 지역주민 모두의 생명을 아끼고 서로 보살펴 주며, 의료에서의 민주주의와 주민참가를 보장해 주는 의료에 있어서의 인권선언이다. 환자는 투병의 주체로서 다음과 같은 권리와 책임이 있다.

1) **알권리**   병명, 병상(검사결과 포함), 병의 진전 예측, 진료계획, 치료와 수술(선택의 자유와 그 내용), 약의 이름과 작용, 부작용, 필요한 비용 등에 대하여 납득될 때까지 설명을 받을 권리가 있다.

2) **자기결정권**   납득될 때까지 설명을 들은 뒤 의료종사자가 제안하는 진료경과 등을 스스로 결정할 권리가 있다.

3) **개인 신상의 비밀을 보호받을 권리**   개인의 비밀이 지켜질 권리 및 사적인 일에 간섭받지 않을 권리가 있다.

4) **질병치료에 관하여 배울 권리**   질병과 그 요양방법 및 보건, 예방 등에 대하여 학습할 권리가 있다.

5) **진료받을 권리**   언제든지 필요충분한 의료서비스를 사람으로서 알맞은 방법으로 받을 권리 및 의료보장의 개선을 국가와 자치단체에 요구할 권리가 있다.

6) **참가와 협동**   환자 스스로 의료종사자와 함께 힘을 합쳐 이들 권리를 지키고 발전시켜 나갈 권리가 있다.

(3) 의료소비자 권리장전(Charters for Patients' Rights)[2]

1) **진료를 받을 권리**(The Right to Health Care)　　의료소비자의 진료권은 합리적이고 조건에 부합한 의료의 기준을 가져야 하고 정부는 최적의 의료서비스를 제공할 의무를 진다. 비용문제나 설비부족 등을 이유로 환자의 진료받을 권리를 침해할 수는 없다. 또한 연령, 성별, 인종, 종교, 경제상황, 사회계급을 이유로 **의료접근성**에 있어서 차별을 해서는 안 된다.

2) **정보접근권**(Access to Information)　　의료소비자의 진료정보에 접근할 수 있는 권리는 환자의 건강증진을 위하여 필수적인 요소이다. WHO의 연구에 따르면 정보를 가진 환자는 치료에 더 효과적으로 대응하며 더 빠르고 완전하게 회복된다고 보고하고 있다. 그러므로 환자는 치료과정과 다른 다양한 치료대안에 대하여, 그리고 그 과정에 소요되는 시간과 비용에 대하여 충분한 설명을 들을 권리가 있다. 또한 의료소비자에게 행해지는 진료의 내용과 위험성, 부작용, 성공 가능성, 대체 가능한 치료의 내용과 예측되는 결과 등에 대하여 정보를 제공받을 권리가 있다.

3) **선택권**(Choice)　　의료소비자의 의료정보에의 접근을 통하여 의료소비자가 자신에게 치료를 제공할 의료종사자와 치료장소 및 제공되는 처치의 형태를 선택할 권리를 행사할 수 있게 한다. 즉, 주어진 의료정보를 이용하여 의료소비자에게 적합하고 가능한 선택들에 대하여 환자들은 자기결정권을 행사하고 의학적 치료에 동의하거나, 거절하거나, 중지시킬 권리를 갖는다.

4) **진료참여권**(Participation)　　의료소비자들은 의료서비스의 시스템, 서비스의 질과 형태, 그리고 서비스가 전달되는 조건들에 대래 계획하고 평가함으로서 의료시스템에 대한 의사결정에 참여할 권리를 갖는다.

5) **존엄권**(Dignity and Humane Care)　　유엔의 세계인권선언에서 인정되는 인간의 존엄성에 대한 권리는 질병을 가진 사람에게도 적용된다. 즉, 모든 의료소비자는 어떤 차별도 적용받지 아니하고 관심과 고려와 존중과 존엄으로 다루어질 권리를 갖는다.

---

2) Consumer's International(http//www.consumerinternational.org).

6) 비밀보장권(Confidentiality)　　　진료와 관련된 비밀보장은 환자와 의료종사자 간의 성공적인 관계를 위한 가장 중요한 전제조건이다. 환자에 대한 개인적 정보는 본인의 동의가 있거나, 어쩔 수 없는 의학적 또는 법적 이유가 있는 경우가 아니면 비밀이 보장되어야 한다.

7) 손해배상청구권(Complaints and Redress)　　　의료사고 발생 시 의료종사자의 과실에 의한 의료과오이거나 마땅한 치료에 실패했기 때문에 그러한 결과가 초래된 경우에는 환자는 그 일로 인해 발생하거나 악화된 질병과 손상에 대하여 손해배상을 요구할 권리를 갖는다. 환자는 또한 치료의 질에 문제가 있을 때 그것이 어떠한 해를 끼치지 않았다고 하더라도 거기에 대해 불만을 제기할 권리를 갖는다.

(4) 유럽연합의 환자의 권리보장선언[3]

1) 의료에서의 인권과 인간의 가치

모든 사람은 인간으로서 존중받을 권리가 있으며, 자기결정권을 갖고, 자신의 신체적·정신적 존엄과 안전을 지킬 권리가 있다. 또한 모든 사람은 자신의 사생활을 침해받지 않을 권리를 가지며, 자신의 도덕적·문화적 가치와 종교적·철학적 신념이 존중받을 권리가 있고, 자신의 건강보호를 위해 **질병의 예방과 치료를 위한 적절한 조치를 받고, 최고수준의 건강을 추구할 기회와 권리**를 가진다.

2) 정보권

의료서비스에 대한 정보와 의료서비스를 최선으로 이용할 수 있도록 하는 정보가 대중에게 제공되어야 한다. 환자는 자신의 건강상태와 그 상태에 관련된 의학적 사실과 자신에게 수행된 **의료시술에 대해서 그 잠재된 위험과 이득에 대해 충분히 알 권리**가 있으며 진단, 예후, 치료과정에 대해서뿐만 아니라 그 조치를 취하지 않았을 때 생길 수 있는 효과까지를 포함하여 알권리가 있고, 이러한 정보가 긍정적인 효과는 전혀 기대할 수 없으면서 환자에게 심각한 위해를 야기할 경우라고 믿을 충분한 이유가 있는 특별한 경우에만 환자에게 정보를 제한할 수 있다.

환자의 의료서비스 정보에 알권리와 관련하여 최근에 **수술실 CCTV 설치문제**

---

3) WHO, *Promotion of the Rights Patients in Europe*, 1995.

가 논란이 되고 있다. 환자의 의료서비스에 대한 알권리의 측면에서 의료인은 환자 또는 환자 가족에게 의료행위에 관해 사전과 사후에 충분한 설명을 해야 할 의무가 있다. 의료사고와 관련해서는 의료분쟁중재원의 역할도 있지만, 이러한 의료과정에 대한 사전, 사후의 충분한 설명과 일정한 녹화장치는 의료사고분쟁을 해결하는 데도 도움이 되며, 환자의 인권과 의료인에 대한 신뢰를 위해서도 필요하다.

3) 동의권

환자의 동의가 없이는 어떠한 의학적 중재도 이루어질 수 없다. 환자는 의학적 중재를 거부하거나 중지시킬 권리를 갖는데, 그러한 중재의 거부나 중지가 어떠한 결과를 가져올지 환자에게 자세하게 설명되어야 한다. 환자가 자신의 의지를 표현할 수 없는 상황인 경우와 의학적 중재가 긴박하게 이루어져야 할 경우에는 그러한 상황을 대비해서 이전에 승낙하지 않겠다는 의사를 분명하게 하지 않았다면, 환자가 동의한 것으로 추정된다. 만약 환자가 동의를 고지할 수 없는 상황하에서 법정대리인 또는 이러한 환자를 대신할 다른 대리인도 없다면, 환자의 희망에 대해 알려진 것과 추정할 수 있는 것, 그리고 그 가능성의 최대한의 범위를 고려해서 대체의 사결정과정을 제공하기 위한 적절한 조치가 취해져야만 한다.

4) 비밀보장권

환자의 건강상태, 의학적 상태, 진단, 예후, 치료와 개인에 대한 정보 모두는 사후에까지도 비밀로 유지되어야 하며, 이러한 정보가 노출되는 것은 환자의 명백한 동의나 특별히 규정한 경우에 한하고, 환자의 처치에 관계된 다른 의료제공자에게 정보가 노출되는 것은 환자가 동의한 것으로 추정한다. 환자의 신원이 파악될 수 있는 모든 기록은 반드시 보호되어야 하는데, 그러한 기록의 보호는 보안이 유지되는 보관방법을 택해야 한다. 환자의 신원이 알려질 수 있는 기록이나 인체물질도 이와 같이 보호되어야 한다.

또한 환자의 사생활과 가족생활은 침해되어서는 아니 된다. 환자의 진단과 처치, 치료에 필수적이고 환자가 동의한 경우에만 그러한 침해가 정당화될 수 있다. 의료시설에 요양 중인 환자는 사생활을 보장할 신체를 위한 편의시설을 기대할 권리가 있고, 특별히 의료제공자가 환자에게 개인적 간호를 제공하거나 검사와 치료를 수행할 때는 더욱 그러하다.

5) 치료수혜권

모든 사람은 건강증진을 위한 예방적 치료나 예방적 활동을 포함하여 자신의 건강욕구에 적합한 의료를 받을 권리를 가진다. 의료서비스는 지속적으로 제공되어야 하며, 각 사회가 가진 **인적, 물질적, 재정적 자원에 따라서 차별 없이 모두에게 공평한 접근이 보장**되어야 한다. 또한 환자는 의료체계의 각 수준에서 제공된 치료의 기능과 질, 범위를 포함한 의료서비스의 계획과 평가에 관련한 문제에 대해 어떤 형태의 대표를 가질 집단적 권리를 가지며, 높은 기술표준과 환자와 의료제공자 사이의 인도적 관계에 의해서 제공되는 양질의 의료서비스를 받을 권리를 가진다.

그리고 환자는 의료체계의 기능을 저해하지 않는 한 자신의 의사 또는 다른 의료제공자 그리고 의료시설을 선택하거나 바꿀 권리를 가지는데, 의료시설에 계속 체류하여 치료를 받을 장소가 없어서 다른 의료시설이나 집으로 보내지게 될 때에는 사전에 환자는 충분한 설명을 받을 권리가 있다. 다른 의료시설로 옮길 때에는 그 환자를 받아 주겠다는 동의가 있은 연후에 환자를 이송하여야 하고, 환자가 집으로 퇴원하게 되는 경우에는 환자의 상태에서 요구되는 지역사회 의료서비스와 가정간호서비스를 이용할 수 있도록 해야 한다.

환자는 현존지식에 의거하여 고통을 경감받을 권리를 가지며, 인도적인 말기 치료를 받으며 존엄 있게 죽음을 맞을 권리를 가진다.

2. 환자의 인권보장에 관한 헌법과 기타 법령의 내용

(1) 헌법과 환자의 인권보장

헌법 제10조, 제34조 등은 모든 국민은 인간으로서의 존엄과 가치를 가지며 행복을 추구하면서 인간답게 살 수 있는 권리가 있다고 규정하면서, 국가는 이러한 국민의 기본적인 인권을 보장할 의무를 진다고 선언하고 있다. 또한 **헌법 제37조 제1항**은 "국민의 자유와 권리는 헌법에 열거되지 아니한 이유로 경시되지 아니한다"라고 규정함으로써 헌법에 명시되지 않은 국민의 기본적 인권도 보호되어야 함을 선언하고 있다.

따라서 국가는 국민의 생명과 신체를 보호하고 건강에 관한 기본적 권리를 보호하기 위한 복지정책을 수립하여 실행함으로써, 국민들로 하여금 적절한 의료서비스를 받게 할 의무를 지닌다.[4]

(2) 보건의료기본법과 환자의 인권보장

보건의료기본법은 보건의료를 통하여 모든 국민이 인간으로서의 존엄과 가치를 가지며 행복을 추구할 수 있도록 하고 국민 개개인이 건강한 삶을 영위할 수 있도록 제도와 여건을 조성하며, 보건의료의 형평과 효율이 조화를 이룰 수 있도록 함으로써 국민의 삶의 질을 향상시키는 것을 기본이념으로 하고 있다.

1) 건강을 보호받을 권리

모든 국민은 자신과 가족의 건강에 관하여 국가의 보호를 받을 권리를 가지며, 성별·연령·종교·사회적 신분 또는 경제적 사정 등을 이유로 자신과 가족의 건강에 관한 권리를 침해받지 아니한다(보건의료기본법 제10조).

2) 알권리

모든 국민은 관계법령에서 정하는 바에 따라 국가와 지방자치단체의 보건의료시책에 관한 내용의 공개를 청구할 권리를 가지며, 보건의료인이나 보건의료기관에 대하여 자신의 보건의료와 관련한 기록 등의 열람이나 사본의 교부를 요청할 수 있다. 다만, 본인이 요청할 수 없는 경우에는 그 배우자·직계존비속 또는 배우자의 직계존속이, 그 배우자·직계존비속 및 배우자의 직계존속이 없거나 질병이나 그 밖에 직접 요청을 할 수 없는 부득이한 사유가 있는 경우에는 본인이 지정하는 대리인이 기록의 열람 등을 요청할 수 있다(동법 제11조).

3) 자기결정권

모든 국민은 보건의료인으로부터 자신의 질병에 한 치료방법, 의학적 연구대상 여부, 장기이식 여부 등에 관하여 충분한 설명을 들은 후 이에 관한 동의 여부를 결

---

4) 전현희, "의료현장에서의 환자의 인권문제", 인권과 정의, 2007, 158-173면.

정할 권리를 가진다(동법 제12조).

4) 비밀을 침해받지 않을 권리

모든 국민은 보건의료와 관련하여 자신의 신체·건강 및 사생활의 비밀을 침해받지 아니한다(동법 제13조).

(3) 의료법과 환자의 인권보장

1) 최선의 의료서비스를 받을 권리

의료법은 모든 국민이 수준 높은 의료 혜택을 받을 수 있도록 국민의료에 필요한 사항을 규정함으로써 국민의 건강을 보호하고 증진하는 데에 목적이 있다(의료법 제1조).

2) 진료거부금지

의료인은 진료 또는 조산의 요구를 받은 때에는 정당한 이유 없이 이를 거부하지 못한다. 응급환자에 대하여는 「응급의료에 관한 법률」이 정하는 바에 따라 최선의 처치를 하여야 한다(의료법 제15조 제1, 2항). 이에 위반한 때에는 1년 이하의 징역이나 1천만원 이하의 벌금에 처해진다(동법 제89조).

3) 비밀을 보장받을 권리

의료인은 이 법이나 다른 법령에 특별히 규정된 경우 외에는 의료·조산 또는 간호를 하면서 알게 된 다른 사람의 비밀을 누설하거나 발표하지 못한다(동법 제19조). 이에 위반한 자는 3년 이하의 징역 또는 3천만원 이하의 벌금에 처한다. 다만 공소는 고소가 있어야 한다(동법 제88조).

의료인이나 의료기관 종사자는 환자가 아닌 다른 사람에게 환자에 관한 기록 (추가기재·수정된 경우 추가기재·수정된 기록 및 추가기재·수정 전의 원본을 모두 포함)을 열람하게 하거나 그 사본을 내주는 등 내용을 확인할 수 있게 하여서는 아니 된다 (동법 제21조 제1항).

4) 알권리 – 진단서, 검안서, 증명서 등 교부 및 기록열람권

가. 진단서, 검안서, 증명서 등의 교부

① 의료업에 종사하고 직접 진찰하거나 검안(檢案)한 의사, 치과의사, 한의사가 아니면 진단서·검안서·증명서 또는 처방전을 작성하여 환자(환자가 사망한 경우에는 배우자, 직계존비속 또는 배우자의 직계존속을 말한다) 또는 「형사소송법」 제222조 제1항에 따라 검시(檢屍)를 하는 지방검찰청검사(검안서에 한한다)에게 교부하거나 발송(전자처방전에 한한다)하지 못한다. 다만, 진료 중이던 환자가 최종진료 시부터 48시간 이내에 사망한 경우에는 다시 진료하지 아니하더라도 진단서나 증명서를 내줄 수 있으며, 환자 또는 사망자를 직접 진찰하거나 검안한 의사·치과의사 또는 한의사가 부득이한 사유로 진단서·검안서 또는 증명서를 내줄 수 없으면 같은 의료기관에 종사하는 다른 의사·치과의사 또는 한의사가 환자의 진료기록부 등에 따라 내줄 수 있다(동법 제17조 제1항).

② 의료업에 종사하고 직접 조산한 의사·한의사 또는 조산사가 아니면 출생·사망 또는 사산 증명서를 내주지 못한다. 다만, 직접 조산한 의사·한의사 또는 조산사가 부득이한 사유로 증명서를 내줄 수 없으면 같은 의료기관에 종사하는 다른 의사·한의사 또는 조산사가 진료기록부 등에 따라 증명서를 내줄 수 있다(제17조 제2항).

③ 의사·치과의사 또는 한의사는 자신이 진찰하거나 검안한 자에 대한 진단서·검안서 또는 증명서 교부를 요구받은 때에는 정당한 사유 없이 거부하지 못한다(동법 제17조 제3항).

④ 의사·한의사 또는 조산사는 자신이 조산(助産)한 것에 대한 출생·사망 또는 사산 증명서 교부를 요구받은 때에는 정당한 사유 없이 거부하지 못한다(제17조 제4항).

나. 처방전의 작성과 교부

의사나 치과의사는 환자에게 의약품을 투여할 필요가 있다고 인정하면 「약사법」에 따라 자신이 직접 의약품을 조제할 수 있는 경우가 아니면 보건복지부령으로 정하는 바에 따라 처방전을 작성하여 환자에게 내주거나 발송(전자처방전만 해당된다)하여야 하며(동법 제18조 제1항), 누구든지 정당한 사유 없이 전자처방전에 저장된 개인정보를 탐지하거나 누출·변조 또는 훼손하여서는 아니 된다(동법 제17조 제4항).

또한 처방전을 발행한 의사 또는 치과의사(처방전을 발행한 한의사를 포함한다)는 처방전에 따라 의약품을 조제하는 약사 또는 한약사가 「약사법」 제26조 제2항에 따라 문의한 때 즉시 이에 응하여야 한다. **다만, 「응급의료에 관한 법률」 제2조 제1호에** 따른 응급환자를 진료 중인 경우, 환자를 수술 또는 처치 중인 경우, 그 밖에 약사의 문의에 응할 수 없는 정당한 사유가 있는 등의 경우에는 그러한 사유가 종료된 때 즉시 이에 응하여야 한다(동법 제17조).

다. 기록의 열람 등

의료인이나 의료기관 종사자는 환자가 아닌 다른 사람에게 환자에 관한 기록을 **열람하게 하거나 그 사본을 내주는 등 내용을 확인할 수 있게 하여서는 아니 된다**(동법 제21조 제1항). 그러나 의료인이나 의료기관 종사자는 ① 환자의 배우자, 직계 존속·비속 또는 배우자의 직계존속이 환자 본인의 동의서와 친족관계임을 나타내는 증명서 등을 첨부하는 등 보건복지부령으로 정하는 요건을 갖추어 요청한 경우, ② 환자가 지정하는 대리인이 환자 본인의 동의서와 대리권이 있음을 증명하는 서류를 첨부하는 등 보건복지부령으로 정하는 요건을 갖추어 요청한 경우, ③ 환자가 사망하거나 의식이 없는 등 환자의 동의를 받을 수 없어 환자의 배우자, 직계 존속·비속 또는 배우자의 직계존속이 친족관계임을 나타내는 증명서 등을 첨부하는 등 보건복지부령으로 정하는 요건을 갖추어 요청한 경우, ④ 「국민건강보험법」 제13조, 제43조, 제43조의2 및 제56조에 따라 급여비용 심사·지급·대상 여부 확인·사후관리 및 요양급여의 적정성 평가·가감지급 등을 위하여 국민건강보험공단 또는 건강보험심사평가원에 제공하는 경우, ⑤ 「의료급여법」 제5조, 제11조, 제11조의3 및 제33조에 따라 의료급여 수급권자 확인, 급여비용의 심사·지급, 사후관리 등 의료급여 업무를 위하여 보장기관(시·군·구), 국민건강보험공단, 건강보험심사평가원에 제공하는 경우, ⑥ 「형사소송법」 제106조, 제215조 또는 제218조에 따른 경우, ⑦ 「민사소송법」 제347조에 따라 문서제출을 명한 경우, ⑧ 「산업재해보상보험법」 제118조에 따라 근로복지공단이 보험급여를 받는 근로자를 진료한 산재보험 의료기관(의사를 포함한다)에 대하여 그 근로자의 진료에 관한 보고 또는 서류 등 제출을 요구하거나 조사하는 경우, ⑨ 「자동차손해배상 보장법」 제12조 제2항 및 제14조에 따라 의료기관으로부터 자동차보험진료수가를 청구받은 보험회사 등이 그 의료기관에 대하여 관계 진료기록의 열람을 청구한 경우, ⑩ 「병역법」 제11조의2에 따라 지방병무청장이 징병검사와 관련하여 질병 또는 심신장애의 확인을 위하여 필요하다고 인정하여 의료기관의 장에게 징병검사대상자의 진료기록·치료 관련 기록의 제출을 요구한 경우, ⑪ 「학교안전사고 예방 및 보상에 관한 법률」 제42조에 따라 공제회가 공제급여의 지급 여부를 결정하기 위하여 필요하다고 인정하여 「국민건강보험법」 제40조에 따른 요양기관에 대하여 관계 진료기록의 열람 또는 필요한 자료의 제출을 요청하는 경우, ⑫ 「고엽제후유의증 환자지원 등에 관한 법률」 제7조 제3항에 따라 의료기관의 장이 진료기록 및 임상소견서를 보훈병원장에게 보내는 경우에 해당하면 그 기록을 열람하게 하거나 그 사본을 교부하는 등 그 내용을 확인할 수 있게 하여야 한다. 다만, 의사·치과의사 또는 한의사가 환자의 진료를 위하여 불가피하다고 인정한 경우에는 그러하지 아니하다(동법 제21조 제2항 제1~12호). 또한 의료인은 다른 의료인으로부터 진료기록부의 작성(제22조) 또는 전자의무기록(제23조)에 따른 진료기록의 내용 확인이나 환자의 진료경과에 대한 소견 등을 송부할 것을 요청받은 경우에는 해당 환자나 환자 보호자의 동의를 받아 송부하여야 하지만, 해당 환자의 의식이 없거나 응급환자인 경우 또는 환자의 보호자가 없어 동의를 받을 수 없는 경우에는 환자나 환자 보호자의 동의 없이 송부할 수 있다(동법 제21조 제3항).

진료기록을 보관하고 있는 의료기관이나 진료기록이 이관된 보건소에 근무하는 의사·치과의사 또는 한의사는 자신이 직접 진료하지 아니한 환자의 과거 진료 내용의 확인 요청을 받은 경우에는 진료기록을 근거로 하여 사실을 확인하여 줄 수 있으며(동법 제21조 제4항), 의료인은 응급환자를 다른 의료기관에 이송하는 경우에는 지체 없이 내원 당시 작성된 진료기록의 사본 등을 이송하여야 한다(동법 제21조 제5항).

5) 요양을 지도받을 권리

의료인은 환자나 환자의 보호자에게 요양방법이나 그 밖에 건강관리에 필요한 사항을 지도하여야 한다(동법 제24조).

6) 진료의사선택권

환자 또는 그 보호자는 보건복지부령이 정하는 바에 의하여 종합병원·병원·치과병원·한방병원 또는 요양병원의 특정한 의사·치과의사 또는 한의사를 선택하여 진료(선택진료)를 요청할 수 있다. 이 경우 그 의료기관의 장은 특별한 사유가 없는 한 환자 또는 그 보호자가 요청한 의사·치과의사 또는 한의사로 하여금 진료하게 하여야 한다. 선택진료를 받는 환자 또는 그 보호자는 선택진료의 변경 또는 해지를 요청할 수 있으며, 이 경우 그 의료기관의 장은 지체 없이 이에 응하여야 한다. 의료기관의 장은 선택진료에 대하여 보건복지부령이 정하는 바에 따라 환자 또는 보호자에게 선택진료의 내용·절차 및 방법 등에 관한 정보를 제공하여야 하고, 선택진료를 하게 한 경우 환자나 환자의 보호자로부터 추가비용을 받을 수 없다(동법 제46조).

7) 병원감염으로부터 보호받을 권리

보건복지부령으로 정하는 일정 규모 이상의 종합병원의 장은 병원감염 예방을 위하여 감염대책위원회를 설치·운영하는 등 필요한 조치를 하여야 한다(동법 제47조 제1항).

(4) 응급의료에 관한 법률과 환자의 인권보장

1) 응급의료를 받을 권리

모든 국민은 성별, 연령, 민족, 종교, 사회적 신분 또는 경제적 사정 등을 이유로 차별받지 아니하고 응급의료를 받을 권리를 가진다(응급의료에 관한 법률 제3조).

2) 응급의료의 거부 및 중단의 금지

응급의료기관 등에서 근무하는 응급의료종사자는 응급환자를 상시 진료할 수 있도록 응급의료업무에 성실히 종사하여야 하며, 응급의료종사자는 업무 중에 응급의료를 요청받거나 응급환자를 발견한 때에는 즉시 응급의료를 행하여야 하며 정당한 사유 없이 이를 거부하거나 기피하지 못한다(제6조). 또한 응급의료종사자는 정당한 사유가 없는 한 응급환자에 대한 응급의료를 중단하여서는 아니 된다(제10조).

3) 자기결정권을 행사할 권리

응급의료종사자는 응급의료에 임함에 있어서 일정한 예외적인 경우를 제외하고는 응급환자에게 응급의료에 관하여 설명하고 그 동의를 얻어야 하고 만일 응급환자가 의사결정능력이 없는 경우라면, 법정대리인에게 응급의료에 관하여 설명하고 그 동의를 얻어야 하며, 법정대리인이 동행하지 아니한 경우에는 동행한 자에게 설명한 후 응급처치를 하고, 의사의 의학적 판단에 따라 응급진료를 행하여야 한다(제9조).

(5) 형법과 환자의 인권보장 관련 규정

1) 허위진단서작성죄　　　의사, 한의사, 치과의사 또는 조산자가 진단서, 검안서 또는 생사에 관한 증명서를 허위로 작성한 때에는 3년 이하의 징역이나 금고, 7년 이하의 자격정지 또는 3천만원 이하의 벌금에 처한다(형법 제233조).

2) 업무상 과실치사상죄　　　업무상 과실 또는 중대한 과실로 인하여 사람을 사상에 이르게 한 자는 5년 이하의 금고 또는 2천만원 이하의 벌금에 처한다(형법 제268조). 의료과실과 관련하여 그 과실의 정도가 처벌을 하여야 할 정도로 가벌성이 있다고 판단되는 경우 적용된다.

3) 업무상 동의낙태죄　　　의사, 한의사, 조산사, 약제사 또는 약종상이 부녀의 촉탁 또는 승낙을 받아 낙태하게 한 때에는 2년 이하의 징역에 처하도록 하고 있다(형법 제270조 제1항). 예외적으로 모자보건법에 정한 일정한 경우에는 낙태가 제한적으로 허용된다.

4) 업무상 비밀누설죄　　　의사, 한의사, 치과의사, 약제사, 약종상, 조산사, 변호사, 변리사, 공인회계사, 공증인, 대서업자나 그 직무상 보조자 또는 이와 유사한 업무를 담당하는 직에 있던 자가 그 업무처리 중 지득한 타인의 비밀을 누설한 때에는 3년 이하의 징역이나 금고, 10년 이하의 자격정지 또는 700만원 이하의 벌금에 처한다(형법 제317조).

Ⅲ. 환자의 인권보장과 관련된 쟁점

1. 환자의 자기결정권 보장

모든 사람은 **자기결정권**을 갖고 있다. 환자의 자기결정권이란 환자 자신의 생명, 신체에 대하여 침습을 가하는 의료행위를 받을 것인지, 받는다면 어떤 내용으로 어느 정도 받을 것인지 여부를 의사가 아닌 환자 자신이 결정할 수 있는 권리를 말한다. 이러한 환자의 자기결정권의 행사를 보장받기 위해서는 의료행위에 대한 충분한 설명이 주어지고 그에 대한 이해를 바탕으로 환자가 판단할 수 있음을 전제로 하여야 한다. 따라서 환자의 자기결정권 행사의 전제조건으로 의사의 설명의무가 매우 중요한 의미를 가지는 것이다.

여기서 **설명의무**란 의사가 환자에게 진단결과나 치료방법, 예후, 예상되는 부작용, 대체 가능한 치료방법의 존부, 그 치료방법의 내용 및 예상 결과, 후유증 등을 환자가 이해할 수 있도록 충분히 설명해 주어야 하고 환자는 이를 제대로 숙지한 후에 자율적인 자기결정으로 자신에 대한 침습행위를 승낙한 경우에만 당해 의료행위가 정당성을 가질 수 있다는 이론이다. 즉, 의사의 환자의 동의 없는 전단적 의료행위는 법적으로 허용되지 않는다는 다른 표현이기도 하다. 최근에는 의료소송에서의 설명의무이론은 환자 측이 부담하는 의료행위 자체의 주의의무 위반에 대한 입증상의 어려움을 경감시키고 의료인의 위자료 배상을 명하는 도구로도 많이 사용되고 있어 의료기술과오소송보다 설명의무위반소송이 증가하고 있는 추세이다. 이러한 설명의무를 법적인 의무로 인정하는 것은 헌법적인 기본권인 생명, 신체의 침습행위인 의료행위에 대한 자기결정권을 보장하고, 더 나아가 보다 쉽게 환자의 피해를 구제하여 줌으로써 **손해의 공평한 부담**이라는 사법의 기본이념을 충실히 실현시키는 기능을 하게 된다.

'연명치료 중단, 즉 생명단축에 관한 자기결정'은 '생명권 보호'의 헌법적 가치와 충돌하므로 '연명치료 중단에 관한 자기결정권'의 인정 여부가 문제되는 '죽음에 임박한 환자'란 '의학적으로 환자가 의식의 회복가능성이 없고 생명과 관련된 중요한 생체기능의 상실을 회복할 수 없으며 환자의 신체상태에 비추어 짧은 시간 내에 사망에 이를 수 있음이 명백한 경우', 즉 '회복 불가능한 사망의 단계'에 이른 경우를 의미한다 할 것이다. 이와 같이 '죽음에 임박한 환자'는 전적으로 기계적인 장치에 의존하여 연명할 수밖에 없고, 전혀 회복가능성이 없는 상태에서 결국 신체의 다른 기능까지 상실되어 기계적인 장치에 의하여서도 연명할 수 없는 상태에 이르기를 기다리고 있을 뿐이므로, '죽음에 임박한 환자'에 대한 연명치료는 의학적인 의미에서 치료의 목적을 상실한 신체침해 행위가 계속적으로 이루어지는 것이라 할 수 있고, 죽음의 과정이 시작되는 것을 막는 것이 아니라 자연적으로는 이미 시작된 죽음의 과정에서의 종기를 인위적으로 연장시키는 것으로 볼 수 있어, 비록 연명치료 중단에 관한 결정 및 그 실행이 환자의 생명단축을 초래한다 하더라도 이를 생명에 대한 임의적 처분으로서 자살이라고 평가할 수 없고, 오히려 인위적인 신체침해 행위에서 벗어나서 자신의 생명을 자연적인 상태에 맡기고자 하는 것으로서 인간의 존엄과 가치에 부합한다 할 것이다. 그렇다면 환자가 장차 죽음에 임박한 상태에 이를 경우에 대비하여 미리 의료인 등에게 연명치료 거부 또는 중단에 관한 의사를 밝히는 등의 방법으로 죽음에 임박한 상태에서 인간으로서의 존엄과 가치를 지키기 위하여 연명치료의 거부 또는 중단을 결정할 수 있다 할 것이고, 위 결정은 헌법상 기본권인 자기결정권의 한 내용으로서 보장된다 할 것이다.

2. 중환자실의 생명연장장치(산소호흡기 등) 제거 문제

몇 해 전 대법원에서 이른바 소생 가능한 중환자의 치료중단에 관하여 담당의사와 주치의에게 살인방조죄의 책임을 인정한 형사판결이 선고되었다.[5] 이 사건은

---

5) 보호자가 의학적 권고에도 불구하고 치료를 요하는 환자의 퇴원을 간청하여 담당 전문의와 주치의가 치료중단 및 퇴원을 허용하는 조치를 취함으로써 환자를 사망에 이르게 한 행위에 대하여 보호자, 담당 전문의 및 주치의가 부작위에 의한 살인죄의 공동정범으로 기소된 사안에서, 담당 전문의와 주치의에게 환자의 사망이라는 결과 발생에 대한 정범의 고의는 인정되나 환자의 사망이라는 결

7년여간의 법정공방을 통하여 뇌수술 후 중환자실에 있던 환자를 보호자의 동의하에 담당 의료진이 퇴원조치시키고 인공호흡장치를 떼어 내자 얼마 후 환자가 사망한 경우 의사에게 그 사망에 대한 형법적 책임이 있는가에 대하여 의료계를 비롯하여 우리 사회에 큰 논란을 불러일으킨 사건이었다(이른바 **보라매 병원사건**). 이 사건에서 대법원은 환자의 부인의 요구에 의해 퇴원을 시킨 주치의 의사에게 환자를 퇴원시키면 보호자가 보호의무를 저버려 피해자를 사망케 할 수 있다는 미필적 인식은 있었고, 환자를 집으로 후송하고 호흡보조장치를 제거하는 등 살인행위를 도운 점이 인정되므로 살인방조범으로 인정하여 징역 1년 6월에 집행유예 2년을 선고한 원심을 확정했다.

이 사건이 시사하는 중요한 쟁점은 의식이 없는 환자의 생명도 보호해야 할 환자의 권리이고 이를 보호할 책임이 의사에게 있다는 점을 법적으로 확인한 것이라는 점이다. 사형집행이나 교전 시 등의 극도의 예외적 상황이 아닌 이상 아무도 타인의 생명권을 처분할 자유는 없다. 따라서 2004년 대법원 판결은 의식이 없는 중환자의 경우라도 그 생명권은 보호되어야 하며, 이러한 보호의무는 환자의 처뿐만 아니라 의료계약을 통하여 환자를 치료하게 된 의사도 환자의 생명을 보호할 법적 의무가 있는 것으로 본 것이다. 누구라도 의사에게 환자의 생명을 보호할 의무가 있다는 이러한 판단의 당위성 자체를 부인할 수는 없을 것이다. 하지만 구체적인 사실관계에 들어가 보면 그렇게 단순한 문제는 아니다.

즉, 환자가 의식불명의 상태에서 인공호흡기 등 막대한 비용이 드는 생명유지장치를 통해야만 근근이 삶을 유지할 수밖에 없는 상황은 막상 환자의 가족에게는 치료비 부담이라는 현실적인 문제로 대두된다. 하나의 생명이 우주보다 값진 존재라고 하더라도 의식불명 환자 한 명의 생명을 유지시키기 위해 나머지 살아 있는 가족의 생존이 위협된다면 이러한 경우 의사는 어떤 선택을 할 수 있을 것인가. 법원은 이에 대한 해답으로 의사는 비록 치료비를 받지 못하더라도 환자의 치료를 절대로 포기해서는 안 되고, 만약 환자 보호자의 퇴원요구에 동의하여 치료를 포기할

___

과나 그에 이르는 사태의 핵심적 경과를 계획적으로 조종하거나 저지·촉진하는 등으로 지배하고 있었다고 보기는 어려워 공동정범의 객관적 요건인 이른바 기능적 행위지배가 흠결되어 있다는 이유로 작위에 의한 살인방조죄만 성립한다고 판시하였다(대법원 2004. 6. 24. 선고 2002도995 판결).

경우 형법상 살인방조범이 될 수 있다는 암묵적인 결론을 내리고 있다.

하지만 이 경우 의사로서는 살인방조범이 되지 않기 위해 치료를 포기할 수도 없고, 그렇다고 치료비를 낼 수 없는 보호자들을 대신해 자신이 치료비를 부담하면서 환자를 계속 무작정 치료해 줄 수도 없는 곤란한 지경에 처하게 된 것도 현실이다. 이 부분에 대해서는 어느 정도 국가가 나서서 제도적으로 해결을 해야 한다고 본다. 치료비 부담문제나 환자의 안락사 기타 이유로 가족은 퇴원을 요구하고 의사는 이러지도 못하고 고민하는 중환자실의 딜레마는 앞으로도 계속될 수밖에 없을 것이다. 그렇다면 의사가 더 이상 살인범으로 몰리는 일이 발생하지 않도록 국가는 제도적 대안을 마련하여야 한다. 현재 「응급의료에 관한 법률」에 의하여 응급환자의 경우 의료기관의 미수금 의료비를 국가가 지불해 주는 제도가 있으나,[6] 이는 기금의 부족과 그 요건의 까다로움으로 인해 사실상 실효성을 발휘하고 있지 못하다. 따라서 대법원 판결로 소생 가능성이 있는 중환자는 치료비 부담능력을 불문하고 치료받을 권리가 있음이 확인된 이상 국가는 이러한 중환자실의 치료비 부담문제를 단지 환자와 의사들이 알아서 처리하라는 식으로 방기해서는 안 된다. 치료는 필요하나 자력이 없는 중환자실 환자들이 치료비 부담에 관한 정책대안을 적극적으로 강구하여야 할 필요성이 있는 것이다.

3. 안락사 문제

안락사란 생존의 가능성이 없는 환자의 고통을 덜어 주기 위하여 인위적으로 죽음에 이르게 하는 것을 의미한다. 고대 그리스어의 'Euthanatos'에서 유래한 말로, '좋다'는 의미의 'eu'와 '죽음'을 뜻하는 'thanatos'가 결합해 만들어진 용어이다. 안락사에는 자연적인 사기(死期)를 앞당기지 않는 경우와 앞당기는 경우가 있다. 문제는

---

6) 「응급의료에 관한 법률」 제21조에, 기금의 사용은 ① 응급환자의 진료비 중 제22조에 따른 미수금의 대지급, ② 응급의료기관등의 육성·발전과 의료기관의 응급환자 진료를 위한 시설 등의 설치에 필요한 자금의 융자 또는 지원, ③ 응급의료 제공체계의 원활한 운영을 위한 보조사업, ④ 대통령령으로 정하는 재해 등이 발생하였을 때의 의료 지원, ⑤ 구조 및 응급처치 요령 등 응급의료에 관한 교육·홍보 사업, ⑥ 응급의료의 원활한 제공을 위한 자동심장충격기 등 응급장비의 구비 지원, ⑦ 응급의료를 위한 조사·연구 사업, ⑧ 기본계획 및 지역응급의료시행계획의 시행 지원, ⑨ 응급의료종사자의 양성 등 지원에 사용할 수 있다고 규정하고 있다.

자연적인 죽음의 시기를 앞당기는 안락사에 대해서는 그것이 살인죄 또는 촉탁살인죄의 범죄를 구성하는지 여부가 논쟁이 되고 있다.

1975년 미국 뉴저지에서는 식물상태로 의식이 회복할 가능성이 없고 인공호흡기 없이 생존할 수 없는 퀴란이라는 소녀의 아버지가 딸에게 자연스러운 죽음을 맞이할 기회를 주기 위해 의사에게 생명유지 장치를 떼어 달라고 요청하였으나 의사가 이를 거부하였다. 이에 부모는 생명유지 장치의 제거를 요구하는 소송을 법원에 제기하였는데 뉴저지 고등법원에서는 부모의 청구를 기각하였고 주 대법원은 부모의 청구를 인정하여 안락사를 사실상 허용하는 취지의 판결을 하였다. 한편으로 미국의 안락사 옹호자인 케보키언 박사는 불치병 환자 100여 명의 자살을 도와주는 '자살 장치'를 만들어 환자 스스로가 마지막으로 스위치를 누르게 하거나, 의사가 주사를 놓아 주어 죽음에 이르게 하는 행위에 대하여 살인죄로 중형을 선고받은 바 있다.

한편, 1994년 6월 네덜란드에서는 한 정신과 의사가 심한 우울증으로 시달리던 한 여인에게 치사량의 수면제를 주어 자살을 방조한 혐의로 기소되었으나, 대법원에서 의사에게 유죄가 인정되나 형은 선고하지 않은 예가 있다. 1995년 **로마 교황**은 안락사를, **"모든 고통을 없애려는 목적으로 그 자체로써 그리고 고의적으로 죽음을 가져오는 행위나 부작위"**로 정의하고, 이를 하느님의 율법에 대한 중요한 위반으로 규정한 바 있다. 네덜란드에서는 1993년 제한적으로 허용되어 오다가 2001년 4월에, 벨기에는 2002년 9월에 합법화했다. 오스트레일리아 노던준주 다윈에서는 1996년 조건부로 허용법안을 마련하였다. 미국의 오리건주는 제한적으로 허용하고 있으며, 콜롬비아나 스위스에서는 묵인하고 있다.

안락사에 대하여 사기가 확실히 절박하고, 심한 육체적인 고통 때문에 죽음 이외에는 그 고통을 제거할 방법이 없으며, 당사자 본인의 참뜻에 의한 동의가 있고, 방법이 적절할 것을 조건으로 인정하여야 한다는 견해가 있으나 안락사를 허용하는 것은 당사자의 동의가 있더라도 자살관여죄를 처벌하는 현행 형법상 모순된다고 생각되며, 환자의 추정되는 고통과 가족들의 심리적·물질적 부담을 덜어 주겠다는 이유로 죽음을 선택하는 것은 인간의 존엄성을 심각하게 침해하는 것으로 보인다.

4. 감염병과 환자의 인권

조류독감 등에 감염될 경우 치명적인 위해를 야기할 수 있는 감염병 환자들의 경우 대부분 격리, 수용되어 치료를 받게 된다. 이 경우 격리수용과정에서 환자들의 기본적 인권이 소홀히 다루어지는 경우가 발생되기도 한다.

이에 따라 감염병의 예방 및 관리를 효율적으로 수행하기 위하여 종래의 「기생충질환 예방법」과 「전염병예방법」을 통합하여 법 제명을 「감염병의 예방 및 관리에 관한 법률」(약칭: 감염병예방법)로 변경하였다. 이 법률의 입법취지는 전염병이라는 용어를 사람들 사이에 전파되지 않는 질환을 포괄할 수 있는 감염병이라는 용어로 정비하며, 최근 국제보건환경의 변화에 따라 세계보건기구(WHO)가 마련한 「국제보건규칙」의 관리 대상 질환에 신종 감염병 등이 포함됨에 따라 세계보건기구 감시 대상 감염병을 국가적으로 관리하도록 하고, 감염병의 예방·관리에 관한 주요 사항을 심의하기 위하여 감염병관리위원회를 설치하는 한편, 감염병의 대유행이 우려되면 예방·치료 의약품 및 장비 등을 미리 비축하거나 구매를 위한 계약을 할 수 있도록 함으로써 신종 감염병 및 생물테러감염병 등에 효율적으로 대응할 수 있도록 하기 위해서이다.

그 밖에도 감염병 환자의 인권보호를 위해 '격리' 중심에서 '입원치료' 중심으로 전환하고, 국가의 입원명령을 보호자에게 통보하도록 명시하고 있다(동법 제42조, 제43조의2).

또 다른 중요한 감염성 질환에 걸린 HIV(human immunodeficiency virus, 인체면역결핍바이러스) 감염인이나 AIDS(acquired immune-deficiency syndrome, 후천성면역결핍증) 환자의 인권문제는 심각하다. 현재 「후천성면역결핍증 예방법」(약칭: 에이즈예방법)에서는 에이즈 환자들에 대해 국가가 관리, 신고, 보고체계들을 규정하고 있는데 개인의 정보가 불법적으로 유통되는 사례가 비일비재하게 발생하는 현실에서 에이즈 환자들의 가족, 직장에서의 사생활침해 우려가 심각히 제기되고 있다. 이러한 에이즈 환자들의 사생활침해라는 기본적 인권침해우려는 많은 사람이 자신의 감염 여부를 자신 있게 검사하는 것을 주저하게 되고, 이로 인해 불안감 속에서 알게 모르게 에이즈가 전파될 우려도 있다. 에이즈바이러스는 전염성은 있으나 이는 대개 수혈 또는 성접촉에 의해 전염되고 일상생활을 통해 감염되지는 않으나 치료방법이 없다는 우려와 질병 자체의 치명성으로 인해 일반인들이 에이즈 환자와의 접근을 꺼려 에이즈 환자들은 사회에서 자신이 환자임을 밝히지 못하고 심리적 격리생활을 하는 게 현실이다. 이러한 사회적 편견과 차별은 에이즈 환자들을 사회적 소수자로 인권의 사각지대로 내몰고 있다. 에이즈 환자들의 인권을 보호하기 위해서는 먼저 환자들에 대한 규제와 통제를 통한 정책이 아닌 일반인들을 대상으로 기본적 예방교육의 실시와 일상생활을 같이 할 수 있다는 사회적 교육을 통하여 에이즈 감염인의 인권문제에 대한 재인식교육이 필요하다. 또한 현대의학의 발달로 에이즈 환자의 치료 가능성도 더욱 높아져 이러한 치료에 대한 국가적 지원체계에도 관심을 가져야 할 것이다.

그 외에도 한센인이나 원폭피해자의 인권문제에 대해서도 국가적인 지원체계가 절실하다. 특히 한센인이 집단적으로 거주하는 소록도의 경우에는 한센인에 대한 각종 차별이 있었으나, 2002년 10월 24일 「국립소록도병원 운영규칙」이 보건복지부령으로 제정되었고, 2007년과 2008년에 개정되어 한센인에 대한 차별적 요소가 많이 개선되었으나, 국가적인 지원체계가 더 요망된다.

최근에는 2019년 하반기부터 전 세계적으로 유행하고 있는 코로나19 감염병과 관련하여, 감염의 확산을 방지하기 위해 코로나19 감염병 환자를 격리병동에 수용하여 외부인의 출입을 금지하는 행위나 감염병 확산방지를 위해 개인의 영업활동이나 외부활동 등을 제한하는 국가나 지자체의 방역조치의 요건과 그 한계가 문제될 수 있다. 감염병 확산을 방지하기 위해 개인의 영업활동을 금지 내지 제한하거나 개인의 일상활동을 금지 내지 제한하는 국가 또는 지자체의 방역조치는 필수불가결하다고 할 수 있지만, 이 경우에도 개인의 신체활동 내지 영업활동의 자유에 대한 침해는 가능한 한 필요 최소한에 그치도록 국가 또는 지자체는 최대한의 노력을 기울여야 하고, 또한 국민의 기본권을 제한할 수밖에 없는 감염병 확산이라는 국가비상상황에 관한 충분한 설명을 해야 하며, 더 나아가 기본권 제한에 관한 국민적 합의를 도출해 내는 과정이 필요하다.

5. 임상실험과 환자의 인권

임상실험이란 새로운 의학적인 연구, 즉 개발 중의 신약이나 치료법을 인간을 대상으로 시험하는 것이다. 임상실험은 의학의 발달, 신약개발, 난치병치료 등을 위해 불가결하고 매우 중요한 연구과정이나, 임상실험이라는 단어에서 곧 인체실험이나 환자의 인권경시라는 이미지를 가지는 사람이 적지 않다. 임상실험은 새로운 치료제나 의약품 개발의 최종단계에 있어서 희망 환자에 대하여 시험적으로 사용하게 된다. 이들 신약이나 새로운 치료법은 최초단계의 연구실에서의 실험이나 동물실험이 아니라 이 최초단계에서의 효과나 안전성이 확실해졌을 때 제2단계로 하는 시험이다. 이 경우 임상실험을 시행함에 있어서 임상실험을 희망하는 사람의 인권을 최우선시하고, 실험에 사용되는 새로운 방법이나 신약이 유효성과 안전성이 어느 정도 검증된 경우에 사용되어야 한다. 또한 임상실험의 대상이 되는 환자들의 동의는 자발적 의사에 기한 진정한 동의라는 점을 신중하게 검토하여야 한다. 임상실험에 있어서의 환자의 동의는 실험에 참가한 실험의 유효성과 함께 실험으로 올 수 있는 부작용과 문제점에 대한 충분한 설명을 듣고 정상적인 인지능력과 판단하에 자발적으로 실험에 동참하겠다는 의사표시를 하였다는 점을 확인할 수 있어야 한다.

6. 환자의 비밀보호와 관련된 쟁점

(1) 의사의 환자 사생활보호의무

의사는 치료행위를 통하여 환자의 개인적 비밀을 알게 된다. 물론 치료행위에서는 의사가 환자의 비밀을 알아야 적절한 치료를 할 수 있는 경우가 적지 않다. 흔히 의사는 의료행위를 하는 과정에서 환자 개인의 정신적·육체적 혹은 건강상의 비밀을 알게 되고, 또는 의료행위를 위하여 집안의 병력이나 환자 개인의 사생활상의 비밀까지도 알아야 하는 경우가 있을 수 있는 것이다. 이러한 경우 의사의 비밀준수의무는 환자의 사생활 및 기본적 인권보호를 위한 직업윤리로서 당연히 인정되고 있는 원칙이다. 또한 개인적 프라이버시의 보호는 헌법상의 지상명령이라고 할 수 있기 때문에 역시 헌법상으로도 환자 개인의 비밀과 사생활이 보호된다는 사실은 자명하다고 할 것이다. 특히 형법은 명문으로 비밀누설죄를 규정하여 의사가 그 업무처리 중 지득한 환자의 비밀을 누설하는 경우에 처벌하고 있다(형법 제317조). 그리고 의료의 적정을 기하여 국민의 건강을 보호증진하기 위하여 제정된 의료법도 의사의 비밀누설금지의무를 성문화하고 있다(의료법 제19조). 그러므로 의사는 의료행위의 과정에서 지득한 환자의 비밀을 정당한 이유 없이 비밀을 알지 못하는 제3자에게 누설하여서는 안 된다. 이러한 의사의 비밀준수의무는 다음과 같은 내용으로 구성된다.

첫째, 비밀이란 의사가 의료행위의 과정에서 지득한 환자의 비밀을 의미한다. 병상에 관한 사항에 한정되지 아니하고, 환자 본인이나 특정한 범위의 자만이 알고 있는 사실이나 타인이 알게 되는 때에 환자 본인의 불이익이 되는 경우는 비밀이라고 할 수 있다. 환자가 의식하지 아니하고 있는 육체적·정신적 결함이 의사의 치료 도중 판명된 경우에, 환자의 육체적·정신적 결함을 타인에게 알리지 아니하는 경우가 환자 본인의 이익으로 인정된다면 역시 환자가 의식하지 아니하고 있는 환자의 육체적·정신적 결함도 비밀이 될 수 있다. 또한 공개에 의하여 환자의 불이익이 되지 아니하는 사항도 만일 환자가 타인에 대한 공개를 금지한 경우는 비밀에 해당한다고 해석될 것이다.

둘째, 누설은 비밀을 아직 알지 못하는 타인에게 알리는 행위를 가리킨다. 누설의 방법은 문서 혹은 구두의 방법이 있다. 또한 환자의 비밀이 기재된 진료기록부를 방치하여 타인이 열람을 통하여 비밀을 지득하는 경우도 비밀누설이 될 수 있다. 이러한 비밀누설의 상대방은 비밀을 알지 못하는 제3자이다. 그러므로 환자 본인에게 알리는 행위는 누설에 해당하지 아니한다. 다만, 문제는 근친자, 즉 부모·자·배우자에게 비밀을 누설하는 경우에 발생할 수 있다. 일반적으로 배우자·부·모·자 등 근친자에 대한 고지는 환자의 이익을 위하여 고지하는 경우가 보통이기 때문에 누설에 해당하지 아니한다고 해석된다. 특히 친권자가 친권의 행사로서 자식의 비밀에 관하여 의사에게 질문한 경우는 의사는 오히려 비밀을 설명하여야 할 의무를 부담한다고 할 것이다. 법률은 간호사 등 의료행위의 이행보조자에 대한 고지가 누설이 되는지의 여부에 대하여 규정하고 있지 않으나 의료행위의 수행상 지장이 없는 한 의사는 역시 간호사 등 이행보조자에 대하여도 비밀준수의무를 부담하여야 한다고 해석될 것이다. 다만, 현실적으로 간호사 등 이행보조자가 문진을 함께 듣는다든지, 진료기록부를 본다든지 하지 아니하고 의료행위를 수행한다는 사실은 거의 불가능하다고 할 수 있으므로 의사가 간호사 등 이행보조자에 대하여 환자의 비밀을 고지하는 경우는 의료행위와 관계없이 비밀을 직접적으로 고지한 때에 한하여 누설이 된다고 할 것이다.

비밀금지의무와 제3자의 이익이 충돌하는 경우, 예를 들어 전염성이 강한 질병에 감염되어 다른 사람들에게 전염의 위험이 있다면 비밀보호에 의한 환자의 이익과 다른 사람들의 건강권을 비교하여 다른 사람의 건강권이 더 크다고 판단되는 경우 의사의 비밀유지의무는 면책될 수 있다.

(2) 환자의 비밀보호와 관련된 쟁점사항

1) 태아의 성감별 금지와 알권리 보장문제

의료인은 태아의 성감별을 목적으로 임부를 진찰 또는 검사하여서는 아니 되며, 같은 목적을 위한 다른 사람의 행위를 도와주어서는 아니 되고, 임신 32주 이전에 태아나 임부를 진찰하거나 검사하면서 알게 된 태아의 성(性)을 임부, 임부의 가족, 그 밖의 다른 사람이 알게 하여서는 아니 된다(의료법 제20조). 이는 **남아선호사상**이 사회에서 보편화된 시대에 태아의 성감별을 통해 낙태를 하는 것을 방지하기 위한 취지에서 규정된 법률이다. 그러나 최근 한 부모가 자신의 태어날 아이의 성별을 알 수 있는 것은 헌법상 보장된 알권리이자 행복추구권의 한 표현방법이라는 취지로 태아의 성감별을 금지하는 현행 법체계의 위헌성을 지적하는 위헌법률심판 제청을 한 사례가 있어 태아의 성감별 금지는 태어날 아기의 인권보장과 부모의 알권리보장이라는 양 측면에서 논란이 되고 있다.

2) 기형아 출산과 낙태문제

태아의 인권과 관련하여 기형아 출산과 낙태문제도 논쟁 중인 사안이다. 인간은 자의에 의해 태어나 자의에 의해 죽을 수 있는 존재가 아니다. 특히 태어남에 있어서의 수동적인 상황은 인간은 운명에 의해 좌우될 수밖에 없는 존재라는 느낌마저 들게 한다. 이러한 상황에서 인간의 탄생에 어느 정도 관여한다고 할 수 있는 의사들이 관심 있게 봐 두어야 할 한 사례가 있다. 얼마 전 상당한 논란의 대상이 되었던 의료소송 판례를 통해 인간의 생명 그 자체의 존귀함이 날로 강조되는 이 시점에서 과연 의사들이 기형아를 진단하고 그 탄생을 막아야 할 책임 범위는 어디까지인가를 생각게 한다.

사례는 "원고인 아기의 어머니 갑은 당시 33세의 고령의 산모에다 집안의 기형아 출산의 경험이 있던바 이에 두려움으로 기형아 검사를 해 줄 것을 의사 을에게 강력히 요구하였다. 의사 을은 기형아 검사로 초음파 검사와 AFP 검사를 시행하였고 검사결과 아기는 정상인 것으로 판단하였으나 산모 갑은 결국 다운증후군의 기형아를 출산하게 되었다. 이에 산모 갑은 의사 을이 기형아 판별확률이 비교적 높은 검사법에 대하여 아무런 설명을 하지 아니하여 산모 갑으로 하여금 확실한 검사방법을 택하여 태아가 기형아인지의 여부를 확인하고 만일 그 태아가 기형아라면 낙태할 수 있는 기회를 상실하게 함으로써, 기형아(다운증후군)인 아기를 태어나게 하였다고 주장하면서, 아기의 향후 치료비 및 양육비 상당의 손해 중 일부를 청구하였다."

구 모자보건법 제14조 제1항 제1호를 보면 인공임신중절수술을 할 수 있는 경우는 임산부 본인 또는 배우자가 대통령령이 정하는 우생학적 또는 유전학적 정신장애나 신체질환이 있는 경우로 규정하고 있으며, 구 모자보건법 시행령 제15조 제2항은 같은 법 제14조 제1항 제1호의 규정에 의하여 인공임신중절수술을 할 수 있는 우생학적 또는 유전학적 정신장애나 신체질환으로는 혈우병과 각종 유전성 질환을 규정하고 있다. 이에 다운증후군은 위 조항의 인공임신중절사유에 해당하지 않음이 명백하여 부모가 태아가 다운증후군(Down's Syndrome)에 걸려 있음을 알았다고 하더라도 태아를 적법하게 낙태할 결정권을 가지고 있었다고 보기 어려울 것이다. 그리고 인간 생명의 존엄성과 그 가치의 무한함에 비추어 볼 때, 어떠한 인간 또는 인간이 되려고 하는 존재가 의사에 대하여 자신의 출생을 막아 줄 것을 요구할 권리를 가진다고 보기 어렵고, 장애를 갖고 출생한 것 자체를 인공임신중절로 출생하지 않은 것과 비교해서 법률적으로 손해라고 하기도 어렵다. 그러므로 대법원은 이러한 이유로 기형아로 태어난 것은 의사의 과실로 볼 수 없다고 판결하였다.

(3) 진료 도중 알게 된 환자의 비밀보호와 공익보호 문제

예를 들면 정신질환자를 치료하던 의사가 그 환자가 제3자를 위해할 구체적인 범행계획을 지득하게 된 경우도 마찬가지로 논란이 있을 수 있다. 또한 치료 도중 에이즈 환자임을 알게 되었을 때 법령상 의사는 신고의무가 있으나, 환자가 절대로 타인에게 전염시키지 않겠으니 비밀로 해 달라고 간청하는 경우, 환자가 자신의 외도 사실을 가족에게 비밀로 해 달라고 할 경우, 환자에 대한 정확한 정신병력을 요구하는 환자의 약혼자에 대한 대답, 환자가 수행하고 있는 직업상의 높은 위험성 때문에 예방을 위해 정확한 정신병력을 필요로 한다는 정당한 직장 상사의 요구 등에 대하여 정신과 의사는 어떤 대답을 하여야 하는가?

사회공공의 안전을 보장하는 문제에 있어 주목되었던 재판은 미국 캘리포니아에서 있었던 Tarasoff case였다. 즉, 환자가 가지고 있는 제3자에 대한 강한 적의와 해를 끼칠 구체적 계획을 정신치료 과정 중 알게 되었을 때 정신과 의사가 그것을 어떻게 처리해야 하는가를 다루었던 재판이었다. 여기서 정신치료자는 위험한 환자로부터 해를 받을 수 있는 것은 환자의 비밀보호의 개념과 상반되는 것이었고 정신과 의사들은 이것에 반대하였으나 몇 개 주는 결국 이것을 받아들였고 정신치료자들은 제3자를 보호하면서 동시에 의사-환자 관계도 손상시키지 않아야 하는 문제를 가지게 되었다. 현재도 이 Tarasoff case는 해결되지 않은 논쟁의 대상으로 남아 있다.

(4) 환자의 알 권리와 수술실 CCTV 설치 문제

환자는 자신의 신체에 관한 의사의 의료내용에 관해 알 권리가 있다. 환자인권이라는 측면에서 환자는 의료인이 작성한 진료기록을 열람할 수 있을 뿐만 아니라 수술실 등에서 자신에 대한 의료행위가 어떻게 이루어지고 있는지 알 권리가 있다. 특히 외부인의 접근이 차단된 수술실의 의료행위에 대하여는 녹화장치를 통해 의료준칙에 부합한 의료행위가 이루어졌는지를 확인할 필요가 있으므로 수술실의 CCTV 설치는 필요하다고 하겠다. 그러나 전문적이고 위험이 따르는 의료행위를 녹화하는 경우에는 의료인의 방어적 의료행위로 인한 의료기피현상으로 환자의 건강권을 반대로 위태롭게 할 수도 있다. 따라서 엄격한 요건을 구비하여 제한된 범위에서 수술실에 CCTV를 설치하는 것은 환자의 알권리와 의료인의 의료사고에 대한 면책이나 의사와 환자간의 신뢰확보를 위해서도 필요하다고 하겠다.

IV. 정신질환자의 강제입원치료와 인권문제

정신과병원 의료현장에서 발생하는 가장 대표적인 인권문제는 정신과 환자에 대한 **강제입원과 강제치료**에 관한 것이다. 정신과 환자들은 그들이 가지고 있는 정신적 장애로 말미암아 그들 스스로 어떤 상황에 대하여 판단하고 결정할 수 있는 능력의 한계가 있게 되고, 그러므로 자신에게 최선이 되는 결정을 내리기 어려워, 강제입원과 강제치료는 환자 자신이 아닌 보호자에 의해 결정되는 경우가 많다.7)

7) 「정신건강증진 및 정신질환자 복지서비스 지원에 관한 법률」(약칭: 정신건강복지법) 제41조(자의입원 등) ① 정신질환자나 그 밖에 정신건강상 문제가 있는 사람은 보건복지부령으로 정하는 입원등 신청서를 정신의료기관등의 장에게 제출함으로써 그 정신의료기관등에 자의입원등을 할 수 있다.
② 정신의료기관등의 장은 자의입원등을 한 사람이 퇴원등을 신청한 경우에는 지체 없이 퇴원등을 시켜야 한다.
③ 정신의료기관등의 장은 자의입원등을 한 사람에 대하여 입원등을 한 날부터 2개월마다 퇴원등을 할 의사가 있는지를 확인하여야 한다.
제42조(동의입원등) ① 정신질환자는 보호의무자의 동의를 받아 보건복지부령으로 정하는 입원등 신청서를 정신의료기관등의 장에게 제출함으로써 그 정신의료기관등에 입원등을 할 수 있다.
② 정신의료기관등의 장은 제1항에 따라 입원등을 한 정신질환자가 퇴원등을 신청한 경우에는 지체 없이 퇴원등을 시켜야 한다. 다만, 정신질환자가 보호의무자의 동의를 받지 아니하고 퇴원등을 신청한 경우에는 정신건강의학과전문의 진단 결과 환자의 치료와 보호 필요성이 있다고 인정되는 경우에 한정하여 정신의료기관등의 장은 퇴원등의 신청을 받은 때부터 72시간까지 퇴원등을 거부할 수 있고, 퇴원등을 거부하는 기간 동안 제43조 또는 제44조에 따른 입원등으로 전환할 수 있다.
③ 정신의료기관등의 장은 제2항 단서에 따라 퇴원등을 거부하는 경우에는 지체 없이 환자 및 보호의무자에게 그 거부 사유 및 제55조에 따라 퇴원등의 심사를 청구할 수 있음을 서면 또는 전자문서로 통지하여야 한다.
④ 정신의료기관등의 장은 제1항에 따라 입원등을 한 정신질환자에 대하여 입원등을 한 날부터 2개월마다 퇴원등을 할 의사가 있는지를 확인하여야 한다.
제43조(보호의무자에 의한 입원등) ① 정신의료기관등의 장은 정신질환자의 보호의무자 2명 이상(보호의무자 간 입원등에 관하여 다툼이 있는 경우에는 제39조 제2항의 순위에 따른 선순위자 2명 이상을 말하며, 보호의무자가 1명만 있는 경우에는 1명으로 한다)이 신청한 경우로서 정신건강의학과전문의가 입원등이 필요하다고 진단한 경우에만 해당 정신질환자를 입원등을 시킬 수 있다. 이 경우 정신의료기관등의 장은 입원등을 할 때 보호의무자로부터 보건복지부령으로 정하는 바에 따라 입원등 신청서와 보호의무자임을 확인할 수 있는 서류를 받아야 한다.
② 제1항 전단에 따른 정신건강의학과전문의의 입원등 필요성에 관한 진단은 해당 정신질환자가 다음 각 호의 모두에 해당하는 경우 그 각각에 관한 진단을 적은 입원등 권고서를 제1항에 따른 입원등 신청서에 첨부하는 방법으로 하여야 한다.
1. 정신질환자가 정신의료기관등에서 입원치료 또는 요양을 받을 만한 정도 또는 성질의 정신질환을 앓고 있는 경우
2. 정신질환자 자신의 건강 또는 안전이나 다른 사람에게 해를 끼칠 위험(보건복지부령으로 정하는 기준에 해당하는 위험을 말한다. 이하 같다)이 있어 입원등을 할 필요가 있는 경우
③ 정신의료기관등의 장은 정신건강의학과전문의의 진단 결과 정신질환자가 제2항 각 호에 모두 해당

하여 입원등이 필요하다고 진단한 경우 그 증상의 정확한 진단을 위하여 2주의 범위에서 기간을 정하여 입원하게 할 수 있다.

④ 정신의료기관등의 장은 제3항에 따른 진단 결과 해당 정신질환자에 대하여 계속 입원등이 필요하다는 서로 다른 정신의료기관등에 소속된 2명 이상의 정신건강의학과전문의(제21조 또는 제22조에 따른 국립·공립의 정신의료기관등 또는 보건복지부장관이 지정하는 정신의료기관등에 소속된 정신건강의학과전문의가 1명 이상 포함되어야 한다)의 일치된 소견이 있는 경우에만 해당 정신질환자에 대하여 치료를 위한 입원등을 하게 할 수 있다.

⑤ 제4항에 따른 입원등의 기간은 최초로 입원등을 한 날부터 3개월 이내로 한다. 다만, 다음 각호의 구분에 따라 입원등의 기간을 연장할 수 있다.

1. 3개월 이후의 1차 입원등 기간 연장: 3개월 이내
2. 제1호에 따른 1차 입원등 기간 연장 이후의 입원등 기간 연장: 매 입원등 기간 연장 시마다 6개월 이내

⑥ 정신의료기관등의 장은 다음 각 호의 모두에 해당하는 경우에만 제5항 각 호에 따른 입원등 기간의 연장을 할 수 있다. 이 경우 정신의료기관등의 장은 입원등 기간을 연장할 때마다 관할 특별자치시장·특별자치도지사·시장·군수·구청장에게 대통령령으로 정하는 기간 이내에 그 연장에 대한 심사를 청구하여야 한다.

1. 서로 다른 정신의료기관등에 소속된 2명 이상의 정신건강의학과전문의(제21조 또는 제22조에 따른 국립·공립의 정신의료기관등 또는 보건복지부장관이 지정하는 정신의료기관등에 소속된 정신건강의학과전문의가 1명 이상 포함되어야 한다)가 입원등 기간을 연장하여 치료할 필요가 있다고 일치된 진단을 하는 경우
2. 제1항에 따른 보호의무자(이하 "신청 보호의무자"라 한다) 2명 이상(제1항에 따른 입원등 신청 시 신청 보호의무자가 1명만 있었던 경우에는 1명으로 한다)이 제5항에 따른 입원등의 기간 연장에 대한 동의서를 제출한 경우

⑦ 정신의료기관등의 장은 제6항에 따른 입원등 기간 연장의 심사 청구에 대하여 특별자치시장·특별자치도지사·시장·군수·구청장으로부터 제59조(제61조 제2항에서 준용하는 경우를 포함한다)에 따라 퇴원등 또는 임시 퇴원등(일시적으로 퇴원등을 시킨 후 일정 기간이 지난 후 다시 입원등 여부를 결정하는 조치를 말한다. 이하 같다) 명령의 통지를 받은 경우에는 해당 정신질환자를 지체 없이 퇴원등 또는 임시 퇴원등을 시켜야 한다.

⑧ 정신의료기관등의 장은 제1항이나 제3항부터 제5항까지의 규정에 따라 입원등을 시키거나 입원등의 기간을 연장하였을 때에는 지체 없이 입원등을 한 사람 및 보호의무자에게 그 사실 및 사유를 서면으로 통지하여야 한다.

⑨ 정신의료기관등의 장은 입원등을 한 사람 또는 보호의무자가 퇴원등을 신청한 경우에는 지체 없이 그 사람을 퇴원등을 시켜야 한다. 다만, 정신의료기관등의 장은 그 입원등을 한 사람이 제2항 각호에 모두 해당하는 경우에는 퇴원등을 거부할 수 있다.

⑩ 정신의료기관등의 장은 제9항 본문에 따라 입원등을 한 사람을 퇴원등을 시켰을 때에는 지체 없이 보호의무자에게 그 사실을 서면으로 통지하여야 하고, 제9항 단서에 따라 퇴원등을 거부하는 경우에는 지체 없이 정신질환자 본인과 퇴원등을 신청한 보호의무자에게 그 거부사실 및 사유와 제55조에 따라 퇴원등의 심사를 청구할 수 있다는 사실 및 그 청구 절차를 서면으로 통지하여야 한다.

⑪ 제4항 및 제6항 제1호에 따른 서로 다른 정신의료기관등에 소속된 2명 이상의 정신건강의학과전문의의 진단은 해당 지역의 정신의료기관등 또는 정신건강의학과전문의가 부족한 사정이 있는 경우에는 보건복지부령으로 정하는 바에 따라 구체적인 시행방안을 달리 정하여 진단하도록 할 수 있다.

제44조(특별자치시장·특별자치도지사·시장·군수·구청장에 의한 입원) ① 정신건강의학과전문의 또는 정신건강전문요원은 정신질환으로 자신의 건강 또는 안전이나 다른 사람에게 해를 끼칠 위험

그러나 정신과 의료기관에서 정상인을 정신과 의사가 보호자의 말만 믿고 환자의 의견과는 아무런 상관이 없이 강제입원을 시키는 경우가 가끔씩 사회문제로 제기된다.

이 있다고 의심되는 사람을 발견하였을 때에는 특별자치시장·특별자치도지사·시장·군수·구청장에게 대통령령으로 정하는 바에 따라 그 사람에 대한 진단과 보호를 신청할 수 있다.

② 경찰관(「국가공무원법」 제2조 제2항 제2호에 따른 경찰공무원과 「지방공무원법」 제2조 제2항 제2호에 따른 자치경찰공무원을 말한다. 이하 같다)은 정신질환으로 자신의 건강 또는 안전이나 다른 사람에게 해를 끼칠 위험이 있다고 의심되는 사람을 발견한 경우 정신건강의학과전문의 또는 정신건강전문요원에게 그 사람에 대한 진단과 보호의 신청을 요청할 수 있다.

③ 제1항에 따라 신청을 받은 특별자치시장·특별자치도지사·시장·군수·구청장은 즉시 그 정신질환자로 의심되는 사람에 대한 진단을 정신건강의학과전문의에게 의뢰하여야 한다.

④ 정신건강의학과전문의가 제3항의 정신질환자로 의심되는 사람에 대하여 자신의 건강 또는 안전이나 다른 사람에게 해를 끼칠 위험이 있어 그 증상의 정확한 진단이 필요하다고 인정한 경우에 특별자치시장·특별자치도지사·시장·군수·구청장은 그 사람을 보건복지부장관이나 지방자치단체의 장이 지정한 정신의료기관(이하 "지정정신의료기관"이라 한다)에 2주의 범위에서 기간을 정하여 입원하게 할 수 있다.

⑤ 특별자치시장·특별자치도지사·시장·군수·구청장은 제4항에 따른 입원을 시켰을 때에는 그 사람의 보호의무자 또는 보호를 하고 있는 사람에게 지체 없이 입원 사유·기간 및 장소를 서면으로 통지하여야 한다.

⑥ 제4항에 따라 정신질환자로 의심되는 사람을 입원시킨 정신의료기관의 장은 지체 없이 2명 이상의 정신건강의학과전문의에게 그 사람의 증상을 진단하게 하고 그 결과를 특별자치시장·특별자치도지사·시장·군수·구청장에게 서면으로 통지하여야 한다.

⑦ 특별자치시장·특별자치도지사·시장·군수·구청장은 제6항에 따른 진단 결과 그 정신질환자가 계속 입원할 필요가 있다는 2명 이상의 정신건강의학과전문의의 일치된 소견이 있는 경우에만 그 정신질환자에 대하여 지정정신의료기관에 치료를 위한 입원을 의뢰할 수 있다.

⑧ 특별자치시장·특별자치도지사·시장·군수·구청장은 제7항에 따른 입원 의뢰를 한 때에는 보건복지부령으로 정하는 바에 따라 그 정신질환자와 보호의무자 또는 보호를 하고 있는 사람에게 계속하여 입원이 필요한 사유 및 기간, 제55조에 따라 퇴원등 또는 처우개선의 심사를 청구할 수 있다는 사실 및 그 청구 절차를 지체 없이 서면으로 통지하여야 한다.

⑨ 특별자치시장·특별자치도지사·시장·군수·구청장은 제3항과 제4항에 따라 정신질환자로 의심되는 사람을 진단하거나 입원을 시키는 과정에서 그 사람이 자신의 건강 또는 안전이나 다른 사람에게 해를 끼칠 위험한 행동을 할 때에는 「119구조·구급에 관한 법률」 제2조에 따른 119구급대의 구급대원(이하 "구급대원"이라 한다)에게 호송을 위한 도움을 요청할 수 있다.

⑩ 지정정신의료기관의 지정기준, 지정취소 및 지정취소 기준, 지정 및 지정취소 절차 등에 관하여 필요한 사항은 보건복지부령으로 정한다.

제45조(입원등의 입원적합성심사위원회 신고 등) ① 제43조 또는 제44조에 따라 입원등을 시키고 있는 정신의료기관등의 장은 입원등을 시킨 즉시 입원등을 한 사람에게 입원등의 사유 및 제46조에 따른 입원적합성심사위원회에 의하여 입원적합성심사를 받을 수 있다는 사실을 구두 및 서면으로 알리고, 입원등을 한 사람의 대면조사 신청 의사를 구두 및 서면으로 확인하여야 한다.

② 제1항에 따른 정신의료기관등의 장은 입원등을 한 날부터 3일 이내에 제46조에 따른 입원적합성심사위원회에 입원등을 한 사람의 주민등록번호를 포함한 인적사항, 입원등 일자, 진단명, 입원등 필요성, 대면조사 신청 여부 및 그 밖에 대통령령으로 정하는 사항을 신고하여야 한다.

국가인권위원회는 정신보건시설 수용자에 대해 부당하게 입·퇴원 조치한 정신보건시설 관련자에 대해 검찰에 고발하는 한편, 관련법을 개정할 것을 권고했다. 국가인권위에 따르면 전북 소재 A요양원에 대해 조사한 결과 이 요양원이 많은 환자에 대해 정신건강복지법상의 '**계속입원심사**'[8]를 청구하지 않아 위법행위를 하고 있는 것으로 확인됐다. 계속입원심사란 강제입원 환자들이 정신보건시설에서 퇴원할 수 있는 거의 유일한 방법으로 각 광역자치단체에 구성된 정신건강심의위원회에 의한 심사를 말한다. 정신보건시설 중 일부 시설은 보호자와 연락이 되지 않은 환자와 행려환자 등에 대하여 계속입원심사청구를 회피하고, 법령상 6개월 입원규정을 회피하기 위하여 일시적으로 다른 병원에 퇴원명령환자를 입원시켰다가 다시 재입원시키는 방식으로 환자를 부당하게 입원조치시켜 보험급여를 타내는 편법을 동원하는 경우가 문제가 되기도 한다. 이러한 계속입원심사청구를 회피하여 심사청구 대상 환자들을 타 병원으로 전원했다가 다시 받는 회전문 현상의 입원사례나, 환자를 설득, 자의입원으로 전환시키는 등의 방식에 의해 정신질환자가 결국 일생을 시설에서 생활할 수밖에 없는 처지로 전락하기도 하고, 이 과정에서 정신질환자들은 시설수용증후군으로 사회복귀를 포기하는 악순환이 계속되기도 하는 등의 인권침해 사례가 고발되기도 한다. 물론 대부분의 정신보건의료기관은 적법하게 환자들의 인권을 보호하는 방법으로 운영될 것으로 믿어 의심치 않으나 이러한 일부 시설에서의 환자들의 인권침해는 시급히 시정되어야 할 것이다.

1. 정신장애와 인권

(1) 정신장애의 개념

정신장애는 사회적 가치와 밀접한 관련을 맺고 있으며, 다양한 관점에 따라 정의되고 있는데, "**한 개인이 계획된 행동과 공동체적 관습에 참여할 수 있는 능력이 상**

---

8) 정신질환자가 자의입원하거나 보호의무자의 동의를 받아 정신의료기관에 입원한 경우에는 정신의료기관의 장은 2개월마다 환자의 퇴원 등의 의사를 확인하여야 하고, 보호의무자 2인 이상의 신청에 의해 입원한 경우에는 3개월 이내에 입원을 할 수 있고 입원기간의 연장은 1차 연장은 3개월 이내로 연장할 수 있으며, 2차 연장부터는 연장 시마다 6개월 이내로 할 수 있으나, 이러한 계속적인 입원을 위해서는 입원의 형태에 따른 심사절차를 거쳐야 한다.

당히 제약되어 있는 정신병리적 상태"로 정의되기도 하고, "생리적 또는 행동적 규점에서 통계적으로 벗어난 행동으로 인하여 생물학적 불이익을 초래하여 전문가들에 의하여 치료되는 모든 상태와 행동들"이라고 정의되기도 하며, "어떠한 행동이 비자의적(involuntariness)일 때만 정신장애로 분류해야 한다"라고 주장되기도 하고, "정신장애는 생물학적 기능장애와는 아무런 관련이 없는 사회적 구조(특정 문화나 가치관)의 부산물로서 사회질서를 위협하는 사람들의 행동을 통제하기 위해 붙여진 것"이라고 주장되기도 한다.[9]

이러한 정신장애에 대한 정의는 각국의 사회적·문화적·의학적 및 법적 맥락에 따라 다양하게 규정된다. 가령, 정신장애와 관련하여 비자발적 입원과 치료의 중요성을 강조하는 법률들은 정신장애인의 범위와 자기결정권을 제한할 것이고, 반대로 정신장애인의 권리를 강조한 법률들은 정신질환을 갖는 모든 이를 정신장애인의 범주 안에 포함하여 실질적인 권리를 보장하려 할 것이다. 현재 각국에서 사용하고 있는 정신장애와 관련한 용어로는 **정신질환**(Mental Illness),[10] **정신장애**(Mental Disorder),[11] **정신적 무능력**(Mental disability),[12] **정신적 무력**(Mental incapacity),[13] **정신적 불완전**(Unsoundness of Mind)[14] 등이 있다.

우리나라 「정신건강증진 및 정신질환자 복지서비스 지원에 관한 법률」(약칭: 정신건강복지법; 구 정신보건법) 제3조에서는 "**정신질환자**"라는 용어를 사용하고 있으며, 이 규정에 의하면 "**정신질환자**"란 망상, 환각, 사고나 기분의 장애 등으로 인하여 독립적

---

9) 국가인권위원회, 「정신장애인 인권보호와 증진을 위한 국가보고서」, 2009, 17-24쪽 참조.

10) '정신질환(Mental Illness)'은 국제적 임상현실에서 사용을 가급적 피하고 있으며, 대신 '정신장애(Mental disorder)'가 더 선호되고 있다.

11) '정신장애(Mental disorder)'는 정신질환(Mental Illness), 정신지체(Mental retardation) 성격장애 등을 포함하고 있다.

12) '정신적 무능력(Mental Disability)'은 장애, 행동 및 참여 제한 등을 위한 광범위한 용어이다[The International Classification of Functioning, Disability and Health(ICIDH-2) (WHO2001d)].

13) '정신적 무력(Mental incapacity)'은 '정신장애(Mental disorder)'의 협의 개념으로 이 용어는 정신보건에서 입원과 치료를 위한 필수적인 개념이다. 하지만 넓은 범위의 정신보건 사업을 수행하는 데에는 협의의 개념이라 많은 정신보건 관련자들을 포함하지 못하여 정신적 무력의 개념이 법안에 포함되는 것은 적절하지 못하다.

14) '정신적 불완전(Unsoundness of mind)'은 유럽에서 '정신장애(Mental disorder)'와 유사한 개념으로 사용되고 있다. 하지만 '정신적 불완전(Unsoundness of mind)'이 '정신장애(Mental disorder)'에 귀속되지는 않는다.

으로 생활하는 데 중대한 제약이 있는 사람을 말한다고 정의하고 있다.

(2) 정신장애인의 인권

정신장애인의 인권은 몇 가지 이유에서 특별한 의미를 지닌다. 첫째, 정신장애인은 다른 집단에 비해 인권침해를 받을 가능성이 매우 높고, 둘째, 정신장애인에게 있어 인권은 비인권적 차별, 낙인, 배제 등으로부터 이들을 지켜 주는 거의 유일한 수단이며, 셋째 정신장애인의 삶의 질을 보장하는 체계를 만들어 내기 위한 새로운 시도들에서 인권은 핵심적인 동력을 제공한다. 마지막으로 정신장애인의 인권은 달성이 어려운 만큼 한 사회의 인권수준이 얼마만큼 성숙하였는지를 가늠할 수 있는 인권의 '바로미터' 역할을 수행하기 때문이다.[15]

정신장애인은 흔히 자신을 보호하기 어려운 처지에 있기 때문에 책임성 있는 절차와 모니터링, 엄격한 감시가 법적 틀 안에서 요구된다. 이에 많은 국제법이 정신장애인의 권리를 명시하는 인권조항들을 포함하고 있으며, 1993년의 **비엔나선언**에서도 모든 인권과 기본적 자유는 만인 공통의 권리이며 장애인들도 무조건적으로 포함된다고 명시하고 있다. 이에 의하면 모든 인간은 태어나면서 평등하며, 삶과 복지, 교육, 독립적인 생활과 사회활동 모든 측면에서 동일한 권리를 갖기 때문에, 장애인에 대한 어떠한 직접적인 차별이나 부정적인 대우도 권리를 침해하는 것으로 간주될 수 있다.

「**대한민국 헌법**」에도 인간의 존엄과 가치를 보장받을 수 있는 권리와 불합리한 차별을 받지 않을 권리, 국가권력이나 타인으로부터 간섭받지 않을 권리, 국가에 대해 인간다운 생활보장을 요구할 권리 등이 명시되어 있으며, 「**정신건강복지법**」은 정신장애인의 기본권리와 관련한 내용으로, 인간으로서의 존엄과 가치, 최적의 치료를 받을 권리, 차별대우를 받지 않을 권리 등을 제시하고 있다. 그러나 「정신건강복지법」은 사회의 안전, 타인과 가족의 보호, 효율적인 관리 등을 이유로 정신장애인의 권리가 제한되는 공리주의적 입장을 취하는 경우가 많아 본인의 의사에 반한 격리, 강박, 장기입원 등 정신장애인의 인권침해가 구조적으로 정당화되고 있는 것이

---

15) 신영전, "인권 측면에서 본 한국의 정신보건정책변화", 「정신장애인 인권 보호와 증진을 위한 정신보건 패러다임의 변화 토론회 자료집」, 국가인권위원회, 2008, 49쪽.

사실이다.[16)]

또한 정신장애인의 치료와 관련한 의료기관 및 재활시설, 다양한 정신보건전문
직 등과 같은 이익집단이 정신장애인의 인권을 다른 시각에서 해석하며 정신장애인
의 법적 권리를 제한하는 경우도 있다. 정신장애인의 치료가 개인의 자율성에 비해
우선시되기도 하며, 정신장애인의 주체적 욕구와 삶의 목표가 배제된 채 정신장애
인이 장기수용 구조 속에서 격리되어 치료를 받는 경우도 발생한다. 정신장애인에
대한 인권의식이 발전하면서 정신장애인의 장기수용이라는 비인권적 상황이 조금
씩 개선되고는 있으나 정신질환자를 치료하고 보호하는 의료기관과 시설, 그리고
정신장애인을 바라보는 사회의 인식에 따라 당해 국가의 정책이 결정되며, 이로 인
해 각국의 정신장애인과 그 가족의 인권과 삶의 질은 많은 차이를 보이고 있다.

(3) 우리나라에서의 정신장애인에 대한 인식과 시스템

우리나라의 경우 근대 이전 농경사회 대가족하에서는 정신장애인을 따로 모아
서 격리수용한다는 관념은 존재하지 않았으며, 가족이 돌보고 농촌 지역사회에 편
입되어 생활하였다. 1900년을 전후하여 서양 의학이 들어오는 과정에서 서구 정신
의학이 들어오고 1911년 조선총독부 제생원(濟生院)에서 정신병자를 수용하여 치료
를 시작하기도 하였지만 1960년에 이르기까지 정신장애인을 치료하는 정신병원이
나 요양시설은 거의 설립되지 않았다. 1961년 국립서울정신병원이 발족하는 등 시
설이 확장되었으나 정부의 무관심과 전통적 농경사회의 관점이 혼합되어 정신장애
인의 실태와 처우는 사회적 문제로 크게 대두하지도 못하였다.

1970년대 이후 급격한 산업화를 거치면서 정신장애인은 사회와 가족의 짐으로
인식되거나 사회적 위험요소로 등장하게 되었으나, 정부와 사회의 무관심 속에서
1980년대 전까지 정신장애를 담당하는 제도화된 공간이 협소했던 이유로, 기독교
등 종교단체가 운영하는 사회복지시설 등 각종 비제도적 시설에 정신장애인을 수용
하였다.[17)]

---

16) 홍선미 외, "정신장애인 인권개선을 위한 각국의 사례연구와 선진모델 구축", 국가인권위원회, 2008,
   10-11쪽.
17) 이들 시설은 대개 시설과 인력을 갖추지 못한 '미인가시설'이었는데, 미인가시설이 정신장애인을 주
   로 수용하면서 비치료적이고 반인권적인 처우가 만연하였다.

1980년대 이후 기존의 비의료적 수용시설에 대한 문제제기와 정신건강의학과 전문의의 증가로, 정신장애인을 정신병원 등 시설에 수용하는 모델로의 전환이 급격히 이루어졌으며, 1995년에는 일본의 정신보건법을 모델로 하여 정신장애인에 관한 일반법인 「정신보건법」이 제정되었으며, 이 법은 2016년 5월 29일 「정신건강증진 및 정신질환자 복지서비스 지원에 관한 법률」(약칭: 정신건강복지법)로 전면 개정되었다.

우리나라의 정신장애인 처우는 여전히 정신병원 등 수용시설 수용 모델 중심에 머물러 있고 탈원화(탈시설화) 및 지역사회 복귀로 나아가지 못한 상태이다. 게다가 민간 정신병원 등 시설이 늘어나면서 시설의 대형화, 환자의 장기입원의 문제가 구조화되기에 이르렀다. 정신보건시설은 입원환자 수를 기준으로 의료급여를 지급받고 시설확충비용을 지원받으면서 대형화되었고, 한편 일부에서는 영리를 위하여 정신장애인을 장기수용하는 경우가 언론을 통해 밝혀지기도 했다. 이와 같은 시설의 대형화와 장기입원은 수용된 정신장애인을 사회와 완전히 단절시켜 놓았고, 이러한 단절은 다시 정신장애인을 위험한 잠재적 범죄자로 보는 사회방위적 시각을 확대 재생산하는 문제를 낳았다.[18)]

2. 정신장애에 대한 국제규약 및 원칙

(1) 시민적 및 정치적 권리에 관한 국제규약(International Covenant on Civil and Political Rights, 1966)

「시민적 및 정치적 권리에 관한 국제규약」은 1966년 12월에 UN 총회에서 채택되어 1976년 3월에 발효되었다. 한국은 1990년 4월에 이 규약을 비준하여 같은 해 7월부터 적용되기 시작했다. 동 규약은 모든 당사국이 국제연합헌장에 규정된 원칙에 따라 관할 영토에 속하는 모든 주체들의 존엄성과 권리, 자유 등을 존중하고 보장하도록 요구하고 있으며, 이는 정신장애인에게도 해당된다.

---

18) 국가인권위원회, 「정신보건 인권길라잡이」, 2014, 11-13쪽 참조.

(2) 경제적·사회적 및 문화적 권리에 관한 국제규약(International Covenant on Economic, Social and Cultural Rights, 1966)

「경제적·사회적 및 문화적 권리에 관한 국제규약」은 1966년 12월에 UN 총회에서 채택되어 1976년 1월에 발효되었다. 한국은 1990년 4월 이 규약을 비준하여 같은 해 7월부터 적용하기 시작하였다. 동 규약은 당사국이 그 영역 내에 있는 모든 개인과 그 관할에 속하는 모든 주체들에게 본 규약이 인정한 권리들을 존중하고 보장할 것을 요구하고 있으며, 특히 본 규약 제2조 제1항은 규약의 당사국들이 '입법조치의 채택을 포함한 모든 적절한 수단에 의하여 이 규약에서 인정된 권리의 완전한 실현을 점진적으로 달성하기 위한 조치를 취할 것'을 명시하고 있다. UN의 경제적·사회적 및 문화적 권리 위원회(Committee on Economic, Socialand Cultural Rights)는 「경제적·사회적 및 문화적 권리에 관한 국제규약」을 정신장애 및 신체장애를 앓고 있는 사람들에게 적용시키는 것을 골자로 한 '일반논평 5'를 채택한 바 있고, 동 규약 제12조에 관한 '일반논평 14'를 통해 건강에 대한 권리를 포함시키고 있다.

(3) 장애인권리선언(Declaration on the Rights of Disabled Persons, 1975)

「장애인권리선언」은 1975년 UN 총회에서 채택되었다. 동 선언은 '장애인'을 '선천적이든 후천적이든 관계없이, 신체적·정신적 능력의 불완전으로 인하여 일상의 개인 또는 사회생활에서 필요한 것을 확보하는 데 자기 자신으로서는 완전하게 또는 부분적으로 할 수 없는 사람'을 의미한다고 정의하고 있다. 「정신장애인의 보호와 정신보건의료 향상을 위한 원칙(Principles for the Protection of Persons with Mental Illness and for the Improvement of Mental Health Care)」은 명시적으로 「장애인권리선언」이 정신장애인들에게 적용될 수 있다고 인정하고 있다.

(4) 장애인권리협약(Convention on the Rights of Persons with Disabilities, 2006)

「장애인권리협약」은 2006년 12월에 UN 총회에서 회원국 192개국의 만장일치로 채택되었으며, 한국의 경우 2008년 12월 이 협약을 비준하여 2009년 1월부터 발효되었다. 「장애인권리협약」은 기존의 주요 국제인권규약인 「시민적 및 정치적 권리에 관한 국제규약」과 「경제적·사회적 및 문화적 권리에 관한 국제규약」이 장애인의 인권보장에 충분하지 못하다는 문제의식에 근거하고 있다. 이 협약은 기존 인권규약이 규정한 인간 고유의 존엄성이 장애인에게도 적용됨을 재차 확인하고 이들이 인간으로서의 존엄성을 보호받기 위해 어떠한 권리를 누려야 하는지에 대한 국제사회의 고민과 약속을 명시했다.

(5) 정신장애인 보호와 정신보건의료 향상을 위한 원칙(Principles for the Protection of Persons with Mental Illness and for the Improvement of Mental Health Care, 1991)

「정신장애인 보호와 정신보건의료 향상을 위한 원칙」은 1991년 12월 UN 총회에서 결의되었다. 이 원칙은 1978년 UN 인권위원회가 정신장애로 인해 억류된 사람들을 보호할 방법을 연구하고자 소위원회에 정신장애인 보호와 차별예방을 위한 지침을 요구한 것을 시작으로 하여 촉발되었으며, 지금에 와서는 정신보건 영역에서 최소한의 인권기준을 제시하는 데까지 영향력을 행사하고 있다. 회원국은 이 원칙을 주요 국제협약의 요구사항에 대한 권위 있는 해석으로 인정하고 있으며, 자국의 「정신보건법」을 정비하거나 정책을 수립하는 데 적극 활용하고 있다. 실제 호주, 헝가리, 멕시코, 포르투갈과 같은 국가들은 MI 원칙을 자국의 법률에 전체 혹은 부분적으로 편입시키기도 했다.

(6) 해외 정신장애인 인권보고서

1) 버드킨 보고서(Report of the National Inquiry into the Human Rights of People with Mental Illness, 1993)

호주의 인권 및 기회평등위원회(Human Rights and Equal Opportunity Commission)는 1989년 노숙아동과 성인들을 대상으로 한 국가조사 보고서 '우리의 집 없는 아이들(Our Homeless Children)'을 발표했다. 보고서는 호주 내 많은 아동들이 정신질환을 진단 혹은 치료받고 있지 못하고 있으며, 정신장애에 대한 무지와 차별, 편견이 심각할 정도로 만연해 있다는 내용을 담고 있다.

그러나 호주의 인권 및 기회평등위원회는 자국의 정신보건정책이 일부 실패하였다는 결론을 내리고 국가적 차원에서 다시 조사를 실시하기로 결정하였다. 당시 호주 인권 및 기회평등위원회 위원장이었던 **브라이언 버드킨**(Brian Burdekin)은 1990년 6월 정신장애인 인권에 대한 조사를 공표하고 비밀유지의 원칙하에 15개월간 17곳에서 총 456명을 대상으로 한 공청회와 300명 이상이 참여한 공개토론회, 60명 이상이 참여한 개인적 청취, 약식상담, 시설방문 등을 통해 조사에 착수한다. 이 조사보고서가 '버드킨 보고서'로 알려져 있는 '**정신장애인의 인권에 대한 국가조사보고서** (Report of the National Inquiry into the Human Rights of People with Mental Illness, 1993)'이다.

2) 부시 보고서(Achieving the Promise: Transforming Mental Health Care in America, 2003)

미국의 부시 대통령은 취임 직후인 2001년 2월, 'New Freedom Initiative'를 선언하고 장애인들의 적극적인 사회참여를 보장하기 위한 종합 프로그램 제안서를 의회에 제출한다. 이듬해인 2002년 4월에는 정신보건에 관한 대통령위원회(President's New Freedom Commission on Mental Health)를 설립하였는데, 그 목적은 미국의 정신보건 서비스 전달체계의 문제를 연구하고 정신보건체계 개선과 관련한 실질적인 정책을 제안하기 위한 것이었다. 위원회는 대통령령에 따라 설치되었으며, 22명의 위원 중 15명은 대통령이 선임하고 4명은 보건복지부장관에 의해, 나머지 3명은 노동부, 교육부, 보훈부 장관에 의해 각각 임명되었다.

위원회는 16개의 분과위원회로 나뉘어져 특정 주제에 대한 연구를 수행하였다. 2002년 6월부터 2003년 4월까지 매월 구체적인 주제를 갖고 총 11회의 공식회의를 개최하였으며, 회의에는 누구든지 참석이 가능하도록 하였다. 위원회의 모든 결정은 공개된 이 공식회의에서 결정되었으며, '부시 보고서'로 알려진 **최종보고서** (Achieving the Promise: Transforming Mental Health Care in America) 역시 이 위원회를 통해 2003년 7월에 발간되었다.

3. 정신장애인 인권 관련 법령

우리 헌법은 제34조 제5항에서 '신체장애자 및 질병, 노령 기타의 사유로 생활
능력이 없는 국민은 법률이 정하는 바에 의하여 국가의 보호를 받는다'는 규정과 제
11조에서 차별금지규정만을 두고 있을 뿐 (정신)장애인의 인권에 관한 규정을 별도
로 두고 있지는 않다. 정신장애인의 인권과 관련한 주요 법률로는 정신장애인의 입
원 및 치료, 사회복귀 및 이를 담당하는 정신보건시설(정신의료기관, 사회복귀시설, 정
신요양시설)에 관한 기본법인 「정신건강증진 및 정신질환자 복지서비스 지원에 관한
법률」, 장애인의 권리 및 복지에 관한 「장애인복지법」, 장애인에 대한 차별을 금지
하는 「국가인권위원회법」과 장애를 이유로 한 모든 차별을 명시적으로 금지하고 위
반행위에 대하여 손해배상 및 형사책임을 인정하는 「장애인차별금지 및 권리구제
등에 관한 법률」 등이 있고, 1998년에 국제연합 장애인인권선언을 바탕으로 제정
및 선포된 「한국장애인인권헌장」이 있다. 그리고 정신질환자의 강제입원 등과 관련
하여 위법한 행정처분 또는 사인에 의한 시설에의 수용으로 인하여 부당하게 인신
의 자유를 제한당하고 있는 개인에 대한 구제절차를 마련함으로써 헌법이 보장하고
있는 국민의 기본권을 보호하려는 목적으로 제정된 「인신보호법」이 있다.

(1) 정신건강증진 및 정신질환자 복지서비스 지원에 관한 법률

우리나라의 경우 1968년부터 대한신경정신의학회에서 정신보건법 초안을 작성
한 이후 계속적으로 정신보건법의 입법과 관련한 논의가 있어 왔다. 1980년대에는
정부의 정신보건법 입법을 저지하려는 사회단체들의 노력이 있었는데, 반대의 이유
는 강제입원이 정치적 수단으로 악용될 가능성과 법안의 인권침해적 요소 때문이었
다. 이후 언론매체를 통해 정신질환자를 수용하는 기도원 등의 실태가 폭로되는 등
정신질환자의 인권보장 측면이 이슈화되면서 1995년 「정신보건법」이 제정되었다.
1995년 제정된 정신보건법은 정신질환의 예방과 정신질환자의 치료 및 사회복귀에
그 목적(제1조)을 두고 있었으나, 법 제정 이후 한 국가의 정신질환자에 대한 사회보
장수준을 나타내 주는 정신병원 병상의 증가[19] 및 입원한 정신질환자의 증가라는

19) 정신보건법 시행 이후 정신병상은 1996년 21,531병상에서, 1999년 36,387병상, 2005년 62,554병상

폐해가 나타났고, 법 제정 이후에도 정신질환자의 강제입원 및 강제노동 등의 문제가 지속적으로 제기되었다. 이에 대하여 1997년 법 개정에서는 정신요양병원을 폐지하여 정신병상의 무분별한 증가를 억제하고, 보호의무자의 동의 없는 퇴원절차를 마련하였으며, 2008년 법개정에서는 강제노동 등의 금지 및 작업요법의 근거규정을 신설하고, 정신병상 증가의 폐해를 막고 사회복귀촉진 및 정신질환자의 사회적 통합을 위한 지역사회 정신보건센터의 도입과 외래치료 명령제도를 마련하였다.

2016년에는 정신질환자의 범위를 중증정신질환자로 축소 정의하고, 전 국민 대상의 정신건강증진의 장을 신설하며, 비자의 입원·퇴원 제도를 개선하고, 정신질환자에 대한 복지서비스 제공을 추가하는 등 현행법률상 미흡한 점을 개선·보완하기 위해 법률명을 「정신건강증진 및 정신질환자 복지서비스 지원에 관한 법률(이하 '정신건강복지법'으로 약칭함)」로 변경하면서 전부개정을 하게 된다. 개정의 주요 내용을 살펴보면 법 적용 대상인 정신질환자의 정의를 '독립적으로 일상생활을 영위하는 데 중대한 제약이 있는 사람'으로 한정하고(제3조 제1호), 정신건강증진의 장을 신설하여 일반 국민에 대한 정신건강서비스 제공 근거를 마련하였으며(제7조부터 제18조까지), 복지서비스 개발, 고용 및 직업재활 지원, 평생교육 지원, 문화·예술·여가·체육활동 지원, 지역사회 거주·치료·재활 등 통합지원, 가족에 대한 정보제공과 교육 등 정신질환자에 대한 복지서비스 제공 근거를 마련하였다(제33조부터 제38조까지). 그리고 환자 본인 및 보호 의무자의 동의로 입원을 신청하고, 정신과 전문의 진단 결과 환자 치료와 보호 필요성이 인정되는 경우 72시간의 범위에서 퇴원을 거부할 수 있는 동의입원제도를 신설하였으며(제42조), 보호의무자에 의한 입원 시 입원 요건과 절차를 강화하여 진단입원제도를 도입하고, 계속 입원 진단 전문의 수 및 소속을 서로 다른 정신의료기관에 소속된 정신과 전문의 2명 이상(그 중 국공립 정신의료기관 또는 보건복지부장관이 지정하는 정신의료기관에 소속된 정신과 전문의가 1명 이상 포함되도록 함)으로 하며, 계속입원 심사주기를 단축하였다(제43조). 시장·군수·구청장에 의한 행정입원제도 개선을 위하여 보호의무자에 의한 입원의 유형 중 하나인 시장·군수·구청장이 보호의무자가 되는 경우를 삭제하고, 경찰관이 행정입

으로 증가하였고, 정신질환으로 인한 입원환자 수도 2000년 51,747명에서, 2005년 68,991명으로 증가하였다.

원 신청을 요청할 수 있는 근거를 마련하며, 행정입원 기간을 보호의무자에 의한 입원 기간과 같이 조정하였고(제44조 및 제62조), 각 국립정신병원 및 대통령령으로 정하는 기관 안에 입원적합성심사위원회를 설치하여, 보호의무자 또는 시장·군수·구청장에 의한 입원의 경우 입원사실을 3일 이내에 위 위원회에 신고하도록 하고, 위원회는 입원의 적합성 여부를 1개월 이내에 판단하도록 하는 등 입원 단계 권리구제 절차를 강화하는(제45조부터 제49조까지) 한편, 정신건강심의위원회의 결정유형을 퇴원, 임시퇴원, 처우개선조치 외에도 외래치료명령 조건부 퇴원, 3개월 이내 재심사, 다른 정신의료기관 등으로의 이송, 자의입원 또는 동의입원으로의 전환 등으로 다양화하였으며(제59조), 입원 환자의 회전문 현상, 입원의 장기화, 반복되는 재입원의 문제를 통제하기 위하여 입원·퇴원 등과 관련된 관리시스템을 구축하도록 하였고(제67조), 종전의 「정신보건법」상 정신질환자 범위 규정을 인용하고 있는 다른 법률의 경우에는 각 자격제도 등의 특성 및 법적 안정성을 고려하여 해당 법률의 규정이 개정되기 전까지는 종전의 「정신보건법」상 정신질환자 범위가 그대로 적용되도록 부칙에 경과조치 규정을 마련하였다(부칙 제7조).

(2) 인신보호법

1) 인신보호법의 제정 및 개정 경과

2007년 12월 제정된 「인신보호법」은 그 제정이유로 위법한 행정처분 또는 사인에 의한 시설에의 수용으로 인하여 부당하게 인신의 자유를 제한당하고 있는 개인에 대한 구제절차를 마련함으로써 헌법이 보장하고 있는 국민의 기본권을 보호하려는 목적을 들고 있다. 인신보호법의 제정은 부당하게 수용된 개인이 사법기관의 재판을 통해 구제될 수 있을 길을 마련함으로써 국제적 수준의 인권국으로서의 제도적 틀을 갖추게 되었다는 점에서도 그 의미가 작지 않다.

2005년 1월 발의된 인신보호법안은 그 제안이유에서 헌법 제12조 제6항 "누구든지 체포 또는 구속을 당한 경우에는 적부의 심사를 법원에 청구할 권리가 있다"라는 규정에 근거해 형사절차 외에서의 행정력 또는 개인에 의한 구금을 사법기관을 통해 구제하는 것을 목적으로 하며, 모든 인신의 자유를 구금하는 사안에 대한 기본법을 제정함으로써 즉시 부당하고 불법한 구금상태로부터 벗어날 수 있는 권리

를 보장하려는 목적을 가지고 있음을 명시하고 있다.[20]

　　인신보호법안은 최초의 인신의 자유에 대한 기본법으로 유치장, 구치소 등에 구금된 자도 그 적용대상에 포함시켰고, 법원이 법원조사관이나 수사기관에 위임하여 구금·수용의 위법사유를 조사할 수 있도록 하며, 구금자가 법원의 판결을 불이행하거나 법원의 판결 없이 재구금한 경우 형사처벌 규정을 두고 있었다. 이에 대하여 법무부에서는 형사절차에 의한 구금은 형사소송절차에 따른 구제절차를 거치는 것이 타당하고, 개별법의 구제절차 외에 별도의 구제절차를 두는 것은 중복입법의 혼란을 초래할 수 있어 다른 법률에 구제절차가 있는 경우 인신보호법상의 구제절차를 이용할 수 없도록 해야 하며,[21] 법원의 직접조사는 구제청구절차를 규문절차화 할 우려가 있고, 법원의 판결을 불이행하면 형법상 감금죄나 불법체포죄로 처벌할 수 있으므로 따로 처벌규정을 두는 것은 과잉입법이라는 의견을 제시하였다.[22] 이러한 법무부 의견이 반영되어 실제 최근 캐나다에서 한국의 정신질환자에 대해 난민을 인정한 사례가 발생하였는데, 캐나다 이민·난민위원회(IRB)는 캐나다에 거주하는 한국의 여성 정신질환자에 대해 피해망상적 정신분열증이 있는데, 한국에서 세 차례나 자기 의사에 반해 정신장애인 시설에 수용되었지만 약물치료를 받지 못하는 등 한국 보건체계에 의해 박해를 받았다며 2008년 10월 난민지위를 허용했고, 시민권 및 이민부장관이 그 결정에 불복하였으나, 캐나다 연방법원은 위 위원회의 결정을 유지하였다.[23] 2007년 제정된 인신보호법에서는 형사절차에 의해 구금된 경우를 제외하고, 인신보호법상의 구제절차를 보충적 구제절차로서 규정하였으며, 법원의 직접조사나 수사기관에 대한 조사위임규정, 법원의 판결을 불이행한 경우 처벌조항 등 인신보호법안이 규정하고 있던 내용을 포함시키지 않았다. 우리 인신보호법의 제정과정에서 인신보호법안과 달리 형사절차에 의해 구금된 자가 제외되고, 구제절차의 보충성 규정이 추가되어 인신의 자유에 대한 기본법으로서의 의미는 다소 퇴색되었다.

---

20) 국회법제사법위원회, 인신보호법 제정에 관한 공청회 자료집 중 참고자료, 2005, 72-74쪽.
21) 국회법제사법위원회의 위 자료집, 9-12쪽.
22) 법원행정처, 「인신호보제도해설」, 2008, 9-10쪽.
23) 연합뉴스 2009. 6. 21. 자 인터넷판.

2) 인신보호법상의 구제절차

인신보호법 제3조에 따르면 피수용자, 그 법정대리인, 후견인, 배우자, 직계혈족, 형제자매, 동거인, 고용주 또는 수용시설 종사자(이하 '구제청구자'라 한다)는 피수용자에 대한 수용이 위법하게 개시되거나 적법하게 수용된 후 그 사유가 소멸되었음에도 불구하고 계속 수용되어 있는 때에는 법원에 구제를 청구할 수 있다. 다만, 다른 법률에 구제절차가 있는 경우에는 상당한 기간 내에 그 법률에 따른 구제를 받을 수 없음이 명백하여야 구제청구를 할 수 있다. 한편 구제청구를 심리하는 관할법원은 당해 피수용자 또는 수용시설의 주소, 거소 또는 현재지를 관할하는 지방법원 또는 지원으로 한다(동법 제4조). 법원은 ① 구제청구자가 아닌 자가 구제청구를 한 때, ② 청구의 방식을 충족하지 못한 때, ③ 다른 법률의 구제절차에 따른 구제를 받을 수 있음이 명백한 때, ④ 인신보호법 또는 다른 법률에 따른 구제청구가 기

[인신보호법상의 구제절차]

구제청구의 제기
- 구제청구자 : 피수용자, 법정대리인, 후견인, 배우자, 직계혈족, 형제자매, 동거인, 고용주
- 관할 : 피수용자 또는 수용자의 주소, 거소 현재지 관할법원 또는 지원의 단독판사 관할
- 청구의 방식 : 청구의 요지 및 수용이 위법한 사유 등을 서면으로 기재하여 법원에 접수

심리
- 심리의 대상 : 수용의 적법 여부 및 수용을 계속할 필요성 등에 대해 심리
- 심리의 절차 : 2주일 내 심문기일 지정(필요적 심문), 수용자의 답변서 제출의무(벌칙 적용)
- 전문가에 대한 진단소견 및 수용상태에 대한 의견조회
- 심문기일의 쌍방 출석 및 호송과 감호, 국선변호제도 및 소송비용구조제도

심리 중 부수처분
- 임시해제결정 : 수용계속 시 예상되는 신체위해 예방목적, 조건부 임시해제결정 가능
- 신병보호결정 : 종국결정 시까지 신병보호 또는 진단목적으로 동종, 유사한 다른 시설에 수용

심리의 종결 및 불복절차
- 종국결정 : 구제결정(수용해제명령) 또는 기각결정 및 고지, 비용부담 결정
- 즉시항고 : 종국결정에 대해 결정고지일로부터 3일 이내 즉시항고

각된 후 다시 구제청구를 한 때에는 결정으로 구제청구를 각하할 수 있으며(제6조 제1항), 수용을 계속하는 경우 발생할 것으로 예상되는 신체의 위해 등을 예방하기 위하여 긴급한 필요가 있다고 인정하는 때에는 직권 또는 구제청구자의 신청에 따라 피수용자의 수용을 임시로 해제할 것을 결정할 수 있다(제9조 제1항). 법원은 청구가 이유 있다고 인정되는 때에는 결정으로 피수용자의 수용을 즉시 해제할 것을 명하여야 하고, 이유 없다고 인정하는 때에는 이를 기각하여야 한다(제13조). 구제청구자와 수용자는 법원의 위 결정에 대하여 불복하면 3일 이내에 즉시항고할 수 있다(제15조). 또한 인신보호법에 따라 수용이 해제된 자는 구제청구의 전제가 된 사유와 같은 사유로 다시 수용할 수 없다(제16조).[24]

3) 인신보호법의 개선방안[25]

가. 구제대상 범위의 확대─형사절차에 따라 체포·구속된 자 또는 수형자의 포함 여부

인신보호법에 형사절차에 따라 체포·구속된 자들을 구제청구권자의 범위에서 제외시킨 계기는 아마도 형사절차에 따라 체포·구속된 자에 대하여는 체포·구속적 부심사절차가 마련되어 있고, 또 법원의 재판으로 구금된 자를 구제청구권자로 삼을 필요가 없다고 생각한 결과로 보인다. 그러나 첫째, 보호관찰대상자(probationer)가 되었지만 가혹한 준수조건이 부여된 자, 부당하게 가석방(parole)이 취소된 자', '적법하게 체포·구속되었지만 구금처우가 헌법이나 기본권에 위배되는 자'에게 인신보호청구를 허용하는 것이 필요할 수도 있다. 지금까지 이를 허용하지 아니한 결과 부당한 대우를 느끼는 피구금자 등이 국가인권위원회에 진정을 하고 국가인권위원회는 권고적 효력만 있는 권고를 하여 왔다. 진정인의 진정과 국가인권위원회의 권고로 처리되는 사례들을 인신보호절차로 포섭하여 그 결정들이 법적 구속력이 있는 판례로 집적되게 할 필요가 있다. 둘째, 인신보호법이라는 '자유확보의 일반법'이 제정되기 이전의 상황에서는 체포·구속적부심사절차가 '인신보호절차의 일종'으로 평가될 만한 절차였다. 그러나 지금의 국면은 '자유확보의 일반법'으로서의 인신보

---

24) 김대근, "난민의 인권보장을 위한 구금관련 규정 정비방안", 한국형사정책연구원, 2015, 31쪽.
25) 심희기, "인신보호법이 나아가야 할 방향─유럽인권조약 제5조의 정신을 본받자", 저스티스 통권 제122호, 2011, 15-22쪽 참조.

호법이 마련되어 있는 상황이기 때문에 이를 활용한다면 인권침해의 소지가 감소할 것이기 때문이다.

나. 구금인·피구금인의 소환 및 석방명령 집행을 위한 인력의 확보

법원은 구제(인신보호)청구를 각하한 경우를 제외하고 심문기일을 지정하여 수용자, 구제청구자를 소환하여 사실조사와 변론을 청취한 후 청구가 이유 있는 경우에는 해제명령 등의 재판을 하게 된다. 또한 관할법원은 때로 피수용자의 신병에 대한 임시조치를 취하여야 할 경우도 생긴다. 이처럼 각종의 강제처분이 필요할 때 법원경찰(또는 법원경위)제도가 발달되어 있고, 충분한 인원이 확충되어 있다면 관할법원이 각종의 강제처분의 이행을 걱정할 일이 많지 않을 것이다. 그러나 현재 우리나라는 법원경찰(법원경위)제도가 미비하다. 막대한 예산이 필요하여 당장 대규모의 법원경찰을 창설하는 작업에 착수하기도 어렵다. 인신보호절차를 진행하는 도중에 발생하는 각종 강제처분의 집행은 검사를 경유하지 않고 법원이 직접 경찰에 의뢰할 수 있게 하는 법제상의 근거를 인신보호법에 마련할 수 있다면 신속성이나 용이성 측면에서 탁월한 성과를 낼 수도 있을 것이다.

「인신보호규칙」 제11조 제2항은 법원이 "피수용자가 수용되어 있는 수용시설의 소재지를 관할하는 경찰관서의 장에게 제1항(피수용자를 호송하고 당일의 심문이 종료될 때까지 법원 청사 내에서 피수용자를 감호)의 호송·감호를 요청할 수 있도록 하는 근거조항이다. 그러나 이 조항은 규칙에 설치할 것이 아니라 법에 삽입되어야 할 성질의 것이다. 또 장기적으로는 법원직속의 **법원경찰제도를 점진적으로 확충**할 필요가 있다.

다. 구제절차의 신속성 확보방안

영국에서 탄생한 인신보호영장의 장점 중 하나는 구제(인신보호)절차의 신속성과 용이성에 있다. 일본의 경우 이 점을 반영하여 관련 법률에 '구제절차의 신속성과 용이성'을 명시하고 있다. 그러나 우리나라의 현행법과 규칙은 어디에서도 '구제절차의 신속성과 용이성'을 명시하고 있지 않고 있다.

현재 시행 중인 인신보호법은 제8조 제1항에서 '지체 없이', 제13조에서 '즉시' 등 두 곳에서 신속성에 대한 막연한 조항을 두고 있고, 동 규칙 제10조에서 '법원은 특별한 사정이 없는 한 법 제3조의 구제청구가 있는 날부터 2주일 내에 심문기일을 열어야 한다'는 조항을 두고 있으나 이 규정을 읽는 독자로 하여금 구제(인신보호)절차가 신속히 진행될 것으로 믿도록 하는 것은 역부족일 것으로 보인다.

라. 인신보호법의 확대 적용을 위한 홍보 노력

2010년 개정에서는 '미란다 경고의 정신'이 크게 반영되었다. 수용자는 피수용자에 대한 수용을 개시하기 전에 구제청구권이 있음을 피수용자에게 고지하여야 한다(법 제3조의2). 수용자가 이 고지의무를 해태하면 500만원 이하의 과태료가 부과된다(법 제20조). 그러나 홍보효과를 제고시키는 데에는 지상파나 공중파 방송만큼 좋은 것이 없다.

「아동·청소년의 성보호에 관한 법률」은 제6조에서 '여성가족부장관은 아동·청소년 대상 성범죄의 예방과 계도, 피해자의 치료와 재활 등에 관한 홍보영상을 제작하여 「방송법」 제2조 제23호의 방송편성책임자에게 배포하여야 하며, 「방송법」 제2조 제3호 가목의 지상파방송사업자에게 같은 법 제73조 제4항에 따라 대통령령으로 정하는 비상업적 공익광고 편성비율의 범위에서 제1항의 홍보영상을 채널별로 송출하도록 요청할 수 있고, 방송사업자는 제1항의 홍보영상 외에 독자적인 홍보영상을 제작하여 송출할 수 있는데, 이 경우 여성가족부장관에게 필요한 협조 및 지원을 요청할 수 있다'라고 하여 효율적인 홍보를 위한 규정을 명시하고 있다. 이를 참고하여 인신보호법에도 법무부장관이나 법원행정처장이 방송편성책임자에게 '홍보영상의 제작·배포·송출' 의뢰를 할 수 있도록 하는 조항을 신설하는 것이 바람직하다고 할 것이다.

4. 정신장애인과 관련한 주요 인권과 쟁점[26]

(1) 자기결정권

모든 사람은 일정한 사적 사안에 관하여 국가로부터 간섭을 받음이 없이 자신에 대하여 스스로 결정할 수 있는 권리를 가지는데, 이를 '자기결정권'이라 한다. 이러한 자기결정권을 정신장애인에게 다른 사람과 동일하게 인정할 수 있는지가 중심

---

26) 국가인권위원회, 「정신보건 인권길라잡이」, 2014, 15-21쪽 참조.

적인 문제로 등장하는데, 우리 사회는 여전히 정신장애인을 '독자적인 자유를 누릴 능력이 결여된 자'인 것으로 인식하면서 정신장애인의 자기결정권을 제한하는 것은 불가피하다는 통념이 남아 있다.

정신장애인의 자기결정권과 관련하여 가장 문제되는 것은 비자발적 입원제도이다. 현행 정신보건법의 대표적인 비자발적 입원제도인 보호의무자에 의한 입원제도는 정신장애인의 자기결정권을 인정하지 않는 전제에 기초한 제도라고 할 수 있다.

그리고 자기결정권이 문제되는 또 다른 경우는 정신장애인에게 '치료를 거부할 권리'를 인정할 수 있는가이다. 이러한 문제에 대해 정신장애인에게는 치료를 거부할 권리를 인정하기 어렵다거나 인정 범위를 제한하여야 한다는 견해가 있으나, 법적으로 정신장애인이라는 이유만으로 치료에 대한 결정 능력을 부인할 근거는 없으며, 의학적으로도 정신질환자라 하여도 예외적인 경우를 제외하고는 치료 여부를 결정할 능력이 없다고 단정할 수 없다고 알려져 있다. 따라서 원칙적으로 정신장애인에게도 치료를 거부할 권리가 인정되어야 하고, 그 제한은 적법절차에 따라 엄격하고 적법한 한도에서 이루어져야 한다.

(2) 신체의 자유 및 적법절차원리

신체의 자유는 신체의 안전성이 외부로부터의 물리적 힘이나 정신적 위험으로부터 침해당하지 아니할 자유와 신체활동을 임의적이고 자율적으로 할 수 있는 자유를 말한다. 이러한 신체의 자유와 관련하여 헌법 제12조 제1항 제2문에서는 적법절차의 원리를 규정하고 있다.

문제는 정신장애인이 정신보건시설에 입소할 경우, 특히 정신병원에 비자발적으로 입원될 경우 적법한 절차를 지키지 아니하면 신체의 자유를 침해하는 것이 된다는 것이다. 현행 정신보건법상 비자발적 입원이 된 자는 임의로 퇴원할 수 없고 병원장이나 행정기관의 결정에 의해서만 퇴원이 가능하며, 행동의 자유·통신권 등 헌법상 기본권이 제한될 수 있다는 점에서 정신보건법상 비자발적 입원은 헌법상 신체의 자유를 제한하고 있음이 명백하다. 따라서 비자발적 입원은 신체의 자유 및 적법절차원리가 첨예하게 다루어지는 핵심적인 현장이다.

(3) 사생활의 자유

사생활의 자유란 소극적으로는 개인의 사생활 내용이 함부로 공개당하지 아니할 권리와 사생활의 자유로운 형성과 전개를 국가기관 등 타인으로부터 방해받지 아니할 권리, 적극적으로는 자신에 대한 정보를 스스로 통제할 수 있는 권리를 포함한다. 그러나 정신장애인의 경우 본인이 원하지 않는 정신장애에 관한 신상정보가 공공기관이나 시설에서 수집 및 유통되거나 치료를 이유로 사생활의 비밀이 침해되고, 시설 등에서 CCTV로 정신장애인의 일상을 촬영되는 것 등이 문제될 수 있다.

(4) 거주이전의 자유

거주이전의 자유는 외부의 간섭을 받지 않고 자신이 원하는 곳에 거소나 주소를 정하고, 그곳으로부터 자유로이 이동하며, 자신의 의사에 반하여 거주지와 체류지를 옮기지 아니할 자유를 말한다. 정신병원에 입원되거나 시설에 수용된 정신장애인의 경우 입·퇴원이나 입·퇴소가 제한된다면 이는 거주이전의 자유가 침해될 수 있다는 문제가 있다.

(5) 정신장애인과 사회권

정신장애인은 장애로 인하여 대개 사회, 경제적으로 약자가 되기 쉽고, 상황에 따라 가족들로부터 버림받은 채 시설이나 지역에서 방치될 경우도 있다. 이러한 이유로 정신장애인에게 사회권의 보장은 매우 중요한 문제이다. 정신장애인의 사회권은 특히 성공적인 재활 및 사회복귀를 위하여 매우 중요하며 다음과 같은 권리들이 문제될 수 있다.

첫째, 근로 및 적정한 보수를 받을 권리이다. 정신보건시설에서 치료나 재활이라는 명목으로 정신장애인에게 시설 내 장시간 강제노역을 시키거나 작업치료비 명목으로 최저임금에도 못 미치는 소액만을 주는 경우가 발생하는 경우 등이 문제된다.

둘째, 휴식과 여가에 관한 권리문제로 시설에서는 자유로운 여가생활의 보장 및 프로그램 제공, 외부 문화 교류, 체육활동을 위한 시설구비 등이 이루어져야 한다.

셋째, 건강 및 행복에 필요한 생활수준을 누릴 권리와 사회보장을 받을 권리이다. 정신장애인이 시설에 있을 때는 기본적인 의식주에 관한 권리의 침해가 문제된다. 정신장애인은 시설에서 퇴소할 경우, 특히 단독세대의 경우 의식주를 스스로 해결해야 하고 사회보장에 필요한 절차도 본인이 해결해야 한다. 지역사회 보장시스템이 제대로 작동하지 않을 경우, 정신장애인은 지역사회 복귀를 꺼리는 현상이 생기기도 하는데, 이는 정신장애인의 사회권을 크게 훼손하는 것이다.

넷째, 교육을 받을 권리이다. 민주국가에서 인간다운 생활의 보장을 위해서는 모든 개인이 이에 필요한 최소한의 교육을 받을 권리가 보장되어야 한다. 교육을 받을 권리는 우리 헌법 제31조 제1항에도 정하는 기본권이지만, 현실은 정신장애인이 교육을 받을 수 있는 여건이 이루어지지 못하여 교육의 기회를 박탈당하고 있고, 결국 낮은 취업률과 저임금 등으로 빈곤계층이 되는 악순환이 반복되고 있다.

다섯째, 결혼 및 가족 형성의 권리이다. 정신보건시설에서 정신장애인 간 이성교제에 대하여 부정적인 태도를 가지고 이성교제가 발생하면 해당 장애인을 분리하거나 다른 시설로 보내려는 경우, 불임시술 및 낙태수술을 강요하는 경우 등이 문제될 수 있다.

(6) 정신장애인에 대한 차별금지

평등권이란 국가로부터 차별적 대우를 받지 아니할 뿐만 아니라 국가에 대하여 평등한 처우를 요구할 수 있는 권리이다. 우리 헌법상 평등권은 상대적 평등을 의미하는 것으로써, 절대적 평등이 아니라 자의적 차별, 즉 합리적 이유가 없는 차별을 금지하는 것이다. 정신장애인의 인권이란 근본적으로는 차별과 배제의 금지로 모아진다. 정신보건법 제2조 제3항은 '모든 정신질환자는 정신질환이 있다는 이유로 부당한 차별 대우를 받지 아니한다'고 명시하고, 2007년 제정된 「장애인차별금지 및 권리구제 등에 관한 법률」은 장애를 이유로 한 모든 차별을 금지하고 있다.

5. 정신질환자(장애인) 인권보호와 증진을 위한 주요 과제[27]

(1) 입·퇴원 과정에서의 적정절차 마련

모든 국민은 「헌법」 제12조에서 명시하고 있는 신체의 자유에 대한 기본권을 가지고 있다. 이러한 기본권을 제한하기 위해서는 **적법절차**[28]와 **비례의 원칙**[29]이 반드시 준수되어야 할 것이다. 이는 정신장애인이 자신의 의사에 반하여 정신의료기관에 입원되는 경우에도 동일하게 적용되어야 한다. 정신장애의 경우 병의 특성상 판단력의 장애나 병의 존재 자체를 부정하는 경우가 있을 수 있으므로 입원이 자신의 이익에 도움이 됨에도 불구하고 이를 거부하는 경우가 있을 수 있다. 이러한 사실에 기초하여 의사들은 환자 자신의 의지에 반하는 결정을 할 수 있고 사회는 이러한 전문가들의 결정을 관례적으로 인정하여 왔다. 물론 정신의학의 영역에서 입원이 경우에 따라 필요한 조치라는 것을 부정할 수는 없으나 이러한 **의료부권주의**에 기초한 결정은 남용될 우려가 있으며, 정신의료기관의 속성상 현행 법제도가 과연 적법절차와 비례의 원칙을 준수하고 있는지, 국민의 기본권 보장에 우선을 두고 있는지 의문이 있다. 따라서 정신질환자의 입·퇴원 과정에서 국제인권규약과 원칙 그리고 인권친화적 제도를 가지고 있는 다른 나라의 사례와 비교·연구하여 정신장애인의 인권을 보장하고 증진할 수 있도록 헌법의 정신과 원칙에 따라 정책과 현행 법제도를 개정해야 하고, 나아가 현행 정신건강복지법상의 입원적합성심사위원회나 정신건강심의위원회의 위원 구성이나 위원회의 회의가 현실적으로 공정하고 투명하며 내실 있게 운영될 수 있도록 위원공모제 등 관련 규정을 개정할 필요가 있다.

---

27) 국가인권위원회, 「정신장애인 인권보호와 증진을 위한 국가보고서」, 2009, 53-198쪽 참조.
28) 헌법 제12조 ① 모든 국민은 신체의 자유를 가진다. 누구든지 법률에 의하지 아니하고는 체포·구속·압수·수색 또는 심문을 받지 아니하며, 법률과 적법한 절차에 의하지 아니하고는 처벌·보안처분 또는 강제노역을 받지 아니한다.
29) 헌법 제37조 ② 국민의 모든 자유와 권리는 국가안전보장·질서유지 또는 공공복리를 위하여 필요한 경우에 한하여 법률로써 제한할 수 있으며, 제한하는 경우에도 자유와 권리의 본질적인 내용을 침해할 수 없다.

(2) 정신보건시설 내 권리보장 및 치료환경의 개선

정신질환은 장애의 특성상 판단에 대한 장애 및 병식에 대한 이해가 결여되어 있어서 전반적인 치료과정을 스스로 결정하고 판단하지 못하는 경우가 있다. 이러한 장애의 특성 때문에 정신장애인을 치료하고 보호한다는 이유로 혹은 자신과 타인의 안전을 도모한다는 이유로 정신장애인의 자기결정권 및 인권이 존중되지 못하고 있는 것이 현실이다.

그러나 정신질환을 앓고 있는 환자가 모두 병을 부정하거나 판단력에 대한 장애를 가지고 있는 것은 아니며, 치료가 가능한 의학적 질병으로 간주되고 있어 위와 같은 이유로 헌법에서 보장하고 있는 기본적 인권마저 보장받지 못하는 것은 심각한 문제가 아닐 수 없다. 또한 정신의료기관에 입원한 환자는 적절한 치료를 통하여 가급적 빠른 시간 내에 사회에 복귀하는 것이 바람직하다. 그러나 우리나라의 장기입원일수는 233일로 유럽과 비교하여 그 격차가 매우 크고 건강보험환자에 비해 의료보호환자의 입원기간이 장기화되고 있다. 이는 사회적 원인과 함께 치료환경의 문제에 그 원인이 있다 할 수 있다. 이를 개선하기 위해서는 정신의료기관 내에서 정신장애인의 기본적 인권을 보장할 수 있는 법제도와 이를 감독할 수 있는 제도적 장치를 마련하여야 하며 시설환경의 개선 및 다양한 치료 프로그램의 개발과 함께 정신보건재정의 변화를 통하여 정신장애인의 적절한 치료와 권리보장이 이루어져야 할 것이다.

(3) 지역사회 중심의 정신장애인 치료

정신질환에 걸린 사람이라 할지라도 다른 사람들과 동등한 수준의 인간다운 삶을 누릴 권리가 있다. 이는 정신장애인이 비정신장애인과 마찬가지로 지역사회에서 가족을 이루고, 직장생활을 하며, 이웃과 함께 어울려 살아갈 수 있어야 한다는 것을 의미한다. 모든 사람은 태어날 때부터 공동체의 한 일원이 되고, 따라서 타인에게 위해를 끼치지 않는 한 지역사회에서 함께 숨 쉬며 살아가야 하는 것이 당연하기 때문이다. 이러한 점에서 보았을 때 모든 정신장애인은 가급적 자신이 거주하는 지역사회에서 보호받아야 하며, 정신보건시설에서 입원치료를 받아야 하는 경우, 치료가 완료되는 즉시 지역사회로 복귀하여야 한다. 그러나 국내 정신장애인의 상당수는 지역사회보다 시설에 입원되어 있는 실정이며, 퇴원 후에도 적절한 지역사회서비스를 제공받지 못한 채 재입원되는 경우가 많다. 우리나라의 경우, 정신보건과 관련한 대부분의 예산을 재활과 사회복귀가 아닌 입원치료에 투입함으로써 정신장애인을 지역사회에서 효과적으로 보호하기 위한 전문인력이 부족하고 시설이 매우 취약하기 때문이다. 하지만 이와 같이 퇴원환자가 지역사회에서 회복되지 못하고 다시 재입원하게 되는 악순환 구조는 정신장애인의 삶을 피폐하게 할 뿐만 아니라 국가로 하여금 더 큰 재정적 부담을 안겨 주게 된다. 잦은 입·퇴원과 입원의 장기화는 개인의 경제상황을 악화시키고 보편적인 삶의 향유를 저해하며, 국가의 의료부담을 가중시키기 때문이다. 따라서 국가는 정신장애인이 가장 덜 제한적인 공간인 지역사회에서 치료받고 보호받음으로써 환자의 인신구속이 최소화되고, 국가의 부담이 경감될 수 있도록 지역사회 보호체계를 강화할 필요가 있다.

(4) 정신장애인에 대한 차별과 편견의 해소

정신장애인에 대한 편견은 정신장애인을 점점 사회로부터 고립시켜 사회통합을 방해할 뿐만 아니라 정신장애인의 자존감을 저하시키고 정신보건서비스에 대한 접근을 망설이는 결과를 낳아 상황을 더욱 악화시켜 사회적응을 방해하고 이러한 부적응행동은 다시 대중의 편견을 더 강화시키는 악순환을 반복하게 된다. 또한 이러한 편견은 정신장애인의 사회적 기회를 제한하고 더 나아가 그들의 권리를 침해하여 정신보건복지의 궁극적 목적인 정상화와 사회통합을 어렵게 한다. 따라서 이러한 정신장애인의 권리 회복과 부당한 침해를 예방하여 사회의 일원으로서 기본적 인권을 향유하기 위해서는 무엇보다도 정신장애인에 대한 대중의 편견과 차별의 극복이 전제되어야 할 것이다.

나아가 이러한 편견과 차별을 해소하기 위해서는 사람이 일생을 살아가는 동안 정신적·육체적 질병이나 장애로부터 완전히 자유로울 수 있는 사람은 아무도 없다는 점을 모두에게 자각시키는 정례적인 인권교육이야말로 더 말할 나위 없이 중요하다고 하겠다.

부록

- 세계인권선언 원문, 1948년 12월 10일 제3차 유엔총회결의
- 세계인권선언 번역문

부록

[세계인권선언 원문, 1948년 12월 10일 제3차 유엔총회결의]

Universal Declaration of Human Rights

Preamble

Whereas recognition of the inherent dignity and of the equal and inalienable rights of all members of the human family is the foundation of freedom, justice and peace in the world,

Whereas disregard and contempt for human rights have resulted in barbarous acts which have outraged the conscience of mankind, and the advent of a world in which human beings shall enjoy freedom of speech and belief and freedom from fear and want has been proclaimed as the highest aspiration of the common people,

Whereas it is essential, if man is not to be compelled to have recourse, as a last resort, to rebellion against tyranny and oppression, that human rights should be protected by the rule of law,

Whereas it is essential to promote the development of friendly relations between nations,

Whereas the peoples of the United Nations have in the Charter reaffirmed their faith in fundamental human rights, in the dignity and worth of the human person and in the equal rights of men and women and have determined to promote social progress and better standards of life in larger freedom,

Whereas Member States have pledged themselves to achieve, in cooperation with the United Nations, the promotion of universal respect for and observance of human rights and fundamental freedoms,

Whereas a common understanding of these rights and freedoms is of the greatest importance for the full realization of this pledge,

Now, therefore,

The General Assembly,

Proclaims this Universal Declaration of Human Rights as a common standard of achievement for all peoples and all nations, to the end that every individual and every organ of society, keeping this Declaration constantly in mind, shall strive by teaching and education to promote respect for these rights and freedoms and by progressive measures, national and international, to secure their universal and effective recognition and observance, both among the peoples of Member States themselves and among the peoples of territories under their jurisdiction.

Article 1

All human beings are born free and equal in dignity and rights. They are endowed with reason and conscience and should act towards one another in a spirit of brotherhood.

Article 2

Everyone is entitled to all the rights and freedoms set forth in this Declaration, without distinction of any kind, such as race, colour, sex, language, religion, political or other opinion, national or social origin, property, birth or other status.

Furthermore, no distinction shall be made on the basis of the political, jurisdictional or international status of the country or territory to which a person belongs, whether it be independent, trust, non—self—governing or under any other limitation of sovereignty.

Article 3

Everyone has the right to life, liberty and security of person.

Article 4

No one shall be held in slavery or servitude; slavery and the slave trade shall be prohibited in all their forms.

Article 5

No one shall be subjected to torture or to cruel, inhuman or degrading treatment or punishment.

Article 6

Everyone has the right to recognition everywhere as a person before the law.

Article 7

All are equal before the law and are entitled without any discrimination to equal protection of the law. All are entitled to equal protection against any discrimination in violation of this Declaration and against any incitement to such discrimination.

Article 8

Everyone has the right to an effective remedy by the competent national tribunals for acts violating the fundamental rights granted him by the constitution or by law.

Article 9

No one shall be subjected to arbitrary arrest, detention or exile.

Article 10

Everyone is entitled in full equality to a fair and public hearing by an independent and impartial tribunal, in the determination of his rights and obligations and of any criminal charge against him.

Article 11

1. Everyone charged with a penal offence has the right to be presumed innocent until proved guilty according to law in a public trial at which he has had all the guarantees necessary for his defence.
2. No one shall be held guilty of any penal offence on account of any act or omission which did not constitute a penal offence, under national or international law, at the time when it was committed. Nor shall a heavier penalty be imposed than the one that was applicable at the time the penal offence was committed.

Article 12

No one shall be subjected to arbitrary interference with his privacy, family, home or correspondence, nor to attacks upon his honour and reputation. Everyone has the right to the protection of the law against such interference or attacks.

Article 13

3. Everyone has the right to freedom of movement and residence within the borders of each State.
4. Everyone has the right to leave any country, including his own, and to return to his country.

Article 14

5. Everyone has the right to seek and to enjoy in other countries asylum from persecution.

6. This right may not be invoked in the case of prosecutions genuinely arising from non-political crimes or from acts contrary to the purposes and principles of the United Nations.

Article 15

7. Everyone has the right to a nationality.

8. No one shall be arbitrarily deprived of his nationality nor denied the right to change his nationality.

Article 16

9. Men and women of full age, without any limitation due to race, nationality or religion, have the right to marry and to found a family. They are entitled to equal rights as to marriage, during marriage and at its dissolution.

10. Marriage shall be entered into only with the free and full consent of the intending spouses.

11. The family is the natural and fundamental group unit of society and is entitled to protection by society and the State.

Article 17

12. Everyone has the right to own property alone as well as in association with others.

13. No one shall be arbitrarily deprived of his property.

Article 18

Everyone has the right to freedom of thought, conscience and religion; this right includes freedom to change his religion or belief, and freedom, either alone or in community with others and in public or private, to manifest his religion or belief in teaching, practice, worship and observance.

Article 19

Everyone has the right to freedom of opinion and expression; this right includes freedom to hold opinions without interference and to seek, receive and impart information and ideas through any media and regardless of frontiers.

Article 20

14. Everyone has the right to freedom of peaceful assembly and association.
15. No one may be compelled to belong to an association.

Article 21

16. Everyone has the right to take part in the government of his country, directly or through freely chosen representatives.
17. Everyone has the right to equal access to public service in his country.
18. The will of the people shall be the basis of the authority of government; this will shall be expressed in periodic and genuine elections which shall be by universal and equal suffrage and shall be held by secret vote or by equivalent free voting procedures.

Article 22

Everyone, as a member of society, has the right to social security and is entitled to realization, through national effort and international co-operation and in accordance with the organization and resources of each State, of the economic, social and cultural rights indispensable for his dignity and the free development of his personality.

Article 23

19. Everyone has the right to work, to free choice of employment, to just and favourable conditions of work and to protection against unemployment.
20. Everyone, without any discrimination, has the right to equal pay for equal work.
21. Everyone who works has the right to just and favourable remuneration ensuring for himself and his family an existence worthy of human dignity, and supplemented, if necessary, by other means of social protection.
22. Everyone has the right to form and to join trade unions for the protection of his interests.

Article 24

Everyone has the right to rest and leisure, including reasonable limitation of working hours and periodic holidays with pay.

Article 25

23. Everyone has the right to a standard of living adequate for the health and well-being of himself and of his family, including food, clothing, housing and medical care and necessary social services, and the right to security in the event

of unemployment, sickness, disability, widowhood, old age or other lack of livelihood in circumstances beyond his control.

24. Motherhood and childhood are entitled to special care and assistance. All children, whether born in or out of wedlock, shall enjoy the same social protection.

Article 26

25. Everyone has the right to education. Education shall be free, at least in the elementary and fundamental stages. Elementary education shall be compulsory. Technical and professional education shall be made generally available and higher education shall be equally accessible to all on the basis of merit.

26. Education shall be directed to the full development of the human personality and to the strengthening of respect for human rights and fundamental freedoms. It shall promote understanding, tolerance and friendship among all nations, racial or religious groups, and shall further the activities of the United Nations for the maintenance of peace.

27. Parents have a prior right to choose the kind of education that shall be given to their children.

Article 27

28. Everyone has the right freely to participate in the cultural life of the community, to enjoy the arts and to share in scientific advancement and its benefits.

29. Everyone has the right to the protection of the moral and material interests resulting from any scientific, literary or artistic production of which he is the author.

Article 28

Everyone is entitled to a social and international order in which the rights and freedoms set forth in this Declaration can be fully realized.

Article 29

30. Everyone has duties to the community in which alone the free and full development of his personality is possible.

31. In the exercise of his rights and freedoms, everyone shall be subject only to such limitations as are determined by law solely for the purpose of securing due recognition and respect for the rights and freedoms of others and of meeting the just requirements of morality, public order and the general welfare in a democratic society.

32. These rights and freedoms may in no case be exercised contrary to the purposes and principles of the United Nations.

Article 30

Nothing in this Declaration may be interpreted as implying for any State, group or person any right to engage in any activity or to perform any act aimed at the destruction of any of the rights and freedoms set forth herein.

[세계인권선언 번역문]

[전문]

인류가족 모두의 존엄성과 양도할 수 없는 권리를 인정하는 것이 세계의 자유, 정의, 평화의 기초이다. 인권을 무시하고 경멸하는 만행이 과연 어떤 결과를 초래했던가를 기억해보라. 인류의 양심을 분노케 했던 야만적인 일들이 일어나지 않았던가?

그러므로 오늘날 보통사람들이 바라는 지고지순의 염원은 '이제 제발 모든 인간이 언론의 자유, 신념의 자유, 공포와 결핍으로부터의 자유를 누릴 수 있는 세상이 왔으면 좋겠다'는 것이리라.

유엔헌장은 이미 기본적 인권, 인간의 존엄과 가치, 남녀의 동등한 권리에 대한 신념을 재확인했고, 보다 폭넓은 자유 속에서 사회진보를 촉진하고 생활수준을 향상시키자고 다짐했었다.

그런데 이러한 약속을 제대로 실천하려면 도대체 인권이 무엇이고 자유가 무엇인지에 대해 모든 사람이 이해할 수 있도록 하는 것이 가장 중요하지 않겠는가?

유엔총회는 이제 모든 개인과 조직이 이 선언을 항상 마음속 깊이 간직하면서, 지속적인 국내적·국제적 조치를 통해 회원국 국민들의 보편적 자유와 권리신장을 위해 노력하도록, 모든 인류가 **'다 함께 달성해야 할 하나의 공통기준'**으로서 '세계인권선언'을 선포한다.

(제1조) 모든 사람은 태어날 때부터 자유롭고, 존엄하며, 평등하다. 모든 사람은 이성과 양심을 가지고 있으므로 서로에게 형제애의 정신으로 대해야 한다.

(제2조) 모든 사람은 인종, 피부색, 성, 언어, 종교 등 어떤 이유로도 차별받지 않으며, 이 선언에 나와 있는 모든 권리와 자유를 누릴 자격이 있다.

(제3조) 모든 사람은 자기 생명을 지킬 권리, 자유를 누릴 권리, 그리고 자신의 안전을 지킬 권리가 있다.

(제4조) 어느 누구도 노예가 되거나 타인에게 예속된 상태에 놓여서는 안 된다. 노예제도와 노예매매는 어떤 형태로든 일절 금지한다.

(제5조) 어느 누구도 고문이나 잔인하고 비인도적인 모욕, 형벌을 받아서는 안 된다.

(제6조) 모든 사람은 법 앞에서 '한 사람의 인간'으로 인정받을 권리가 있다.

(제7조) 모든 사람은 **법 앞에 평등하며, 차별 없이 법의 보호**를 받을 수 있다.

(제8조) 모든 사람은 헌법과 법률이 보장하는 기본권을 침해당했을 때, 해당 국가 법원에

의해 효과적으로 구제받을 권리가 있다.

(제9조) 어느 누구도 자의적으로 체포, 구금, 추방을 당하지 않는다.

(제10조) 모든 사람은 자신의 행위가 범죄인지 아닌지를 판별받을 때, 독립적이고 공평한 법정에서 공평하고 공개적인 심문을 받을 권리가 있다.

(제11조) 범죄의 소추를 받은 사람은 자신을 변호하는 데 필요한 모든 것을 보장받아야 하고, 누구든지 공개재판을 통해 유죄가 입증될 때까지 무죄로 추정될 권리가 있다.

(제12조) 개인의 프라이버시, 가족, 주택, 통신에 대해 타인이 함부로 간섭해서는 안 되며, 어느 누구의 명예와 평판에 대해서도 타인이 침해해서는 안 된다.

(제13조) 모든 사람은 자기 나라 영토 안에서 어디든 갈 수 있고, 어디서든 살 수 있다. 또한 그 나라를 떠날 권리가 있고, 다시 돌아올 권리도 있다.

(제14조) 모든 사람은 박해를 피해, 타국에 피난처를 구하고 그곳에 망명할 권리가 있다.

(제15조) 누구나 국적을 가질 권리가 있다. 누구든지 정당한 근거 없이 국적을 빼앗기지 않으며, 자기 국적을 바꾸거나 다른 국적을 취득할 권리가 있다.

(제16조) 성년이 된 남녀는 인종, 국적, 종교의 제한을 받지 않고 결혼할 수 있으며, 가정을 이룰 권리가 있다. 결혼에 관한 모든 문제에 있어서 남녀는 똑같은 권리를 갖는다.

(제17조) 모든 사람은 혼자서 또는 타인과 공동으로 재산을 소유할 권리가 있다. 어느 누구도 자기 재산을 정당한 이유 없이 남에게 함부로 빼앗기지 않는다.

(제18조) 모든 사람은 사상, 양심, 종교의 자유를 누릴 권리가 있다.

(제19조) 모든 사람은 의사표현의 자유를 누릴 권리가 있다.

(제20조) 모든 사람은 평화적인 집회 및 결사의 자유를 누릴 권리가 있다.

(제21조) 모든 사람은 직접 또는 자유롭게 선출된 대표자를 통해, 자국의 정치에 참여할 권리가 있다. 모든 사람은 자기 나라의 공직을 맡을 권리가 있다.

(제22조) 모든 사람은 사회의 일원으로서 사회보장을 받을 권리가 있다

(제23조) 모든 사람은 일할 권리, 자유롭게 직업을 선택할 권리, 공정하고 유리한 조건으로 일할 권리, 실업상태에서 보호받을 권리가 있다. 모든 사람은 차별 없이 동일한 노동에 대해 동일한 보수를 받을 권리가 있다.

(제24조) 모든 사람은 노동시간의 합리적인 제한과 정기적 유급휴가를 포함하여, 휴식할 권리와 여가를 즐길 권리가 있다.

(제25조) 모든 사람은 먹을거리, 입을 옷, 주택, 의료, 사회서비스 등을 포함해 가족의 건강과 행복에 적합한 생활수준을 누릴 권리가 있다.

(제26조) 모든 사람은 교육받을 권리가 있다. 초등교육과 기초교육은 무상이어야 하며, 특히 초등교육은 의무적으로 실시해야 한다. 부모는 자기 자녀가 어떤 교육을 받을

지 '우선적으로 선택할 권리'가 있다.

(제27조) 모든 사람은 자기가 속한 사회의 문화생활에 자유롭게 참여하고, 예술을 즐기며, 학문적 진보와 혜택을 공유할 권리가 있다.

(제28조) 모든 사람은 이 선언의 권리와 자유가 온전히 실현될 수 있는 체제에서 살아갈 자격이 있다.

(제29조) 모든 사람은 자신이 속한 공동체에 대해 한 인간으로서 의무를 진다.

(제30조) 이 선언에서 말한 어떤 권리와 자유도 다른 사람의 권리와 자유를 짓밟기 위해 사용될 수 없다. 어느 누구에게도 남의 권리를 파괴할 목적으로 자기 권리를 사용할 권리는 없다.

저자 약력

김 신 규

현 국립목포대학교 법학과 교수
부산대학교 대학원 졸업(법학박사)
독일 하이델베르크(Heidelberg)대학교 연구교수(1992~1994)
일본 나고야(名古屋)대학 객원교수(1996)
한국비교형사법학회장/한국법무보호복지학회장 역임(현 고문)
대한법학교수회부회장, 한국형사소송법학회고문, 한국형사법학회/형사정책학회상임이사 역임
변호사시험/사법시험/행정고시/경찰간부시험 등 출제 및 채점위원

목포대학교 교무처장, 경영행정대학원장, 도서관장, 법학연구소장, 목포경실련 상임공동대표, 전국
국공립대학 교무처장협의회장, 광주전남 대학도서관장협의회장 역임. 사회통합위원회 전남지역위원,
국가인권위원회 강사, 통계청 통계분류자문위원, 전라남도 행정심판위원/소청심사위원/지방세심의
위원/선거구획정위원/감사자문위원, 전남교육청 행정심판위원/소청심사위원/정보공개심의위원, 목포
지청 수사심의위원/형사조정위원/검찰시민위원, 전남경찰청 경찰개혁자문위원장/수사심의위원/경찰
발전위원, 서해지방해양경찰청 수사심의위원장, 목포해양경찰서 경미범죄심사위원, 목포지방해양심
판원 비상임심판관/징계위원/보통고충심사위원, 목포교도소 징계위원/정보공개심의위원/고충심사
위원, 목포시 정보공개심의위원/민원제도개선위원/과세전적부심사위원/노사민정협의회위원, 목포
시의회 공무국외출장심사위원장, 목포고용노동지청 외국인 근로자 권익보호위원 등

주요 저서 및 논문

형법총론강의(박영사, 2018), 형법각론강의(박영사, 2020), 형사소송법강의(박영사, 2019), 여성과 법
률(박영사, 2019), 생활법률(공저), 법학개론(공저)
뇌물죄에 관한 연구(형사정책, 한국형사정책학회), 공소사실의 특정(무등춘추, 광주지방변호사회지),
상해죄의 동시범 특례(형사법연구, 한국형사법학회), 형법 제16조의 '정당한 이유'의 의미검토(형사
법연구, 한국형사법학회), 플리바기닝제도에 대한 비판적 검토(미국헌법연구, 미국헌법학회), 수사
절차상 압수·수색제도에 대한 비판적 검토(비교형사법연구, 한국비교형사법학회), 명예훼손·모욕
행위에 대한 형사규제의 개선방안(비교형사법연구, 한국비교형사법학회) 등

인권법

초판발행	2021년 9월 3일
지은이	김신규
펴낸이	안종만 · 안상준
편 집	이강용
기획/마케팅	이후근
표지디자인	BEN STORY
제 작	고철민 · 조영환
펴낸곳	(주) **박영사**
	서울특별시 금천구 가산디지털2로 53, 210호(가산동, 한라시그마밸리)
	등록 1959. 3. 11. 제300-1959-1호(倫)
전 화	02)733-6771
f a x	02)736-4818
e-mail	pys@pybook.co.kr
homepage	www.pybook.co.kr
ISBN	979-11-303-4006-7 93360

* 파본은 구입하신 곳에서 교환해 드립니다. 본서의 무단복제행위를 금합니다.
* 저자와 협의하여 인지첩부를 생략합니다.

정 가   25,000원